Lothar Semper
Werner Gress
Guntram Mahl
Klaus Franke
Bernhard Gress

# Die Neue Handwerker-Fibel

Dr. Lothar Semper
Dipl.-Kfm. Werner Gress
Dr. Guntram Mahl
Ass. Klaus Franke
Dipl.-Kfm. Bernhard Gress

# Die Neue Handwerker-Fibel

für die praxisnahe Vorbereitung auf
die Meisterprüfung/Prüfung Technischer Fachwirt/in (Hwk)

**Band 2** **Handlungsfeld:**
**Rechtliche und steuerliche Grundlagen**

mit Übungs- und Prüfungsaufgaben

41., überarbeitete Auflage

Holzmann Buchverlag

Die Handwerker-Fibel enthält in der Regel Berufsbezeichnungen, Gruppenbezeichnungen usw. nur in der männlichen Form. Wir bitten diese sinngemäß als Doppelbezeichnungen wie zum Beispiel Frau/Mann, Handwerksmeisterin/Handwerksmeister, Betriebsinhaberin/Betriebsinhaber usw. zu interpretieren und anzuwenden, um auch dem Anteil der weiblichen Berufsangehörigen des Handwerks zu entsprechen.

Impressum
41., überarbeitete Auflage 2002
**Band 2:**     Best.-Nr. 1742.11     ISBN 3-7783-0532-8
**Band 1 bis 3:**     Best.-Nr. 1741.99     ISBN 3-7783-0534-4
© 2002 by Hans Holzmann Verlag, Bad Wörishofen
Alle Rechte, auch des auszugsweisen Nachdrucks und der Übersetzung bei Hans Holzmann Verlag
Umschlaggestaltung: Atelier Günter Egger, Bad Wörishofen
Satz: abc.Mediaservice GmbH, Buchloe
Herstellung: Offizin Andersen Nexö, Leipzig

# Vorwort

Die weltweite **Globalisierung der Märkte**, der **Europäische Wirtschaftsraum**, die Öffnung der Märkte nach Osteuropa, der **Wandel** von der Industriegesellschaft zur Wissens- und Dienstleistungsgesellschaft sowie die **technologischen Entwicklungen** führen auch im Handwerk zu einem tief greifenden **Strukturwandel**. Die **Markt- und Wettbewerbsverhältnisse** verändern sich laufend, Handel und Industrie dringen vermehrt in angestammte Märkte des Handwerks ein. Die **Ansprüche der Kunden** an die Qualität der Produkte und Dienstleistungen steigen. Termintreue, Zuverlässigkeit, Service und Beratung, Preiswürdigkeit und **Problemlösungskompetenz** gehören zum selbstverständlichen **Erwartungshorizont der Kunden**.

Dies erfordert heute eine Unternehmerqualifikation im Handwerk, die diesen Ansprüchen gerecht wird. Deshalb wurde für den „**Meister der Zukunft**" nicht nur ein **neues Leitbild** entworfen, sondern in der neuen Verordnung über gemeinsame Anforderungen in der Meisterprüfung im Handwerk vom 18. Juli 2000 (AMVO) und in den neuen Rahmenstoffplänen bzw. Rahmenlehrplänen für die Prüfungsteile III und IV wichtige pädagogische, rechtliche und organisatorische Voraussetzungen für die Verwirklichung geschaffen.

Die **inhaltliche, praktische und methodische Umsetzung** erfolgt im Zuge der Vorbereitung auf die Meisterprüfung und der Durchführung der Prüfungen.

Eine **unersetzliche Grundlage und Unterlage** ist dabei das **Lehrbuch** „Die Neue Handwerker-Fibel", das sich seit Jahrzehnten in der Vorbereitung auf die Meisterprüfung im Handwerk als wichtigstes Lernmittel und Begleitmaterial bestens bewährt hat. Das gesamte Lehrwerk entspricht der **neuen AMVO und den neuen Rahmenstoffplänen** für die Prüfungsteile III und IV der Meisterprüfung in vollem Umfange.

Der **Gesamtstoff** zur Vorbereitung auf die Prüfungsteile III und IV ist auf **drei Bände** mit einem großzügigen Format aufgeteilt. Dies ermöglicht eine optimale Anordnung der Texte, eine leicht lesbare Schrift, die Aufnahme zahlreicher Abbildungen und eine bessere „Handlichkeit" bei der Arbeit mit den Lehrbüchern.

Die Lerninhalte und der Prüfungsstoff für den Prüfungsteil III (betriebswirtschaftliche, kaufmännische und rechtliche Kenntnisse) sind enthalten in:

- **Band 1:** Grundlagen des Rechnungswesens und Controllings, Grundlagen wirtschaftlichen Handelns im Betrieb
- **Band 2:** Rechtliche und steuerliche Grundlagen

Der **Unterrichts- und Prüfungsstoff für Teil IV** (berufs- und arbeitspädagogische Kenntnisse) ist dargestellt in:

- **Band 3:** Berufs- und Arbeitspädagogik.

Alle drei Bände bilden ein einheitliches Werk, das für die Vorbereitung auf die Teile III und IV der Meisterprüfung insgesamt notwendig ist.

Hinsichtlich näherer Einzelheiten für die Umsetzung der neuen Vorschriften der AMVO bzw. des Rahmenstoffplanes für den Prüfungsteil IV (Berufs- und arbeitspädagogische Kenntnisse) bzw. die inhaltsgleiche Ausbildereignungsprüfung wird auf das Vorwort zum Band 3 der Neuen Handwerker-Fibel (41. Auflage) verwiesen.

Die inhaltliche Ausrichtung der 41. Auflage von Band 1 und Band 2 basiert
- auf Anregungen des Beirats **„Unternehmensführung im Handwerk"** des Zentralverbandes des Deutschen Handwerks (Schrift „Der Meister der Zukunft")
- auf Anregungen des **Expertenkreises des Instituts für Handwerkswirtschaft (IHW)** – Forschungsstelle im Deutschen Handwerksinstitut – (mittlerweile umbenannt in Ludwig-Fröhler-Institut für Handwerkswissenschaften, Abteilung für Handwerkswirtschaft) und wissenschaftlicher Arbeiten des **Instituts selbst**
- auf Anregungen von Mitarbeitern in Handwerkskammern auf den Gebieten des Unterrichts-, Prüfungs- und Beratungswesens sowie Dozenten aus Meistervorbereitungslehrgängen bzw. Bildungszentren und Meisterschulen
- auf der Verordnung über gemeinsame Anforderungen in der Meisterprüfung im Handwerk (AMVO) vom 18. Juli 2000 sowie den dazu veröffentlichten Erläuterungen des Bundesministeriums für Wirtschaft und Technologie
- auf dem neuen **Rahmenlehrplan** des Instituts für Handwerkswirtschaft (mittlerweile umbenannt in Ludwig-Fröhler-Institut für Handwerkswissenschaften, Abteilung für Handwerkswirtschaft) und des Deutschen Handwerkskammertages
- auf den **Erfahrungen der Autoren** der Handwerker-Fibel in der Praxis von Handwerkswirtschaft, Handwerksorganisationen sowie im Unterrichts- und Prüfungswesen des Handwerks.

Gemäß den bereits genannten Anforderungen an den „Meister bzw. die Meisterin der Zukunft" bilden **Methoden und Instrumente der modernen Betriebsführung** wie Kunden- und Dienstleistungsorientierung, Marketing, Personal- und Organisationsmanagement, Controlling, Existenzgründungs- und Betriebsübernahmemanagement, moderne Kommunikations- und Informationstechniken, Finanzierungsfragen und das Rechnungswesen als Führungsmittel im Sinne von wichtigen Chefdaten einen angemessenen Schwerpunkt. Ferner wurden Entwicklungen in der modernen Betriebswirtschaftslehre berücksichtigt.

Die zur selbstständigen **Führung eines Handwerksbetriebes** erforderlichen Kenntnisse sowie die zu erwerbende Handlungskompetenz beziehen sich in der **Grobgliederung** auf folgende **drei Handlungsfelder**:

- Grundlagen des Rechnungswesens und Controllings
- Grundlagen wirtschaftlichen Handelns im Betrieb
- Rechtliche und steuerliche Grundlagen.

Die **Untergliederungen** bzw. Handlungsbereiche innerhalb der Handlungsfelder ergeben sich aus der AMVO und dem Rahmenlehrplan sowie, was die praktische Umsetzung angeht, aus dem Inhaltsverzeichnis der Neuen Handwerker-Fibel. Die Inhalte entsprechen nach Terminologie und Gliederung dem Rahmenlehrplan.

Die Übersicht, die Lehrbarkeit und die Lernbarkeit der Inhalte werden zusätzlich erhöht durch ein tief gegliedertes **Inhaltsverzeichnis**, großzügig und zahlreich gestaltete **Überschriften, farblich hervorgehobene Texte, farbig gestaltete Abbildungen und abgesetzte Randbemerkungen**.

Ein umfangreiches **Stichwortverzeichnis** ermöglicht dem Nutzer, das Buch auch als **Nachschlagewerk** beim Selbststudium, beim gesamten Lernprozess zur Vorbereitung auf die Meisterprüfung und im späteren betrieblichen Alltag, sei es als selbstständiger Unternehmer oder als angestellte Führungskraft im Handwerk, einzusetzen. Der Schwerpunkt der Inhalte ist nicht auf Begriffswissen, sondern auf **anwendungsbezogenes Handlungswissen** ausgerichtet. Die angestrebte Qualifikation ist berufliche Handlungs- und Problemlösungskompetenz für die Praxis, also die Fähigkeit, in beruflichen Situationen sach- und fachgerecht durchdacht und in wirtschaftlicher und gesellschaftlicher Verantwortung zu handeln. Deshalb enthält der Textteil dieses Buches auch zahlreiche **Handlungsanleitungen und Ablaufschemata.**

Nach den Textteilen folgen überwiegend handlungsorientierte **Übungs- und Prüfungsaufgaben** bzw. handlungsorientierte fallbezogene Aufgaben. Dabei kommen folgende Aufgabentypen vor:
- Aufgaben mit programmierten Auswahlantworten bzw. Auswahllösungen
- Textaufgaben mit offenen Antworten
- Fallbezogene Aufgaben mit Leitfragen und offenen Antworten
- Fallbezogene Aufgaben mit frei formulierter Lösung
- Fallbezogene Aufgaben mit Berechnungen.

Die Aufgaben sind so strukturiert, dass sie auf die wesentlichen Schwerpunkte der AMVO und des Rahmenlehrplans ausgerichtet sind, wichtige Inhalte der betriebswirtschaftlichen, kaufmännischen und rechtlichen Kenntnisse und die Handlungsziele der anzueignenden Handlungskompetenz zusammenfassen, die Lernergebnisse sichern und eine Brücke zur Meisterprüfung herstellen. Sie dienen z. T. dem handlungsorientierten Vorgehen im Unterricht oder beim Selbststudium, ermöglichen eine den Lernprozess begleitende Kontrolle und eine rationelle Vorbereitung auf die Prüfung. Diese Aufgabentypen werden so auch im Prüfungsteil III der Meisterprüfung eingesetzt.

Die Aufgaben mit programmierten Auswahllösungen sind durch Ankreuzen einer der fünf vorgegebenen Lösungen zu bearbeiten. Die richtigen Lösungen sind am Schluss des Buches zur Kontrolle abgedruckt.

Bei allen Aufgaben erfolgt am Schluss der Aufgabenstellung ein Hinweis zum Textteil als Lösungshilfe und um bei festgestellten Lücken entsprechend nachlesen bzw. nacharbeiten zu können.

Ein Lehrbuch, wie es die Neue Handwerker-Fibel in allen 3 Bänden darstellt, ist auch im Zeitalter des teilweisen Einsatzes elektronischer Lernmittel und der Handlungsorientierung als didaktischer Leitkategorie für die Vorbereitungslehrgänge auf die Meisterprüfung nach wie vor die **elementare** und **unabdingbar notwendige Grundlage** für ein erfolgreiches Lernen, für die Aneignung von Handlungs- und Problemlösungskompetenz und für das Bestehen der Meisterprüfung.

Es ist ein grundlegendes Lernmittel, das das notwendige Grundlagen- und Handlungswissen zur Verfügung stellt und das handlungsorientierte Lernen bewirkt, begleitet, unterstützt und absichert.

Die bisher in 40 Auflagen mit bestem Erfolg eingesetzte Handwerker-Fibel wurde in den letzten drei Jahrzehnten von vielen jungen Handwerkern erfolgreich für die Prüfungsvorbereitung genutzt.

So dürfte auch die überarbeitete 41. Auflage der Neuen Handwerker-Fibel künftig den zahlreichen Nutzern einen erfolgreichen Weg in die Meisterprüfung, in die Tätigkeit als selbstständiger Handwerksunternehmer oder Führungskraft und somit in eine gute berufliche Zukunft eröffnen.

Da die Prüfungsanforderungen und der Rahmenlehrplan für die Durchführung des Vorbereitungslehrgangs **„Technischer Fachwirt/in (Hwk)"** absolut mit der AMVO und dem Rahmenlehrplan zu Teil III der Meisterausbildung im Handwerk, die dem Inhalt der Bände 1 und 2 der Neuen

Handwerker-Fibel zugrunde liegen, übereinstimmen, sind Band 1 und 2 auch für die Vorbereitung auf die Prüfung „Technischer Fachwirt/in (Hwk)" in vollem Umfang geeignet.

Die Bände 1 und 2 sind auch ein geeignetes Lernmittel für die Vorbereitung auf die Prüfung **„Kaufmännischer Fachwirt/in (Hwk)"**, weil trotz anderer Zuordnung und Gliederung auf Prüfungsteile und Handlungsfelder die stofflichen Inhalte sehr weitgehend übereinstimmen.

Im Rahmen der Aktualisierung der 41. Auflage dieses Bandes wurden alle wesentlichen Änderungen wie u. a. die Schuldrechtsreform, die Neuerungen beim Insolvenzrecht, das neue Betriebsverfassungsgesetz, die Rentenreform, insbesondere die zusätzliche kapitalgedeckte Altersvorsorge, und Neuerungen im Steuerrecht wie die Bauabzugssteuer berücksichtigt.

Wir wünschen Ihnen bei der Vorbereitung und Ablegung Ihrer Prüfungen viel Erfolg.

Juli 2002

Die Verfasser und der
Holzmann Buchverlag

---

Erwerben Sie zusätzliche Sicherheit für die erfolgreiche Ablegung der Meisterprüfung:
- Mit Hilfe von **Übungsaufgaben** mit prüfungsorientierten Inhalten und prüfungsähnlichen Bedingungen.
- Mit dem **Meister-Trainer zur Neuen Handwerker-Fibel auf CD-ROM** können Sie üben sowie die Prüfung simulieren.
- Das **Meisterlexikon zur Neuen Handwerker-Fibel auf CD-ROM** beinhaltet den gesamten Text und alle Grafiken der Neuen Handwerker-Fibel sowie eine Vielzahl von Übungs- und Prüfungsaufgaben, um Ihren Wissensstand zu testen.

Zweckmäßigerweise geben Sie zusammen mit den Kollegen Ihrer Meisterklasse bzw. Ihres -kurses **und** nach Absprache mit den zuständigen Lehrkräften eine Sammelbestellung auf an den Holzmann Buchverlag, Postfach 13 42, 86816 Bad Wörishofen, Tel. 0 82 47/3 54-1 24, Fax 0 82 47/3 54-1 90, sofern Sie die Materialien nicht automatisch vom Kurs- oder Schulträger bzw. von den Lehrkräften erhalten.

---

Die **Zentralstelle für Weiterbildung im Handwerk (ZWH)** hat handlungsorientierte Aufgaben für den Prüfungsteil III (betriebswirtschaftliche, kaufmännische und rechtliche Kenntnisse) als Teilnehmerunterlagen erarbeitet, **die im Verbund mit den Bänden 1 und 2 der Neuen Handwerker-Fibel** bei der Vorbereitung auf die Meisterprüfung eingesetzt werden können. Diese Unterlagen können Sie beim Holzmann Buchverlag beziehen, sofern sie nicht vom Lehrgangsträger schon zur Verfügung gestellt wurden.

Bestelladresse:  Holzmann Buchverlag, Postfach 13 42
                    86816 Bad Wörishofen
                    Tel. 0 82 47/3 54-1 24
                    Fax: 0 82 47/3 54-1 90
                    Bestell-Nr. 1707

# 3 Handlungsfeld: Rechtliche und steuerliche Grundlagen   21

## 3.1 Bürgerliches Recht, Mahn- und Klageverfahren, Zwangsvollstreckung, Insolvenzverfahren   21

### 3.1.1 Einteilung der Rechtsordnung   21
*Allgemeines zur Rechtsordnung*   21
*Begriff und Einteilung der Rechtsordnung*   21

#### 3.1.1.1 Privates und öffentliches Recht   21
#### 3.1.1.2 Systematik des Bürgerlichen Gesetzbuches (BGB)   22
*Allgemeines zum BGB*   22
*Entstehung und In-Kraft-Treten des BGB*   22
*Einteilung und wesentlicher Inhalt des BGB*   23

### 3.1.2 Allgemeiner Teil des Bürgerlichen Gesetzbuches   23
#### 3.1.2.1 Bestimmung der Begriffe Rechts-, Geschäfts-, Deliktsfähigkeit   23
*Rechtsfähigkeit*   24
*Geschäftsfähigkeit*   25
*Deliktsfähigkeit*   29
*Lebensalter und Recht – Wechselwirkungen*   31
#### 3.1.2.2 Rechtsgeschäftliches Handeln   32
*Willenserklärungen*   32
*Wirksamkeit der Willenserklärung*   32
*Arten von Rechtsgeschäften*   32
*Vertretung und Vollmacht*   32

### 3.1.3 Vertragsrecht   33
#### 3.1.3.1 Allgemeines Vertragsrecht   33
*Vertragsfreiheiten*   33
*Allgemeine Geschäftsbedingungen*   34
*Zustandekommen eines Vertrages*   35
*Fehlerhafte Rechtsgeschäfte (Nichtigkeit und Anfechtbarkeit)*   38
*Haftung für Erfüllungs- und Verrichtungsgehilfen*   40
*Erfüllungsort, Erfüllungszeit, Verzug*   40
*Zurückbehaltungsrecht*   44
*Quittung*   45
*Forderungsabtretung*   45
*Verjährung*   46
#### 3.1.3.2 Kaufvertrag   50
#### 3.1.3.3 Werkvertrag   59
#### 3.1.3.4 Miet- und Pachtvertrag   67
#### 3.1.3.5 Bürgschaft   71

### 3.1.4 Sachenrecht   73
*Allgemeines zum Sachenrecht*   73
#### 3.1.4.1 Besitz, Eigentum   73
*Bewegliche und unbewegliche Sachen (Grundstücke)*   73
*Übertragung von Besitz und Eigentum*   74
*Grundbuch*   74
*Nießbrauch*   75

|  |  | 3.1.4.2 | Sicherungsrechte | 75 |
|---|---|---|---|---|
|  |  |  | *Zweck und Übersicht* | 75 |
|  |  |  | *Sicherungsrechte nach der Form der Entstehung* | 75 |
|  |  |  | *Sicherungsrechte nach der Art der Sicherheit* | 76 |
|  |  |  | *Übersicht über alle vertraglichen Sicherheiten* | 79 |
|  | 3.1.5 | Familien- und Erbrecht | | 79 |
|  |  | 3.1.5.1 | Eheliches Güterrecht | 79 |
|  |  |  | *Allgemeines zum Familienrecht* | 79 |
|  |  |  | *Gleichberechtigung von Mann und Frau* | 80 |
|  |  |  | *Gegenseitige Vertretungsmacht der Ehegatten* | 80 |
|  |  |  | *Güterstände* | 81 |
|  |  |  | *Zugewinngemeinschaft (ZG), gesetzlicher Güterstand* | 81 |
|  |  |  | *Gütertrennung (GTr), vertraglicher Güterstand* | 83 |
|  |  |  | *Gütergemeinschaft (GG), vertraglicher Güterstand* | 83 |
|  |  | 3.1.5.2 | Erbfolge | 85 |
|  |  |  | *Allgemeines zum Erbrecht* | 85 |
|  |  |  | *Grundbegriffe im Erbrecht* | 85 |
|  |  |  | *Gesetzliche Erbfolge* | 86 |
|  |  |  | *Gewillkürte Erbfolge (Erbvertrag und Testament)* | 88 |
|  |  |  | *Erbvertrag, Einzelheiten* | 88 |
|  |  |  | *Testament, Einzelheiten* | 89 |
|  |  |  | *Pflichtteilsanspruch* | 90 |
|  | 3.1.6 | Mahn- und Klageverfahren | | 91 |
|  |  | 3.1.6.1 | Zuständigkeit der Gerichte nach Art der Ansprüche | 91 |
|  |  | 3.1.6.2 | Arten und Tätigwerden der ordentlichen Gerichte | 92 |
|  |  |  | *Zivilgerichtsbarkeit* | 92 |
|  |  | 3.1.6.3 | Gerichtliches Klageverfahren | 94 |
|  |  | 3.1.6.4 | Rechtsmittel gegen ein Urteil (Berufung und Revision) | 95 |
|  |  |  | *Berufung* | 95 |
|  |  |  | *Revision* | 96 |
|  |  |  | *Fristen für Berufung und Revision* | 96 |
|  |  | 3.1.6.5 | Mahnverfahren | 97 |
|  | 3.1.7 | Zwangsvollstreckung | | 99 |
|  |  | 3.1.7.1 | Voraussetzungen der Zwangsvollstreckung | 99 |
|  |  |  | *Vollstreckungstitel* | 100 |
|  |  |  | *Vollstreckungsklausel* | 100 |
|  |  |  | *Zustellung des Vollstreckungstitels* | 100 |
|  |  | 3.1.7.2 | Arten der Zwangsvollstreckung, Vollstreckungsorgane, Zuständigkeit | 100 |
|  |  |  | *Zwangsvollstreckung wegen Geldforderungen* | 101 |
|  |  | 3.1.7.3 | Eidesstattliche Versicherung (ehem. Offenbarungseid) und Schuldnerverzeichnis | 102 |
|  | 3.1.8 | Insolvenzverfahren | | 102 |
|  |  | 3.1.8.1 | Unternehmensinsolvenz | 103 |
|  |  |  | *Verfahrensablauf im Fall einer Unternehmensinsolvenz* | 104 |
|  |  | 3.1.8.2 | Kleingewerbe- und Verbraucherinsolvenzverfahren | 108 |
|  |  |  | *Außergerichtlicher Einigungsversuch* | 109 |
|  |  |  | *Gerichtliches Einigungsverfahren* | 109 |

|  |  | *Vereinfachtes Insolvenzverfahren* | 110 |
|---|---|---|---|
|  |  | *Wohlverhaltensperiode* | 111 |
|  |  | *Entscheidung über die Restschuldbefreiung* | 111 |
|  |  | **Übungs- und Prüfungsaufgaben** | 112 |

**3.2 Handwerks- und Gewerberecht, Handels- und Gesellschaftsrecht, Wettbewerbsrecht** ... 142

- 3.2.1 Handwerks- und Gewerberecht ... 142
  - 3.2.1.1 Handwerk als eine besondere Form eines Gewerbes . 142
    *Überblick über die gesetzlichen Bestimmungen zur selbstständigen Ausübung eines Handwerks* ... 142
    *Voraussetzungen der Eintragung (Gewerbe, Stehendes Gewerbe, Selbstständigkeit)* ... 142
    *Arten der Gewerbe* ... 143
    *Selbstständigkeit* ... 144
  - 3.2.1.2 Eintragung in die Handwerksrolle (einschließlich der Anlagen A und B zur Handwerksordnung sowie verwandte Handwerke) ... 144
    *Merkmale eines handwerklichen Betriebes* ... 144
    *Handwerksrolle* ... 146
    *Gesetzliche Erleichterungen für den Zugang zur selbstständigen Handwerksausübung* ... 148
    *Meldepflichten* ... 150
  - 3.2.1.3 Unberechtigte Ausübung des Handwerks, Schwarzarbeit ... 155
- 3.2.2 Handels- und Gesellschaftsrecht ... 156
  *Überblick über das Handelsgesetzbuch (HGB), Folgen der Geltung des HGB* ... 156
  *Besonderheiten und Folgen der Geltung des HGB* ... 156
  - 3.2.2.1 Kaufmannseigenschaft ... 157
    *Istkaufmann* ... 158
    *Wahlkaufmann* ... 159
    *Kannkaufmann* ... 159
    *Formkaufmann* ... 160
    *Nichtkaufmann* ... 160
  - 3.2.2.2 Firma ... 161
    *Firmenbildung, Schutz der Verbraucher, Rechtsformzusatz, Pflichtangaben* ... 162
  - 3.2.2.3 Handelsregister ... 163
  - 3.2.2.4 Personen- und Kapitalgesellschaften, Genossenschaften ... 165
    *Unterscheidung der Personen- und Kapitalgesellschaften* 165
    *Überblick über die Personengesellschaften* ... 166
    *Überblick über die Kapitalgesellschaften* ... 169
    *Schematische Übersicht über die Wahl der Unternehmensform* ... 170
    *Genossenschaften* ... 171

3.2.3 Wettbewerbsrecht ................................... 172
    3.2.3.1 Gesetz gegen Wettbewerbsbeschränkungen
        (Kartellgesetz) ............................... 173
        *Kartellvereinbarungen – Beschlüsse und
        abgestimmtes Verhalten*....................... 174
        *Marktbeherrschung, wettbewerbsbeschränkendes
        Verhalten*.................................... 174
    3.2.3.2 Gesetz gegen den unlauteren Wettbewerb (UWG) .. 175
        *Sonderveranstaltung nach dem UWG* ............ 176
    3.2.3.3 Preisangabenverordnung ..................... 177
        *Grundsätzliches zur Preisangabe* ................ 177
        *Einzelheiten zur Preisauszeichnung*.............. 177
    3.2.3.4 Ladenschlussgesetz ......................... 178
        *Geltungsbereich des Ladenschlussgesetzes* ........ 178
        *Allgemeines und Besonderes zu den Ladenschlusszeiten* 179
    3.2.3.5 Gewerblicher Rechtsschutz und Urheberrecht ..... 179
        *Allgemeines*................................ 179
        *Einzelheiten zum gewerblichen Rechtsschutz* ...... 180

        **Übungs- und Prüfungsaufgaben**................ 182

**3.3 Arbeitsrecht** ........................................... 193
        *Rechtsgrundlagen des Arbeitsrechts* .............. 193
  3.3.1 Abschluss des Arbeitsvertrages ...................... 193
    3.3.1.1 Anbahnung von Arbeitsverträgen .............. 193
    3.3.1.2 Form und Zustandekommen des Arbeitsvertrages ... 195
        *Arbeitsvertrag bei Inhaberwechsel* ............... 196
    3.3.1.3 Vertragsarten .............................. 197
        *Arbeitsvertrag auf unbestimmte Zeit*.............. 197
        *Arbeitsvertrag auf bestimmte Zeit*................ 197
        *Arbeitsvertrag zur Probe*....................... 198
        *Teilzeitarbeitsvertrag* ......................... 198
        *Leiharbeitsvertrag*............................ 199
        *Gewerbliche Arbeiter – Angestellte* .............. 199
  3.3.2 Vertragspflichten des Arbeitnehmers .................. 200
    3.3.2.1 Arbeitspflicht............................... 200
        *Arbeitsleistung*.............................. 200
        *Haftung des Arbeitnehmers* .................... 201
    3.3.2.2 Treuepflicht ................................ 201
  3.3.3 Vertragspflichten des Arbeitgebers ................... 202
    3.3.3.1 Lohnzahlungspflicht ......................... 202
        *Lohnanspruch des Arbeitnehmers* ............... 202
        *Lohnarten/Lohnformen*....................... 202
        *Zuschläge – Zulagen, Sondervergütungen* ......... 203
        *Zeitpunkt und Form der Lohnzahlung* ............ 203
        *Lohnabrechnung* ............................ 204
    3.3.3.2 Entgeltzahlung ohne Arbeitsleistung ............ 204
    3.3.3.3 Entgeltzahlung an Feiertagen .................. 204
    3.3.3.4 Entgeltzahlung im Krankheitsfall ............... 205
        *Anspruchsvoraussetzungen* .................... 205
        *Höhe der Entgeltzahlung* ...................... 206

|  |  |  |  |
|---|---|---|---|
|  |  | *Anzeige- und Nachweispflicht des Arbeitnehmers* . . . | 206 |
|  |  | *Ausgleichsverfahren*. . . . . . . . . . . . . . . . . . . . . . . . . | 207 |
|  | 3.3.3.5 | Urlaubsrecht . . . . . . . . . . . . . . . . . . . . . . . . . . . . . . | 208 |
|  |  | *Anspruchsgrundlage*. . . . . . . . . . . . . . . . . . . . . . . . . | 208 |
|  |  | *Urlaubsdauer*. . . . . . . . . . . . . . . . . . . . . . . . . . . . . . | 209 |
|  |  | *Arbeitnehmer- und Arbeitgeberpflichten aus dem Urlaubsrecht* . . . . . . . . . . . . . . . . . . . . . . | 210 |
|  |  | *Urlaubsentgelt*. . . . . . . . . . . . . . . . . . . . . . . . . . . . . | 211 |
|  | 3.3.3.6 | Lohnsicherung . . . . . . . . . . . . . . . . . . . . . . . . . . . . | 212 |
|  |  | *Lohnpfändungsschutz* . . . . . . . . . . . . . . . . . . . . . . . | 212 |
|  |  | *Lohnaufrechnungsverbot* . . . . . . . . . . . . . . . . . . . . . | 212 |
|  |  | *Lohnabtretungsverbot* . . . . . . . . . . . . . . . . . . . . . . . | 213 |
|  |  | *Insolvenzgeld (Konkursausfallgeld)*. . . . . . . . . . . . . . | 213 |
|  | 3.3.3.7 | Verjährung – Verwirkung von Lohnansprüchen . . . . . | 213 |
|  | 3.3.3.8 | Beschäftigungspflicht . . . . . . . . . . . . . . . . . . . . . . . | 213 |
|  | 3.3.3.9 | Fürsorgepflicht . . . . . . . . . . . . . . . . . . . . . . . . . . . . | 214 |
| 3.3.4 | Beendigung des Arbeitsverhältnisses . . . . . . . . . . . . . . . . . . . . | 214 |
|  | 3.3.4.1 | Rechtliche Mittel zur Beendigung von Arbeitsverhältnissen . . . . . . . . . . . . . . . . . . . . . . | 214 |
|  | 3.3.4.2 | Einvernehmliche Beendigung . . . . . . . . . . . . . . . . . | 215 |
|  | 3.3.4.3 | Ordentliche Kündigung . . . . . . . . . . . . . . . . . . . . . | 215 |
|  |  | *Änderungskündigung*. . . . . . . . . . . . . . . . . . . . . . . | 215 |
|  | 3.3.4.4 | Wirksamkeit der ordentlichen Kündigung . . . . . . . . | 215 |
|  |  | *Kündigungsfristen*. . . . . . . . . . . . . . . . . . . . . . . . . . | 216 |
|  |  | *Kündigungsfrist für Schwerbehinderte* . . . . . . . . . . . | 217 |
|  | 3.3.4.5 | Außerordentliche Kündigung . . . . . . . . . . . . . . . . . | 217 |
|  | 3.3.4.6 | Rechtswidrige Beendigung . . . . . . . . . . . . . . . . . . . | 218 |
|  | 3.3.4.7 | Arbeitspapiere – Arbeitszeugnis – Ausgleichsquittung | 219 |
|  |  | *Arbeitspapiere*. . . . . . . . . . . . . . . . . . . . . . . . . . . . . | 219 |
|  |  | *Arbeitszeugnis*. . . . . . . . . . . . . . . . . . . . . . . . . . . . . | 220 |
|  |  | *Ausgleichsquittung*. . . . . . . . . . . . . . . . . . . . . . . . . | 220 |
| 3.3.5 | Kündigungsschutz . . . . . . . . . . . . . . . . . . . . . . . . . . . . . . . . . . | 220 |
|  | 3.3.5.1 | Allgemeiner Kündigungsschutz . . . . . . . . . . . . . . . . | 221 |
|  |  | *Sozial ungerechtfertigte Kündigung* . . . . . . . . . . . . . | 221 |
|  |  | *Abmahnung vor Kündigung bei verhaltensbedingten Gründen* . . . . . . . . . . . . . . . . . | 221 |
|  |  | *Soziale Auswahl bei betriebsbedingter Kündigung*. . . | 222 |
|  |  | *Änderungskündigung vor Beendigungskündigung* . . . | 222 |
|  |  | *Kündigungsschutzklage* . . . . . . . . . . . . . . . . . . . . . | 222 |
|  | 3.3.5.2 | Besonderer Kündigungsschutz . . . . . . . . . . . . . . . . | 223 |
|  |  | *Kündigungsschutz von Betriebsräten und Jugendvertretern* . . . . . . . . . . . . . . . . . . . . . . | 223 |
|  |  | *Wehrdienstleistende*. . . . . . . . . . . . . . . . . . . . . . . . | 224 |
|  |  | *Schwerbehinderte* . . . . . . . . . . . . . . . . . . . . . . . . . . | 225 |
|  |  | *Werdende Mütter*. . . . . . . . . . . . . . . . . . . . . . . . . . | 226 |
|  |  | *Elternzeitberechtigte*. . . . . . . . . . . . . . . . . . . . . . . . | 227 |
|  | 3.3.5.3 | Kündigungsschutz bei Massenentlassungen . . . . . . . | 228 |
| 3.3.6 | Tarifvertrag . . . . . . . . . . . . . . . . . . . . . . . . . . . . . . . . . . . . . . . . | 229 |
|  | 3.3.6.1 | Koalitionsfreiheit . . . . . . . . . . . . . . . . . . . . . . . . . . | 229 |
|  | 3.3.6.2 | Tarifvertragsparteien . . . . . . . . . . . . . . . . . . . . . . . | 230 |

| | | 3.3.6.3 | Tarifgebundenheit | 230 |
|---|---|---|---|---|
| | | 3.3.6.4 | Inhalt und Form des Tarifvertrages | 231 |
| | 3.3.7 | Betriebsverfassung | | 231 |
| | | 3.3.7.1 | Errichtung von Betriebsräten und Jugendvertretungen | 231 |
| | | 3.3.7.2 | Rechte und Pflichten des Betriebsrats | 233 |
| | | 3.3.7.3 | Zusammenarbeit zwischen Arbeitgeber und Betriebsrat | 234 |
| | | 3.3.7.4 | Betriebsvereinbarungen | 234 |
| | | 3.3.7.5 | Einigungsstellen | 234 |
| | | 3.3.7.6 | Mitwirkungs- und Mitbestimmungsrechte des Betriebsrats | 235 |
| | | | *Allgemeine Aufgaben* | 235 |
| | | | *Mitbestimmung in sozialen Angelegenheiten* | 235 |
| | | | *Mitwirkung in personellen Angelegenheiten* | 235 |
| | | | *Mitbestimmung bei personellen Einzelmaßnahmen* | 236 |
| | | | *Mitbestimmung bei Kündigungen* | 236 |
| | | | *Mitwirkung in wirtschaftlichen Angelegenheiten* | 236 |
| | | 3.3.7.7 | Rechte des einzelnen Arbeitnehmers | 237 |
| | 3.3.8 | Arbeitsschutz | | 238 |
| | | | *Allgemeines zum Arbeitsschutz* | 238 |
| | | 3.3.8.1 | Betrieblicher Arbeitsschutz | 238 |
| | | | *Arbeitsschutzgesetz* | 238 |
| | | | *Sonstige Regelungen des betrieblichen Arbeits-Gefahrenschutzes* | 239 |
| | | 3.3.8.2 | Sozialer Arbeitsschutz | 240 |
| | | | *Arbeitszeitgesetz* | 240 |
| | | | *Jugendarbeitsschutzgesetz* | 242 |
| | | | *Mutterschutz* | 242 |
| | | | *Erziehungsgeld* | 245 |
| | | | *Schwerbehindertenschutz* | 245 |
| | | 3.3.8.3 | Betriebsaushänge | 247 |
| | 3.3.9 | Arbeitsgerichtsbarkeit | | 248 |
| | | 3.3.9.1 | Gerichte für Arbeitssachen | 248 |
| | | 3.3.9.2 | Zuständigkeit der Arbeitsgerichte | 249 |
| | | 3.3.9.3 | Verfahren vor dem Arbeitsgericht | 249 |
| | | | **Übungs- und Prüfungsaufgaben** | 250 |
| **3.4** | **Sozial- und Privatversicherungen** | | | **263** |
| | 3.4.1 | Übersicht zum Sozialversicherungsrecht | | 263 |
| | | 3.4.1.1 | Aufgabe der Sozialversicherung | 263 |
| | | 3.4.1.2 | Gliederung der Sozialversicherung | 263 |
| | | 3.4.1.3 | Selbstverwaltungsorgane der Sozialversicherung | 265 |
| | | 3.4.1.4 | Beiträge | 266 |
| | | | *Einzugsstelle* | 266 |
| | | | *Beitragstragung* | 266 |
| | | | *Beitragszahlung* | 267 |
| | | | *Beitragsabzug* | 267 |
| | | | *Haftung des Arbeitgebers* | 267 |
| | | | *Verjährung* | 267 |
| | | | *Beitragsberechnung* | 267 |

|  |  | Geringfügige Beschäftigungen ................. | 268 |
|---|---|---|---|
|  | 3.4.1.5 | Meldevorschriften ......................... | 268 |
|  |  | Meldeverfahren ............................ | 268 |
|  |  | Meldevordrucke............................ | 269 |
|  |  | Betriebsnummer............................ | 269 |
|  |  | Sozialversicherungsausweis.................... | 269 |
|  |  | Meldepflichten............................. | 269 |
|  |  | Meldefristen............................... | 270 |
|  |  | Scheinselbstständige ........................ | 272 |
| 3.4.2 | Krankenversicherung ............................. | | 273 |
|  | 3.4.2.1 | Versicherungsträger........................ | 273 |
|  | 3.4.2.2 | Kassenwahlrecht .......................... | 273 |
|  | 3.4.2.3 | Versicherungspflicht ........................ | 274 |
|  | 3.4.2.4 | Familienversicherung ....................... | 274 |
|  | 3.4.2.5 | Versicherungsfreiheit ....................... | 275 |
|  | 3.4.2.6 | Freiwillige Versicherung ..................... | 275 |
|  | 3.4.2.7 | Beiträge ................................. | 275 |
|  |  | Beitragssatz ............................... | 275 |
|  | 3.4.2.8 | Leistungen der Krankenversicherung ............ | 276 |
| 3.4.3 | Soziale Pflegeversicherung ......................... | | 277 |
|  | 3.4.3.1 | Versicherungsträger........................ | 277 |
|  | 3.4.3.2 | Versicherungspflicht ........................ | 277 |
|  | 3.4.3.3 | Beiträge ................................. | 278 |
|  | 3.4.3.4 | Leistungen der sozialen Pflegeversicherung ........ | 278 |
| 3.4.4 | Arbeitslosenversicherung (Arbeitsförderung) ............... | | 280 |
|  | 3.4.4.1 | Versicherungsträger........................ | 280 |
|  | 3.4.4.2 | Versicherungspflicht ........................ | 281 |
|  | 3.4.4.3 | Versicherungsfreiheit ....................... | 281 |
|  | 3.4.4.4 | Beiträge ................................. | 281 |
|  | 3.4.4.5 | Leistungen der Arbeitslosenversicherung (Arbeitsförderung) ......................... | 282 |
|  |  | Berufsberatung............................ | 282 |
|  |  | Vermittlung .............................. | 283 |
|  |  | Förderung der Aufnahme einer Beschäftigung ...... | 283 |
|  |  | Förderung der Aufnahme einer selbstständigen Tätigkeit. | 283 |
|  |  | Arbeitslosengeld – Teilarbeitslosengeld ........... | 283 |
|  |  | Kurzarbeitergeld........................... | 285 |
|  |  | Insolvenzgeld.............................. | 286 |
|  |  | Arbeitslosenhilfe .......................... | 286 |
|  |  | Förderung der ganzjährigen Beschäftigung in der Bauwirtschaft......................... | 286 |
|  |  | Mehraufwands-Wintergeld.................... | 286 |
|  |  | Zuschuss-Wintergeld ........................ | 287 |
|  |  | Winterausfallgeld........................... | 287 |
|  |  | Kranken-, Pflege-, Rentenversicherung........... | 287 |
|  |  | Förderung von Teilzeitarbeit durch Zuschüsse bei Altersteilzeit ........................... | 287 |
|  |  | Eingliederungszuschüsse ..................... | 288 |

| | | | |
|---|---|---|---|
| 3.4.5 | Rentenversicherung | | 289 |
| | 3.4.5.1 | Versicherungsträger | 289 |
| | 3.4.5.2 | Gesetzliche Versicherungspflicht | 289 |
| | | *Personenkreis* | 289 |
| | | *Beiträge* | 289 |
| | | *Versicherungsfreiheit* | 289 |
| | 3.4.5.3 | Versicherungspflicht auf Antrag | 290 |
| | | *Personenkreis* | 290 |
| | | *Beiträge* | 290 |
| | 3.4.5.4 | Freiwillige Versicherung | 290 |
| | | *Personenkreis* | 290 |
| | | *Beiträge* | 291 |
| | 3.4.5.5 | Versicherungsnachweis | 291 |
| | 3.4.5.6 | Leistungen der Rentenversicherung | 291 |
| | | *Rehabilitation* | 291 |
| | | *Rente wegen Alters* | 291 |
| | | *Rente wegen verminderter Erwerbsfähigkeit* | 293 |
| | | *Rente wegen Todes* | 293 |
| | | *Krankenversicherung der Rentner* | 295 |
| | | *Wartezeit und Leistungsantrag für Anspruch auf Rente* | 296 |
| | | *Rentenberechnung* | 296 |
| | | *Bedarfsorientierte Grundsicherung* | 299 |
| | | *Zusätzliche kapitalgedeckte Altersvorsorge* | 299 |
| | | *Arbeitgeberfinanzierte betriebliche Altersversorgung* | 301 |
| 3.4.6 | Unfallversicherung | | 301 |
| | 3.4.6.1 | Versicherungsträger | 301 |
| | 3.4.6.2 | Versicherungspflicht | 302 |
| | 3.4.6.3 | Unfallversicherung des Unternehmers | 302 |
| | 3.4.6.4 | Beiträge | 302 |
| | 3.4.6.5 | Versicherungsschutz | 303 |
| | | *Arbeitsunfall* | 303 |
| | | *Wegeunfall zwischen Wohnung und Arbeitsstätte* | 303 |
| | | *Berufskrankheit* | 303 |
| | 3.4.6.6 | Leistungen der Unfallversicherung | 304 |
| | 3.4.6.7 | Unfallverhütung | 305 |
| | | *Unfallverhütungsvorschriften* | 305 |
| | | *Sicherheitsbeauftragte* | 305 |
| | | *Fachkräfte für Arbeitssicherheit und Betriebsärzte* | 306 |
| | 3.4.6.8 | Meldevorschriften | 306 |
| | | *Betriebseröffnungsanzeige* | 306 |
| | | *Lohnnachweis* | 306 |
| | | *Unfallanzeige* | 306 |
| | 3.4.6.9 | Leistungsausschluss und Haftung | 306 |
| 3.4.7 | Altersversorgung der selbstständigen Handwerker (Handwerkerversicherung) | | 307 |
| | 3.4.7.1 | Versicherungspflicht | 307 |
| | | *Beginn und Ende der Versicherungspflicht* | 307 |
| | | *Mehrfachversicherung* | 307 |
| | 3.4.7.2 | Freiwillige Versicherung | 308 |
| | 3.4.7.3 | Versicherungsfreiheit | 308 |

|  |  |  |  |
|---|---|---|---|
|  |  | 3.4.7.4 Beitrag, Beitragsentrichtung, Beitragsnachweis | 309 |
|  |  | *Pflichtbeitrag* | 309 |
|  |  | *Beitragsentrichtung* | 310 |
|  |  | *Beitragsnachweis* | 310 |
|  |  | 3.4.7.5 Leistungen der Rentenversicherung/ Handwerkerversicherung | 310 |
|  | 3.4.8 | Sozialversicherungsdaten 2002 | 311 |
|  | 3.4.9 | Sozialgerichtsbarkeit | 312 |
|  |  | 3.4.9.1 Zuständigkeit | 312 |
|  |  | 3.4.9.2 Verfahren | 312 |
|  | 3.4.10 | Private Personen-, Sach- und Schadenversicherung | 313 |
|  |  | 3.4.10.1 Zweck einer privaten Versicherung | 313 |
|  |  | 3.4.10.2 Versicherungsvertrag | 313 |
|  |  | 3.4.10.3 Rechte und Pflichten der Vertragspartner | 313 |
|  |  | 3.4.10.4 Versicherungszweige | 313 |
|  |  | *Personenversicherungen* | 313 |
|  |  | *Sachversicherungen* | 316 |
|  |  | *Schadenversicherungen* | 316 |
|  |  | **Übungs- und Prüfungsaufgaben** | 317 |
| **3.5** | **Steuern** | | 330 |
|  | 3.5.1 | Steuerarten und Steuergrundlagen | 330 |
|  |  | 3.5.1.1 Grundlagen der Steuererhebung | 330 |
|  |  | 3.5.1.2 Verwendung der Steuern | 330 |
|  |  | 3.5.1.3 Definition von Steuern | 330 |
|  |  | 3.5.1.4 Überblick und Einteilung der Steuern | 331 |
|  | 3.5.2 | Umsatzsteuer (Mehrwertsteuer) | 331 |
|  |  | 3.5.2.1 Allgemeines zur Umsatzsteuer | 331 |
|  |  | 3.5.2.2 Wirkungsweise als Mehrwertsteuer | 332 |
|  |  | 3.5.2.3 Steuerpflichtige Umsätze | 333 |
|  |  | *Inland* | 333 |
|  |  | *Ort der Leistung* | 333 |
|  |  | *Leistungsaustausch* | 333 |
|  |  | *Unternehmerische Tätigkeit* | 334 |
|  |  | *Entgelt* | 334 |
|  |  | *Lieferung* | 335 |
|  |  | *Sonstige Leistung* | 336 |
|  |  | *Sonderregelung bei Leistungen an Betriebsangehörige* | 337 |
|  |  | *Sonderregelung für Aufwendungen, die unter das einkommensteuerliche Abzugsverbot fallen* | 337 |
|  |  | *Sonderregelung bei Kfz-Privatnutzung* | 337 |
|  |  | 3.5.2.4 Soll- und Ist-Besteuerung | 338 |
|  |  | *Fälligkeit der Umsatzsteuerschuld* | 338 |
|  |  | *Besteuerung von Teilleistungen* | 338 |
|  |  | *Besteuerung von Abschlagszahlungen* | 339 |
|  |  | 3.5.2.5 Steuersätze und Steuerbefreiungen | 339 |
|  |  | *Umsatzsteuersätze* | 339 |
|  |  | *Umsatzsteuerbefreiungen* | 340 |

| | | | |
|---|---|---|---|
| | 3.5.2.6 | Vorsteuer | 340 |
| | | Ausnahmen vom gesonderten Vorsteuerausweis | 342 |
| | 3.5.2.7 | Rechnungstellung | 345 |
| | 3.5.2.8 | Vergünstigung für Kleingewerbe | 345 |
| | 3.5.2.9 | Aufzeichnungspflicht | 346 |
| | 3.5.2.10 | Voranmeldung und Zahlungsmodus | 347 |
| 3.5.3 | Gewerbesteuer | | 349 |
| | 3.5.3.1 | Gewerbe – Gemeindesteuer | 349 |
| | 3.5.3.2 | Besteuerungsgrundlagen | 349 |
| | 3.5.3.3 | Übersicht über die Besteuerungsgrundlagen der Gewerbesteuer | 349 |
| | 3.5.3.4 | Gewerbeertrag | 350 |
| | | Hinzurechnungen | 350 |
| | | Kürzungen | 350 |
| | | Ermittlung des Steuermessbetrags-Gewerbeertrag | 351 |
| | 3.5.3.5 | Steuerberechnung/Gewerbesteuer | 351 |
| | | Steuermessbetrag | 351 |
| | | Hebesatz | 352 |
| | | Anrechnung der Gewerbesteuer auf die Einkommensteuer | 352 |
| | 3.5.3.6 | Berechnungsbeispiel zur Gewerbesteuer | 352 |
| 3.5.4 | Einkommensteuer | | 353 |
| | 3.5.4.1 | Wesen der Einkommensteuer – Steuerpflicht | 353 |
| | 3.5.4.2 | Schema der Einkommensteuerermittlung | 353 |
| | 3.5.4.3 | Einkunftsarten | 354 |
| | 3.5.4.4 | Einkünfte aus Gewerbebetrieb | 356 |
| | 3.5.4.5 | Abgrenzung zwischen Privatausgaben und Betriebsausgaben | 356 |
| | 3.5.4.6 | Betriebsausgaben | 357 |
| | | Reisekosten | 357 |
| | | Repräsentationsaufwendungen | 360 |
| | | Geschenke | 361 |
| | | Bewirtungen | 361 |
| | | Ehegatten-Arbeitsverhältnisse | 362 |
| | | Wirtschaftsgüter des Anlagevermögens | 363 |
| | | Vergünstigung für Gewinne aus Beteiligungsvermögen | 371 |
| | 3.5.4.7 | Betriebsaufgabe – Betriebsveräußerung | 371 |
| | 3.5.4.8 | Altersentlastungsbetrag, Sonderausgaben und außergewöhnliche Belastungen | 372 |
| | | Altersentlastungsbetrag | 372 |
| | | Sonderausgaben und außergewöhnliche Belastungen | 372 |
| | | Sonderausgaben bei selbstständigen Handwerkern | 373 |
| | | Voll abzugsfähige Sonderausgaben | 373 |
| | | Beschränkt abzugsfähige Sonderausgaben | 373 |
| | | Neuregelung der kapitalgedeckten Altersvorsorge | 375 |
| | 3.5.4.9 | Außergewöhnliche Belastungen | 376 |
| | | Außergewöhnliche Belastungen gegen Einzelnachweis | 376 |
| | | Außergewöhnliche Belastungen in Form von Pauschalen | 376 |

|  |  |  |  |
|---|---|---|---|
|  | 3.5.4.10 | Familienförderungsmaßnahmen und Freibeträge .... | 379 |
|  |  | *Familienförderung* .............................. | 379 |
|  |  | *Kinderfreibetrag* ................................ | 379 |
|  |  | *Betreuungs- und Erziehungs- oder Ausbildungsfreibetrag* ................... | 379 |
|  |  | *Sonderbedarf bei Berufsausbildung* .............. | 381 |
|  |  | *Kinderbetreuungskosten*........................ | 381 |
|  |  | *Haushaltsfreibetrag* ............................ | 382 |
|  | 3.5.4.11 | Steuertarif .................................. | 382 |
|  |  | *Neuregelungen bei Erbringung von Bauleistungen*... | 384 |
|  | 3.5.4.12 | Steuerabrechnung (Veranlagung) ................ | 384 |
|  |  | *Einzelveranlagung und getrennte Veranlagung*...... | 385 |
|  |  | *Zusammenveranlagung* ........................ | 385 |
|  |  | *Besondere Veranlagung*........................ | 385 |
|  | 3.5.4.13 | Prüfverfahren (Erörterung) .................... | 385 |
|  |  | *Verlustausgleich*................................ | 385 |
|  |  | *Einkommensteuererklärung* .................... | 386 |
|  |  | *Einkommensteuerbescheid*...................... | 386 |
|  |  | *Vorauszahlungsbescheid* ....................... | 386 |
|  |  | *Säumnis- und Verspätungszuschläge* ............. | 387 |
| 3.5.5 | Lohnsteuer | ........................................ | 387 |
|  | 3.5.5.1 | Wesen der Lohnsteuer ........................ | 387 |
|  | 3.5.5.2 | Ermittlung und Entrichtung ................... | 387 |
|  | 3.5.5.3 | Freibeträge ................................ | 388 |
|  | 3.5.5.4 | Lohnsteuerklassen ........................... | 389 |
|  | 3.5.5.5 | Beschäftigung ohne Lohnsteuerkarte ............. | 389 |
|  |  | *Gelegentliche kurzfristige Beschäftigung* .......... | 390 |
|  |  | *Unvorhergesehene kurzfristige Beschäftigung* ...... | 390 |
|  |  | *Beschäftigung in geringem Umfang und gegen geringen Lohn* ......................... | 390 |
|  | 3.5.5.6 | Werbungskosten des Arbeitnehmers und lohnsteuerfreie bzw. begünstigte Aufwendungen des Arbeitgebers ... | 392 |
|  |  | *Begriff Werbungskosten*....................... | 392 |
|  |  | *Werbungskosten, die der Arbeitnehmer allein geltend machen kann*........................ | 392 |
|  |  | *Arbeitnehmer-Werbungskosten, die vom Arbeitgeber ganz oder modifiziert lohnsteuerfrei ersetzt werden können* ....................... | 393 |
|  |  | *Lohnsteuerfreie Leistungen des Arbeitgebers an den Arbeitnehmer* ......................... | 394 |
|  | 3.5.5.7 | Antragsveranlagung, Pflichtveranlagung und Lohnsteuerjahresausgleich .................... | 396 |
|  | 3.5.5.8 | Lohnsteuerhaftung........................... | 396 |
|  | 3.5.5.9 | Solidaritätszuschlag ......................... | 397 |
| 3.5.6 | Körperschaftsteuer | .................................. | 398 |
|  | 3.5.6.1 | Juristische Personen ......................... | 398 |
|  | 3.5.6.2 | Unterschied zur Einkommensteuer .............. | 398 |
|  | 3.5.6.3 | Körperschaftsteuersatz ....................... | 398 |
|  | 3.5.6.4 | Verdeckte Gewinnausschüttung ................ | 400 |

| | | | |
|---|---|---|---|
| 3.5.7 | Erbschaft- und Schenkungsteuer | | 400 |
| | 3.5.7.1 | Steuerschuldner | 400 |
| | 3.5.7.2 | Wertermittlung | 401 |
| | | *Grundbesitzbewertung* | 401 |
| | 3.5.7.3 | Steuerklassen, allgemeine Steuerfreibeträge | 404 |
| | 3.5.7.4 | Steuersätze | 406 |
| | 3.5.7.5 | Zehnjahresfrist | 407 |
| | 3.5.7.6 | Verfahrensbestimmungen | 408 |
| 3.5.8 | Besteuerungsverfahren (Auszug aus der Abgabenordnung) | | 408 |
| | 3.5.8.1 | Steuerveranlagung | 408 |
| | 3.5.8.2 | Rechtsbehelf und Rechtsmittel | 409 |
| | 3.5.8.3 | Steuerstundung, Steuerermäßigung, Steuererlass | 409 |
| | 3.5.8.4 | Verjährung | 410 |
| | 3.5.8.5 | Zwangsmittel der Finanzverwaltung | 411 |
| | 3.5.8.6 | Allgemeine Überprüfungsverfahren zur Steueraufsicht | 412 |
| | | *Außenprüfung (Betriebsprüfung)* | 412 |
| | | *Steuerfahndung* | 413 |
| | **Übungs- und Prüfungsaufgaben** | | 413 |

**Lösungen zu den Übungs- und Prüfungsaufgaben** . . . . . . . . . . . . . . . . . . . . . . . 426

**Stichwortverzeichnis** . . . . . . . . . . . . . . . . . . . . . . . . . . . . . . . . . . . . . . . . . . . . . 429

# 3 Handlungsfeld: Rechtliche und steuerliche Grundlagen

**Vorbemerkung**
Bei den in diesem Handlungsfeld gesteckten Lernzielen geht es nicht primär um die Beherrschung möglichst umfassender detaillierter Bestimmungen; hier geht es vielmehr um die Gewinnung der zur Führung eines Handwerksbetriebes unerlässlichen Grundkenntnisse unter Berücksichtigung der Möglichkeiten zur Nutzung der für den Handwerksbetrieb geeigneten Nachschlagequellen und Beratungsangebote; dazu gehört auch die Gewinnung eines sachrelevanten Rechtsverständnisses und Rechtsbewusstseins.

## 3.1 Bürgerliches Recht, Mahn- und Klageverfahren, Zwangsvollstreckung, Insolvenzverfahren

### 3.1.1 Einteilung der Rechtsordnung

**Allgemeines zur Rechtsordnung**

Jeder Mensch steht von der Geburt bis zum Tod in persönlichen und rechtlichen Beziehungen zu seiner Umwelt. Seine rechtlichen Beziehungen sind in der Rechtsordnung des Staates geregelt, in dem er lebt. Im Interesse eines geordneten Zusammenlebens regelt die Rechtsordnung die Rechte und Pflichten des Einzelnen gegenüber dem Mitmenschen und dem Staat.

*Rechtsordnung*

**Begriff und Einteilung der Rechtsordnung**

> Unter Rechtsordnung verstehen wir die Gesamtheit aller Vorschriften, die das Rechtsleben in einem Staat regeln. Dies können Gesetze, Rechtsverordnungen, Erlasse oder auch Satzungen sein.

*Begriff*

#### 3.1.1.1 Privates und öffentliches Recht

In der Bundesrepublik Deutschland sind die geltenden Rechtsbestimmungen eingeteilt in zwei Bereiche:

- **Öffentliches Recht,** das die Rechtsbeziehungen des Einzelmenschen zum Staat bzw. öffentlicher Träger untereinander regelt.
- **Privates Recht,** das die Rechtsbeziehungen der Einzelmenschen untereinander ordnet.

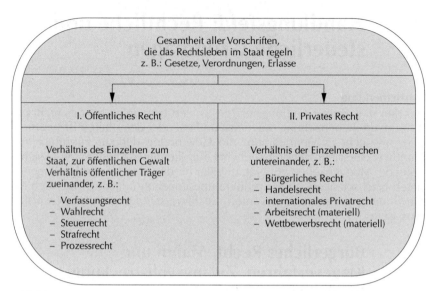

*Abbildung 1*

### 3.1.1.2 Systematik des Bürgerlichen Gesetzbuches (BGB)

**Allgemeines zum BGB**

Das wichtigste Rechtsgebiet des Privatrechts ist das bürgerliche Recht, geregelt in den 2385 Paragraphen des BGB. Hierzu gibt es eine Reihe von Nebengesetzen, die das Zusammenleben zwischen den Einzelmenschen ordnen, wie zum Beispiel

- das Handelsgesetzbuch, das spezielle Vorschriften für Kaufleute enthält
- die Arbeitsgesetzgebung, die die Rechtsbeziehungen zwischen Arbeitgebern und Arbeitnehmern bestimmt
- das Wechsel- und Scheckrecht, das für die am Wechsel- und Scheckverkehr Beteiligten Bestimmungen enthält.

Zu diesen Nebengesetzen gibt es weitere Spezialgesetze und -bestimmungen. Bei der Rechtsanwendung der gesamten Vorschriften gilt der Grundsatz: Spezialgesetze haben Vorrang vor allgemeinen Gesetzen. Lässt sich mit speziellen Gesetzen eine Rechtsfrage nicht lösen, wird auf das BGB als Grundgesetz des privaten Rechts zurückgegriffen.

**Entstehung und In-Kraft-Treten des BGB**

Noch im 19. Jahrhundert gab es in Deutschland eine Vielzahl von Einzelstaaten mit jeweils eigenen Rechtsordnungen. Die damit gegebene Rechtszersplitterung führte zwangsläufig zu großer Rechtsunsicherheit. Erst mit der Reichsgründung 1871 war es möglich, diesen Zustand zu ändern. Eine Expertenkommission erhielt den Auftrag, ein für das ganze Deutsche Reich geltendes Bürgerliches Gesetzbuch zu erarbeiten. Die Arbeit der Kommission war 1896 beendet. Das Gesetz wurde am 18. 8. 1896 vom Reichstag erlassen und trat, nach einer Anpassungszeit von drei Jahren, am 1. 1. 1900 in Kraft.

### Einteilung und wesentlicher Inhalt des BGB
Die fünf Bücher des BGB beinhalten folgende wichtige Bereiche:

- **Allgemeiner Teil**  
  Er enthält Bestimmungen über grundlegende Rechtsbegriffe wie zum Beispiel
  - natürliche und juristische Personen
  - Rechts-, Geschäfts-, Deliktsfähigkeit
  - Rechtsgeschäfte, Willenserklärungen, Verträge
  - Vollmacht, Verjährung usw.
- **Recht der Schuldverhältnisse**
  - Regelung aller Schuldverhältnisse, soweit sie auf Verträgen oder unerlaubten Handlungen beruhen
  - Behandlung der so genannten Typenverträge wie zum Beispiel Kauf- und Werkvertrag, Miete und Pacht, Darlehen, Bürgschaft, Gesellschaft
- **Sachenrecht**
  - Regelung der Rechte an Sachen
  - Dienstbarkeiten, Vorkaufsrecht
  - Grundpfandrechte wie Hypothek und Grundschuld
  - Pfandrechte an beweglichen Sachen und Rechten
- **Familienrecht**
  - Regelung der Rechtsbeziehungen zwischen Verlobten
  - Wirkungen der Ehe im Allgemeinen
  - persönliche und vermögensrechtliche Beziehungen zwischen Ehegatten
  - das Recht der ehelichen und nichtehelichen Kinder
  - Verwandtschaft, Vormundschaft, Betreuung, Pflegschaft
- **Erbrecht**
  - Regelungen zur gesetzlichen Erbfolge
  - Bestimmungen zur gewillkürten Erbfolge wie Testament und Erbvertrag
  - Pflichtteilsanspruch, Erbenhaftung usw.

## 3.1.2 Allgemeiner Teil des Bürgerlichen Gesetzbuches

### 3.1.2.1 Bestimmung der Begriffe Rechts-, Geschäfts-, Deliktsfähigkeit

Im Rechtsverkehr zu unterscheiden sind die Rechtsfähigkeit (das heißt Rechte zu begründen) und die Handlungsfähigkeit (das heißt verantwortlich zu handeln). Die Handlungsfähigkeit unterteilt sich in die Geschäftsfähigkeit und Deliktsfähigkeit.

*Abbildung 2*

Definition der Grundbegriffe Rechts-, Geschäfts-, Deliktsfähigkeit

*Abbildung 3*

**Rechtsfähigkeit**

Rechtsfähigkeit ist die Fähigkeit, Träger von Rechten und Pflichten zu sein.

Rechte und Pflichten in diesem Sinne sind die Summe aller Rechtsbestimmungen, die das Zusammenleben der Bürger regeln. Sie alle finden ihre Wurzeln in den Grundrechten des Grundgesetzes.

**Beispiel:**
Dem Recht Eigentümer einer Immobilie zu sein, entspricht die Pflicht, hierfür Grundsteuern zu bezahlen.

Träger von Rechten und Pflichten

- **Träger** von Rechten und Pflichten sind:
  - Menschen (natürliche Personen)
  - Personenmehrheiten, Kapitalansammlungen oder Gebietskörperschaften, denen der Gesetzgeber eigene Rechtspersönlichkeit verliehen hat (z. B. juristische Personen des privaten und öffentlichen Rechts).

**Beispiel:**
GmbH, Aktiengesellschaft, eingetragener Verein, Stiftung, Gemeinde, Land, Staat, Handwerkskammer, Innung.

- **Nicht** Träger von Rechten und Pflichten sind:
  - Sachen
  - Tiere (sie genießen aber besonderen Rechtsschutz, zum Beispiel Tierschutzgesetz, Gesetz zur Verbesserung der Rechtsstellung des Tieres im BGB).

*3.1.2 Allgemeiner Teil des Bürgerlichen Gesetzbuches*

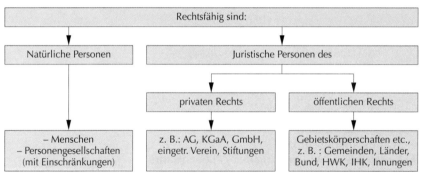

*Abbildung 4*

- **Beginn und Ende** der Rechtsfähigkeit:
  - Natürliche Personen sind von der Geburt bis zum Tod rechtsfähig
  - Juristische Personen sind rechtsfähig mit der Gründung bis zur Auflösung (zum Beispiel bei der GmbH mit der Eintragung im Handelsregister bis zur Beendigung der Liquidation).

Beginn, Ende der Rechtsfähigkeit

**Beispiel:**

1) Die Eltern eines neugeborenen Kindes kommen bei einem Pkw-Unfall ums Leben. Erbt das Kind zum Beispiel das Haus, kann es dann im Grundbuch als Eigentümer eingetragen werden?
Das neugeborene Kind ist rechtsfähig und kann daher als Eigentümer im Grundbuch eingetragen werden.
2) Kann eine GmbH Eigentümerin eines Miethauses werden?
Eine GmbH ist als juristische Person rechtsfähig und kann daher Eigentümerin eines Miethauses werden.
3) Nach einem Zeitungsbericht erbt Dackel Waldi von seinem verstorbenen Besitzer eine Million!?
Dackel Waldi ist nicht rechtsfähig; an seiner Stelle kann eventuell der örtliche Tierschutzverein (juristische Person) erben.
Bei allen Beispielen hängt die Antwort also davon ab, wer Rechte und Pflichten hat, wer also rechtsfähig ist.

### Geschäftsfähigkeit

Wenn eine Person rechtsfähig ist, steht damit noch nicht fest, dass sie ihre Rechte auch selbst wahrnehmen, ihre Pflichten selbst erfüllen kann. Dazu muss sie rechtswirksam handeln, das heißt Rechtshandlungen oder Rechtsgeschäfte vornehmen können, sie muss also geschäftsfähig sein.

Geschäftsfähigkeit ist die Fähigkeit, sich durch Rechtsgeschäfte (zum Beispiel Verträge, Willenserklärungen) verpflichten zu können.

Geschäftsfähigkeit

Die Rechtsfähigkeit regelt, **wer** Rechte und Pflichten haben kann (zum Beispiel Eigentum), die Geschäftsfähigkeit bestimmt, wer die Rechte und Pflichten **selbst** ausüben kann, zum Beispiel über sein Eigentum selbst verfügen kann. Nach Alter und freier Willensbestimmung unterscheidet man drei Stufen der Geschäftsfähigkeit:

*Abbildung 5*

### Geschäftsunfähigkeit

Geschäftsunfähig sind:
- Kinder bis zur Vollendung des 7. Lebensjahrs
- Personen, die sich nicht nur vorübergehend in einem die freie Willensbestimmung ausschließenden Zustand krankhafter Störung der Geistestätigkeit befinden (natürliche Geschäftsunfähigkeit).

**Rechtsfolgen:**

*Nichtigkeit*

Ein Geschäftsunfähiger kann Rechtsgeschäfte selbst nicht schließen. Er braucht dazu einen gesetzlichen Vertreter. Gesetzlicher Vertreter ehelicher Kinder sind die Eltern, des nichtehelichen Kindes die Mutter, eines Vollwaisen der vom Vormundschaftsgericht bestellte Vormund. Ein Rechtsgeschäft, das mit einem Geschäftsunfähigen abgeschlossen wird, ist nichtig.

*Betreuer*

- Volljährige, die aufgrund körperlicher, geistiger oder seelischer Krankheiten oder Behinderungen ihre Angelegenheit ganz oder teilweise nicht mehr selbst besorgen können, werden nicht mehr entmündigt, sondern erhalten seit 1. 1. 1992 einen Betreuer.
Die Bestellung eines Betreuers hat nur dann die Geschäftsunfähigkeit zur Folge, wenn im Einzelfall die Voraussetzungen der natürlichen Geschäftsunfähigkeit (siehe oben) vorliegen.
Zur Abwendung von erheblichen Gefahren für die Person oder das Vermögen des Betreuten kann gerichtlich seine rechtliche Handlungsfähigkeit eingeschränkt werden. Dies kommt einer Beschränkung der Geschäftsfähigkeit des Betreuten gleich. Die Vorschriften über die beschränkte Geschäftsfähigkeit gelten dann entsprechend.

*Beschränkte Geschäftsfähigkeit*

### Beschränkte Geschäftsfähigkeit

Beschränkt geschäftsfähig sind:
- Minderjährige zwischen dem vollendeten 7. und dem vollendeten 18. Lebensjahr
- betreute Volljährige, für die gerichtlich ein Einwilligungsvorbehalt des Betreuers für bestimmte Handlungsbereiche (zum Beispiel Vermögensverfügungen) angeordnet wurde.

**Rechtsfolgen:**

> Der beschränkt Geschäftsfähige kann Rechtsgeschäfte (zum Beispiel Verträge) selbst abschließen. Rechtlich wirksam sind diese Rechtsgeschäfte, von Ausnahmen abgesehen, aber nur, wenn der gesetzliche Vertreter oder Betreuer vorher (Einwilligung) oder nachträglich (Genehmigung) zustimmt.

Rechtsgeschäfte

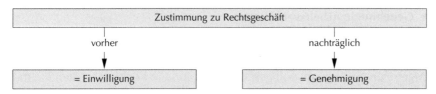

*Abbildung 6*

Stimmt der gesetzliche Vertreter dem Rechtsgeschäft zu (vorher oder nachträglich), ist das Rechtsgeschäft mit dem beschränkt Geschäftsfähigen rechtswirksam zustande gekommen.
Verweigert der gesetzliche Vertreter die Zustimmung, ist das Rechtsgeschäft unwirksam, das heißt nicht zustande gekommen.

**Beispiel:**

Ein 17-jähriger kauft ohne Wissen seiner Eltern ein Mofa. Das Mofa muss nur dann bezahlt werden, wenn die Eltern nachträglich ihre Genehmigung zu dem Kaufvertrag erteilen. Verweigern sie die Genehmigung, muss der Händler das Mofa zurücknehmen und kann weder vom Minderjährigen noch von den Eltern Bezahlung verlangen.
Die Wirksamkeit des Rechtsgeschäfts hängt von der Genehmigung des gesetzlichen Vertreters ab. Der Geschäftspartner des beschränkt Geschäftsfähigen kann den gesetzlichen Vertreter auffordern, das Rechtsgeschäft zu genehmigen. Äußert sich der gesetzliche Vertreter hierzu binnen 14 Tagen nicht, gilt dies als Ablehnung der Genehmigung. Das Rechtsgeschäft mit dem beschränkt Geschäftsfähigen kommt dann nicht zustande, der Schwebezustand ist beendet.

**Ausnahmen:**
Eine strenge Anwendung der Vorschriften über die beschränkte Geschäftsfähigkeit würde den Bedürfnissen des praktischen Lebens nicht gerecht. Vorgesehen sind daher im Gesetz einige typische Rechtsgeschäfte des täglichen Lebens, zu denen die Zustimmung des gesetzlichen Vertreters nicht erforderlich ist. Dies gilt für

- **Taschengeldrechtsgeschäfte**

Taschengeld

**Beispiel:**

Kauf einer HiFi-Anlage, wenn der gesetzliche Vertreter die Mittel hierzu dem Minderjährigen zur freien Verfügung überlassen hat (Taschengeld, Lohn des minderjährigen Gesellen). Voraussetzung ist, dass der Kaufgegenstand bar bezahlt wird.

Für Teil- oder Abzahlungskäufe braucht der beschränkt Geschäftsfähige jedoch immer die Zustimmung seines gesetzlichen Vertreters, auch wenn die Raten mit Taschengeld bezahlt werden könnten.

*Vorteilhafte Rechtsgeschäfte*

- **Vorteilhafte Rechtsgeschäfte**

**Beispiel:**

Der Minderjährige erlangt durch ein Rechtsgeschäft einen nur rechtlichen Vorteil, ohne gleichzeitig Verpflichtungen übernehmen zu müssen (zum Beispiel die Annahme eines Geldgeschenkes).

*Genehmigte Arbeitsverhältnisse*

- **Genehmigte Arbeitsverhältnisse**

**Beispiel:**

Der Minderjährige hat mit Zustimmung seiner Eltern ein Arbeitsverhältnis angetreten. Er ist damit voll geschäftsfähig für alle Rechtsgeschäfte, die mit dem Arbeitsverhältnis zusammenhängen, das heißt er kann den Lohn in Empfang nehmen, aber auch das Arbeitsverhältnis kündigen. Die Eltern können allerdings die mit der Zustimmung gegebene Vollmacht wieder zurücknehmen oder einschränken.

*Genehmigte Erwerbsgeschäfte*

- **Genehmigte Erwerbsgeschäfte**

**Beispiel:**

Ermächtigen die Eltern mit Genehmigung des Vormundschaftsgerichts den Minderjährigen zum selbstständigen Betrieb eines Bodenlegergewerbes, darf er alle damit zusammenhängenden Liefer-, Werk-, Dienst- oder Mietverträge rechtswirksam selbst abschließen.

*Volle Geschäftsfähigkeit*

Volle Geschäftsfähigkeit

Voll geschäftsfähig sind alle volljährigen Personen. Deutsche Staatsangehörige sind mit Vollendung des 18. Lebensjahres volljährig. Für Ausländer, die sich in Deutschland aufhalten (zum Beispiel Gastarbeiter), gelten die Vorschriften über die Volljährigkeit ihres Heimatlandes.

**Rechtsfolgen:**

*Rechtsgeschäfte*

Rechtsgeschäfte, die ein voll Geschäftsfähiger abschließt, sind rechtswirksam. Alle Rechte und Pflichten hieraus wirken für und gegen ihn.

**Beispiel:**

Ein voll Geschäftsfähiger
- kann alle Rechtsgeschäfte, das heißt auch alle Verträge selbst abschließen
- kann Beruf, Arbeitsplatz, Aufenthaltsort frei wählen
- kann über sein Einkommen und Vermögen frei verfügen
- kann wählen und gewählt werden (zum Beispiel Bundestag)
- muss aber auch alle Verpflichtungen aus seinen Rechtsgeschäften selbst erfüllen.

## 3.1.2 Allgemeiner Teil des Bürgerlichen Gesetzbuches

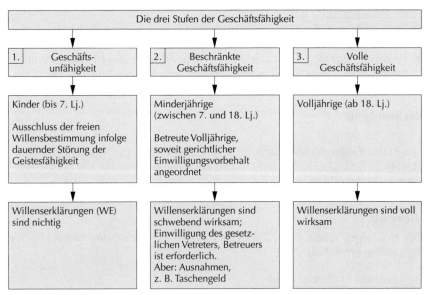

*Abbildung 7*

### Deliktsfähigkeit

Die Deliktsfähigkeit ist eine Unterart der Handlungsfähigkeit. Während die Geschäftsfähigkeit abgrenzt, wer Rechte und Pflichten aus der Abwicklung von **rechtlichen** Handlungen (Rechtsgeschäften, Verträgen) zu tragen hat, regelt die Deliktsfähigkeit, wer aus **unerlaubten** Handlungen (Delikten) zivilrechtlich den Schaden zu tragen hat.

*Deliktsfähigkeit*

**Beispiel:**

Anlässlich einer Dachreparatur fällt infolge grober Unachtsamkeit ein Hammer auf ein ordnungsgemäß vor dem Haus geparktes Auto, dessen Frontscheibe zerstört wird. Der Verursacher ist schadenersatzpflichtig.

Deliktsfähigkeit ist die Fähigkeit, sich durch unerlaubte Handlungen zu verpflichten.

*Begriff*

Je nach Alter und besonderen Umständen unterscheidet man drei Stufen der Deliktsfähigkeit.

*Abbildung 8*

## Deliktsunfähigkeit

**Deliktsunfähigkeit**

Deliktsunfähig sind:
- Kinder bis zur Vollendung des 7. Lebensjahrs
- Personen, die sich nicht nur vorübergehend in einem die freie Willensbestimmung ausschließenden Zustand krankhafter Störung der Geistestätigkeit befinden (Geisteskranke = natürlich Geschäftsunfähige).

**Rechtsfolgen:**

> Deliktsunfähige haften nicht für den Schaden, den sie anderen zufügen. Unter Umständen haftet jedoch der gesetzliche Vertreter bei Verletzung der Aufsichtspflicht.

**Beispiel:**

Ein 6-jähriger spielt mit Zündhölzern. Die Werkstatt des benachbarten Schreiners brennt ab.

## Beschränkte Deliktsfähigkeit

**Beschränkte Deliktsfähigkeit**

Beschränkt deliktsfähig sind:
- Minderjährige zwischen vollendetem 7. und 18. Lebensjahr
- Taubstumme.

**Rechtsfolgen:**

> Beschränkt Deliktsfähige haften für den verursachten Schaden nur, wenn sie bei Begehung der unerlaubten Handlung die zur Erkenntnis ihrer Verantwortlichkeit erforderliche Einsicht hatten. Unter Umständen haftet der gesetzliche Vertreter bei Verletzung der Aufsichtspflicht.

**Beispiel:**

Ein 13-jähriger schießt mit einem Pfeil einem Spielkameraden ein Auge aus. Die Eltern hatten ständig gewarnt und wiederholt Pfeil und Bogen weggesperrt. Der Sohn hatte sich beides außer Haus neu besorgt.

## Volle Deliktsfähigkeit

**Volle Deliktsfähigkeit**

Voll deliktsfähig sind:
- alle Personen ab Vollendung des 18. Lebensjahres, sofern sie geschäftsfähig sind.

**Rechtsfolgen:**

> Voll Deliktsfähige sind für die Folgen ihrer unerlaubten Handlungen voll verantwortlich.

*3.1.2 Allgemeiner Teil des Bürgerlichen Gesetzbuches*

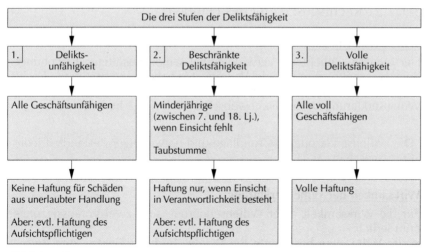

*Abbildung 9*

## **Lebensalter und Recht – Wechselwirkungen**

| Lebens-jahre | |
|---|---|
| 6. | Schulpflichtbeginn |
| 7. | Beschränkte Geschäftsfähigkeit · beschränkte Deliktsfähigkeit |
| 14. | Volle Religionsmündigkeit · bedingte Strafmündigkeit |
| 16. | Beschränkte Testierfähigkeit · Pflicht zum Besitz eines Personalausweises Ehefähigkeit · Erwerb der Fahrerlaubnis Klasse $A_1$, L, M und T möglich |
| 18. | Volljährigkeit · volle Geschäfts- und Testierfähigkeit · volle Deliktsfähigkeit Ehemündigkeit · aktives und passives Wahlrecht zum Bundestag und zu Landes-parlamenten · Strafmündigkeit als Heranwachsender · Erwerb der Fahrerlaubnis Klasse $A_{stufenweise}$, B, C, $C_1$, BE, CE und C1E möglich |
| 21. | Volle strafrechtliche Verantwortlichkeit als Erwachsener Erwerb der Fahrerlaubnis Klasse D, $D_1$, DE und D1E möglich |
| 25. | Adoptionsfähigkeit · Befähigung zum Schöffenamt, zum Richter beim Arbeits-, Sozialgericht ehrenamtlich |
| 30. | Befähigung zum Amt des Handelsrichters · Befähigung zum ehrenamtlichen Richter beim Verwaltungs- und Finanzgericht |
| 40. | Befähigung zum Amt des Bundespräsidenten |
| 45. | Ende der Wehrpflicht für Mannschaftsgrade im Frieden |
| 50. | Ende der Wehrpflicht für Offiziere und Unteroffiziere Ende der Wehrpflicht für alle im Verteidigungsfall Vorzeitiges Altersruhegeld in der Rentenversicherung für Frauen, Schwerbehinderte, bei Berufs- und Erwerbsunfähigkeit |
| 63. | Vorzeitiges Altersruhegeld auf Antrag |
| 65. | Altersruhegeld in der Rentenversicherung Altersgrenze für Beamte und Richter |

*Abbildung 10*

### 3.1.2.2 Rechtsgeschäftliches Handeln

**Willenserklärungen**

*Inhalt und Ziel*

Der Mensch schließt zur Verwirklichung seiner vielfältigen Beziehungen Rechtsgeschäfte, zum Beispiel Verträge. Sie haben eine bestimmte Rechtsfolge zum Ziel. Rechtsgeschäfte bestehen daher aus einer oder mehreren Willenserklärungen, die die gewünschte Rechtsfolge herbeiführen.

> Die Willenserklärung ist Grundlage und notwendiger Bestandteil jedes Rechtsgeschäfts.

**Wirksamkeit der Willenserklärung**

*Wirksamkeit*

Für die Wirksamkeit einer Willenserklärung sind zwei Voraussetzungen erforderlich:
- **der Wille, eine bestimmte Rechtsfolge herbeizuführen,** zum Beispiel Anschaffung eines Pkws
- **Erklärung des Willens,** zum Beispiel: Ich will einen Pkw kaufen. Die Erklärung kann ausdrücklich oder durch schlüssiges Verhalten erfolgen.

**Arten von Rechtsgeschäften**

Je nach der Anzahl der beteiligten Willenserklärungen unterscheiden wir:

*Einseitige Rechtsgeschäfte*
- **Einseitige Rechtsgeschäfte,** das heißt, es genügt eine Willenserklärung zur Wirksamkeit des Rechtsgeschäfts, zum Beispiel Errichtung eines Testaments. In manchen Fällen ist der Empfang der Willenserklärung zu ihrer Wirksamkeit erforderlich, zum Beispiel Kündigung.

*Mehrseitige Rechtsgeschäfte*
- **Mehrseitige Rechtsgeschäfte,** das heißt, zwei oder mehrere übereinstimmende Willenserklärungen machen das Rechtsgeschäft wirksam. Typisches Beispiel: Verträge.

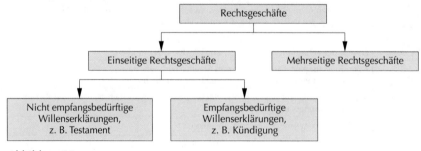

*Abbildung 11*

**Vertretung und Vollmacht**

*Stellvertretung*

In der Regel handelt der Mensch rechtsgeschäftlich in eigener Person (Ausnahmen: Geschäftsunfähige etc.). Bei den meisten Rechtsgeschäften kann man sich aber auch vertreten lassen. Der Vertreter gibt in diesem Fall die Willenserklärung für den Vertretenen ab oder nimmt diese entgegen. Die Rechtsfolgen treffen allein den Vertretenen.

Die Bestellung zum Vertreter erfolgt durch Erteilung einer mündlichen oder schriftlichen Vollmacht. Sie wirkt nur im erteilten Umfang und ist jederzeit widerruflich.

*Bestellung zum Vertreter*

**Beispiel:**
Das Zustandekommen eines Kaufvertrags durch Vollmacht

*Abbildung 12*

Der Vertreter wird aus dem Rechtsgeschäft selbst verpflichtet, wenn er nicht als Vertreter auftritt bzw. dies aus den Umständen nicht erkennbar wird. Gleiches gilt, wenn er ohne Vollmacht im Namen eines anderen einen Vertrag schließt.

*Vertretung ohne Vertretungsmacht*

### 3.1.3 Vertragsrecht

#### 3.1.3.1 Allgemeines Vertragsrecht

Das Schuldrecht des BGB (insbes. Leistungsstörungs-, Kauf- und Werkvertragsrecht) wurde mit Rücksicht auf EU-Richtlinien umfassend reformiert. Für einschlägige Neuverträge gilt ab 1.1.2002 das in dieser Auflage dargestellte neue Recht. Auf die bis 31.12.2001 entstandenen Schuldverhältnisse ist die in der 40. Auflage dargestellte Rechtslage weiter anzuwenden. Für alte Dauerschuldverhältnisse (z. B. Teillieferungsverträge) gilt ab 1.1.2003 neues Recht.

**Vertragsfreiheiten**
Das deutsche Vertragsrecht geht von drei grundsätzlichen Freiheiten aus:
- **Abschlussfreiheit,** das heißt die Parteien bestimmen, mit wem sie einen Vertrag schließen wollen.
- **Inhaltsfreiheit,** das heißt die Parteien legen, von wenigen Ausnahmen abgesehen, den Inhalt eines Vertrages nach ihren Vorstellungen fest.
- **Formfreiheit,** das heißt die Parteien entscheiden, von gesetzlichen Formvorschriften (z. B. Schriftform, bzw. wo gesetzlich zugelassen, elektronische Form, Textform, notarielle Beglaubigung oder Beurkundung) abgesehen, frei über die Form des Vertragsabschlusses.

*Vertragliche Freiheiten*

*Abbildung 13*

### Allgemeine Geschäftsbedingungen

Treffen die Parteien bei Abschluss eines Vertrages, wie meist, keine Einzelabreden, gelten die Regeln des BGB, die die Interessen der Vertragspartner angemessen wahren. Will eine Partei davon abweichen, wird sie bestrebt sein, eigene Vertragsregeln (Allgemeine Geschäftsbedingungen) zur Vertragsgrundlage zu machen.

**Beispiel:**
Der Verkäufer strebt günstigere Bedingungen zur Kaufpreiszahlung, zur Haftung oder zu den Lieferfristen an.

*Vertragsbedingungen*
- AGB sind alle für eine Vielzahl von Verträgen vorformulierten Vertragsbedingungen, die eine Vertragspartei (Verwender) der anderen bei Abschluss eines Vertrages einseitig auferlegt.
- AGB liegen dann nicht vor, wenn die Vertragsbedingungen zwischen den Parteien im Einzelnen ausgehandelt werden.

Voraussetzungen für die Gültigkeit von AGB

*Anwendungsvoraussetzungen*
- Der Verwender muss den anderen Vertragsteil ausdrücklich oder durch sichtbaren Aushang auf die AGB hinweisen; AGB müssen klar und verständlich sein (Transparenzgebot).
- Der andere Vertragsteil muss die Möglichkeit haben, in zumutbarer Weise von den AGB Kenntnis zu nehmen.
- Der andere Vertragsteil muss mit den AGB erkennbar einverstanden sein, zum Beispiel durch Unterschrift.

Liegen alle drei Voraussetzungen für die Gültigkeit von AGB vor, werden die AGB Bestandteil des geschlossenen Vertrages.

Schutzbestimmungen bei Anwendung von AGB:
Weil AGB in der Regel das Gleichgewicht zwischen den Vertragsparteien verändern, enthalten die im BGB integrierten Regelungen der AGB einige Bremsen und Verbote:
- **Überraschende Klauseln,** mit denen der andere Teil nicht rechnen muss, werden nicht Vertragsbestandteil.
- **Unklar abgefasste Klauseln** sind im Zweifel zugunsten des anderen Teils auszulegen.
- **Gegen Treu und Glauben benachteiligende Klauseln** sind unwirksam.

*Verbotene AGB-Klauseln*
- **Verboten** und damit unwirksam sind **ca. 20 Klauseln,** unter anderem folgende:
    - der Vorbehalt einer unangemessen langen oder einer nicht genügend bestimmten Frist für die Annahme oder Ablehnung eines Angebots oder für die Erbringung einer Leistung
    - der Vorbehalt einer zu langen oder zu unbestimmten Nachfrist beim Verzug des Lieferanten
    - der Vorbehalt eines Rücktrittsrechts des Verwenders der AGB, sofern der Rücktritt nicht sachlich gerechtfertigt ist
    - der Vorbehalt des Verwenders, die versprochene Leistung zu ändern, sofern die Änderung dem Kunden nicht zugemutet werden kann

## 3.1.3 Vertragsrecht

- der Vorbehalt des Verwenders, die Preise auch für solche Waren und Leistungen zu erhöhen, die binnen vier Monaten nach Vertragsabschluss geliefert oder erbracht werden sollen
- der Ausschluss oder die Begrenzung der Haftung bei Verletzung von Leben, Körper, Gesundheit und bei grobem Verschulden des Verwenders
- der Ausschluss des Rücktrittsrechts des Kunden bei vom Verwender zu vertretenden Pflichtverletzungen
- der Ausschluss von Mängelansprüchen bei Kaufverträgen über die Lieferung neuer Sachen und bei Werkverträgen sowie die Vereinbarung einer kürzeren als der gesetzlichen Mängelrügefrist und der gesetzlichen Mängelverjährungsfristen (Ausnahme: die Fristen der insgesamt vereinbarten VOB).

- Der Inhaltskontrolle unterworfen sind solche AGB, die den Vertragspartner entgegen Treu und Glauben unangemessen benachteiligen indem sie von einer gesetzlichen Regelung abweichen oder diese ergänzen, oder indem sie gegen das Gebot der Klarheit und Verständlichkeit verstoßen.
- Gleiches gilt für Verträge zwischen Verbrauchern und Unternehmern **(Verbraucherverträge),** deren Klauseln **von einem Dritten** (z. B. Makler, Notar, Rechtsanwalt) ohne Einflussmöglichkeit durch den Verbraucher **vorformuliert** wurden, auch wenn sie nur einmal verwendet werden.

Schutzmaßnahmen gegen rechtswidrige AGB:

- Verbraucherverbände, Handwerkskammern, Industrie- und Handelskammern oder Innungen können den Verwender auf Unterlassung und Widerruf verklagen.
- Der Betroffene kann vor Gericht die Unwirksamkeit einer Klausel in seinem speziellen Fall klären lassen.

*Gerichtliche Schutzmaßnahmen*

> Einzeln ausgehandelte Verträge haben Vorrang vor AGB.
>
> In **Einzel**verträgen kann grundsätzlich alles vereinbart werden, auch wenn es bei Verwendung als AGB rechtswidrig wäre. Grenzen sind in diesem Fall die allgemeinen gesetzlichen Verbote und die guten Sitten.
>
> Ein Vertrag bleibt, auch wenn AGB ganz oder teilweise unwirksam sind, im Übrigen wirksam, es sei denn, das Festhalten am Vertrag ist für eine Partei unzumutbar (siehe oben).

### Zustandekommen eines Vertrages

> Ein Vertrag kommt durch zwei Willenserklärungen zustande: Angebot (auch Antrag, Offerte) und Annahme. Voraussetzung ist, dass die Willenserklärungen inhaltlich übereinstimmen.

*Angebot und Annahme*

Erfolgt die Annahme unter Änderungen oder Einschränkungen, gilt das Angebot als abgelehnt, verbunden gleichzeitig mit einem neuen Angebot.

## Zustandekommen eines Vertrages

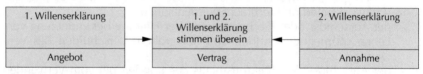

*Abbildung 14*

Kein Angebot im Sinne eines Vertragsabschlusses sind Werbung, Prospekte, Zeitungsanzeigen, Kataloge, Schaufensterauslagen etc.

Werbung

> Sie gelten im Rechtssinne als Aufforderung an einen unbestimmten Kundenkreis, seinerseits dem Anbietenden ein Angebot zum Beispiel zum Kauf des beworbenen Gegenstandes zu unterbreiten.

### Bindung an das Angebot

Hat der Anbieter sein Angebot zeitlich befristet, kann die Annahme nur innerhalb der Frist erfolgen. Danach erlischt das Angebot.

Bindungswirkung

Ist das Angebot zeitlich nicht befristet, kommt es für die Bindungswirkung auf den Adressaten an:
- Ein Angebot **unter Anwesenden** kann nur sofort angenommen werden. Als solches gilt auch ein telefonisches Angebot. Schweigen gilt als Ablehnung.
- Ein Angebot **unter Abwesenden** (zum Beispiel schriftlich) bindet den Anbieter so lange, wie er mit einer Antwort üblicherweise rechnen kann. Beförderungs- und Überlegungsfristen sind zu berücksichtigen. Eine zeitliche Befristung des Angebots vermeidet Differenzen.

Bindung eines zeitlich nicht befristeten Angebots

*Abbildung 15*

### 3.1.3 Vertragsrecht

Erlöschen der Bindungswirkung des Angebots

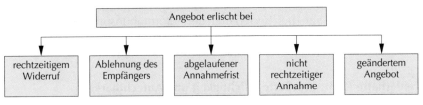

Abbildung 16

Besonderheiten beim kaufmännischen Bestätigungsschreiben:

Ausnahmsweise kommt ein Vertrag auch dann zustande, wenn Angebot und Annahme nicht übereinstimmen.

Bestätigungsschreiben

**Beispiel:**
Zwei Kaufleute stehen in Geschäftsbeziehungen zueinander. Einer bestellt (Angebot) mündlich eine Maschine zum Preis von 5.000,00 EUR, Zahlungsziel drei Monate nach Lieferung. Der Lieferant bestätigt (Annahme) dem Besteller schriftlich die telefonische Absprache, lässt aber das Zahlungsziel weg (so genanntes kaufmännisches Bestätigungsschreiben). Der Kaufpreis wird sofort nach Lieferung fällig.

Die rechtliche Wirkung des inhaltlich abweichenden kaufmännischen Bestätigungsschreibens kann nur vermieden werden, wenn der Besteller der Änderung der telefonischen Absprache sofort widerspricht.

Elektronischer Geschäftsverkehr (Informationspflichten)

Dabei wird ein gewerblicher Vertrag über Waren und Dienstleistungen unter Einsatz elektronischer Kommunikationsmittel (z.B. Internet, nicht Telefon, Rundfunk- und Telekommunikation) geschlossen.

- Neben den **allgemeinen** Informationspflichten (Name, Anschrift, Kontaktadresse, Preise, Kosten usw.) hat der Unternehmer den Kunden (Verbraucher und Unternehmer) **vor** Abschluss des Vertrages zu **informieren** über
  - die technischen Mittel des Vertragsabschlusses (z.B. Ablauf, Speicherung, Korrektur, Sprache)
  - die vom Anbieter verwendeten Verhaltensrichtlinien.
- **Nach** Vertragsschluss hat er dem Kunden
  - die Vertragsbedingungen in abrufbarer und wiedergabefähiger Form zur Verfügung zu stellen (Vertragstext, AGB)
  - den Eingang der Bestellung dem Kunden unverzüglich auf elektronischem Weg zu bestätigen. Sobald Bestellung und Bestätigung im Internet der jeweiligen Partei abruffähig sind, gelten sie als zugegangen, sind damit wirksam.

- Von den Informationspflichten kann zu Lasten des Kunden nicht abgewichen werden.
- Der Kunde kann bei Verletzung der Informationspflichten je nach Falllage Nachunterrichtung, Schadenersatz oder Unterlassung verlangen, oder wegen Erklärungsirrtum den Vertrag anfechten.

### Fehlerhafte Rechtsgeschäfte (Nichtigkeit und Anfechtbarkeit)

*Fehlerhafte Rechtsgeschäfte*

Rechtsgeschäfte, das heißt einseitige oder mehrseitige Willenserklärungen, werden in der Regel geschlossen, um rechtliche Wirkungen zu erzielen. Dabei können den Handelnden Fehler unterlaufen, die Nichtigkeit oder Anfechtbarkeit des Rechtsgeschäfts zur Folge haben.

Der Charakter von Rechtsgeschäften

*Abbildung 17*

### Nichtige Rechtsgeschäfte

*Wirkungen der Nichtigkeit*

Ein nichtiges Rechtsgeschäft entwickelt keine Rechtswirksamkeit. Es ist von Anfang an unwirksam. Jeder kann sich darauf berufen. Die Berufung auf die Nichtigkeit ist an keine Frist gebunden.

Nichtigkeitsgründe bei Rechtsgeschäften

*Abbildung 18*

**Beispiel:**

zu 2.: Vertrag mit einem beschränkt Geschäftsfähigen, wenn kein Ausnahmefall, zum Beispiel Taschengeldprivileg, vorliegt, oder die Zustimmung des gesetzlichen Vertreters fehlt.

zu 3.: Beurkundung eines Grundstückskaufvertrages mit einem niedrigeren Kaufpreis als der Käufer tatsächlich bezahlt.
zu 4.: Der Kauf eines Grundstücks wird nicht notariell, sondern nur schriftlich abgeschlossen.
zu 5.: Vertrag zum illegalen Erwerb von Rauschgift.
zu 6.: Ein Unternehmer verkauft seinen Betrieb, tatsächlicher Wert 50.000,00 EUR, an einen unerfahrenen jungen Kollegen für 100.000,00 EUR.

Anfechtbare Rechtsgeschäfte

> Ein anfechtbares Rechtsgeschäft wird erst mit der Erklärung der Anfechtung nichtig. Nur der Berechtigte kann gegenüber dem Anfechtungsgegner anfechten. Die Anfechtung kann nur binnen der im Gesetz vorgesehenen Anfechtungsfrist erklärt werden.

Wirkungen

Gründe und Fristen zur Anfechtung eines Rechtsgeschäfts

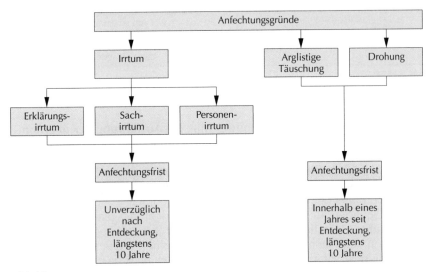

Abbildung 19

**Beispiel:**
- Erklärungsirrtum: Ein Bäcker bestellt monatlich 30 Sack Mehl. Er verschreibt sich und bestellt stattdessen 300 Sack Mehl. Er kann unverzüglich, das heißt ohne schuldhaftes Zögern, anfechten. Der Lieferant muss 270 Sack Mehl zurücknehmen, die unnötigen Transportkosten trägt der irrende Bäcker.
- Sachirrtum: Der Handwerker mietet einen Werkstattraum zum Lagern von empfindlichen Waren. Später stellt sich heraus, dass dies wegen Feuchtigkeit des Raumes nicht möglich ist. Er kann unverzüglich anfechten.

- Personenirrtum: Ein Fabrikant, der sich als zahlungsfähig ausgibt, erteilt einem Handwerker einen Auftrag, eine teure Maschine zu bauen. Tatsächlich ist der Fabrikant bereits zahlungsunfähig. Der Handwerker hat sich über eine wesentliche Eigenschaft seines Auftraggebers geirrt, er kann unverzüglich anfechten.

*Motivirrtum*

Der so genannte Motivirrtum (Irrtum im Beweggrund), zum Beispiel Kalkulationsirrtum, berechtigt nicht zur Anfechtung.

### Haftung für Erfüllungs- und Verrichtungsgehilfen

Meist setzt der Handwerker bei der Ausführung von vertraglich übernommenen Arbeiten (zum Beispiel Werkverträgen) seine Arbeitnehmer ein. Entsteht dabei ein Schaden, ist zwischen Erfüllungs- und Verrichtungsgehilfen zu unterscheiden:

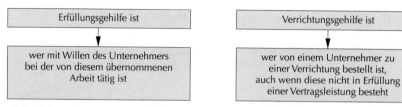

*Abbildung 20*

*Haftung des Unternehmers*

- Für Schäden, die der Erfüllungsgehilfe **bei Ausführung der übernommenen Arbeit** verursacht, haftet der Unternehmer seinem Vertragspartner (Kunden) wie für eigenes Verschulden.
- Für Schäden, die der Erfüllungs- oder Verrichtungsgehilfe (zum Beispiel Geselle) **bei Arbeiten** verursacht, **die er auf eigene Faust ausführt**, haftet der Geselle, nicht der Unternehmer.
- Für Schäden, die der Erfüllungs- oder Verrichtungsgehilfe **infolge unerlaubter Handlungen** anlässlich der Ausführung übernommener Arbeiten verursacht, haftet der Unternehmer nur, wenn er bei der Auswahl des Mitarbeiters nicht die im Geschäftsverkehr erforderliche Sorgfalt beachtet hat.

### Erfüllungsort, Erfüllungszeit, Verzug

Für die erfolgreiche Abwicklung eines Vertrages ist von grundlegender Bedeutung, wo (Ort) und wann (Zeit) die Lieferung oder Leistung zu erfolgen hat. Ist hierzu vertraglich nichts vereinbart, gilt die gesetzliche Regelung.

#### Erfüllungsort

*Erfüllungsort*

Gesetzlicher Erfüllungsort ist der Ort, an dem der Schuldner seinen Wohnsitz oder seine gewerbliche Niederlassung hat. Das Gericht dieses Orts ist für Klagen gegen den Schuldner zuständig.

### 3.1.3 Vertragsrecht

Im Übrigen gilt:
- **Sach-(Waren-)schulden** sind Holschulden, das heißt der Gläubiger muss sie beim Schuldner holen.  *Holschulden*
- **Geldschulden** sind Bringschulden bzw. Schickschulden, das heißt der Schuldner muss dem Gläubiger geschuldetes Geld bringen oder auf seine Kosten schicken.  *Bringschulden*
- Ein **Versendungskauf** liegt vor, wenn der Sach-(Waren-)schuldner die verkaufte Sache auf Verlangen des Gläubigers (Käufers) nach einem anderen Ort als dem Erfüllungsort (Wohnsitz des Schuldners) versendet.  *Versendungskauf*
  Mit Übergabe an den Spediteur (Bahn, Post etc.) hat der Schuldner seine Verpflichtung erfüllt, der Gläubiger trägt die Kosten und die Transportgefahr. Anweisungen des Gläubigers hat der Schuldner zu befolgen. Abweichende Vereinbarungen sind möglich, zum Beispiel „frei Haus", das heißt der Schuldner trägt die Versandkosten, der Gläubiger die Transportgefahr.

*Abbildung 21*

Erfüllungszeit:

> Gesetzliche Erfüllungszeit:
> Fehlt eine Vereinbarung, kann der Gläubiger die Lieferung/Leistung sofort verlangen, der Schuldner sie sofort bewirken.

*Erfüllungszeit*

Der Vertrag ist Zug um Zug, das heißt „hier Ware/Leistung – hier Geld" zu erfüllen. Jede Vertragspartei ist sowohl Gläubiger als auch Schuldner.

**Beispiel:**
Der Käufer einer Ware ist verpflichtet, diese abzunehmen (Gläubigerpflicht) und den Kaufpreis zu bezahlen (Schuldnerpflicht). Der Verkäufer einer Ware ist verpflichtet, diese zu übergeben (Schuldnerpflicht) und den Kaufpreis anzunehmen (Gläubigerpflicht).

> Erfüllt eine Partei (Käufer/Verkäufer) eine Schuldnerpflicht nicht, kommt sie in Leistungsverzug des Schuldners.
> Erfüllt eine Partei (Käufer/Verkäufer) eine Gläubigerpflicht nicht, kommt sie in Annahmeverzug des Gläubigers.
> Beides hat für den, der sich in Verzug befindet, nachteilige Folgen.

## Verzug

Leistungsverzug

### Leistungsverzug bei Schuldnerverpflichtung

Erfüllt der Schuldner seine Verpflichtung zur Leistung nicht oder nicht rechtzeitig, kommt er in Verzug.

Abbildung 22

### Beispiel:

Der Handwerker hat eine Maschine gekauft, die am 1. 7. geliefert werden muss. Liefert der Verkäufer nicht spätestens am 1. 7., ist er am 2. 7. in Verzug. Eine Mahnung ist nicht erforderlich. Üblich ist wiederholte Mahnung.

### Variante:

War kein Kalendertermin für die Lieferung bestimmt, kommt der Verkäufer z. B. mit der ersten Mahnung des Handwerkers in Verzug. Aus Beweisgründen sollte die Mahnung schriftlich erfolgen.

### Rechtsfolgen bei Nichterfüllung einer Geldforderung

Abbildung 23

## 3.1.3 Vertragsrecht

**Rechtsfolgen bei Nichterfüllung einer sonstigen Verpflichtung**

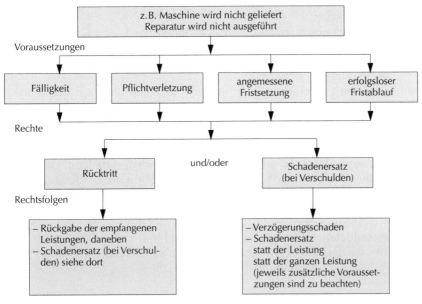

Abbildung 24

- **Allgemein:**
  - Der Anspruch des Gläubigers auf Lieferung/Leistung muss fällig sein.
  - Unter einer Pflichtverletzung ist jeder Verstoß gegen eine vertragliche oder gesetzliche Pflicht zu verstehen, auch Leistungsverzögerung.
  - Der Erfüllungsanspruch hat Vorrang vor Rücktritt und Schadenersatz.
  - Es ist daher zunächst grundsätzlich eine angemessene Frist zur Erfüllung der Leistung zu setzen. Entbehrlich ist die Fristsetzung bei einem Fixgeschäft, bei definitiver Leistungsverweigerung des Schuldners, oder wegen besonderer Umstände unter Abwägung der Parteiinteressen.
  - Erst mit der Erklärung des Rücktritts oder der Forderung von Schadenersatz erlischt der Anspruch auf Erfüllung der Leistung.
- **Rücktritt:**
  - Nur erhebliche Pflichtverletzungen berechtigen zum Rücktritt.
  - Die Parteien haben bereits empfangene Leistungen zurückzugeben. Ist dies nicht möglich, ist der jeweilige Wert zu ersetzen. In Ausnahmefällen entfällt der Wertersatz.
  - Neben dem Rücktritt kann der Gläubiger auch einen vom Schuldner zu verantwortenden Verzögerungsschaden fordern (z.B. Ersatz vergeblicher Aufwendungen, entgangener Gewinn usw.).

- **Schadenersatz:**
  - Schadenersatz kann auch bei unerheblichen Pflichtverletzungen gefordert werden.
  - Die Schadenersatzpflicht trifft den Schuldner nur, wenn er für die Pflichtverletzung verantwortlich (Vorsatz und Fahrlässigkeit) ist. Beruft sich der Schuldner darauf, nicht verantwortlich zu sein, muss er dies im Streitfall beweisen.
  - Bleibt die Lieferung (z.B. Maschine) oder Leistung (z.B. Reparatur) gänzlich aus, kann der Gläubiger statt der Leistung Schadenersatz fordern (z.B. Produktionsausfall, Ersatz einer Vertragsstrafe, fehlgeschlagenes Folgegeschäft, siehe auch Rücktritt).
  - Dies gilt grundsätzlich auch, wenn an Stelle der geschuldeten Leistung nur Teile davon erbracht werden. Schadenersatz kann dann nur für die ausgebliebenen Teile der Leistung gefordert werden, z.B. die gelieferte, funktionsfähige Maschine war nicht vollständig (kleiner Schadenersatz). Ist allerdings die Pflichtverletzung in diesem Fall erheblich und erfordert das Interesse des Gläubigers die Erfüllung der geschuldeten Leistung (komplette Maschine) durch den Schuldner, kann der Gläubiger im Ausnahmefall Schadenersatz statt der ganzen Leistung verlangen (großer Schadenersatz).

## Zurückbehaltungsrecht

*Zurückbehaltungsrecht*

Es gibt Fälle, in denen jeder Partner eines Rechtsverhältnisses (zum Beispiel eines Vertrages) vom anderen etwas fordern kann, diesem aber zugleich etwas schuldet. Besondere Beispiele hierfür sind gegenseitige Verträge wie der Kaufvertrag, der Werkvertrag und der Mietvertrag. Aus einem gegenseitigen Vertrag sollen grundsätzlich beide Seiten gleichzeitig leisten. Es wäre unbillig, wenn ein Vertragspartner zur Leistung gezwungen werden könnte, obgleich der andere nicht zugleich auch leistet.

*Voraussetzungen*

Schutz gegen eine einseitige Vorleistungspflicht bietet das gesetzliche Zurückbehaltungsrecht.
Das Zurückbehaltungsrecht ist an folgende Voraussetzungen geknüpft:
- Fälligkeit der Gegenleistung und
- ein innerer natürlicher wirtschaftlicher Zusammenhang der Ansprüche.

Liegen diese Voraussetzungen vor, ist der Schuldner berechtigt, die geschuldete Gegenleistung zu verweigern, bis die ihm gebührende Leistung bewirkt ist.

**Beispiel:**

Ein Hersteller beliefert einen Handwerker, mit dem er in ständiger Geschäftsverbindung steht, fortlaufend mit Waren. Hat der Handwerker bereits gelieferte Waren aus früheren Verträgen noch nicht bezahlt, kann der Hersteller die aus dem letzten Vertrag geschuldeten Warenlieferungen zurückhalten.

*Einrede*

Das Zurückbehaltungsrecht gibt dem Schuldner nur eine Einrede, das heißt es wird nur beachtet, wenn es der Schuldner geltend macht.

Wird die Einrede in einem Prozess erhoben, erfolgt die Verurteilung zur Leistung „Zug um Zug" gegen Empfang der Gegenleistung.
Das Zurückbehaltungsrecht kann gesetzlich, durch Vereinbarung, aus der Natur des Schuldverhältnisses oder nach Treu und Glauben ausgeschlossen sein.

*Ausschluss*

**Beispiel:**
Wer selbst vertragsuntreu oder vertraglich vorleistungspflichtig ist, oder wer für seinen Gegenanspruch ausreichend Sicherheiten besitzt, hat kein Zurückbehaltungsrecht. Ausgeschlossen ist dieses auch bei Arbeitspapieren, Reisepässen, Führerscheinen, Krankenunterlagen.

### Quittung

> Die Quittung bestätigt die Bezahlung einer Schuld. Sie ist Beweismittel für die Erfüllung.

Auf Verlangen muss der Gläubiger eine schriftliche Quittung ausstellen. Die Bezahlung an den Überbringer einer Quittung befreit den Schuldner ebenso wie die Bezahlung an den Gläubiger.

*Anspruch auf Quittung*

**Beispiel:**
Der Meister schickt den Lehrling nach durchgeführtem Auftrag mit der Quittung zum Kunden. Der Kunde zahlt und erhält die Quittung. Der Lehrling veruntreut das Geld. Der Meister kann nur vom Lehrling, nicht erneut vom Kunden Zahlung verlangen.

### Forderungsabtretung

Eine Forderung kann vom Gläubiger an einen anderen abgetreten werden. Dieser ist dann neuer Gläubiger des Schuldners. Der Schuldner kann vom Zeitpunkt der Kenntnis der Abtretung eine Zahlung mit befreiender Wirkung nur noch an den neuen Gläubiger leisten.

*Forderungsabtretung*

- Eine Zustimmung des Schuldners zur Forderungsabtretung ist nicht erforderlich.
- Der Schuldner ist von der Abtretung vom alten oder neuen Gläubiger in Kenntnis zu setzen.
- Die dem Schuldner vom alten Gläubiger gewährten Erleichterungen (zum Beispiel Stundung etc.) gelten auch gegenüber dem neuen Gläubiger.

### Verjährung

Zwischen Menschen können im Laufe der Zeit vielfältige Forderungen und Ansprüche entstehen. Solange diese nicht erfüllt sind, ist im Rechtssinn der Rechtsfriede zwischen ihnen gestört.

Leistungs-
verweigerung

> Das Institut der Verjährung gibt dem Schuldner unter bestimmten Voraussetzungen ein Leistungsverweigerungsrecht (so genannte Einrede der Verjährung).

Die Verjährung hilft die mit zunehmendem Zeitablauf entstehende Rechtsunsicherheit bei Durchsetzung von Ansprüchen zu vermeiden und stellt den zwischen den Parteien gestörten Rechtsfrieden wieder her. Erreicht wird dies durch Bereitstellung einer Vielzahl von gesetzlichen Verjährungsfristen, auf die sich der Schuldner berufen kann.

Zweck und Wirkung der Verjährung

*Abbildung 25*

### Die wichtigsten Verjährungsfristen

Die wichtigsten Verjährungsfristen des BGB sind aus der folgenden Abbildung ersichtlich.

### 3.1.3 Vertragsrecht

*Abbildung 26*

### Systematik der Verjährungsfristen

Die **Regelverjährung** beträgt grundsätzlich für alle Ansprüche **drei** Jahre. Ausgenommen hiervon sind bestimmte Mängelansprüche des Kauf- und Werkvertragsrechts, z.B. **zwei** Jahre für Mängel an **körperlichen Sachen**, **fünf** Jahre an **Bauwerken**. **Absolute** Verjährungsfristen von **zehn** Jahren gelten z.B. bei Ansprüchen aus Rechten an einem Grundstück. Nach **30** Jahren tritt absolute Verjährung ein z.B. bei Ansprüchen auf Herausgabe von Eigentum, aus rechtskräftig festgestellten Ansprüchen, aus vollstreckbaren Titeln (Urteil, Vergleich, Urkunden) und auf Schadenersatz wegen Verletzung des Lebens, Körpers, der Gesundheit, Freiheit.

### Beginn und Ende der Verjährung

- Die **Regelverjährung** beginnt ab Ende des Jahres nach der Entstehung (Fälligkeit) des Anspruchs **und** Kenntnis bzw. Kennenmüssen (grobfahrlässige Unkenntnis) der Person des Schuldners und der Anspruchsgründe und endet nach drei Jahren.

**Beispiel:**

Ein Kunde erhält seinen reparierten Pkw am 15.7. repariert zurück. Die Verjährung der Werklohnforderung des Kfz-Meisters beginnt am 31.12. um 0.00 Uhr dieses Jahres und endet drei Jahre später am 31.12. um 24.00 Uhr.

- Die **Ausnahmeverjährungsfrist** für körperliche Sach- bzw. Baumängel beginnt jeweils mit der Abnahme der Sache/des Bauwerks und läuft nach zwei bzw. fünf Jahren ab.

**Beispiel:**

Fertigstellung und Abnahme des reparierten Radios am 15.7. eines Jahres, damit Ende der Frist von zwei Jahren für Mängelansprüche am 15.7. des übernächsten Jahres.

- Bezüglich Beginn und Ende der **absoluten** Verjährungsfristen wird auf Abbildung 26 verwiesen.
- Die Verjährungsfristen können grundsätzlich durch Rechtsgeschäft verkürzt (nicht aber die Haftung für Vorsatz im Voraus) oder verlängert (nicht aber über 30 Jahre ab Beginn) werden. Besonderheiten sind bei Verbrauchsgüterkauf, AGB und Bauwerksmängel zu beachten.
- Das neue Verjährungsrecht ist auf alle neu entstehenden und grundsätzlich auch auf die am 1.1.2002 bestehenden Ansprüche (mit der Einschränkung: altes Recht hier für den Beginn, Neubeginn und die Hemmung der Verjährung) anzuwenden.

*Wirkung der Verjährung*

- Eine Forderung erlischt nicht mit Ablauf der Verjährungsfrist. Der Schuldner erhält lediglich das Recht, die Erfüllung der Forderung zu verweigern.
- Erfüllt der Schuldner eine bereits verjährte Forderung, kann die Zahlung nicht zurückgefordert werden, weil die Forderung und damit auch die Schuld noch bestand.
- Gerichte berücksichtigen die Verjährung einer Forderung nicht von Amts wegen. Erhebt der Schuldner allerdings die Einrede der Verjährung, muss das Gericht sie berücksichtigen.

### Neubeginn und Hemmung der Verjährung

Kann der Schuldner nach Ablauf der Verjährungsfrist die Einrede der Verjährung erheben, fragt sich der Gläubiger, wie er die für ihn negativen Folgen der Verjährung, Verlust seiner Forderung, verhindern kann. Möglichkeiten hierzu bieten ihm der Neubeginn und die Hemmung.

- Neubeginn der Verjährung bedeutet Abbruch der noch laufenden Verjährungsfrist und völliger Neubeginn der ursprünglichen Verjährungsfrist mit dem Abbruchzeitpunkt.
- Hemmung der Verjährung hat zur Folge, dass der Zeitraum der Hemmung (zum Beispiel Stundung) in den Lauf der Verjährungsfrist nicht eingerechnet, sondern hintangehängt wird.

*Neubeginn*
*Hemmung*

**Beispiel:**
Beträgt bei zweijähriger Verjährungsfrist die Hemmung (Stundung) drei Monate, wird die Gesamtlaufzeit der Verjährungsfrist um drei Monate verlängert.
**Die Verjährung kann** durch Neubeginn und Hemmung **verhindert werden.** Durch Anerkenntnis (Abschlags-, Zins-, Teilzahlung, Sicherheitsleistung) des Schuldners beginnt die Verjährung neu **(Neubeginn)**.
**Hemmung** der Verjährung ist möglich auf Grund einer Vielzahl von Maßnahmen, z.B. durch Rechtsverfolgung (Klage, Mahnbescheid, Beweisverfahren, einstweilige Verfügung, Arrest, Prozesskostenhilfe), höhere Gewalt, Verhandlungen der Parteien über den Anspruch bis zur Verweigerung einer Partei. Nach dem in der Regel gesetzlich terminierten Ablauf der Hemmungsmaßnahme beginnt der Rest der ursprünglichen Verjährungsfrist zu laufen.

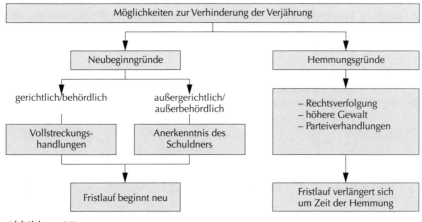

*Abbildung 27*

### 3.1.3.2 Kaufvertrag

**Allgemeines zum Kaufvertrag**

- Parteien

Die Parteien des Kaufvertrages heißen **Verkäufer und Käufer.** Der Kaufvertrag ist ein gegenseitiger Vertrag. Er kommt zustande, wenn die Erklärungen der Parteien, Angebot und Annahme, inhaltlich übereinstimmen.

- Ziel

*Übertragung eines Gegenstandes*

Ziel des Kaufvertrages ist die **Übertragung (Austausch) eines Gegenstandes** gegen Geld. In erster Linie werden bewegliche und unbewegliche Sachen übertragen, es können aber auch Sachgesamtheiten (Unternehmen) und Rechte (Patente) sein.

- Inhalt

Differenzen zwischen den Parteien bei Abwicklung des Kaufvertrages lassen sich vermeiden, wenn der Inhalt des Vertrages so klar und genau wie irgend möglich geregelt ist, zum Beispiel Gegenstand, Kaufpreis, Erfüllungsort und -zeit, Zahlungsmodalitäten, Vorbehalte, Bedingungen etc.

- Form

Ein Kaufvertrag kann **grundsätzlich in jeder beliebigen Form** geschlossen werden. Schreibt das Gesetz in besonderen Fällen eine bestimmte Form vor, ist diese einzuhalten.

> **Beispiel:**
> Der Kauf eines Grundstücks muss notariell beurkundet werden, um rechtswirksam zu sein.

**Die Pflichten der Parteien beim Kaufvertrag**

*Übergabe und Übereignung*

*Abnahme und Bezahlung*

Aufgrund des Kaufvertrages ist der Verkäufer verpflichtet, dem Käufer den verkauften Gegenstand mangelfrei zu übergeben und zu übereignen (Hauptverpflichtung des Verkäufers). Der Käufer ist demgegenüber verpflichtet, den gekauften Gegenstand abzunehmen und zu bezahlen (Hauptverpflichtung des Käufers).

Aus Gesetz und Vertrag können sich weitere Pflichten der Parteien ergeben. Der Abschluss des Kaufvertrages heißt Verpflichtungsgeschäft; die Erfüllung des Kaufvertrages ist das Erfüllungsgeschäft.

*Abbildung 28*

Die Gegenseitigkeit des Kaufvertrages bewirkt, dass beide Parteien gleichzeitig jeweils Schuldner und Gläubiger sind.

## 3.1.3 Vertragsrecht

**Beispiel:**
Der Verkäufer ist Schuldner der Übergabe und Übereignung der Sache, aber auch Gläubiger hinsichtlich Abnahme und Bezahlung durch den Käufer.
Der Käufer ist Schuldner der Abnahme und Bezahlung, aber auch Gläubiger der Übergabe und Übereignung der Sache durch den Verkäufer.

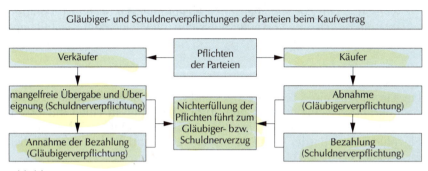

*Abbildung 29*

**Einzelheiten zu den Erfüllungspflichten des Verkäufers**

Bei der **Übergabe** der Kaufsache an den Käufer ist Folgendes zu beachten:

Erfüllungspflichten

- Der Käufer wird Eigentümer der Sache erst mit Übergabe durch den Verkäufer und Einigung über den Eigentumsübergang.
- Die Sache ist am Erfüllungsort dem Käufer zu übergeben. Dies ist gewöhnlich der Wohnsitz oder die gewerbliche Niederlassung des Verkäufers.
- Mit der Übergabe der Sache geht die Gefahr des zufälligen Untergangs und der zufälligen Verschlechterung auf den Käufer über. Der Eintritt dieser Gefahren entbindet ihn nicht von der Pflicht, den Kaufpreis zu bezahlen.
- Die körperliche Übergabe der Sache an den Käufer kann ersetzt werden in vier Fällen:
  - durch Vereinbarung zwischen Verkäufer und Käufer, wenn der Käufer die Sache bereits im Besitz hat, zum Beispiel er ist Mieter der Sache
  - durch Übergabe der Traditionspapiere im Handelsrecht (Seefrachtbrief, Orderlagerschein etc.)
  - durch Abtretung des Herausgabeanspruchs an den Käufer, wenn ein Dritter die Sache im Besitz hat
  - durch Vereinbarung eines Besitzmittlungsverhältnisses zwischen Käufer und Verkäufer, zum Beispiel im Rahmen einer Sicherungsübereignung.

Übergabe der Kaufsache

Ersatz der Übergabe

Übereignung

Bei **Übereignung** der Kaufsache an den Käufer gelten folgende Bestimmungen:

- Die Übereignung der Sache erfolgt durch Einigung der Parteien in der Weise, dass die im Eigentum des Verkäufers befindliche Sache in das Eigentum des Käufers übergeht.
- Ausnahmsweise kann der Käufer gutgläubig Eigentum auch dann erwerben, wenn der Verkäufer nicht Eigentümer der Sache ist. Voraussetzung ist, dass der Verkäufer die Sache mit Willen des tatsächlichen Eigentümers erlangt hatte.

**Beispiel:**

Gutgläubiger Erwerb des Eigentums

Der Eigentümer eines Fernsehgerätes gibt sein Gerät einem Bastler zur Reparatur. Dieser verkauft das Gerät absprachewidrig an einen Interessenten, der den Bastler für den Eigentümer hält. Der Käufer wird gutgläubig Eigentümer, der Bastler begeht Unterschlagung und ist dem tatsächlichen Eigentümer ersatzpflichtig.

- **Erwerb des Eigentums** vor Ablauf der Verjährungsfrist ist jedoch nicht möglich an Sachen, die dem Eigentümer gegen seinen Willen abhanden gekommen sind, zum Beispiel verloren oder gestohlen wurden.

**Beispiel:**

Ein Radler stellt sein Rad vor einem Geschäft ab. Dort wird es entwendet und vom Dieb an einen gutgläubigen Freund verkauft und übergeben. Der Freund kann nicht Eigentümer werden, weil das Rad dem tatsächlichen Eigentümer gegen dessen Willen abhanden gekommen ist. Dieser kann sein Rad von jedem bis zum Ablauf der Verjährung herausverlangen.

**Einzelheiten zu den Erfüllungspflichten des Käufers**

Erfüllungspflichten

- Die gegenseitigen Verpflichtungen von Verkäufer und Käufer sind grundsätzlich Zug um Zug zu erfüllen.
- Der Käufer muss daher den Kaufpreis unmittelbar bei Übergabe der Sache bezahlen.
- Der Käufer ist verpflichtet, die Sache abzunehmen. Der Verkäufer kann ihn erforderlichenfalls hierauf verklagen.
- Der Verkäufer hat bei Nichtabnahme der Sache durch den Käufer die Möglichkeiten des Annahmeverzugs des Gläubigers.

Mängel

Sachmangel

**Haftung des Verkäufers für Sach- und Rechtsmängel**

Der Verkäufer haftet dem Käufer auch dafür, dass die Sache beim Gefahrübergang (i. d. R. Übergabe) mangelfrei ist.
- Ein **Sachmangel** liegt vor, wenn die Sache
  - nicht die **vereinbarte** Beschaffenheit hat oder
  - ohne Beschaffenheitsvereinbarung sich nicht eignet für die **vertraglich vorausgesetzte** Verwendung oder

- ohne Beschaffenheits- und Verwendungszweckvereinbarung sich nicht eignet für die **gewöhnliche** (übliche oder nach Art der Sache vom Käufer zu erwartende) Verwendung.
- Ein **Rechtsmangel** liegt vor, wenn ein **Dritter** Rechte (außer den ihm vertraglich eingeräumten) in Bezug auf die Sache geltend machen kann. Die Ausführungen über Sachmängel gelten im Wesentlichen auch für Rechtsmängel.

Rechtsmangel

*Abbildung 30*

**Beispiel:**
Ein Sachmangel liegt nach dem Gesetz vor, wenn etwas anderes oder eine zu geringe Menge als vereinbart, geliefert wird.

**Beispiel:**
Wird bei einem Kaufvertrag über einen Altbau dessen Beschaffenheit als Einfamilienhaus aus dem Jahr 1955, modernisiert und repariert, vereinbart, liegt ein Sachmangel vor, wenn später die Hauselektrik versagt.

Zu den Eigenschaften der **gewöhnlichen Verwendung** zählen auch öffentliche Äußerungen des Verkäufers oder des Herstellers insbesondere in der Werbung, aber auch Montageanleitungen, außer der Verkäufer kannte diese oder deren öffentliche Berichtigung nicht, bzw. die Sache wurde fehlerfrei montiert.

- Der Verkäufer haftet dem Käufer grundsätzlich dafür, dass die Sache bei Gefahrübergang frei von Sach- und Rechtsmängeln ist.
- Der Verkäufer haftet aber nicht für unsachgemäßen Gebrauch, natürlichen Verschleiß, Abnutzung oder unbegrenzte Haltbarkeit der Sache.
- Ebenso haftet der Verkäufer nicht, wenn der Käufer den Mangel bei Vertragsabschluss kennt oder grobfahrlässig (außer der Verkäufer täuscht arglistig oder garantiert die Beschaffenheit der Sache) nicht kennt.

Haftung für Mangelfreiheit

Haftungsausschlüsse

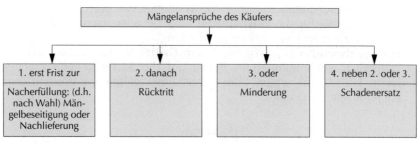
*Abbildung 31*

**Einzelheiten zu den Mängelansprüchen**
Das Folgende gilt auch für den Kauf von Verbrauchsgütern, soweit keine Sonderregelung besteht (siehe besondere Arten des Kaufs).

Nacherfüllung

- **Nacherfüllung**
Der Käufer einer mangelhaften Sache kann zunächst eine **angemessene Frist** setzen und vom Verkäufer **Nacherfüllung** verlangen. Dabei hat er die Wahl zwischen Mangelbeseitigung oder Nachlieferung einer mangelfreien Sache. Erhält der Käufer im Zuge der Nacherfüllung eine mangelfreie Sache, muss er dem Verkäufer die mangelhafte Sache zurückgeben und Wertersatz (z.B. Wert der Benutzung) für den Gebrauchsvorteil leisten.

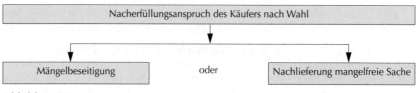
*Abbildung 32*

Der Verkäufer kann die vom Käufer jeweils gewählte Nacherfüllung verweigern, wenn sie unmöglich ist oder unverhältnismäßig Kosten verursacht. Ist die Nacherfüllung erfolglos (z.B. zwei Fehlversuche zur Mängelbeseitigung) oder vom Verkäufer verweigert, hat der Käufer die weiteren Mängelansprüche.

Rücktritt

- **Rücktritt**
Erfüllt der Verkäufer innerhalb der ihm gesetzten angemessenen Frist, oder aus vorgenannten Gründen nicht nach, verletzt er eine sonstige, **erhebliche** Pflicht aus dem Kaufvertrag, kann der Käufer vom Vertrag zurücktreten. Eine Fristsetzung ist entbehrlich, wenn der Verkäufer die Leistung ernsthaft und endgültig verweigert, wenn ein Fixgeschäft oder besondere Umstände vorliegen, die unter Interessenabwägung der Parteien den sofortigen Rücktritt rechtfertigen. Mit Erklärung des Rücktritts kann der Käufer nicht mehr Nacherfüllung oder Minderung verlangen.

Minderung

- **Minderung**
Anstatt des Rücktritts kann der Käufer nach erfolgloser Fristsetzung zur Nacherfüllung, auch bei **unerheblichen** Pflichtverletzungen (z.B. Mängel), den Kaufpreis mindern. Der Kaufpreis ist in der Regel um den wirtschaftlichen Wert der Beeinträchtigung herabzusetzen.

- **Schadenersatz wegen Mängel** — Schadenersatz

kann der Käufer statt, aber auch neben Rücktritt oder Minderung verlangen. Voraussetzung ist zunächst, dass der Verkäufer für eine vertragliche **Pflichtverletzung** (Mangel, Verzug, Unmöglichkeit, Unvermögen, Verschulden bei Vertragsschluss, Übernahme einer Garantie usw.) **verantwortlich** ist. Der Anspruch umfasst alle Schäden am Gegenstand selbst, aber auch alle Folgeschäden. Zusätzlich muss der Käufer dem Verkäufer **vorher** (Ausnahmen siehe oben) erfolglos eine **angemessene Frist** zur **Nacherfüllung** eingeräumt haben.

Je nach Falllage kann der Käufer **Schadenersatz** verlangen, z. B.:
– statt der Leistung (der Verkäufer hat nicht geleistet, ist in Verzug)
– wegen Schlechtleistung (die Sache ist mangelhaft)
– wegen ausgebliebener Teilleistung (nur ein Teil der vereinbarten Anzahl von Bauteilen wurde geliefert)
– statt der ganzen Leistung (der Käufer hat wegen eines Fixtermins kein Interesse mehr an einer nur teilweisen Lieferung)

Je nach Falllage kommt es zu Zins-, Terminverzögerungs-, Ersatz-, Gewinnausfall- oder Deckungskaufkosten, die der Käufer unter Berücksichtigung weiterer gesetzlicher Anforderungen als Schaden verlangen kann.

- Nur ein Mangel am Kaufgegenstand begründet Mängelansprüche. — Vorrang der Nacherfüllung
- Der Käufer kann zunächst nur Nacherfüllung in der Form der Mängelbeseitigung oder Nachlieferung fordern. Hierfür muss er eine angemessene Frist setzen.
- Die zum Zweck der Nacherfüllung erforderlichen Aufwendungen (z. B. Transport-, Wege-, Arbeits-, Materialkosten) trägt der Verkäufer.
- Andere als die gesetzlichen Mängelanspruchsrechte (z. B. Gutschrift) muss der Käufer nicht akzeptieren.
- Der Käufer kann statt oder neben Rücktritt oder Minderung Schadenersatz verlangen. — Schadenersatz
- Ausschluss oder Einschränkung von Mängelansprüchen sind (ausgenommen z. B. arglistig verschwiegene Mängel, Übernahme einer Eigenschaftsgarantie, Verjährung für Baumaterialien, Verbrauchsgüterkauf) grundsätzlich zulässig. — Dispositive Mängelansprüche

### Verjährung der Mängelansprüche

Als Geschäfte des täglichen Lebens unterliegen Mängelansprüche aus Kaufverträgen kurzen Verjährungsfristen. Rücktritt und Minderung können nur so lange gefordert werden, wie der Nacherfüllungsanspruch nicht verjährt ist.

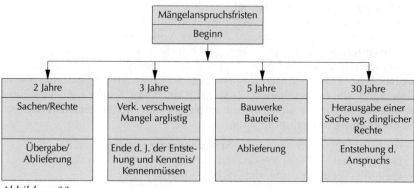

Abbildung 33

Handelskauf

Beim Handelskauf (Kauf ist für beide Teile ein Handelsgeschäft) muss der Käufer die Ware unverzüglich prüfen und erkannte Mängel unverzüglich rügen, um sich die Mängelansprüche zu erhalten.

**Beispiel:**

Ein Autohändler kauft Reifen beim Großhändler. Er muss diese unverzüglich prüfen und erkannte Mängel unverzüglich rügen.

Bauwerke

Bauteile

- Bauwerke sind Neubauten, bereits errichtete Bauwerke und Renovierungs- und Umbauarbeiten an diesen.
- Bauteile sind alle Einbauteile, die fest mit dem Gebäude verbunden werden.
- Der Mangel am Bauteil muss ursächlich sein für den Mangel am Bauwerk.

**Produkthaftung**

Zwischen dem Hersteller einer Ware und dem Verbraucher bestehen in der Regel keine unmittelbaren vertraglichen Beziehungen. Daher scheiden für Schäden, die dem Verbraucher infolge Fehlerhaftigkeit (Entwicklungs-, Konstruktions-, Fabrikations-, Instruktions- und Produktionsbeobachtungsfehler) eines verwendeten Produkts entstehen, Ansprüche aus Gewährleistung aus. Hier hilft dem Verbraucher das **Produkthaftungsgesetz.** Danach haftet der Hersteller eines fehlerhaften Produkts verschuldensunabhängig für alle durch dieses Produkt verursachten Körper- und Gesundheitsschäden. Wird eine Sache beschädigt, haftet der Hersteller nur, wenn eine **andere** Sache als das fehlerhafte Produkt beschädigt wird. Entsprach das Produkt zum Zeitpunkt, als es in den Verkehr gebracht wurde, den geltenden Rechtsvorschriften oder konnte der Fehler nach dem Stand der Wissenschaft und Technik nicht erkannt werden, ist eine Ersatzpflicht des Herstellers ausgeschlossen. Sachbeschädigungen bis zu 575,00 EUR (Bagatellgrenze) hat der Geschädigte selbst zu tragen.

Produkthaftungsgesetz

Ausschluss der Ersatzpflicht

- **Produkt** ist jede bewegliche Sache.
- Ein **Fehler** liegt vor, wenn das Produkt nicht die Sicherheit bietet, die unter Berücksichtigung aller Umstände von ihm erwartet werden kann.

### 3.1.3 Vertragsrecht

- **Hersteller** ist auch derjenige, der ein fremdes Produkt mit eigenem Namen oder Warenzeichen versieht sowie der Importeur. Kann der Hersteller nicht festgestellt werden, haftet auch der Lieferant, wenn er dem Geschädigten nicht innerhalb eines Monats den Hersteller benennen kann.
- Die Produkt**haftung** kann nicht durch Individualabrede oder allgemeine Geschäftsbedingungen abbedungen werden.
- Der **Anspruch** aus der Produkthaftung verjährt in drei Jahren. Er erlischt zehn Jahre nach Inverkehrbringen des Produkts.

**Besondere Arten des Kaufs**
- **Vorkauf**  *Eintrittsrecht*

Der Eigentümer einer Sache oder eines Grundstücks räumt vertraglich dem Vorkaufsberechtigten das Recht ein, zu den gleichen Bedingungen in den Kaufvertrag einzutreten, den er (der Eigentümer) über das Verkaufsobjekt mit einem Dritten abschließt. Der Berechtigte übt das Vorkaufsrecht durch formlose Erklärung gegenüber dem Eigentümer aus. Der Kauf kommt zu den mit dem Dritten ausgehandelten Bedingungen zustande.

- **Verbrauchsgüterkauf**

Kauft ein Verbraucher von einem Unternehmer eine **bewegliche** Sache (Verbrauchsgüterkauf), sind ergänzend zum Kaufrecht Besonderheiten zu beachten. Ausgenommen sind gebrauchte Sachen, die in einer öffentlichen Versteigerung verkauft werden.

> Erfasst werden nur Kaufverträge über bewegliche Sachen zwischen einem Verkäufer, der im Rahmen seiner beruflichen oder gewerblichen Tätigkeit **Verbrauchsgüter** verkauft, und einem privaten Verbraucher als Käufer. Für Kaufverträge zwischen Unternehmern oder zwischen Verbrauchern oder Verbrauchern und Unternehmern gilt das allgemeine Kaufrecht.   *Verbrauchsgüter*

Wichtige Besonderheiten:
- Vertragliche Vereinbarungen oder Umgehungsmaßnahmen, die die Mängelansprüche des Käufers (ausgenommen Schadenersatz) **ausschließen** oder **einschränken**, sind unwirksam. Gleiches gilt für die auf einer Pflichtverletzung beruhende Haftung für Körperschäden.
- Eine zum Nachteil des Verbrauchers von den **gesetzlichen Verjährungsfristen abweichende Vereinbarung** ist unwirksam. Für **gebrauchte** Sachen ist eine Abkürzung auf ein Jahr zulässig. Im Gebrauchtwagen-/-warenhandel ist daher ein Ausschluss der Mängelansprüche zur Gänze nicht mehr möglich.   *Abweichung*
- Garantieerklärungen müssen einfach und verständlich sein, den Verbraucher auf seine Rechte hinweisen und ihn über Inhalt und Beanspruchung der Garantie aufklären.   *Garantieerklärungen*
- Zeigt sich ein Sachmangel innerhalb von sechs Monaten seit Übergabe der Kaufsache, wird gesetzlich vermutet, dass die Sache bereits zu diesem Zeitpunkt mangelhaft war. Der Käufer hat dies, abweichend vom allgemeinen Kaufrecht, nicht zu beweisen.   *Beweislastumkehr*
- Wird der Letztverkäufer wegen eines Herstellungsmangels einer **neuen** Kaufsache vom Käufer in Anspruch genommen, gibt ihm das Gesetz vereinfachte **Rückgriffsrechte** gegen seinen Lieferanten. Er kann alle   *Rückgriffsrechte*

Nacherfüllungskosten (Transport, Wege, Arbeit, Material) fordern, es gilt die Beweislastumkehr und das Nacherfüllungsbegehren entfällt. Die Verjährung seiner Mängelansprüche beginnt frühestens zwei Monate nach Erfüllung der Ansprüche des Verbrauchers (spätestens fünf Jahre, nachdem der Lieferant die Sache geliefert hat).

**Verbraucherdarlehnsvertrag**

*Schutzbereich*

Unter diesen Schutzbereich fallen **Darlehnsverträge** mit Verbrauchern (über netto 200 EUR) und mit natürlichen Personen, die damit, z. B. im Handwerk, eine Existenz gründen (bis netto 50.000 EUR). Erfasst werden z. B. auch **Teilzahlungs-** (Zahlungsaufschub von mehr als drei Monaten), **Finanzierungsleasing-** und **Ratenlieferungsverträge** (Teillieferung einer Gesamtheit von Sachen gegen Teilzahlung, regelmäßige Lieferung von Sachen gleicher Art, wiederkehrender Bezug von Sachen). Für diese Verträge gelten folgende Besonderheiten:

*Schriftform*
- sie sind schriftlich abzuschließen; Formmängel führen zur Nichtigkeit,

*Inhaltsangaben*
- es sind anzugeben: Nettodarlehensbetrag, Art und Weise der Rückzahlung, Zinssatz und Kosten, effektiver Jahreszins, Versicherungskosten; dem Verbraucher ist eine Abschrift der Vertragserklärung zur Verfügung zu stellen.
- Teil- und Abzahlungsverträge müssen zusätzlich enthalten: Bar- bzw. Teilzahlungspreis, Betrag und Fälligkeit der einzelnen Teilzahlungen.

*Widerrufsrecht*
- Der Verbraucher kann ohne Begründung den Vertrag binnen zwei Wochen seit Aushändigung der Widerrufsbelehrung in Textform widerrufen. Der Widerruf gilt als nicht erfolgt, wenn er das Darlehn binnen zwei Wochen seit Widerruf bzw. Auszahlung nicht zurückzahlt.

*Tilgungszahlung*
- Tilgungszahlungen werden in dieser Rangfolge verrechnet: Kosten der Rechtsverfolgung, Hauptschuld, Zinsen.

*Kündigung*
- Das Darlehn ist kündbar, wenn der Verbraucher mit mindestens zwei Folgeraten im Verzug ist, die 10 % (bei Laufzeit über drei Jahre 5 %) des Darlehnsnennbetrages ausmachen.

- **Fernabsatzverträge**

Inhalt der Regelung im BGB ist es, die verschiedenen Verbraucherschutzbestimmungen (z. B. Haustürgeschäfte, Verbraucherdarlehens- und Fernabsatzverträge) zu koordinieren, um den Verbraucher vor irreführenden und aggressiven Unternehmerverkaufsmethoden im **Fernabsatz** zu schützen.

*Personeller Geltungsbereich*
- **Verbraucher** ist jede natürliche Person, die Rechtsgeschäfte zu privaten Zwecken, **Unternehmer** ist jede natürliche oder juristische Person und jede rechtsfähige Personengesellschaft, die Rechtsgeschäfte im Rahmen ihrer **gewerblichen** oder **selbstständigen beruflichen Tätigkeiten** abschließt.

*Sachlicher Geltungsbereich*
- Erfasst werden Verträge über Waren und Dienstleistungen (ausgenommen u. a. die Errichtung von Bauwerken), die der Unternehmer im Fernabsatz **ausschließlich** mittels eines **organisierten Vertriebs- bzw. Dienstleistungssystems** mit einem Verbraucher schließt. Darunter fallen z. B. Briefe, Kataloge, Telefonate, Telekopien, E-Mails, Radio-, Tele- und Mediendienste.

*Unternehmerpflichten*
- Der Unternehmer hat **vor** Abschluss eines Fernabsatzvertrages eine Reihe von **unabdingbaren Pflichten.** Er muss den Verbraucher z. B. in-

formieren über die Identität des Lieferanten, den Preis, wesentliche Eigenschaften der Ware oder Dienstleistung, Einzelheiten der Zahlung und das Widerrufsrecht. Diese Informationen müssen auf einem dauerhaften Datenträger (z. B. Urkunde oder andere lesbare Form) fixiert sein und vom Verbraucher jederzeit abgerufen werden können. Der Zugang der Bestellung muss dem Verbraucher unverzüglich bestätigt werden.
- Der Verbraucher kann den Vertrag (ausgenommen z. B. Individualverträge) binnen **zwei Wochen,** beginnend mit der Erfüllung der Informationspflicht des Unternehmers, **in Textform widerrufen** oder, bei Waren, diese zurücksenden. Das Widerrufsrecht erlischt spätestens sechs Monate nach Vertragsschluss, bzw. nach Eingang der bestellten Ware beim Verbraucher. Anstelle des Widerrufsrechts kann bei Warenlieferungen ein Rückgaberecht eingeräumt werden.

*Widerrufsrecht des Verbrauchers*

### 3.1.3.3 Werkvertrag

**Allgemeines zum Werkvertrag**

- Parteien

*Parteien*

Die Parteien des Werkvertrages heißen **Besteller** (auch Auftraggeber, Kunde) **und Unternehmer** (auch Auftragnehmer, Handwerker).

- Zweck

*Zweck*

Der Werkvertrag ist ein gegenseitiger Vertrag, durch den der Unternehmer zur **Herstellung des versprochenen Werkes** und der Besteller zur Entrichtung der vereinbarten Vergütung verpflichtet wird. Anders als beim Dienstvertrag wird nicht nur eine Tätigkeit oder Leistung, sondern ein Erfolg geschuldet.

**Beispiel:**
Bei Ausführung einer Dachreparatur muss das Dach dicht sein.

- Inhalt

*Inhalt*

Es liegt im Interesse der Parteien, den Inhalt des Vertrages so klar und genau wie möglich zu bestimmen, zum Beispiel Beschreibung des Werkes, Ausführungsfristen, Werklohn, Zahlungsmodalitäten, Anwendung technischer Vorschriften, Bedingungen, Vorbehalte etc.

- Form

*Form*

Das BGB sieht für den Werkvertrag **keine besondere Form** vor. Die meisten Werkverträge werden daher mündlich geschlossen. Aus Beweisgründen ist bei Aufträgen größeren Umfangs dringend Schriftform anzuraten.

- **Abgrenzung zwischen Werkvertrag und Kaufvertrag**

Das **Kaufrecht** ist anzuwenden auf alle Verträge, die die **Lieferung** herzustellender oder zu erzeugender **beweglicher Sachen** zum Gegenstand haben. Nicht maßgeblich ist, ob der Unternehmer oder der Besteller das Material hierfür stellen. Liefert der Unternehmer vertretbare Sachen (nach Maß, Zahl und Gewicht bestimmbar), z.B. Brote, findet hierauf das Kaufrecht Anwendung.

Das **Werkvertragsrecht** erfasst im Wesentlichen die **Herstellung von Bauwerken** und die **Herstellung, Wartung und Veränderung** von **beweglichen und unbeweglichen** (körperlichen) **Sachen** – jeweils mit den zugehörigen

Planungs- und Überwachungsarbeiten sowie die **Herstellung nichtkörperlicher Werke** (Pläne, Gutachten usw.).

Anwendungsbereich Kauf- und Werkvertrag

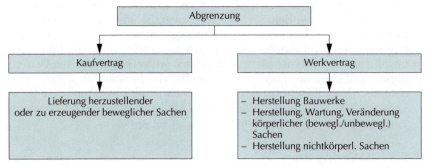

*Abbildung 34*

**Pflichten der Parteien beim Werkvertrag**
- Der Unternehmer ist verpflichtet, das Werk mangelfrei herzustellen. Einschließlich einer Reihe von Nebenverpflichtungen, zum Beispiel Beratungs-, Verkehrssicherungs-, Verwahrungspflichten etc., hat er das mangelfrei hergestellte Werk dem Besteller zu übergeben.

Werklohn
- Der Besteller hat den vereinbarten Werklohn zu bezahlen und das mangelfrei hergestellte Werk abzunehmen.

*Abbildung 35*

3.1.3 Vertragsrecht

- Der Unternehmer ist nach dem BGB vorleistungspflichtig. Für in sich abgeschlossene Teile des Werkes sowie für erforderliche Stoffe und Bauteile kann der Unternehmer für die ordnungsgemäß erbrachte Leistung jedoch **Abschlagszahlungen** verlangen. Der Anspruch setzt voraus, dass der Besteller an diesen Eigentum oder Sicherheit erhält. *(Vorleistungspflicht)*
- Wurde keine Preisvereinbarung zwischen den Parteien getroffen, gilt die übliche Vergütung als vereinbart. Bei Differenzen hilft ein Sachverständiger.
- Wurde ein Preis vereinbart, ist die Mehrwertsteuer enthalten, wenn sich aus dem Vertrag nichts anderes ergibt.
- Der Besteller ist zur Abnahme des mangelfrei hergestellten Werkes verpflichtet. Er kann die Abnahme wegen unwesentlicher Mängel nicht verweigern. Weigert sich der Besteller trotz Abnahmepflicht, gilt das Werk nach Ablauf einer vom Unternehmer gesetzten Frist als abgenommen.
- Die Abnahme hat folgende Wirkungen: *(Wirkung der Abnahme)*
  - Die Vergütung wird fällig. Auch der Subunternehmer kann für das von ihm hergestellte Werk Vergütung vom Hauptunternehmer verlangen, sobald dieser vom Besteller dafür die Vergütung erhalten hat. Hat der Hauptunternehmer dem Besteller wegen Mängel des Werkes Sicherheit geleistet, hat der Subunternehmer den Vergütungsanspruch nur, wenn er dem Hauptunternehmer entsprechend Sicherheit leistet.
  - Die Verjährung der Mängelansprüche beginnt.
  - Die Mängelansprüche für bekannte, nicht vorbehaltene Mängel gehen unter.
  - Die Beweislast für das Vorliegen von Mängeln geht auf den Besteller über. *(Beweislast)*
  - Die Preisgefahr geht auf den Besteller über, d. h. wird das Werk ohne Verschulden der Parteien beschädigt oder zerstört, hat der Besteller den Werklohn dennoch zu bezahlen. *(Preisgefahr)*
  - Der Besteller kann im Übrigen zur Behebung von Mängeln nach Abnahme mindestens das Dreifache der Mängelbeseitigungskosten zurückhalten.
- Der Abnahme steht es gleich, wenn ein Gutachter dem Unternehmer die Fertigstellung des mangelfreien Werkes bescheinigt. Mit dieser Bescheinigung (Urkunde) kann der Unternehmer im Urkundenprozess rasch einen Vollstreckungstitel gegen einen zahlungsunwilligen Besteller einklagen.

**Haftung des Unternehmers für Sach- und Rechtsmängel**
Der Unternehmer ist verpflichtet, das bestellte Werk mangelfrei herzustellen.
- Ein **Sachmangel** liegt vor, wenn das Werk *(Sachmangel)*
  - nicht die vertraglich **vereinbarte Beschaffenheit** hat oder
  - ohne Beschaffenheitsvereinbarung sich nicht eignet für die **vertraglich vorausgesetzte Verwendung** oder
  - ohne Beschaffenheits- und Verwendungszweckvereinbarung sich nicht eignet für die **gewöhnliche** (übliche oder nach der Art des Werkes zu erwartende) **Verwendung**.

Ein **anderes Werk** oder eine **zu geringe Menge** stehen einem Sachmangel gleich.

Rechtsmangel
- Ein **Rechtsmangel** liegt vor, wenn ein Dritter Rechte am Werk geltend machen kann (z. B. Eigentum, Urheberrecht, gewerbliche Schutzrechte).

### Mängelansprüche des Bestellers

Mängelansprüche
Weist das Werk Mängel auf, kann der Besteller, ähnlich wie beim Kaufvertrag, auf den verwiesen wird, **Mängelansprüche** geltend machen. Der Besteller kann **Rücktritt** oder **Minderung** neben Schadenersatz erst verlangen, nachdem er dem Unternehmer eine angemessene Frist zur Beseitigung des Mangels (Nacherfüllung, Selbstvornahme) gesetzt hat.

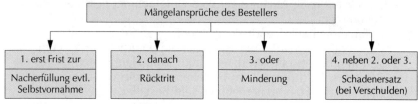

*Abbildung 36*

Einzelheiten zu den Mängelansprüchen beim Werkvertrag:

Nacherfüllung
- **Nacherfüllung, Selbstvornahme**
Zunächst kann der Besteller nur verlangen, dass der Unternehmer einen Mangel innerhalb einer angemessenen Frist beseitigt. Der Unternehmer hat ein Recht auf Nacherfüllung, d. h. Mängelbeseitigung oder Neuherstellung. Lässt der Besteller ohne Grund den Mangel anderweitig nacherfüllen, verliert er die Mängelansprüche. Welche Frist angemessen ist, hängt von den Umständen des Einzelfalles ab.

> **Beispiel:**
> Ist eine Heizung bei –25 °C defekt, wird die Frist wegen der drohenden Schadensgefahr nur wenige Stunden betragen.

Eine **Nacherfüllung** kann der **Unternehmer ablehnen**, wenn
– sie unzumutbar ist, z. B. der Lieferant des Unternehmers hat den Mangel allein verschuldet
– die Kosten der Nacherfüllung unverhältnismäßig hoch sind.

Selbstvornahme
Der **Bestseller** kann den Mangel **selbst beseitigen**, wenn die dem Unternehmer gesetzte angemessene Frist zur Nacherfüllung abgelaufen ist. Sofortige Selbstvornahme kommt in Betracht bei eindeutiger Verweigerung der Nacherfüllung, fehlgeschlagener oder unzumutbarer Nacherfüllung oder bei Termingeschäften.

Rücktritt
- **Rücktritt, Minderung**
Behebt der Unternehmer einen erheblichen Mangel innerhalb der ihm gesetzten angemessenen Frist (aber Frist in bestimmten Fällen entbehrlich, siehe oben) nicht, ist der Besteller zum **Rücktritt** berechtigt. Sobald er dies fordert, ist die Nacherfüllung ausgeschlossen. Alternativ kann der Besteller

die Vergütung unter den Voraussetzungen des Rücktritts angemessen **mindern**. Dies gilt auch bei einem unerheblichen Mangel.

Minderung

- **Schadenersatz** wegen mangelhaftem Werk
kann der Besteller auch neben Rücktritt oder Minderung verlangen, wenn der Unternehmer den Mangel zu vertreten hat, z.B. eine ihm vom Besteller gesetzte angemessene Nacherfüllungsfrist erfolglos verstreichen lässt. Der Schaden kann **am Werk selbst** (eigentlicher **Mangelschaden**), aber auch an **anderen Rechtsgütern** des Bestellers (Mangel**folge**schaden) entstehen. Beim eigentlichen **Mangelschaden** kann der Besteller wählen, ob er
- das Werk behält und Ersatz für den durch den Mangel verursachten Schaden (Minderwert) verlangt oder
- das Werk zurückweist und Ersatz des durch die mangelhafte Erfüllung des Vertrages entstandenen gesamten Schadens verlangt.

Schadenersatz

- Zunächst kann der Besteller grundsätzlich nur Nacherfüllung verlangen. Der Unternehmer hat ein Recht auf Nacherfüllung.
- Für die Nacherfüllung ist eine angemessene Frist zu setzen.
- Fordert der Besteller anschließend Rücktritt oder Minderung und daneben Schadenersatz, ist der Nacherfüllungsanspruch ausgeschlossen.

### Verjährung der Mängelansprüche

Auch die Mängelansprüche des Werkvertrages (Nacherfüllung, Selbstvornahme, Schadenersatz) unterliegen kurzen Verjährungsfristen, die vom Besteller zu beachten sind. Rücktritt und Minderung sind nur möglich, solange der Nacherfüllungsanspruch nicht verjährt ist.

Verjährung

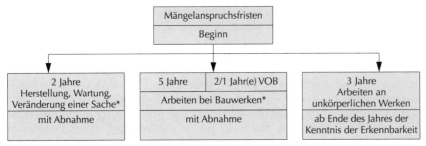

*auch Planungs- und Überwachungsarbeiten hierfür

*Abbildung 37*

> - Die kurzen Verjährungsfristen beginnen mit der Abnahme der Sache, bzw. des Bauwerks, ansonsten ab Ende des Jahres der Kenntnis oder Erkennbarkeit.
> - Die Verjährung kann durch rechtzeitige geeignete Maßnahmen neu beginnen oder gehemmt werden.
> - Die Abnahme kann offiziell zwischen den Parteien, oder auch durch Ingebrauchnahme des Werkes erfolgen.
> - Arbeiten an Bauwerken sind solche zur Herstellung, Erneuerung sowie für den wesentlichen Bestand bedeutsamen Arbeiten, zum Beispiel alle Neubau-, aber auch Renovierungs- und Sanierungsarbeiten, inklusive Planungsarbeiten hierfür.
> - Die Parteien können im Baubereich die **Verdingungsordnung** für **Bauleistungen** (**VOB**; drei Teile: A Vergabe-, B Ausführungs-, C technische Bestimmungen) vereinbaren. Es handelt sich hierbei um AGB (Teil B, C). Die Interessen der Parteien sind im Rahmen der VOB ausgewogen, so dass einseitige belastende Abweichungen von der ansonsten vereinbarten VOB unzulässig sind. Der Unternehmer hat bei Vorliegen der Schwellenwerte einen gerichtlich einklagbaren Anspruch auf Einhaltung der Vergabevorschriften durch den öffentlichen Auftraggeber.

*VOB-Vorzüge*

Für den Handwerker bietet die **VOB** vor allem folgende **Vorzüge:**
– Die Verjährungsfrist bei Bauwerken beträgt zwei Jahre, für die vom Feuer berührten Teile von Feuerungsanlagen ein Jahr, für maschinelle, elektrotechnische, elektronische Anlagen oder Teile davon, wenn dem Handwerker die Wartung nicht übertragen worden ist, ein Jahr.
– Abschlagszahlungen für Teilleistungen können auch ohne besondere Vereinbarung gefordert werden.
– Die Bauleistung gilt 12 Werktage nach schriftlicher Mitteilung an den Besteller als abgenommen, wenn nichts anderes vereinbart ist.
– Der Handwerker kann schriftlich kündigen, wenn die Arbeit durch den Besteller länger als zwei Monate unterbrochen wird.

### Kostenvoranschlag beim Werkvertrag

*Kostenvoranschlag*

Oft möchte der Kunde vor Erteilung eines Werkauftrages wissen, welche Kosten auf ihn zukommen. Häufig erstellt der Unternehmer dann einen Kostenvoranschlag oder eine Kostennote, das heißt eine mehr oder weniger fachmännisch ausgeführte überschlägige Berechnung der voraussichtlich entstehenden Kosten. Nach der jeweiligen Verbindlichkeit lassen sich drei Typen unterscheiden mit unterschiedlicher Auswirkung auf den Werklohn und die Vertragsabwicklung.

### 3.1.3 Vertragsrecht

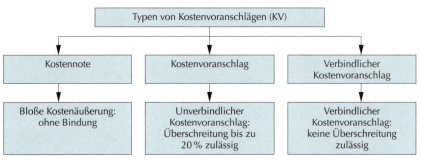

*Abbildung 38*

- Von einer bloßen Kostenäußerung spricht man, wenn die Preise vage, ohne jede Verbindlichkeit genannt werden.
- Der übliche Kostenvoranschlag enthält Worte wie „ca., etwa, ungefähr, unverbindlich" etc. Die Rechtsprechung lässt hier ohne Mitteilung an den Besteller eine Kostenüberschreitung von 10–20 % zu (unerhebliche Überschreitung). Eine erhebliche Kostenüberschreitung ist dem Besteller rechtzeitig mitzuteilen. Dieser kann dann wählen:

  entweder Weiterarbeit → und Bezahlung der Mehrkosten
  oder Kündigung → und Abrechnung der bisher geleisteten Arbeit.

  Unterlässt der Unternehmer, was in der Praxis häufig ist, die rechtzeitige Mitteilung der Mehrkosten, ist er dem Besteller zum Schadenersatz verpflichtet. Er hat den Besteller so zu stellen, wie er bei rechtzeitiger Anzeige und darauf folgender Kündigung stehen würde.
- Legen die Parteien den verbindlichen Kostenvoranschlag der Preisgestaltung des Werkvertrages zugrunde (Festpreis), sind Mehrforderungen ohne Einwilligung des Bestellers ausgeschlossen. Das Risiko höherer Kosten trägt in diesem Falle der Unternehmer.
- Die Erstellung eines Kostenvoranschlages durch den Unternehmer ist im Zweifel kostenfrei (Ausnahmen: Kosten werden vereinbart oder der Kostenvoranschlag ist ein eigener Auftrag).
- Nachträgliche, zusätzliche Aufträge können auch beim verbindlichen Kostenvoranschlag gesondert abgerechnet werden.

*Kostenäußerung*

*Unverbindlicher Kostenvoranschlag*

*Verbindlicher Kostenvoranschlag*

### Kündigung des Werkvertrages durch den Besteller

Der Werkvertrag kann vom Besteller vor Vollendung des Werkes jederzeit gekündigt werden. Der Besteller muss, macht er davon Gebrauch, die gesamte vereinbarte oder übliche Vergütung bezahlen. Abzuziehen ist hiervon allerdings
- was der Unternehmer an Material und Löhnen erspart und
- was der Unternehmer durch anderweitige Verwendung seiner Arbeitskraft erwirbt oder zu erwerben böswillig unterlässt.

*Kündigung*

Kündigung des Werkvertrags durch den Besteller

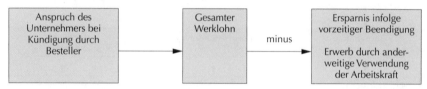

*Abbildung 39*

### Sicherung der Werklohnforderung des Unternehmers

Das BGB verpflichtet den Unternehmer, bis zur Abnahme des Werkes durch den Besteller vorzuleisten. Der Unternehmer hat daher ein besonderes Bedürfnis, seine Werklohnforderung abzusichern. Vorrangig hat er folgende Sicherungsmöglichkeiten:

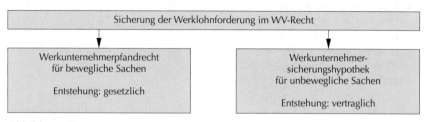

*Abbildung 40*

### Einzelheiten zum Werkunternehmerpfandrecht:

Werkunternehmerpfandrecht

- Es entsteht nur an beweglichen Sachen des Bestellers, die pfändbar sind.
- Die Sachen müssen dem Besteller gehören.
- Das Pfandrecht entsteht ohne besondere Abrede kraft Gesetzes mit Abschluss des Werkvertrages.

Zurückbehaltungsrecht
Verwertungsrecht

- Der Unternehmer ist aufgrund des Pfandrechts berechtigt, die Sache bis zur Bezahlung des Werklohnes zurückzuhalten.
- Der Unternehmer kann die Pfandsache bei Nichtzahlung durch gerichtliche Versteigerung verwerten. Voraussetzung ist die Fälligkeit seiner Forderung und die Setzung einer Zahlungsfrist (zum Beispiel ein Monat) unter gleichzeitiger Androhung, dass er die Pfandverwertung betreiben wird.

**Beispiel:**

Der Radio- und Fernsehtechniker hat das Gerät des Kunden repariert, die Fertigstellung mitgeteilt und die Rechnung gestellt. Der Kunde zahlt nicht, holt das Gerät nicht ab. Die Mahnung beachtet der Kunde nicht (Verzug). Reagiert der Kunde auf die nun folgende Fristsetzung mit Versteigerungsandrohung nicht, kann der Handwerker das Gerät nach Ablauf der Frist gerichtlich versteigern lassen und aus dem Erlös seinen Werklohnanspruch decken.

- Achtung: Gibt der Unternehmer die Pfandsache auch ohne Bezahlung dem Besteller heraus, erlischt das Pfandrecht.

**Einzelheiten zur Bauhandwerkersicherungshypothek:**

- Sie entsteht nur an unbeweglichen Gegenständen (Grundstücke), die dem Besteller gehören.
- Sie entsteht nicht kraft Gesetzes, sondern nur mit Einwilligung des Bestellers.
- Weigert sich der Besteller, die Sicherungshypothek freiwillig auf seinem Grundstück eintragen zu lassen, kann der Unternehmer auf Bewilligung klagen und zur Sicherung der Rangstelle eine Vormerkung im Grundbuch eintragen lassen.
- **Sicherheitsleistung** durch den Besteller: Für die zu erbringenden Vorleistungen und dazugehörigen Nebenforderungen (z. B. Verzugszinsen) kann der Unternehmer vom Besteller die Leistung einer Sicherheit verlangen.
Die Sicherheit kann bis zur Höhe des voraussichtlichen Vergütungsanspruchs verlangt werden, sie kann auch durch eine Garantie oder ein sonstiges Zahlungsversprechen eines Kreditinstituts oder Kreditversicherers geleistet werden. Leistet der Besteller die Sicherheit trotz vorheriger angemessener Fristbestimmung nicht, ist der Unternehmer berechtigt, seine Leistung zu verweigern. Wird der Werkvertrag wegen der verlangten Sicherheit vom Besteller gekündigt, kann der Unternehmer für den erlittenen Schaden 5 % der Vergütung ersetzt verlangen. Hat der Besteller Sicherheit geleistet, besteht daneben kein Anspruch auf Einräumung einer Sicherheitshypothek.

Sicherungshypothek

Sicherheitsleistung

### 3.1.3.4 Miet- und Pachtvertrag

**Grundsätzliches zum Mietvertrag**

- Parteien

Die Parteien des Mietvertrages heißen **Vermieter und Mieter.**

- Zweck

Die Miete ist ein gegenseitiger Vertrag, durch den sich der Vermieter verpflichtet, dem Mieter den **Gebrauch einer Sache** (beweglich und unbeweglich) für die Dauer der Mietzeit gegen Entgelt zu überlassen.

- Form

Der Mietvertrag ist **grundsätzlich formfrei.** Mietverträge über Wohnraum und Grundstücke mit einer Laufdauer über einem Jahr sind schriftlich abzuschließen.

- Pflichten

Der Vermieter ist verpflichtet, die Mietsache dem Mieter in geeignetem Zustand zu überlassen und während der Mietzeit in diesem Zustand zu erhalten. Er haftet für Mietmängel nach Gewährleistungsregeln.
Der Mieter ist verpflichtet, den vereinbarten **Mietzins** rechtzeitig zu **bezahlen** und die Mietsache pfleglich zu behandeln.

Parteien

Zweck

Form

Pflichten

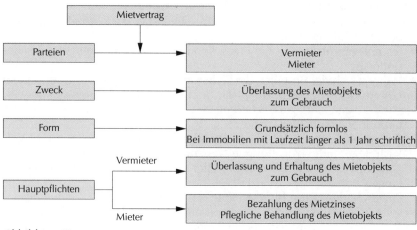

*Abbildung 41*

> **Beispiel:**
>
> - Die Parteien treffen in der Regel eigene Vereinbarungen über die Mietsache. Diese haben grundsätzlich Vorrang vor den gesetzlichen Mietbestimmungen, die aber dann gelten, wenn keine Vereinbarungen getroffen werden.
> - **Schönheitsreparaturen** (zum Beispiel: Streichen und Tapezieren, Wände, Decken, Boden, Türen etc.) trägt nach dem Gesetz der Vermieter. In der Praxis sind sie jedoch vertraglich auf den Mieter übertragen.
> - Der Mieter darf die Mietsache nur zu dem vertragsgemäßen Gebrauch benutzen. Für jede Abweichung ist die Zustimmung des Vermieters erforderlich.
> - Eventuelle Schäden hat der Mieter alsbald dem Vermieter mitzuteilen.
> - „Kauf bricht nicht Miete", das heißt ein Erwerber der Mietsache tritt in alle Verpflichtungen des bisherigen Vermieters ein.
> - Mit Ablauf der Mietzeit ist die Mietsache in vertragsgemäßem Zustand zurückzugeben.

Schönheitsreparaturen

Kauf bricht nicht Miete

### Beendigung des Mietverhältnisses
Mietverhältnisse können durch Zeitablauf, ordentliche oder außerordentliche fristlose Kündigung und einvernehmliche Aufhebung beendet werden. Vertragliche Kündigungsvereinbarungen haben Vorrang vor gesetzlichen Kündigungsfristen.

## 3.1.3 Vertragsrecht

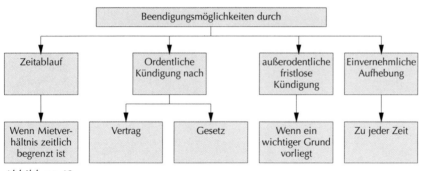

Abbildung 42

**Gesetzliche Kündigungsfristen bei Mietverträgen**
Sie gelten, wenn die Parteien vertraglich die Kündigung nicht geregelt haben. Je nach Mietsache und Zeitraum der Mietzinszahlung sind folgende Fristen für eine ordentliche Kündigung zu beachten:

| Miet-objekt | Tages-mietzins | Wochen-mietzins | Monatsmiet-zins oder länger | Besonder-heiten |
|---|---|---|---|---|
| Bewegliche Sachen | jeder Tag zum Ablauf des folgenden Tages | spätestens 3. Tag vor Ende des Mietvertrages | = | |
| Unbewegliche Sachen, z. B. Grundstücke, Räume, Schiffe | " | 1. Werktag der Woche für den Ablauf des folgenden Sonnabends | spätestens 3. Werktag eines Kalendermonats zum Ablauf des übernächsten Monats (= 3. Mo.) | – unbebaute Gewerbegrundstücke<br>– registrierte Schiffe: …zum Ablauf des Kalendervierteljahres |
| Geschäftsräume | | | spätestens am 3. Werktag eines Kalendervierteljahres für den Ablauf des nächsten Kalendervierteljahres zulässig | |

| | | | | |
|---|---|---|---|---|
| Wohnungen | | | spätestens am 3. Werktag eines Kalendermonats zum Ablauf des übernächsten Monats | Für den Vermieter gilt: Verlängerung der Kündigungsfrist nach 5 und 8 Jahren Mietdauer um jeweils drei Monate |
| Möblierte Zimmer | " | " | spätestens am 15. des Monats für den Ablauf desselben Monats | |

**Mieterschutz, Vermieterschutz**
- Die Mieter, vor allem von **Geschäftsräumen**, sind gesetzlich kaum geschützt. Ihnen sind dringend vertragliche Schutzvereinbarungen (zum Beispiel Vertragsdauer, Kündigungsfristen) zu empfehlen.
Für Mieter von **Wohnräumen** gelten demgegenüber vielfältige gesetzliche Schutzvorschriften, zum Beispiel Verlängerung des Mietverhältnisses um jeweils drei Monate nach einer Mietdauer von 5 und 8 Jahren, wenn der Vermieter kündigt. Überdies kann der Mieter der Kündigung des Vermieters widersprechen und Fortsetzung des Mietverhältnisses verlangen, wenn die Beendigung des Mietvertrages für ihn eine nicht zu rechtfertigende Härte bedeuten würde.

Gesetzliches Pfandrecht
- Der Vermieter hat zur Absicherung der Mietzinsforderung ein gesetzliches Pfandrecht an den eingebrachten, dem Mieter gehörenden Sachen. Weitere Voraussetzung ist, dass diese Sachen pfändbar sind.

> **Beispiel:**
> Möbelstücke, Geräte, Maschinen, Werkzeuge, die der Mieter zum Leben oder zum Broterwerb benötigt, sind unpfändbar. Luxusgegenstände, zum Beispiel Bilder, Teppiche, Silber, sind dagegen pfändbar und unterliegen daher dem gesetzlichen Vermieterpfandrecht.
> Der Vermieter kann die Entfernung dieser Mietersachen notfalls mit Gewalt verhindern, eventuell im Wege der Nacheile (bei Auszug des Mieters) zurückholen.

**Grundsätzliches zum Pachtvertrag**

Parteien
- Parteien
Die Parteien des Pachtvertrages heißen **Verpächter und Pächter.**

Zweck
- Zweck
Durch den Pachtvertrag (gegenseitiger Vertrag) wird der Verpächter verpflichtet, dem Pächter gegen Zahlung des Pachtzinses den **Gebrauch und die Nutzung des gepachteten Gegenstandes** (Sachen, Rechte) während der Pachtzeit zu gewähren.

Form
- Form
Der Pachtvertrag ist **grundsätzlich formfrei.** Pachtverträge über Grundstücke mit längerer Laufzeit als ein Jahr sind schriftlich abzuschließen.

- Pflichten  *Pflichten*
Der Verpächter ist verpflichtet, das Pachtobjekt zum Gebrauch und zur Nutzung zu überlassen und zu erhalten.
Der Pächter ist verpflichtet, den vereinbarten Pachtzins rechtzeitig zu bezahlen und das Pachtobjekt pfleglich zu behandeln.

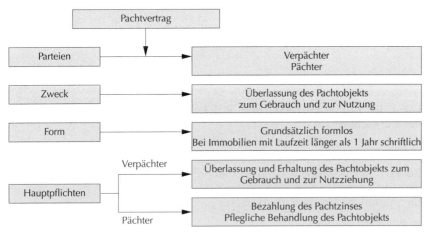

*Abbildung 43*

**Besonderheiten des Pachtvertrages gegenüber dem Mietvertrag**
- Die Parteien können die Kündigungsfrist vertraglich vereinbaren.
- Die gesetzliche Kündigung ist, wenn nichts anderes vereinbart ist, nur für den Schluss eines Pachtjahres zulässig. Die Kündigung muss spätestens am 3. Werktag des Halbjahres erklärt werden, mit dessen Ablauf die Pacht endet. *Gesetzliche Kündigungsfrist*
- Wird ein Grundstück mit Inventar verpachtet, muss der Pächter für die Erhaltung der Pachtstücke sorgen. Der Verpächter muss Pachtstücke ersetzen, die ohne Verschulden des Pächters unbrauchbar werden.

### 3.1.3.5 Bürgschaft

> Die Bürgschaft ist ein Vertrag, durch den sich der Bürge gegenüber dem Gläubiger verpflichtet, für die Erfüllung der Verbindlichkeit eines Dritten (Schuldner) einzustehen.

Beteiligt am Bürgschaftsverhältnis sind drei Personen: Gläubiger, Schuldner, Bürge.  *Beteiligte*

**Beispiel:**
A kauft eine Maschine bei B, die A nicht sofort bezahlen kann. B fordert von A eine Sicherheit. A überredet seinen Freund C, für die Bezahlung der Maschine zu bürgen. A ist Schuldner, B ist Gläubiger, C ist Bürge. Es bestehen zwei Verträge: Kaufvertrag zwischen A und B, Bürgschaftsvertrag zwischen B und C.

Das Bürgschaftsverhältnis beim Kaufvertrag

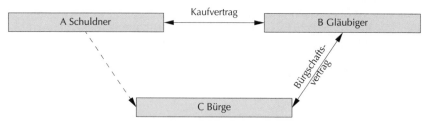

Abbildung 44

**Form der Bürgschaftserklärung, Pflichten des Bürgen, besondere Arten der Bürgschaft**

Form

● Form
Zur Gültigkeit des Bürgschaftsvertrages ist die **schriftliche Erteilung der Bürgschaftserklärung** gegenüber dem Gläubiger erforderlich. Bei Kaufleuten und Handwerkern, die im Handelsregister eingetragen sind, genügt die mündliche Bürgschaftserklärung.

● Pflichten des Bürgen
Erfüllt der Schuldner seine Verbindlichkeit gegenüber dem Gläubiger nicht, muss der Bürge zahlen. Er kann allerdings alle dem Schuldner gegen die Forderung zustehenden Einreden, zum Beispiel Verjährung etc. geltend machen. Insbesondere kann er die Befriedigung des Gläubigers verweigern, solange nicht der Gläubiger die Zwangsvollstreckung gegen den Schuldner ohne Erfolg versucht hat (Einrede der Vorausklage). Die

Einrede der Vorausklage

**Einrede der Vorausklage** ist jedoch in folgenden Fällen ausgeschlossen:
– Über das Vermögen des Schuldners wurde das Insolvenzverfahren eröffnet.
– Der Schuldner hat im Inland keinen Wohnsitz oder Aufenthalt.
– Der Bürge hat eine selbstschuldnerische Bürgschaft übernommen.

● Arten

Selbstschuldnerische Bürgschaft
Ausfallbürgschaft

Die **selbstschuldnerische Bürgschaft** entsteht, wenn der Bürge auf die Einrede der Vorausklage verzichtet. Die Bürgschaft eines Vollkaufmanns ist stets selbstschuldnerisch. Bei der **Ausfallbürgschaft** haftet der Bürge nur für den Teil der Forderung, der dem Gläubiger trotz Wahrnehmung aller rechtlichen Möglichkeiten ausfällt.

● Für die Höhe der Verpflichtung des Bürgen ist der Bestand der Verbindlichkeit des Schuldners maßgeblich.
● Die Bürgschaft erlischt mit der Verbindlichkeit des Schuldners, zum Beispiel Erfüllung, Aufrechnung, Erlass.
● Der Bürge kann dem Gläubiger alle Einreden entgegenhalten, die der Schuldner hat, zum Beispiel Verjährung.
● Befriedigt der Bürge den Gläubiger, geht die Forderung des Gläubigers gegen den Schuldner auf den Bürgen über. Der Schuldner haftet jetzt dem Bürgen.

## 3.1.4 Sachenrecht

**Allgemeines zum Sachenrecht**

Das Schuldrecht des BGB befasst sich mit den Rechtsbeziehungen zwischen Personen, das Sachenrecht (3. Buch des BGB) regelt dagegen überwiegend die Rechtsbeziehungen zwischen Personen und Sachen. Das Schuldrecht bietet die Möglichkeit, Verträge weitgehend frei zu gestalten, **im Sachenrecht gelten die strengen gesetzlichen Regelungen.** Die wichtigsten Begriffe im Sachenrecht sind Besitz, Eigentum, bewegliche und unbewegliche Sachen, Grundbuch, Grundpfandrechte etc., die auch für die Absicherung von Forderungen grundlegende Bedeutung haben.

### 3.1.4.1 Besitz, Eigentum

Im Sprachgebrauch wird meist nicht genau zwischen diesen Begriffen unterschieden. Man spricht vom Hausbesitzer und meint den Hauseigentümer. Das Gesetz ist jedoch präziser.

- Besitz ist die tatsächliche Herrschaft einer Person über eine Sache.
- Eigentum ist das umfassende Recht einer Person an einer Sache.

Besitz
Eigentum

Erläuterung:
Dem Eigentümer gehört die Sache rechtlich, der Besitzer hat nur die tatsächliche Gewalt über die Sache.
Der Eigentümer kann über die Sache nach Belieben verfügen, der Besitzer ist an die Vorgaben des Eigentümers gebunden.

**Beispiel:**
Besitzer einer Sache sind Mieter, Entleiher, Pächter, Finder, auch der Dieb.
Eigentümer sind andere Personen.

**Bewegliche und unbewegliche Sachen (Grundstücke)**

Sachen im Sinne des Gesetzes sind alle körperlichen Gegenstände. Sie können beweglich oder unbeweglich sein.

- Bewegliche Sachen sind solche, die nicht Grundstücke oder Bestandteile von Grundstücken sind. Die Unzahl von beweglichen Sachen erlaubt nur eine negative Abgrenzung. Vereinfacht ausgedrückt sind es Sachen, die bewegt werden können.

Bewegliche Sachen

**Beispiel:**
Möbel, Geräte, Waren, Kleidung etc.
Auch Schiffe und Flugzeuge sind eigentlich bewegliche Sachen, werden aber zum Teil wie Grundstücke behandelt.
- Unbewegliche Sachen sind Grundstücke, Bestandteile von Grundstücken und grundstücksgleiche Rechte.

Unbewegliche Sachen

**Beispiel:**
Bebaute, unbebaute Grundstücke, Immobilien, Erbbaurecht.

### Übertragung von Besitz und Eigentum

Besitz-
übertragung
Eigentums-
übertragung

- Besitz wird übertragen durch Verschaffung der tatsächlichen Gewalt über die Sache.
- Eigentum an einer beweglichen Sache wird übertragen durch Einigung der Parteien und Übergabe (eventuell Übergabeersatz, siehe Kaufrecht).
- Eigentum an einer unbeweglichen Sache wird übertragen durch Einigung (Auflassung) und Eintragung im Grundbuch. Die Auflassung erfolgt bei gleichzeitiger Anwesenheit der Parteien vor dem Notar.

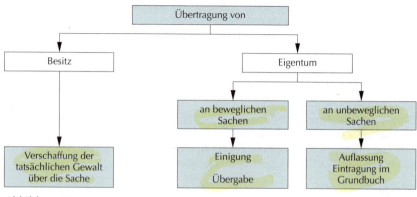

Abbildung 45

### Grundbuch

Das Grundbuch gibt verbindlich Auskunft über die Rechtsverhältnisse an einem Grundstück. Jedes Grundstück wird auf einem eigenen Blatt im Grundbuch des Amtsgerichts geführt, in dessen Bezirk das Grundstück gelegen ist. Jedes Grundbuchblatt hat drei Abteilungen.

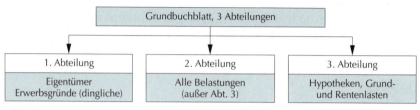

Abbildung 46

## Nießbrauch

Der Eigentümer von Sachen (beweglichen und unbeweglichen), Rechten und Vermögen, kann einem anderen (Nießbraucher) die Nutzziehung aus diesen Gegenständen ganz oder zum Teil einräumen. Der Nießbrauch ist grundsätzlich nicht übertragbar und nicht vererbbar.

*Nießbrauch*

**Beispiel:**
Ein Bäckermeister überträgt das Eigentum an seiner Wohnanlage auf seine Kinder. Die Einkünfte aus der vermieteten Wohnanlage sollen seinen Lebensunterhalt decken. Zu seinen Gunsten wird ein Nießbrauchsrecht im Grundbuch eingetragen.

### 3.1.4.2 Sicherungsrechte

#### Zweck und Übersicht

Der Mensch schließt im täglichen Leben unablässig Rechtsgeschäfte der verschiedensten Art. Daraus ergeben sich für ihn nicht nur Rechte, sondern auch Verpflichtungen. Bei deren Abwicklung wird eine höchstmögliche persönliche Sicherheit angestrebt. Der Einzelne hat es in der Hand, rechtzeitig durch geeignete vertragliche Vereinbarungen vorzusorgen. Unterstützt wird er dabei vom Gesetzgeber, der eine Reihe von gesetzlichen Sicherungsrechten bereitstellt. Sicherungsrechte lassen sich nach der Entstehungsform (vertraglich, gesetzlich) und nach der Art der Abwicklung (Personen, Sachen) unterscheiden.

*Sicherung von Forderungen*

#### Sicherungsrechte nach der Form der Entstehung

Die wichtigsten Sicherungsrechte (SR) und ihre Entstehungsform

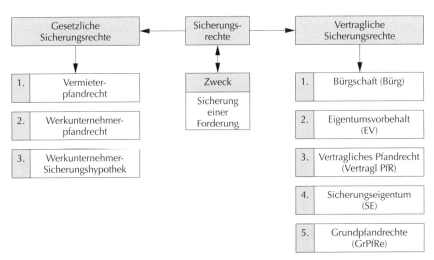

*Abbildung 47*

## Sicherungsrechte nach der Art der Sicherheit

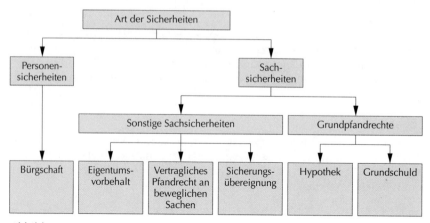

*Abbildung 48*

### Sachsicherheiten

Die gesetzlichen Sachsicherheiten wurden beim Werkvertrag (Unternehmerpfandrecht, Bauhandwerkersicherungshypothek) und beim Mietvertrag (Vermieterpfandrecht) besprochen. Die vertraglichen Sachsicherheiten sind in erster Linie Eigentumsvorbehalt, Sicherungsübereignung, vertragliches Pfandrecht und Grundpfandrechte.

Im Folgenden sollen die Besonderheiten (Zweck, Form, Wirkungen, Grenzen) der einzelnen vertraglichen Sachsicherheiten dargestellt werden:

### Eigentumsvorbehalt

- Zweck

Kann der Käufer einer beweglichen Sache den Kaufpreis nicht sofort bezahlen, wird sich der Verkäufer dadurch **sichern,** dass er sich das Eigentum an der Sache **bis zur vollständigen Bezahlung** rechtzeitig und ausdrücklich vorbehält. Der Käufer wird zwar sofort Besitzer, kann also auch die Kaufsache nutzen, Eigentum erwirbt er aber erst mit vollständiger Kaufpreisbezahlung.

- Form

Zwar ist **keine Form vorgeschrieben,** aus Beweisgründen ist aber Schriftform zu empfehlen. Der Eigentumsvorbehalt ist spätestens bei der Übergabe der Sache zu erklären.

> **Beispiel:**
> Der Eigentumsvorbehalt wird erst nach Übergabe der Sache auf der später ausgehändigten Rechnung erklärt. Der Eigentumsvorbehalt ist verspätet und daher unwirksam, mit der Übergabe der Sache ist der Käufer auch Eigentümer geworden.

- Wirkungen

**Zahlt der Käufer nicht** oder wird er insolvent, **kann der Verkäufer die Sache herausverlangen,** nachdem er vom Vertrag zurückgetreten ist.

## 3.1.4 Sachenrecht

- **Grenzen**

Der Eigentumsvorbehalt erlischt in dem Augenblick, in dem die Sache durch Vermischung oder Verarbeitung, Einbau etc. ihre rechtliche Selbstständigkeit verliert.

*Grenzen*

**Beispiel:**

Lieferung und Einbau von Bauteilen (Steine, Fenster, Gläser) in ein Haus; Vermischen von Mehl zum Brotbacken. Der Eigentümer der Hauptsache (Haus, Brot) wird auch Eigentümer der Nebensachen (Steine etc., Mehl).

- Der Eigentumsvorbehalt ist nur an beweglichen, nicht an unbeweglichen Sachen möglich.
- Erfüllt der Käufer seine Zahlungspflicht, geht das vorbehaltene Eigentum automatisch auf ihn über.

**Vertragliches Pfandrecht an beweglichen Sachen**

- Zweck

Eine bewegliche Sache kann einem **Gläubiger zur Sicherung seiner Forderung** verpfändet werden.

*Zweck*

- Form

Eine besondere Form sieht das Gesetz nicht vor, zum Nachweis wird Schriftform empfohlen.

*Form*

- Wirkungen

Die **Sicherheit** für den Gläubiger **entsteht nur, wenn der Schuldner das Pfand dem Gläubiger übergibt (Faustpfand)** und beide sich einig sind, dass das Pfandrecht dem Gläubiger zustehen soll.

*Wirkungen*

**Beispiel:**

Der Kürschner hat seinem Lieferanten zur Sicherung einer Kaufpreisforderung einen teuren Pelzmantel zum Pfand gegeben. Zahlt der Kürschner bei Fälligkeit die Kaufpreisforderung nicht, kann der Lieferant den Pelzmantel nach den Regeln der Pfandverwertung öffentlich versteigern lassen, um seine Ansprüche aus dem Erlös zu befriedigen.

- Grenzen

Braucht der Schuldner den Pfandgegenstand in seinem Betrieb, zeigen sich die Grenzen des vertraglichen Pfandrechts.

*Grenzen*

**Beispiel:**

Der Metallbauer kauft eine Maschine, die er dringend im Betrieb benötigt. Da er den Kaufpreis nicht bezahlen kann, sucht er eine Möglichkeit, die Forderung des Verkäufers zu sichern. Die gekaufte Maschine kommt als Pfand nicht in Betracht, da er sie im Betrieb benötigt. Er kann allenfalls eine andere Maschine oder einen anderen Gegenstand zum Pfand geben.

Gibt der Pfandgläubiger das Pfand aus der Hand, erlischt das Pfandrecht.

## Sicherungsübereignung

*Zweck*

- Zweck

Die Verpfändung einer beweglichen Sache ist aus praktischen Erwägungen in vielen Fällen nicht möglich, weil der Schuldner die Sache, zum Beispiel eine Maschine, in seinem Betrieb selbst braucht. Hier helfen sich die Parteien in der Praxis dadurch, dass der **Schuldner die Sache dem Gläubiger** wegen dessen Forderung **zur Sicherung übereignet und übergibt** und beide vereinbaren, dass die Sache dem Schuldner leihweise wieder ausgehändigt wird. Auf diese Weise kann der Schuldner mit der Sache arbeiten, der Gläubiger hat treuhänderisches Eigentum.

*Form*

- Form

Eine besondere Form sieht das Gesetz nicht vor; wie vorstehend, wird Schriftform empfohlen.

*Wirkungen*

- Wirkungen

**Zahlt der Schuldner nicht, kann der Gläubiger, da er Eigentümer ist, die Sache vom Schuldner herausverlangen.** Im Konkurs des Schuldners hat der Gläubiger ein Absonderungsrecht an der Sache.

*Grenzen*

- Grenzen

Da der Gläubiger Eigentum nur zur Sicherheit hat, darf er mit der Sache nicht nach Belieben verfahren, zum Beispiel darf er sie nicht verkaufen.

## Grundpfandrechte

*Hypothek*

- **Hypothek**

Die Hypothek ist die Belastung eines Grundstücks in der Weise, dass zugunsten des Berechtigten (Hypothekengläubiger = Kreditgeber) eine bestimmte Geldsumme wegen der diesem zustehenden Forderung (zum Beispiel Baudarlehen) aus dem Grundstück zu zahlen ist. Sie ist die wichtigste Form des Realkredits neben der

*Grundschuld*

- **Grundschuld,**

die ein Grundstück in der Weise belastet, dass dieses für die Zahlung einer bestimmten Geldsumme haftet. Sie ist, anders als die Hypothek, rechtlich nicht zur Sicherung einer Forderung bestellt, wenngleich dies der Praxis entspricht.

- Die Eintragung und Übertragung von Grundpfandrechten erfolgt nach den Regeln der Übertragung von unbeweglichen Sachen (siehe oben).
- Die Hypothek ist abhängig von der ihr zugrunde liegenden Forderung (akzessorisch).
- Die Grundschuld ist unabhängig von einer eventuell zugrunde liegenden Forderung (nicht akzessorisch). Sie kann, weil von einer Forderung unabhängig, auch für den Eigentümer (so genannte Eigentümergrundschuld) im Grundbuch eingetragen werden und sichert damit die Rangstelle, zum Beispiel zum Zweck der Kreditbeschaffung.

*Abbildung 49*

**Übersicht über alle vertraglichen Sicherheiten**

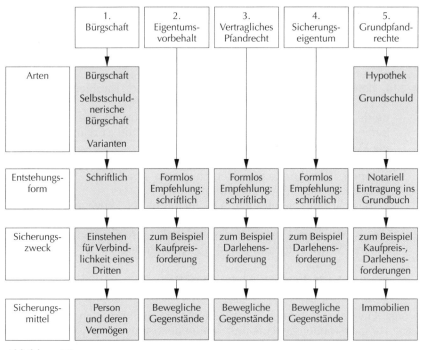
*Abbildung 50*

## 3.1.5 Familien- und Erbrecht

### 3.1.5.1 Eheliches Güterrecht

**Allgemeines zum Familienrecht**

Unsere Verfassung stellt Ehe und Familie als Grundlage jedes staatlichen Gemeinschaftslebens unter den besonderen Schutz der staatlichen Ordnung. Das Familienrecht ist in der Hauptsache im 4. Buch des BGB geregelt. Es enthält die Gesamtheit der staatlichen Rechtsnormen, welche die rechtlichen Beziehungen der Familienmitglieder zueinander und zu

*Familienrecht*

Dritten regeln. Den Unternehmer interessieren vor allem die vermögensrechtlichen Beziehungen der Ehegatten, das eheliche Güterrecht und die gegenseitige Vertretungsmacht von Mann und Frau.

Aber auch gleichgeschlechtlichen, volljährigen, nicht verheirateten und nicht in gerader Linie miteinander verwandten Partnern ist es möglich, durch persönliche und gleichzeitige Erklärung vor dem Standesamt oder Notar eine der Ehe (siehe folgende Varianten) weitgehend angeglichene Partnerschaft auf Lebenszeit zu begründen.

### Gleichberechtigung von Mann und Frau

Gleich-
berechtigung

Mann und Frau sind nach unserer Verfassung gleichberechtigt.

Hierzu **Einzelheiten der gesetzlichen Entwicklung:**
- Seit dem Gleichberechtigungsgesetz vom 18.6.1957
  - ist das alleinige Entscheidungsrecht des Mannes in gemeinsamen Angelegenheiten abgeschafft
  - steht die elterliche Sorge um gemeinschaftliche Kinder Mann und Frau gemeinsam zu
  - ist der Aussteueranspruch der Tochter weggefallen.
- Mit dem Gesetz zur Reform des Ehe- und Familienrechts vom 14.6.1976 gelten weitere Änderungen, zum Beispiel:
  - Beide Ehegatten sind nun berechtigt, erwerbstätig zu sein; auf die Belange des anderen Ehegatten und die Familie ist dabei in gebotener Weise Rücksicht zu nehmen.
  - Die Haushaltsführung regeln die Ehegatten in gegenseitigem Einvernehmen. Wird sie einem der Ehegatten überlassen, leitet er den Haushalt in eigener Verantwortung.
  - Es besteht eine gegenseitige Verpflichtung der Ehegatten, durch Arbeit und mit ihrem Vermögen die Familie angemessen zu unterhalten; wird einem Ehegatten die Haushaltsführung überlassen, erfüllt er diese Verpflichtung mit der Haushaltsführung.

### Gegenseitige Vertretungsmacht der Ehegatten

Jeder Ehegatte ist berechtigt, alle Rechtsgeschäfte zur angemessenen Deckung des Lebensbedarfs der Familie auch mit Wirkung für und gegen den anderen Ehegatten abzuschließen (ehemalige Schlüsselgewalt, dieses Recht hatte früher nur die Frau).

**Beispiel:**

Einkauf von Lebensmitteln, Buchung eines Familienurlaubs, Ergänzungskauf eines defekten Haushaltsgerätes.

Kauft dagegen die Frau eine Maschine für das Unternehmen des Mannes, ohne hierzu ermächtigt zu sein, wird der Mann nicht verpflichtet, weil es kein Rechtsgeschäft zur angemessenen Deckung des Lebensbedarfs der Familie ist.

- Die gesetzliche Vertretungsmacht **kann eingeschränkt oder ausgeschlossen werden,** wenn sie zum Nachteil des anderen Ehegatten ausgenutzt wird.
- Dritten gegenüber wirkt die Einschränkung oder der Ausschluss nur bei Eintragung im Güterrechtsregister beim Amtsgericht-Registergericht. Der davon betroffene Ehegatte haftet in diesem Fall allein für die Erfüllung von Vertragsverpflichtungen, auch wenn es sich um einen Vertrag zur Deckung des Lebensbedarfs der Familie handelt.
- Leben die Ehegatten getrennt, ruht die gegenseitige Vertretungsmacht.

### Güterstände

Die Ehe ist Lebens- und Vermögensgemeinschaft. Für die Regelung der Vermögensbeziehungen stehen den Ehegatten drei Möglichkeiten zur Verfügung: Zugewinngemeinschaft, Gütergemeinschaft und Gütertrennung.

Eheliches Güterrecht

Abbildung 51

### Zugewinngemeinschaft (ZG), gesetzlicher Güterstand

- Form

**Die Zugewinngemeinschaft entsteht** in der Regel durch Heirat **kraft Gesetzes,** wenn kein notarieller Ehevertrag vereinbart wird.

Zugewinngemeinschaft

- Wesen

Der Zugewinngemeinschaft liegen zwei gedankliche Vorstellungen zugrunde:
1. **Solange die Zugewinngemeinschaft besteht, gelten im Wesentlichen die Regeln der Gütertrennung.**
2. **Endet die Zugewinngemeinschaft** (zum Beispiel Tod, Scheidung), **ist der Zugewinn unter den Ehegatten auszugleichen.**

Daraus ergeben sich folgende weitere Konsequenzen:

- Vermögen

Was ein Ehegatte in die Ehe einbringt und während der Ehe hinzuerwirbt, gehört ihm allein.

- Verwaltung

Es gibt **zwei Vermögensmassen,** Mannes- und Frauenvermögen. Jeder verwaltet sein Vermögen selbst. Es gibt allerdings zwei Einschränkungen:
- Verfügungen über das gesamte Vermögen und
- Verfügungen über Hausratsgegenstände bedürfen der Zustimmung des anderen Ehegatten.

- Schulden

**Jeder haftet für seine Schulden allein** (Ausnahme: Rechtsgeschäfte im Rahmen der Schlüsselgewalt).

- Ende der Zugewinngemeinschaft

Der **Zugewinn ist** unter den Ehegatten **auszugleichen.**

### Ausgleich des Zugewinns bei Tod

Das gesetzliche Erbteil des überlebenden Ehegatten erhöht sich um ein Viertel. Dabei spielt es keine Rolle, ob tatsächlich ein Zugewinn erzielt wurde oder ob der Überlebende einen höheren Zugewinn hatte (erbrechtliche Regelung). Der überlebende Ehegatte kann aber die Erbschaft auch ausschlagen, oder falls er nicht erbt, Ausgleich des Zugewinns und seinen Pflichtteil verlangen (güterrechtliche Regelung).

### Ausgleich des Zugewinns bei Scheidung

In diesem Fall ist der beiderseitige Zugewinn zu berechnen und auszugleichen.

*Berechnung des Zugewinns*

> Zugewinn ist der Betrag, um den das Endvermögen eines Ehegatten sein Anfangsvermögen übersteigt. Wer während der Ehe mehr Zugewinn erzielt hat als der Ehepartner, muss diesem die Hälfte des Überschusses auszahlen.

Für die Berechnung des Anfangs- und des Endvermögens gelten jeweils drei Regeln:

- **Berechnung des Anfangsvermögens:**
  - Es kann nicht geringer sein als Null; ein passives Vermögen wird mit Null angesetzt.
  - Während der Ehe erhaltene Schenkungen und Erbschaften werden dem Anfangsvermögen zugerechnet, werden also vom Endvermögen abgezogen.

*Regeln zur Berechnung des Vermögens*

  - Kann ein Ehegatte sein Anfangsvermögen nicht beweisen, wird es mit Null angesetzt.
- **Berechnung des Endvermögens:**
  - Auch das Endvermögen kann nicht geringer als Null sein.
  - Hat ein Ehegatte in den letzten 10 Jahren Vermögen verschenkt und war dies nicht durch Anstand und Sitte geboten, kann der andere Ehegatte verlangen, dass das Verschenkte dem Endvermögen zugerechnet wird, also auszugleichen ist.
  - Reicht das Vermögen nach einer solchen Schenkung nicht mehr aus, um den Ausgleichsanspruch des anderen Ehegatten zu befriedigen, kann dieser das Erforderliche als ungerechtfertigte Bereicherung vom Beschenkten herausverlangen.

### Beispiel:

|  | Mann | Frau |
|---|---|---|
| Anfangsvermögen: | 10.000,00 | 50.000,00 |
| Endvermögen: | 100.000,00 | 60.000,00 |
| Zugewinn: | 90.000,00 | 10.000,00 |
| Differenz: | 80.000,00 | |

Die Hälfte davon hat der Mann der Frau auszugleichen, das heißt 40.000,00 EUR.

### Beispiel:

|  | Mann | Frau |
|---|---|---|
| Anfangsvermögen: | – 10.000,00 | 50.000,00 |
| Erbschaft: | 50.000,00 | 200.000,00 |
| Endvermögen: | 100.000,00 | 300.000,00 |
| Zugewinn: | 50.000,00 | 50.000,00 |
| Differenz: | — | |

Da beide Ehegatten denselben Zugewinn haben, erfolgt kein Ausgleich.

### Gütertrennung (GTr), vertraglicher Güterstand

- Form

Erforderlich ist **notarielle Vereinbarung** bei gleichzeitiger Anwesenheit beider Ehegatten.

- Wesen

Es handelt sich um eine **absolute Trennung der Vermögensmassen** zwischen den Ehegatten.

- Vermögen

Es gibt zwei Vermögensmassen: Mannes- und Frauenvermögen.

*Gütertrennung*

- Verwaltung

**Jeder Ehegatte verwaltet sein Vermögen allein.** Er unterliegt keinen Verfügungsbeschränkungen.

- Schulden

**Jeder Ehegatte haftet für seine Schulden allein** (Ausnahme: Rechtsgeschäfte im Rahmen der Schlüsselgewalt).

- Ende der Gütertrennung

Es findet **kein Vermögensausgleich** statt.

### Gütergemeinschaft (GG), vertraglicher Güterstand

- Form

Es gilt das zur Gütertrennung Gesagte.

- Wesen

Die Gütergemeinschaft beinhaltet die **Vereinigung der Vermögen der Ehegatten.**

*Gütergemeinschaft*

- Vermögen

Das Gesamtgut bildet das **gemeinschaftliche Vermögen der Ehegatten.** Beide Ehegatten können im Alleineigentum Vorbehaltsgut (zum Beispiel Aktienvermögen) und Sondergut (zum Beispiel Schmerzensgeldforderung) haben.

- Verwaltung

Das Gesamtgut verwalten **beide Ehegatten zusammen** oder ein Ehegatte nach Vereinbarung allein. Vorbehalts- und Sondergut verwaltet jeder Ehegatte allein.

- Schulden

Schulden des Gesamtguts **betreffen beide,** Schulden von Vorbehalts- oder Sondergut jeden allein.

- Ende der Gütergemeinschaft

Jeder Ehegatte erhält die **Hälfte des Gesamtguts** sowie sein Vorbehalts- und Sondergut.

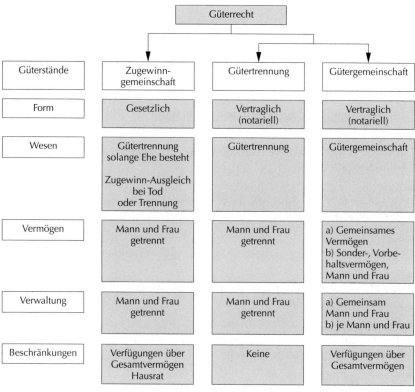

Abbildung 52

### 3.1.5.2 Erbfolge

**Allgemeines zum Erbrecht**

Das 5. Buch des BGB regelt unter anderem die Erbfolge, rechtliche Stellung der Erben, Testament, Erbvertrag, Pflichtteil, Erbschein. Mit dem Erbfall geht das gesamte Vermögen (Nachlass) des Erblassers mit allen Rechten und Pflichten auf den oder die Erben über (Gesamtrechtsnachfolge).

> **Beispiel:**
> Wird ein Grundstück vererbt, bedarf es keiner Auflassung und Eintragung im Grundbuch, sondern nur der Berichtigung des Grundbuches.

**Grundbegriffe im Erbrecht**

- Erbfall  
Mit dem Tode einer Person geht deren Vermögen auf seine Erben über.

- Erblasser  
Der Erblasser ist eine **natürliche Person (Mensch)**, durch deren Tod die Erbschaft auf die Erben übergeht.

- Erbschaft (Nachlass)  
Erbschaft ist das Vermögen, das heißt die **Gesamtheit der Rechtsverhältnisse des Erblassers,** das auf die Erben übergeht. Es beinhaltet Eigentum, Beteiligungen, Forderungen, Rechte, aber auch Schulden des Erblassers. Nicht vererbbar sind höchstpersönliche Rechte, zum Beispiel Unterhaltsansprüche, Nießbrauch, Ehrungen, persönliche Titel.

- Erbe  
Erbe ist, wer beim Tode einer Person kraft Gesetzes (gesetzlicher Erbe) oder kraft Verfügung von Todes wegen (gewillkürter Erbe) Gesamtnachfolger des Erblassers wird. Erbe kann **jede natürliche (Mensch) oder jede juristische Person** (zum Beispiel GmbH) werden, die zum Zeitpunkt des Erbfalles lebt bzw. besteht.

- Gesetzliche Erben  
Die gesetzlichen Erben sind die **Verwandten des Erblassers,** sein **Ehegatte** und ersatzweise der Staat (Fiskus).

- Gewillkürte Erben  
Gewillkürte Erben sind die natürlichen oder juristischen Personen, die der Erblasser **durch Testament oder Erbvertrag bestimmt.**

- Erbschein  
Der Erbschein ist das **amtliche Zeugnis** über Erbteile, Berechtigte, eventuelle Beschränkungen der Erbberechtigung. Zuständig ist das Amtsgericht-Nachlassgericht am letzten Wohnsitz des Erblassers (eventuell Amtsgericht Berlin bei Auslandswohnsitz).

- Ausschlagung  
Jeder Erbe kann **innerhalb von sechs Wochen** seit Kenntnis vom Erbfall und dem Berufungsgrund die Erbschaft **ausschlagen.** Vor allem bei Überschuldung des Nachlasses wird er diesen Weg wählen. Zuständig ist das Nachlassgericht. Die Ausschlagung bewirkt, dass der Nachlass nicht an den Ausschlagenden fällt.

## Gesetzliche Erbfolge

> Gesetzliche Erben sind die Verwandten des Erblassers und sein Ehegatte. Sie erben, wenn der Erblasser die Erbfolge durch letztwillige Verfügung (Testament, Erbvertrag) nicht anders geregelt hat.

*Erbordnungen*

Die Verwandten sind in fünf Erbordnungen zur Erbfolge berufen:
1. Erbordnung: Alle Abkömmlinge des Erblassers, das heißt Kinder (auch adoptierte und uneheliche) und deren Abkömmlinge.
2. Erbordnung: Die Eltern des Erblassers und deren Abkömmlinge.
3. Erbordnung: Die Großeltern des Erblassers und deren Abkömmlinge.
4. Erbordnung: Die Urgroßeltern und deren Abkömmlinge.
5. Erbordnung: Alle entfernteren Verwandten.

*Uneheliches Kind*

Uneheliche Kinder sind seit 1.4.1998 ehelichen Kindern erbrechtlich gleichgestellt. Sie haben jedoch neben Abkömmlingen und dem überlebenden Ehegatten in Höhe ihres Erbteils nur einen Erbersatzanspruch, wenn vor dem 1.4.1998 entweder der Erblasser verstorben ist oder der Erbausgleich durch wirksame Vereinbarung bzw. durch rechtskräftiges Urteil geregelt worden ist. Es handelt sich um einen Geldanspruch gegen den/die Erben, der in drei Jahren seit Kenntnis, längstens in 30 Jahren verjährt.

> Erben einer näheren Erbordnung schließen Erben einer entfernteren Erbordnung aus.

**Beispiel:**
Sind Kinder vorhanden, erben Eltern und Geschwister nichts.

> Lebende Erben innerhalb einer Erbordnung schließen entferntere Erben derselben Erbordnung aus.

*Grundregeln*

**Beispiel:**
Kinder schließen Enkel aus.

> Erben der ersten drei Erbordnungen erben nach Stämmen und zu gleichen Teilen.

**Beispiel:**
Stirbt ein Witwer, erhalten seine drei Kinder je $1/3$ vom Nachlass. Eventuell vorhandene Enkel erhalten nichts.

**Variante:**
Ist ein Kind vorverstorben, bekommen seinen Anteil von einem Drittel seine drei Kinder (Stamm) zu gleichen Teilen, das heißt je $1/9$.

> Ab der vierten Erbordnung wird derjenige Erbe des gesamten Nachlasses, der zum Erblasser am nächsten verwandt ist.

## 3.1.5 Familien- und Erbrecht

Der Ehegatte hat ein eigenes gesetzliches Erbrecht neben den Verwandten. Grundsätzlich erhält er neben Verwandten der ersten Erbordnung $1/4$, neben Verwandten der zweiten Erbordnung und Großeltern $1/2$ des Nachlasses. Sind nur noch Verwandte der dritten oder fernerer Erbordnungen vorhanden, bekommt der Ehegatte den gesamten Nachlass. Sein Anteil am Nachlass hängt also davon ab,

- neben welchen Verwandten er erbt und zusätzlich davon
- in welchem Güterstand er mit dem Erblasser bis zu dessen Tod gelebt hat.

Beispiele für die drei möglichen Güterstände neben einem, zwei oder drei Kindern (1. Erbordnung) sind aus der folgenden Abbildung ersichtlich.

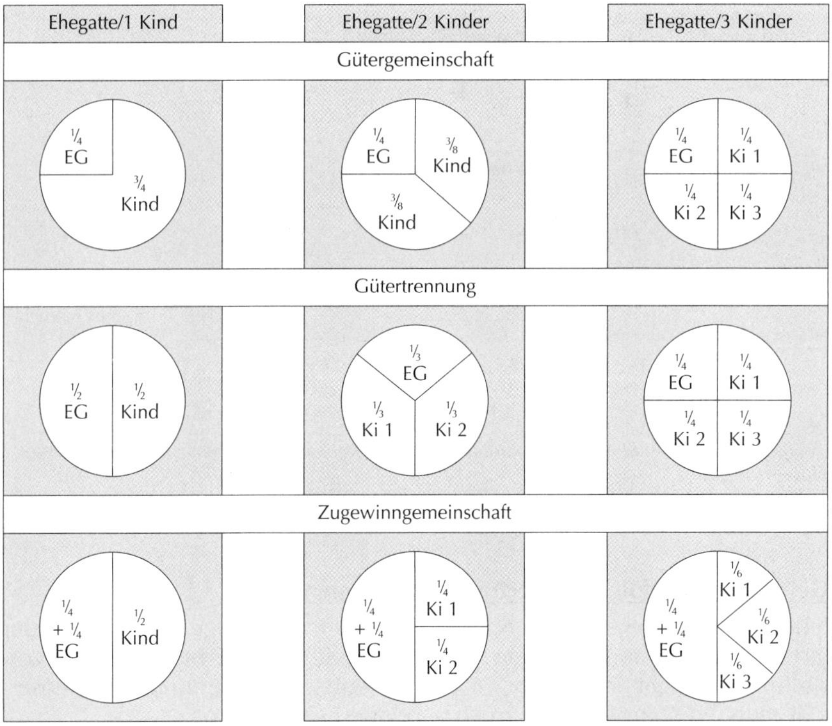

Gesetzliche Erbfolge

*Abbildung 53*

Eine schematische Darstellung der gesetzlichen Erbfolge nach Erbordnungen gibt die folgende Abbildung.

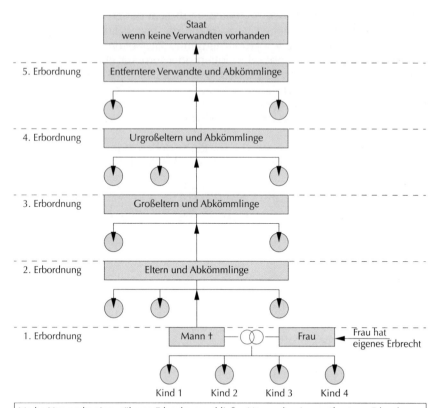

*Abbildung 54*

### Gewillkürte Erbfolge (Erbvertrag und Testament)

Gewillkürte Erbfolge

Jeder Mensch kann seinen Nachlass und seine Erbfolge vertraglich oder testamentarisch anders regeln, wenn die gesetzliche Erbfolge seinen Vorstellungen nicht entspricht. Dazu bedarf es bestimmter Willenserklärungen, die an strenge Formen gebunden sind.

### Erbvertrag, Einzelheiten

Erbvertrag

- Zweck

Der Erbvertrag ist im Gegensatz zum Testament eine den Erblasser bindende und **in der Regel unwiderrufliche Verfügung von Todes wegen**. Der Erbvertrag kann zwischen Verwandten und Nichtverwandten geschlossen werden.

- Form

Er muss bei gleichzeitiger Anwesenheit der Vertragsteile (Erblasser, Begünstigter) **vor einem Notar** geschlossen werden. Er kann nur in gleicher Form wieder aufgehoben werden. Stirbt ein Vertragsteil, ist die vertragliche Aufhebung unmöglich.

- Inhalt

Inhalt des Erbvertrages sind Erbeinsetzungen, Anordnungen, Vermächtnisse, Auflagen oder sonstige Verfügungen des Erblassers.

### Testament, Einzelheiten

- Zweck

Das Testament ist eine **einseitige Verfügung von Todes wegen,** die der Erblasser nur persönlich treffen kann. Er muss testierfähig sein, das heißt geschäftsfähig.

- Inhalt

Durch Testament bestimmt der Erblasser den Erben und schließt damit die gesetzliche Erbfolge aus. Möglich sind Vermächtnisse, Auflagen, Anordnungen für den Todesfall, Enterbung etc.

- Arten und Formen

Es gibt **ordentliche** (eigenhändiges und öffentliches), **außerordentliche und gemeinschaftliche Testamente.**
  - Beim eigenhändigen Testament muss die letztwillige Verfügung vom Erblasser zwingend eigenhändig in einer verständlichen Sprache und Schrift geschrieben und unterschrieben sein. Der Aussteller muss erkennbar sein. Zeit und Ort sollen angegeben werden, um den letzten Willen sicher feststellen zu können. Das letzte Testament gilt.
  - Das öffentliche Testament wird zur Niederschrift eines Notars errichtet. Der Erblasser erklärt seinen letzten Willen mündlich oder übergibt eine Schrift mit der Erklärung, dass diese seinen letzten Willen enthält (Minderjährige ab 16. Lebensjahr).
  - Außerordentliche oder Nottestamente sind für die Fälle vorgesehen, in denen der Erblasser nicht mehr in der Lage ist, ein öffentliches Testament vor einem Notar zu errichten, zum Beispiel Seetestament, Bürgermeistertestament.
  - Gemeinschaftliches Testament (nur Ehegatten) ist die gleichzeitige, gemeinschaftliche letztwillige Verfügung mehrerer Erblasser in der Weise, dass jeder von ihnen einseitig (anders Erbvertrag) für den Fall seines Todes Anordnungen trifft. Die Verfügungen können völlig selbstständig sein, gegenseitig oder wechselbezüglich, das heißt abhängig vom Bestand der Verfügung des anderen. Der Widerruf des gemeinsamen Testaments ist grundsätzlich möglich, wechselbezügliche Verfügungen sind jedoch nach dem Tode des Erstversterbenden unwiderruflich. Für den Abschluss kann jede vorgenannte Form gewählt werden.

## Pflichtteilsanspruch

- Zweck

Die **Testierfreiheit** des Erblassers wird durch das Pflichtteilsrecht zugunsten der Berechtigten **eingeschränkt.**

> **Beispiel:**
> Setzt der Ehemann seine langjährige Freundin als Alleinerbin ein, sind seine Abkömmlinge und seine Frau durch das Pflichtteilsrecht geschützt.

- Berechtigter Personenkreis

**Abkömmlinge, Ehegatte; Eltern,** wenn keine Abkömmlinge vorhanden sind.

- Voraussetzung des Anspruchs

**Die Berechtigten sind** durch Verfügung des Erblassers von Todes wegen (Testament, Erbvertrag) **von der gesetzlichen Erbfolge** ganz oder zu einem wesentlichen Teil **ausgeschlossen.**

- Art

Der Pflichtteilsanspruch ist ein **persönlicher Geldanspruch** gegen den tatsächlichen Erben.

- Höhe

Der Geldanspruch beträgt **die Hälfte des gesetzlichen Erbteils** zum Zeitpunkt des Erbfalles. Hat der Berechtigte geerbt, aber weniger als den Pflichtteil, hat er einen Pflichtteilsergänzungsanspruch. Hat die Ehefrau bis zum Tode des Erblassers mit diesem in Zugewinngemeinschaft gelebt, hat sie unter bestimmten Voraussetzungen Wahlmöglichkeiten (siehe Eherecht).

- Verjährung

Der Pflichtteilsanspruch verjährt drei Jahre nach Kenntnis vom Erbfall und der die Erbfolge ausschließenden Verfügung.

- Entziehung

Entziehung des Pflichtteils ist möglich, wenn der Berechtigte dem Erblasser nach dem Leben getrachtet, diesen oder dessen Ehegatten vorsätzlich körperlich misshandelt, einen unsittlichen Lebenswandel gegen den Willen des Erblassers geführt oder die Unterhaltspflicht schuldhaft verletzt hat.

Der Pflichtteilsanspruch im Erbrecht

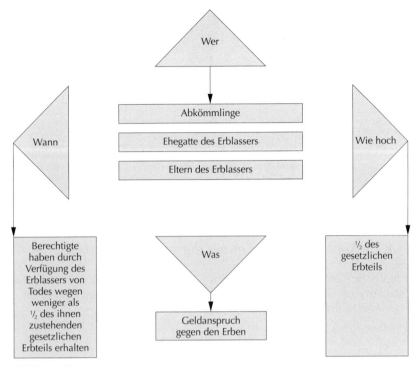

*Abbildung 55*

## 3.1.6 Mahn- und Klageverfahren

### 3.1.6.1 Zuständigkeit der Gerichte nach Art der Ansprüche

In einem Rechtsstaat ist es unzulässig, Rechtsansprüche auf eigene Faust durchzusetzen. Wer einen Anspruch gegen einen säumigen oder unwilligen Schuldner selbst nicht durchsetzen kann, muss sich der Hilfe der vom Staat eingesetzten Gerichte und Vollstreckungsorgane bedienen. Je nach Art eines Anspruches erhält der Bürger für die Wechselfälle des täglichen Lebens Rechtsschutz bei folgenden Gerichtsbarkeiten: *Gerichtsbarkeiten*

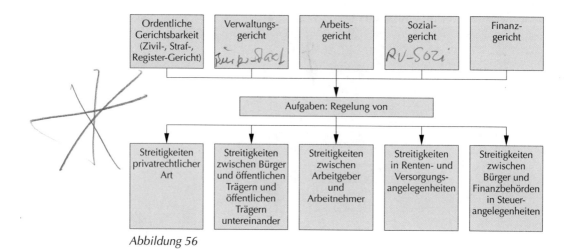

*Abbildung 56*

### 3.1.6.2 Arten und Tätigwerden der ordentlichen Gerichte

Ordentliche Gerichte sind: Amtsgericht (AG), Landgericht (LG), Oberlandesgericht (OLG) und Bundesgerichtshof (BGH). Sie werden in drei Bereichen der Rechtspflege tätig.

*Abbildung 57*

**Zivilgerichtsbarkeit**

Obligatorische außergerichtliche Streitschlichtung

- Obligatorische außergerichtliche Streitschlichtung
Aufgrund des Gesetzes zur Förderung der außergerichtlichen Streitbeilegung können die Länder den Streitparteien vor Einleitung von zivilgerichtlichen Verfahren **verbindlich** einen außergerichtlichen Schlichtungsversuch vorschreiben. Notwendig ist dieses Verfahren in zivilrechtlichen Streitigkeiten mit einem Streitwert von bis zu 750,00 EUR, in Nachbarschaftsstreitigkeiten und in Streitigkeiten wegen Verletzung der persönlichen Ehre außerhalb von Presse und Rundfunk. Ausgenommen hiervon sind familienrechtliche Streitigkeiten und Geldforderungen, die im gerichtlichen Mahnverfahren durchgesetzt werden. Obligatorische Streitschlichtungsstellen existieren bereits in einer Reihe von Bundesländern. Obligatorische Streitschlichter können Rechtsanwälte (z. B. Baden-Württemberg), Notare und andere dauerhaft eingerichtete Schlichtungsstellen (z. B. Bayern) sein. Bleibt die obligatorische Streitschlichtung erfolglos, ist der Weg zu den ordentlichen Gerichten offen.

## 3.1.6 Mahn- und Klageverfahren

- Allgemeine Zuständigkeit  
Die Zivilgerichte sind für **alle privatrechtlichen Streitigkeiten und Ansprüche der Bürger untereinander** zuständig. Ansprüche können auf ein Tun oder Unterlassen gerichtet sein. *(Zivilgerichtsbarkeit)*

- Parteien  
Die Parteien im Zivilprozess heißen **Kläger und Beklagter.**

- Aufgabenverteilung (örtliche und sachliche Zuständigkeit) *(Aufgabenteilung)*  
Klagen sind bei den Gerichten der **ersten Instanz** einzureichen. Es sind dies die **Amts- und Landgerichte** in Deutschland, unter denen die Aufgaben örtlich und sachlich aufgeteilt sind. **Örtlich** zuständig ist das **Gericht am Wohnsitz** (Allgemeiner Gerichtsstand) oder gewerblichen Sitz (Besonderer Gerichtsstand) des Schuldners. Die vertragliche Vereinbarung eines davon abweichenden örtlichen Gerichtsstandes ist nur in Sonderfällen möglich, zum Beispiel unter Kaufleuten. **Sachlich** zuständig sind in erster Instanz das **Amtsgericht oder Landgericht** je nach Höhe des Streitwerts oder der Zuweisung von Aufgaben durch das Gesetz (siehe unten).

- Prozessvertretung *(Prozessvertretung)*  
**Vor dem Amtsgericht kann jeder als Partei selbst auftreten** oder sich von einer geschäftsfähigen Person vertreten lassen. In letzterem Fall ist Prozessvollmacht nachzuweisen. Im Scheidungsverfahren vor dem Amtsgericht gilt Anwaltszwang. **Beim Landgericht und allen anderen Gerichten der Zivilgerichtsbarkeit gilt Anwaltszwang.** Damit soll fach- und sachkundige Vertretung der Parteien sichergestellt werden.

- Gerichts- und Parteikosten *(Kosten)*  
Im Verfahren vor Gericht entstehen **Gerichts- und Parteikosten** (zum Beispiel Anwälte, Sachverständige etc.). Die Kosten **trägt grundsätzlich der Unterlegene;** der Kläger hat in der Regel Gerichtskosten vorzuleisten. Die Kosten richten sich nach dem Streitwert (Tabelle) oder dem Streitgegenstand. Bedürftige Parteien erhalten auf Antrag Beratungs- und Prozesskostenhilfe, wenn Bedürftigkeit und hinreichende Erfolgsaussicht im beabsichtigten Verfahren (bei Prozesskostenhilfe) besteht. Die Parteikosten sind dem Gegner in jedem Fall zu ersetzen, wenn die bedürftige Partei unterliegt.

- Ziel *(Verfahrensziel)*  
Ziel des Verfahrens ist die **rechtskräftige Feststellung des erhobenen Anspruchs** durch das Gericht, also dessen Unanfechtbarkeit durch weitere Rechtsmittel, **und die Vollstreckbarkeit** des festgestellten Anspruchs auch gegen den Willen des Unterlegenen.

Verteilung der Aufgaben in der ersten Gerichtsinstanz

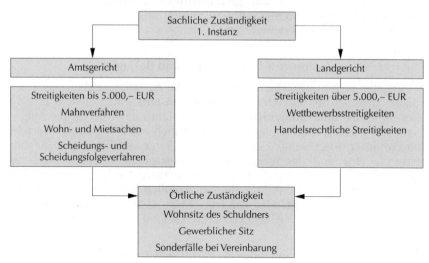

*Abbildung 58*

### 3.1.6.3 Gerichtliches Klageverfahren

Antrag

Rechtsschutz gewährt der Staat nur auf Antrag. Erforderlich ist daher die Einleitung einer Klage bei Gericht. Nach Einzahlung der Gerichtsgebühr durch den Kläger stellt das Gericht die Klageschrift dem Beklagten zu mit der Aufforderung, hierzu binnen einer bestimmten Frist Stellung zu nehmen.

Inhalt

- Inhalt der Klage
Die Klageschrift muss enthalten: Bezeichnung des Gerichts, der **Parteien** und ihrer Anschriften, einen **Klageantrag, Klagegegenstand, Grund und Höhe des geltend gemachten Anspruches.**

**Beispiel:**

Werklohnanspruch für Malerarbeiten in Höhe von 4.000,00 EUR laut Rechnung vom ...

Mündliche Verhandlung

- Mündliche Verhandlung
Der Verhandlungstermin soll so vorbereitet sein, dass die **Streitsache in der Regel in einem mündlichen Termin erledigt** werden kann. Zum Zweck der gütlichen Streitbeilegung geht eine Güteverhandlung voraus, es sei denn, sie erscheint aussichtslos oder es hat bereits ein Einigungsversuch vor einer außergerichtlichen Gütestelle stattgefunden. In bestimmten Fällen (geringer Streitwert) kann das Gericht die Erledigung im schriftlichen Verfahren anordnen. Gleiches gilt, wenn die Parteien zustimmen. Über die mündliche Verhandlung wird vom Gericht ein **Sitzungsprotokoll** geführt, das alle wesentlichen Vorgänge und Förmlichkeiten wiedergibt.

- **Beweisaufnahme**
Erbringt die Verhandlung keine Klärung der strittigen Fragen, ordnet das Gericht die Beweisaufnahme an. Es kann Zeugen vernehmen, Sachverständige anhören, Urkunden verlesen, amtliche Auskünfte einholen oder durch Augenschein vor Ort sich einen eigenen Eindruck verschaffen. Jede Partei muss die für sie günstigen Tatsachen beweisen (so genannte **Beweislast**). Gelingt ihr dies nicht, trägt sie den Nachteil.

Beweislast

- **Entscheidungen: Vergleich oder Urteil**
Die Parteien können sich in jedem Stadium des Verfahrens außergerichtlich oder gerichtlich einigen. Ein **gerichtlicher Vergleich** ist dann zu empfehlen, wenn die Rechtslage unklar, das Prozessrisiko groß ist. Aus einem Vergleich kann wie aus einem Urteil vollstreckt werden.

Vergleich

Urteil

Wenn kein Vergleich zustande kommt oder der Rechtsstreit sich nicht auf sonstige Weise erledigt (zum Beispiel Klagerücknahme), entscheidet das Gericht durch **Urteil**. Das Gericht kann dem Klageanspruch ganz oder teilweise stattgeben oder diesen abweisen, die Gründe hierfür sind anzugeben. Kostenentscheidung und Vollstreckbarkeit ergeben sich aus dem Urteil.

- **Besonderheit: Versäumnisurteil**
**Versäumt der Kläger oder Beklagte einen Termin** zur mündlichen Verhandlung, **kann auf Antrag** der erschienenen Partei ein **Versäumnisurteil ergehen**. Voraussetzung ist die Zulässigkeit der Klage und, wenn es gegen den Beklagten ergeht, auch die Schlüssigkeit der Klage. Gegen den Beklagten ergeht ein Versäumnisurteil also nur, wenn die vom Kläger vorgetragenen Gründe seinen Klageanspruch rechtfertigen. Aus einem Versäumnisurteil kann die Zwangsvollstreckung betrieben werden. Gegen ein Versäumnisurteil kann der Betroffene binnen zwei Wochen seit Zustellung Einspruch einlegen. Der Prozess wird dann in dem Stadium fortgesetzt, in dem er sich zum Zeitpunkt der Säumnis befand.

Versäumnisurteil

### 3.1.6.4 Rechtsmittel gegen ein Urteil (Berufung und Revision)

Gegen ein ihm nachteiliges Urteil kann der Unterlegene die Rechtsmittel der Berufung bzw. Revision einlegen.

**Berufung**

Berufung findet statt gegen Endurteile der ersten Instanz (Amts-, Landgericht). Im Berufungsverfahren wird der Streitfall in rechtlicher und, soweit begründete Zweifel bestehen, auch in tatsächlicher Hinsicht nochmals überprüft. Voraussetzung ist, dass der Berufungsführer mit mehr als 600,– EUR aus dem erst-instanziellen Urteil beschwert ist (dies ist die Differenz zwischen Antrag und ergangener Entscheidung) oder die Berufung wegen grundsätzlicher Bedeutung, Rechtsfortbildung oder zur Sicherung einheitlicher Rechtsprechung vom Erstinstanzgericht zugelassen wird.

Berufung

Berufungsgericht gegen Entscheidungen des **Amtsgerichts** in Familien- und Auslandsbezugssachen und des Landgerichts ist das Oberlandesgericht, ansonsten das **Landgericht**. Bis 31.12.2007 können die Länder gesetzlich regeln, ob sie alle, oder welche weiteren, Berufungsverfahren beim Oberlandesgericht konzentrieren (so genannte Experimentierklausel).

Das Berufungsverfahren

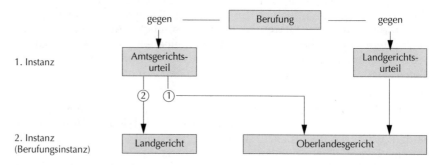

Zu 1: Familien-, Auslandsbezugsachen (Experimentierklausel)
Zu 2: Alle sonstigen Rechtssachen

*Abbildung 59*

## Revision

Die Revision findet statt gegen Endurteile der Berufungsgerichte (Landgericht, Oberlandesgericht). Zuzulassen ist die Revision im Urteil des Berufungsgerichts oder durch das Revisionsgericht auf Beschwerde gegen die Nichtzulassung,
– wenn die Rechtssache grundsätzliche Bedeutung hat oder
– wenn die Rechtssache der Rechtsfortbildung dient oder
– wenn die Sicherung einer einheitlichen Rechtsprechung eine Revisionsentscheidung erfordert.

Die Revision geht zum Bundesgerichtshof (BGH) und kann nur auf Gesetzesverletzung gestützt werden.

Das Revisionsverfahren

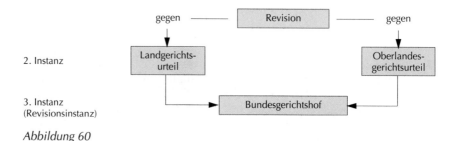

*Abbildung 60*

## Fristen für Berufung und Revision

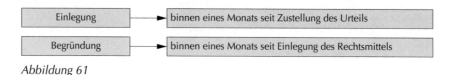

*Abbildung 61*

Gesamtübersicht zum Zivilprozess

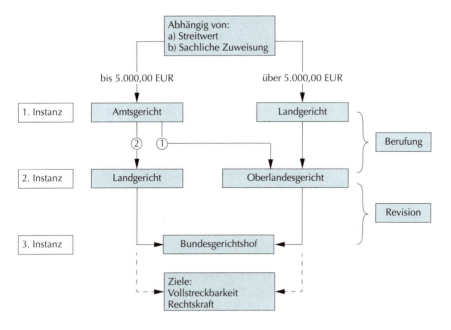

zu ① und ② siehe Abbildung 59

*Abbildung 62*

### 3.1.6.5 Mahnverfahren

Die Unterschiede zum Klageverfahren sind folgende:

- Zuständiges Gericht
**Örtlich zuständig ist grundsätzlich das Amtsgericht,** in dessen Bezirk der Antragsteller seinen allgemeinen Gerichtsstand **(Wohnsitz)** hat. Die Bundesländer können die Zuständigkeit bei einem Amtsgericht zentralisieren und maschinenlesbare Formulare verwenden.
**Sachlich zuständig,** unabhängig von der Höhe des Streitwerts, **sind die Amtsgerichte.** Handelt es sich um eine Lohnforderung oder andere Zahlungen aus einem Arbeitsverhältnis, ist das Arbeitsgericht zuständig (es gelten besondere Verfahren und Vordrucke).

- Parteien
Im Gegensatz zur Klage heißen die Parteien **Antragsteller (Gläubiger)** und **Antragsgegner (Schuldner).**

- Zulässigkeit
Das Mahnverfahren ist nur zulässig für Ansprüche auf **Zahlung einer bestimmten Geldsumme** in inländischer Währung. Eine eventuelle Gegenleistung (zum Beispiel Ware) muss bereits erbracht sein.

- **Vorzüge**

Das Mahnverfahren soll als abgekürztes zivilprozessuales Verfahren dem Gläubiger rasch zu einem Vollstreckungstitel verhelfen. Dies wird erreicht durch:

1. ein **Formularverfahren** (Erwerb im Schreibwarenhandel)
2. Erlass gerichtlicher **Bescheide ohne Prüfung der inhaltlichen Berechtigung der Forderung** durch den Rechtspfleger (nicht Richter) bei Gericht
3. Einführung **kurzer Fristen für Rechtsmittel**
4. **niedrige Gerichtsgebühr** (eine halbe Klagegebühr), in der Regel keine Rechtsanwaltsgebühr, weil kein Anwaltszwang besteht.

- **Verfahren**

Das Amtsgericht erlässt auf Antrag des Gläubigers einen **Mahnbescheid (erste Stufe)** und stellt ihn dem Schuldner zu. Dieser kann zahlen, innerhalb von zwei Wochen Widerspruch erheben oder untätig bleiben.

Reagiert der Schuldner nicht, erlässt das Amtsgericht auf Antrag des Gläubigers den **Vollstreckungsbescheid (zweite Stufe)** und stellt ihn dem Schuldner zu. Dieser kann wiederum zahlen, innerhalb von zwei Wochen Einspruch einlegen oder untätig bleiben.

Reagiert der Schuldner auch hierauf nicht, kann der Gläubiger die Zwangsvollstreckung in das Vermögen des Schuldners betreiben.

Achtung: Der Vollstreckungsbescheid muss vom Gläubiger binnen sechs Monaten seit Zustellung des Mahnbescheides an den Schuldner beantragt werden.

- **Beendigung**

Das Verfahren endet, wenn der Schuldner in Stufe 1 (Mahnbescheid) oder Stufe 2 (Vollstreckungsbescheid) die Forderung des Gläubigers erfüllt.

Das Verfahren endet auch, wenn der Schuldner **in Stufe 1** (Mahnbescheid) fristgerecht **Widerspruch, in Stufe 2** (Vollstreckungsbescheid) fristgerecht **Einspruch** erhebt. In diesem Fall kann die Forderung nur im ordentlichen Gerichtsverfahren vor dem dann örtlich und sachlich zuständigen Gericht geltend gemacht werden (siehe folgende Abbildung).

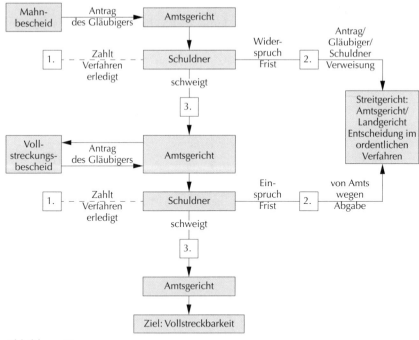

*Abbildung 63*

## 3.1.7 Zwangsvollstreckung

Hat der Gläubiger gegen den Schuldner ein rechtskräftiges Urteil erwirkt, ist damit noch nicht sichergestellt, dass der Schuldner die gerichtlich festgestellte Forderung erfüllt. Weigert er sich oder ist er untätig, kann der Gläubiger seinen Anspruch auch gegen den Willen des Schuldners durchsetzen, er muss allerdings staatliche Machtmittel zu Hilfe nehmen (Zwangsvollstreckung).

### 3.1.7.1 Voraussetzungen der Zwangsvollstreckung

> Die Zwangsvollstreckung ist an drei Voraussetzungen gebunden: Vollstreckbarer Titel, Vollstreckungsklausel, Zustellung des vollstreckbaren Titels an den Schuldner.

Voraussetzungen

*Abbildung 64*

### Vollstreckungstitel

Vollstreckungs-titel

Vollstreckungstitel sind in erster Linie rechtskräftige Urteile. Es gibt jedoch, wie die folgende Abbildung zeigt, weitere Vollstreckungstitel.

Übersicht über Zwangsvollstreckungstitel

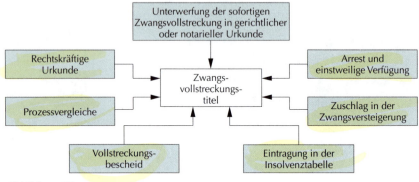

*Abbildung 65*

### Vollstreckungsklausel

Klausel

Die Vollstreckungsklausel macht den Titel in der Regel vollstreckbar. Der Urkundsbeamte des Gerichts vermerkt auf dem Urteil: „Vorstehende Ausfertigung wird dem Gläubiger zum Zwecke der Zwangsvollstreckung erteilt."

### Zustellung des Vollstreckungstitels

Die Zustellung des Vollstreckungstitels muss vor oder mit dem Beginn der Zwangsvollstreckung erfolgen.

## 3.1.7.2 Arten der Zwangsvollstreckung, Vollstreckungsorgane, Zuständigkeit

Für Zwangsvollstreckungsmaßnahmen sind eine Reihe von staatlichen Organen zuständig, je nachdem, ob wegen Geld- oder sonstiger Forderungen (zum Beispiel auf Herausgabe einer Urkunde, Abgabe einer Willenserklärung, Unterlassung einer Handlung) und ob in das bewegliche oder unbewegliche Vermögen des Schuldners vollstreckt werden soll.

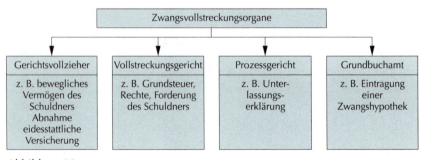

*Abbildung 66*

## Zwangsvollstreckung wegen Geldforderungen

Sie sind der häufigste Grund für Zwangsvollstreckungsmaßnahmen. Die Vollstreckung kann erfolgen in bewegliches, unbewegliches Vermögen sowie Rechte und Forderungen des Schuldners. Bei der Zwangsvollstreckung in die verschiedenen Vermögensgegenstände des Schuldners gelten folgende Besonderheiten und Unterschiede:

| Zwangs-vollstreckung in | bewegliche Sachen | unbewegliche Sachen | Forderungen und Rechte |
|---|---|---|---|
| Vollstreckungs-organe | Gerichtsvollzieher | Amtsgericht-Vollstreckungsgericht | Amtsgericht-Vollstreckungsgericht |
| Art und Weise der Vollstreckung | – Pfändung und Mitnahme<br>– Anbringung des Pfandsiegels | – Zwangsversteigerung<br>– Zwangsverwaltung<br>– Eintragung einer Zwangshypothek im Grundbuch | Pfändung von Forderungen des Schuldners gegen andere, zum Beispiel<br>– Lohnforderungen<br>– Außenstände eines Unternehmers<br>– Bank- und Sparkassenguthaben durch Pfändungs- und Überweisungsbeschluss gegen den Drittschuldner |
| Grenzen der Vollstreckung | unpfändbar sind:<br>– lebensnotwendige Sachen<br>– berufsnotwendige Sachen<br>– Fremdsachen | | nur in Grenzen pfändbar:<br>– Lohnforderungen |
| Rechtsmittel | – Erinnerung des Schuldners<br>– Interventionsklage des Dritten | | |
| Befriedigung des Gläubigers | aus Versteigerungserlös nach Abzug der Verfahrenskosten | aus Versteigerungs-, Zwangs-, Verwaltungserlös nach Abzug der Verfahrenskosten | Drittschuldner muss gepfändete Forderung an den Gläubiger abführen; Gläubiger kann ihn auf Zahlung verklagen |

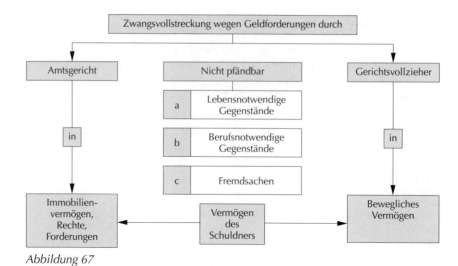

Abbildung 67

### 3.1.7.3 Eidesstattliche Versicherung (ehem. Offenbarungseid) und Schuldnerverzeichnis

Bleibt die Zwangsvollstreckung wegen einer Geldforderung in das bewegliche Vermögen des Schuldners erfolglos, kann der Gläubiger beim Amtsgericht-Vollstreckungsgericht beantragen, dass der **Schuldner ein Verzeichnis über sein Vermögen aufstellt und dieses eidesstattlich bekräftigt.** In die aus dem Verzeichnis ersichtlichen Vermögensgegenstände kann der Gläubiger zwangsvollstrecken lassen. Verweigert der Schuldner die Erstellung eines Vermögensverzeichnisses bzw. die Abgabe einer eidesstattlichen Versicherung, kann das Gericht auf Antrag des Gläubigers Beugehaft – längstens sechs Monate – zur Erzwingung der Abgabe der eidesstattlichen Versicherung anordnen.

Schuldner, die eine eidesstattliche Versicherung abgegeben haben oder gegen die Beugehaft angeordnet wurde, werden in das Schuldnerverzeichnis beim Vollstreckungsgericht eingetragen, in das jeder auf Antrag Einsicht nehmen kann. Die Eintragung in das **Schuldnerverzeichnis** wird gelöscht, wenn der Schuldner die Erfüllung der Forderung des Gläubigers nachweist oder drei Jahre seit Ende des Jahres, in dem die Eintragung erfolgte, verstrichen sind.

*Schuldnerverzeichnis*

### 3.1.8 Insolvenzverfahren

Unternehmer und Verbraucher können durch eine Reihe betrieblicher, außerbetrieblicher oder persönlicher Ursachen (Fehlentscheidungen, falsche Produkte, Konkurrenz, Rezession, Ausfall von Märkten, falsche Schuldenpolitik, Ausfall von Forderungen usw.) in ihrer Existenz bedroht werden. Lösungsmöglichkeiten aus der Bedrohung bietet die am 01.01.99 in Kraft getretene Insolvenzordnung (InsO). Sie hat die zunehmend unpraktikablen aus dem 19. Jahrhundert stammenden Konkurs- und Vergleichsordnungen sowie das Gesamtvollstreckungsrecht der neuen Länder abgelöst und enthält Regelungen für Unternehmens- und Verbraucherinsolvenzen.

*Insolvenzordnung*

## 3.1.8 Insolvenzverfahren

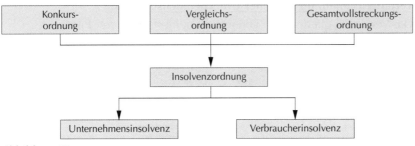

*Abbildung 68*

### 3.1.8.1 Unternehmensinsolvenz

Ziele und maßgebliche Neuerungen der InsO:

- Einheitliches **Ziel** ist die **bestmögliche Befriedigung** der **Gläubiger** durch Sanierung oder Liquidation des Unternehmens. Daneben tritt im Fall der Insolvenz von natürlichen Personen das Ziel, den **redlichen Schuldner** von **restlichen Schulden** zu **befreien** und ihm damit die Chance eines wirtschaftlichen **Neubeginns** zu geben.

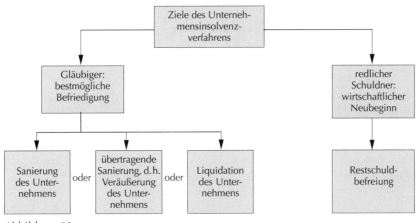

*Abbildung 69*

- Maßgebliche gesetzliche Neuerungen:
  - Wiederherstellung der innerdeutschen Rechtseinheit
  - Verwirklichung eines einheitlichen Ins-Verfahrens
  - autonome Entscheidung der Gläubiger über Insolvenzmaßnahmen (Ins-Plan)   Neuerungen
  - Beseitigung der allgemeinen Konkursvorrechte
  - verschärftes Anfechtungsrecht des Ins-Verwalters
  - Gewährleistung des Sozialplans im Ins-Verfahren
  - Aufhebung der zwingenden Haftung des Vermögensübernehmers
  - Restschuldbefreiung des redlichen Schuldners

### Verfahrensablauf im Fall einer Unternehmensinsolvenz

Das Verfahren gliedert sich vereinfacht dargestellt in drei Phasen:

*Abbildung 70*

### Einleitungsphase:

- **Voraussetzungen für die Eröffnung des Verfahrens:**
  - **Zuständigkeit:** Ins-Gericht ist das für einen LG-Bezirk bestimmte AG, in dem der Schuldner den Mittelpunkt seiner selbstständigen wirtschaftlichen Tätigkeit hat.
  - **Antragsrecht:** Das Ins-Verfahren ist ein Antragsverfahren. Antragsberechtigt sind der Schuldner und jeder Gläubiger.
  - **Insolvenzfähigkeit:** Jede natürliche und juristische Person.
  - **Insolvenzgründe:** Je nachdem, ob der Schuldner eine natürliche oder juristische Person ist, sieht die InsO **drei Eröffnungsgründe** vor:

Eröffnungsgründe

*Abbildung 71*

Verfahrenskosten

- **Deckung der Verfahrenskosten:** Das Ins-Verfahren kann eröffnet werden, wenn die Verfahrenskosten **im engeren Sinn** (z. B. Gerichtskosten, Vergütung des Ins-Verwalters und der Mitglieder des Gläubigerausschusses) aus dem Vermögen des Schuldners bestritten werden können. Bei Massearmut stellt das Gericht, nach Befriedigung der Verfahrenskosten, aus folgenden Gründen ein:

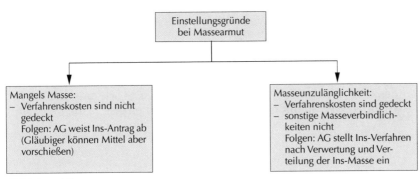

*Abbildung 72*

- **Vorläufige gerichtliche Maßnahmen:**
  Nach Prüfung der Zulässigkeit des Ins-Antrages hat das AG alle **Maßnahmen** zum **Schutz** der künftigen **Ins-Masse** vor gläubigernachteiligen Veränderungen zu treffen, z. B.
  - Bestellung eines **vorläufigen Ins-Verwalters** zur Prüfung der Chancen einer Sanierung
  - Anordnung eines **allgemeinen Veräußerungsverbots** oder von notwendigen **Zwangsmaßnahmen** (z. B. Betreten von Geschäftsräumen, Einsicht in Bücher und Papiere des Schuldners).

Eröffnungsphase:

- **Eröffnungsbeschluss des AG** und **Ernennung eines Ins-Verwalters:**
  Liegen die **formellen Voraussetzungen** vor (insbesondere Antrag, Grund, Kostendeckung), **eröffnet** das **AG** das Ins-Verfahren durch **Beschluss**. Der Eröffnungsbeschluss wird bekannt gemacht, zugestellt und in einschlägigen Registern eingetragen. Gleichzeitig ernennt das AG (kann aber von der ersten Gläubigerversammlung neu gewählt werden) in der Regel einen sachkundigen, gläubiger- und schuldnerunabhängigen **Insolvenzverwalter**. Er erhält für seine Tätigkeit eine Vergütung, für die Verletzung seiner Pflichten haftet er. <br> *Insolvenzverwalter*
- **Wichtigste Wirkungen des Eröffnungsbeschlusses:**
  - Übergang der Verwaltungs- und Verfügungsbefugnis über das Schuldnervermögen auf den Ins-Verwalter
  - unbeschränkte Auskunfts- und Mitwirkungspflicht des Schuldners im Verfahren
  - Anmeldung der Gläubigerforderungen beim Ins-Verwalter (Aufnahme in Ins-Tabelle) <br> *Wirkungen*
  - verschärfte Anfechtung von nachteiligen Rechtshandlungen durch den Ins-Verwalter
  - Vermögen des Schuldners bleibt grundsätzlich ungeteilt
  - Rangfolgeeinteilung der Gläubiger: Aussonderungs-, Absonderungsberechtigte, Massegläubiger, einfache, nachrangige Ins-Forderungen.

Berichtstermin

- Berichtstermin des Ins-Verwalters und Beschluss der Gläubigerversammlung:
  In der Gläubigerversammlung, mit der die Eröffnungsphase des Verfahrens abgeschlossen wird (Berichtstermin) **berichtet** der **Ins-Verwalter** über die wirtschaftliche Lage des Schuldners und über die Möglichkeiten der Sanierung des Unternehmens. Danach **entscheidet** die **Gläubigerversammlung** mit einfacher Mehrheit der Forderungssummen über die weiter erforderlichen Maßnahmen.

Abbildung 73

### Durchführungsphase

Entscheiden sich die Gläubiger für die Fortführung des insolventen Unternehmens, haben sie die Wahl zwischen Sanierung und Veräußerung des Unternehmens. Die Liquidation als letzte Möglichkeit sollte die Ausnahme sein.

Sanierung

- **Sanierung des Unternehmens:**
  - Ziel: Der **Schuldner** soll **Träger** des **Unternehmens** bleiben und die künftigen Erträge des Unternehmens für die Befriedigung der Gläubiger zur Verfügung stellen. Um dieses Ziel zu erreichen, ist ein **Ins-Plan** zu erstellen.
  - Ins-Plan: Er ist das **Kernstück** der **Ins-Reform**, enthält Elemente des bisherigen Zwangsvergleichs, ist jedoch wesentlich **flexibler**. Im Ins-Plan kann das Vermögen des Schuldners in wirtschaftlich effektiver Weise auch abweichend von den Vorschriften der InsO, zur Befriedigung der Gläubiger eingesetzt werden.

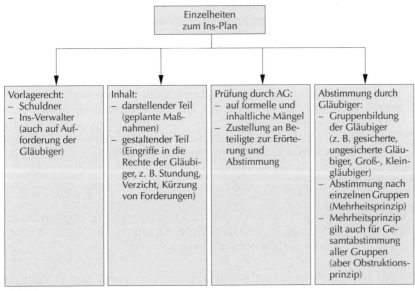

*Abbildung 74*

- Bestätigung des Ins-Plans durch das AG und Wirkung des bestätigten Ins-Plans:
  Haben die Gläubigermehrheit und der Schuldner dem Ins-Plan zugestimmt und liegen alle formellen und inhaltlichen Voraussetzungen vor, **bestätigt** das AG den Ins-Plan. Der bestätigte Ins-Plan hat folgende **Wirkungen:**
- Rechtskraft des Ins-Plans (Wirkung gegen alle Beteiligten)
- Vollzug der im gestaltenden Teil des Plans vorgesehenen Maßnahmen und Eingriffe
- bestätigter Ins-Plan wirkt wie vollstreckbares Urteil (mit Eintragung in die Tabelle) — Wirkung
- Aufhebung des Ins-Verfahrens durch das AG
- Erlöschen der Ämter des Ins-Verwalters und der Mitglieder des Gläubigerausschusses
- Schuldner erhält Verfügungsrecht über Unternehmen/Vermögen zurück

- **Veräußerung des Unternehmens:** — Veräußerung
  - Das Unternehmen kann i. d. R. mit Zustimmung des Gläubigerausschusses **insgesamt** oder in **wesentlichen** Teilen an einen Dritten **veräußert** werden.
  - Meist verbunden damit ist ein erheblicher **Personalabbau.** Bei der Kündigung von Arbeitnehmern sind die **Kündigungsschutzvorschriften** sowie die **sozialen Auswahlkriterien** zu **beachten** (z. B. Alter, Unterhaltspflichten, Dauer der Betriebszugehörigkeit). Kommt es zu keiner Einigung, kann der Ins-Verwalter alle beabsichtigten Kündigungen in einem **Sammelverfahren** vor dem **Arbeitsgericht** überprüfen lassen.
  - Die Regelungen über das bisherige KO-**Ausfallgeld** und den **Sozialplan** bleiben auch im Ins-Verfahren **erhalten.**

Liquidation
- **Liquidation des Unternehmens:**
  Zur Auflösung des Unternehmens kommt es entweder durch **Beschluss** der **Gläubigerversammlung** (z. B. weil die Sanierung keinen Erfolg verspricht) oder weil der **Ins-Plan** vor Aufhebung des Verfahrens scheitert (z. B. keine Einigung der Gläubiger).
  In diesen Fällen verwertet und verteilt der Ins-Verwalter die Ins-Masse an die Gläubiger. Auch zur Sicherheit übereignete Sachen und andere Mobiliarsicherheiten darf er verwerten. Der **Verwertungserlös** ist den gesicherten Gläubigern herauszugeben, wobei ein **Teil** (pauschal 4 % für Feststellungs-, 5 % für Verwaltungskosten, evtl. Umsatzsteuer) für die Ins-Masse **einbehalten** und an die nicht gesicherten Gläubiger verteilt wird.

**Restschuldbefreiung**

An das Ins-Verfahren schließt sich das Restschuldbefreiungsverfahren an, wenn der Schuldner eine **natürliche Person** ist und die Befreiung spätestens bis zum **Berichtstermin beantragt** hat.

Wegen der Einzelheiten zur Restschuldbefreiung siehe Kapitel Verbraucherinsolvenz.

### 3.1.8.2 Kleingewerbe- und Verbraucherinsolvenzverfahren

Mit der InsO wurde auch ein neuartiges Entschuldungsverfahren für Kleingewerbetreibende (weniger als 20 Gläubiger, keine Forderungen von Arbeitnehmern) und Privatpersonen (Verbraucher, Arbeitnehmer, Rentner etc.) eingeführt, die ihre Schulden mit gerichtlicher Hilfe und im Einzelfall auch ohne Mitwirkung eines Ins-Verwalters anhand eines Ins-Plans abwickeln dürfen.

Meist wird es sich um Not leidend gewordene Konsumentenkredite handeln. Voraussetzung für die Einleitung des Verfahrens sind drohende oder bereits eingetretene Zahlungsunfähigkeit (siehe hierzu Vorkapitel). Unerheblich ist, wann die Schulden entstanden sind.

Das Verfahren gliedert sich in **vier** selbstständige **Abschnitte**:

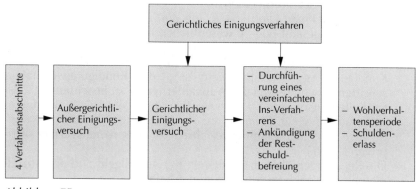

*Abbildung 75*

## Außergerichtlicher Einigungsversuch

Zunächst muss der Schuldner ernsthaft versuchen, sich mit seinen Gläubigern **außergerichtlich** zu einigen.

Dies ist zwingende Voraussetzung für die Einleitung der weiteren Abschnitte. Der Schuldner hat seinen Gläubigern seine Einkommens- und Vermögensverhältnisse darzulegen und konkret vorzuschlagen, z. B. mit einem **Zahlungs- und Tilgungsplan,** wie er seine Schulden begleichen möchte.

**Misslingt** die Einigung trotz ernsthafter Bemühungen, kann der Schuldner bei **Gericht** die Eröffnung des Ins-Verfahrens beantragen.

## Gerichtliches Einigungsverfahren

Einigungsverfahren

Zuständig ist das Amtsgericht am Sitz des Landgerichts, in dessen Bezirk der Schuldner wohnt.
- Voraussetzungen
  Mit dem **Antrag** auf Einleitung eines Insolvenzverfahrens hat der Schuldner dem Amtsgericht vorzulegen:
  - eine **Bescheinigung,** z. B. eines Rechtsanwalts, einer Schuldnerberatungsstelle, über den vergeblichen Versuch einer außergerichtlichen Einigung innerhalb der letzten sechs Monate auf der Grundlage eines Planes,
  - **Verzeichnisse** seines Einkommens und vorhandenen Vermögens, seiner Gläubiger und der gegen ihn erhobenen Forderungen,
  - einen eigenen **Plan** zur angemessenen Bereinigung der Schulden, z. B. Stundung, Ratenzahlung, Erlass der Schulden, mit Anpassungs- und Änderungsklauseln für den Fall, dass sich die wirtschaftlichen oder familiären Verhältnisse des Schuldners ändern,
  - einen **Antrag** auf **Restschuldbefreiung**.

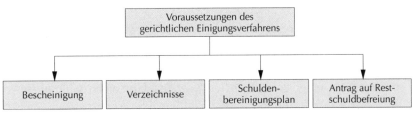

*Abbildung 76*

Reicht der Schuldner die geforderten Unterlagen trotz erneuter Aufforderung durch das Gericht nicht ein, gilt der Antrag als zurückgenommen, das gerichtliche Verfahren ist beendet.
- Gerichtlicher Einigungsversuch

Gerichtlicher Einigungsversuch

Das Gericht hat zunächst **nochmals** eine **gütliche Einigung** zwischen Schuldner und Gläubiger zu versuchen.

Es
- **stellt** den benannten Gläubigern den Schuldenbereinigungs**plan** und die vorbezeichneten **Verzeichnisse** zu,
- fordert die benannten Gläubiger auf, innerhalb **eines** Monats hierzu **Stellung** zu nehmen. Es können sich folgende Lösungen ergeben:
  - die Gläubiger äußern sich nicht, d. h. dies wird als **Zustimmung** zum Schuldenbereinigungsplan gewertet,
  - die Gläubiger stimmen dem Schuldenbereinigungsplan zu, der Plan gilt als angenommen, d. h. der Schuldner hat nur noch die im Plan zugesicherten Verbindlichkeiten,
  - stimmen mehr als die Hälfte der Gläubiger (nach Köpfen und Forderungen) dem Plan zu, kann das Gericht die fehlende **Zustimmung** einzelner Gläubiger **ersetzen,**
  - **nicht benannte** Gläubiger können vom Schuldner weiterhin ihre volle Forderung verlangen. Wichtig ist daher, dass der Schuldner alle Gläubiger benennt.

*Vereinfachtes Insolvenzverfahren*

**Vereinfachtes Insolvenzverfahren**
- Voraussetzungen

> **Scheitert** auch der gerichtliche **Einigung**sversuch, entscheidet das Gericht über die Eröffnung des Ins-Verfahrens.

Voraussetzung ist, dass die **Kosten** des Verfahrens (z. B. Gerichtsgebühren, Auslagen etc.) **gedeckt** sind. Dies hängt vom **Wert** des Schuldnervermögens und der Höhe der entstandenen Auslagen ab. Auf Antrag können die Kosten gestundet werden.

*Verfahrenseröffnung*

- Verfahrenseröffnung

Mit der Entscheidung über die Verfahrenseröffnung wird über das Vermögen des Schuldners **ein vereinfachtes Insolvenzverfahren** durchgeführt:
- Das Gericht bestellt in der Regel einen Treuhänder (z. B. Rechtsanwalt).
- Dieser **verwertet** die **Insolvenzmasse** durch Veräußerung der Massegegenstände.
- Insolvenzmasse ist das **pfändbare** Vermögen des Schuldners zur Zeit der Verfahrenseröffnung und alles, was während des Verfahrens hinzukommt. **Ausgenommen** sind: unpfändbare Gegenstände (z. B. lebens-, berufsnotwendige Dinge).
- Eine **Verwertung** der Ins-Masse kann der Schuldner **verhindern,** wenn er innerhalb einer gerichtlich festgesetzten Frist einen Geldbetrag im Wert der Ins-Masse an den Treuhänder bezahlt.

*Beendigung*

- Beendigung

> Mit Beendigung des vereinfachten Ins-Verfahrens kündigt das Gericht die **Restschuldbefreiung** an, wenn kein Gläubiger Versagungsgründe glaubhaft macht.

Versagungsgründe sind z. B. Verurteilung wegen einer Ins-Straftat; Verletzung von Auskunfts- und Mitwirkungspflichten während des Verfahrens; Vermögensverschwendung; unangemessene Schulden im Jahr vor der Eröffnung.

*Abbildung 77*

### Wohlverhaltensperiode

- Pflichten des Schuldners

Um von den Restschulden befreit zu werden, hat der **Schuldner** nach Durchführung des Ins-Verfahrens folgende **Pflichten:**

- er muss sich innerhalb der nächsten sechs Jahre nach Verfahrenseröffnung wohl verhalten
- er muss den pfändbaren Teil seines Arbeitseinkommens/Einnahmen an den Treuhänder abführen
- er muss jede zumutbare Arbeit annehmen
- er muss jeden Arbeitsplatzwechsel melden

Wahlverhaltensperiode

- Verteilung des pfändbaren Einkommens des Schuldners

Der Treuhänder verteilt die erhaltenen Beträge **einmal jährlich** an die Gläubiger. Als Belohnung für das Wohlverhalten und zur Motivation des Schuldners **überlässt** ihm der Treuhänder neben dem pfändungsfreien Betrag ab dem vierten Jahr einen immer **höheren Anteil** der gepfändeten Beträge:
- im 5. Jahr: 10 % des pfändbaren Teils der Beträge
- im 6. Jahr: 15 % des pfändbaren Teils der Beträge

Während der Wohlverhaltensperiode sind **Zwangsvollstreckungen** einzelner Gläubiger **unzulässig,** Pfändungen werden mit der Eröffnung des Verfahrens unwirksam, Abtretungen drei Jahre nach diesem Zeitpunkt.

### Entscheidung über die Restschuldbefreiung

Verhält sich der Schuldner während der Periode **redlich**, erlässt das Amtsgericht nach Ablauf der Periode die bisherigen Schulden.

**Ausgenommen** hiervon sind: Schulden aus vorsätzlich begangenen unerlaubten Handlungen, Geldstrafen, Geldbußen, Zwangs- und Ordnungsgelder.

Die Restschuldbefreiung kann vom Amtsgericht **widerrufen** werden, wenn der Schuldner seine Pflicht in dieser Zeit vorsätzlich verletzt und dadurch die Befriedigung von Gläubigern erheblich beeinträchtigt hat.

## Übungs- und Prüfungsaufgaben

**1. Nennen Sie die fünf Teile des BGB und ihre Hauptgegenstände!**
„Siehe Seite 23 des Textteils!"

**2. Was versteht man unter Rechtsfähigkeit?**
- ☐ a) Die Fähigkeit, Rechtsgeschäfte abschließen zu können
- ☐ b) Die Fähigkeit, einen Rechtsstreit führen zu können
- ☐ c) Die Fähigkeit, sich durch das Begehen von Straftaten strafbar zu machen
- ☒ d) Die Fähigkeit, Träger von Rechten und Pflichten zu sein
- ☐ e) Die Fähigkeit zu unterscheiden, was Recht und Unrecht ist.

„Siehe Seite 24 des Textteils!"

**3. Wer ist rechtsfähig?**
- ☐ a) Nur die volljährigen Personen
- ☒ b) Alle natürlichen Personen (Menschen) und die juristischen Personen
- ☐ c) Nur diejenigen Personen, die im Besitz der bürgerlichen Ehrenrechte sind
- ☐ d) Nur diejenigen Personen, die im Vollbesitz ihrer Geisteskräfte sind
- ☐ e) Alle Menschen, die Rechte und Pflichten haben.

„Siehe Seite 25 des Textteils!"

**4.** Der Inhaber eines Handwerksbetriebes hat im Laufe der Jahre ein größeres Vermögen aufgebaut. Er plant dieses aus steuerlichen Gründen zu Lebzeiten an seine vier Kinder im Alter von zwei, sechs, zwölf und siebzehn Jahren zu übertragen. Von seinem Notar hat er erfahren, dass die Kinder für den Vermögenserwerb rechtsfähig sein müssen.

**Aufgabe: Ab wann sind die einzelnen Kinder rechtsfähig?**
- ☐ a) Mit der Empfängnis
- ☒ b) Mit der Geburt
- ☐ c) Mit der Vollendung des 7. Lebensjahres
- ☐ d) Mit der Vollendung des 18. Lebensjahres
- ☐ e) Mit der Vollendung des 21. Lebensjahres.

„Siehe Seite 25 des Textteils!"

**5. Die Rechtsfähigkeit des Menschen endet**
- ☐ a) wenn er entmündigt wird.
- ☐ b) mit der Vollendung des 65. Lebensjahres.
- ☐ c) mit Verlust der freien Willensbestimmung.
- ☒ d) immer mit dem Tode.
- ☐ e) mit der Entziehung der bürgerlichen Ehrenrechte.

„Siehe Seite 25 des Textteils!"

**6. Welche Stufen der Geschäftsfähigkeit gibt es und welche Auswirkungen haben sie auf die Gültigkeit von Rechtsgeschäften?**

„Siehe Seite 26 des Textteils!"

**7. Was versteht man unter Geschäftsfähigkeit?**
- ☒ a) Die Fähigkeit, Rechtsgeschäfte rechtswirksam abschließen zu können
- ☐ b) Die Fähigkeit, ein Erwerbsgeschäft selbstständig führen zu können
- ☐ c) Die Fähigkeit, ein Erwerbsgeschäft erfolgreich zu führen

- ☐ d) Die Fähigkeit, sich durch eine verbotene Handlung strafbar zu machen
- ☐ e) Die Fähigkeit, rechtsvorteilhafte Geschäfte selbst abschließen zu können.

*„Siehe Seite 25 des Textteils!"*

**8. Wer ist voll geschäftsfähig?**
- ☐ a) Alle Menschen, die das 7. Lebensjahr vollendet haben
- ☐ b) Alle Menschen, die das 14. Lebensjahr vollendet haben
- ☐ c) Alle Menschen, die das 16. Lebensjahr vollendet haben
- ☐ d) Alle Menschen, die das 20. Lebensjahr vollendet haben
- ☒ e) Alle Menschen, die wirksam Rechtsgeschäfte abschließen.

*„Siehe Seite 28 des Textteils!"*

**9. Wann wird man bei uns volljährig?**
- ☐ a) Mit Vollendung des 14. Lebensjahres
- ☒ b) Mit Vollendung des 18. Lebensjahres
- ☐ c) Mit Vollendung des 20. Lebensjahres
- ☐ d) Mit Vollendung des 21. Lebensjahres
- ☐ e) Mit Vollendung des 22. Lebensjahres.

*„Siehe Seite 28 des Textteils!"*

**10. Geschäftsunfähigkeit bedeutet,**
- ☐ a) dass der Geschäftsunfähige kein selbstständiges Geschäft eröffnen darf.
- ☐ b) dass der Geschäftsunfähige nicht fähig ist, ein Erwerbsgeschäft zu betreiben, sondern in Konkurs geht.
- ☐ c) dass der Geschäftsunfähige Geschäfte nur mit ihm zur freien Verfügung überlassenem Geld selbst abschließen kann.
- ☐ d) dass der Geschäftsunfähige sich nicht durch eine unerlaubte Handlung verpflichten kann.
- ☒ e) dass der Geschäftsunfähige kein Rechtsgeschäft selbst abschließen kann, für ihn muss immer sein gesetzlicher Vertreter tätig werden.

*„Siehe Seite 26 des Textteils!"*

**11. Unter den nachstehend aufgeführten Personen sind einige, die geschäftsunfähig sind. Welche sind das?**
- ☒ a) Ein Kind mit sechs Jahren und ein nicht nur vorübergehend geistig Kranker
- ☐ b) Ein Kind mit zwölf Jahren und ein Erwachsener mit über 80 Jahren
- ☐ c) Ein Siebzehnjähriger und ein volljähriger Betreuter
- ☐ d) Ein 22-jähriger Kranker, der im Krankenhaus liegt, und ein 33-jähriger Häftling, der seine Freiheitsstrafe verbüßt
- ☐ e) Ein Volljähriger, der trunksüchtig ist, und ein Drogenabhängiger auf Entziehungskur.

*„Siehe Seite 26 des Textteils!"*

**12. Wer ist der gesetzliche Vertreter eines ehelichen Kindes?**
- ☐ a) Der Vater für sich allein
- ☐ b) Die Mutter für sich allein
- ☐ c) Das Amtsgericht (Vormundschaftsgericht)
- ☐ d) Der Amtsvormund beim Jugendamt
- ☒ e) Beide Eltern gemeinsam.

*„Siehe Seite 26 des Textteils!"*

**13. Wer ist der gesetzliche Vertreter eines nichtehelichen Kindes?**
- ☐ a) Der Vater
- ☒ b) Die Mutter
- ☐ c) Der Vater und die Mutter gemeinsam
- ☐ d) Der Amtsvormund beim Jugendamt
- ☐ e) Der Vormundschaftsrichter beim Amtsgericht.

*„Siehe Seite 26 des Textteils!"*

**14.** Ein 6-jähriger hat mit dem Haushaltsgeld seiner Eltern bei einem Handwerksmeister ein Kinderfahrrad bar gekauft. Die Eltern sind mit dem Kauf nicht einverstanden, halten den Vertrag für nichtig und fordern den Kaufpreis gegen Rückgabe des Fahrrades zurück. Der Handwerksmeister weigert sich und verweist darauf, dass der 6-jährige rechtsfähig und der Vertrag damit rechtsgültig ist.

**Aufgabe: Hat er Recht?**
- ☒ a) Nein, der Vertrag ist nichtig.
- ☐ b) Ein solcher Vertrag kann rechtswirksam werden, wenn der gesetzliche Vertreter nachträglich seine Genehmigung erteilt.
- ☐ c) Er ist rechtswirksam, wenn das Vormundschaftsgericht ihn genehmigt.
- ☐ d) Ja, ein solcher Vertrag ist genau so wirksam wie ein Vertrag, der mit einem Geschäftsfähigen abgeschlossen wurde.
- ☐ e) Der Vertrag ist rechtsgültig, wenn eigenes Taschengeld eingesetzt wird.

*„Siehe Seite 26 des Textteils!"*

**15. Unter den nachfolgend aufgeführten Personen ist eine, die beschränkt geschäftsfähig ist. Welche ist das?**
- ☐ a) Ein Erwachsener, dem die bürgerlichen Ehrenrechte entzogen sind.
- ☒ b) Ein Kind mit 12 Jahren, das bei seinen Großeltern lebt.
- ☐ c) Ein Gastwirt, der laut Vertrag nur das Bier einer bestimmten Brauerei ausschenken darf.
- ☐ d) Ein Gast des Gastwirts zu c), der betrunken unterm Tisch liegt.
- ☐ e) Ein nicht nur vorübergehend geistig Kranker.

*„Siehe Seite 26 des Textteils!"*

**16. Was muss der Geschäftsmann tun, wenn er mit einem beschränkt Geschäftsfähigen (zum Beispiel mit einem 17-jährigen Minderjährigen) einen Vertrag abschließen will?**
- ☐ a) Er braucht gar nichts zu tun, denn es ist Sache des Minderjährigen, sich um die Zustimmung seines gesetzlichen Vertreters zu kümmern.
- ☐ b) Er braucht gar nichts zu tun, weil er bei einem 17-jährigen annehmen kann, dass dieser die Genehmigung seines gesetzlichen Vertreters schon hat.
- ☐ c) Er muss schriftlich beim gesetzlichen Vertreter des Minderjährigen anfragen, ob dieser das Rechtsgeschäft genehmigt. Erhält er darauf binnen zwei Wochen keine Antwort, so lehnt der gesetzliche Vertreter die Genehmigung des Vertrags ab.
- ☒ d) Es genügt, wenn er die zu c) erwähnte Anfrage mündlich an den gesetzlichen Vertreter richtet.
- ☐ e) Er muss den gesetzlichen Vertreter persönlich um seine Zustimmung ersuchen. Diese kann nur sofort erteilt werden.

*„Siehe Seite 27 des Textteils!"*

**17. Nennen Sie den Unterschied zwischen Einwilligung und Genehmigung!**

„Siehe Seite 27 des Textteils!"

**18.** In einem der nachfolgend aufgeführten Fälle braucht der Minderjährige nicht die Zustimmung des gesetzlichen Vertreters, sondern kann den Vertrag allein rechtswirksam abschließen.

**Aufgabe: Welcher Fall ist das?**

- ☐ a) Wenn es sich um einen Vertrag mit einem Gegenstandswert von unter 100,00 EUR handelt
- ☐ b) Wenn der Minderjährige seinen gesetzlichen Vertreter gerade nicht erreichen kann
- ☐ c) Wenn der Minderjährige den Kaufpreis in kleinen, für ihn tragbaren Raten bezahlt
- ☐ d) Wenn der Minderjährige sich eine Skiausrüstung kaufen will, weil der Skisport seiner Gesundheit förderlich ist
- ☒ e) Wenn es sich um einen Vertrag handelt, den der Minderjährige mit Taschengeld sofort erfüllt.

„Siehe Seite 27, 28 des Textteils!"

**19. Wie heißen die notwendigen Bestandteile jedes Rechtsgeschäfts?**

„Siehe Seite 32 des Textteils!"

**20. Nennen Sie die drei grundsätzlichen Freiheiten des Vertragsrechts!**

„Siehe Seite 33 des Textteils!"

**21. Erklären Sie, was unter Allgemeinen Geschäftsbedingungen im Gegensatz zu Einzelvereinbarungen zu verstehen ist!**

„Siehe Seite 34 des Textteils!"

**22.** Das Gesetz über Allgemeine Geschäftsbedingungen verbietet einige, für den Kunden nachteilige Klauseln, die jedoch in Einzelverträgen vereinbart werden dürfen. Zählen Sie wenigstens drei dieser Klauseln auf!

„Siehe Seite 34 des Textteils!"

**23.** Ein Vertrag kommt durch zwei Willenserklärungen zustande.

**Aufgabe: Wie heißen diese?**

- ☐ a) Auftrag und Bestätigung
- ☐ b) Angebot und Zustimmung
- ☒ c) Antrag (Angebot) und Annahme
- ☐ d) Anfrage und Genehmigung
- ☐ e) Ersuchen und Zusage.

„Siehe Seite 35 des Textteils!"

**24. Nennen Sie die wichtigsten Nichtigkeits- und die wichtigsten Anfechtungsgründe!**

„Siehe Seiten 38 bis 39 des Textteils!"

25. Ein Handwerksunternehmer hat wegen Nichtigkeit des Vertrages einen erheblichen Vermögensverlust erlitten, weil beim Kauf einer Immobilie der Kaufpreis, um Abgaben und Gebühren zu sparen, nicht korrekt angegeben wurde. Am Stammtisch erzählt er davon den Kollegen, die aus ihrer Erfahrung weitere Fälle ungültiger Verträge schildern.

**Aufgabe:** Unter den nachfolgend aufgezählten Beispielen ist allerdings ein Vertrag, der gültig ist. Welcher ist das?

- ☐ a) Ein Vertrag, der gegen eine gesetzliche Formvorschrift verstößt, wenn z. B. ein Grundstückskaufvertrag nicht notariell beurkundet, sondern nur schriftlich abgeschlossen wird.
- ☒ b) Ein Kaufvertrag über den Ankauf einer Maschine zum Preise von 50.000,00 EUR, der nur mündlich geschlossen wurde.
- ☐ c) Ein Vertrag, der mit den guten Sitten nicht in Einklang steht.
- ☐ d) Ein Ratenzahlungsvertrag, den ein 17-jähriger Geselle ohne Genehmigung seiner Eltern abschließt.
- ☐ e) Ein Vertrag mit einem Geschäftsunfähigen, dem ein Geldbetrag geschenkt wurde.

*„Siehe Seite 38 des Textteils!"*

26. Manche Verträge leiden zwar auch an Mängeln, sind aber nicht sofort nichtig, sondern können vom einen oder anderen Vertragsteil angefochten und durch die Anfechtung nichtig werden.

**Aufgabe:** Aus welchen der nachfolgend aufgeführten Gründen kann man einen Vertrag anfechten?

- ☐ a) Nur wegen Irrtum, und zwar auch wegen Motivirrtum
- ☒ b) Wegen Erklärungsirrtum, Sachirrtum oder Personenirrtum sowie wegen arglistiger Täuschung und Drohung
- ☐ c) Wegen finanzieller Schwierigkeiten, die nach Vertragsabschluss eingetreten sind, die der in Not geratene Vertragspartner aber nicht voraussehen konnte
- ☐ d) Wegen Fehlens reiflicher Überlegung beim Vertragsabschluss
- ☐ e) Wegen einer fehlerhaften Kalkulation, die zur Grundlage des Vertrages gemacht wurde.

*„Siehe Seite 39 des Textteils!"*

27. Welches sind die wichtigsten Unterschiede zwischen dem Erfüllungs- und dem Verrichtungsgehilfen und welche haftungsrechtlichen Folgen ergeben sich hieraus?

*„Siehe Seite 40 des Textteils!"*

28. Erklären Sie, welcher Ort als gesetzlicher Erfüllungsort gilt!

*„Siehe Seite 40 des Textteils!"*

29. Welche Besonderheiten gelten beim Versendungskauf?

*„Siehe Seite 41 des Textteils!"*

30. Wenn jemand eine vertragliche Verpflichtung nicht rechtzeitig erfüllt, so kommt er in Verzug. In einem der nachaufgeführten Fälle liegt kein Verzug vor.

**Aufgabe: Welcher ist das?**

- [ ] a) Es ist ein Termin oder eine Frist für eine Lieferung, Leistung oder Zahlung vereinbart. Der Schuldner liefert, leistet oder zahlt nicht termin- oder fristgerecht.
- [ ] b) Es ist eine Nachfrist vereinbart worden. Der Schuldner zahlt auch innerhalb dieser Frist nicht termingerecht.
- [ ] c) Es ist kein Termin und keine Frist vereinbart. Der Schuldner liefert, leistet oder zahlt auch auf die erste Mahnung des Gläubigers nicht.
- [ ] d) Es ist kein Termin und keine Frist vereinbart. Der Gläubiger übersieht es zu mahnen und erwirkt erst kurz vor Ablauf der Verjährungsfrist einen Mahnbescheid gegen den Schuldner.
- [x] e) Es ist kein Termin und keine Frist vereinbart. Der Schuldner liefert oder leistet nicht binnen einer Woche.

„Siehe Seite 42 des Textteils!"

**31. Was kann der Gläubiger tun, wenn der Schuldner nicht fristgerecht liefert?**
- [x] a) Er kann dem Schuldner eine angemessene Frist setzen und nach erfolglosem Ablauf der Frist vom Vertrag zurücktreten und/oder Schadenersatz wegen Verzögerung der Lieferung verlangen.
- [ ] b) Er braucht dem Schuldner keine Nachfrist zu setzen, sondern kann sofort vom Vertrag zurücktreten.
- [ ] c) Er kann die Abnahme der geschuldeten Sache oder Leistung verweigern, vom Vertrag zurücktreten und Schadenersatz wegen Nichterfüllung des Vertrags verlangen, ohne dass er eine Nachfrist setzt.
- [ ] d) Er kann auf Aufhebung des Vertrags bei Gericht klagen.
- [ ] e) Er kann sofort einen Vertrag mit einem neuen Partner schließen und vom Schuldner Schadenersatz wegen Nichterfüllung verlangen.

„Siehe Seiten 42 bis 43 des Textteils!"

**32. Bei Geldschulden kann der Gläubiger vom Schuldner vom Zeitpunkt des Verzugs ab Verzugszinsen verlangen, und zwar mindestens den gesetzlichen Verzugszins.**

**Aufgabe: Wie hoch ist dieser?**
- [ ] a) So hoch wie der jeweilige Basiszinssatz der EZB
- [ ] b) 1 % unter Basiszinssatz der EZB
- [ ] c) 2 % über Basiszinssatz der EZB
- [x] d) 5 % über dem Basiszinssatz der EZB
- [ ] e) 6 % bei Privatschulden und 8 % bei Geschäftsschulden.

„Siehe Seite 42 des Textteils!"

**33. Kann der Gläubiger auch manchmal höhere als die gesetzlichen Verzugszinsen verlangen?**
- [ ] a) Ja, er kann in jedem Fall beliebig hohe Verzugszinsen fordern.
- [ ] b) Nein, er darf höchstens den gesetzlichen Verzugszins verlangen.
- [ ] c) Er kann in jedem Fall den gleichen Zinssatz beanspruchen, den er für einen Bankkredit bezahlen müsste.
- [ ] d) Wenn er Bankkredit in Anspruch genommen hat, so kann er 2 % mehr Verzugszins beanspruchen, als er bei der Bank an Sollzins bezahlen muss.
- [x] e) Wenn er Bankkredit in Anspruch genommen hat, so kann er den gleichen Zins beanspruchen, den er bei der Bank zahlen muss.

„Siehe Seite 42 des Textteils!"

**34. Nennen Sie den Zweck und die wesentlichen Merkmale einer Quittung!**

*Kauf>Nachweis der Bezahlung und Garantie (Beleg, Beweismittel)*

„Siehe Seite 45 des Textteils!"

**35. Was ist zu beachten, wenn eine Forderung abgetreten wird?**

„Siehe Seite 45 des Textteils!" *Schuldner muß Bescheid wissen*

**36.** Bei Büroarbeiten am Jahresende stellt der Inhaber eines Handwerksbetriebes fest, dass zwei seiner privaten Kunden die seit vier Jahren fälligen Forderungen aus Werklohnarbeiten nicht bezahlt haben. Von seinem Meisterkurs erinnert er sich noch vage, dass Forderungen verjähren können.

<u>Aufgabe:</u> **Erklären Sie ihm, was man unter Verjährung versteht!**

☐ a) Dass ein Anspruch nach Ablauf einer bestimmten Frist (der Verjährungsfrist) erlischt.

☐ b) Dass der Gläubiger gesetzlich verpflichtet ist, seine Forderung vor Ablauf der Verjährungsfrist schriftlich geltend zu machen.

☐ c) Dass der Gläubiger erst nach Ablauf der Verjährungsfrist auf Erfüllung des Anspruchs klagen darf.

☐ d) Verjährung gibt es nicht mehr. Der Schuldner bleibt Zeit seines Lebens verpflichtet, den Anspruch des Gläubigers zu erfüllen.

☒ e) Dass der Schuldner nach Ablauf der Verjährungsfrist das Recht hat, die Erfüllung der Schuld zu verweigern.

„Siehe Seite 46 des Textteils!"

**37. Wie lang ist die regelmäßige Verjährungsfrist?**
☐ a) Ein Jahr
☒ b) Drei Jahre
☐ c) Fünf Jahre
☐ d) Zehn Jahre
☐ e) Dreißig Jahre.

„Siehe Seite 47 des Textteils!"

**38. Wann beginnt die Verjährungsfrist, die für Werklohnforderungen der Handwerker gilt, zu laufen?**

☐ a) Sofort mit der Entstehung der Schuld, das heißt, sobald der Handwerker seine Lieferung oder Leistung getätigt hat

☐ b) Erst dann, wenn der Handwerker dem Schuldner die Rechnung übergibt

☐ c) Mit dem ersten Tag des Monats, der auf die Entstehung der Forderung folgt

☐ d) Mit dem ersten Tag des Jahres, das auf die Rechnungsstellung folgt

☒ e) Mit Ende des Jahres, in dem der Anspruch entstanden ist und er die Person des Bestellers und den Anspruchsgrund kennt oder kennen muss.

„Siehe Seite 47 des Textteils!"

**39. Nennen Sie Möglichkeiten, wie der Ablauf einer Verjährungsfrist verhindert werden kann!** *Titel erwirken vom Schuldner (Neubeginn Gründe, Hemmungsgründe, Unterbrechung des Rechtsvorganges)*

„Siehe Seite 49 des Textteils!"

**40. Was kann der Gläubiger tun, um den Ablauf der Verjährungsfrist zu verhindern?**
☐ a) Er kann den Schuldner mahnen. Mit dem Datum der Mahnung beginnt eine neue zwei- oder vierjährige Verjährungsfrist zu laufen.

3.1 Bürgerliches Recht, Mahn- und Klageverfahren, Zwangsvollstreckung

- [ ] b) Er kann den Schuldner mahnen. Mit dem Datum der Mahnung beginnt dann eine 30-jährige Verjährungsfrist zu laufen.
- [x] c) Er kann beim zuständigen Gericht Klage erheben oder den Erlass eines Mahnbescheides beantragen.
- [ ] d) Er kann dem Schuldner das geschuldete Geld durch die Polizei wegnehmen lassen.
- [ ] e) Er stellt dem Schuldner eine neue Rechnung über die Forderung zu. Damit ist die Verjährung der Forderung unterbrochen.

„Siehe Seite 49 des Textteils!"

**41. Wodurch trägt der Schuldner zum Neubeginn der Verjährung bei?**
- [ ] a) Wenn er auf eine Mahnung des Gläubigers schweigt, denn dadurch erkennt er die Forderung an
- [x] b) Wenn er in irgendeiner Form die Forderung anerkennt, zum Beispiel ausdrücklich oder durch Leistung einer Teilzahlung
- [ ] c) Wenn er dem Gläubiger gegenüber die Schuld bestreitet
- [ ] d) Nur wenn er bei Gericht Klage erhebt auf Feststellung, dass er dem Gläubiger dessen Forderung nicht schuldet
- [ ] e) Wenn er dem Gläubiger einen neuen Auftrag erteilt.

„Siehe Seite 49 des Textteils!"

**42.** Ein Dachdeckermeister hat für einen Auftraggeber dessen Hausdach eingedeckt. Trotz wiederholter Mahnungen zahlt der Auftraggeber den vereinbarten Werklohn nicht. Kurz vor der Verjährung der Werklohnforderung überweist er einen geringen Betrag der Forderung an den Dachdeckermeister.

**Aufgabe: Welche Auswirkungen hat dies auf die Werklohnforderung des Dachdeckermeisters?**

- [ ] a) Dann beginnt eine neue, und zwar eine 10-jährige Verjährungsfrist zu laufen.
- [ ] b) Dann beginnt eine neue, und zwar eine 30-jährige Verjährungsfrist zu laufen.
- [ ] c) Dann kann die Forderung überhaupt nicht mehr verjähren.
- [x] d) Dann beginnt eine neue dreijährige Verjährungsfrist zu laufen.
- [ ] e) Dann verlängert sich die Verjährungsfrist um die Zeit der Unterbrechung.

„Siehe Seite 49 des Textteils!"

**43. Erklären Sie, wie ein Kaufvertrag zustande kommt!**
„Siehe Seite 50 des Textteils!"

**44. Wie heißen die Parteien beim Kaufvertrag und welche Pflichten haben sie?**
„Siehe Seite 50 des Textteils!"

**45.** Nachfolgend sind einige Pflichten des Verkäufers aufgeführt. Eine davon ist im Gesetz **nicht** vorgesehen.

**Aufgabe: Welche ist das?**

- [x] a) Er muss die Kaufsache instand setzen lassen.
- [ ] b) Er muss die Kaufsache dem Käufer übergeben.
- [ ] c) Er muss dem Käufer das Eigentum an der Kaufsache verschaffen.
- [ ] d) Er muss dem Käufer für Mängel der Kaufsache haften.
- [ ] e) Er muss dem Käufer die Kaufsache frei von Rechten Dritter übergeben.

„Siehe Seiten 50 und 51 des Textteils!"

**46.** Unter den nachfolgend aufgeführten Pflichten des Käufers ist eine, die ihm **nicht** durch das Gesetz auferlegt ist.

**Aufgabe: Welche ist das?**

- ☐ a) Er muss die Kaufsache abnehmen.
- ☐ b) Er muss den vereinbarten Kaufpreis bezahlen.
- ☐ c) Er muss eventuelle Mängelansprüche vor Ablauf der Verjährungsfrist geltend machen.
- ☒ d) Er muss die Kaufsache schonend behandeln.
- ☐ e) Er muss bei Vorliegen von Mängeln rechtzeitig Umtausch verlangen.

„Siehe Seiten 50 und 51 des Textteils!"

**47.** Zählen Sie die Ansprüche auf, die der Käufer bei Vorliegen von Mängeln gegen den Verkäufer hat!

„Siehe Seite 54 des Textteils!"

**48.** Erklären Sie, wofür der Verkäufer, wenn ein Sachmangel vorliegt, einzustehen hat!

„Siehe Seite 52 des Textteils!"

**49.** Der Käufer eines neuen Autos stellt in den folgenden Tagen im Fahrbetrieb fest, dass das Auto eine Reihe schwer wiegender Mängel an Motor und Fahrgestell hat, die er bei Kaufabschluss nicht kannte. Der Verkäufer ist bereit auf die Mangelbeschwerden des Käufers einzugehen.

**Aufgabe: Welches Recht hat der Käufer zunächst aus dem Kaufvertrag?**

- ☒ a) Er kann Nacherfüllung (Mängelbeseitigung oder Nachlieferung) binnen einer vom Käufer zu bestimmenden angemessenen Frist fordern.
- ☐ b) Er kann Rückgängigmachung des Kaufs oder Minderung des Kaufpreises, in manchen Fällen auch Umtausch oder Schadenersatz verlangen.
- ☐ c) Er kann sofort den Vertrag wegen arglistiger Täuschung anfechten.
- ☐ d) Er braucht gar nicht erst anzufechten, der Vertrag ist schon wegen der mangelhaften Lieferung nichtig.
- ☐ e) Er kann den Vertrag kündigen, da der Kaufgegenstand unbrauchbar ist.

„Siehe Seite 54 des Textteils!"

**50.** Beim Handelskauf gilt für die Mängelansprüche des Käufers etwas Besonderes.

**Aufgabe: Was ist das?**

- ☐ a) Er kann seine Ansprüche wegen Mängeln der Kaufsache nur binnen einem Monat geltend machen.
- ☐ b) Er kann in jedem Fall Schadenersatz vom Verkäufer beanspruchen.
- ☐ c) Er muss die gelieferte Ware unverzüglich nach Erhalt prüfen und erkennbare Mängel dem Verkäufer unverzüglich mitteilen (Mängelrüge).
- ☐ d) Er kann wegen Mängeln der Kaufsache nur Umtausch, aber nicht Wandlung, Minderung oder Schadenersatz beanspruchen.
- ☒ e) Er muss die Ware sofort nach Erhalt prüfen und erkennbare Mängel dem Verkäufer innerhalb von sechs Monaten mitteilen (Mängelrüge).

„Siehe Seite 56 des Textteils!"

**51.** Nennen Sie die besonderen Arten des Kaufs und ihre Unterscheidungsmerkmale!

„Siehe Seiten 57 bis 59 des Textteils!"

3.1 *Bürgerliches Recht, Mahn- und Klageverfahren, Zwangsvollstreckung*

**52. Wie heißen die Parteien beim Werkvertrag und welche Pflichten haben sie?**

„Siehe Seite 59 des Textteils!"

**53. Ist für einen Werkvertrag Schriftform vorgeschrieben?**
- ☒ a) Nein, der Werkvertrag kann in jeder beliebigen Form geschlossen werden.
- ☐ b) Ja, er muss immer schriftlich gemacht werden.
- ☐ c) Ja, aber nur, wenn es sich um Arbeiten an einem Bauwerk handelt.
- ☐ d) Ja, aber nur, wenn der Werklohn verbindlich vereinbart werden soll.
- ☐ e) Nein, nur der Vertrag über den Bau eines Hauses muss notariell beglaubigt werden.

„Siehe Seite 59 des Textteils!"

**54. Nennen Sie die Unterscheidungsmerkmale des Werkvertrages und des Vertrages zur Lieferung herzustellender oder zu erzeugender beweglicher Sachen!**

„Siehe Seiten 59 bis 60 des Textteils!"

**55. Welche der nachstehend aufgeführten Verpflichtungen hat der Handwerksmeister beim Werkvertrag kraft Gesetzes?**
- ☐ a) Er muss den Kunden über den Beginn und die Beendigung seiner Arbeiten informieren.
- ☐ b) Er muss den Kunden über den Fortschritt der Arbeiten auf dem Laufenden halten.
- ☒ c) Er muss seine Arbeiten mangelfrei ausführen und sie dann dem Kunden übergeben.
- ☐ d) Er muss das fertig gestellte Werk dem Kunden in dessen Wohnung oder Geschäftslokal abliefern.
- ☐ e) Er muss fertig gestellte Teile des Werkes dem Kunden sofort in Rechnung stellen.

„Siehe Seite 60 des Textteils!"

**56. Welche der nachstehend aufgeführten Verpflichtungen hat der Besteller beim Werkvertrag?**
- ☐ a) Er muss die Ausführung der Arbeit überwachen und erkennbare Mängel unverzüglich rügen.
- ☐ b) Er muss schon während der Arbeit den Werklohn an den Handwerksmeister zahlen, auch wenn dies nicht ausdrücklich vereinbart wurde.
- ☐ c) Er muss nach Beendigung der Arbeiten einen Beweisbeschluss bei Gericht beantragen, um eventuelle Gewährleistungsansprüche zu sichern.
- ☐ d) Er muss den vereinbarten bzw. einen angemessenen Werklohn bezahlen, kann sich aber mit der Abnahme einen Monat Zeit lassen.
- ☒ e) Er muss das mangelfrei hergestellte Werk abnehmen und den vereinbarten Werklohn bezahlen.

„Siehe Seite 60 des Textteils!"

**57.** Ein Kunde gibt dem Inhaber eines Malerbetriebes den Auftrag, sein neu gebautes Einfamilienhaus innen und außen zu streichen. Untergrundgestaltung, Farbe, Zahl der Schichten, Farbqualität und Ausführungsfristen werden von den Parteien im Detail besprochen, nicht dagegen die Kosten der Auftragsarbeit.

<u>Aufgabe:</u> **Was kann der Handwerker in diesem Fall für seine Arbeit verlangen?**
- ☐ a) Überhaupt nichts.
- ☐ b) Dann kann der Handwerker verlangen, was er will.
- ☒ c) Eine ortsübliche, angemessene Vergütung.
- ☐ d) Der Werklohn des Handwerkers wird dann von der Innung festgesetzt.

☐ e) Der Werklohn richtet sich nach den von der Handwerkskammer festgelegten Werklohnrichtsätzen.

„Siehe Seite 61 des Textteils!"

**58. Für welche Mängel hat der Unternehmer Gewähr zu leisten?**

„Siehe Seite 61 des Textteils!" ~~Sach + Rechtsmängel (Mause)~~

**59.** Wenn die vom Handwerksmeister ausgeführte Reparatur oder die von ihm hergestellte Sache mangelhaft ist, so kann der Kunde Mangelansprüche geltend machen.

**Aufgabe:** Welche der nachfolgend aufgeführten Ansprüche sind das?

☒ a) Er kann Nacherfüllung binnen angemessener Frist fordern und nach ergebnislosem Ablauf der Frist Rücktritt oder Minderung und daneben Schadenersatz verlangen.
☐ b) Er kann sofort vom Vertrag zurücktreten mit der Wirkung, dass er die mangelhafte Arbeit nicht abnehmen und nichts zu bezahlen braucht.
☐ c) Er braucht dem Handwerker keine Gelegenheit zur Nacherfüllung zu geben, sondern kann sofort Minderung des Werklohns verlangen.
☐ d) Er kann die erforderlichen Nacherfüllungsarbeiten durch einen anderen Handwerker ausführen lassen und den dafür aufgewendeten Betrag vom Unternehmer ersetzt verlangen.
☐ e) Er kann sofort Schadenersatz wegen Schlechterfüllung verlangen, weil Mängel immer sichtbar bleiben.

„Siehe Seite 62 des Textteils!"

**60. Wie verhält sich der Handwerksmeister, wenn der Kunde Mängelrüge erhebt?**
☐ a) Er lehnt zunächst einmal alle Mängelansprüche des Kunden ab und verlangt, dass der Kunde auf seine Kosten einen Sachverständigen hinzuzieht.
☒ b) Er prüft die gerügten Mängel und erfüllt nach, wenn er die Beanstandungen des Kunden als gerechtfertigt anerkennen muss.
☐ c) Er macht auf jeden Fall alles, was der Kunde an Nachbesserungsarbeiten verlangt und stellt diese dem Kunden dann in Rechnung.
☐ d) Er schaltet selbst einen Sachverständigen ein und erfüllt nur das nach, was dieser als mangelhaft bezeichnet.
☐ e) Er lehnt Nacherfüllung ab und gewährt sofort einen Preisnachlass (Minderung), weil dies wirtschaftlicher ist.

„Siehe Seite 62 des Textteils!"

**61. Wie lange läuft die gesetzliche Verjährungsfrist für die Mängelansprüche des Bestellers?**
☐ a) Bei Arbeiten an beweglichen Sachen eine Woche, bei Arbeiten an einem Grundstück einen Monat, bei Arbeiten an einem Bauwerk ein Jahr
☐ b) Bei beweglichen Sachen einen Monat, bei Arbeiten an einem Grundstück zwei Monate und bei Arbeiten an einem Bauwerk drei Monate
☐ c) Bei Arbeiten an beweglichen Sachen drei Monate, bei Arbeiten an einem Grundstück sechs Monate und bei Arbeiten an einem Bauwerk neun Monate
☒ d) Bei Arbeiten an Sachen zwei Jahre, bei Arbeiten an einem Bauwerk fünf Jahre
☐ e) Bei Arbeiten an beweglichen Sachen ein Jahr, bei Arbeiten an einem Grundstück zwei Jahre, bei Arbeiten an einem Bauwerk zehn Jahre.

„Siehe Seite 63 des Textteils!"

**62.** Ein Uhrmacher hat für seinen Kunden eine Uhr repariert. Fünf Tage vor der Abnahme durch den Kunden ist die Reparatur beendet. Nach sechs Monaten schickt der Uhrmacher die Rechnung, die der Kunde zwei Wochen später bezahlt. Eine Woche später weist die Uhr den gleichen Defekt wie vor der Reparatur auf. Der Kunde weiß, dass die Mängelanspruchsfrist zwei Jahre beträgt und verlangt daher kostenlose Nachbesserung.

**Aufgabe: Ab welchem Zeitpunkt beginnt der Lauf der Gewährleistungsfrist von zwei Jahren?**
- ☐ a) Mit der Feststellung des Mangels durch den Kunden.
- ☐ b) Mit der Beendigung der Arbeiten des Uhrmachers.
- ☒ c) Mit der Abnahme der Arbeiten durch den Kunden.
- ☐ d) Mit der Rechnungstellung durch den Uhrmacher.
- ☐ e) Mit der Bezahlung der Rechnung durch den Kunden.

„Siehe Seite 63 des Textteils!"

**63. Nennen Sie die verschiedenen Arten von Kostenvoranschlägen und ihre jeweiligen Rechtsfolgen!**

„Siehe Seite 65 des Textteils!"

**64. Darf ein verbindlich veranschlagter Preis überschritten werden?**
- ☐ a) Nein, er darf grundsätzlich nicht überschritten werden, außer wenn der Besteller damit einverstanden ist.
- ☐ b) Nein, er darf grundsätzlich nicht überschritten werden, außer wenn der Unternehmer damit einverstanden ist.
- ☐ c) Ja, er darf dann überschritten werden, wenn der Handwerker nachweist, dass er die Arbeit nicht zu dem veranschlagten Preis ausführen kann.
- ☐ d) Ja, er darf dann überschritten werden, wenn zwischen Auftragserteilung und Auftragsbeendigung Lohnerhöhungen oder Materialpreissteigerungen eingetreten sind.
- ☐ e) Ja, er darf ohne Begründung überschritten werden, weil das Verlangen des Bestellers nach einem verbindlichen Voranschlag sittenwidrig ist.

„Siehe Seite 65 des Textteils!"

**65. Darf ein unverbindlich veranschlagter Preis überschritten werden?**
- ☐ a) Ja, deshalb ist er ja unverbindlich.
- ☐ b) Ja, die Überschreitung darf aber höchstens 20 % betragen und ist nur dann zulässig, wenn der Handwerksmeister mehr gemacht hat, als der Kunde in Auftrag gegeben hat.
- ☒ c) Ja, wenn es sich nur um eine unwesentliche Überschreitung (allgemein 10 % bis 20 %) handelt.
- ☐ d) Ja, die Überschreitung muss aber wesentlich sein (allgemein ab 20 %, bei öffentlichen Aufträgen ab 10 %).
- ☐ e) Ja, wenn der Handwerker bei Rechnungsstellung nachweist, dass die Überschreitung auf Lohn- und Materialpreiserhöhungen beruht.

„Siehe Seite 65 des Textteils!"

**66. Unter welchen Voraussetzungen kann der Besteller den Werkvertrag kündigen und welche Rechtsfolgen ergeben sich daraus für ihn?**

„Siehe Seite 65 des Textteils!"

**67. Nennen Sie Möglichkeiten, wie der Unternehmer seine Werklohnforderung sichern kann!**

*handschriftlich:* Pfandrecht b. bewegliche Sachen, Sicherungshypothek für unbewegliche Sachen (eingetragen)

„Siehe Seite 66 des Textteils!"

**68.** Ein Kunde bringt ein beschädigtes Gerät zum Handwerksmeister zur Reparatur. Als er das fertige Gerät abholen will, hat er kein Geld dabei.

**Aufgabe: Muss der Handwerksmeister ihm das Gerät ohne Bezahlung herausgeben?**
- ☐ a) Ja, denn das Gerät gehört ja dem Kunden.
- ☒ b) Nein, denn der Handwerksmeister hat ein gesetzliches Pfandrecht und ein Zurückbehaltungsrecht an dem Gerät.
- ☐ c) Nein, denn durch die Ausführung der Reparatur ist der Handwerker Miteigentümer des Geräts geworden.
- ☐ d) Ja, er muss es trotz seines Pfandrechts herausgeben, wenn der Kunde das Gerät unbedingt benötigt.
- ☐ e) Ja, denn der Handwerker behält den Anspruch auf seinen Werklohn, den er bei Gericht einklagen kann.

„Siehe Seite 66 des Textteils!"

**69. Kann der Handwerksmeister das zurückbehaltene Gerät veräußern, um sich für seinen Werklohn bezahlt zu machen?**
- ☐ a) Nein, das kann er nicht, weil das Gerät immer noch dem Kunden gehört.
- ☐ b) Ja, er kann das Gerät nach dreimaliger erfolgloser Mahnung an irgendeinen Dritten verkaufen und den Erlös für sich behalten.
- ☐ c) Ja, er kann das Gerät drei Monate nach Beendigung der Reparatur an einen Dritten verkaufen und sich aus dem Erlös bezahlt machen. Einen Mehrerlös muss er dem Kunden herauszahlen.
- ☒ d) Er kann dem Kunden eine Frist von einem Monat setzen und ihm androhen, dass er nach ergebnislosem Ablauf dieser Frist das Gerät öffentlich versteigern lassen wird.
- ☐ e) Ja, er hat ein Pfandrecht am Gerät, es gehört ihm nach einem Monat, wenn der Kunde es nicht abholt.

„Siehe Seite 66 des Textteils!"

**70.** Dem Bauhandwerker gibt der Gesetzgeber ein ähnliches Sicherungsrecht wie dem Handwerker, der bewegliche Sachen seines Kunden bearbeitet oder verarbeitet.

**Aufgabe: Welchen Anspruch hat der Bauhandwerker?**
- ☒ a) Anspruch auf Eintragung einer Bauhandwerker-Sicherungshypothek im Grundbuch
- ☐ b) Anspruch auf Eintragung einer Bauhandwerker-Grundschuld im Grundbuch
- ☐ c) Anspruch auf Stellung eines Bürgen für die ganze Werklohnforderung
- ☐ d) Anspruch auf Vorauszahlung des gesamten vereinbarten Werklohns
- ☐ e) Anspruch auf Einzahlung des Werklohns auf ein Sperrkonto.

„Siehe Seite 67 des Textteils!"

**71. Nennen Sie die Parteien des Miet- bzw. des Pachtvertrages sowie ihre jeweiligen vertraglichen Pflichten!**

„Siehe Seite 67, 70, 71 des Textteils!"

*3.1 Bürgerliches Recht, Mahn- und Klageverfahren, Zwangsvollstreckung*

**72.** Ein Handwerksunternehmer hat die Wohnräume über seiner Werkstatt an ein Ehepaar vermietet. Im Laufe der Jahre sind Fußböden, Fenster und Türen reparaturbedürftig geworden. Die Schönheitsreparaturen hat laut Mietvertrag der Mieter zu tragen. Unter Bezugnahme auf diese Vertragsklausel verlangt der Handwerksunternehmer von seinen Mietern Ersatz der entstandenen Reparaturkosten.

**Aufgabe: Wie entscheiden Sie?**
- ☒ a) Diese Kosten trägt der Vermieter, weil es sich nicht um Schönheitsreparaturen handelt.
- ☐ b) Die Schönheitsreparaturen trägt immer der Vermieter.
- ☐ c) Die Reparaturkosten, ausgenommen Schönheitsreparaturen, trägt der Mieter.
- ☐ d) Diese Kosten trägt immer und in vollem Umfang der Mieter.
- ☐ e) Die Reparaturkosten, ausgenommen Schönheitsreparaturen, tragen Vermieter und Mieter je zur Hälfte.

*„Siehe Seite 68 des Textteils!"*

**73. Welches Recht hat der Mieter aufgrund des Mietvertrages?**
- ☐ a) Er darf die Mietsache zu jedem beliebigen Zweck benutzen.
- ☒ b) Er darf die Mietsache zu dem Zweck benutzen, zu dem er sie gemietet hat.
- ☐ c) Er darf die Mietsache zu dem Zweck benutzen, zu dem er sie gemietet hat, muss sich dabei aber an die Weisungen des Vermieters halten.
- ☐ d) Er darf die Mietsache sowohl selbst benutzen als auch (selbst ohne Genehmigung des Vermieters) einem anderen zur Benützung überlassen (untervermieten).
- ☐ e) Er darf die Mietsache wie der Eigentümer benutzen, da sie ihm für die Mietdauer gehört.

*„Siehe Seite 68 des Textteils!"*

**74. Welche Pflichten hat der Mieter bezüglich der Mieträume?**
- ☒ a) Er muss die Mieträume schonend behandeln, soweit vereinbart die notwendigen Schönheitsreparaturen machen lassen und den vereinbarten Mietzins pünktlich bezahlen.
- ☐ b) Er muss alle notwendig werdenden Reparaturen auf seine Kosten machen lassen und den vereinbarten Mietzins bezahlen.
- ☐ c) Er muss den vereinbarten Mietzins bezahlen und die Mieträume bei Beendigung des Mietverhältnisses in dem Zustand zurückgeben, in dem sie sich dann befinden.
- ☐ d) Er muss eine Haftpflichtversicherung bezüglich der Mieträume abschließen.
- ☐ e) Er muss den Mietzins bezahlen, Schönheitsreparaturen ausführen lassen und eine Brand- und Hausratsversicherung abschließen.

*„Siehe Seite 68 des Textteils!"*

**75. Nennen Sie die verschiedenen Möglichkeiten zur Beendigung eines Mietverhältnisses!**

*„Siehe Seite 69 des Textteils!"*

**76. Welche gesetzliche Kündigungsfrist gilt für Wohnungen bzw. Geschäftsräume bei monatlicher Mietzinszahlung?**

*„Siehe Seiten 69 bis 70 des Textteils!"*

77. **Wie ist die Kündigungsfrist bei Mietverhältnissen über Geschäftsräume bei Monatsmietzins gesetzlich geregelt?**
- ☐ a) Die gesetzliche Kündigungsfrist beträgt sechs Monate zum Ende eines Kalendervierteljahres.
- ☐ b) Es gilt eine dreimonatige Kündigungsfrist zum Ende eines Kalenderjahres.
- ☐ c) Die gesetzliche Kündigungsfrist ist zwei Wochen zum Ende jeden Monats.
- ☐ d) Die gesetzliche Kündigungsfrist beträgt zwölf Monate zum Ende eines Kalenderjahres.
- ☐ e) Der Vermieter kann überhaupt nicht kündigen, wenn die Beendigung des Mietverhältnisses für den Mieter eine Existenzgefährdung bedeutet. Er kann bei dringendem Eigenbedarf auf Aufhebung des Mietverhältnisses klagen. Der Mieter kann jederzeit kündigen.

*„Siehe Seiten 69 bis 70 des Textteils!"*

78. **Wie ist die gesetzliche Kündigungsfrist bei Pachtverhältnissen über Gewerbebetriebe geregelt?**
- ☐ a) Sie beträgt einen Monat zum Ende eines Kalendervierteljahres.
- ☐ b) Sie beträgt ebenso wie bei Mietverhältnissen drei Monate zum Ende eines Kalendervierteljahres.
- ☒ c) Sie beträgt ein halbes Jahr zum Ende eines Pachtjahres.
- ☐ d) Sie beträgt ein Jahr zum Ende eines Kalenderjahres.
- ☐ e) Sie beträgt ein Jahr zum Ende eines Pachtjahres.

*„Siehe Seite 71 des Textteils!"*

79. Damit der Vermieter auch bestimmt zu seinem Mietzins kommt, gibt ihm das Gesetz ein Sicherungsrecht.

**Aufgabe: Welches ist das?**
- ☐ a) Er kann den Mieter, wenn dieser unter Hinterlassung von Mietschulden ausziehen möchte, so lange in die Mieträume einsperren, bis er bezahlt hat.
- ☒ b) Er hat ein gesetzliches Pfandrecht an den vom Mieter in die Mieträume eingebrachten, beweglichen Sachen, soweit sie pfändbar sind, und kann sich aus diesen Sachen bezahlt machen.
- ☐ c) Er ist dadurch, dass der Mieter bewegliche Sachen in die Mieträume eingebracht hat, Miteigentümer an diesen Sachen geworden und kann sie deshalb zurückbehalten.
- ☐ d) Er muss, um zu seinem Geld zu kommen, den Mieter verklagen und die Zwangsvollstreckung gegen ihn betreiben.
- ☐ e) Er kann die vom Mieter geleistete Kaution mit allen Forderungen gegen den Mieter aufrechnen.

*„Siehe Seite 70 des Textteils!"*

80. Handwerksmeister A benötigt eine Maschine für seinen Betrieb, die er mit den Gewinnen aus dem Einsatz der Maschine innerhalb eines Jahres bezahlen will. Der Verkäufer der Maschine erklärt sich bereit, dem A die Maschine auch ohne sofortige Bezahlung zu überlassen, nachdem sich der vermögende Onkel des A für die rechtzeitige Zahlung des Kaufpreises verbürgt hat.

**Aufgabe: Erklären Sie, wie viele Personen an dem Bürgschaftsverhältnis beteiligt sind.**
- ☐ a) Zwei Personen: der Bürge und der Schuldner.
- ☒ b) Drei Personen: der Bürge, der Schuldner und der Gläubiger.
- ☐ c) Drei Personen: der Bürge, der Gläubiger und der Notar, der den Bürgschaftsvertrag beurkunden muss.

*3.1 Bürgerliches Recht, Mahn- und Klageverfahren, Zwangsvollstreckung*     127

- ☐ d) Mehr als drei Personen, nämlich: Bürge, Schuldner, Gläubiger und eine Bank.
- ☐ e) Zwei Personen: der Bürge und der Gläubiger.

*„Siehe Seite 71 des Textteils!"*

**81. Bedarf die Bürgschaftserklärung zu ihrer Gültigkeit einer bestimmten Form?**

*„Siehe Seite 72 des Textteils!"* a, die Schriftliche

**82. Wenn der Schuldner bei Fälligkeit einer durch Bürgschaft abgesicherten Geldforderung den Gläubiger nicht befriedigt, kann der Gläubiger dann sofort vom Bürgen Zahlung erzwingen?**
- ☐ a) Ja, dann muss der Bürge sofort zahlen.
- ☐ b) Ja, dann muss der Bürge sofort zahlen, wenn der Gläubiger nachweist, dass er den Schuldner mindestens dreimal erfolglos gemahnt hat.
- ☐ c) Ja, denn jede Bürgschaft ist selbstschuldnerisch, das heißt der Bürge haftet wie der Schuldner selbst.
- ☐ d) Nein, der Gläubiger muss in jedem Fall – das heißt auch ohne Einwand des Bürgen – zuerst den Schuldner verklagen und gegen ihn die Zwangsvollstreckung betreiben.
- ☒ e) Nein, der Bürge kann dem Gläubiger die Einrede der Vorausklage entgegenhalten, dann muss der Gläubiger zuerst den Schuldner verklagen.

*„Siehe Seite 72 des Textteils!"*

**83. In manchen Fällen hat der Bürge die Einrede der Vorausklage nicht.**

**Aufgabe: Welche von den nachfolgenden Fällen sind das?**
- ☐ a) Wenn der Gläubiger den Schuldner bei einem anderen Gericht als dem Wohnsitzgericht des Gläubigers verklagen müsste.
- ☐ b) Wenn der Gläubiger schon weiß, dass der Schuldner nicht zahlen kann, weil dieser die Offenbarungsversicherung abgegeben hat.
- ☐ c) Wenn der Schuldner den Gläubiger, der von ihm Zahlung verlangt, an den Bürgen verweist.
- ☐ d) Wenn es für den Gläubiger bequemer ist, den Bürgen anstelle des Schuldners zu verklagen.
- ☒ e) Wenn der Bürge die selbstschuldnerische Bürgschaft übernommen hat oder wenn der Schuldner im Konkurs- oder Vergleichsverfahren steht oder im Inland keinen Wohnsitz oder Aufenthalt hat.

*„Siehe Seite 72 des Textteils!"*

**84. Welcher Unterschied ist zwischen Besitz und Eigentum an einer Sache?**
- ☐ a) Da ist überhaupt kein Unterschied, zum Beispiel ist der Hausbesitzer auch der Hauseigentümer.
- ☒ b) Besitzer ist, wer die Sache in seiner tatsächlichen Gewalt hat; Eigentümer ist, wem die Sache gehört.
- ☐ c) Wenn jemand eine Sache gekauft und bezahlt hat, so ist er Eigentümer, auch wenn diese ihm noch nicht vom Verkäufer übergeben wurde. Besitzer ist bis zur Übergabe noch der Verkäufer.
- ☐ d) Besitzer ist derjenige, dem die Sache gehört; Eigentümer ist, wer die Sache in Gewahrsam hat.
- ☐ e) Der Eigentümer einer Sache hat alle Rechte, der Besitzer einer Sache hat alle Pflichten.

*„Siehe Seite 73 des Textteils!"*

### 85. Was sind bewegliche Sachen?
- ☐ a) Das sind solche Gegenstände, die sich selbst bewegen, zum Beispiel Auto, Schiff, Flugzeug, Eisenbahn usw.
- ☐ b) Das sind solche Gegenstände, die man leicht bewegen kann und die nicht zu schwer sind, zum Beispiel ist eine schwere Maschine, die mehrere Tonnen wiegt, keine bewegliche Sache.
- ☒ c) Das sind alle Gegenstände, die keine Grundstücke oder grundstücksgleiche Rechte (unbewegliche Sachen) sind.
- ☐ d) Das sind alle Gegenstände, die dazu dienen, um andere Gegenstände zu bewegen, insbesondere Motoren aller Art.
- ☐ e) Das sind alle Gegenstände, ausgenommen Häuser und Hausteile.

„Siehe Seite 73 des Textteils!"

### 86. Was müssen Sie tun, um das Eigentum an einer Sache auf einen anderen zu übertragen?
- ☐ a) Bei beweglichen Sachen genügt es, dass der Erwerber sich den Besitz an der Sache verschafft; bei Grundstücken muss er mindestens 30 Jahre lang das Grundstück benutzt haben (Ersitzung).
- ☐ b) Bei beweglichen Sachen müssen Veräußerer und Erwerber sich über den Eigentumsübergang einigen; bei Grundstücken muss diese Einigung bei gleichzeitiger Anwesenheit der Beteiligten auf dem Grundstück erklärt werden.
- ☐ c) Bei beweglichen Sachen und bei Grundstücken muss der Übernehmer den Kaufpreis bezahlt haben, sonst geht das Eigentum überhaupt nicht auf ihn über.
- ☒ d) Bei beweglichen Sachen ist die Übergabe vom Veräußerer an den Erwerber erforderlich, und beide müssen sich über den Eigentumsübergang einig sein; bei Grundstücken ist Einigung über den Eigentumsübergang (Auflassung) und Eintragung des Erwerbers im Grundbuch nötig.
- ☐ e) Bei beweglichen Sachen müssen sich Erwerber und Veräußerer über den Besitzübergang einigen; bei Grundstücken und Häusern geht das Eigentum erst mit der Aushändigung der Schlüssel an den Erwerber über.

„Siehe Seite 74 des Textteils!"

### 87. Wie wird das Eigentum an unbeweglichen Sachen übertragen und welche Form müssen Sie dabei beachten?

„Siehe Seite 74 des Textteils!"

### 88. Was versteht man unter Nießbrauch und welche Bedeutung hat er für den Handwerker?

„Siehe Seite 75 des Textteils!"

### 89. Sicherheiten zur Absicherung einer vertraglichen Forderung unterscheiden sich nach der Art und der Entstehungsform. Nennen Sie die wichtigsten Sicherungsrechte nach ihrer Art und nach ihrer rechtlichen Entstehungsform!

„Siehe Seite 75 des Textteils!"

### 90. Ein Kunde will bei einem Handwerksunternehmer eine Bohrmaschine kaufen und sofort mitnehmen. Der Kunde versichert, die Maschine in zehn Tagen von seinem

Gehalt zu bezahlen und verweist den Handwerksunternehmer auf die Möglichkeit des Eigentumsvorbehalts zur Sicherung seiner Forderung.

**Aufgabe: Nennen Sie die Voraussetzungen, die der Handwerksunternehmer beachten muss, damit der Eigentumsvorbehalt wirksam vereinbart wird.**

„Siehe Seite 76 des Textteils!"

91. Wenn ein Tischlermeister seinem Kunden (Bauherrn) Türen und Fensterstöcke unter Eigentumsvorbehalt liefert, wann gehen diese Sachen in das Eigentum des Bauherrn über?
    - ☐ a) Sofort mit dem Abschluss des Werkvertrags
    - ☐ b) Sofort mit der Ablieferung beim Bauherrn
    - ☒ c) In dem Augenblick, in dem sie in das Gebäude eingebaut werden
    - ☐ d) Erst dann, wenn der Bauherr die Rechnung bezahlt
    - ☐ e) In dem Augenblick, in dem sie auf dem Baugrundstück eingelagert werden.

„Siehe Seite 77 des Textteils!"

92. Kann ein Handwerksmeister seine Maschinen, die im Betrieb unentbehrlich sind, verpfänden?
    - ☐ a) Nein, weil Maschinen, die man zur Berufsausübung unbedingt braucht, unpfändbar sind.
    - ☒ b) Nein, er braucht sie in seinem Betrieb und kann sie deshalb nicht dem Gläubiger übergeben. Das aber müsste er tun, weil das Pfandrecht an beweglichen Sachen ein so genanntes Faustpfandrecht ist.
    - ☐ c) Ja, er kann seine Maschinen verpfänden und mit dem Gläubiger ausmachen, dass dieser ihm die Maschinen für die Dauer des Pfandrechts leihweise überlässt.
    - ☐ d) Ja, er kann seine Maschinen verpfänden, kann sie aber auch ohne Vereinbarung einer Leihe weiterbenutzen, weil sie ihm nach wie vor gehören.
    - ☐ e) Nein, Maschinen sind Gebrauchsgegenstände, die nur gepfändet, nicht verpfändet werden können.

„Siehe Seite 77 des Textteils!"

93. Wenn der Handwerker dem Gläubiger die Maschine nicht verpfänden kann, weil er sie braucht, wie helfen sich die beiden dann in der Praxis?
    - ☐ a) Indem der Handwerker sich dem Gläubiger gegenüber verpflichtet, die Maschine so lange nicht an einen anderen zu übereignen, bis er die Schuld bezahlt hat.
    - ☐ b) Indem der Handwerker dem Gläubiger die Maschine als unbeschränktes Eigentum übereignet und sich dann wieder leihen lässt.
    - ☐ c) Indem der Gläubiger bei Gericht einen dinglichen Arrest über die Maschinen des Handwerkers erwirkt.
    - ☐ d) Indem der Handwerker sich vom Gläubiger schriftlich bestätigen lässt, dass dieser auf ein Pfandbesitzrecht verzichtet.
    - ☒ e) Indem der Handwerker die Maschinen dem Gläubiger nur zur Sicherung übereignet und sie sich dann leihweise wieder zurückgeben lässt.

„Siehe Seite 78 des Textteils!"

94. Nennen Sie den wichtigsten Unterschied zwischen dem Pfandrecht an beweglichen Sachen und der Sicherungsübereignung!

„Siehe Seiten 77 bis 78 des Textteils!"

**95. Erklären Sie den Zweck und die rechtlichen Auswirkungen des Eigentumsvorbehalts, des Pfandrechts an beweglichen Sachen und der Sicherungsübereignung!**
*Alle 3 dienen der Absicherung einer Forderung* *Stück Eigentum St*
*„Siehe Seiten 76 bis 78 des Textteils!"*

**96.** Zur Sicherung seiner künftigen Werklohnforderung für die Errichtung eines Rohbaus auf dem Grundstück des Bauherrn beabsichtigt der Bauhandwerker eine Hypothek (Sicherungshypothek) auf dem Baugrundstück des Bauherrn eintragen zu lassen. Der Bauherr ist damit einverstanden.

**Aufgabe:** Wie muss die Hypothekenbestellung erfolgen, damit sie rechtswirksam ist?
- ☐ a) Mündlich.
- ☐ b) Schriftlich.
- ☐ c) In öffentlich beglaubigter Form.
- ☒ d) In notariell beurkundeter Form.
- ☐ e) Beide Parteien müssen persönlich einen Rechtsanwalt aufsuchen.

*„Siehe Seite 79 des Textteils!"*

**97. Was kann der Hypotheken- oder Grundschuldgläubiger tun, wenn der Schuldner seinen Verpflichtungen nicht nachkommt?**
- ☐ a) Er muss den Schuldner verklagen und einen Vollstreckungstitel gegen ihn erwirken, damit er die Zwangsvollstreckung gegen ihn betreiben kann.
- ☒ b) Er hat mit der Hypotheken- oder Grundschuldurkunde in der Regel schon einen Vollstreckungstitel und kann daher sofort die Zwangsversteigerung des Grundstücks, das damit belastet ist, betreiben.
- ☐ c) Er kann beim Grundbuchamt beantragen, dass er als Miteigentümer im Grundbuch eingetragen wird und kann dann die Zwangsversteigerung zum Zwecke der Auseinandersetzung dieser Gemeinschaft beantragen.
- ☐ d) Er kann den Grundstückseigentümer über die ordentlichen Gerichte zwingen, das Grundstück an ihn, den Gläubiger, zu verkaufen. Vom Kaufpreis kann er seine Forderung gegen den Schuldner abziehen.
- ☐ e) Er kann das Grundbuchamt auffordern, ihn als Eigentümer im Grundbuch einzutragen und alle bisherigen Eintragungen im Grundbuch zu löschen.

*„Siehe Seite 78 des Textteils!"*

**98. Erklären Sie, wie der Gesetzgeber die gegenseitige Vertretungsmacht der Ehegatten bei Rechtsgeschäften zur angemessenen Deckung des Lebensbedarfs der Familie geregelt hat!** *Für + gegen den Ehegatten abschließen*

*„Siehe Seite 80 des Textteils!"*

**99. Nennen Sie die Güterstände, die den Ehegatten zur Regelung ihrer Güterverhältnisse zur Verfügung stehen!** *Zugewinn, Gütergemeinschaft, Gütertrennung*

*„Siehe Seite 81 des Textteils!"*

**100. In welchem Güterstand leben Ehegatten, die keinen vertraglichen Güterstand ausgemacht haben?**
- ☐ a) Im gesetzlichen Güterstand der Gütergemeinschaft
- ☐ b) Im gesetzlichen Güterstand der Gütertrennung
- ☐ c) Im gesetzlichen Güterstand der Zugewinngemeinschaft
- ☐ d) In keinem geregelten Güterstand, da sie immer bei Eheschließung einen der drei vorgenannten Güterstände vereinbaren müssen

☐ e) Im gesetzlichen Güterstand des Güterausgleichs.

*„Siehe Seite 81 des Textteils!"*

**101. Erklären Sie, was die Zugewinngemeinschaft dem Wesen nach ist, wer das Vermögen verwaltet und wie das Vermögen im Falle einer Scheidung auszugleichen ist!**

*„Siehe Seiten 81 bis 82 des Textteils!"*

**102. Wie teilt sich das Eigentum am Vermögen der beiden Ehegatten in der Zugewinngemeinschaft auf?**
☒ a) Jeder Ehegatte ist Eigentümer dessen, was er in die Ehe mitgebracht hat (Anfangsvermögen). Was beide während der Ehe dazugewonnen haben, gehört ihnen gemeinsam.
☐ b) Alles was die Ehegatten besitzen, gehört ihnen gemeinsam.
☐ c) Was beide Ehegatten in die Ehe mitbringen, gehört ihnen gemeinsam; was einer von ihnen während der Ehe erwirbt, gehört ihm allein.
☐ d) Jeder Ehegatte ist Eigentümer dessen, was er in die Ehe mitgebracht hat und was er in der Ehe hinzuerworben hat. Die Vermögen von Mann und Frau bleiben getrennt.
☐ e) Jeder Ehegatte hat den anderen zur Hälfte an dem Eingebrachten zu beteiligen. Während der Ehe erzielter Zugewinn ist sofort auszugleichen.

*„Siehe Seite 81 des Textteils!"*

**103. Welche Ansprüche haben die in Zugewinngemeinschaft lebenden Ehegatten gegeneinander, wenn die Ehe geschieden wird?**
☐ a) Jeder Ehegatte hat nur Anspruch auf Herausgabe seines Vermögens.
☐ b) Derjenige Ehegatte, der den geringeren Zugewinn erzielt hat, kann vom anderen Ehegatten „Ausgleich" beanspruchen, das heißt, er kann verlangen, dass der andere Ehegatte ihm von seinem Zugewinn so viel Geld auszahlt, dass er den gleichen Zugewinn hat.
☒ c) Der Ehegatte mit dem geringeren Zugewinn hat die beiden unter a) und b) erwähnten Ansprüche, der andere Ehegatte kann Herausgabe seiner Vermögensstücke verlangen.
☐ d) Der an der Scheidung nicht schuldige Ehegatte hat Anspruch auf Auszahlung der Hälfte des Zugewinns des schuldigen Ehegatten. Sind beide schuldig, so wird der gesamte Zugewinn geteilt.
☐ e) Der Ehegatte mit dem höheren Zugewinn hat dem anderen Ausgleich zu leisten, einschließlich von Erbschaften und Schenkungen, dem anderen verbleiben Anfangsvermögen und Zugewinn.

*„Siehe Seite 82 des Textteils!"*

**104. Haftet das Vermögen der Frau für die Schulden des Mannes oder umgekehrt, wenn die Ehegatten in Zugewinngemeinschaft leben?**
☒ a) Nein, das Vermögen des Mannes haftet nicht für die Schulden der Frau und auch nicht umgekehrt.
☐ b) Ja, das Vermögen des einen Ehegatten haftet immer für die Schulden des anderen.
☐ c) Das Vermögen der Frau haftet zwar für die Schulden des Mannes, aber sein Vermögen nicht für die Schulden der Frau.
☐ d) Das Vermögen des Mannes haftet zwar für die Schulden der Frau, aber ihr Vermögen nicht für die Schulden des Mannes.
☐ e) Aus Rechtsgeschäften im Rahmen der Schlüsselgewalt haftet zunächst die Frau, nachrangig der Mann.

*„Siehe Seite 82 des Textteils!"*

**105. Hat bei Zugewinngemeinschaft im Falle des Todes eines Ehegatten der andere Ehegatte auch einen Ausgleichsanspruch wie bei Scheidung der Ehe?**
- ☐ a) Ja, er kann den gleichen Ausgleichsanspruch gegen die Erben des Verstorbenen geltend machen.
- ☐ b) Nein, er hat nur gegen die Erben einen Anspruch auf Herausgabe seines Vermögens.
- ☐ c) Nein, er hat weder einen Ausgleichsanspruch noch ein erhöhtes Erbrecht; er erbt vielmehr so, wie wenn er in Gütertrennung gelebt hätte.
- ☐ d) Nein, er hat weder einen Ausgleichsanspruch noch ein erhöhtes Erbrecht; er erbt vielmehr so, wie wenn er in Gütergemeinschaft gelebt hätte.
- ☒ e) Nein, anstelle des Ausgleichsanspruchs hat er ein um ein Viertel höheres Erbrecht.

*„Siehe Seite 82 des Textteils!"*

**106.** Ein Handwerker, der sich demnächst verheiraten will, hat gehört, dass zwischen Ehegatten gesetzlich der Güterstand der Zugewinngemeinschaft gilt, wenn nichts anderes vereinbart wird. Er fürchtet im Fall einer Scheidung seinen Betrieb auflösen zu müssen, um den in der Ehe erzielten Zugewinn ausgleichen zu können.

<u>Aufgabe:</u> Stellen Sie Überlegungen an, wie dies vermieden werden kann.
- a) Welche weiteren Güterstände (neben der Zugewinngemeinschaft) kommen in Betracht?
- b) Ist beim Abschluss dieser Güterstände eine besondere Form zu wahren?
- c) Wie unterscheiden sich diese Güterstände hinsichtlich der Vermögensverhältnisse und deren Verwaltung?
- d) Welcher Güterstand kommt vorrangig in Betracht, um bei Scheidung eine Betriebsauflösung zu vermeiden?

*„Siehe Seiten 83 bis 84 des Textteils!"*

**107. Wann tritt die gesetzliche Erbfolge ein?**
- ☐ a) Immer dann, wenn ein Mensch stirbt, gleichgültig, ob er eine letztwillige Verfügung hinterlassen hat oder nicht.
- ☒ b) Nur dann, wenn der Verstorbene nicht durch Testament oder Erbvertrag die Erbfolge anders geregelt hat.
- ☐ c) Immer dann, wenn als Erben der überlebende Ehegatte oder Kinder in Betracht kommen.
- ☐ d) Nur dann, wenn der Verstorbene mindestens ein Kind hinterlässt.
- ☐ e) Immer dann, wenn mehrere letztwillige Verfügungen des Verstorbenen gefunden werden.

*„Siehe Seite 85 des Textteils!"*

**108. Wer sind die gesetzlichen Erben eines Verstorbenen, der seinen Ehepartner, zwei Kinder, Eltern und Geschwister sowie Vettern und Basen hinterlässt?**
- ☐ a) Alle aufgezählten Angehörigen
- ☐ b) Nur sein Ehepartner
- ☐ c) Nur seine Eltern
- ☒ d) Nur sein Ehepartner und seine Kinder
- ☐ e) Nur sein Ehepartner, seine Kinder und seine Eltern.

*„Siehe Seite 85 des Textteils!"*

**109. Zu welcher Erbordnung zählen die Kinder des Verstorbenen?**
- ☒ a) Zur ersten Erbordnung

☐ b) Zur zweiten Erbordnung
☐ c) Zur dritten Erbordnung
☐ d) Zur vierten Erbordnung
☐ e) Zu keiner, sie sind pflichtteilsberechtigt.

*„Siehe Seite 86 des Textteils!"*

**110. Zu welcher Erbordnung zählen die Eltern und Geschwister?**
☐ a) Zur ersten Erbordnung
☒ b) Zur zweiten Erbordnung
☐ c) Zur dritten Erbordnung
☐ d) Zur vierten Erbordnung
☐ e) Zu keiner, sie sind gesetzliche Erben.

*„Siehe Seite 86 des Textteils!"*

**111. Zu welcher Erbordnung zählt der überlebende Ehegatte?**
☐ a) Er zählt zur ersten Erbordnung wie die Kinder des Verstorbenen.
☐ b) Er zählt zur zweiten Erbordnung wie die Eltern und Geschwister des Verstorbenen.
☐ c) Er zählt zur dritten Erbordnung wie die Großeltern des Verstorbenen.
☒ d) Er zählt in keine Erbordnung und hat ein besonders geregeltes Erbrecht.
☐ e) Er zählt zur ersten Erbordnung, wenn der Verstorbene keine Kinder hatte.

*„Siehe Seite 87 des Textteils!"*

**112. Wie hoch ist der gesetzliche Erbteil des überlebenden Ehegatten, wenn er mit seinem Ehepartner in Zugewinngemeinschaft gelebt hat und wenn drei Kinder vorhanden sind?**
☐ a) Ein Fünftel
☐ b) Ein Viertel
☐ c) Ein Drittel
☒ d) Die Hälfte
☐ e) Drei Viertel.

*„Siehe Seite 87 des Textteils!"*

**113.** Ein in Zugewinngemeinschaft lebendes Ehepaar hat gemeinschaftlich einen Handwerksbetrieb aufgebaut. Keines der drei Kinder ist am Betrieb interessiert. Sollte einer von ihnen vorversterben, fürchten die Eheleute um den Fortbestand des Betriebes als Existenzgrundlage für den Überlebenden, weil – wie sie gehört haben – der Nachlass zwischen den gesetzlichen Erben, also auch den Kindern, gleichmäßig aufzuteilen ist. Die Eheleute überlegen, wie sie den Fortbestand des Betriebes und die Existenz für den länger lebenden Ehegatten sichern können.

<u>Aufgabe:</u> Entwerfen Sie anhand der nachfolgenden Fragen ein Lösungsmodell!
a) Was gilt, wenn ein Ehegatte ohne letztwillige Verfügung verstirbt?
b) Wie ist in diesem Fall der Nachlass zwischen dem überlebenden Ehegatten und den Kindern aufzuteilen?
c) Welche letztwilligen Verfügungen kommen in Betracht, die Erbfolge anders als durch das Gesetz zu regeln?
d) Wie unterscheiden sich diese letztwilligen Verfügungen nach Zweck, Form und Inhalt?
e) Was müssen die Ehegatten beachten, wenn sie ein Testament errichten wollen?

f) **In welcher Weise wird dem Willen der Eheleute am besten entsprochen?**
„Siehe Seiten 84 bis 91 des Textteils!"

*(handschriftlich: Nießbrauch (Vorbeh.))*

**114. Erklären Sie den Zweck der Pflichtteilsregelung!**
„Siehe Seite 90 des Textteils!"

*(handschriftliche Notizen: zum Pflichtteil ... Testierfreiheit wird bis ...)*

**115. Wann hat ein überlebender Angehöriger einen Pflichtteilsanspruch?**
☒ a) Wenn er aufgrund einer letztwilligen Verfügung des Verstorbenen weniger erhält als die Hälfte dessen, was er bei gesetzlicher Erbfolge erhalten hätte, und wenn er zu dem pflichtteilsberechtigten Personenkreis gehört.
☐ b) Den Pflichtteilsanspruch hat jeder Verwandte des Verstorbenen, der aufgrund des Testaments oder Erbvertrags nichts erhält, sofern er bei gesetzlicher Erbfolge etwas erhalten hätte.
☐ c) Den Pflichtteil kann jeder Erbe verlangen, der aufgrund von Testament oder Erbvertrag weniger als den gesetzlichen Erbteil erhält.
☐ d) Ein Pflichtteilsanspruch steht nur den Kindern zu, und zwar auch nur dann, wenn sie wegen einer letztwilligen Verfügung weniger erhalten, als sie bei gesetzlicher Erbfolge bekommen würden.
☐ e) Einen Pflichtteilsanspruch haben Kinder, Ehegatte und Eltern, wenn sie gesetzlich erben und damit von der testamentarischen Erbfolge ausgeschlossen sind.

„Siehe Seite 90 des Textteils!"

**116. Wer gehört zu dem pflichtteilsberechtigten Personenkreis?**
☐ a) Die Kinder, die Geschwister und die Eltern des Verstorbenen
☐ b) Die Geschwister und der Ehegatte des Verstorbenen
☐ c) Nur die Kinder und der Ehegatte des Verstorbenen
☐ d) Nur die Kinder und die Eltern des Verstorbenen
☒ e) Die Abkömmlinge, die Eltern und der Ehegatte des Verstorbenen.

„Siehe Seite 90 des Textteils!"

**117. Wie hoch ist der Pflichtteilsanspruch?**
☐ a) Ein Fünftel des gesetzlichen Erbteils
☐ b) Ein Viertel des gesetzlichen Erbteils
☐ c) Ein Drittel des gesetzlichen Erbteils
☒ d) Die Hälfte des gesetzlichen Erbteils
☐ e) Drei Viertel des gesetzlichen Erbteils.

„Siehe Seite 90 des Textteils!"

**118. Haftet der Erbe für die Schulden des Erblassers?**
☐ a) Nein, niemals, denn grundsätzlich haftet jeder Mensch nur für seine eigenen Schulden.
☐ b) Ja, immer, denn die Erbfolge ist eine Gesamtrechtsnachfolge.
☒ c) Ja, wenn er die Haftung nicht auf den Nachlass beschränkt hat, was er durch einen Antrag auf Nachlassinsolvenzverfahren erreichen kann.
☐ d) Nur dann, wenn der Erblasser durch letztwillige Verfügung bestimmt hat, dass der Erbe für die Schulden haften soll.
☐ e) Ja, immer, anderenfalls würden die Gläubiger des Verstorbenen leer ausgehen.

„Siehe Seite 85 des Textteils!"

**119.** Der vermeintlich reiche Onkel ist verstorben und hat testamentarisch seinen Neffen, Inhaber eines kleinen Handwerksbetriebes, zum Alleinerben bestimmt. Als-

*3.1 Bürgerliches Recht, Mahn- und Klageverfahren, Zwangsvollstreckung*

bald stellt sich heraus, dass der Onkel sein Vermögen zu Lebzeiten verbraucht, sogar erhebliche Schulden hinterlassen hat, die ein Erbe grundsätzlich zu übernehmen hat.

**Aufgabe: Hat der Neffe die Möglichkeit die Erbschaft auszuschlagen, um Zahlung der Schulden aus seinem eigenen Vermögen zu vermeiden?**
- ☐ a) Ja, wenn er gesetzlicher Erbe ist.
- ☐ b) Nein, sonst müsste der Staat die Schulden des Verstorbenen tragen.
- ☐ c) Ja, aber nur binnen drei Monaten nach dem Tode des Erblassers.
- ☒ d) Ja, aber nur binnen sechs Wochen nach Kenntnis vom Anfall der Erbschaft.
- ☐ e) Ja, aber nur 14 Tage seit der Mitteilung durch das Nachlassgericht.

*„Siehe Seite 85 des Textteils!"*

**120. Welche Arten von Testamenten sind Ihnen bekannt und wie unterscheiden sie sich?**

*„Siehe Seite 89 des Textteils!"*

**121. Nennen Sie den Zweck des Erbscheins!**

*„Siehe Seite 85 des Textteils!"*

**122. Nennen Sie die verschiedenen Gerichtswege und ihre Zuständigkeit nach der Art der Rechtsansprüche!**

*„Siehe Seite 92 des Textteils!"*

**123. Welche von den nachfolgend aufgeführten Gerichten gehören zu den ordentlichen Gerichten?**
- ☒ a) Amtsgericht, Landgericht, Oberlandesgericht, Bundesgerichtshof
- ☐ b) Arbeitsgericht, Landesarbeitsgericht, Bundesarbeitsgericht
- ☐ c) Verwaltungsgericht, Verwaltungsgerichtshof, Bundesverwaltungsgericht
- ☐ d) Sozialgericht, Landessozialgericht, Bundessozialgericht
- ☐ e) Finanzgericht und Bundesfinanzhof.

*„Siehe Seite 92 des Textteils!"*

**124. In welchen Bereichen der Rechtspflege sind die ordentlichen Gerichte tätig?**

*„Siehe Seite 92 des Textteils!"*

**125. Erklären Sie die sachliche und örtliche Zuständigkeit der Zivilgerichte in erster Instanz!**

*„Siehe Seite 94 des Textteils!"*

**126. Wenn ein Handwerksmeister gegen einen Kunden gerichtlich vorgehen muss, weil dieser eine Rechnung nicht bezahlt, an welches Gericht wendet er sich dann?**
- ☐ a) Immer zuerst an das Amtsgericht
- ☒ b) Zuerst an das Amtsgericht, wenn er einen Mahnbescheid beantragen oder eine Klage über einen Streitwert bis zu 5000,- EUR einreichen will. Eine Klage mit einem Streitwert von über 5000,- EUR muss er über seinen Rechtsanwalt beim Landgericht einreichen
- ☐ c) Immer zuerst an das Landgericht, wenn der Streitwert 500,- EUR übersteigt

☐ d) Zuerst an das Amtsgericht, wenn seine Forderung 3000,– EUR nicht übersteigt und er Klage einreichen oder Mahnbescheid beantragen will. Bei höherem Streitwert reicht er Antrag auf Mahnbescheid oder Klage beim Landgericht ein

☐ e) An das Landgericht, das für alle Streitigkeiten zwischen Handwerker und Kunden, auch im Mahnverfahren, zuständig ist.

*„Siehe Seite 94 des Textteils!"*

**127.** Der Kunde A in X-Stadt hat den Schreiner B aus Y-Stadt mit der Anfertigung einer Einbauküche beauftragt. Vereinbarungen über den Ort der Zahlung wurden nicht getroffen. Der Auftrag wurde von B fachgerecht und ordnungsgemäß ausgeführt. Trotz wiederholter Mahnung zahlt der A den geschuldeten Werklohn nicht.

**Aufgabe: Welches Gericht ist für die Klage auf Zahlung des Werklohns örtlich zuständig?**

☐ a) Das Wohnsitzgericht des Schreiners B.

☒ b) Das Wohnsitzgericht des Kunden A.

☐ c) Das Wohnsitzgericht des Kunden A, wenn kein anderer Gerichtsstand (z. B. der Wohnsitz des Schreiners B) vereinbart ist.

☐ d) Sowohl das Wohnsitzgericht des Schreiners B wie das des Kunden A; der Schreiner B kann wählen.

☐ e) Das Gericht, auf das sich die Parteien vorher geeinigt haben.

*„Siehe Seite 94 des Textteils!"*

**128. Muss man sich in Zivilsachen vor den ordentlichen Gerichten immer durch einen Rechtsanwalt vertreten lassen?**

☐ a) Nein, man braucht niemals einen Rechtsanwalt.

☐ b) Ja, man braucht immer einen Rechtsanwalt.

☒ c) In allen Sachen, die vor dem Amtsgericht (außer Ehesachen) verhandelt werden, braucht man keinen Rechtsanwalt. Bei allen höheren Gerichten herrscht Anwaltszwang.

☐ d) Bei den Amts- und Landgerichten braucht man keinen Rechtsanwalt, wohl aber beim Oberlandesgericht und beim Bundesgerichtshof.

☐ e) Bei den Amts- und Landgerichten braucht man einen Rechtsanwalt. In den höheren Instanzen nicht mehr, weil dort mehrere und erfahrenere Richter tätig sind.

*„Siehe Seite 93 des Textteils!"*

**129. Wer trägt grundsätzlich die Prozesskosten?**

☐ a) Der Kläger

☐ b) Der Beklagte

☒ c) Derjenige, der den Prozess verliert; der Kläger muss die Kosten aber vorschussweise einzahlen

☐ d) Die Parteien gemeinsam, und zwar je zur Hälfte

☐ e) Der Staat, weil es sich bei den Gerichten um soziale Institutionen handelt.

*„Siehe Seite 93 des Textteils!"*

**130. Was geschieht, wenn im Termin zur mündlichen Verhandlung eine Prozesspartei weder erschienen noch vertreten ist?**

☐ a) Dann werden beide Parteien vom Gericht zu einem neuen Termin geladen.

☐ b) Dann ist die Sache erledigt, weil ohne beide Parteien nicht verhandelt werden kann.

☐ c) Dann verhängt das Gericht gegen die unentschuldigt fehlende Partei eine Geldstrafe.

3.1 Bürgerliches Recht, Mahn- und Klageverfahren, Zwangsvollstreckung

- ☐ d) Dann verweist das Gericht die Sache an die höhere Instanz.
- ☒ e) Dann kann das Gericht gegen die fehlende Partei auf Antrag ein Versäumnisurteil erlassen.

*„Siehe Seite 95 des Textteils!"*

**131. Nennen Sie die Rechtsmittel, die gegen richterliche Entscheidungen eingelegt werden können!** *Berufung (Amts- Landesgericht) Revision (Landes- Oberlandes) Verweis geltendes Recht verletzt*

*„Siehe Seite 95 des Textteils!"*

132. Wenn man mit einem erstinstanziellen Urteil nicht zufrieden ist, kann man dagegen ein Rechtsmittel einlegen.

**Aufgabe: Wie heißt dieses und wo muss es eingelegt werden?**

- ☒ a) Das Rechtsmittel heißt Berufung und muss beim nächsthöheren Gericht eingelegt werden.
- ☐ b) Das Rechtsmittel heißt Revision und muss immer beim Bundesgerichtshof eingelegt werden.
- ☐ c) Man kann bei dem gleichen Gericht, das das Urteil erlassen hat, Einspruch einlegen.
- ☐ d) Man kann beim übergeordneten Gericht Beschwerde erheben.
- ☐ e) Das Rechtsmittel heißt Widerspruch und muss beim Landgericht eingelegt werden.

*„Siehe Seite 95 des Textteils!"*

133. Der Inhaber einer Fachwerkstatt hat die Bremsenreparatur fachgerecht ausgeführt und den reparierten Pkw dem Kunden inkl. Rechnung ausgehändigt. Der Kunde hat den Pkw täglich ohne Beanstandung in Gebrauch, reagiert jedoch seit drei Monaten weder auf mündliche noch schriftliche Zahlungsaufforderungen.

**Aufgabe: Wie macht der Handwerker am einfachsten und kostengünstigsten seine Werklohnforderung gerichtlich geltend?**

- ☐ a) Durch Einreichung einer Klage bei dem zuständigen Gericht.
- ☐ b) Indem er einen Antrag auf Erlass eines Mahnbescheides bei dem nach dem Streitwert zuständigen Gericht einreicht.
- ☒ c) Indem er ein Mahnbescheidformular selbst ausfüllt und beim Amtsgericht einreicht.
- ☐ d) Indem er seine Klage bei der Geschäftsstelle des zuständigen Gerichts zu Protokoll erklärt.
- ☐ e) Indem er beim zuständigen Amtsgericht den Erlass einer einstweiligen Verfügung beantragt.

*„Siehe Seite 98 des Textteils!"*

**134. Nennen Sie die wesentlichen Unterschiede zwischen dem ordentlichen Klage- und dem gerichtlichen Mahnverfahren!** *nur Geldsache Sitz des Gläubiges + Formularverfahren ohne mündliche Verhandlung (Rechtspflege)*

*„Siehe Seiten 94 bis 98 des Textteils!"*

**135. Erklären Sie die Vorzüge, die das gerichtliche Mahnverfahren bietet!**

*„Siehe Seite 98 des Textteils!"* *kostengünstig + schnell*

**136. Wie heißt das Rechtsmittel, das man gegen einen Mahnbescheid einlegen kann?**
- ☐ a) Berufung
- ☒ b) Einspruch
- ☐ c) Beschwerde
- ☐ d) Widerspruch
- ☐ e) Revision.

*„Siehe Seite 98 des Textteils!"*

**137. Binnen welcher Frist kann gegen den Mahnbescheid Widerspruch eingelegt werden?**
- ☐ a) Binnen drei Tagen
- ☐ b) Binnen einer Woche
- ☒ c) Binnen zwei Wochen
- ☐ d) Binnen einem Monat
- ☐ e) Binnen zwei Monaten.

*„Siehe Seite 98 des Textteils!"*

**138.** Wenn der Schuldner gegen den Mahnbescheid nicht fristgerecht Widerspruch eingelegt hat, erlässt das Gericht auf Antrag des Gläubigers eine Entscheidung.

**Aufgabe: Wie heißt diese?**
- ☐ a) Urteil
- ☐ b) Beschluss
- ☒ c) Vollstreckungsbescheid
- ☐ d) Pfändungsbeschluss
- ☐ e) Vollstreckungs- und Überweisungsbeschluss.

*„Siehe Seite 98 des Textteils!"*

**139.** Wenn man gegen einen Schuldner die Zwangsvollstreckung betreiben will, braucht man einen Vollstreckungstitel.

**Aufgabe: Was ist das?**
- ☐ a) Das ist ein Amtstitel, der mit der Vollstreckung in Zusammenhang steht, zum Beispiel Vollstreckungssekretär.
- ☒ b) Eine gerichtliche oder notarielle Urkunde, aus der man die Zwangsvollstreckung betreiben kann.
- ☐ c) Das ist eine Urkunde mit einer Überschrift (Titel), die sich über die ganze Breite der Urkunde erstreckt.
- ☐ d) Das ist eine Urkunde, die sich auf das ganze (volle) Vermögen des Schuldners erstreckt.
- ☐ e) Das ist eine gerichtliche Liste, auf der die Vermögensgegenstände des Schuldners verzeichnet sind.

*„Siehe Seite 100 des Textteils!"*

**140. Nennen Sie die drei Voraussetzungen für die Zwangsvollstreckung!**

*„Siehe Seite 99 des Textteils!"*

**141. Nennen Sie verschiedene Titel, aus denen die Zwangsvollstreckung betrieben werden kann!**

*„Siehe Seite 100 des Textteils!"*

## 142. Welche gerichtlichen Organe sind für die Zwangsvollstreckung zuständig?
*„Siehe Seite 100 des Textteils!"*

## 143. Welche Art der Zwangsvollstreckung erledigt der Gerichtsvollzieher? Er kann vollstrecken
- ☒ a) in die beweglichen Sachen des Schuldners.
- ☐ b) in die unbeweglichen Sachen des Schuldners (Grundstücke, Häuser).
- ☐ c) in Forderungen des Schuldners (Außenstände, Bankguthaben, Lohnforderungen usw.).
- ☐ d) in sonstige Rechte des Schuldners, zum Beispiel Patente, Gebrauchsmuster, Herausgabeansprüche usw.
- ☐ e) in Lohn- und Gehaltsforderungen des Schuldners gegen seinen Arbeitgeber.

*„Siehe Seite 100 des Textteils!"*

## 144. Was darf der Gerichtsvollzieher nicht pfänden?
- ☐ a) Kleidungsstücke
- ☐ b) Möbel
- ☐ c) Sachen, deren Wert mehr als das Dreifache des Wertes der Gläubigerforderung ist
- ☐ d) Wertpapiere, Edelmetalle und Edelsteine
- ☒ e) Sachen, die Dritten gehören oder die lebens- oder berufsnotwendig für den Schuldner sind.

*„Siehe Seite 101 des Textteils!"*

## 145. Wenn der Gerichtsvollzieher eine Sache pfändet, die dem Schuldner nicht gehört, was kann der Eigentümer dieser Sache tun?
- ☐ a) Er kann das Pfandsiegel abmachen und die Sache beim Schuldner wegholen.
- ☐ b) Er kann beim Dienstvorgesetzten des Gerichtsvollziehers „Erinnerungen gegen die Art und Weise der Zwangsvollstreckung" erheben, und dieser hebt die Pfändung auf.
- ☐ c) Er kann sich über den Gerichtsvollzieher beim Amtsgericht – Vollstreckungsgericht – beschweren, und dieses hebt dann die Pfändung auf.
- ☒ d) Er kann vom Gläubiger verlangen, dass dieser die gepfändete Sache freigibt, und er kann die Freigabe notfalls im Wege der Interventionsklage erzwingen.
- ☐ e) Er kann sich eine Ersatzsache kaufen und die Kosten dafür dem Schuldner in Rechnung stellen.

*„Siehe Seiten 101 bis 101 des Textteils!"*

## 146. Was kann der Schuldner tun, wenn der Gerichtsvollzieher bei ihm eine Sache pfändet, die er für seinen Haushalt oder die Berufsausübung unbedingt benötigt?
- ☐ a) Er kann den Gläubiger auf Freigabe verklagen.
- ☐ b) Er kann den Gerichtsvollzieher auf Freigabe verklagen.
- ☒ c) Er kann beim Amtsgericht (Vollstreckungsgericht) Erinnerungen erheben.
- ☐ d) Er kann beim Dienstvorgesetzten des Gerichtsvollziehers Beschwerde einlegen.
- ☐ e) Er kann den Gerichtsvollzieher auf Schadenersatz verklagen.

*„Siehe Seite 101 des Textteils!"*

**147. Was geschieht, wenn der Schuldner der Aufforderung des Gerichtsvollziehers, ein Vermögensverzeichnis aufzustellen und eine eidesstattliche Versicherung über dessen Vollständigkeit abzugeben, keine Folge leistet?**
- ☒ a) Dann erlässt das Gericht auf Antrag des Gläubigers gegen den Schuldner einen Haftbefehl zur Erzwingung der eidesstattlichen Versicherung.
- ☐ b) Dann können der Gläubiger und das Gericht gar nichts machen.
- ☐ c) Dann muss der Gläubiger beim höheren Gericht (Landgericht) Beschwerde einlegen.
- ☐ d) Dann muss der Gläubiger den Schuldner auf Abgabe des Vermögensverzeichnisses und der eidesstattlichen Versicherung verklagen.
- ☐ e) Dann wendet der Gläubiger sich an die Staatsanwaltschaft, und diese ermittelt, wo der Schuldner sein Vermögen hat.

*„Siehe Seite 102 des Textteils!"*

**148. Nennen Sie die Ziele des Unternehmens-Insolvenzverfahrens!**

*bestmögliche Befriedigung der Gläubiger und Liquidipche des Schuldners*

*„Siehe Seite 103 des Textteils!"*

**149.** Der Inhaber eines handwerklichen Familienbetriebs mit fünf Arbeitnehmern hat wegen der örtlichen Konkurrenz und der rückläufigen Konjunktur in letzter Zeit immer weniger Aufträge erhalten. Der Einsatz der gesamten Betriebsreserven und die Aufnahme von Darlehen konnten letztendlich nicht verhindern, dass Löhne und Abgaben der Arbeitnehmer sowie Lieferantenschulden nicht mehr bezahlt werden konnten.

**Aufgabe: Wie verhält sich der zahlungsunfähige Betriebsinhaber in dieser Situation?**
- ☐ a) Er tut zunächst gar nichts und lässt es darauf ankommen, dass seine Gläubiger ihn verklagen und mit Zwangsvollstreckung gegen ihn vorgehen.
- ☐ b) Er überschreibt sein vorhandenes Vermögen schleunigst seiner Frau, damit der Gerichtsvollzieher oder das Vollstreckungsgericht nichts mehr vorfinden.
- ☐ c) Er beantragt beim Amtsgericht die Eröffnung und Durchführung eines Insolvenzverfahrens zur Sanierung oder Liquidation des Unternehmens.
- ☐ d) Er beantragt beim Landgericht die Durchführung eines sog. Entschuldungsverfahrens.
- ☐ e) Er begibt sich sofort ins Ausland und führt von dort seine Geschäfte weiter.

*„Siehe Seite 104 des Textteils!"*

**150. Wer entscheidet im Unternehmens-Insolvenzverfahren darüber, ob der Insolvenzplan angenommen wird?**
- ☐ a) Das Amtsgericht – Insolvenzgericht
- ☒ b) Die Gläubigermehrheit
- ☐ c) Der Insolvenzverwalter
- ☐ d) Alle Vorgenannten gemeinsam
- ☐ e) Der Schuldner.

*„Siehe Seite 106 des Textteils!"*

**151. Wer kann das Unternehmens-Insolvenzverfahren beantragen?**

*„Siehe Seite 104 des Textteils!" Schuldner o. Gläubiger*

**152. Welche Maßnahmen kann die Gläubigerversammlung über das zukünftige Schicksal des insolventen Unternehmens beschließen?**

*„Siehe Seite 106 des Textteils!" Sanierung – Veräußerung – Liquidation*

## 153. Welche der nachfolgenden Aussagen ist falsch?
- ☐ a) Sanierung oder Liquidation des Unternehmens werden von der Gläubigermehrheit beschlossen.
- ☒ b) Mit der Liquidation wird das Unternehmen fortgeführt, mit der Sanierung aufgelöst.
- ☐ c) Die Sanierung eröffnet die Möglichkeit, das Unternehmen weiterzuführen.
- ☐ d) Mit der Liquidation wird das Unternehmen aufgelöst.
- ☐ e) Mit der Sanierung wird das Unternehmen fortgesetzt, mit der Liquidation aufgelöst.

*„Siehe Seite 106 des Textteils!"*

## 154. Worin unterscheidet sich das Unternehmens-Insolvenzverfahren vom Kleingewerbe- und Verbraucher-Insolvenzverfahren?

*„Siehe Seiten 103f, 108f des Textteils!"*

## 155. Welches sind die Verfahrensabschnitte des Kleingewerbe- und Verbraucher-Insolvenzverfahrens?
- ☐ a) Einleitungsphase, Eröffnungsphase, Durchführungsphase, Restschuldbefreiung.
- ☐ b) Außergerichtlicher Vergleich, gerichtlicher Vergleich, Anschlusskonkurs, Wohlverhaltensphase.
- ☐ c) Außergerichtliches Mahnverfahren, gerichtliches Mahnverfahren, Klage, Zwangsvollstreckung.
- ☒ d) Außergerichtlicher Einigungsversuch, gerichtlicher Einigungsversuch, vereinfachtes Insolvenzverfahren, Wohlverhaltensphase.
- ☐ e) Vergleich, Konkurs, Konkurstabelle, Restschuldbefreiung.

*„Siehe Seite 108 des Textteils!"*

## 156. Unter welchen Voraussetzungen kann ein Insolvenzschuldner von seinen Restschulden befreit werden?

*„Siehe Seiten 110 bis 111 des Textteils!"*

## 3.2 Handwerks- und Gewerberecht, Handels- und Gesellschaftsrecht, Wettbewerbsrecht

### 3.2.1 Handwerks- und Gewerberecht

#### 3.2.1.1 Handwerk als eine besondere Form eines Gewerbes

**Überblick über die gesetzlichen Bestimmungen zur selbstständigen Ausübung eines Handwerks**

*Gewerbeordnung*
*Handwerksordnung*

Rechtsgrundlage jeder selbstständigen Gewerbeausübung ist die Gewerbeordnung. Sie wird durch Spezialvorschriften ergänzt. Für die selbstständige Ausübung eines Handwerks ist die Handwerksordnung gewerbliche Spezialvorschrift.

*Gewerbefreiheit*

In Deutschland ist die selbstständige Gewerbetätigkeit vom Verfassungsgrundsatz der Gewerbefreiheit geprägt. Jedermann hat nach diesem Leitsatz Anspruch darauf, jedes Gewerbe ungehindert beginnen und betreiben zu dürfen, soweit die Gewerbeordnung oder andere Gesetze nicht Ausnahmen, Beschränkungen oder Auflagen vorsehen. Für das Handwerk gilt zum Beispiel die Besonderheit, dass die selbstständige Ausübung an den Nachweis einer handwerklichen Befähigung und die Eintragung in die Handwerksrolle gebunden ist.

*Handwerk*

> Ein Handwerk ist ein Gewerbe, das handwerksmäßig betrieben wird. Es muss zu einem der in der Anlage A zur Handwerksordnung (so genannte Positivliste) aufgeführten Gewerbe gehören, und es muss als Stehendes Gewerbe betrieben werden.

**Voraussetzungen der Eintragung (Gewerbe, Stehendes Gewerbe, Selbstständigkeit)**

*Gewerbe*

> Der Gesetzgeber hat den Begriff Gewerbe nicht näher bestimmt. Man versteht darunter jede erlaubte, auf Gewinnerzielung gerichtete, private selbstständige Tätigkeit, die fortgesetzt und nicht nur gelegentlich ausgeübt wird.

*Abbildung 78*

**Beispiel:**

Handel, Industrie, Handwerk, sonstige Dienstleistungsbetriebe wie Gaststätten, Hotels, Vermittlungen etc.

Fehlt eine der Voraussetzungen, meist ist es die Gewinnerzielungsabsicht, liegt keine gewerbliche Tätigkeit im Sinne der Gewerbeordnung vor, das heißt weder die Gewerbeordnung noch sonstige gewerbliche Spezialgesetze sind anwendbar.

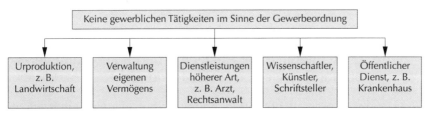

Abbildung 79

### Arten der Gewerbe

Nach der Art der gewerblichen Tätigkeit unterscheidet die Gewerbeordnung drei Arten von gewerblichen Tätigkeiten.

Gewerbearten

Abbildung 80

Einzelheiten zu den drei Gewerbearten

- **Stehendes Gewerbe**
ist **jedes Gewerbe, das nicht Reise- oder Marktgewerbe ist.** Es kann innerhalb, aber auch außerhalb der Räume der gewerblichen Niederlassung nach vorheriger Bestellung ausgeübt werden. Voraussetzung ist Selbstständigkeit.

Stehendes Gewerbe

- **Reisegewerbe**
ist jede näher in der Gewerbeordnung dargestellte Tätigkeit, die **ohne vorangegangene Bestellung** außerhalb der gewerblichen Niederlassung oder ohne eine solche zu haben, ausgeübt wird.

Reisegewerbe

**Beispiele:**
Handel mit Waren, Anbieten von gewerblichen Leistungen und von Lustbarkeiten.

- **Marktgewerbe**
sind **Messe-, Ausstellungs- und Marktveranstaltungen** mit obrigkeitlicher Ermächtigung und gewissen Vergünstigungen, die das Ziel haben, Verkäufer und Käufer zu bestimmten Zeiten und an bestimmten Orten zum Zweck der Förderung des Handels zusammenzubringen.

Marktgewerbe

**Selbstständigkeit**

Als selbstständig gilt, wer ein Gewerbe für eigene Rechnung und in eigener Verantwortung betreibt. Er stellt das Betriebskapital zur Verfügung, erhält den Gewinn, trägt den Verlust, entscheidet über die Führung des Betriebes und trägt die Verantwortung für den Betrieb. Äußeres Kennzeichen des selbstständig Gewerbetreibenden ist in der Regel die eigene Betriebsstätte.

### 3.2.1.2 Eintragung in die Handwerksrolle (einschließlich der Anlagen A und B zur Handwerksordnung sowie verwandte Handwerke)

Die Handwerksordnung gilt nur für Selbstständige, die ein Handwerk als Stehendes Gewerbe betreiben und damit in der Handwerksrolle eingetragen sind. Ein handwerkliches Unternehmen kann als Einzelbetrieb, als Personengesellschaft oder als Kapitalgesellschaft geführt werden. Auch Privilegierungstatbestände sieht die Handwerksordnung vor. Die Besonderheit des Handwerks gegenüber den sonstigen gewerblichen Tätigkeiten ist die handwerkliche Befähigung, die erst den selbstständigen Betrieb eines Handwerks erlaubt.

**Merkmale eines handwerklichen Betriebes**

- Gewerbe
  Voraussetzungen sind: **Gewinnerzielungsabsicht, Fortsetzungsabsicht**.
- Stehendes Gewerbe
  Die Reisegewerbetätigkeit fällt nicht unter die Handwerksordnung.
- Art der Tätigkeit
  Es muss sich um ein **Gewerbe der Anlage A** zur Handwerksordnung handeln (so genannte Positivliste; sie umfasst zur Zeit 94 Vollhandwerke).
- Handwerksmäßige Ausübung
  Die Handwerksordnung ist nur dann anwendbar, wenn **Kernbereiche eines Handwerks** (wesentliche Tätigkeiten), nicht nur unwesentliche Teilbereiche, ausgeübt werden.

**Beispiel:**

Beschränkt sich ein Tankstelleninhaber ausschließlich auf kleine Servicereparaturen in seiner Tankstelle (Wischer, Beleuchtung, Batterie etc.), wird das Kraftfahrzeugtechnikerhandwerk nicht ausgeübt, die Handwerksordnung ist nicht anwendbar.

- Abgrenzung zu anderen Bereichen
  - **Industrielle und Handelstätigkeit** (Abgrenzungsmerkmale zum Handwerk siehe unten): Die Handwerksordnung kommt nicht zur Anwendung.
  - **Minderhandwerkliche Tätigkeit** (unwesentliche Teiltätigkeiten, nicht Kernbereichtätigkeiten): Die Handwerksordnung kommt nicht zur Anwendung, es sei denn, es handelt sich um handwerksähnliche Tätigkeiten.
  - **Handwerksähnliche Tätigkeiten** (siehe hierzu das Verzeichnis der handwerksähnlichen Gewerbe Anlage B zur Handwerksordnung): Teilbereiche der Handwerksordnung kommen zur Anwendung.

- **Verwandte Handwerke** (siehe hierzu die Liste der verwandten Handwerke): Die Meisterprüfung, Ausnahmebewilligung oder Ausübungsberechtigung in einem Handwerk genügt, um auch ein mit diesem verwandtes Handwerk selbstständig auszuüben. Die Handwerksordnung gilt in vollem Umfang.

Verwandte Handwerke

**Beispiel:**
Der Bäckermeister kann auch das Konditorenhandwerk mit ausüben und umgekehrt.

Abgrenzungskriterien zur industriellen Tätigkeit

Abgrenzung zur Industrie

Während die Abgrenzung zum Handel kein Problem aufwirft, ist die Unterscheidung zwischen Handwerk und Industrie schwieriger, weil oftmals gleiche oder ähnliche Tätigkeiten ausgeübt werden, zum Beispiel die Herstellung von Bier. Die Rechtsprechung hat hierzu eine Reihe von Abgrenzungskriterien entwickelt, die in der folgenden Abbildung dargestellt sind.

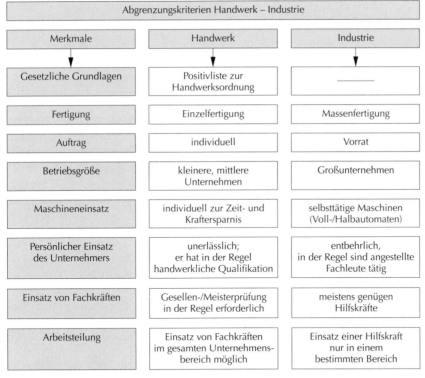

| Merkmale | Handwerk | Industrie |
|---|---|---|
| Gesetzliche Grundlagen | Positivliste zur Handwerksordnung | — |
| Fertigung | Einzelfertigung | Massenfertigung |
| Auftrag | individuell | Vorrat |
| Betriebsgröße | kleinere, mittlere Unternehmen | Großunternehmen |
| Maschineneinsatz | individuell zur Zeit- und Kraftersparnis | selbsttätige Maschinen (Voll-/Halbautomaten) |
| Persönlicher Einsatz des Unternehmers | unerlässlich; er hat in der Regel handwerkliche Qualifikation | entbehrlich, in der Regel sind angestellte Fachleute tätig |
| Einsatz von Fachkräften | Gesellen-/Meisterprüfung in der Regel erforderlich | meistens genügen Hilfskräfte |
| Arbeitsteilung | Einsatz von Fachkräften im gesamten Unternehmensbereich möglich | Einsatz einer Hilfskraft nur in einem bestimmten Bereich |

*Abbildung 81*

Die Aufzählung der von der Rechtsprechung entwickelten Kriterien ist nicht abschließend. Die jeweilige Zuordnung zu Handwerk oder Industrie erfolgt durch die Handwerkskammer nach der Mehrzahl der im Einzelfall vorliegenden Kriterien.

Zuordnung

### Handwerksrolle

Handwerksrolle

Die Handwerksrolle ist ein von der Handwerkskammer geführtes Verzeichnis (elektronische Datei), in das die selbstständigen Handwerker des Kammerbezirks mit ihrem Handwerk einzutragen sind. Das Handwerk darf erst mit der Eintragung in die Handwerksrolle selbstständig betrieben werden. Vor der Eintragung in die Handwerksrolle muss die handwerkliche Befähigung für den Betrieb des Handwerks nachgewiesen werden, zum Beispiel Meisterprüfung, gleichwertige Prüfung etc.

> Der Betriebsinhaber muss grundsätzlich in eigener Person die handwerkliche Befähigung nachweisen (Inhaberprinzip).

Das handwerkliche Befähigungssystem als Voraussetzung zur Eintragung in die Handwerksrolle

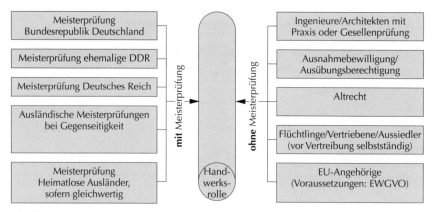

*Abbildung 82*

Einzelheiten zu den handwerklichen Befähigungen

Meisterprüfung

- Meisterprüfung
  - **Meisterprüfung,** die **in Deutschland** und der ehemaligen DDR abgelegt wurde
  - Meisterprüfung, die im ehemaligen Deutschen Reich nach dem Gebietsstand 1937 abgelegt wurde
  - Meisterprüfung eines heimatlosen Ausländers, sofern sie der deutschen Meisterprüfung gleichwertig ist
  - Meisterprüfung, die im Ausland von Staatsangehörigen in der Schweiz, Österreich oder Frankreich abgelegt wurden, soweit sie gegenseitig anerkannt werden.

Gleichwertige Prüfung

- Gleichwertige Prüfungen (Ing./Architekt)
  **Inhaber von Diplom- und Abschlussprüfungen an deutschen Hochschulen** (staatlich oder staatlich anerkannt) sind berechtigt, das ihrer Fachrichtung entsprechende Handwerk selbstständig auszuüben, **wenn sie** entweder eine einschlägige **Gesellenprüfung oder drei Jahre Praxis nachweisen.**

## Beispiel:
Ein Diplom-Ingenieur der Fachrichtung Hochbau mit Gesellenprüfung oder drei Jahren Praxis im Maurerhandwerk ist berechtigt, dieses Handwerk selbstständig auszuüben.
Gleichgestellt sind auch Diplome, die in einem Staat der Europäischen Union oder des europäischen Wirtschaftsraumes erworben wurden, wenn sie nach der Regelung zur Anerkennung der Hochschuldiplome anerkannt sind.

- Ausnahmebewilligung, Ausübungsberechtigung
In Ausnahmefällen kann die Regierung eine Ausnahmebewilligung zum Betrieb eines Handwerks erteilen. Voraussetzungen sind
  - **der Nachweis eines Ausnahmefalles.** Diese Voraussetzung entfällt jedoch z. B. bei Nachweis bestimmter Fortbildungsprüfungen nach der HWO oder dem BBiGes (z. B. Industriemeister) und beim Vorliegen besonderer Umstände in der Person des Antragstellers. Einzelheiten zur einheitlichen und möglichst großzügigen Anerkennung von Ausnahmefällen regelt eine Bekanntmachung von Bund und Ländern zum Vollzug der Handwerksordnung.
  - **der Nachweis meistergleicher Kenntnisse und Fertigkeiten auf andere Weise als durch die Meisterprüfung** (zum Beispiel durch eine Eignungsprüfung vor einer Fachkommission).

*Ausnahmebewilligung*

Ausnahmebewilligungen erhalten auch Unternehmer aus EU- oder EWR-Staaten, die nach den Vorschriften ihres jeweiligen Staates die Voraussetzungen zum Betrieb eines Handwerks nachgewiesen haben.

## Beispiel:
Ein Italiener hat in Italien einen Friseurbetrieb sechs Jahre selbstständig oder drei Jahre selbstständig und drei Jahre in leitender Position geführt.
Wer bereits ein Handwerk betreibt, kann von der Regierung eine Ausübungsberechtigung für ein anderes Handwerk oder wesentliche Tätigkeiten dieses Handwerks erhalten. Voraussetzung ist, dass er die hierfür erforderlichen praktischen und theoretischen Kenntnisse und Fertigkeiten nachweist. Anders als bei der Meisterprüfung oder Ausnahmebewilligung sind betriebswirtschaftliche, kaufmännische und rechtliche Kenntnisse gesondert nicht mehr nachzuweisen, weil ja bereits ein Handwerk selbstständig ausgeübt wird.

*Ausübungsberechtigung*

- Altrecht **(Wahrung des Besitzstandes)**
Wurde ein Handwerk bis zum In-Kraft-Treten von Befähigungsvorschriften ohne Befähigung selbstständig geführt, darf es danach auch ohne Befähigung aus Gründen der Besitzstandwahrung weitergeführt werden.

*Altrecht*

## Beispiel:
Ausübung eines Handwerks ohne Meisterprüfung in der ehemaligen amerikanischen Besatzungszone zwischen 1945 und 16. 9. 1953 (Handwerksordnung in Kraft). Ausübung des Gerüstbaus (handwerksähnliches Gewerbe) vor dem 1.4.1998.

- Flüchtlinge/Vertriebene/Aussiedler
Sie dürfen nach Flucht, Vertreibung oder Aussiedlung ihr Handwerk weiterhin selbstständig ausüben, das sie vorher nachweislich selbstständig betrieben haben.

**Meisterrechte**

Nur die Meisterprüfung im Handwerk gewährt drei Rechte: selbstständige Ausübung des erlernten Handwerks, Ausbildung von Lehrlingen im erlernten Handwerk und das Recht zur Führung des Meistertitels. Der Meister hat auch das Recht, verwandte Handwerke und zugeordnete Tätigkeiten auszuüben.

### Gesetzliche Erleichterungen für den Zugang zur selbstständigen Handwerksausübung

**Inhaberprinzip**

Das ursprünglich strenge **Inhaberprinzip** (das heißt der Einzelbetriebsinhaber muss in eigener Person die handwerkliche Befähigung besitzt) hat im Laufe der Jahre eine Reihe von Erleichterungen erfahren. Je nach Wahl der Betriebsform kann heute auch derjenige selbstständig ein Handwerk betreiben, der in eigener Person keine handwerkliche Befähigung besitzt. In vielen Fällen genügt es, einen fachlich-technischen Betriebsleiter anzustellen, der eine der oben behandelten handwerklichen Befähigungen nachweist. Den Zusammenhang zwischen Betriebsform und handwerklicher Befähigung verdeutlicht die folgende Übersichtstabelle:

Voraussetzungen zur Eintragung in die Handwerksrolle

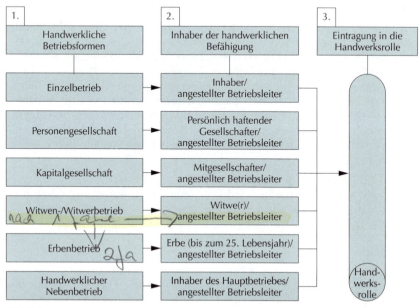

*Abbildung 83*

Einzelheiten zu den verschiedenen Betriebsformen

- Einzelbetrieb  
Der **Inhaber muss grundsätzlich in eigener Person eine handwerkliche Befähigung nachweisen.**  
Ist er bereits mit einem Handwerk in die Handwerksrolle eingetragen, kann er auch ein anderes, damit wirtschaftlich zusammenhängendes Handwerk ausüben, wenn er einen Betriebsleiter anstellt, der hierfür die handwerklichen Voraussetzungen erfüllt.

- Personengesellschaft  
Eine BGB-Gesellschaft, OHG oder KG wird in die Handwerksrolle eingetragen, wenn ein **persönlich haftender Gesellschafter** den Betrieb fachlich-technisch leitet, **der** eine **handwerkliche Befähigung** hierzu **besitzt.**  
Das beim Einzelbetrieb beschriebene Betriebsleiterprivileg gilt auch hier.

- Kapitalgesellschaft  
Die Eintragung zum Beispiel einer GmbH in die Handwerksrolle erfolgt, wenn ein Gesellschafter, aber auch ein **angestellter Betriebsleiter** den **Betrieb fachlich-technisch tatsächlich** leitet und die hierfür **erforderliche handwerkliche Befähigung besitzt.**

- Nebenbetrieb  
Führt ein Unternehmer nebenbei eine Reparaturwerkstätte, wird er damit in die Handwerksrolle eingetragen, wenn er für den handwerklichen Nebenbetrieb einen Betriebsleiter (nach dem Muster der Kapitalgesellschaft) anstellt.  
Das Privileg gilt allerdings nur, wenn der Nebenbetrieb mit dem Hauptbetrieb verbunden ist, das heißt der Befriedigung der gleichen Lebensbedürfnisse dient.

> **Beispiele:**  
> Radio- und Fernsehhandel mit Reparaturwerkstatt; Gaststätte und Metzgerei.

Eine Verpflichtung zur Eintragung in die Handwerksrolle besteht allerdings nur dann, wenn der Jahresumsatz des handwerklichen Nebenbetriebes höher ist als der eines Vollzeit arbeitenden Einmannbetriebes des betreffenden Handwerks. Ist der Jahresumsatz geringer, ist die Handwerksordnung nicht anwendbar.  
Ein handwerklicher Nebenbetrieb liegt dann nicht vor, wenn kein Leistungsaustausch mit Dritten stattfindet.

> **Beispiel:**  
> Ein Spediteur repariert die eigenen Pkws und Lkws in einer eigenen Werkstatt. Es handelt sich um einen **Hilfsbetrieb,** auf den die Handwerksordnung nicht anwendbar ist. Motiv für den Hilfsbetrieb ist Kostenersparnis, nicht die Absicht, Gewinne zu erzielen.

- Witwen-/Witwerbetrieb  
Stirbt der Meister, ist der überlebende Ehegatte berechtigt, den Betrieb zu übernehmen und bis zu seinem Tod zu führen. Er wird als Inhaber des Betriebes in die Handwerksrolle eingetragen. Er ist allerdings **verpflichtet, nach Ablauf eines Jahres einen qualifizierten Betriebsleiter zu beschäftigen.**

Erbenbetrieb

- **Erbenbetrieb**
Der Erbe eines handwerklichen Betriebes wird, auch wenn er selbst keine handwerkliche Befähigung hat, **für zwei Jahre, längstens bis zur Vollendung des 25. Lebensjahres,** in die Handwerksrolle eingetragen. Nach Ablauf eines Jahres muss ein qualifizierter Betriebsleiter angestellt werden.

## Meldepflichten

Jede Eröffnung, Änderung, Übernahme oder Beendigung seiner gewerblichen/handwerklichen Tätigkeit hat der Unternehmer unverzüglich einer Reihe von Dienststellen zu melden. Daneben muss er weitere wichtige betriebliche Gegebenheiten beachten.

*Abbildung 84*

# Verzeichnis der Gewerbe, die als Handwerk betrieben werden können (Anlage A)

## I  Gruppe der Bau-und Ausbaugewerbe

1 Maurer und Betonbauer* (Maurer, Beton- und Stahlbetonbauer, Feuerungs- und Schornsteinbauer)
2 Ofen- und Luftheizungsbauer* (Backofenbauer, Kachelofen- und Luftheizungsbauer)
3 Zimmerer
4 Dachdecker
5 Straßenbauer
6 Wärme-, Kälte- und Schallschutzisolierer
7 Fliesen-, Platten- und Mosaikleger
8 Betonstein- und Terrazzohersteller
9 Estrichleger
10 Brunnenbauer
11 Steinmetzen und Steinbildhauer
12 Stuckateure
13 Maler und Lackierer
14 Gerüstbauer
15 Schornsteinfeger

## II  Gruppe der Elektro- und Metallgewerbe

16 Metallbauer
17 Chirurgiemechaniker
18 Karosserie- und Fahrzeugbauer* (Karosserie- und Fahrzeugbauer, Wagner)
19 Feinwerkmechaniker* (Maschinenbaumechaniker, Werkzeugmacher, Dreher, Feinmechaniker)
20 Zweiradmechaniker
21 Kälteanlagenbauer
22 Informationstechniker* (Büroinformationselektroniker, Radio- und Fernsehtechniker)
23 Kraftfahrzeugtechniker
24 Landmaschinenmechaniker
25 Büchsenmacher
26 Klempner
27 Installateur und Heizungsbauer* (Gas- und Wasserinstallateur, Zentralheizungs- und Lüftungsbauer)
28 Behälter- und Apparatebauer
29 Elektrotechniker* (Elektroinstallateur, Elektromechaniker, Fernmeldeanlagenelektroniker)
30 Elektromaschinenbauer
31 Uhrmacher
32 Graveure
33 Metallbildner* (Gold-, Silber- und Aluminiumschläger, Ziseleure, Gürtler und Metalldrücker)
34 Galvaniseure
35 Metall- und Glockengießer* (Zinngießer, Metallformer und Metallgießer, Glockengießer)
36 Schneidwerkzeugmechaniker
37 Gold- und Silberschmiede* (Goldschmiede, Silberschmiede)

## III  Gruppe der Holzgewerbe

38 Tischler
39 Parkettleger
40 Rollladen- und Jalousiebauer
41 Boots- und Schiffbauer* (Bootsbauer, Schiffbauer)
42 Modellbauer
43 Drechsler und Holzspielzeugmacher* (Drechsler, Holzspielzeugmacher)
44 Holzbildhauer
45 Böttcher
46 Korbmacher

### IV Gruppe der Bekleidungs-, Textil- und Ledergewerbe

47 Damen- und Herrenschneider* (Herrenschneider, Damenschneider, Wäscheschneider)
48 Sticker
49 Modisten* (Modisten, Hut- und Mützenmacher)
50 Weber
51 Seiler
52 Segelmacher
53 Kürschner
54 Schuhmacher
55 Sattler und Feintäschner* (Sattler, Feintäschner)
56 Raumausstatter

### V Gruppe der Nahrungsmittelgewerbe

57 Bäcker
58 Konditoren
59 Fleischer
60 Müller
61 Brauer und Mälzer
62 Weinküfer

### VI Gruppe der Gewerbe für Gesundheits- und Körperpflege sowie der chemischen und Reinigungsgewerbe

63 Augenoptiker
64 Hörgeräteakustiker
65 Orthopädietechniker* (Orthopädiemechaniker und Bandagisten)
66 Orthopädieschuhmacher
67 Zahntechniker
68 Friseure
69 Textilreiniger
70 Wachszieher
71 Gebäudereiniger

### VII Gruppe der Glas-, Papier-, keramischen und sonstigen Gewerbe

72 Glaser
73 Glasveredler
74 Feinoptiker
75 Glasbläser und Glasapparatebauer* (Glasapparatebauer, Thermometermacher)
76 Glas- und Porzellanmaler
77 Edelsteinschleifer und -graveure* (Edelsteinschleifer, Edelsteingraveure)
78 Fotografen
79 Buchbinder
80 Buchdrucker; Schriftsetzer, Drucker
81 Siebdrucker
82 Flexografen* (Flexografen, Chemiegrafen, Stereotypeure, Galvanoplastiker)
83 Keramiker
84 Orgel- und Harmoniumbauer
85 Klavier- und Cembalobauer
86 Handzuginstrumentenmacher
87 Geigenbauer
88 Bogenmacher
89 Metallblasinstrumentenmacher
90 Holzblasinstrumentenmacher
91 Zupfinstrumentenmacher
92 Vergolder
93 Schilder- und Lichtreklamehersteller
94 Vulkaniseure und Reifenmechaniker

\* Die mit Sternchen gekennzeichneten Handwerke wurden durch die Novelle der Handwerksordnung vom 1.4.1998 aus den in Klammern aufgezählten bisherigen Handwerken zusammengefasst. Jeder, der bisher mit einem Handwerk, das in Klammern steht, in die Handwerksrolle eingetragen war, kann nunmehr mit dem neu gefassten Handwerk eingetragen werden und ist berechtigt zur Ausübung aller unter der neuen Bezeichnung zusammengefassten bisherigen Handwerke. Die Führung des Meistertitels beschränkt sich allerdings auf das Handwerk, für das die Meisterprüfung nachgewiesen wurde. Gleiches gilt für die sonstigen handwerklichen Qualifikationen.

### Zuordnung von wesentlichen Tätigkeiten zu mehreren Handwerken

1. Dachdecker: Herstellung und Reparatur von Dachstühlen
   Zimmerer: Herstellung und Reparatur von Ziegeldächern

2. Karosserie- und Fahrzeugbauer: Lackierung von Karosserien und Fahrzeugen
   Kraftfahrzeugtechniker: Lackierung von Karosserien und Fahrzeugen
   Maler und Lackierer: Reparatur von Karosserien und Fahrzeugen
3. Ofen- und Luftheizungsbauer: Herstellung und Reparatur von Energieversorgungsanschlüssen
   Installateur und Heizungsbauer: Herstellung und Reparatur von Energieversorgungsanschlüssen
4. Glaser: Flachglasbemalung
   Glasveredler: Hohlglasbemalung
5. Zu 1, 3–13, 15, 16, 21, 26, 29, 38, 71, 72, 93 (siehe Anlage A): Aufstellen von Arbeits- und Schutzgerüsten

## Verzeichnis der verwandten Handwerke

| | | |
|---|---|---|
| 1 | Bäcker | Konditoren |
| 2 | Behälter- und Apparatebauer | Klempner |
| 3 | Betonstein- und Terrazzohersteller | Steinmetzen und Steinbildhauer |
| 4 | Informationstechniker | Elektrotechniker |
| 5 | Elektrotechniker | Informationstechniker; Elektromaschinenbauer |
| 6 | Elektromaschinenbauer | Elektrotechniker |
| 7 | Feinwerkmechaniker | Schneidwerkzeugmechaniker; Graveure |
| 8 | Glaser | Glasveredler |
| 9 | Glasveredler | Glaser |
| 10 | Gold- und Silberschmiede | Metallbildner |
| 11 | Graveure | Feinwerkmechaniker |
| 12 | Holzbildhauer | Steinmetzen und Steinbildhauer; Drechsler (Elfenbeinschnitzer) und Holzspielzeugmacher |
| 13 | Drechsler (Elfenbeinschnitzer) und Holzspielzeugmacher | Holzbildhauer |
| 14 | Konditoren | Bäcker |
| 15 | Klempner | Behälter- und Apparatebauer |
| 16 | Kraftfahrzeugtechniker | Zweiradmechaniker (Krafträder) |
| 17 | Landmaschinenmechaniker | Metallbauer |
| 18 | Maler und Lackierer | Stuckateure; Raumausstatter (Renovieren und Neugestalten von Oberflächen in Innenräumen) |
| 19 | Maurer und Betonbauer | Estrichleger |
| 20 | Metallbauer | Metallbildner; Feinwerkmechaniker; Landmaschinenmechaniker |
| 21 | Metallbildner | Gold- und Silberschmiede |
| 22 | Orthopädieschuhmacher | Schuhmacher |
| 23 | Raumausstatter | Maler und Lackierer (Renovieren und Neugestalten von Oberflächen in Innenräumen) |
| 24 | Steinmetzen und Steinbildhauer | Holzbildhauer; Beton- und Terrazzohersteller |
| 25 | Stuckateure | Maler und Lackierer (Maler) |

| | |
|---|---|
| 26 Tischler | Parkettleger; Drechsler (Elfenbeinschnitzer) und Holzspielzeugmacher (Holzspielzeuge) |
| 27 Zweiradmechaniker | Kraftfahrzeugtechniker (Krafträder) |

## Verzeichnis der Gewerbe, die handwerksähnlich betrieben werden können (Anlage B)

### I    Gruppe der Bau- und Ausbaugewerbe

1 Eisenflechter
2 Bautentrocknungsgewerbe
3 Bodenleger
4 Asphaltierer (ohne Straßenbau)
5 Fuger (im Hochbau)
6 Holz- und Bautenschutzgewerbe (Mauerschutz und Holzimprägnierung in Gebäuden)
7 Rammgewerbe (Einrammen von Pfählen im Wasserbau)
8 Betonbohrer und -schneider
9 Theater- und Ausstattungsmaler

### II   Gruppe der Metallgewerbe

10 Herstellung von Drahtgestellen für Dekorationszwecke in Sonderanfertigung
11 Metallschleifer und Metallpolierer
12 Metallsägenschärfer
13 Tankschutzbetriebe (Korrosionschutz von Öltanks für Feuerungsanlagen ohne chemische Verfahren)
14 Fahrzeugverwerter
15 Rohr- und Kanalreiniger
16 Kabelverleger im Hochbau (ohne Anschlussarbeiten)

### III  Gruppe der Holzgewerbe

17 Holzschuhmacher
18 Holzblockmacher
19 Daubenhauer
20 Holz-Leitermacher (Sonderanfertigung)
21 Muldenhauer
22 Holzreifenmacher
23 Holzschindelmacher
24 Einbau von genormten Baufertigteilen (z. B. Fenster, Türen, Zargen, Regale)
25 Bürsten- und Pinselmacher

### IV  Gruppe der Bekleidungs-, Textil- und Ledergewerbe

26 Bügelanstalten für Herren-Oberbekleidung
27 Dekorationsnäher (ohne Schaufensterdekoration)
28 Fleckteppichhersteller
29 Klöppler
30 Theaterkostümnäher
31 Plisseebrenner
32 Posamentierer
33 Stoffmaler
34 Stricker
35 Textil-Handdrucker
36 Kunststopfer
37 Änderungsschneider
38 Handschuhmacher

39 Ausführung einfacher Schuhreparaturen
40 Gerber

**V    Gruppe der Nahrungsmittelgewerbe**
41 Innerei-Fleischer (Kuttler)
42 Speiseeishersteller (mit Vertrieb von Speiseeis mit üblichem Zubehör)
43 Fleischzerleger, Ausbeiner

**VI   Gruppe der Gewerbe für Gesundheits- und Körperpflege sowie der chemischen und Reinigungsgewerbe**
44 Appreteure, Dekateure
45 Schnellreiniger
46 Teppichreiniger
47 Getränkeleitungsreiniger
48 Kosmetiker
49 Maskenbildner

**VII  Gruppe der sonstigen Gewerbe**
50 Bestattungsgewerbe
51 Lampenschirmhersteller (Sonderanfertigung)
52 Klavierstimmer
53 Theaterplastiker
54 Requisiteure
55 Schirmmacher
56 Steindrucker
57 Schlagzeugmacher

### 3.2.1.3 Unberechtigte Ausübung des Handwerks, Schwarzarbeit

Verstöße gegen die gesetzlich vorgesehenen Auskunfts-, Eintragungs- und Meldepflichten können mit Bußgeld und Untersagung geahndet werden.

- Auskunftspflicht

Der Unternehmer hat der Handwerkskammer **alle Auskünfte** zu geben, **die eine handwerkliche Zuordnung des Betriebes ermöglichen.** Beauftragte der Kammer sind zur Überprüfung des Betriebes berechtigt. Verstöße gegen die Auskunftspflicht können auf Betreiben der Kammer mit Geldbuße bis 1.000,00 EUR belegt werden.

*Auskunftspflicht*

- Unberechtigte Handwerksausübung

Wer ohne Eintragung in die Handwerksrolle ein Handwerk selbstständig betreibt, begeht eine **Ordnungswidrigkeit** und kann mit Geldbuße bis zu 10.000,00 EUR belegt werden. Auch die Schließung des Betriebes kann angeordnet werden.

*Unberechtigte Handwerksausübung*

- Schwarzarbeit

Erbringt ein Unternehmer handwerkliche Dienst- oder Werkleistungen in erheblichem Umfang ohne in die Handwerksrolle eingetragen zu sein, verstößt er auch gegen die Vorschriften des Schwarzarbeitsgesetzes. Gegen ihn und den Auftraggeber kann ein Bußgeld bis 100.000,00 EUR verhängt werden. Gleiches gilt, wenn ein Unternehmer diese Arbeiten von einem Nachunternehmer ausführen lässt, von dem er weiß oder leichtfertig nicht weiß, dass dieser illegal Ausländer beschäftigt. Mit Geldbuße bis 5.000,00 EUR kann im Übrigen derjenige belegt werden, der in Zeitungen

*Schwarzarbeit*

oder anderen Medien anonym, z. B. mittels Telefonnummer, für Schwarzarbeit wirbt.

Bewerber um öffentliche Aufträge, die gegen das Schwarzarbeitsgesetz oder andere näher bezeichnete Gesetze verstoßen haben, können von der Teilnahme an Ausschreibungen bis zur Dauer von zwei Jahren ausgeschlossen werden. Besteht kein vernünftiger Zweifel an einer derartigen Verfehlung, kann der Ausschluss bereits vor Durchführung des Straf- oder Bußgeldverfahrens erfolgen.

*Gewerbeuntersagung*

- Gewerbeuntersagung

Begeht der Unternehmer strafbare Handlungen, kommt er Steuer- oder Abgabepflichten nicht nach, kann ihm im Rahmen eines Strafverfahrens oder wegen gewerblicher Unzuverlässigkeit im Rahmen eines Verwaltungsverfahrens die Ausübung seines Gewerbes untersagt werden.

### 3.2.2 Handels- und Gesellschaftsrecht

#### Überblick über das Handelsgesetzbuch (HGB), Folgen der Geltung des HGB

*Handelsgesetzbuch*

Das HGB ist ein Teil des bürgerlichen Rechts und enthält Sonderbestimmungen für Kaufleute. Das BGB gilt für alle Bürger, das Handelsrecht nur für Kaufleute.

Wichtigstes Gesetz ist das HGB, das 5 Bücher umfasst:
1. Handelsstand,
2. Handelsgesellschaften und Stille Gesellschaft,
3. Handelsbücher,
4. Handelsgeschäfte und
5. Seehandel.

Eine Reihe weiterer Gesetze ergänzen das Handelsrecht:
GmbH- und Aktiengesetz, Wechsel- und Scheckgesetz sowie diverse Gesetze zur Regelung des Wettbewerbs.

Geltung des HGB

*Abbildung 85*

#### Besonderheiten und Folgen der Geltung des HGB

Das HGB gilt vor allem für die Geschäfte eines Kaufmanns, die dieser im Rahmen seines Handelsgewerbes abschließt. Gegenüber dem BGB enthält es für die Vertragsabwicklung eine Vielzahl erheblich schärferer Vorschriften, aber auch Vorzüge (zum Beispiel das Firmenführungsrecht).

## 3.2.2 Handels- und Gesellschaftsrecht

**Beispiel:**

Für Kaufleute gilt:
- Die Sorgfalt eines ordentlichen Kaufmanns bei Abwicklung von Verträgen. Das heißt, an den Kaufmann werden höhere Anforderungen gestellt als an sonstige Gewerbetreibende.
- Handelsgewohnheiten und -gebräuche sind vor Vertrag und Gesetz zu beachten.
- Schweigen auf ein kaufmännisches Bestätigungsschreiben lässt einen Vertrag, eventuell auch mit Abweichungen, zustande kommen.
- Auch eine mündlich erklärte Übernahme einer Bürgschaft verpflichtet den Kaufmann.
- Jede Bürgschaft des Kaufmanns ohne Vorbehalt gilt als selbstschuldnerische Bürgschaft, das heißt die Einrede der Vorausklage ist unzulässig.
- Gelieferte Waren muss der Kaufmann unverzüglich auf Mängel untersuchen und erforderlichenfalls unverzüglich rügen, um sich die Gewährleistungsrechte zu erhalten.
- Die Verpflichtung, Handelsbücher, Inventuren und Bilanzen zu führen und für bestimmte Zeit aufzubewahren.

*Bestimmungen für Kaufleute*

Diesen erheblichen Einschränkungen stehen einige Vorzüge gegenüber, zum Beispiel:
- Die gesetzlichen Zinsen, ausgenommen Verzugszinsen, betragen 5 % (BGB 4 %), wenn nichts anderes vereinbart oder nachgewiesen wird.
- Der Kaufmann ist firmenführungsberechtigt.

### 3.2.2.1 Kaufmannseigenschaft

**Kaufmann im Sinne des Gesetzes ist, wer ein Handelsgewerbe betreibt.** *Kaufmann*

Abhängig vom Erfordernis kaufmännischer Einrichtungen im Gewerbebetrieb, vom Antrag auf Eintragung in das Handelsregister oder von der Rechtsform des Unternehmens unterscheidet das Handelsgesetzbuch den Ist-, Wahl-, Kann- und Formkaufmann (Kaufleute) sowie den Nichtkaufmann. **Für Kaufleute gelten die Bestimmungen des HGB uneingeschränkt, für Nichtkaufleute gelten die Bestimmungen des HGB, von Ausnahmen abgesehen, nicht.**

Die Bestimmungen des HGB für Kaufmann und Nichtkaufmann

*Abbildung 86*

### Istkaufmann

Istkaufmann

> Istkaufmann im Sinne des HGB ist, wer ein Handelsgewerbe betreibt. Als Handelsgewerbe gilt jeder Gewerbebetrieb, wenn er nach Art und Umfang einen in kaufmännischer Weise eingerichteten Gewerbebetrieb erfordert.

Erfordert der Gewerbebetrieb kaufmännische Einrichtungen nicht, ist er grundsätzlich Nichtkaufmann (siehe aber Wahlkaufmann).

Erforderlich sind also zwei Voraussetzungen:

Kriterien für einen Istkaufmann nach dem HGB

Gewerbebetrieb

Kaufmännische Einrichtungen

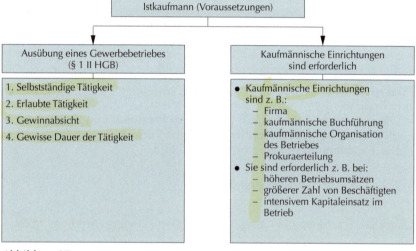

*Abbildung 87*

**Beispiel:**
Die Fabrikation von Waren des täglichen Bedarfs (Pkw, Haushaltsmaschinen etc.) erfordert höheren Personaleinsatz sowie notwendigerweise eine kaufmännische Organisation des Betriebes. Der Fabrikant ist Kaufmann in der Variante Istkaufmann (§ 1 HGB). Auch große Handwerksbetriebe (Bäcker, Konditoren, Fleischer) gehören zu den Istkaufleuten.

Kaufmann auch ohne Eintragung ins Handelsregister

Aufgrund seiner Gewerbetätigkeit und der Größe seines Betriebes gilt für den Istkaufmann kraft Gesetzes Kaufmannsrecht auch **ohne** Eintragung im Handelsregister. Er bleibt allerdings zur Eintragung im Handelsregister verpflichtet. Das HGB regelt im Einzelnen nicht, wann kaufmännische Einrichtungen notwendig sind. Diese Feststellung bleibt dem Amtsgericht-Handelsregister im Zusammenwirken mit Handwerkskammern und Industrie- und Handelskammern vorbehalten.

### Wahlkaufmann

Erfordert ein Gewerbebetrieb (Handel, Handwerk, Dienstleistung) **keine** kaufmännischen Einrichtungen (Kleingewerbebetrieb), ist er grundsätzlich Nichtkaufmann. Er kann aber nach freier Wahl und ohne besondere Voraussetzungen erfüllen zu müssen die Eintragung in das Handelsregister beantragen und erwirbt mit der Eintragung die volle Kaufmannseigenschaft. Dies gilt auch für die Gründung einer kaufmännischen Personengesellschaft (OHG, KG), deren Gewerbebetrieb kaufmännische Einrichtungen nicht erfordert.

*Wahlkaufmann*

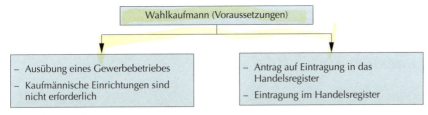

*Abbildung 88*

**Beispiel:**
Hierunter fallen alle Arten von Kleingewerbetreibenden, z. B. kleine Händler, kleine Dienstleister und kleine Handwerksbetriebe. Ihnen eröffnet sich damit die Möglichkeit, eine passende Unternehmensform zu wählen und die Unternehmensfortführung sicherzustellen.

Der Wahlkaufmann ist, weil kaufmännische Einrichtungen nicht erforderlich sind, zur Eintragung in das Handelsregister nicht verpflichtet, sondern berechtigt. Erst mit der Eintragung erwirbt er die Kaufmannseigenschaft. Als Handwerker bleibt er Angehöriger der Handwerkskammer.

### Kannkaufmann

Kannkaufmann ist der Inhaber eines land- oder forstwirtschaftlichen Unternehmens erst mit der Eintragung in das Handelsregister, sofern sein Unternehmen nach Art und Umfang einen in kaufmännischer Weise eingerichteten Geschäftsbetrieb erfordert (also Erfordernis kaufmännischer Einrichtungen).

*Kannkaufmann*

Der Kannkaufmann ist auch dann, wenn kaufmännische Einrichtungen erforderlich sind, nicht zur Eintragung im Handelsregister verpflichtet. Entscheidet er sich freiwillig dazu, ist er mit der Eintragung in das Handelsregister Kaufmann in der Variante Kannkaufmann.

*freiwillige Eintragung*

### Formkaufmann

Formkaufmann

Kaufmann kraft Rechtsform sind die Handelsgesellschaften (z. B. GmbH, AG, eG). Diese Gesellschaften erlangen die Kaufmannseigenschaft in der Variante Formkaufmann kraft Gesetzes durch Eintragung ins Handelsregister auch dann, wenn kaufmännische Einrichtungen nicht erforderlich sind.

### Nichtkaufmann

Nichtkaufmann

Nichtkaufmann ist, wer ein Gewerbe betreibt, für das jedoch kaufmännische Einrichtungen nicht erforderlich sind, weil mit geringem Personaleinsatz vergleichsweise geringe Umsätze erzielt werden.

> **Beispiel:**
> Hierzu gehören Inhaber kleiner Ladengeschäfte, kleiner Gaststätten und Schenken, aber auch kleine Handwerker und sonstige Dienstleister (Kleingewerbetreibende).

Für den Nichtkaufmann gelten die Vorschriften des HGB nicht (siehe oben). Seine Rechtsbeziehungen richten sich in erster Linie nach BGB und Gewerbeordnung.

Mit dem Verzicht auf eine Eintragung in das Handelsregister vermeidet er die oft schärferen Vorschriften das HGB. Auf Handelsvertreter und -makler, Kommissionäre, Spediteure, Lagerhalter und Frachtführer sind aber die für diese geltenden Bestimmungen des HGB auch dann anzuwenden, wenn kaufmännische Einrichtungen im Einzelfall nicht erforderlich sind.

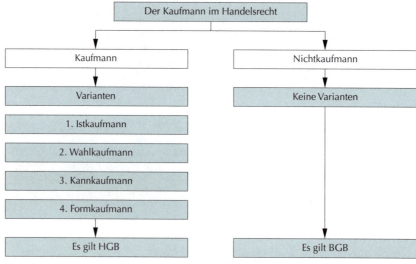

Abbildung 89

3.2.2 Handels- und Gesellschaftsrecht

Einzelheiten zum Kaufmann im Handelsrecht

| Arten und Rechts-formen | Varianten | Unternehmensart | Eintragung ins Handelsregister | besondere und | a) Rechte b) Pflichten |
|---|---|---|---|---|---|
| **I. Kauf-mann** | Ist-kaufmann | Jeder Gewerbebetrieb, der nach Art oder Umfang einen in kaufmännischer Weise eingerichteten Geschäftbetrieb erfordert | Kaufmann auch **ohne** Eintragung ins Handelsregister | a) Wahl eines Firmennamens; Übertragbarkeit des Firmennamens; Prokuraerteilung; mündlicher Abschluss einer Bürgschaft; höhere gesetzliche Zinsen (5 %) | |
| | Wahl-kaufmann | Jeder Gewerbebetrieb, der nach Art oder Umfang einen in kaufmännischer Weise eingerichteten Geschäftsbetrieb **nicht** erfordert | Kaufmann **nur** mit Eintragung ins Handelsregister auf **Antrag** | | |
| | Kann-kaufmann | Unternehmen der **Land- und Forstwirtschaft**, das nach Art und Umfang einen in kaufmännischer Weise eingerichteten Geschäftsbetrieb erfordert | Kaufmann **nur** mit Eintragung ins Handelsregister auf **Antrag** | b) Führen von Handelsbüchern, Bilanzen etc.; unverzügliche Rügepflicht bei Kaufmängeln; Haftung für Geschäftsschulden | |
| | Form-kaufmann | **Handelsgesellschaften** | Kaufmann kraft Rechtsform (i. d. Regel erst mit Eintragung ins Handelsregister) | | |
| **II. Nicht-kaufmann** | | Kleingewerbebetrieb, der nach Art oder Umfang einen in kaufmännischer Weise eingerichteten Geschäftsbetrieb **nicht** erfordert | **Keine** Eintragung ins Handelsregister gewünscht | keine Firma keine Handelsbücher keine Prokura keine Eintragung ins Handelsregister | |

*Abbildung 90*

### 3.2.2.2 Firma

Die Firma ist der Name, unter dem der Kaufmann seine Geschäfte betreibt und die Unterschrift abgibt. Ein Kaufmann kann unter seiner Firma klagen und verklagt werden.

## Firmenbildung, Schutz der Verbraucher, Rechtsformzusatz, Pflichtangaben

### Erleichterung der Firmenbildung durch größere Wahlfreiheit der Unternehmen

*Firmenbildung*

Mit der Reform des Handelsrechts zum 1.7.1998 wurde das Firmenbildungsrecht zugunsten der Wettbewerbsfähigkeit auf dem Europäischen Markt vereinfacht und vereinheitlicht. Unabhängig von der Rechtsform des Unternehmens kann die Firma nach folgenden drei wesentlichen Kriterien gebildet werden:
- Unterscheidungskraft der Firma (Kennzeichnungswirkung)
- Ersichtlichkeit des Gesellschaftsverhältnisses
- Offenlegung der Haftungsverhältnisse.

Jede Firma, die diese drei Kriterien erfüllt, ist grundsätzlich im Handelsregister eintragungsfähig. Der Unternehmer kann dabei wählen, ob er sich für eine Personen-, Sach- oder Fantasiefirma entscheidet. Ein Bezug zum Unternehmensgegenstand wird nicht gefordert, soweit die Firma nur hinreichend unterscheidungskräftig ist. Eine Firma, die ersichtlich über geschäftliche Verhältnisse, die für die angesprochenen Verkehrskreise wesentlich sind, irreführt, schließt das Registergericht von einer Eintragung in das Handelsregister aus.

### Interessen des Rechtsverkehrs und Schutz der Verbraucher

*Verbraucherschutz*

Der wesentlich erleichterten Firmenbildung stellt das Gesetz im Interesse des Rechtsverkehrs und zum Schutz der Verbraucher zwei Anforderungen zur Seite, die die richtige Firmenbezeichnung sichern sollen. Diese Anforderungen gelten sowohl für die Firma eines Einzelkaufmanns wie für Handels- und Kapitalgesellschaften:

*Rechtsformzusätze*

- zwingender **Rechtsformzusatz**
- **Pflichtangaben** auf Geschäftsbriefen.

Einzelheiten hierzu:
- zwingende **Rechtsformzusätze** sind z. B. für
    - den **Einzelhandelskaufmann:** eingetragene(r) Kaufmann/Kauffrau; oder e. K.; oder e. Kfm/Kfr.
    - die **offene Handelsgesellschaft:** offene Handelsgesellschaft; oder oHG oder OHG
    - die **Kommanditgesellschaft:** Kommanditgesellschaft; oder KG
    - die **Gesellschaft mit beschränkter Haftung:** Gesellschaft mit beschränkter Hafung; oder Gesellschaft m. b. H.; oder GmbH
    - die **Aktiengesellschaft:** Aktiengesellschaft; oder AG

*Geschäftsbriefe*

- Pflichtangaben auf Geschäftsbriefen, die an einen bestimmten Empfänger gerichtet worden sind:
    - Die Firma, der Rechtsformzusatz, ggf. der Hinweis auf Haftungsverhältnisse, der Ort der Handelsniederlassung, das Registergericht, die Handelsregisternummer der Firma.

Geschäftsbriefe in diesem Sinn sind auch Bestellscheine. Werden vorgedruckte Mitteilungen oder Berichte im bestehenden Geschäftsverkehr verwendet, besteht keine Angabepflicht.

**Beispiele zur Firmierung:**
- Einzelkaufmann
  „Rudolf Blei eingetragener Kaufmann", „Tankstelle Bleifuß eK" oder „Backhaus Eduard Meier eKfm"
- Personenhandelsgesellschaften
  „Möbel Meier OHG" oder „Dietz und Co. KG" oder „Himmelbett Kommanditgesellschaft"
- Kapitalgesellschaften
  „Meier GmbH" oder „Mahl Holzwerk Gesellschaft mit beschränkter Haftung" oder „MMHW Gesellschaft m. b. H."

Übergangsvorschriften

Die vor dem 1.7.1998 bereits im Handelsregister eingetragenen Firmen dürfen bis zum 31.3.2003 weitergeführt werden, soweit sie nach den bisherigen Vorschriften geführt werden durften. Für Einzelkaufleute oder Personenhandelsgesellschaften ist eine Anmeldung zur Eintragung in das Handelsregister im Übrigen nicht erforderlich, wenn eine Firmenänderung ausschließlich die seit 1.7.1998 geltenden, neuen Bestimmungen berücksichtigt. Bisher verwendete Vordrucke von Geschäftsbriefen und Bestellscheinen durften bis 31.12.1999 aufgebraucht werden, auch wenn sie den neuen Bestimmungen nicht entsprachen.

Gewerbebezeichnungen des Nichtkaufmannes

Im Gegensatz zu Kaufleuten führen Nichtkaufleute keine Firma. Sie können im Rechts- und Geschäftsverkehr nur unter ihrem ausgeschriebenen Vor- und Zunamen auftreten.

Gestattet sind ihnen sog. Etablissementbezeichnungen, sofern eine Verwechslung mit einem kaufmännischen Betrieb ausgeschlossen ist.

**Beispiel:**
Ein Gastwirt, der kein kaufmännisches Unternehmen hat, darf sein Gasthaus „Roter Hahn", „Zum Elefanten" oder dergleichen nennen.

### 3.2.2.3 Handelsregister

Das Handelsregister ist ein öffentliches Buch mit Urkundencharakter (Verzeichnis), das über die Rechtsverhältnisse der in seinem Bezirk bestehenden Handelsfirmen Auskunft gibt.

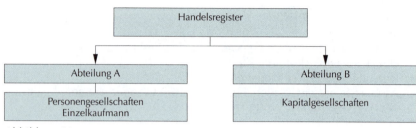

Abbildung 91

Einzelheiten zum Handelsregister

- Zuständigkeit

*Amtsgericht Registergericht*

Das Handelsregister wird von dem **Amtsgericht als Registergericht** geführt, in dessen Bezirk das einzutragende Unternehmen seinen Sitz hat. Die Handwerkskammern und die Industrie- und Handelskammern haben daran mitzuwirken, unrichtige Eintragungen zu vermeiden oder zu berichtigen und unvollständige zu ergänzen. Hierfür sind sie antrags- und beschwerdeberechtigt.

- Geltungsbereich

*Kaufleute*

Alle **Kaufleute** und bestimmte auf sie bezogene Tatsachen und Rechtsverhältnisse **sind in das Handelsregister einzutragen.** Eintragungen erfolgen in der Regel auf Antrag. Die Anmeldung muss in öffentlich beglaubigter Form erfolgen (Notar).

- Zweck

*Auskunft Einsicht*

Jedermann soll Auskunft erhalten, wer Kaufmann ist und wie seine wichtigsten Rechtsverhältnisse geregelt sind. Deshalb ist die **Einsicht in das Handelsregister jedermann gestattet** (Öffentlichkeit des Handelsregisters). Sicherheit und Vertrauen im Rechtsverkehr sollen damit gefördert werden.

- Inhalt

*Inhalt*

Einzutragen sind zum Beispiel **Name, Vorname, Geburtsdatum, aktuelle Geschäftsanschrift des Unternehmers** (des Gesellschafters), die **Firma** und der **Sitz** der Niederlassung, Zeitpunkt des Betriebsbeginns, eventuelle Einlagen, eventuelle Prokuraerteilung.
Auch alle grundsätzlichen Statusänderungen sind einzutragen, wie zum Beispiel Neugründung, Veränderungen (Gesellschafterwechsel, Erteilung der Prokura) und Löschungen (Entzug der Prokura).

*Wirkungen der Eintragung*

- **Wirkungen der Eintragung**
  - Eingetragene und bekannt gemachte Tatsachen muss ein Dritter ab dem 16. Tag nach Bekanntmachung gegen sich gelten lassen **(positive Publizität).**

    **Beispiel:**
    Mit dem entlassenen Prokuristen kann nach Ablauf der Frist für den Vollkaufmann verbindlich kein Rechtsgeschäft mehr abgeschlossen werden.
  - Einzutragende, aber noch nicht eingetragene oder noch nicht bekannt gemachte Tatsachen (zum Beispiel Ausscheiden eines Gesellschafters) braucht ein Dritter nicht gegen sich gelten zu lassen **(negative Publizität).**

- Bekanntmachung der Eintragung  *Veröffentlichung*
Jede Eintragung muss vom Amtsgericht-Registergericht **im Bundesanzeiger und in mindestens einem weiteren Blatt,** in der Regel der führenden örtlichen Tageszeitung, veröffentlicht werden.

### 3.2.2.4 Personen- und Kapitalgesellschaften, Genossenschaften

Mehrere Personen können sich zusammenschließen, um gemeinsam einen bestimmten Zweck zu erreichen, zum Beispiel die Herstellung von oder der Handel mit Waren und Erzeugnissen, die Ausführung handwerklicher Leistungen oder die Erbringung sonstiger Dienstleistungen. Bei den gewerblichen Gesellschaften steht im Vordergrund die Absicht, Gewinn zu erzielen.

Überblick über die Unternehmensformen, **insbesondere** Handelsgesellschaften

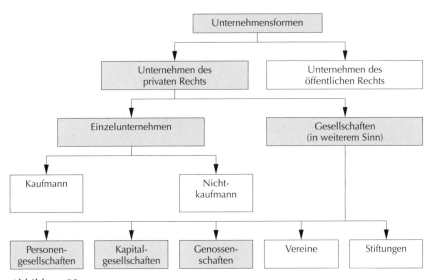

*Abbildung 92*

Vereinigen sich Personen zum gemeinsamen Betrieb eines Handelsgewerbes unter gemeinsamer Firma, spricht man von einer Handelsgesellschaft. Es gibt Personen- und Kapitalgesellschaften.  *Handelsgesellschaften*

### Unterscheidung der Personen- und Kapitalgesellschaften

- Bei den Personengesellschaften ist die Mitgliedschaft auf die Person und die einzelnen Gesellschafter zugeschnitten. Wesentliches Merkmal ist das Zusammengehen und Zusammenbleiben der Mitgesellschafter. Scheidet aber aus einer Mehrpersonengesellschaft ein Gesellschafter z. B. durch Tod oder Kündigung aus, besteht die Gesellschaft fort, es sei denn der Gesellschaftsvertrag sieht die Auflösung vor (Unternehmenskontinuität).  *Personengesellschaften*

BGB-Gesellschaften

**Die Grundform aller Personengesellschaften ist die Gesellschaft bürgerlichen Rechts (BGB-Gesellschaft).** Der Gesellschaftsvertrag ist grundsätzlich formfrei. Jeder Gesellschafter haftet grundsätzlich mit seiner eventuellen Einlage und seinem Privatvermögen für die gemeinschaftlich eingegangenen Verbindlichkeiten. Auch wenn die Gesellschaft selbst keine juristische Person ist, kann sie z. B. Mitglied einer anderen Gesellschaft werden, Scheck- und Wechselverbindlichkeiten eingehen, klagen und verklagt werden, d.h. sie ist in diesem Rahmen rechtsfähig. Benötigt die BGB-Gesellschaft für ihren Geschäftsbetrieb **keine** kaufmännischen Einrichtungen, ist sie keine Handelsgesellschaft. Sie kann aber auf **Antrag** in das Handelsregister eingetragen werden und wird damit Handelsgesellschaft in der Rechtsform der OHG oder KG. Damit können auch Kleingewerbetreibende Personenhandelsgesellschaften gründen.

Kapitalgesellschaften

- Eine Kapitalgesellschaft ist im Gegensatz dazu auf die reine Kapital-(Geld)beteiligung und nicht auf die persönliche Mitarbeit der Gesellschafter zugeschnitten. Das Ausscheiden eines Gesellschafters oder die Veräußerung eines Gesellschaftsanteils wirkt sich daher nicht auf den Bestand der Gesellschaft aus.

**Beispiel:**

Ob und wer im Einzelnen Anteile an einer GmbH oder AG hat, ist für den Bestand der Gesellschaft unmaßgeblich.

### Überblick über die Personengesellschaften

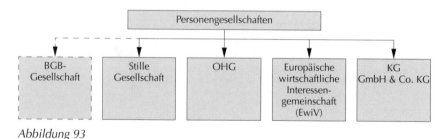

Abbildung 93

Einzelheiten zu den Personengesellschaften des Handelsrechts

Stille Gesellschaft

**Die Stille Gesellschaft**
- Wesen

Es handelt sich um eine **Innengesellschaft.** Der stille Gesellschafter beteiligt sich mit einer Einlage an dem von einem anderen betriebenen Handelsgeschäft. Er tritt nach außen nicht in Erscheinung, der **Inhaber führt die Geschäfte allein.** Die stille Gesellschaft ist eine besondere Art der Gesellschaft des bürgerlichen Rechts. Der stille Gesellschafter nimmt teil an Gewinn und Verlust des Handelsgeschäfts.
- Abschlussform

Der Vertrag über eine stille Gesellschaft ist **grundsätzlich formfrei.** Schriftform ist aus Beweisgründen zu empfehlen.
- Rechtsform

Sie besitzt **keine eigene Rechtsfähigkeit.** Rechtsträger ist der Kaufmann, an dessen Handelsgeschäft sich der stille Gesellschafter beteiligt.

- Einlagen

Das **HGB schreibt Einlagen nicht** im Einzelnen **vor.** Der stille Gesellschafter kann dem Geschäftsinhaber jede denkbare Vermögenseinlage (Geld, bewegliche und unbewegliche Sachen) zur Verfügung stellen. Diese geht in das Vermögen des Geschäftsinhabers über.

- Haftung

Der **stille Gesellschafter haftet** Geschäftsgläubigern unmittelbar nur aus besonderer Verpflichtung (zum Beispiel Bürgschaft). Mittelbar haftet er **mit seiner Geschäftseinlage,** das heißt Verluste trägt er bis zur Höhe seiner Einlage.

- Eintragung ins Handelsregister

Die stille Gesellschaft als Sonderform der Gesellschaft des bürgerlichen Rechts kann **im Handelsregister** nicht eingetragen werden. **Eingetragen ist allein der Inhaber des Handelsgeschäfts,** an dem der stille Gesellschafter beteiligt ist.

### Die offene Handelsgesellschaft (OHG) und die Europäische wirtschaftliche Interessengemeinschaft (EwiV)

OHG
EwiV

Die OHG und die EwiV sind in wesentlichen Belangen vergleichbar und werden daher im Folgenden zusammen behandelt. Die EwiV soll Unternehmern und Angehörigen freier Berufe grenzüberschreitende Zusammenarbeit im EU-Raum erleichtern. Ihr Zweck ist die Förderung der wirtschaftlichen Tätigkeit ihrer Mitglieder, während Zweck der OHG der Betrieb eines Handelsgewerbes oder auch die Verwaltung eigenen Vermögens ist.

- Abschlussform

Mit Abschluss des Gesellschaftsvertrages, der **keiner besonderen Form** bedarf, wird die Gesellschaft im Innenverhältnis wirksam. Als Handelsgesellschaft ist sie im Handelsregister einzutragen. Die Anmeldung beim Handelsregister erfolgt über den Notar.

- Rechtsform

Sie kann als kaufmännisches Unternehmen Rechte erwerben und Verbindlichkeiten eingehen, ist daher in diesem Rahmen rechtsfähig, ist jedoch keine juristische Person.

**Beispiel:**

Unter der Firma können Rechte erworben und Verbindlichkeiten eingegangen, Eigentum an einer Immobilie erworben, vor Gericht geklagt oder verklagt werden.

- Einlagen

**Einlagen schreibt das Gesetz nicht vor.** Es bleibt den Gesellschaftern überlassen, ob und welche Einlagen sie erbringen.

- Haftung

**Alle Gesellschafter haften** den Gesellschaftsgläubigern **persönlich und unbeschränkt.**

- Eintragung ins Handelsregister

Die **Eintragung ins Handelsregister** ist erforderlich.

KG

**Die Kommanditgesellschaft (KG) und die GmbH & Co. KG**
Hinsichtlich Zweck, Abschlussform, Rechtsfähigkeit, Einlagen und der Eintragung im Handelsregister gilt das zur OHG Gesagte.

Komplementär
Kommanditist

> Von der OHG unterscheidet sich die KG allein dadurch, dass bei einem Teil der Gesellschafter die Haftung gegenüber den Gesellschaftsgläubigern beschränkt ist. Es gibt folglich zwei Gruppen von Gesellschaftern: den Komplementär, der unbeschränkt haftet, und den Kommanditisten, der nur mit seiner Einlage haftet. Jede KG muss mindestens einen Komplementär und einen Kommanditisten haben, die in der Regel natürliche Personen sind.

Die Gesellschaftergruppen der KG

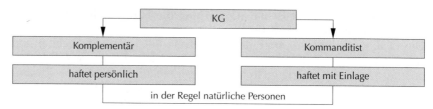

Abbildung 94

Das Gesetz schreibt jedoch nicht vor, dass der Komplementär eine natürliche Person (Mensch) sein muss. Als Komplementär kommt daher auch eine juristische Person in Betracht, zum Beispiel eine GmbH. Gerade diese Rechtsform bietet sich an, wenn keiner der Gesellschafter persönlich die unbeschränkte Haftung übernehmen will.

Die GmbH als Komplementär der KG

GmbH & Co. KG

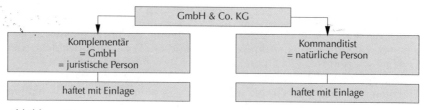

Abbildung 95

## Überblick über die Kapitalgesellschaften

Kapitalgesellschaften sind im Gegensatz zu den Personengesellschaften auf die reine Kapitalbeteiligung zugeschnitten. Besondere Merkmale einer Kapitalgesellschaft sind die eigene Rechtspersönlichkeit, die grundsätzliche freie Übertragbarkeit der Anteile und der Ausschluss der persönlichen Haftung der Gesellschafter. Die Mitarbeit bei der Geschäftsführung ist nicht notwendig. Kapitalgesellschaften sind die GmbH, die AG und die KGaA.

*Kapitalgesellschaften: GmbH, AG, KGaA*

### Einzelheiten zur Gesellschaft mit beschränkter Haftung

Besonders die GmbH hat im Rechts- und Geschäftsverkehr große praktische Bedeutung erlangt. Sie eignet sich vor allem auch für mittelgroße Dienstleistungs- und Bauhandwerksbetriebe. Stellvertretend für die Kapitalgesellschaften soll sich die folgende Übersicht auf Einzelheiten zur GmbH beschränken.

*GmbH*

- **Abschlussform**
Der **Gesellschaftsvertrag muss notariell** abgeschlossen werden. Er wird als Satzung bezeichnet. Die GmbH muss **im Handelsregister eingetragen werden.** Anmeldungen erfolgen durch den Notar.

*Einzelheiten*

- **Rechtsform**
Die GmbH ist eine **juristische Person** des privaten Rechts.

- **Gründung**
Die GmbH kann für jeden gesetzlich zulässigen Zweck errichtet werden. Die Gründung durch eine Person (so genannte Einmanngesellschaft) ist zulässig.

- **Einlagen**
Das **Stammkapital** muss **mindestens 25.000,00 EUR** betragen. Jeder Gesellschafter hat eine Stammeinlage von mindestens 100,00 EUR zu übernehmen. Die GmbH entsteht erst, wenn 12.500,00 EUR in Geld oder Sacheinlagen erbracht sind. Dies gilt für eine Mehrpersonen-GmbH. Der **Gesamtbetrag der Stammeinlagen muss mit dem Stammkapital übereinstimmen.** Bei der Einmann-GmbH hat folglich der einzige Gesellschafter bereits bei der Gründung eine Stammeinlage in Höhe des Stammkapitals (mindestens 25.000,00 EUR) zu erbringen. Eine Auszahlung des Stammkapitals an die Gesellschafter ist unzulässig. Eine Erhöhung oder Ermäßigung des Stammkapitals (jedoch nicht unter das Mindeststammkapital) können die Gesellschafter im Wege der Satzungsänderung beschließen. Stammeinlagen können veräußert oder von Mitgesellschaftern übernommen werden.

- **Haftung**
Für die Verbindlichkeiten der Gesellschaft haftet **nur das Gesellschaftsvermögen.** Die persönliche Haftung der Gesellschafter ist grundsätzlich ausgeschlossen. In besonderen Fällen hat die Rechtsprechung allerdings die so genannte Durchgriffshaftung gegen Gesellschafter und Geschäftsführer entwickelt.

- **Organe**
Organe der GmbH sind die **Gesellschafterversammlung,** die **Geschäftsführer** und eventuell ein Aufsichtsrat.

## Schematische Übersicht über die Wahl der Unternehmensform

Unternehmensformen

Bei der Wahl der Rechtsform spielen persönliche, betriebswirtschaftliche, gesellschaftsrechtliche und steuerliche Aspekte eine Rolle. Die Frage nach der günstigsten Alternative kann daher nicht allgemein gültig, sondern nur für den konkreten Einzelfall beantwortet werden. Man sollte sich insbesondere davor hüten, die Entscheidung allein aus vordergründigen Motiven wie Haftungsbeschränkung oder Steuerersparnis zu treffen.

| Rechtsformen | | | | | | | |
|---|---|---|---|---|---|---|---|
| Arten: Rechtsformen | Varianten: | Form des Abschlusses: | Eintragung ins Handelsregister: | Einlage: | Haftung: | Gründungsgesellschafter: | Firmierung: |
| I. Einzelunternehmen | -- | | Nein, wenn Nichtkaufmann Ja, wenn Kaufmann oder auf Antrag | gesetzlich nicht vorgeschrieben | Inhaber mit Betriebs- und Privatvermögen | 1 Inhaber | Nein, wenn Nichtkaufmann (nur Gewerbezeichnung) Ja, wenn Kaufmann oder auf Antrag (Firmierung siehe unten) |
| II. Personengesellschaften | Stille Gesellschaft | grundsätzlich: formfrei Empfehlung: Schriftform | Nein | Höhe gesetzl. nicht vorgeschrieben, i.d. Regel durch stillen Teilhaber | Inhaber wie oben, stiller Gesellschafter nur mit Einlage | 1 Einzelunternehmen oder Gesellschaft 1 stiller Gesellschafter | Nein, wie Nichtkaufmann |
| | Gesellschaft des bürgerl. Rechts | wie oben | Nein; auf Antrag als OHG/KG möglich | gesetzlich nicht vorgeschrieben, möglich: Arbeitskraft, Geld, Sachen, Rechte | alle Gesellschafter mit Einlage und Privatvermögen (Beschränkung im Einzelfall möglich) | mindestens 2 Gesellschafter | Nein, wenn Nichtkaufmann Ja, wenn Kaufmann auf Antrag (OHG/KG – Firmierung siehe unten) |
| | Offene Handelsgesellschaft | wie oben | ja, da Gegenstand ein kaufm. Unternehmen ist | wie oben | wie oben (Beschränkung nicht möglich) | mindestens 2 Gesellschafter | |
| | Kommanditgesellschaft | wie oben | wie oben | wie oben | Komplementär: voll, das heißt Einlage + Privatvermögen; Kommanditist: nur mit Einlage | mindestens 1 Komplementär 1 Kommanditist | Wahlmöglichkeiten: • Personenname • Sachname • Fantasiename • Mischformen sind möglich Erforderlich zusätzlich: • Rechtsformzusatz (z. B.: e.K., OHG, KG GmbH, etc.) • evtl. Haftungszusatz (wegen Einzelheiten Kapitel Firmierung) |
| | GmbH & Co. KG | notariell formfrei | wie oben | Stammkapital der GmbH Kommanditist wie oben | i.d.R. nur GmbH (als Komplementär mit Einlage), Kommanditist: nur mit Einlage | mindestens 1 GmbH als Komplementär 1 Kommanditist | |
| III. Kapitalgesellschaft / juristische Person | GmbH | notariell Schriftform | kraft Gesetz | mindestens 25.000,00 EUR | GmbH mit Einlage | mindestens 1 Gesellschafter | |

Abbildung 96

3.2.2 Handels- und Gesellschaftsrecht

Wird ein Betrieb übernommen, so darf der Firmenname des Vorgängers nur dann fortgeführt werden, wenn die Firma bereits im Handelsregister eingeführt ist. Zu beachten ist, dass in bestimmten Fällen die Haftung für die Verbindlichkeiten des Vorgängers übernommen werden muss. Der Erfolg einer Gesellschaftsgründung hängt nicht zuletzt vom Verhältnis der Gesellschafter zueinander ab. Die auf den Einzelfall zugeschnittene Ausgestaltung des Gesellschaftsvertrages ist daher von entscheidender Bedeutung. Über die Vor- und Nachteile der einzelnen Rechtsformen und die damit zusammenhängenden Fragen der Handelsregistereintragung, der Haftung, der Vertragsgestaltung, der Auswirkungen im Erbfall usw. informieren Sie der Unternehmensberater sowie die Rechts- und Steuerabteilung Ihrer Handwerkskammer.

### Genossenschaften

Die Gesellschaftsform der Genossenschaft gibt mittelständischen Unternehmern und wirtschaftlich Schwächeren Gelegenheit, sich zu einem leistungsfähigen und wirtschaftlich bedeutenden Geschäftsbetrieb zusammenzuschließen.

**Beispiel:**
Einkaufs-, Verkaufs-, Produktions-, Kredit-, Wohnungsbaugenossenschaften.

> Die Genossenschaft ist eine Personenvereinigung mit nicht geschlossener (das heißt freier und wechselnder) Mitgliederzahl zur Führung des Erwerbs oder der Wirtschaft ihrer Mitglieder (Genossen) mittels gemeinschaftlichen Geschäftsbetriebs.

Arten der Genossenschaften

Die Genossenschaften unterscheiden sich nach der Art des von ihnen verfolgten Zwecks, z. B.

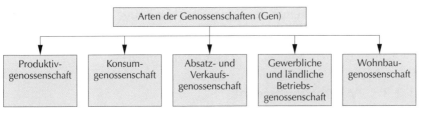

Abbildung 97

Gründung der Genossenschaft

Eine Genossenschaft kann von mindestens sieben Personen gegründet werden. Über Ziel, Betätigung und notwendige Betriebsmittel muss völlige Klarheit bestehen. Sie finden Niederschlag in der Satzung, die zusammen mit den Mitgliedern und der Genossenschaft im Genossenschaftsregister beim Amtsgericht-Registergericht eingetragen wird. Mit der Eintragung wird die Genossenschaft rechtsfähig.

Organe der Genossenschaft

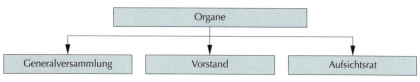

*Abbildung 98*

Aufgaben

Der Vorstand führt die Geschäfte und vertritt die Genossenschaft nach außen, der Aufsichtsrat überwacht die Geschäftsführung und prüft den Jahresabschluss. Die Generalversammlung stellt unter anderem den Jahresabschluss fest, entlastet Vorstand und Aufsichtsrat und ist zuständig für Satzungsänderungen.

Einzelheiten zur Genossenschaft

- Abschlussform
Die **Satzung muss schriftlich** aufgestellt werden und den gesetzlich vorgeschriebenen Mindestinhalt haben. Satzung, Mitglieder und Genossenschaft müssen **im Genossenschaftsregister** des zuständigen Amtsgerichts **eingetragen werden.**

- Rechtsform
Die Genossenschaft ist eine **juristische Person** und einer **Handelsgesellschaft gleichgestellt.** Der Firmenname ist dem Zweck oder der Art ihrer Tätigkeit entlehnt und muss den Zusatz „eingetragene Genossenschaft" (e.G.) führen.

- Einlagen
Das **Genossenschaftsrecht schreibt Höhe und Art der Einlagen nicht vor.** Die Mitglieder bestimmen in der Satzung unter anderem über die Leistung der Einlagen sowie die Pflicht, Nachschüsse zu leisten.

- Haftung
**Für die Verbindlichkeiten** der Genossenschaft **haftet** den Gläubigern **nur das Vermögen der Genossenschaft.** Für den Fall des Konkurses muss die Satzung Bestimmungen enthalten, ob die Mitglieder Nachschüsse zu leisten haben, wenn Gläubiger nicht befriedigt werden.

### 3.2.3  Wettbewerbsrecht

Werbung

Auch Werbung und Wettbewerb beruhen bei uns auf dem verfassungsrechtlichen Grundrecht der freien Persönlichkeitsentfaltung. Gewerbetreibende können daher Art und Form ihrer Tätigkeit grundsätzlich frei bestimmen. Wie bei allen Grundrechten endet die eigene freie Entfaltung jedoch dort, wo gleiche Rechte anderer beeinträchtigt werden. Wettbewerbsregelnde und damit den freien Wettbewerb einschränkende wichtige Gesetze, die teils alle Stufen des Wettbewerbs, teils nur den Endverbraucher schützen, zeigt die folgende Übersicht:

## 3.2.3 Wettbewerbsrecht

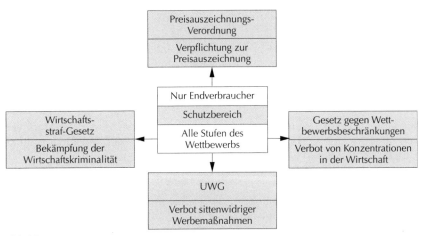

*Abbildung 99*

### 3.2.3.1 Gesetz gegen Wettbewerbsbeschränkungen (Kartellgesetz)

Die beiden Grundformen der Wirtschaftsordnung eines Staates sind Marktwirtschaft oder Planwirtschaft. Das Wirtschaftssystem der Bundesrepublik Deutschland ist entsprechend ihrer freiheitlich ausgerichteten Gesellschaftsordnung nach den Prinzipien der Marktwirtschaft aufgebaut. Im ehemaligen Ostblock galt das Prinzip der staatlichen Wirtschaftslenkung, das heißt der Planwirtschaft.

In der Marktwirtschaft bilden sich Preise für Waren und Leistungen frei nach Angebot und Nachfrage. Überlässt der Staat allerdings die Marktwirtschaft sich selbst, finden Unternehmer rasch Mittel und Wege, den Markt durch Zusammenschlüsse, Vereinbarungen, abgestimmtes Verhalten für sich vorteilhaft und für Verbraucher und Konkurrenten nachteilig zu beeinflussen (so genannte **freie Marktwirtschaft**). Die **Bundesrepublik Deutschland** als moderner Sozialstaat hat verfassungsrechtlich sichergestellt, dass aus sozialen Rücksichten korrigierend in die freie Marktwirtschaft eingegriffen werden kann. Es gilt somit die **soziale Marktwirtschaft.**

Marktwirtschaft

> Verboten sind in der sozialen Marktwirtschaft grundsätzlich Wettbewerbsbeschränkungen durch Kartellvereinbarungen, Kartellbeschlüsse und abgestimmtes Verhalten, Marktbeherrschung, wettbewerbsbeschränkendes Verhalten.

*Abbildung 100*

### Kartellvereinbarungen – Beschlüsse und abgestimmtes Verhalten

> Dies sind Vereinbarungen, Beschlüsse und aufeinander abgestimmte Verhaltensweisen von miteinander im Wettbewerb stehenden Unternehmen, die den Wettbewerb geplant oder tatsächlich verhindern, einschränken oder verfälschen.

Sie sind verboten, wenn sie die Erzeugung von Waren oder die Marktverhältnisse für den Verkehr mit Waren oder gewerblichen Leistungen durch Beschränkung des Wettbewerbs spürbar beeinflussen.

**Beispiele:**
Treibstofflieferanten beschließen, die Treibstoffpreise zu einem vereinbarten Stichtag gemeinsam auf ein einheitliches Niveau anzuheben. Mitglieder der Bäcker-Innung beschließen, dass ab morgen Brote generell um 20 Cent teurer werden.

*Erlaubte Kartelle* **Von dem Verbot gibt es eine Reihe von Ausnahmen:**
Normen- und Typenkartelle, Spezialisierungs-, Mittelstands-, Rationalisierungs- und Strukturkrisenkartelle.

**Beispiel:**
Kooperationserleichterungen für die Zusammenarbeit kleiner und mittlerer Unternehmen für den Einkauf von Waren, die Verwaltung, Werbung oder Produktion, wenn dadurch der Wettbewerb nicht wesentlich beeinflusst wird.
Einige von ihnen werden auch ohne besondere Erlaubnis wirksam, wenn die Kartellbehörde, bei der sie anzumelden sind, nicht binnen drei Monaten widerspricht.

### Marktbeherrschung, wettbewerbsbeschränkendes Verhalten

> Ein Unternehmen ist marktbeherrschend, wenn es für bestimmte Waren oder Leistungen ohne Wettbewerber ist oder keinem wesentlichen Wettbewerb ausgesetzt ist oder eine überragende Marktstellung hat.

Die missbräuchliche Ausnutzung einer marktbeherrschenden Stellung durch ein oder mehrere Unternehmen ist verboten.
**Beispiele** für Marktbeherrschung:
Forderung von bei funktionierendem Wettbewerb unüblichem Entgelt; Verweigerung des Zugangs zu eigenen Netzen oder Einrichtungen trotz angemessenen Entgelts.
Als wettbewerbsbeschränkendes Verhalten gelten Diskriminierungsverbot, Verbot unbilliger Behinderung, sonstiges wettbewerbsbeschränkendes Verhalten und Empfehlungsverbot.

*3.2.3 Wettbewerbsrecht*     175

> **Beispiele:**
> Liefer- und Bezugssperren: Gewährung von Vorzugsbedingungen; unbillige Untereinstandspreisverkäufe.

Kartellbehörden sind das **Bundeskartellamt** in Bonn und die **Kartellämter** der **Länder** (in der Regel das Wirtschaftsministerium).     *Kartellbehörden*

Verstöße gegen das Kartellgesetz sind Ordnungswidrigkeiten, die mit Geldbuße bis 500.000,00 EUR und zusätzlich bis zur dreifachen Höhe des durch die Zuwiderhandlung erzielten Mehrerlöses geahndet werden können.     *Geldbußen*

### 3.2.3.2 Gesetz gegen den unlauteren Wettbewerb (UWG)

> Das Gesetz gegen den unlauteren Wettbewerb verbietet im geschäftlichen Verkehr alle Handlungen zum Zwecke des Wettbewerbs, die gegen die guten Sitten verstoßen (§ 1 UWG).

Die Generalklausel (§ 1) gibt eine allgemeine Begriffsbestimmung des unlauteren Wettbewerbs. Darüber hinaus zählt das UWG selbst eine Reihe von Verstößen gegen die guten Sitten auf, zum Beispiel:

- Irreführende Werbung

> **Beispiel:**
> „Führendes Fachgeschäft", wenn das Geschäft weder Fachgeschäft noch führend ist.

- Vergleichende Werbung, wenn der Vergleich die Waren, Tätigkeiten, Dienstleistungen, persönlichen oder geschäftlichen Verhältnisse eines Wettbewerbers herabsetzt oder verunglimpft.
- Bestechung von Angestellten anderer Betriebe, Zahlung von Schmiergeldern
- Preisunterbietung, Preisschleuderei (Dumping)
- Konkurswarenverkauf

> **Beispiel:**
> Verkaufsankündigung von Konkurswaren, die nicht aus einem Konkurs stammen oder nicht zum Bestand der Konkursmasse gehören.

- Unzulässige Sonderveranstaltungen außerhalb des regelmäßigen Geschäftsverkehrs.

> Vereinfacht dargestellt gelten im UWG drei Grundsätze:     *Grundsätze*
> 1. Wettbewerb und Werbung im regelmäßigen Geschäftsverkehr sind grundsätzlich zulässig.
> 2. Wettbewerb und Werbung im regelmäßigen Geschäftsverkehr, die gegen die guten Sitten verstoßen, sind verboten.
> 3. Wettbewerb und Werbung außerhalb des regelmäßigen Geschäftsverkehrs sind, von Ausnahmen abgesehen, verboten.

- Zulässig sind daher grundsätzlich auch **Rabatte** (Preisnachlässe), ausgenommen der Preis wurde vorher künstlich aufgebläht oder der Rabatt dient dem überzogenen Anlocken.

Gleiches gilt für **Zugaben,** es sei denn, sie dienen dem Verkauf sachfremder Waren.

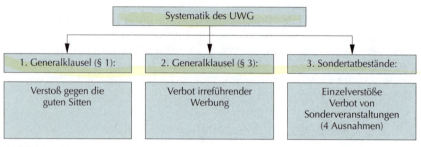

Abbildung 101

### Sonderveranstaltung nach dem UWG

Sonderveranstaltungen sind Verkaufsveranstaltungen im Einzelhandel, die außerhalb des regelmäßigen Geschäftsverkehrs stattfinden, die der Beschleunigung des Warenabsatzes dienen und den Eindruck besonderer Kaufvorteile hervorrufen. Sie sind, von folgenden Ausnahmen abgesehen, verboten.

Zulässige Sonderveranstaltungen

- Sonderangebote

sind einzelne nach Güte oder Preis gekennzeichnete **Waren, die im regelmäßigen Geschäftsbetrieb mit oder ohne zeitliche Beschränkung angeboten werden.**

- Sommer-/Winterschlussverkäufe

sind **alljährlich Ende Juli und Ende Januar** für die Dauer von **12 Werktagen** stattfindende Verkaufsveranstaltungen des Handels zur Räumung der Lager. Betroffen sind unter anderem Textilien, Bekleidung, Schuhe, Lederwaren, Sportartikel.

- Jubiläumsverkäufe

sind Veranstaltungen zur Feier des Bestehens des Unternehmens im selben Geschäftszweig **nach Ablauf von jeweils 25 Jahren,** begrenzt für die Dauer von **12 Werktagen.**

- Räumungsverkauf

ist die Räumung eines vorhandenen Warenvorrats zu herabgesetzten Preisen. Gründe hierfür sind die **Aufgabe des gesamten Geschäftsbetriebes, Schadensfälle** (Wasser, Feuer) und **genehmigungspflichtige Geschäftsumbauten.** Die Sonderverkaufsdauer ist in den beiden letzten Fällen auf 12 Werktage, beim Räumungsverkauf auf 24 Werktage beschränkt. Räumungsverkäufe sind der zuständigen Berufsvertretung (HK/IHK) vor der erstmaligen Ankündigung anzuzeigen.

Abbildung 102

Zur Beilegung von Wettbewerbsstreitigkeiten sind bei den Industrie- und Handelskammern unter Mitwirkung der Handwerkskammern und der Verbraucherverbände Einigungsstellen errichtet worden. Ihre Aufgabe ist es, Wettbewerbsstreitigkeiten außergerichtlich zu erledigen. Lässt sich eine gerichtliche Auseinandersetzung nicht vermeiden, weil sich die Betroffenen nicht einigen können, sind die Landgerichte zuständig.

*Einigungsstellen*

*Landgericht*

### 3.2.3.3 Preisangabenverordnung

**Grundsätzliches zur Preisangabe**

Jeder Unternehmer, der unter Angabe von Preisen wirbt, hat zum Schutz der Endverbraucher die Preise anzugeben, die einschließlich der Umsatzsteuer und sonstiger Preisbestandteile zu zahlen sind (Endpreise). Die Preisangabenpflicht trifft jeden Unternehmer, der gewerbs- oder geschäftsmäßig Letztverbrauchern Waren oder Leistungen anbietet oder damit in Presse, Rundfunk, Fernsehen oder sonstigen Medien wirbt.

*Endpreise*

Hiervon ausgenommen sind Preise mit Änderungsvorbehalt bei Liefer- oder Leistungsfristen von mehr als vier Monaten und bei Dauerschuldverhältnissen.

*Änderungsvorbehalt*

**Beispiel:**
Der Maschinenbaumechanikermeister wirbt in der Zeitung für eine von ihm entwickelte Maschine zum Preis von 10.000,00 EUR, Lieferfrist fünf Monate. Durch Hinweis auf Material- und Lohnerhöhungen während der Lieferfrist kann er sich eine Preisänderung vorbehalten.

**Einzelheiten zur Preisauszeichnung**

- Handel
  - **Waren in Verkaufsräumen, in Schaufenstern, Schaukästen oder Verkaufsständen** müssen **durch Preisschilder** oder Beschriftung der Ware **ausgezeichnet** werden.
  - **Für alle anderen Waren (z. B. auch auf Bildschirm) gilt:** entweder Auszeichnung wie vorstehend oder Beschriftung der Behältnisse oder Regale, oder Anbringen/Auslegen von Preisverzeichnissen.
  - Bei Waren, die als fertige oder offene Packungen, als Verkaufseinheiten ohne Umhüllung, oder als lose Ware vermarktet werden, ist neben dem Endpreis der Grundpreis für eine bestimmte Menge des Erzeugnisses (z. B. Kilogramm oder Liter) anzugeben. Ausnahmen gelten z. B. für kleine Einzelhandelsgeschäfte und kleine Direktvermarkter, Apotheken.

*Waren*

- Kredite
  Der **effektive Jahreszins** (Zinsen; Vermittlungsgebühren und sonstige Kosten) **und die sonstigen Nebenbedingungen und Nebenkosten sind durch Aushang auszuweisen** bzw. im Angebot bekannt zu geben (Gesamtbelastung pro Jahr in einem Vomhundertsatz). Sind Änderungen vorbehalten, ist der anfängliche effektive Jahreszins zu bezeichnen.

*Kredite*

- Leistungen
  - Dienstleistungsbetriebe und Handwerker müssen ihre **wesentlichen Leistungen** (eventuell nach Verrechnungssätzen) **in einem Preisverzeichnis zusammenstellen** und im Geschäftslokal und Schaufenster oder Schaukasten anbringen.
  - Werden üblicherweise sämtliche angebotenen Leistungen in ein Preisverzeichnis aufgenommen, genügt es, dieses zur Einsichtnahme bereitzuhalten.

- Gaststätten, Beherbergungsbetriebe
  Preisverzeichnisse für die wesentlichen angebotenen Speisen und Getränke sind inkl. aller Zuschläge neben dem Lokaleingang anzubringen. Preisverzeichnisse aller angebotenen Speisen und Getränke sind entweder auf den Tischen aufzulegen oder dem Gast bei Bestellung und auf Verlangen bei Bezahlung vorzulegen. Ähnliches gilt für die Frühstücks- und Zimmerpreise in Beherbergungsbetrieben.

- Tankstellen
  - Kraftstoffpreise müssen so ausgezeichnet werden, dass der auf der Straße heranfahrende Kraftfahrer sie deutlich lesen kann.
  - Bei Bundesautobahnen genügt es, wenn die Kraftstoffpreise bei der Einfahrt deutlich zu lesen sind.

**Ausnahmen von der Preisauszeichnungspflicht** gelten zum Beispiel für:
- Kunstgegenstände, Antiquitäten, Sammlerstücke
- Leistungen, die üblicherweise aufgrund schriftlicher Angebote oder Kostenvoranschläge in Auftrag gegeben werden (zum Beispiel Bauleistungen).

Verstöße sind Ordnungswidrigkeiten und können mit Geldbuße geahndet werden.

### 3.2.3.4 Ladenschlussgesetz

Die Vorschriften über den Ladenschluss haben eine Doppelfunktion: Einerseits schützen sie die Arbeitnehmer in den Betrieben, andererseits sollen sie den Wettbewerb der Betriebe untereinander regeln, weshalb die Behandlung an dieser Stelle erfolgt.

**Geltungsbereich des Ladenschlussgesetzes**

> Das Ladenschlussgesetz gilt für Verkaufsstellen, das heißt Ladengeschäfte aller Art, Tankstellen, Kioske, Basare und ähnliche Einrichtungen, in denen von einer festen Stelle aus ständig Waren zum Verkauf an jedermann feilgehalten werden.

Nicht Verkaufstätigkeit und damit von den Ladenschlusszeiten freigestellt sind:
- die Auslieferung bereits bestellter Waren
- das Zuendebedienen von Kunden zum Zeitpunkt des Ladenschlusses
- Werbeveranstaltungen, wenn eine Verkaufstätigkeit sicher ausgeschlossen ist.

## Allgemeines und Besonderes zu den Ladenschlusszeiten

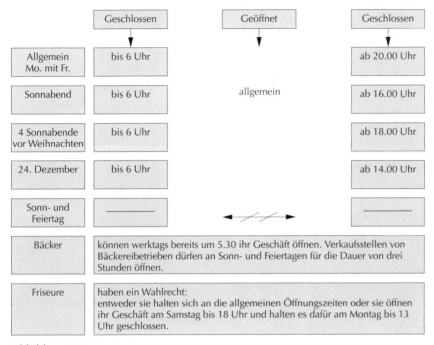

*Abbildung 103*

Weitere Besonderheiten gelten unter anderem für Apotheken, Tankstellen, Zeitungskioske, Warenautomaten, Verkaufsstellen auf Flug-, Fähr- und Personenbahnhöfen, Blumengeschäfte und den Marktverkehr.
Die Bundesländer sind im Übrigen berechtigt, Verordnungen über den Ladenschluss in ländlichen Gebieten, in Kur-, Erholungs- und Wallfahrtsorten und in der Nähe der Bundesgrenze zu erlassen.

Besonderheiten

### Schutz der Arbeitnehmer

Der Inhaber einer Verkaufsstelle mit mehr als einem Arbeitnehmer ist verpflichtet, den Text des Ladenschlussgesetzes und der einschlägigen Rechtsverordnungen, die seinen Betrieb betreffen, in der Verkaufsstelle auszulegen oder auszuhängen. Die Arbeitszeitvorschriften sind einzuhalten. Zuwiderhandlungen gegen das Ladenschlussgesetz können als Straftaten oder Ordnungswidrigkeiten verfolgt werden.

Arbeitnehmerschutz

### 3.2.3.5 Gewerblicher Rechtsschutz und Urheberrecht

**Allgemeines**

Der gewerbliche Rechtsschutz dient dem **Schutz der gewerblich-geistigen Leistung** und der damit zusammenhängenden Interessen. Im weiteren Sinne gehören hierzu Patent-, Gebrauchsmuster-, Geschmacksmuster-, Marken- sowie Urheberrecht, denn alle haben das Ziel, eine individuelle geistige Leistung zu schützen. Unterschiede ergeben sich nach dem Inhalt der geschützten Leistungen. Das Urheberrecht schützt kultu-

Gewerblicher Rechtsschutz

Urheberrecht

relles Schaffen, während die gewerblich-technischen Rechte Leistungen technischer Art schützen.

*Abbildung 104*

**Einzelheiten zum gewerblichen Rechtsschutz**

**Patent**

Patent ist die dem Erfinder vom Staat erteilte ausschließliche, aber zeitlich begrenzte Befugnis, eine Erfindung zu benutzen.

- Schutzbereich

Technischer Fortschritt

Geschützt werden kann ein technisches Herstellungs- oder Anwendungsverfahren oder ein Erzeugnis und dessen Einrichtung. Die **Erfindung muss einen nennenswerten Fortschritt der Technik bedeuten.**

- Schutzdauer

Sie beträgt **20 Jahre** und beginnt mit dem der Anmeldung folgenden Tag. Der Schutz erlischt mit Ablauf der Frist, bei schriftlichem Verzicht oder bei Nichtzahlung der Patentgebühr.

- Wirkung

Nutzung

**Allein der Patentinhaber ist berechtigt, die patentierte Erfindung zu benutzen.** Unbefugter Benutzung durch Dritte kann der Berechtigte mit Unterlassungs- und Schadenersatzansprüchen begegnen.

- Zuständigkeit

Patentamt

Das Patent kann **national** und international geschützt werden. Für die Bundesrepublik Deutschland ist das **Deutsche Patentamt** in München zuständig.

**Gebrauchsmuster**

Es wird auch das „kleine Patent" genannt; es gelten daher weitgehend die Patentbestimmungen mit folgenden Abweichungen:

- Schutzbereich

Geschützt werden **Arbeitsgeräte und Gebrauchsgegenstände oder Teile davon,** soweit sie dem Arbeits- oder Gebrauchszweck durch eine neue Gestaltung, Anordnung, Vorrichtung oder Schaltung dienen sollen.

**Beispiel:**

Werkzeuge, Haushaltsgeräte, Maschinen, Spielzeug etc.

- Schutzdauer

Die Schutzfrist beträgt **drei Jahre,** sie kann um drei und zwei Jahre verlängert werden.

## Geschmacksmuster
- Schutzbereich

Geschützt sind **Muster (in Flächenform) und Modelle (in Raumform), die ästhetisch wirken,** wenn sie als neues und eigentümliches Erzeugnis angesehen werden. Der wesentliche Unterschied gegenüber dem Gebrauchsmuster liegt in dem über das Auge wirkenden ästhetischen Gehalt.

> Beispiel:

Kleiderschnitte, Tapetenmuster, Lampen, Bestecke, Vasen etc.

- Schutzdauer

Sie beträgt **fünf Jahre, maximal 20 Jahre** ab Anmeldung.

## Markenrecht
- Schutzbereich

Geschützt werden Marken, die beim Patentamt **eingetragen** sind **oder** die **im geschäftlichen Verkehr erworben** wurden, aber **auch** sonst im geschäftlichen Verkehr **benutzte Kennzeichen** (z. B.: Waren-, Dienstleistungs-, Kollektivmarken, Unternehmenskennzeichen, Werktitel).
Eintragungsfähig sind alle zur Unterscheidung geeigneten **Zeichen,** die sich **graphisch, dreidimensional** und **akustisch darstellen** lassen. Der Markenschutz kann auch ohne eigenen Geschäftsbetrieb erworben werden.

*Marken*

*Kennzeichen*

> Beispiel:

Wortzeichen (BMW, Milkana), Bildzeichen (Stern, Schriftzüge), kombinierte Wort- und Bildzeichen, Symbole, Firmenabkürzungen.

- Schutzdauer

Sie beträgt 10 Jahre und kann beliebig oft verlängert werden.

## Urheberrecht

> **Urheberrecht** ist das eigentumsähnliche Recht des Werkschöpfers (Urhebers) an seinem individuellen geistigen Werk.

- Schutzbereich

Geschützt sind unter anderem Werke der Literatur, Wissenschaft, Kunst, Sprach- und Schriftwerke, Musik, bildende Kunst, Baukunst, Rechen- und Computerprogramme.

*Schutzbereich*

> Beispiel:

Auch künstlerische Metallbauer- (Schmiede-) und Schreinerarbeiten.

- Schutzdauer

Das Urheberrecht erlischt **70 Jahre nach dem Tod des Urhebers,** bei anonymen Werken 70 Jahre nach Veröffentlichung. Die Leistungsrechte der Fotografen, ausübenden Künstler, Film- und Tonträgerhersteller und Sendeunternehmen sind 50 Jahre geschützt.

*Schutzdauer*

- Wirkung

Der **Urheber hat höchstpersönliche Rechte** (zum Beispiel Veröffentlichungsrecht, Anerkennung der Urheberschaft), **Verwertungsrechte** (zum Beispiel Vervielfältigung, Verbreitung, Vermietung, Ausstellung, öffentliche

*Rechte des Urhebers*

Wiedergabe) und **sonstige Rechte** (Zugang zu seinem Werk, Vergütung z. B. bei Vervielfältigung).

● Verletzung

Folgen

Der Urheber ist strafrechtlich gegen schuldhafte rechtswidrige Verletzung seines Rechts geschützt. Zivilrechtlich kann er bei schuldhafter Verletzung seines Rechts Schadenersatz, Unterlassung und Beseitigung von Beeinträchtigungen sowie Vernichtung von Vervielfältigungsstücken verlangen. Die Rechte von Tondichtern nimmt in Deutschland die GEMA wahr. Das Gesetz zur Stärkung des Schutzes geistigen Eigentums und zur Bekämpfung von Produktpiraterie erweitert die Schutzmöglichkeiten und verschärft den Strafrahmen.

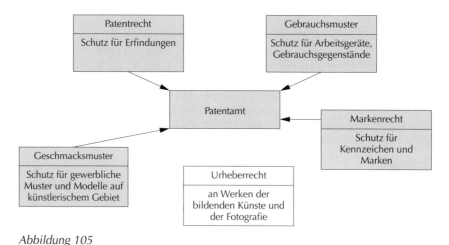

Abbildung 105

# Übungs- und Prüfungsaufgaben

1. **Was versteht man unter Gewerbefreiheit?**
   - ☒ a) Dass man sich auch in einem Handwerk ohne weiteres selbstständig machen kann, gleichgültig, ob man es erlernt hat oder nicht
   - ☐ b) Dass man ein Handwerk zwar ohne Prüfung, aber erst nach abgeschlossener Berufsausbildung selbstständig betreiben darf
   - ☐ c) Dass man für die Selbstständigmachung im Handwerk zwar keine Meisterprüfung, wohl aber die Gesellenprüfung bestanden haben muss
   - ☐ d) Dass man sich nach Bestehen der Meisterprüfung überall im Bundesgebiet selbstständig machen kann
   - ☐ e) Dass man jedes Gewerbe selbstständig ausüben kann, ausgenommen im Handwerk, für das eine Befähigung erforderlich ist.

   „Siehe Seite 142 des Textteils!"

2. **Wer darf nach den Bestimmungen der Handwerksordnung ein Handwerk selbstständig als stehendes Gewerbe betreiben?**
   - ☐ a) Jeder, der seinen Betrieb bei der Gemeindebehörde angemeldet hat
   - ☐ b) Jeder, der seinen Betrieb beim Finanzamt angemeldet hat
   - ☒ c) Jeder, der für das betreffende Handwerk in der Handwerksrolle eingetragen ist
   - ☐ d) Jeder, der sich dazu befähigt fühlt, ohne Anmeldung

☐ e) Nur der, der seinen Betrieb bei der Berufsgenossenschaft angemeldet hat.

*„Siehe Seite 142 des Textteils!"*

3. **Was versteht man unter Gewerbe im Sinne der Handwerksordnung?**
   ☐ a) Jede Art von Tätigkeit, die mit der Absicht betrieben wird, einen Gewinn zu erzielen, der für den Lebensunterhalt ausreicht
   ☐ b) Alles, was nicht Handel ist
   ☐ c) Gewerbe ist gleichbedeutend mit Handwerk und bezeichnet daher jede Tätigkeit, die vorwiegend mit der Hand ausgeführt wird
   ☒ d) Jede mit der Absicht dauernder Gewinnerzielung betriebene Tätigkeit, soweit es sich nicht um freiberufliche Tätigkeit, Urproduktion, Dienstleistungen höherer Art oder den öffentlichen Dienst handelt
   ☐ e) Jede gewinnorientierte Tätigkeit, die der Sicherung des Lebensunterhalts dient, ausgenommen unselbstständige Dienstleistungen.

*„Siehe Seite 142 f. des Textteils!"*

4. Der Meisterinhaber eines in der Handwerksrolle eingetragenen handwerklichen Einzelbetriebes ist seit einigen Wochen krank. Sein Geschäftsführer führt die laufenden Geschäfte, sein Altgeselle betreut die Baustellen und fachlichen Belange des Betriebes. Der Altgeselle behauptet, er übe das Handwerk in Abwesenheit des Inhabers selbstständig aus.

**Aufgabe: Wer übt tatsächlich das Handwerk „selbstständig" aus und warum?**

*„Siehe Seite 144 des Textteils!"*

5. **Wann ist eine Tätigkeit „Handwerk" im Sinne der Handwerksordnung?**
   ☐ a) Immer dann, wenn eine Tätigkeit nur mit der Hand ausgeübt wird
   ☐ b) Immer dann, wenn eine Tätigkeit hauptsächlich mit der Hand ausgeführt wird, wobei aber auch Werkzeuge und einfache Maschinen verwendet werden
   ☐ c) Immer dann, wenn handwerkliche Produkte in Serie auf Vorrat hergestellt werden
   ☐ d) Immer dann, wenn in einer Werkstatt gearbeitet wird
   ☒ e) Immer dann, wenn eine Tätigkeit, die in der Anlage A zur Handwerksordnung (Positivliste) aufgeführt ist, in handwerksmäßiger Form betrieben wird.

*„Siehe Seite 144 des Textteils!"*

6. Ein Jungunternehmer, der gerade damit begonnen hat, Einfamilienhäuser zu bauen, wird von seiner zuständigen Handwerkskammer zur Eintragung in die Handwerksrolle mit dem Maurer- und Betonbauerhandwerk aufgefordert. Er lehnt dies nachdrücklich ab mit dem Hinweis, auch die industriellen Baubetriebe würden nicht der Verpflichtung zur Eintragung in die Handwerksrolle unterliegen und er mache nichts anderes als diese Baubetriebe.

**Aufgabe: Erläutern Sie, welche Merkmale die Rechtsprechung zur Abgrenzung zwischen Industrie und Handwerk entwickelt hat.**

*„Siehe Seite 145 des Textteils!"*

7. **Unter welcher Voraussetzung kann jemand im Falle der Selbstständigmachung im Handwerk in der Regel in der Handwerksrolle eingetragen werden?**
   ☐ a) Wenn er die Anmeldung seines Betriebes bei der Gemeinde nachweist
   ☐ b) Wenn er seine Berufsausbildung abgeschlossen und die Gesellenprüfung bestanden hat

- ☐ c) Wenn er zwar keine Gesellen- und Meisterprüfung abgelegt hat, sich aber zur Nachholung der Meisterprüfung binnen zwei Jahren verpflichtet
- ☐ d) Wenn er das Bestehen der Gesellenprüfung nachweist und sich verpflichtet, innerhalb einer bestimmten Frist die Meisterprüfung nachzumachen
- ☒ e) Wenn er das Bestehen der Meisterprüfung nachweist.

*„Siehe Seite 146 des Textteils!"*

**8. Kann ein Handwerksmeister nur für das Handwerk in der Handwerksrolle eingetragen werden, in dem er die Meisterprüfung bestanden hat?**
- ☐ a) Ja, denn das Bestehen der Meisterprüfung beweist nur, dass er das Handwerk beherrscht, in dem er die Meisterprüfung bestanden hat.
- ☐ b) Nein, wer die Meisterprüfung in einem Handwerk bestanden hat, kann für jedes beliebige Handwerk in der Handwerksrolle eingetragen werden.
- ☐ c) Wer die Meisterprüfung in einem Handwerk bestanden hat, kann für alle Handwerke, die zu seiner Berufsgruppe gehören, in der Handwerksrolle eingetragen werden.
- ☒ d) Wer die Meisterprüfung in einem Handwerk bestanden hat, kann außer für dieses Handwerk auch für ein solches Handwerk in der Handwerksrolle eingetragen werden, das mit seinem Handwerk verwandt ist.
- ☐ e) Ja, denn es gibt 94 verschiedene Vollhandwerke, die nur mit der jeweiligen Meisterprüfung betrieben werden können.

*„Siehe Seite 144 des Textteils!"*

**9. Kann auch ein geprüfter Ingenieur oder Diplomingenieur in der Handwerksrolle eingetragen werden?**
- ☐ a) Der Ingenieur nicht, wohl aber der Diplomingenieur, der seine Diplomprüfung in einem entsprechenden Fach abgelegt hat.
- ☒ b) Ja, aber nur, wenn er außer der Ingenieur- oder Diplomingenieurprüfung noch die Gesellenprüfung oder mindestens drei Jahre Praxis nachweist.
- ☐ c) Ja, er kann jederzeit für das Handwerk in der Handwerksrolle eingetragen werden, das der Fachrichtung seiner Ingenieurprüfung oder Diplomingenieurprüfung entspricht.
- ☐ d) Nein, die Ingenieur- oder Diplomingenieurprüfung ersetzt nicht die handwerkliche Meisterprüfung.
- ☐ e) Ja, er muss aber vorher die Teile III (Wirtschaft und Recht) oder IV (Berufspädagogik) der handwerklichen Meisterprüfung ablegen.

*„Siehe Seite 146 f. des Textteils!"*

**10.** Man kann in der Handwerksrolle auch dann für ein bestimmtes Handwerk eingetragen werden, wenn man von der höheren Verwaltungsbehörde eine so genannte Ausnahmebewilligung erhalten hat.

**Aufgabe: Kann jeder so eine Ausnahmebewilligung erhalten?**
- ☐ a) Eine solche Ausnahmebewilligung erhält nur, wer finanzielle Bedürftigkeit nachweist.
- ☐ b) Eine solche Ausnahmebewilligung erhält jeder, der die Gesellenprüfung in seinem Handwerk bestanden und fünf Jahre als Geselle gearbeitet hat, sofern ein wichtiger Grund vorliegt.
- ☐ c) Eine solche Ausnahmebewilligung erhält nur ein älterer Geselle, der mindestens 50 Jahre alt ist und nachweist, dass er mindestens 30 Jahre ständig in seinem Handwerk gearbeitet hat.

## 3.2 Handwerks- und Gewerberecht, Handels- und Gesellschaftsrecht, Wettbewerbsrecht

☒ d) Eine solche Ausnahmebewilligung erhält nur, wer nachweist, dass er meisterliche Kenntnisse und Fertigkeiten in seinem Handwerk hat und dass besondere Gründe vorliegen, die die Ablegung der Meisterprüfung als nicht mehr zumutbar erscheinen lassen.
☐ e) Eine solche Ausnahmebewilligung erhält nur, wer in einem gewerblichen Betrieb lange Jahre leitend tätig war und besondere Kenntnisse in der Ausführung von Dienstleistungen erworben hat.

„Siehe Seite 147 des Textteils!"

**11. Kann auch eine juristische Person, zum Beispiel eine GmbH, in der Handwerksrolle eingetragen werden?**
☐ a) Nein, Handwerksbetriebe dürfen nur von natürlichen Personen betrieben werden.
☐ b) Ja, eine GmbH kann immer in der Handwerksrolle eingetragen werden, auch wenn kein qualifizierter Betriebsleiter vorhanden ist.
☐ c) Ja, auch eine GmbH kann in der Handwerksrolle eingetragen werden, wenn wenigstens ein Gesellschafter die Eintragungsvoraussetzungen (Meisterprüfung, Ausnahmebewilligung usw.) erfüllt.
☒ d) Ja, eine GmbH kann in der Handwerksrolle eingetragen werden, wenn eine Person den Betrieb in technischer Beziehung leitet, die eine Voraussetzung für die Eintragung in die Handwerksrolle erfüllt.
☐ e) Nein, eine GmbH kann selbst keine Meisterprüfung ablegen; dies wäre aber Voraussetzung für eine Eintragung in die Handwerksrolle.

„Siehe Seite 149 des Textteils!"

**12.** Ein Unternehmer in einer Kleingemeinde handelt in der Hauptsache mit Radio- und Fernsehgeräten. Nach Ablauf der gesetzlichen Gewährleistungsfrist kommen nicht selten Kunden, die ihre defekten Geräte von ihm repariert haben wollen. In der Handwerksrolle ist der Unternehmer nicht eingetragen, er besitzt auch nicht die dafür erforderliche handwerkliche Qualifikation.

**Aufgabe: Erläutern Sie anhand der nachstehenden Fragen die Regelung des handwerklichen Nebenbetriebes.**
a) Wann spricht man von einem handwerklichen Nebenbetrieb?
b) Wovon hängt es ab, ob der handwerkliche Nebenbetrieb in erheblichem oder unerheblichem Umfang arbeitet?
c) Was gilt hinsichtlich der Verpflichtung zur Eintragung in die Handwerksrolle für den erheblichen bzw. unerheblichen handwerklichen Nebenbetrieb?

„Siehe Seite 149 f. des Textteils!"

**13.** Der Handwerksmeister und Betriebsinhaber ist plötzlich verstorben. Der Betrieb war die wesentliche Erwerbsgrundlage des Verstorbenen und seiner Frau. Alleinerbin ist seine Frau, die bisher das Büro des Betriebes geführt hat. Die Frau befürchtet, dass sie mangels eigener handwerklicher Qualifikation den Betrieb abmelden muss.

**Aufgabe: Sind ihre Befürchtungen berechtigt? Unter welchen Voraussetzungen kann sie den Betrieb fortführen?**

„Siehe Seite 149 des Textteils!"

**14. Wer sich im Handwerk selbstständig machen will, muss sich bei verschiedenen amtlichen Stellen melden. Wo meldet er sich?**
- ☐ a) Beim Amtsgericht und beim Landratsamt
- ☐ b) Bei der höheren Verwaltungsbehörde (Regierung) und beim Arbeitsamt
- ☒ c) Bei der Handwerkskammer, der Gemeinde, dem Finanzamt und der Berufsgenossenschaft
- ☐ d) Beim Statistischen Landesamt, beim Gewerbeaufsichtsamt, beim Finanzamt und bei der Ortskrankenkasse
- ☐ e) Beim Registergericht und bei der Industrie- und Handelskammer.

*„Siehe Seite 150 des Textteils!"*

**15. Wer ein Handwerk selbstständig als Stehendes Gewerbe betreibt, ohne in der Handwerksrolle eingetragen zu sein, begeht**
- ☐ a) Steuerhinterziehung, die mit Geldstrafe in unbegrenzter Höhe bestraft wird.
- ☐ b) Betrug, der mit schwerer Freiheitsstrafe geahndet wird.
- ☒ c) Schwarzarbeit, das ist eine Ordnungswidrigkeit, die mit Geldbuße bis zu 100.000,00 EUR und mit Betriebsschließung bedroht ist.
- ☐ d) unberechtigte Handwerksausübung, die mit Geldstrafe bis zu 1.000,00 EUR bestraft wird.
- ☐ e) einen Verstoß gegen die Gewerbeordnung, der mit Strafgeld bis 20.000,00 EUR verfolgt wird.

*„Siehe Seiten 155 bis 156 des Textteils!"*

**16. Nennen Sie Gründe für die Untersagung der selbstständigen Ausübung eines Handwerks!** *Kein Meisterbrief, strafbare Handlung*

*„Siehe Seite 156 des Textteils!"*

**17. In welchen Verzeichnissen sind die mit dem Handwerk zusammenhängenden Gewerbe erfasst? Wodurch unterscheiden sich die beiden Verzeichnisse?** *Handwerksrolle und Verzeichnis der handwerksverwandt A + B und handwerksähnlich*

*„Siehe Seite 151, 153 des Textteils!"*

**18.** Der Inhaber einer mittelgroßen Handwerkerwerkstatt ist mit seinem Einzelbetrieb in der Handwerksrolle eingetragen. Befreundete Mitunternehmer haben ihn auf seine Pflicht hingewiesen, sich auch in das Handelsregister eintragen zu lassen, was zur Folge hat, dass er Kaufmann ist und das Handelsgesetzbuch mit all seinen besonderen Vorschriften auf ihn anzuwenden ist.

**Aufgabe: Welche Voraussetzungen müssen vorliegen, dass auch ein Handwerksbetrieb in das Handelsregister einzutragen ist?** *Man braucht einen in kaufmännischer Weise eingerichteten Betrieb. Ausübung d. Gewerb.*

*„Siehe Seiten 158 bis 160 des Textteils!"*

**19. Definieren Sie, wer Kaufmann im Sinne des HGB ist!** *Kaufmann ist, wer ein Handelsgewerbe betreibt*

*„Siehe Seite 157 des Textteils!"*

**20. Ist gesetzlich festgelegt, bei welcher Mindesthöhe des Umsatzes, des Anlagevermögens und des Personalstandes ein Handwerksbetrieb im Handelsregister eingetragen sein muss?**
- ☐ a) Ja, nämlich Umsatz 500.000,00 EUR, Anlagevermögen 100.000,00 EUR, Personalstand mindestens zwölf Personen.
- ☒ b) Nein, dies entscheidet das Amtsgericht (Handelsregister) von Fall zu Fall.

- [ ] c) Ja, nämlich Umsatz 50.000,00 EUR, Anlagevermögen 10.000,00 EUR, Personalstand fünf Personen.
- [ ] d) Ja, nämlich Umsatz 100.000,00 EUR, Anlagevermögen 25.000,00 EUR, Personalstand zehn Personen.
- [ ] e) Nein, dies entscheidet das Landgericht (Kammer für Handelssachen) von Fall zu Fall.

„Siehe Seite 158 des Textteils!"

**21.** Der nicht in das Handelsregister eingetragene Einzelinhaber eines Handwerksbetriebes hat gehört, dass nur Kaufleute im rechtlichen Sinne firmenführungsberechtigt sind. Ihm liegt daran, eine Firma zu haben, die er unter diesem Firmennamen verkaufen, verpachten oder vererben kann.

**Aufgabe:**
a) Was ist die Firma eines Kaufmanns im rechtlichen Sinne?
b) Unter welchen Voraussetzungen ist ein Unternehmer firmenführungsberechtigt?
c) Was ist das Handelsregister, wo wird es geführt und welche Aufgaben hat es?

„Siehe Seiten 161 bis 164 des Textteils!"

**22. Kann der Alleininhaber eines zum handwerklichen Großbetrieb angewachsenen Unternehmens unter jeder beliebigen Firmenbezeichnung ins Handelsregister eingetragen werden?**
- [ ] a) Ja, er kann sogar eine Fantasiebezeichnung als Firma wählen.
- [ ] b) Nein, er muss entweder seinen Namen (ohne Vornamen) wählen oder den Gegenstand seines Unternehmens angeben.
- [ ] c) Er kann nur seinen Familien- und mindestens einen ausgeschriebenen Vornamen als Firma wählen.
- [ ] d) Er muss mit seinem Familiennamen und allen ausgeschriebenen Vornamen firmieren.
- [x] e) Er kann seinen Familiennamen, eine Abkürzung oder eine passende Fantasiebezeichnung wählen/mit dem Zusatz „eingetragener Kaufmann".

„Siehe Seite 162 f. des Textteils!"

**23.** Ein allein arbeitender Elektrotechnikermeister ist in der Handwerksrolle, nicht aber im Handelsregister eingetragen, weil er keinen in kaufmännischer Weise eingerichteten Geschäftsbetrieb benötigt. Er macht sich Gedanken, wie er werben sowie seine Rechnungen und Geschäftsbriefe abfassen darf.

**Aufgabe:**
a) Ist er firmenführungsberechtigt?
b) Wie darf er im Rechts- und Geschäftsverkehr seinen Betrieb bezeichnen?
c) Muss er die Vorschriften des Handelsgesetzbuches beachten, oder welche anderen Gesetze gelten für ihn?

„Siehe Seite 156, 160, 163 des Textteils!"

**24. Nennen Sie die wichtigsten Personen- und Kapitalgesellschaften!**

„Siehe Seite 170 des Textteils!"

**25. Welche von den nachfolgend aufgeführten Gesellschaften sind Personengesellschaften?**
- ☒ a) Gesellschaft des bürgerlichen Rechts, Offene Handelsgesellschaft, Kommanditgesellschaft
- ☐ b) Gesellschaft mit beschränkter Haftung (GmbH) und eingetragene Genossenschaft
- ☐ c) Aktiengesellschaft (AG) und Kommanditgesellschaft auf Aktien (KGaA)
- ☐ d) Eingetragene Genossenschaft und Kommanditgesellschaft auf Aktien
- ☐ e) Stille Gesellschaft, eingetragener Verein, Aktiengesellschaft

„Siehe Seite 166 f. des Textteils!"

**26. Welche der nachfolgend aufgeführten Gesellschaften sind Kapitalgesellschaften?**
- ☐ a) Gesellschaft des bürgerlichen Rechts und Stille Gesellschaft
- ☐ b) Offene Handelsgesellschaft und Kommanditgesellschaft (OHG, KG)
- ☐ c) Kommanditgesellschaft und Schachtelgesellschaft (GmbH u. Co. KG)
- ☒ d) Gesellschaft mit beschränkter Haftung und Aktiengesellschaft
- ☐ e) Eingetragene Genossenschaft und gemeinnütziger Verein.

„Siehe Seite 169 f. des Textteils!"

**27. Eine der nachstehend aufgeführten Behauptungen ist falsch. Welche?**
- ☐ a) Bei der Gesellschaft des bürgerlichen Rechts und bei der Offenen Handelsgesellschaft haften sämtliche Gesellschafter mit ihrem ganzen Vermögen für die Schulden der Gesellschaft.
- ☒ b) Bei der Kommanditgesellschaft haftet der Kommanditist mit seinem ganzen Vermögen und der Komplementär nur mit seiner Einlage für die Schulden der Gesellschaft.
- ☐ c) Bei der Gesellschaft mit beschränkter Haftung haften die Gesellschafter überhaupt nicht für die Schulden der Gesellschaft, sondern nur die Gesellschaft selbst (juristische Person) mit ihrem Vermögen, das sich allerdings mindestens zum Teil aus den Einlagen der Gesellschafter zusammensetzt.
- ☐ d) Bei der Aktiengesellschaft haftet nur das Vermögen der Gesellschaft für ihre Schulden, weil sie eine juristische Person ist.
- ☐ e) Bei einer Gesellschaft des bürgerlichen Rechts haften alle Gesellschafter mit ihrem gesamten Vermögen; eine interne Haftungsbeschränkung unter den Gesellschaftern ist Dritten gegenüber unwirksam.

„Siehe Seite 168 des Textteils!"

**28.** Ein Zweiradmechanikermeister ist wegen der Werbung mit einem Rabatt von 10 % auf seine Ware von der Konkurrenz mit hohen Kosten zu seinen Lasten abgemahnt worden. Der Einwand, er habe nicht gewusst, dass dies verboten sei, hat ihm nichts genutzt.

**Aufgabe: Zählen Sie vier Gesetze auf, die der Handwerksmeister bei seiner Werbung beachten muss!**

„Siehe Seite 173 des Textteils!"

**29. Was ist nach den Vorschriften des Gesetzes gegen den unlauteren Wettbewerb (UWG) verboten?**
- ☒ a) Alle Wettbewerbshandlungen, die gegen die guten Sitten verstoßen.
- ☐ b) Das UWG ist nur eine Sollvorschrift und verbietet überhaupt nichts.
- ☐ c) Verboten ist nur jede Art der vergleichenden Werbung.
- ☐ d) Verboten ist vor allem, die Preise der Konkurrenz zu unterbieten.

☐ e) Verboten sind alle Sonderveranstaltungen und Sonderangebote.

*„Siehe Seite 175 des Textteils!"*

30. Nach tagelangem Regen hat der über die Ufer tretende Fluss im Warenlager eines Kürschnerbetriebes durch Wasser, Sand und Geröll Schaden verursacht. Der Unternehmer möchte die betroffene Ware in einer Sonderveranstaltung bis zu 70 % unter den bisher verlangten Preisen verkaufen.

**Aufgabe:**
a) Welche Sonderveranstaltung kommt in Betracht?
b) Welche Voraussetzungen sind dabei zu beachten?
c) Welche weiteren Sonderveranstaltungen sind nach dem Gesetz gegen unlauteren Wettbewerb zulässig?

*„Siehe Seite 176 f. des Textteils!"*

31. An welche Stelle wendet man sich, wenn ein Konkurrent unlauteren Wettbewerb betreibt und eine Abmahnung erfolglos blieb?
☐ a) An das zuständige Gewerbeaufsichtsamt oder an die höhere Verwaltungsbehörde (Bezirksregierung)
☐ b) An die untere Verwaltungsbehörde – Gewerbereferat (Landratsamt)
☒ c) An das zuständige Landgericht über einen dort zugelassenen Rechtsanwalt oder an die Einigungsstelle für Wettbewerbsstreitigkeiten bei der Industrie- und Handelskammer
☐ d) An die nächste Polizeidienststelle oder an die Staatsanwaltschaft beim zuständigen Landgericht
☐ e) An die Schiedsstelle für allgemeine Streitigkeiten beim örtlich zuständigen Amtsgericht.

*„Siehe Seite 177 des Textteils!"*

32. Was sind Kartelle und welchen Zweck verfolgen sie?

*„Siehe Seite 173 des Textteils!"*

33. Was versteht man unter einem verbotenen Kartell im Sinne des Gesetzes gegen Wettbewerbsbeschränkungen?
☒ a) Das sind z. B. Vereinbarungen von miteinander im Wettbewerb stehenden Unternehmen, die den Wettbewerb verhindern, einschränken oder verfälschen.
☐ b) Das ist der Zusammenschluss von Unternehmern zur Pflege von Kollegialität und Gemeingeist.
☐ c) Das ist der Zusammenschluss von Unternehmen zum Zwecke gemeinsamer Anstrengungen zur Hebung des Exports.
☐ d) Das ist die Zusammenarbeit von mehreren Unternehmen zum Zwecke der Ausführung größerer Aufträge.
☐ e) Das ist der Zusammenschluss von selbstständigen Unternehmern zur einheitlichen Anwendung von genehmigten Allgemeinen Geschäfts-, Liefer- und Zahlungsbedingungen.

*„Siehe Seite 174 des Textteils!"*

34. Aufgrund des immer schärferen Wettbewerbs sind die Preise für die Verrechnungsstunde in einem Handwerkszweig unter die existenznotwendige Schwelle gefallen. Nach harter Diskussion beschließt die Innungsversammlung verbindlich, dass zur

Existenzsicherung der Innungsmitgliedsbetriebe zukünftig um 50 % höhere Stundenpreise zu verrechnen sind.

**Aufgabe: Darf die Innung Preise festsetzen?**

- ☐ a) Nein, solche Preisfestsetzungen sind verboten, die Innung kann höchstens Preisempfehlungen herausgeben.
- ☐ b) Nein, die Innung darf zwar keine Festpreise bestimmen, sie kann aber Preisspannen festsetzen.
- ☒ c) Die Innung darf sich in die Preisbildung überhaupt nicht einschalten. Jeder Unternehmer muss seine Preise selbst kalkulieren.
- ☐ d) Die Innung darf sich zwar in die Preisbildung nicht einschalten; sie kann aber Richtpreise ermitteln und diese ihren Mitgliedern empfehlen.
- ☐ e) Die Innung darf zum Schutz der Verbraucher dann Preise festsetzen, wenn die Kalkulation der Mitglieder erhebliche Preisspannen aufweist.

„Siehe Seite 174 des Textteils!"

**35.** Die sämtlichen in einer Stadt ansässigen Handwerksmeister eines bestimmten Handwerkszweiges verabreden, dass sie alle am Mittwoch ihr Geschäft geschlossen halten.

**Aufgabe: Ist das zulässig?**

- ☒ a) Nein, weil diese Verabredung unter anderem dazu dient, den Konkurrenzkampf am Mittwoch auszuschalten.
- ☐ b) Ja, denn es ist jedem Geschäftsmann freigestellt, ob und wann er während der gesetzlichen Ladenöffnungszeiten sein Geschäft aufhalten oder schließen will.
- ☐ c) Die Verabredung ist nur zulässig, wenn sie von der Bezirksregierung genehmigt wird.
- ☐ d) Die Verabredung bedarf der Genehmigung durch die Handwerkskammer.
- ☐ e) Ja, weil an diesem Tag die im Interesse des Staates erforderliche Büroarbeit ohne Beeinträchtigung des Betriebes verrichtet werden kann.

„Siehe Seite 173 des Textteils!"

**36. Was versteht man unter einem Rabatt?**

„Siehe Seite 175 des Textteils!"

**37. Wann ist ein Rabatt unzulässig?**

- ☐ a) Er darf 10 % nicht überschreiten.
- ☐ b) Das richtet sich danach, was in der betreffenden Branche üblich ist.
- ☐ c) Er darf 5 % nicht überschreiten.
- ☐ d) Er darf 4 % nicht überschreiten.
- ☒ e) Er darf nicht überzogen zum Kauf anlocken.

„Siehe Seite 175 des Textteils!"

**38.** Der Fleischermeister ist für die weitere Existenz seines kleinen Stadtrandbetriebes dringend auf seine Stammkunden angewiesen. Er gibt daher seinen Kunden zu deren Einkauf kostenlos Fleischwaren im Wert von 10 % des Einkaufspreises dazu.

**Aufgabe: Wann und in welchem Umfang sind Zugaben zulässig?**

„Siehe Seite 176 des Textteils!"

## 39. Warum ist jeder Geschäftsmann verpflichtet, seine Waren oder Leistungen mit Preisauszeichnungen zu versehen?
- ☐ a) Damit der Geschäftsmann und sein Personal sich gleich auskennen und nicht verschiedenen Kunden verschiedene Preise nennen
- ☐ b) Damit die Preisbehörde seine Preisgestaltung leichter überwachen kann
- ☐ c) Damit das Finanzamt bei der Überprüfung der Angaben in der Einkommensteuererklärung eine Handhabe für die Schätzung der Einnahmen des Geschäftsmannes hat
- ☒ d) Damit der Kunde die Preise leichter mit den Preisen der Konkurrenz vergleichen und sich leichter vor Überforderungen schützen kann
- ☐ e) Damit konkurrierende Unternehmer durch Vergleich ihrer Preise leichter kalkulieren können.

*„Siehe Seite 177 des Textteils!"*

## 40. Wie erfolgt die Preisauszeichnung im Allgemeinen?
- ☐ a) Indem man an der Ladentür oder Werkstattür ein Verzeichnis der (im Laden, in der Werkstatt) erhältlichen Waren (Leistungen) anbringt und die entsprechenden Preise hinzufügt
- ☒ b) Indem man die einzelnen Waren mit einem Preisschild (Preisbeschriftung) versieht bzw. die handwerklichen Leistungen in einem Preisverzeichnis, das im Schaufenster oder in einer Werkstatt sichtbar ausgehängt wird, zusammenfasst
- ☐ c) Indem man die Preise für Waren und Leistungen in einem Preisverzeichnis zusammenstellt, das man auf Verlangen dem Kunden vorlegen muss
- ☐ d) Wenn die Auszeichnung der Waren und die Aufstellung eines Preisverzeichnisses für handwerkliche Leistungen zu umständlich sind, so genügt es, dem Kunden auf Verlangen die Einkaufsrechnungen vorzulegen
- ☐ e) Es genügt, nur die wertvollen Waren auszuzeichnen und die besonderen Dienstleistungen in eine Preisliste aufzunehmen.

*„Siehe Seite 177 des Textteils!"*

## 41. Für welche Betriebe gilt das Ladenschlussgesetz?
- ☐ a) Für alle Betriebe des Handels und Gewerbes, gleichgültig, ob sie in Läden oder Verkaufsstellen, in Werkstätten oder auf einem unbebauten Grundstück betrieben werden.
- ☐ b) Es gilt nur für Handelsbetriebe, aber nicht für Gewerbebetriebe, die nur in geringem Umfang Handel betreiben.
- ☐ c) Es gilt nur – wie der Name schon sagt – für Läden, aber nicht für sonstige Verkaufsstellen wie zum Beispiel Kioske und schon gar nicht für Gewerbebetriebe, wenn diese nicht in einem Laden betrieben werden.
- ☒ d) Es gilt für alle Verkaufsstellen, also für Läden, Verkaufsstände, Verkaufsbuden, Kioske und für Friseurbetriebe.
- ☐ e) Es gilt nur für gewerbliche Betriebe, die Waren kaufen und verkaufen und die im Handelsregister eingetragen sind.

*„Siehe Seite 178 des Textteils!"*

## 42. In welcher Zeit dürfen Verkaufsstellen allgemein an den Wochentagen Montag mit Freitag offen sein?
- ☐ a) Von 6.30 Uhr bis 18.30 Uhr
- ☐ b) Von 7.00 Uhr bis 12.00 Uhr und von 13.00 Uhr bis 18.00 Uhr
- ☐ c) Von 7.30 Uhr bis 18.30 Uhr
- ☐ d) Von 6.30 Uhr bis 13.00 Uhr und von 15.00 bis 18.30 Uhr

☒ e) Von 6.00 Uhr bis 20.00 Uhr.

„Siehe Seite 179 des Textteils!"

**43. In welcher Zeit dürfen Verkaufsstellen allgemein am Samstag (Werktag) offen sein?**
- ☐ a) Von 7.00 Uhr bis 14.00 Uhr, am 1. Samstag eines jeden Monats und an den vier Samstagen vor dem 24. Dezember bis 18.00 Uhr, in den Monaten April bis September bis 16.00 Uhr
- ☐ b) Immer von 7.00 Uhr bis 12.00 Uhr
- ☒ c) Immer von 6.00 Uhr bis 16.00 Uhr
- ☐ d) Normalerweise von 7.00 Uhr bis 12.00 Uhr, außerdem am 1. Samstag eines jeden Monats und an den vier Samstagen vor dem 24. Dezember von 7.00 Uhr bis 16.00 Uhr
- ☐ e) Immer von 7.00 Uhr bis 14.00 Uhr, außerdem an den Samstagen vor Ostern, Pfingsten und Weihnachten von 7.00 Uhr bis 18.00 Uhr.

„Siehe Seite 179 des Textteils!"

**44.** Der Inhaber einer Brauerei hat eine Vorrichtung entwickelt mit der sich Pils- und Weißbier in einem Bruchteil der bisher benötigten Zeit zapfen lässt. Dies ist von großem Interesse für alle Gaststätten, in denen es aufgrund der Massennachfrage zur Zeitverzögerung bei der Abgabe dieser Biere kommt. Der Braumeister möchte seine Entwicklung schützen und die Rechte daraus für sich nutzen.

**Aufgabe:**
a) Welche Schutzrechte kommen in Betracht?
b) Welchen Bereich schützt das Urheberrecht, welchen Bereich schützen die gewerblichen Schutzrechte?
c) Welche Stellen sind zuständig für die Erfassung gewerblicher Schutzrechte?

„Siehe Seite 179 f. des Textteils!"

**45.** Das Gesetz gegen den unlauteren Wettbewerb verbietet unter anderem auch die sklavische Nachahmung der Erzeugnisse eines Konkurrenten.

**Aufgabe: Kann sich der Handwerksmeister auch noch auf andere Weise gegen Nachahmung seiner Erzeugnisse sichern?**
- ☐ a) Nein, es gibt keine weitere Schutzmöglichkeit.
- ☐ b) Nein, denn Patente und Gebrauchsmuster können nur im Handelsregister eingetragene Kaufleute schützen lassen.
- ☐ c) Ja, er kann ein Muster des zu schützenden Erzeugnisses beim Bundeskartellamt hinterlegen. Dieses sorgt dann dafür, dass es nicht nachgeahmt wird.
- ☐ d) Die Hinterlegung eines Musters erfolgt beim Europäischen Patentamt in München.
- ☒ e) Ja, er kann unter Umständen beim Deutschen Patentamt in München die Erteilung eines Patents oder eines Gebrauchsmusters erreichen oder ein Geschmacksmuster anmelden.

„Siehe Seiten 180 bis 181 des Textteils!"

# 3.3 Arbeitsrecht

**Rechtsgrundlagen des Arbeitsrechts**

> Das Arbeitsrecht regelt die Rechtsverhältnisse zwischen den Arbeitnehmern und Arbeitgebern.

Es schreibt Mindeststandards fest, die für alle Arbeitnehmer gelten und nicht unterschritten werden dürfen. Beim Arbeitsrecht unterscheidet man zwischen
- dem Individualarbeitsrecht: Es regelt die Beziehungen zwischen dem Arbeitgeber und dem einzelnen Arbeitnehmer

und
- dem Kollektivarbeitsrecht: Es regelt das Recht der Arbeitgeberverbände und der Gewerkschaften auf betrieblicher und überbetrieblicher Ebene.

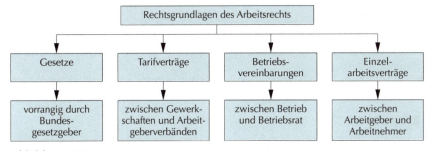

*Abbildung 106*

## 3.3.1 Abschluss des Arbeitsvertrages

### 3.3.1.1 Anbahnung von Arbeitsverträgen

Bei der Anbahnung eines Arbeitsvertrages sind einige Grundsätze zu beachten:
- Die Ausschreibung des Arbeitsplatzes muss geschlechtsneutral erfolgen. *(Geschlechtsneutrale Ausschreibung)*
- Der Arbeitgeber darf einen Bewerber bei der Begründung des Arbeitsverhältnisses nicht wegen seines Geschlechts benachteiligen; bei Verletzung dieses Verbots kann der benachteiligte Bewerber eine angemessene Entschädigung in Geld verlangen. *(Benachteiligungsverbot)*
- Die Einstellungsverhandlungen müssen beiderseits so geführt werden, dass falsche Vorstellungen und Erwartungen in Bezug auf das zu begründende Arbeitsverhältnis nicht entstehen können. Der Arbeitgeber hat deshalb den Bewerber über die vorgesehenen Arbeitsbedingungen sowie über die Anforderungen, die an den Arbeitsplatz gestellt werden, ausreichend aufzuklären und zu unterrichten. Eine Pflicht zur Unterrichtung gilt insbesondere *(Einstellungsverhandlungen)*
  - bei besonderen gesundheitlichen Belastungen,
  - bei überdurchschnittlichen Anforderungen,

- bei beabsichtigten organisatorischen Änderungen, die zur Gefährdung des Arbeitsplatzes führen,
- wenn zukünftige Löhne und Gehälter gefährdet sind.

Der Bewerber seinerseits hat von sich aus dem Arbeitgeber alle Angaben zu machen, die von ihm verständlicherweise im Rahmen seiner – wenn auch beschränkten – Offenbarungspflicht zu erwarten sind.

*Offenbarungspflicht*

**Beispiel:**
Angaben über Ungeeignetheit für die betreffende Stelle, bevorstehende Kur und ähnliche Umstände, die der Arbeitsaufnahme entgegenstehen.

*Fragerecht*

- Im Rahmen seines Fragerechts darf der Arbeitgeber nur solche Fragen stellen, die für die vorgesehene Tätigkeit und die Eignung des Bewerbers erforderlich sind.

**Beispiel:**
Ausbildung, Fachkenntnisse, Prüfungen, Berufserfahrungen, Schwerbehinderung, Staatsangehörigkeit, laufende Lohnpfändung, einschlägige Vorstrafen.

- Die unrichtige Beantwortung einer zulässigen Frage kann den Arbeitgeber zur Anfechtung des Arbeitsvertrages wegen arglistiger Täuschung berechtigen.
- Unzulässige Fragen kann der Bewerber jedoch unbeantwortet lassen oder – ohne Rechtsfolgen für ihn – wahrheitswidrig beantworten.

**Beispiel:**
Generelle Frage nach Vorstrafen, in der Regel die Frage nach einer Schwangerschaft, Gewerkschafts- und Parteizugehörigkeit.

*Personalfragebogen*

- Der Arbeitgeber kann sich eines Personalfragebogens bedienen, der alle zulässigen Fragen enthält und bei Zustandekommen eines Arbeitsvertrages zur Personalakte genommen werden kann. Bei Nicht-Zustandekommen des Arbeitsverhältnisses ist er zu vernichten.

*Vorstellungskosten*

- Die dem Bewerber entstehenden Vorstellungskosten, wie Fahrtkosten, gegebenenfalls auch Verpflegungs- und Übernachtungskosten hat der Arbeitgeber – unabhängig davon, ob es zu einer Einstellung kommt oder nicht – nur dann zu tragen, wenn er den Bewerber zur Vorstellung auffordert.

*Tests*

- Ärztliche Einstellungsuntersuchungen und psychologische Tests dürfen nur in den gesetzlich vorgeschriebenen Fällen oder mit ausdrücklicher Zustimmung des Bewerbers vorgenommen werden.

*Bewerbungsunterlagen*

- Die Bewerbungsunterlagen wie Lebenslauf, Zeugnisse und dergleichen sind dem Bewerber zurückzugeben, sobald feststeht, dass eine Einstellung nicht erfolgt.
- Bei nicht EU-Staatsangehörigen ist der Arbeitgeber verpflichtet, Feststellungen hinsichtlich der erforderlichen Arbeitserlaubnis zu treffen.

*Betriebsrat*

- In Unternehmen/Betrieben mit mehr als 20 wahlberechtigten Arbeitnehmern sind die Beteiligungsrechte des Betriebsrates zu beachten (siehe hierzu Abschnitt 3.3.7.6 „Mitwirkungs- und Mitbestimmungsrechte des Betriebsrats – Mitbestimmung bei personellen Einzelmaßnahmen").

## 3.3.1.2 Form und Zustandekommen des Arbeitsvertrages

Vereinbaren Arbeitnehmer und Arbeitgeber die Aufnahme eines Arbeitsverhältnisses, so bewirken sie damit den Abschluss eines Arbeitsvertrages. Beim unbefristeten Arbeitsvertrag besteht kein gesetzlicher Formzwang; er kann mündlich oder schriftlich abgeschlossen werden. Aus Gründen der Beweissicherung und der Rechtssicherheit empfiehlt sich jedoch der Abschluss von schriftlichen Arbeitsverträgen. Befristete Arbeitsverträge bedürfen der Schriftform. *(Form)*

Es empfiehlt sich die Verwendung von Musterarbeitsverträgen, die bei den verschiedenen Organisationen und im Handel erhältlich sind. *(Musterarbeitsverträge)*

Der Schriftform bedürfen Wettbewerbsvereinbarungen mit Arbeitnehmern (Vereinbarung, die in der Regel den Unternehmer für eine bestimmte Frist vor Wettbewerb nach Beendigung des Arbeitsverhältnisses schützen soll); außerdem kann durch Tarifvertrag die Schriftform vorgeschrieben sein. *(Form)*

Wird dem Arbeitnehmer ein schriftlicher Vertrag nicht ausgehändigt, hat der Arbeitgeber spätestens einen Monat nach dem vereinbarten Beginn des Arbeitsverhältnisses die wesentlichen Vertragsbedingungen schriftlich niederzulegen, die Niederschrift zu unterzeichnen und dem Arbeitnehmer auszuhändigen. *(Niederschrift)*

In einer solchen Niederschrift müssen enthalten sein:
– Name und Anschrift der Vertragspartner
– Beginn (bei Befristung auch voraussichtliche Dauer) des Arbeitsverhältnisses
– Arbeitsort(e)
– Bezeichnung bzw. Beschreibung der zu leistenden Tätigkeit
– Zusammensetzung, Höhe und Fälligkeit des Arbeitsentgelts
– Vereinbarte Arbeitszeit, Dauer des jährlichen Erholungsurlaubs
– Kündigungsfristen
– Hinweise auf geltende Tarifverträge und Betriebsvereinbarungen
– bei geringfügig Beschäftigten der ausdrückliche Hinweis darauf, dass sie in der Rentenversicherung durch Aufstockung der pauschalen Arbeitgeberbeiträge die Stellung eines versicherungspflichtigen Arbeitnehmers erwerben können.

Dabei kann im Einzelnen auch auf geltende Tarifverträge und Betriebsvereinbarungen bzw. maßgebliche gesetzliche Regelungen verwiesen werden. Die Niederschrift ist eine einseitige Erklärung des Arbeitgebers. Der Arbeitsvertrag hingegen setzt sich aus zwei übereinstimmenden Willenserklärungen zusammen.

Inhalt des Arbeitsvertrages sind insbesondere
– die Beschreibung der zu leistenden Tätigkeit
– die Zusammensetzung und Höhe des Entgelts
– Arbeitsort(e)
– Arbeitszeit
– Urlaub

- die beiderseitigen Rechte und Pflichten der Vertragsparteien (siehe Abschnitte 3.3.2 „Vertragspflichten des Arbeitnehmers" und 3.3.3 „Vertragspflichten des Arbeitgebers").

Vom Arbeitgeber gestellte Formulararbeitsverträge und andere allgemeine vertragliche Arbeitsbedingungen, die nicht durch Tarifverträge geregelt sind, unterliegen der Inhaltskontrolle durch die Arbeitsgerichte.

Seit Jahresbeginn 2002 gilt auch für Arbeitsverträge das Recht der Allgemeinen Geschäftsbedingungen mit der Maßgabe, dass die im Arbeitsrecht geltenden Besonderheiten angemessen zu berücksichtigen sind.

*Minderjährige*

Zum Abschluss eines Arbeitsvertrages befugt sind
- volljährige Personen
- Minderjährige, wenn und soweit sie hierzu von dem gesetzlichen Vertreter ermächtigt sind.

Vereinbarungen, die für den Minderjährigen nicht verkehrsüblich und außergewöhnlich sind, bedürfen jedoch der Zustimmung des gesetzlichen Vertreters.

**Beispiel:**
Wettbewerbsvereinbarungen für die Zeit nach dem Ausscheiden aus dem Betrieb.

### Arbeitsvertrag bei Inhaberwechsel

*Gesamtrechtsnachfolge*

Im Falle der Gesamtrechtsnachfolge geht das gesamte Vermögen des Arbeitgebers einschließlich der Arbeitsverhältnisse auf den Nachfolger über.

**Beispiel:**
Betriebsnachfolge durch Erbfolge.

*Einzelrechtsnachfolge*

Geht der Betrieb durch Rechtsgeschäft auf einen anderen Inhaber über, so tritt dieser in die Rechte und Pflichten der bestehenden Arbeitsverhältnisse ein (Einzelnachfolge).

**Beispiel:**
Betriebsübernahme durch Kauf oder Pacht.

Für Verpflichtungen aus den Arbeitsverhältnissen, soweit sie vor dem Betriebsübergang entstanden sind und vor Ablauf von einem Jahr nach diesem Zeitpunkt fällig werden, haftet neben dem neuen Betriebsinhaber der bisherige Arbeitgeber als Gesamtschuldner.

Der bisherige Arbeitgeber oder der neue Inhaber hat die von einem Übergang betroffenen Arbeitnehmer vor dem Übergang in Textform zu unterrichten über
- den Zeitpunkt oder den geplanten Zeitpunkt des Übergangs
- den Grund für den Übergang
- die rechtlichen, wirtschaftlichen und sozialen Folgen des Übergangs für die Arbeitnehmer
- die hinsichtlich der Arbeitnehmer in Aussicht genommenen Maßnahmen.

Der betroffene Arbeitnehmer hat ein Widerspruchsrecht bis zu einem Monat nach Zugang der vollständigen Information.

### 3.3.1.3 Vertragsarten

**Arbeitsvertrag auf unbestimmte Zeit**

In der Regel wird der Arbeitsvertrag auf unbestimmte Zeit abgeschlossen; er endet erst mit Kündigung durch einen der beiden Vertragspartner oder auch durch einvernehmliche Aufhebung.

*Unbefristeter Arbeitsvertrag*

**Arbeitsvertrag auf bestimmte Zeit**

Der Arbeitsvertrag auf bestimmte Zeit endet mit Ablauf der vereinbarten Befristung (kalendermäßig befristeter Arbeitsvertrag) oder mit Erreichen des vereinbarten Zwecks der Arbeitsleistung (zweckbefristeter Arbeitsvertrag), ohne dass es einer Kündigung bedarf.

*Befristeter Arbeitsvertrag*

Befristete Arbeitsverträge sind zulässig, wenn sachliche Gründe hierfür vorliegen. Sie bedürfen der Schriftform.

*Sachlicher Grund*

**Beispiel:**
Aushilfsbeschäftigung, Vertretung von vorübergehend abwesenden Arbeitnehmern, Saisonbeschäftigung.

Will der Arbeitnehmer geltend machen, dass die Befristung rechtsunwirksam ist, so muss er innerhalb von drei Wochen nach dem vereinbarten Ende des befristeten Arbeitsvertrages Klage beim Arbeitsgericht erheben, andernfalls die Befristung wirksam ist und das Arbeitsverhältnis zu dem vereinbarten Zeitpunkt endet.

*Klagefrist*

Bei Neu-Einstellung von Arbeitnehmern – auch im Anschluss an ein Berufsausbildungsverhältnis – kann ohne besonderen Grund ein befristetes Arbeitsverhältnis bis zur Dauer von zwei Jahren vereinbart werden. Dies ist ausgeschlossen, wenn mit dem selben Arbeitnehmer in der Vergangenheit schon ein unbefristeter oder befristeter Arbeitsvertrag bestanden hat.
Innerhalb der Gesamtdauer von zwei Jahren ist eine dreimalige Verlängerung des befristeten Arbeitsvertrages zulässig.
Mit Arbeitnehmern, die bei Beginn des befristeten Arbeitsverhältnisses das 58. Lebensjahr vollendet haben, können ohne diese Einschränkungen Befristungen vereinbart werden. Es ist allerdings ein Zwischenraum von mindestens sechs Monaten zu einem früheren Arbeitsverhältnis erforderlich.

*Erleichterungen*

### Arbeitsvertrag zur Probe

Probezeit

> Das Probearbeitsverhältnis kann als befristetes Arbeitsverhältnis, das nach Ablauf der Probezeit endet, oder als unbefristetes Arbeitsverhältnis vereinbart werden. In diesem Fall geht es in ein normales Arbeitsverhältnis über, wenn es nicht zuvor gekündigt wird. Sowohl das befristete Probearbeitsverhältnis als auch die unbefristete Probezeit bedürfen der ausdrücklichen Vereinbarung. Sie darf in der Regel nicht länger als sechs Monate dauern.

Die unterschiedlichen Arten des Arbeitsvertrages

Abbildung 107

### Teilzeitarbeitsvertrag

> Teilzeitbeschäftigte sind Arbeitnehmer, deren regelmäßige Wochenarbeitszeit kürzer ist als die regelmäßige Wochenarbeitszeit vergleichbarer vollzeitbeschäftigter Arbeitnehmer im Betrieb. Als Teilzeitbeschäftigte gelten auch geringfügig Beschäftigte.

Unerheblich ist dabei die Verteilung der Arbeitszeit.

**Beispiel:**
Regelmäßig an vier Stunden an fünf Tagen der Woche; an drei Tagen der Woche je acht Stunden; nur ein Tag pro Woche.

Teilzeitarbeit kann sowohl im Rahmen eines Arbeitsvertrages auf unbestimmte Zeit als auch eines Arbeitsvertrages auf bestimmte Zeit vereinbart werden.

Benachteiligungsverbot

> Auf den Teilzeitarbeitsvertrag finden die Grundsätze des Arbeitsrechts und des Arbeitsschutzes in gleicher Weise Anwendung wie sie für vollzeitbeschäftigte Arbeitnehmer gelten. Insbesondere darf der Arbeitgeber einen Teilzeitbeschäftigten nicht wegen der Teilzeitarbeit gegenüber vollzeitbeschäftigten Arbeitnehmern unterschiedlich behandeln, es sei denn, dass sachliche Gründe hierfür vorliegen.

Ein Arbeitnehmer, dessen Arbeitsverhältnis bereits länger als sechs Monate bestanden hat, kann verlangen, dass seine vertraglich vereinbarte Arbeitszeit verringert wird. Die Verringerung und deren Umfang sind spätestens drei Monate vor deren Beginn geltend zu machen. Dabei sollte vom Arbeitnehmer auch die gewünschte Verteilung der Arbeitszeit angegeben werden. Der Arbeitgeber kann seine Zustimmung nur verweigern, wenn betriebliche Gründe dem Wunsch des Arbeitnehmers entgegenstehen. Diese Regelungen finden nur in Betrieben Anwendung, in denen in der Regel mehr als 15 Personen beschäftigt werden. Auszubildende werden dabei nicht mitgezählt.

*Teilzeitanspruch*

Andererseits hat der Arbeitgeber einen teilzeitbeschäftigten Arbeitnehmer, der ihm den Wunsch nach einer Verlängerung seiner vertraglich vereinbarten Arbeitszeit angezeigt hat, bei der Besetzung eines entsprechenden freien Arbeitsplatzes bei gleicher Eignung bevorzugt zu berücksichtigen.

## Leiharbeitsvertrag

> Arbeitgeber, die als Verleiher Dritten (Entleihern) Arbeitnehmer (Leiharbeitnehmer) gewerbsmäßig zur Arbeitsleistung überlassen, bedürfen einer Erlaubnis der Bundesanstalt für Arbeit.

*Arbeitnehmerüberlassung*

Sowohl die Arbeitsbedingungen zwischen dem Arbeitgeber und dem Leiharbeitnehmer als auch der Vertrag zwischen Verleiher und Entleiher bedürfen der Schriftform.

## Gewerbliche Arbeiter – Angestellte

> Maßgebend für die Unterscheidung zwischen gewerblichen Arbeitern und Angestellten ist die Art der Tätigkeit.

- Gewerbliche Arbeiter sind Arbeitnehmer, die überwiegend körperliche und handwerkliche Arbeiten ausführen.

*Gewerbliche Arbeiter*

  **Beispiel:**
  Hilfsarbeiter, Gesellen, Vorarbeiter.

- Angestellte sind Arbeitnehmer, die überwiegend kaufmännische oder büromäßige Arbeiten verrichten oder leitende bzw. aufsichtsführende Tätigkeiten ausüben.

*Angestellte*

  **Beispiel:**
  Verkäufer, Ausbildungsmeister, Werkmeister, Betriebsleiter.

Die Unterscheidung hat allerdings im aktuellen Arbeitsrecht stark an Bedeutung verloren. Zum Teil bestehen jedoch noch unterschiedliche Tarifregelungen.

## 3.3.2 Vertragspflichten des Arbeitnehmers

Für den Arbeitnehmer ergeben sich aus dem Arbeitsvertrag folgende Hauptpflichten:

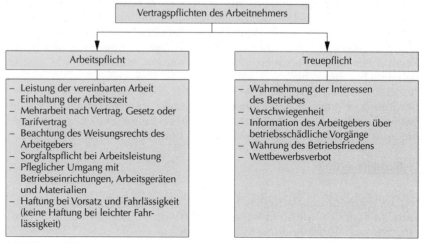

*Abbildung 108*

### 3.3.2.1 Arbeitspflicht

**Arbeitsleistung**

> Die Arbeitspflicht beinhaltet die Verpflichtung, die Arbeitsleistung so zu erbringen, wie dies nach den bei Abschluss des Arbeitsvertrages getroffenen Vereinbarungen, den gesetzlichen und tariflichen Regelungen erwartet werden kann.

**Beispiel:**

Einhaltung der Arbeitszeit und Arbeitsleistung am vereinbarten Arbeitsort.

Arbeitnehmer müssen die Arbeitsleistung, ohne zur Nacharbeit verpflichtet zu sein, nicht erbringen, wenn sie ihnen unter Berücksichtigung ihrer Treuepflicht nicht zugemutet werden kann, z. B. bei besonderen Familienereignissen wie Begräbnis der Eltern.

*Arbeitszeit Mehrarbeit*

Die Dauer der Arbeitszeit richtet sich in der Regel nach Einzelvereinbarung oder Tarifvertrag. Darüber hinaus kann der Arbeitnehmer zur Mehrarbeit verpflichtet sein, wenn dies betrieblich erforderlich und rechtlich zulässig ist.

*Weisungsrecht des Arbeitgebers*

Der Arbeitnehmer ist verpflichtet, den Anweisungen des Arbeitgebers nachzukommen. Das Weisungsrecht des Arbeitgebers findet jedoch seine Schranken in der vereinbarten Art und Dauer der Tätigkeit. Eine andere als die vereinbarte Tätigkeit kann der Arbeitgeber nur verlangen, wenn sich dies aus der Art der Tätigkeit oder aus dem Arbeitsvertrag ergibt.

## Haftung des Arbeitnehmers

> Der Arbeitnehmer ist gehalten,
> - die ihm übertragenen Arbeiten sorgfältig und
> - in angemessener Zeit auszuführen und
> - mit Material, Betriebseinrichtung sowie Werkzeugen pfleglich umzugehen.

Im Rahmen der Grundsätze über die Beschränkung der Arbeitnehmerhaftung haftet der Arbeitnehmer dem Arbeitgeber für den Schaden, den er verursacht.

*Haftungsgrundsatz*

> Der Arbeitnehmer hat Vorsatz und Fahrlässigkeit zu vertreten.

Bei Vorsatz haftet der Arbeitnehmer für den gesamten Schaden. Gleiches gilt bei grober Fahrlässigkeit; jedoch mit der Maßgabe, dass sich bei besonders hohem Schadensrisiko und vergleichsweise geringem Verdienst die Schadensersatzpflicht reduzieren kann. Der Arbeitgeber muss das Verschulden seines Mitarbeiters beweisen. Bei normaler Fahrlässigkeit ist der Schaden zwischen Arbeitgeber und Arbeitnehmer anteilsmäßig zu verteilen; dabei sind die Gesamtumstände von Schadensanlass und Schadensfolge nach Billigkeits- und Zumutbarkeitsgrundsätzen gegeneinander abzuwägen.

*Vorsatz und grobe Fahrlässigkeit*

> Bei leichter Fahrlässigkeit oder fehlendem Verschulden entfällt die Haftung des Arbeitnehmers.

*Leichte Fahrlässigkeit*

### 3.3.2.2 Treuepflicht

> Die Treuepflicht findet ihren Ausdruck darin, dass der Arbeitnehmer
> - die berechtigten Interessen des Betriebes wahrnimmt und
> - alles unterlässt, was diesen Interessen zuwiderläuft.

*Wahrung der Interessen des Betriebes*

**Beispiel:**
Abwerbung von Kunden, Schwarzarbeit, Verletzung der Verschwiegenheitspflicht, Störung des Betriebsfriedens.

### 3.3.3 Vertragspflichten des Arbeitgebers

Aus dem Arbeitsvertrag ergeben sich für die Arbeitgeber folgende Hauptpflichten:

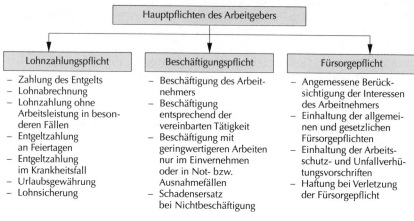

*Abbildung 109*

#### 3.3.3.1 Lohnzahlungspflicht

**Lohnanspruch des Arbeitnehmers**

Arbeitsentgelt

Tariflohn

> Der Arbeitgeber schuldet für die Arbeitsleistung eine angemessene Vergütung, deren Höhe mit dem Arbeitnehmer grundsätzlich frei vereinbart werden kann (Grenze: Sittenwidrigkeit, Lohnwucher).
> Besteht ein verbindlicher Tarifvertrag, dürfen die tariflich festgelegten Entgelte nicht unterschritten werden.

**Lohnarten/Lohnformen**

> Im Wesentlichen wird unterschieden zwischen Zeitlohn und Leistungslohn. Der Lohn wird in der Regel als Geldlohn geschuldet. Naturallohn – beispielsweise in Form „freier Kost und Logis" – kommt nur noch in Ausnahmen vor.

Zeitlohn

Der Zeitlohn wird nach der Dauer der Arbeitszeit berechnet.

**Beispiel:**
Stunden-, Wochen-, Monatslohn.

Leistungslohn

Der Leistungslohn berechnet sich nach dem Ergebnis der Arbeitsleistung.

**Beispiel:**
Akkord- und Prämienlohn, Stücklohn, Provision, Gewinn- und Umsatzbeteiligung.

Garantierter Mindestlohn

Eine Mischform ist der garantierte Mindestlohn.

### Zuschläge – Zulagen, Sondervergütungen

> Zuschläge und deren Höhe richten sich nach Tarifvertrag, Betriebsvereinbarung oder Einzelarbeitsvertrag.

**Beispiel:**
Mehr-, Nacht-, Sonn- und Feiertagsarbeit.
Zulagen werden gewährt in Form von *Zulagen*
- Leistungszulagen,
- Montagezulagen bzw. Auslösungen, Wegegelder, Übernachtungsgelder und Trennungsentschädigungen bei auswärtiger Beschäftigung,
- Gefahren-, Schmutz- und Hitzezulagen.

Sondervergütungen sind zusätzliche Entgeltleistungen. *Sondervergütungen*

**Beispiel:**
Gratifikationen, 13. Monatsentgelt, vermögenswirksame Leistungen.
Ein Rechtsanspruch auf Weihnachtsgratifikation besteht nur, wenn eine solche tarif- oder einzelvertraglich vereinbart oder mindestens drei Jahre hintereinander ohne den ausdrücklichen Vorbehalt der Freiwilligkeit geleistet worden ist. *Weihnachtsgratifikation*

> Ein Anspruch auf vermögenswirksame Leistungen kann sich aus dem Tarifvertrag, Einzelarbeitsvertrag oder einer Betriebsvereinbarung ergeben. Der Arbeitgeber hat die vermögenswirksamen Leistungen an das vom Arbeitnehmer benannte Unternehmen oder Institut zu überweisen. Die vermögenswirksamen Leistungen sind dem Bruttoarbeitsentgelt hinzuzurechnen und unterliegen der Steuer- sowie Sozialversicherungspflicht.

*Vermögenswirksame Leistungen*

Besteht ein Anspruch auf vermögenswirksame Leistungen nicht oder nicht in Höhe des gesetzlich festgelegten Höchstbetrages, hat der Arbeitgeber auf schriftliches Verlangen des Arbeitnehmers einen Vertrag über die vermögenswirksame Anlage von Teilen des Arbeitsentgelts abzuschließen, die vermögenswirksame Leistung vom Nettoarbeitsentgelt des Arbeitnehmers einzubehalten und an das vom Arbeitnehmer benannte Unternehmen oder Institut abzuführen.

Für die angelegten vermögenswirksamen Leistungen erhält der Arbeitnehmer (auf Antrag vom Finanzamt) eine Arbeitnehmersparzulage, sofern sein Arbeitsentgelt bestimmte Einkommensgrenzen nicht übersteigt. *Arbeitnehmersparzulage*

### Zeitpunkt und Form der Lohnzahlung

> Das Arbeitsentgelt ist nach Ablauf des Zeitabschnitts, für den es bemessen ist, zur Zahlung fällig; in der Regel am Monatsende.

Die Lohnzahlung erfolgt in Euro, entweder bar oder – was heute die Regel ist – aufgrund entsprechender Vereinbarungen unbar durch Überweisung auf das Bankkonto des Arbeitnehmers. *Zahlungsart*

**Lohnabrechnung**

Inhalt

Der Arbeitgeber ist zur Aushändigung einer schriftlichen Lohnabrechnung verpflichtet, um dem Arbeitnehmer eine Übersicht über seinen Entgeltanspruch zu ermöglichen. Die Abrechnung muss enthalten:
- Höhe des Bruttoarbeitsentgelts
- Zuschläge und sonstige Vergütungen
- gesetzliche Abzüge
- Höhe des verbleibenden Nettoarbeitsentgelts.

### 3.3.3.2 Entgeltzahlung ohne Arbeitsleistung

Anspruch auf Arbeitsentgelt besteht nur für geleistete Arbeit.

Fälle

In bestimmten Fällen wird von diesem Grundsatz abgewichen:
- bei Arbeitsausfall, für den der Arbeitgeber das Risiko trägt (Arbeitsmangel, Betriebsstörungen und dergleichen)
- bei Arbeitsausfall durch gesetzliche Feiertage
- bei arbeitsunfähiger Erkrankung
- während der Dauer des Urlaubs
- bei Arbeitsausfall wegen Vorladung zur Wehrerfassungsbehörde
- bei Besuch der Berufsschule
- bei unverschuldeter Arbeitsverhinderung für eine verhältnismäßig nicht erhebliche Zeit aus einem in der Person des Arbeitnehmers liegenden Grund (Teilnahme an der Bestattung von Familienangehörigen und dgl.).

Einzelheiten hierzu regeln die Gesetze und Tarifverträge.

### 3.3.3.3 Entgeltzahlung an Feiertagen

Entgeltausfallprinzip

An gesetzlichen Feiertagen ruht die Arbeit; für die Arbeitszeit, die hierdurch ausfällt, ist dem Arbeitnehmer das Arbeitsentgelt zu zahlen, das er ohne den Arbeitsausfall erhalten hätte.

Wegfall

Arbeitnehmer, die am letzten Arbeitstag vor oder am ersten Arbeitstag nach Feiertagen unentschuldigt (ohne Rechtfertigungsgrund) der Arbeit fernbleiben, haben keinen Anspruch auf Bezahlung des Feiertages. Gesetzliche Feiertage im gesamten Bundesgebiet sind:

Gesetzliche Feiertage

- Neujahr
- Karfreitag
- Ostermontag
- 1. Mai
- Himmelfahrt
- Pfingstmontag
- 3. Oktober als Tag der deutschen Einheit
- 1. und 2. Weihnachtsfeiertag.

Darüber hinaus gibt es in einzelnen Bundesländern noch zusätzliche Feiertage, wie beispielsweise:
- Heilige Drei Könige

- Fronleichnam
- Mariä Himmelfahrt
- Reformationstag
- Allerheiligen.

## 3.3.3.4 Entgeltzahlung im Krankheitsfall

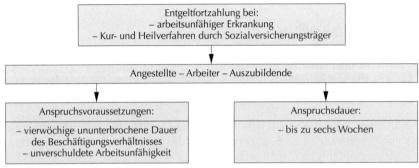

*Abbildung 110*

**Anspruchsvoraussetzungen**

Der Anspruch auf Entgeltfortzahlung entsteht erstmals nach einer vierwöchigen ununterbrochenen Dauer des Arbeitsverhältnisses. Während dieser Wartezeit erhält der in der gesetzlichen Krankenversicherung versicherte Arbeitnehmer bei Arbeitsunfähigkeit Krankengeld.

Wartezeit

Der Entgeltfortzahlungsanspruch setzt weiter voraus, dass der Arbeitnehmer infolge Krankheit an seiner Arbeitsleistung verhindert ist, ohne dass ihn ein Verschulden trifft. Bei verschuldeter Arbeitsunfähigkeit entfällt der Fortzahlungsanspruch. Als Verschulden wird ein ungewöhnlich leichtfertiges oder mutwilliges oder gegen die guten Sitten verstoßendes Verhalten des Arbeitnehmers angenommen, dessen Folgen auf den Arbeitgeber abzuwälzen unbillig wäre.

Unverschuldete Arbeitsunfähigkeit

**Beispiel:**
Bei Verkehrsunfall infolge Trunkenheit.

Das Arbeitsentgelt ist für jeden Fall der arbeitsunfähigen Erkrankung bis zur Dauer von sechs Wochen zu zahlen, jedoch nicht über die Beendigung des Arbeitsverhältnisses hinaus; es sei denn, dass
- der Arbeitgeber aus Anlass der Arbeitsunfähigkeit kündigt oder
- der Arbeitnehmer von sich aus fristlos kündigt, weil ihm aus Gründen, die der Arbeitgeber zu vertreten hat, die Fortsetzung des Arbeitsverhältnisses nicht mehr zumutbar ist.

Anspruchsdauer

Bei wiederholten Erkrankungen besteht bei Arbeitsunfähigkeit infolge einer neuen Krankheit erneut Anspruch auf Entgeltfortzahlung für die Dauer von höchstens 6 Wochen. Bei Arbeitsunfähigkeit infolge der selben Krank-

Fortsetzungskrankheit

heit besteht nur dann ein erneuter Anspruch, wenn der Arbeitnehmer mindestens ein halbes Jahr nicht wegen der selben Krankheit arbeitsunfähig war oder der Beginn der ersten Erkrankung mindestens 12 Monate zurückliegt.

*Kur- und Heilverfahren*

Die Grundsätze der Entgeltfortzahlung gelten auch bei Arbeitsverhinderung infolge einer stationären Maßnahme der medizinischen Vorsorge oder Rehabilitation durch einen Sozialversicherungsträger oder einen sonstigen Sozialleistungsträger.

### Höhe der Entgeltzahlung

> Während der Arbeitsunfähigkeit ist dem Arbeitnehmer das ihm bei der für ihn maßgebenden regelmäßigen Arbeitszeit zustehende Arbeitsentgelt fortzuzahlen.

*Ohne Überstundenvergütungen*

Nicht zum Arbeitsentgelt gehören das zusätzlich für Überstunden gezahlte Arbeitsentgelt und Aufwendungen des Arbeitnehmers, die während der Arbeitsunfähigkeit nicht entstehen.

**Beispiel:**
Grundvergütung für Überstunden, Überstundenzuschläge, Auslösungen, Reisespesen.

Entgeltberechnung nach dem Entgeltausfallprinzip

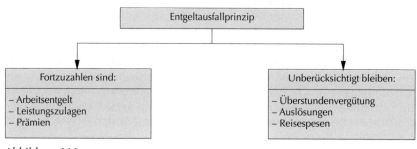

Abbildung 111

*Tarifliche Regelungen*

Durch Tarifverträge kann für die Bemessung des fortzuzahlenden Arbeitsentgelts eine andere Bemessungsgrundlage festgelegt werden.

### Anzeige- und Nachweispflicht des Arbeitnehmers

Bei Eintritt der Arbeitsunfähigkeit hat der Arbeitnehmer gegenüber dem Arbeitgeber eine Anzeige- und Nachweispflicht.

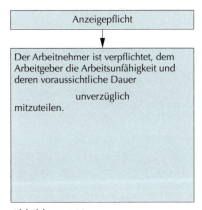 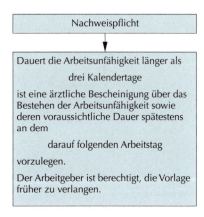

*Abbildung 112*

Kommt der Arbeitnehmer schuldhaft seiner Pflicht zur Vorlage der ärztlichen Bescheinigung nicht nach, so ist der Arbeitgeber berechtigt, die Entgeltfortzahlung so lange zu verweigern, bis die Bescheinigung vorgelegt wird. — Leistungsverweigerungsrecht

Ist die Arbeitsunfähigkeit auf das Verschulden eines Dritten zurückzuführen, so gehen mögliche Schadenersatzansprüche des Arbeitnehmers in Höhe des Entgeltfortzahlungsanspruchs einschließlich der Arbeitgeberanteile zur Sozialversicherung auf den Arbeitgeber über. — Forderungsübergang

**Beispiel:**
Arbeitsunfähigkeit durch Verschulden eines Dritten, zum Beispiel eines anderen Autofahrers.

### Ausgleichsverfahren

Für Betriebe, die in der Regel nicht mehr als 20 Arbeitnehmer beschäftigen, findet ein Ausgleichsverfahren über die bei den Orts- und Innungskrankenkassen errichteten Ausgleichskassen statt. Die Satzung der Kasse kann das Ausgleichsverfahren auf Betriebe bis zu 30 Arbeitnehmer ausdehnen. — Ausgleichskassen

Bei der Ermittlung der Betriebsgröße werden — Betriebsgröße
- Auszubildende
- Schwerbehinderte
- Wehr- und Zivildienstleistende
- Beschäftigte mit einer Arbeitszeit bis 10 Stunden wöchentlich oder 45 Stunden monatlich

nicht, Teilzeitbeschäftigte nur anteilig mitgerechnet.

Die am Ausgleichsverfahren beteiligten Betriebe erhalten erstattet

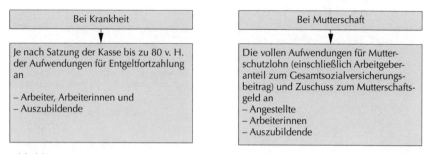

Abbildung 113

Umlage

Für das Ausgleichsverfahren zahlen die Betriebe Umlagebeträge an die Ausgleichskasse. Bemessungsgrundlage ist das Bruttoarbeitsentgelt bis zur Beitragsbemessungsgrenze in der gesetzlichen Rentenversicherung.

Umlagepflichtige Bruttoarbeitsentgelte

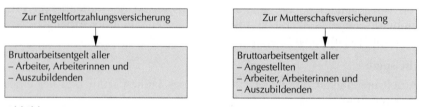

Abbildung 114

### 3.3.3.5 Urlaubsrecht

**Anspruchsgrundlage**

Der Urlaubsanspruch der Arbeitnehmer leitet sich aus folgenden Rechtsgrundlagen ab:

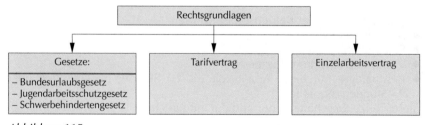

Abbildung 115

Bundesurlaubsgesetz

Das Urlaubsrecht ist bundeseinheitlich durch das Bundesurlaubsgesetz geregelt; es findet auf alle Arbeits- und Ausbildungsverhältnisse Anwendung. Daneben bestehen Sonderregelungen für Jugendliche, Schwerbehinderte und Heimarbeiter.

Das Bundesurlaubsgesetz regelt Mindestbedingungen; darüber hinaus können durch Tarifvertrag oder Einzelarbeitsvertrag günstigere Regelungen bestehen.

**Urlaubsdauer**

Abbildung 116

Der gesetzliche Urlaubsanspruch ist unabdingbar; abweichende Vereinbarungen zu Ungunsten des Arbeitnehmers sind unwirksam.  *Unabdingbarkeit*

Urlaubsjahr ist das Kalenderjahr 1.1. bis 31.12.  *Urlaubsjahr*

- Der gesetzliche Mindesturlaub, gestaffelt nach Alter:  *Mindesturlaubsanspruch*

Wenn der Arbeitnehmer oder Auszubildende zu Beginn des Kalenderjahres
- noch nicht 16 Jahre alt ist,     30 Werktage
- noch nicht 17 Jahre alt ist,     27 Werktage
- noch nicht 18 Jahre alt ist,     25 Werktage
- bereits 18 Jahre alt ist,        24 Werktage (vier Wochen).

Als Werktage gelten alle Kalendertage mit Ausnahme der Sonn- und Feiertage.

**Beispiel:**
Samstage, die in die Urlaubszeit fallen, zählen als Urlaubstage.
- Der Urlaubsanspruch Schwerbehinderter

Schwerbehinderte erhalten einen Zusatzurlaub von fünf Arbeitstagen im Jahr. Arbeitet der Schwerbehinderte regelmäßig an mehr oder weniger als fünf Tagen in der Woche, erhöht oder vermindert sich der Zusatzurlaub entsprechend.  *Schwerbehinderte*

- Der Urlaubsanspruch Teilzeitbeschäftigter

> Teilzeitbeschäftigte haben den gleichen Urlaubsanspruch (z. B. 4 Wochen nach dem Bundesurlaubsgesetz) wie Vollzeitbeschäftigte; die Urlaubsvergütung berechnet sich jedoch anteilig nach dem verminderten Durchschnittsentgelt.

*Urlaub ohne Arbeitsleistung*

Der Urlaubsanspruch besteht unabhängig davon, ob und in welchem Umfang der Arbeitnehmer im Urlaubsjahr Arbeitsleistung erbringt; maßgebend ist allein der rechtliche Bestand des Arbeitsverhältnisses. In besonderen Fällen wie Wehrdienst und Elternzeit sind allerdings anteilige Kürzungen möglich.

### Arbeitnehmer- und Arbeitgeberpflichten aus dem Urlaubsrecht

*Wartezeit*

Der volle Urlaubsanspruch wird erstmalig nach sechsmonatigem Bestehen des Arbeitsverhältnisses erworben. Erfüllt der Arbeitnehmer diese Wartezeit während des Kalenderjahres nicht, so erhält er für jeden vollen Beschäftigungsmonat $1/12$ des Jahresurlaubsanspruchs. Das Gleiche gilt auch, wenn er in der ersten Hälfte des Kalenderjahres ausscheidet.

Ist die Wartezeit von sechs Monaten erfüllt und scheidet der Arbeitnehmer in der zweiten Hälfte des Jahres aus, so erhält er den vollen Jahresurlaub. Eine doppelte Gewährung ist jedoch ausgeschlossen. Die Betriebe sind zur Ausstellung einer Urlaubsbescheinigung verpflichtet.

*Urlaubsbescheinigung*

*Urlaubseinbringung*

> Der Arbeitgeber ist gehalten, die Urlaubswünsche der Arbeitnehmer unter Abwägung der betrieblichen Belange angemessen zu berücksichtigen.

Der Urlaub muss innerhalb des laufenden Kalenderjahres gewährt und eingebracht werden. Eine Übertragung auf das nächste Kalenderjahr ist nur in Ausnahmefällen wie betriebsbedingten Gründen oder Krankheit bis spätestens 31.3. möglich.

*Abgeltungsverbot*

Eine Barabgeltung des Urlaubs ist unwirksam, es sei denn, dass die Einbringung in Form von Freizeit wegen Beendigung des Arbeitsverhältnisses nicht mehr möglich ist.

Abbildung 117

### Urlaubsentgelt

> Das Urlaubsentgelt errechnet sich aus dem Durchschnittsarbeitsverdienst der letzten 13 abgerechneten Wochen vor Beginn des Urlaubs, mit Ausnahme des zusätzlichen für Überstunden gezahlten Arbeitsverdienstes.

Einmalige Zuwendungen bleiben außer Ansatz. Bei Verdiensterhöhungen, die während des Berechnungszeitraums oder Urlaubs eintreten (zum Beispiel Lohnerhöhungen durch Tarifabschluss), ist von dem erhöhten Verdienst auszugehen.

Berechnungszeitraum

**Beispiel:**
- Der Arbeitnehmer hat Anspruch auf 24 Werktage Urlaub je Jahr; er arbeitet 5 Tage pro Woche:
  Das Bruttoarbeitsentgelt der letzten abgerechneten 13 Wochen ist durch 65 Arbeitstage zu teilen:
  8.125,00 EUR brutto : 65 Arbeitstage = 125,00 EUR arbeitstägliches Entgelt.
  Dieser Arbeitnehmer muss sich für je 6 Urlaubstage einen arbeitsfreien Werktag anrechnen lassen. Er erhält deshalb das Entgelt für 20 Arbeitstage = 2.500,00 EUR

Ein Anspruch auf zusätzliches Urlaubsgeld kann sich aufgrund tariflicher oder einzelvertraglicher Regelungen ergeben.
Für einige Bereiche bestehen aufgrund allgemein verbindlich erklärter Tarifverträge Urlaubskassen, denen die Durchführung des Urlaubsverfahrens übertragen ist (z. B. Bauhauptgewerbe).

Zusätzliches Urlaubsgeld

Urlaubskassen

### 3.3.3.6 Lohnsicherung

*Existenzsicherung*

Der Lohn dient der Existenzsicherung des Arbeitnehmers. Er ist deshalb weitgehend dem Zugriff von Gläubigern, des Arbeitgebers und der Vorausverfügung durch den Arbeitnehmer selbst entzogen. Darüber hinaus sichert das Gesetz über Insolvenzgeld dem Arbeitnehmer im Insolvenzfalle seine ihm noch zustehenden Lohnansprüche für die letzten drei Monate.

**Lohnpfändungsschutz**

*Pfändung aus dem Nettoentgelt*

> Nur bestimmte Teile des Arbeitsentgelts sind aufgrund vollstreckbaren Gerichtsurteils sowie Pfändungs- und Überweisungsbeschlusses pfändbar. Die Höhe des pfändbaren Lohnteils richtet sich nach der
> - Höhe des Nettoarbeitsentgelts und
> - Zahl der unterhaltsberechtigten Personen
>
> des Arbeitnehmers.

*Lohnpfändungsgrenzen*

Unpfändbar sind
- monatlich 930,00 EUR
- wöchentlich 217,50 EUR
- täglich 43,50 EUR
- zuzüglich $3/10$ des Mehreinkommens.

Diese Beträge erhöhen sich, wenn der Schuldner gesetzlichen Unterhalt an seinen Ehegatten und seine Kinder zu leisten hat.

*Unterhaltspfändung*

Bei Pfändungen wegen Unterhaltsforderungen setzt das Gericht den unpfändbaren Lohnbetrag fest.

*Lohnpfändungs- und Überweisungsbeschluss*

Die Pfändung erfolgt durch einen Pfändungs- und Überweisungsbeschluss des Amtsgerichts. Er wird dem Arbeitgeber, bei dem der Schuldner (Arbeitnehmer) beschäftigt ist, zugestellt. Ab Zustellung des Beschlusses muss der Arbeitgeber (Drittschuldner) den gepfändeten Teil des Lohnes an den Gläubiger überweisen. Als Drittschuldner haftet der Arbeitgeber für die ordnungsgemäße Durchführung der Lohnpfändung.

*Drittschuldnerhaftung*

**Lohnaufrechnungsverbot**

> Der Arbeitgeber kann berechtigte Ansprüche gegenüber dem Arbeitnehmer nur im Rahmen des pfändbaren Teils des Lohnes aufrechnen.

**Beispiel:**

Schadensersatzansprüche wegen Schlechtleistung.

Der Arbeitnehmer kann sich auf das Aufrechnungsverbot nicht berufen, wenn der geschuldete Betrag auf eine vorsätzliche unerlaubte Handlung oder auf eine vorsätzliche Schadenszufügung zurückzuführen ist.

**Beispiel:**

Schadensersatzansprüche wegen Unterschlagung.

### Lohnabtretungsverbot

Lohnansprüche können nicht abgetreten werden, soweit sie der Pfändung entzogen sind. In Arbeits- und Tarifverträgen kann auch die Abtretung des pfändbaren Lohnes ausgeschlossen werden.

### Insolvenzgeld (Konkursausfallgeld)

Siehe hierzu Abschnitt 3.4.4.5 „Leistungen der Arbeitslosenversicherung (Arbeitsförderung)"

Lohnsicherungsmaßnahmen für Arbeitnehmer

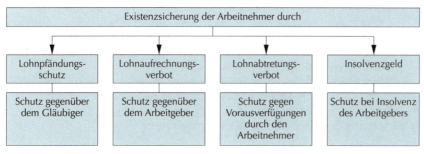

*Abbildung 118*

## 3.3.3.7 Verjährung – Verwirkung von Lohnansprüchen

Lohnansprüche unterliegen der dreijährigen Verjährungsfrist. — Verjährungsfrist

In Tarifverträgen sind vielfach kürzere Ausschlussfristen für die Geltendmachung von Ansprüchen aus dem Arbeitsverhältnis geregelt; sie gehen der gesetzlichen Verjährung vor. — Tarifliche Ausschlussfristen

## 3.3.3.8 Beschäftigungspflicht

Neben der Zahlung des Arbeitsentgelts ist der Arbeitgeber zur Beschäftigung des Arbeitnehmers verpflichtet.
Der Anspruch auf Beschäftigung ist einklagbar; die Nichtbeschäftigung kann zur Schadensersatzpflicht führen. Die Beschäftigungspflicht schließt die Verpflichtung ein, den Arbeitnehmer mit solchen Arbeiten zu beschäftigen, die bei der Einstellung vereinbart worden sind. — Art der Beschäftigung

### 3.3.3.9 Fürsorgepflicht

Grundlagen

> Der Arbeitgeber ist verpflichtet, bei allen Maßnahmen das Wohl und die Interessen des Arbeitnehmers gebührend zu berücksichtigen. Die Fürsorgepflichten ergeben sich
> - aus Gesetzen, Tarifverträgen und Einzelarbeitsverträgen
> - aus der gegenseitigen Treuepflicht zwischen Arbeitgeber und Arbeitnehmer
> - nach den jeweiligen Umständen des Einzelfalles
> - nach der jeweiligen Verkehrsauffassung.

Wichtige derartige Pflichten des Arbeitgebers sind:
- Pflicht zum Schutz von Leben und Gesundheit des Arbeitnehmers
- Pflicht zum Schutz von Persönlichkeitsrechten des Arbeitnehmers
    - Schutz vor ungerechter Behandlung durch Vorgesetzte und vor rechtswidrigen Handlungen von Arbeitskollegen
    - Einschränkungen beim Speichern personenbezogener Daten
    - Sorgfältige Aufbewahrung der Personalakten
    - Verschwiegenheitspflicht bei Angelegenheiten, an deren Geheimhaltung der Arbeitnehmer ein berechtigtes Interesse hat
- Pflicht zum Schutz des Eigentums der Arbeitnehmer
- Beachtung des Gleichbehandlungsgrundsatzes.

## 3.3.4 Beendigung des Arbeitsverhältnisses

### 3.3.4.1 Rechtliche Mittel zur Beendigung von Arbeitsverhältnissen

Das Arbeitsverhältnis kann auf folgende Weise rechtswirksam beendet werden:

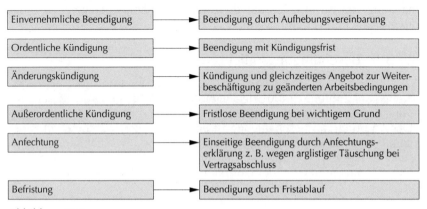

Abbildung 119

## 3.3.4.2 Einvernehmliche Beendigung

Im beiderseitigen Einvernehmen zwischen Arbeitgeber und Arbeitnehmer kann das Arbeitsverhältnis jederzeit sofort oder zu einem später vereinbarten Zeitpunkt aufgelöst werden. Schriftform ist dafür zwingende Voraussetzung. — Aufhebungsvereinbarung

## 3.3.4.3 Ordentliche Kündigung

> In der Regel wird das Arbeitsverhältnis durch ordentliche Kündigung unter Einhaltung der Kündigungsfrist von einem der beiden Vertragspartner beendet. — Kündigungsfrist

**Änderungskündigung**
Verfolgt die ordentliche Kündigung den Zweck, die Arbeitsbedingungen zu Ungunsten des Vertragspartners einseitig zu ändern, so handelt es sich um eine Änderungskündigung. Nimmt der Vertragspartner das Angebot zur Fortsetzung des Arbeitsverhältnisses zu den geänderten Arbeitsbedingungen nicht an, endet das Arbeitsverhältnis mit Ablauf der Kündigungsfrist.

## 3.3.4.4 Wirksamkeit der ordentlichen Kündigung

> Die Kündigung bedarf zu ihrer Wirksamkeit der Schriftform. — Schriftform

Die Kündigungserklärung muss deutlich und zweifelsfrei sein. — Kündigungserklärung

> Die Kündigung wird nur wirksam mit Zugang an den anderen Vertragspartner. — Empfangsbedürftige Willenserklärung

Besteht im Betrieb ein Betriebsrat, muss der Arbeitgeber vor Ausspruch der Kündigung den Betriebsrat unterrichten und ihm die Gründe hierfür mitteilen, andernfalls ist die Kündigung unwirksam. — Anhörung des Betriebsrats
Erhebt der Betriebsrat gegen die Kündigung Bedenken, muss er diese dem Arbeitgeber innerhalb einer Woche schriftlich mitteilen. Nach Ablauf der Frist gilt die Zustimmung zur Kündigung als erteilt. Widerspricht der Betriebsrat der Kündigung innerhalb der Anhörungsfrist und kündigt der Arbeitgeber dennoch, so muss er dem betreffenden Arbeitnehmer eine Abschrift der Stellungnahme des Betriebsrats zuleiten. — Anhörungsverfahren

> Die einzelvertraglich vereinbarte, tarifliche oder gesetzliche Kündigungsfrist muss eingehalten werden; bei der Berechnung der Frist wird der Tag, an dem die Kündigung zugeht, nicht mitgerechnet. — Rechtsgrundlagen für Kündigungsfristen

Voraussetzungen für die Wirksamkeit einer ordentlichen Kündigung

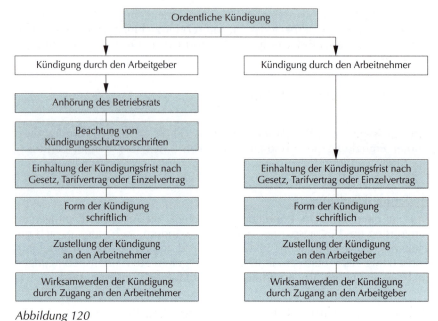

*Abbildung 120*

**Kündigungsfristen**

Gesetzliche Grundfrist

Die gesetzliche Kündigungsfrist für Arbeiter und Angestellte beträgt vier Wochen zum 15. oder zum Ende eines Kalendermonats.

Während einer vereinbarten Probezeit, längstens für die Dauer von sechs Monaten, kann das Arbeitsverhältnis mit einer Frist von zwei Wochen gekündigt werden.

Verlängerte Fristen

Für die Kündigung durch den Arbeitgeber gelten folgende verlängerte Fristen:

Nach einer Betriebszugehörigkeit von
- 2 Jahren: 1 Monat
- 5 Jahren: 2 Monate
- 8 Jahren: 3 Monate
- 10 Jahren: 4 Monate
- 12 Jahren: 5 Monate
- 15 Jahren: 6 Monate
- 20 Jahren: 7 Monate

jeweils zum Ende eines Kalendermonats.

Bei der Berechnung der Beschäftigungsdauer werden Zeiten, die vor der Vollendung des 25. Lebensjahres des Arbeitnehmers liegen, nicht berücksichtigt.

> Die gesetzlichen Kündigungsfristen können durch Tarifvertrag verlängert oder verkürzt werden; soweit tarifliche Kündigungsfristen zur Anwendung kommen, haben sie Vorrang vor den gesetzlichen Kündigungsfristen.

*Tarifliche Kündigungsfristen*

Einzelvertraglich können nur längere Kündigungsfristen vereinbart werden. Die Unterschreitung der gesetzlichen Mindestkündigungsfrist ist nur in folgenden Ausnahmefällen zulässig:

*Einzelvertrag*

> - In Betrieben mit in der Regel nicht mehr als 20 Arbeitnehmern – ausschließlich der zu ihrer Berufsausbildung Beschäftigten – kann die Grundfrist von vier Wochen ohne Endtermin (zum 15. bzw. Ende des Kalendermonats) vereinbart werden.

*Kleinbetriebsregelung*

Bei der Feststellung der Zahl der beschäftigten Arbeitnehmer werden Teilzeitbeschäftigte mit einer regelmäßigen wöchentlichen Arbeitszeit von nicht mehr als 20 Stunden mit 0,5 und nicht mehr als 30 Stunden mit 0,75 berücksichtigt.

- Wird ein Arbeitnehmer nur zur vorübergehenden Aushilfe eingestellt und wird diese Aushilfe nicht über die Zeit von drei Monaten hinaus fortgesetzt, kann jede beliebige kürzere Kündigungsfrist vereinbart werden.

*Aushilfsbeschäftigungen*

Für die Kündigung des Arbeitsverhältnisses durch den Arbeitnehmer darf keine längere Frist vereinbart werden als für die Kündigung durch den Arbeitgeber.

**Kündigungsfrist für Schwerbehinderte**

> Für Schwerbehinderte und Gleichgestellte gelten die regulären Kündigungsfristen mit der Maßgabe, dass die Frist mindestens vier Wochen beträgt, wenn der Arbeitgeber kündigt.
> Die Kündigung durch den Arbeitgeber bedarf außerdem der vorherigen Zustimmung des Integrationsamtes.

*Mindestkündigungsfrist für Schwerbehinderte*

Innerhalb der ersten sechs Monate des Arbeitsverhältnisses ist die Kündigung ohne Zustimmung des Integrationsamtes zulässig; ebenso entfällt die Mindestkündigungsfrist von vier Wochen.

### 3.3.4.5 Außerordentliche Kündigung

Die außerordentliche Kündigung ist das schärfste Mittel im Kündigungsrecht und darf deshalb nur in besonderen Fällen erklärt werden.

*Fristlose Kündigung*

> Das Arbeitsverhältnis kann von jedem Vertragsteil aus wichtigem Grund ohne Einhaltung einer Kündigungsfrist gekündigt werden, wenn Tatsachen vorliegen, aufgrund derer dem Kündigenden unter Berücksichtigung des Einzelfalles und unter Abwägung der Interessen beider Vertragsteile die Fortsetzung des Arbeitsverhältnisses bis zum Ablauf der Kündigungsfrist nicht zugemutet werden kann.

*Wichtiger Grund*

**Beispiel:**
Untreuehandlungen, vorsätzliche Sachbeschädigung durch den Arbeitnehmer; Tätlichkeiten, Vorenthaltung des geschuldeten Arbeitsentgelts durch den Arbeitgeber.

Die fristlose Kündigung muss innerhalb von zwei Wochen erfolgen; die Frist beginnt mit dem Zeitpunkt, in dem der Kündigungsberechtigte von den für die Kündigung maßgebenden Tatsachen Kenntnis erlangt.

Betriebsrat

Besteht im Betrieb ein Betriebsrat, muss der Arbeitgeber vor Ausspruch der fristlosen Kündigung den Betriebsrat unterrichten, andernfalls ist die Kündigung unwirksam. Hat der Betriebsrat hiergegen Bedenken, muss er diese dem Arbeitgeber unverzüglich, spätestens innerhalb von drei Tagen, schriftlich mitteilen.

Klagefrist

Innerhalb von drei Wochen nach Zugang einer fristlosen Kündigung kann der Arbeitnehmer Klage beim Arbeitsgericht erheben.

Die Voraussetzungen für die Wirksamkeit einer außerordentlichen Kündigung sind:

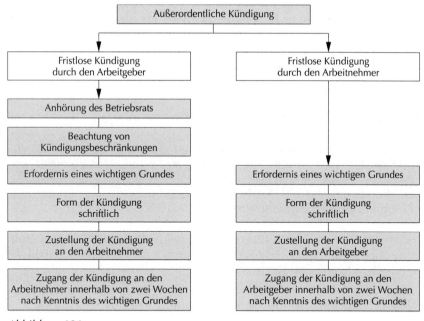

*Abbildung 121*

### 3.3.4.6 Rechtswidrige Beendigung

Schadenersatzpflicht

Wird das Arbeitsverhältnis von einem der beiden Vertragspartner unberechtigterweise ohne Einhaltung der Kündigungsfrist beendet, ist er dem anderen Vertragspartner zum Ersatz des hieraus entstehenden Schadens verpflichtet.

### Beispiel:
Fortzahlung des Arbeitsentgelts für die Dauer der Kündigungsfrist durch den Arbeitgeber; Schadenersatzpflicht des Arbeitnehmers für Produktionsausfall.

Der Schaden muss dem Grunde und der Höhe nach nachgewiesen werden. *Schadensnachweis*

In Einzelarbeitsverträgen und Tarifverträgen können für den Fall des Vertragsbruchs Vertragsstrafen bzw. Entschädigungen vereinbart werden, die an den Nachweis eines Schadens nicht gebunden sind.

### 3.3.4.7 Arbeitspapiere – Arbeitszeugnis – Ausgleichsquittung

**Arbeitspapiere**

Arbeitspapiere sind:
- Lohnsteuerkarte
- Urlaubsbescheinigung
- Unterlagen für vermögenswirksame Leistungen
- Arbeitsbescheinigung
- Zeugnis
- Sozialversicherungsausweis
- Mitgliedsbescheinigung der gewählten Krankenkasse.

In bestimmten Berufen können noch weitere Arbeitspapiere hinzukommen.

### Beispiel:
Bauhauptgewerbe: Lohnnachweiskarte für Urlaub, Lohnausgleich und Zusatzversorgung der gewerblichen Arbeiter und Versicherungsnachweise für die Zusatzversorgung der Angestellten.

Außer Zeugnis, Sozialversicherungsausweis und Arbeitsbescheinigung hat der Arbeitnehmer diese Papiere bei Beginn der Beschäftigung dem Arbeitgeber zu übergeben.

Die Arbeitspapiere sind dem Arbeitnehmer dann mit Beendigung des Arbeitsverhältnisses auszuhändigen, gegebenenfalls auch zuzusenden. Ist dies nicht möglich – z. B. aus Gründen der Datenverarbeitung – ist eine Zwischenbescheinigung zu erteilen, aus der alle wesentlichen Angaben hervorgehen. *Herausgabe*

Eine Zurückbehaltung der Arbeitspapiere durch den Arbeitgeber ist unzulässig, auch wenn noch berechtigte Forderungen gegenüber dem Arbeitnehmer bestehen. *Kein Zurückbehaltungsrecht*

Kommt der Arbeitgeber mit der rechtzeitigen Herausgabe der Arbeitspapiere in Verzug und entsteht dem Arbeitnehmer hierdurch ein Schaden, zum Beispiel Lohnausfall, ist der Arbeitgeber zum Ersatz des Schadens verpflichtet. *Schadenersatzpflicht*

### Arbeitszeugnis

Im Zeugnisrecht unterscheidet man zwischen dem einfachen und dem qualifizierten Zeugnis.

*Zeugnisarten*

> Das einfache Zeugnis muss enthalten:
> - Vorname, Familienname, Geburtsdatum und Wohnadresse sowie
> - Art und Dauer der Beschäftigung.
>
> Auf Verlangen des Arbeitnehmers muss das Zeugnis ausgedehnt werden auf
> - Führung und Leistungen.

*Inhalt*

Das Zeugnis muss alle wesentlichen Tatsachen und Bewertungen enthalten, die für die Gesamtbeurteilung des Arbeitnehmers von Bedeutung und für künftige Arbeitgeber von Interesse sind. Einmalige Vorfälle oder Umstände, die für den Arbeitnehmer, seine Führung und Leistung nicht charakteristisch sind, gehören nicht in das Zeugnis. Andererseits muss das Zeugnis wahr sein. Bedeutsame Vorkommnisse, auch wenn sie für den Arbeitnehmer nachteilig sind, müssen in die Beurteilung aufgenommen werden, wenn sie für die Gesamtbeurteilung wesentlich sind. Der Arbeitgeber ist für die Tatsachen beweispflichtig, die der Zeugniserteilung und der darin enthaltenen Bewertung zugrunde liegen.

*Zeugnis-anspruch*

Der Zeugnisanspruch entsteht mit Beendigung des Arbeitsverhältnisses. Auf Verlangen des Arbeitnehmers ist das Arbeitszeugnis bereits nach Kündigung des Arbeitsverhältnisses auszustellen. Vor diesem Zeitpunkt kann in begründeten Fällen ein Zwischenzeugnis verlangt werden.

### Ausgleichsquittung

> Als Ausgleichsquittung bezeichnet man die schriftliche Erklärung des Arbeitnehmers, mit der er bestätigt, keinerlei Ansprüche mehr aus dem Arbeitsverhältnis und dessen Beendigung zu haben.
> Damit verzichtet der Arbeitnehmer auf alle möglicherweise noch bestehenden Ansprüche mit Ausnahme solcher, die unverzichtbar sind. Gebräuchlich ist auch die beiderseitige Verzichtserklärung.

*Verzichtserklärung*

**Beispiel:**
Mindesturlaubs- und Tarifansprüche sind unverzichtbar.

## 3.3.5 Kündigungsschutz

> Das Kündigungsrecht des Arbeitgebers ist weitgehend durch gesetzliche Kündigungsschutzbestimmungen eingeschränkt.

## 3.3.5.1 Allgemeiner Kündigungsschutz

> Die Kündigung eines Arbeitnehmers,
> - der bereits länger als sechs Monate
> - in einem Betrieb mit in der Regel mehr als 5 Arbeitnehmern
> 
> beschäftigt ist, ist rechtsunwirksam, wenn sie sozial ungerechtfertigt ist.

*Personenkreis*

Bei der Feststellung der Zahl der beschäftigten Arbeitnehmer werden Auszubildende nicht mitgerechnet. Teilzeitbeschäftigte werden anteilig berücksichtigt; und zwar
- bei einer regelmäßigen wöchentlichen Arbeitszeit von nicht mehr als 20 Stunden mit 0,5,
- von nicht mehr als 30 Stunden mit 0,75.

*Betriebsgröße*

Nach einem Urteil des Bundesarbeitsgerichts hat allerdings auch der Arbeitgeber im Kleinbetrieb, auf den das Kündigungsschutzgesetz keine Anwendung findet, im Fall der Kündigung, insbesondere bei langjähriger Beschäftigungsdauer des Arbeitnehmers, ein gebotenes Mindestmaß an sozialer Rücksichtnahme zu wahren.

### Sozial ungerechtfertigte Kündigung

Sozial ungerechtfertigt ist die Kündigung dann, wenn nicht einer der nachfolgend genannten Gründe vorliegt:
- Gründe in der Person des Arbeitnehmers

*Personenbedingt*

**Beispiel:**
Unverhältnismäßiges Nachlassen der Leistungsfähigkeit oder lang andauernde oder häufige Krankheit.
- Gründe im Verhalten des Arbeitnehmers

*Verhaltens-bedingt*

**Beispiel:**
Fortgesetztes vertragswidriges Verhalten, z. B. unentschuldigtes Fehlen.
- Dringende betriebliche Erfordernisse

*Betriebsbedingt*

**Beispiel:**
Anhaltender Arbeitsmangel, Betriebsstilllegung, Rationalisierung.

### Abmahnung vor Kündigung bei verhaltensbedingten Gründen

> Vor Ausspruch einer Kündigung aus verhaltensbedingten Gründen ist in der Regel eine vorherige Abmahnung des Arbeitnehmers erforderlich, um ihm zunächst Gelegenheit zu geben, sein Fehlverhalten zu korrigieren.

Ihre Warnfunktion erfüllt die Abmahnung nur dann, wenn sie
- konkrete Angaben über die beanstandeten Mängel enthält und
- für den Fall der Wiederholung auf die zu erwartende Kündigung hinweist.

### Soziale Auswahl bei betriebsbedingter Kündigung

> Kündigt der Arbeitgeber aus dringenden betrieblichen Erfordernissen, so muss er bei der Auswahl der Arbeitnehmer soziale Gesichtspunkte ausreichend berücksichtigen.

**Beispiel:**
Dauer der Betriebszugehörigkeit, Lebensalter, Unterhaltspflichten usw.

*Betriebliche Belange*

Das gilt jedoch nicht, wenn betriebstechnische, wirtschaftliche oder sonstige berechtigte betriebliche Bedürfnisse die Weiterbeschäftigung bestimmter Arbeitnehmer bedingen und damit der Auswahl nach sozialen Gesichtspunkten entgegenstehen.

### Änderungskündigung vor Beendigungskündigung

*Weiterbeschäftigungsangebot*

Nach dem Grundsatz der Verhältnismäßigkeit muss der Arbeitgeber vor jeder ordentlichen Beendigungskündigung von sich aus dem Arbeitnehmer eine beiden Seiten zumutbare Weiterbeschäftigung auf einem freien Arbeitsplatz, ggf. auch zu geänderten Arbeitsbedingungen, anbieten und unter Einräumung einer Überlegungsfrist von einer Woche klarstellen, dass bei Ablehnung des Änderungsangebots eine Kündigung beabsichtigt ist. Nimmt der Arbeitnehmer dieses Angebot nur unter Vorbehalt an, muss der Arbeitgeber eine Änderungskündigung aussprechen. Lehnt der Arbeitnehmer das Änderungsangebot vorbehaltlos und endgültig ab, kann die Beendigungskündigung erklärt werden.

*Änderungskündigung*

Kündigt der Arbeitgeber und bietet er gleichzeitig die Fortsetzung des Arbeitsverhältnisses zu geänderten Arbeitsbedingungen an, kann der Arbeitnehmer dieses Angebot unter dem Vorbehalt annehmen, dass die Änderung der Arbeitsbedingungen nicht sozial ungerechtfertigt ist. Dieser Vorbehalt muss innerhalb von drei Wochen nach Zugang der Kündigung gegenüber dem Arbeitgeber erklärt werden.

### Kündigungsschutzklage

*Klagefrist*

> Gegen eine sozial nicht gerechtfertigte Kündigung kann der Arbeitnehmer innerhalb von drei Wochen nach Zugang der Kündigung Klage beim Arbeitsgericht erheben.

Im Kündigungsschutzverfahren muss der Arbeitgeber die Kündigungsgründe beweisen. Stellt das Gericht fest, dass die Gründe nicht ausreichen, besteht das Arbeitsverhältnis fort. Das entgangene Arbeitsentgelt ist nachzuzahlen, der Arbeitnehmer weiterzubeschäftigen. In der Praxis kommt es häufig zu einem (einverständlichen) Vergleich auf Anregung des Gerichts mit Beendigung des Arbeitsverhältnisses gegen Zahlung einer Abfindung.

| Ist dem Arbeitnehmer die Fortsetzung des Arbeitsverhältnisses nicht mehr zumutbar, kann das Arbeitsgericht auf Antrag des Arbeitnehmers den Arbeitgeber zur Zahlung einer Abfindung verurteilen: ||| Abfindung |
|---|---|---|---|
| Alter des Arbeitnehmers | und | bis zu | |
| vor dem 50. Lebensjahr | — | 12 Bruttomonatsentgelte | |
| ab dem 50. Lebensjahr | 15 Beschäftigungsjahre | 15 Bruttomonatsentgelte | |
| ab dem 55. Lebensjahr | 20 Beschäftigungsjahre | 18 Bruttomonatsentgelte | |

Für Arbeitnehmer, die das 65. Lebensjahr vollendet haben, ist der Höchstbetrag auf zwölf Bruttomonatsentgelte beschränkt.

### 3.3.5.2 Besonderer Kündigungsschutz

Bestimmte Arbeitnehmer sind gegen eine Kündigung durch den Arbeitgeber in besonderer Weise geschützt:

Arbeitnehmer mit besonderem Kündigungsschutz

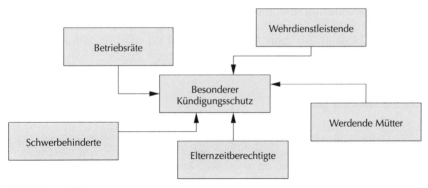

Abbildung 122

**Kündigungsschutz von Betriebsräten und Jugendvertretern**

Während der Amtszeit und innerhalb eines Jahres nach Beendigung der Amtszeit ist die ordentliche Kündigung eines Mitglieds des Betriebsrats oder einer Jugend- und Auszubildendenvertretung unzulässig.
Das Arbeits- bzw. Ausbildungsverhältnis kann nur gelöst werden
- fristlos aus wichtigem Grund
- mit Zustimmung des Betriebsrats oder
- Ersatz-Zustimmung durch das Arbeitsgericht.

Kündigung nur bei wichtigem Grund

Einen ähnlichen Kündigungsschutz besitzen auch die Mitglieder des Wahlvorstandes und Bewerber für das Betriebsratsamt bis zum Ablauf von sechs Monaten nach Bekanntgabe des Wahlergebnisses. Für die zur Wahl des Wahlvorstandes einladenden Arbeitnehmer sowie die zur Bestellung eines Wahlvorstandes beim Arbeitsgericht Antrag stellenden Arbeitnehmer besteht ab dem Zeitpunkt der Einladung oder Antragstellung bis zur Bekanntgabe des Wahlergebnisses besonderer Kündigungsschutz. Kommt es nicht zur Wahl eines Betriebsrates besteht Kündigungsschutz drei Monate ab dem Zeitpunkt der Einladung bzw. Antragstellung

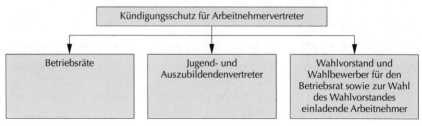

Abbildung 123

Beendigungsschutz bei Ausbildungsverhältnissen
Beabsichtigt der Arbeitgeber, einen Auszubildenden, der Mitglied der Jugend- und Auszubildendenvertretung oder des Betriebsrats ist, im Anschluss an das Berufsausbildungsverhältnis nicht in ein Arbeitsverhältnis zu übernehmen, muss er dies dem Auszubildenden drei Monate vor Ausbildungsende schriftlich mitteilen.
Verlangt der Auszubildende innerhalb der letzten drei Monate vor Ausbildungsende schriftlich die Weiterbeschäftigung, gilt ein Arbeitsverhältnis als abgeschlossen. Bis zum Ablauf von zwei Wochen nach Ausbildungsende kann der Arbeitgeber beim Arbeitsgericht feststellen lassen, dass die Weiterbeschäftigung nicht zumutbar ist, wenn Gründe hierfür vorliegen.

**Wehrdienstleistende**

Ab Zustellung des Einberufungsbescheides bis zur Beendigung des Grundwehrdienstes sowie während einer Wehrdienstübung ist eine ordentliche Kündigung durch den Arbeitgeber nicht zulässig. Dies gilt auch für Soldaten auf Zeit mit einer Dienstzeit bis zu zwei Jahren und Zivildienstleistende.

Vor und nach dem Wehrdienst darf der Arbeitgeber das Arbeitsverhältnis aus Anlass des Wehrdienstes nicht kündigen.

*Fristlose Kündigung*

Zulässig ist die fristlose Kündigung aus wichtigem Grund.

Die Einberufung zum Wehrdienst bzw. die Ableistung des Zivildienstes ist jedoch kein wichtiger Grund zur Kündigung.

## 3.3.5 Kündigungsschutz

*Abbildung 124*

Kleinbetriebsregelung

In Betrieben bis zu fünf Beschäftigten (ausschließlich der Auszubildenden) kann unter Einhaltung einer Frist von
- zwei Monaten zum Ende des Wehrdienstes gekündigt werden
- bei einem Grundwehrdienst von mehr als sechs Monaten, wenn
- der Arbeitnehmer unverheiratet ist und
- dem Arbeitgeber die Weiterbeschäftigung infolge Einstellung einer Ersatzkraft nach Ende des Wehrdienstes nicht zugemutet werden kann.

*Ausnahme*

*Kündigungsvoraussetzungen*

Beendigungsschutz bei Ausbildungsverhältnissen

> Nach Beendigung eines Berufsausbildungsverhältnisses darf die Übernahme eines Auszubildenden in ein Arbeitsverhältnis nicht aus Anlass des Wehrdienstes abgelehnt werden.

### Schwerbehinderte

> Die ordentliche Kündigung eines Schwerbehinderten oder Gleichgestellten durch den Arbeitgeber bedarf der vorherigen Zustimmung des Integrationsamtes.
> Auch für die außerordentliche Kündigung ist die vorherige Zustimmung erforderlich. Sie muss innerhalb von zwei Wochen nach Kenntnis des wichtigen Grundes beantragt werden. Trifft das Integrationsamt innerhalb von zwei Wochen nach Eingang des Antrages keine Entscheidung, gilt die Zustimmung als erteilt.

*Integrationsamt*

Die Zustimmung zur ordentlichen und außerordentlichen Kündigung ist nicht erforderlich, wenn das Arbeitsverhältnis noch nicht länger als sechs Monate besteht. In dieser Zeit entfällt auch die Mindestkündigungsfrist von vier Wochen.

*Mindestkündigungsfrist*

Kündigungsschutz für Schwerbehinderte

*Abbildung 125*

Zustimmungs-
erfordernis

Beendigungsschutz

Die Beendigung des Arbeitsverhältnisses eines Schwerbehinderten bzw. Gleichgestellten bedarf auch dann der vorherigen Zustimmung des Integrationsamtes, wenn sie im Falle des Eintritts der Erwerbsminderung ohne Kündigung erfolgt, es sei denn, dass eine Zustimmung auch im Kündigungsfalle nicht erforderlich gewesen wäre.

Einstellung zur Probe

Anzeigepflichten des Arbeitgebers

Einstellungen auf Probe und die Beendigung von Arbeitsverhältnissen Schwerbehinderter, die dem Betrieb noch nicht länger als sechs Monate zugehören, müssen dem Integrationsamt innerhalb von vier Tagen angezeigt werden.

**Werdende Mütter**

Kündigungs-
verbot

Während der Schwangerschaft und vier Monate nach der Entbindung ist jede ordentliche und außerordentliche Kündigung gegenüber einer Arbeitnehmerin unzulässig, wenn dem Arbeitgeber zum Zeitpunkt der Kündigung die Schwangerschaft oder Entbindung bekannt ist oder spätestens innerhalb von zwei Wochen nach Zugang der Kündigung noch mitgeteilt wird.

Ausnahme

Auf Antrag des Arbeitgebers kann die für den Arbeitsschutz zuständige Oberste Landesbehörde oder die von ihr bestimmte Stelle in besonderen Fällen ausnahmsweise die Kündigung zulassen. Die Kündigung kann erst nach Vorliegen des Zulassungsbescheides erklärt werden; sie bedarf der Schriftform und muss den zulässigen Grund angeben.

**Beispiel:**

Bei Betriebsstilllegung.

Arbeitnehmerin

Die Arbeitnehmerin selbst kann während der Schwangerschaft und der Schutzfrist nach der Entbindung (in der Regel acht Wochen) von sich aus ohne Frist zum Ende der Schutzfrist kündigen. Das allgemeine Kündigungsrecht, z. B. zu einem anderen Termin bleibt davon unberührt.

## Elternzeitberechtigte

Der Arbeitgeber darf das Arbeits- bzw. Berufsausbildungsverhältnis ab dem Zeitpunkt, von dem an Elternzeit (dieser Begriff hat seit Jahresbeginn 2001 den Begriff Erziehungsurlaub ersetzt) verlangt wird, höchstens jedoch acht Wochen vor deren Beginn und während der Elternzeit weder ordentlich noch außerordentlich kündigen.

Kündigungsverbot

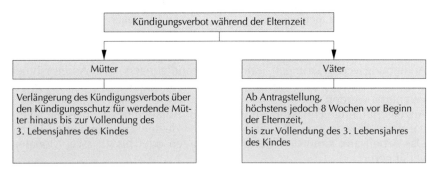

*Abbildung 126*

Die für den Arbeitsschutz zuständige Oberste Landesbehörde oder die von ihr bestimmte Stelle kann auf Antrag des Arbeitgebers in besonderen Fällen ausnahmsweise die Kündigung für zulässig erklären.

Kündigungsgenehmigung

**Beispiel:**

Bei besonderen Verstößen des Arbeitnehmers gegen arbeitsvertragliche Pflichten, Betriebsstilllegung, Gefährdung der Existenz des Betriebes oder der wirtschaftlichen Existenz des Arbeitgebers.

In Betrieben bis zu fünf Beschäftigten (ausschließlich der Auszubildenden) kann die Genehmigung zur Kündigung auch dann erteilt werden, wenn der Arbeitgeber dringend auf eine Ersatzkraft angewiesen ist und hierfür einen unbefristeten Arbeitsvertrag abschließen muss.

Kleinbetriebsregelung

Der Elternzeitberechtigte selbst kann mit einer Frist von drei Monaten zum Ende der Elternzeit kündigen. Das allgemeine Kündigungsrecht, z. B. zu einem anderen Termin bleibt davon unberührt.

Kündigungsrecht

Hinsichtlich Anspruchsvoraussetzungen und Dauer der Elternzeit siehe Abschnitt 3.3.8.2 „Sozialer Arbeitsschutz – Mutterschutz".

### 3.3.5.3 Kündigungsschutz bei Massenentlassungen

Anzeigepflicht

| Der Arbeitgeber ist verpflichtet, dem Arbeitsamt unter Beifügung der Stellungnahme des Betriebsrats Massenentlassungen schriftlich anzuzeigen, bevor er in Betrieben ||
|---|---|
| mit 21 – 59 Arbeitnehmern | ab 6 Arbeitnehmer |
| mit 60 – 499 Arbeitnehmern | ab 26 Arbeitnehmer oder 10 v. H. der Arbeitnehmer |
| ab 500 Arbeitnehmern | ab 30 Arbeitnehmer |
| innerhalb von 30 Kalendertagen entlässt. ||

Freigrenzen

Aufhebungsvereinbarungen und Eigenkündigungen der Arbeitnehmer rechnen bei der Anzahl der Entlassungen mit, wenn sie vom Arbeitgeber veranlasst werden.

Sperrfrist

Anzeigepflichtige Entlassungen werden vor Ablauf eines Monats nach Eingang der Anzeige beim Arbeitsamt nur mit dessen Zustimmung wirksam. Das Arbeitsamt kann die Sperrfrist verkürzen oder bis zu zwei Monaten verlängern.

Kündigungsschutzbestimmungen zugunsten der Arbeitnehmer

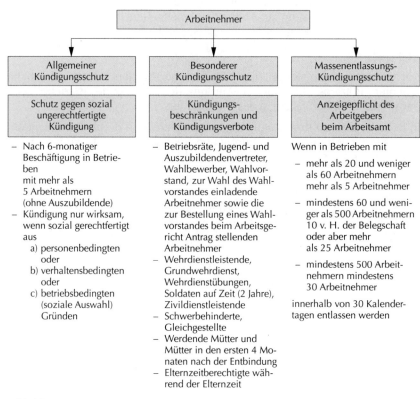

Abbildung 127

## 3.3.6 Tarifvertrag

### 3.3.6.1 Koalitionsfreiheit

> Artikel 9/III des Grundgesetzes garantiert das Recht zur Bildung von Vereinigungen zur Wahrung und Förderung der Arbeits- und Wirtschaftsbedingungen. Zusammenschlüsse dieser Art, auch Koalitionen genannt, sind die Gewerkschaften und die Arbeitgeberverbände.

Jeder Arbeitnehmer und Unternehmer ist berechtigt, einem Berufsverband als Mitglied beizutreten oder diesem fernzubleiben. Maßnahmen, die die Koalitionsfreiheit einschränken oder behindern, sind unzulässig. — *Freiwillige Mitgliedschaft*

Zur Durchsetzung ihrer Ziele steht den Arbeitnehmer- und Arbeitgeberverbänden unter Wahrung des Grundsatzes der Verhältnismäßigkeit als letztes Mittel der Arbeitskampf zur Verfügung. — *Arbeitskampf*

Als Streik bezeichnet man die kollektive Arbeitsniederlegung mehrerer Arbeitnehmer zur Erzwingung einer bestimmten Forderung. — *Streik*

Das Kampfmittel der Arbeitgeber ist die Aussperrung. Durch Nichtzulassung mehrerer Arbeitnehmer zur Arbeit soll den Erfordernissen der Arbeitgeberseite Nachdruck verliehen werden. — *Aussperrung*

Die Koalitionsfreiheit in der Bundesrepublik Deutschland

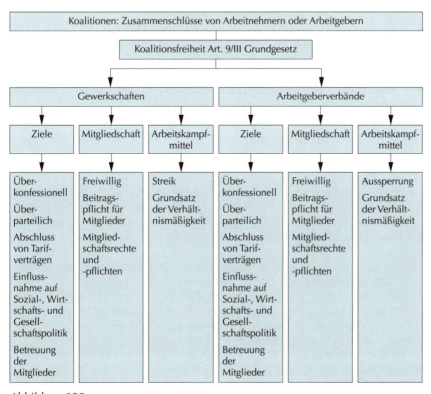

*Abbildung 128*

### 3.3.6.2 Tarifvertragsparteien

> Die Tarifverträge werden von den Tarifvertragsparteien – auf Arbeitnehmerseite von den Gewerkschaften, auf Arbeitgeberseite von den Arbeitgeberverbänden (gelegentlich auch einzelnen Unternehmen) – abgeschlossen. Im Handwerk werden die Tarifverträge zwischen den Gewerkschaften und den Bundes- oder Landesinnungsverbänden abgeschlossen.

Abschluss des Tarifvertrags durch die Tarifvertragsparteien

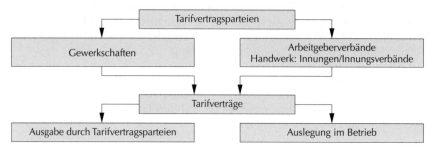

*Abbildung 129*

Funktionen

Tarifverträge haben drei wichtige Funktionen:
- Schutzfunktion: Im Arbeitsvertrag dürfen die Mindestarbeitsbedingungen des Tarifvertrages nicht unterschritten werden.
- Ordnungsfunktion: Nach dem Tarifvertrag bestimmen sich die Inhalte des Arbeitsvertrages.
- Friedensfunktion: Bei Gültigkeit eines Tarifvertrages herrscht Streikverbot hinsichtlich der tariflich festgelegten Punkte.

### 3.3.6.3 Tarifgebundenheit

Tarifbindung

> Der Tarifvertrag ist verbindlich, wenn
> - beide Arbeitsvertragspartner Mitglied bei der für sie zuständigen Tarifvertragspartei sind, der Arbeitgeber bei dem tarifabschließenden Arbeitgeberverband und gleichzeitig der Arbeitnehmer bei der tarifabschließenden Gewerkschaft,
> oder

Allgemeinverbindlichkeit

> - der Tarifvertrag durch das Bundes- oder Landesarbeitsministerium für allgemein verbindlich erklärt worden ist.
> Ist der Tarifvertrag für das Arbeitsverhältnis verbindlich, sind abweichende Vereinbarungen zwischen Arbeitnehmer und Arbeitgeber nur zulässig, soweit sie für den Arbeitnehmer günstiger sind.
> Tarifansprüche sind unabdingbar und unverzichtbar.

Tarifanwendung

Besteht keine Tarifbindung, kann die Anwendung des Tarifvertrages zwischen Arbeitnehmer und Arbeitgeber vereinbart werden.

Voraussetzungen der Tarifbindung

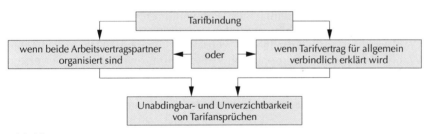

*Abbildung 130*

### 3.3.6.4 Inhalt und Form des Tarifvertrages

> Die Tarifverträge regeln die beiderseitigen Rechte und Pflichten der Arbeitgeber und Arbeitnehmer im Arbeitsverhältnis.

**Beispiel:**
Der Lohntarifvertrag, die Lohnbedingungen, der Rahmen- oder Manteltarifvertrag, die sonstigen arbeitsrechtlichen Bedingungen.

Tarifverträge bedürfen der Schriftform.     Schriftform
Der Arbeitgeber ist verpflichtet, die für seinen Betrieb maßgebenden Tarif-     Auslegungs-
verträge an geeigneter Stelle im Betrieb auszulegen.     pflicht

## 3.3.7 Betriebsverfassung

### 3.3.7.1 Errichtung von Betriebsräten und Jugendvertretungen

> In Betrieben mit mindestens fünf ständigen wahlberechtigten Arbeitneh-     Betriebsgröße
> mern, einschließlich der zu ihrer Ausbildung Beschäftigten, von denen
> mindestens drei wählbar sein müssen, kann ein Betriebsrat gewählt werden. Dies gilt auch für gemeinsame Betriebe mehrerer Unternehmen.

Wahlberechtigt sind alle Arbeitnehmer, die 18 Jahre alt sind. Dazu zählen     Wahl-
auch Leiharbeitnehmer, wenn sie länger als drei Monate im Betrieb einge-     berechtigung
setzt werden.
Wählbar sind alle Arbeitnehmer, die 18 Jahre alt sind und dem Betrieb
bereits sechs Monate zugehören. Leiharbeitnehmer können nicht gewählt
werden.
Die Zahl der Betriebsratsmitglieder richtet sich nach der Zahl der wahlberechtigten Arbeitnehmer.
Die Betriebsratswahlen finden regelmäßig alle vier Jahre in der Zeit vom     Betriebsrats-
1.3. bis 31.5. statt. Die Durchführung obliegt dem Wahlvorstand. Er wird     wahl
vom Betriebsrat bestellt; besteht kein Betriebsrat, wählt ihn die Betriebsversammlung. Findet eine solche nicht statt bzw. endet sie ohne Wahl, so
wird der Wahlvorstand auf Antrag vom Arbeitsgericht bestellt.

Die Betriebsratswahl ist geheim und unmittelbar; die Kosten trägt der Arbeitgeber. Für Kleinbetriebe (in der Regel fünf bis 50 wahlberechtigte Arbeitnehmer) gilt ein vereinfachtes Wahlverfahren; für Betriebe mit in der Regel 51 bis 100 wahlberechtigten Arbeitnehmern kann es zwischen Wahlvorstand und Arbeitgeber vereinbart werden. Das vereinfachte Wahlverfahren ist in Betrieben ohne Betriebsrat zweistufig. In der ersten Wahlversammlung wird der Wahlvorstand, in der zweiten der Betriebsrat gewählt. Ist der Wahlvorstand vom Betriebsrat oder vom Arbeitsgericht bestellt, wird der Betriebsrat nur in einer Wahlversammlung gewählt

*Jugend- und Auszubildendenvertretung*

In Betrieben, in denen mindestens fünf Jugendliche oder Auszubildende unter 25 Jahren beschäftigt werden, kann neben dem Betriebsrat eine Jugend- und Auszubildendenvertretung gewählt werden, die die Belange der Jugendlichen und Auszubildenden wahrnimmt.

*Wahltermin*

Wahlberechtigt sind alle Arbeitnehmer unter 18 Jahren und die zu ihrer Berufsausbildung Beschäftigten, soweit sie das 25. Lebensjahr noch nicht vollendet haben, wählbar alle Arbeitnehmer des Betriebes unter 25 Jahren. Die Wahlen finden alle zwei Jahre in der Zeit vom 1.10. bis 30.11. statt. Auch bezüglich der Jugend- und Auszubildendenvertretung gibt es das vereinfachte Wahlverfahren.

Die Arbeitnehmervertretungen im Betrieb

| Betriebsrat | |
|---|---|
| Zahl der Wahlberechtigten | Zahl der Betriebsratsmitglieder |
| 5 bis 20 | 1 |
| 21 bis 50 | 3 |
| 51 bis 100 | 5 |
| 101 bis 200 | 7 |
| 201 bis 400 | 9 |
| usw. | usw. |

| Schwerbehindertenvertretung (ab wenigstens 5 Schwerbehinderten 1 Vertrauensmann/Vertrauensfrau und wenigstens 1 Stellvertreter) | Jugend- und Auszubildendenvertretung | |
|---|---|---|
| | Zahl der Jugendlichen und Auszubildenden | Zahl der Jugendvertreter |
| | 5 bis 20 | 1 |
| | 21 bis 50 | 3 |
| | 51 bis 150 | 5 |
| | 151 bis 300 | 7 |
| | usw. | usw. |

*Abbildung 131*

Hat der Betriebsrat mindestens drei Mitglieder, so muss das Geschlecht, das in der Belegschaft in der Minderheit ist, mindestens entsprechend seinem zahlenmäßigen Verhältnis vertreten sein. Im Übrigen soll sich der Betriebsrat entsprechend der einzelnen Organisationsbereiche und der verschiedenen Beschäftigungsarten zusammensetzen.

> Zur Wahrnehmung der Aufgaben nach dem Betriebsverfassungsgesetz hat die im Betrieb vertretene Gewerkschaft nach Unterrichtung des Arbeitgebers ein erzwingbares Zugangsrecht zum Betrieb.

*Zugangsrecht*

Sie kann im Rahmen ihrer Initiativrechte die Einleitung und Durchführung der Betriebsratswahl veranlassen.
Im Betrieb vertreten ist eine Gewerkschaft, wenn ihr mindestens ein Arbeitnehmer im Betrieb als Mitglied zugehört.

### 3.3.7.2 Rechte und Pflichten des Betriebsrats

> Die Amtszeit des Betriebsrats beträgt vier Jahre.

*Amtszeit*

Während dieser Zeit ist der Betriebsrat unter Fortzahlung seines Lohnes von der Arbeit freizustellen,
- wenn und soweit dies zur ordnungsgemäßen Erledigung der Betriebsratstätigkeit erforderlich ist
- für notwendige Schulungs- und Bildungsveranstaltungen
- zur Teilnahme an anerkannten Schulungs- und Bildungsveranstaltungen für die Dauer von drei Wochen während der Amtszeit.

*Freistellungsanspruch*

Ab einer Betriebsgröße von mindestens 200 Arbeitnehmern ist mindestens ein Betriebsratsmitglied von der beruflichen Tätigkeit freizustellen.

> Betriebsrat sowie Jugend- und Auszubildendenvertretung dürfen in der Ausübung ihrer Tätigkeit nicht behindert, weder benachteiligt noch begünstigt werden. Betriebs- und Geschäftsgeheimnisse müssen gewahrt bleiben.

*Benachteiligungsverbot*

Bezüglich des Kündigungsschutzes für Betriebsratsmitglieder siehe Abschnitt 3.3.5.2 „Besonderer Kündigungsschutz".
Die Sitzungen des Betriebsrats finden in der Regel während der Arbeitszeit statt. Teilnahmeberechtigt sind:
- die Jugend- und Auszubildendenvertretung
- die Schwerbehindertenvertretung.

*Betriebsratssitzung*

Unter bestimmten Voraussetzungen kann auch der Arbeitgeber und eine im Betrieb vertretene Gewerkschaft daran teilnehmen.
Der Betriebsrat kann während der Arbeitszeit Sprechstunden einrichten. Zeit und Ort müssen mit dem Arbeitgeber vereinbart werden. Versäumnis von Arbeitszeit, die durch den Besuch der Sprechstunde eintritt, darf nicht zur Minderung des Arbeitsentgelts führen.

*Sprechstunden*

Die Betriebsversammlungen finden vierteljährlich in der Regel während der Arbeitszeit statt. Die Zeit der Teilnahme sowie zusätzliche Wegezeiten sind wie Arbeitszeit zu vergüten; Fahrtkosten sind ebenfalls zu erstatten. In der Betriebsversammlung können Angelegenheiten einschließlich solcher tarifpolitischer, sozialpolitischer, umweltpolitischer und wirtschaftlicher Art sowie hinsichtlich der Gleichstellung von Frauen und Männern und der Integration ausländischer Arbeitnehmer behandelt werden, die den Betrieb oder seine Arbeitnehmer unmittelbar betreffen. Der Arbeitgeber ist zu den Betriebsversammlungen einzuladen.

*Betriebsversammlungen*

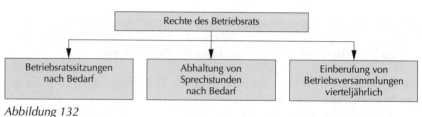
Abbildung 132

Kosten

Kosten und Sachaufwand, die durch die Tätigkeit des Betriebsrats entstehen, trägt der Arbeitgeber.

**Beispiel:**
Kosten für Räume, Büropersonal, Schreibmaterial.

### 3.3.7.3 Zusammenarbeit zwischen Arbeitgeber und Betriebsrat

Arbeitgeber und Betriebsrat sollen unter Beachtung der geltenden Tarifverträge vertrauensvoll und im Zusammenwirken mit den im Betrieb vertretenen Gewerkschaften und Arbeitgeberverbänden zum Wohl der Arbeitnehmer und des Betriebes zusammenarbeiten.

Friedenspflicht

Arbeitskämpfe zwischen Arbeitgeber und Betriebsrat sind unzulässig. Arbeitsablauf und Betriebsfrieden dürfen nicht gestört werden.

### 3.3.7.4 Betriebsvereinbarungen

Arbeitgeber und Betriebsrat können Betriebsvereinbarungen treffen.

**Beispiel:**
Regelungen über gleitende Arbeitszeit, Betriebsurlaub oder Fahrtkostenerstattung zwischen Wohnung und Betrieb.

Inhalt

Arbeitsentgelte und sonstige Arbeitsbedingungen, die durch Tarifvertrag geregelt sind oder üblicherweise geregelt werden, können in der Regel nicht Gegenstand einer Betriebsvereinbarung sein.
Betriebsvereinbarungen

Formvorschriften
- bedürfen der Schriftform
- müssen von beiden Seiten unterzeichnet sein und
- im Betrieb ausgelegt werden.

### 3.3.7.5 Einigungsstellen

Zur Beilegung von Meinungsverschiedenheiten zwischen Arbeitgeber und Betriebsrat ist die Bildung von Einigungsstellen vorgesehen. Sie setzen sich aus der gleichen Anzahl von Beisitzern des Arbeitgebers und des Betriebsrats und einem unparteiischen Vorsitzenden zusammen. Kommt eine Einigung über die Person eines unparteiischen Vorsitzenden nicht zustande, wird dieser vom Arbeitsgericht bestellt. Die Einigungsstelle fasst ihre Beschlüsse mit Stimmenmehrheit unter angemessener Berücksichtigung der Belange des Betriebes und der betroffenen Arbeitnehmer nach billigem Ermessen. Die Kosten des Verfahrens trägt der Arbeitgeber.

### 3.3.7.6 Mitwirkungs- und Mitbestimmungsrechte des Betriebsrats

**Allgemeine Aufgaben**

Aufgabe des Betriebsrats ist es, darüber zu wachen, dass die Gesetze, Verordnungen, Unfallverhütungsvorschriften, Tarifverträge und Betriebsvereinbarungen eingehalten werden. Zu diesem Zweck hat er Anspruch auf rechtzeitige und umfassende Unterrichtung durch den Arbeitgeber. Auf Verlangen müssen ihm die hierfür erforderlichen Unterlagen zur Verfügung gestellt werden.

**Mitbestimmung in sozialen Angelegenheiten**

Die Mitbestimmung in sozialen Angelegenheiten erstreckt sich auf Bereiche wie:
- Ordnung des Betriebes und Verhalten der Arbeitnehmer im Betrieb
- Beginn und Ende der täglichen Arbeitszeit einschließlich Pausen sowie Verteilung der Arbeitszeit auf die einzelnen Wochentage
- Vorübergehende Verkürzung oder Verlängerung der betriebsüblichen Arbeitszeit
- Zeit, Ort und Art der Auszahlung der Arbeitsentgelte
- Aufstellung allgemeiner Urlaubsgrundsätze und des Urlaubsplans
- Einführung und Anwendung von technischen Einrichtungen zur Überwachung von Verhalten oder Leistung der Arbeitnehmer
- Maßnahmen des Gesundheitsschutzes und der Unfallverhütung
- Fragen der betrieblichen Lohngestaltung; Festsetzung der Akkord- und Prämiensätze
- Grundsätze über das betriebliche Vorschlagswesen
- Grundsätze über die Durchführung von Gruppenarbeit.

*Soziale Angelegenheiten*

Der Betriebsrat hat sich ferner dafür einzusetzen, dass die Vorschriften über den Arbeitsschutz und die Unfallverhütung im Betrieb sowie über den betrieblichen Umweltschutz durchgeführt werden. Dazu sind auch freiwillige Betriebsvereinbarungen möglich

**Mitwirkung in personellen Angelegenheiten**

Allgemeine personelle Angelegenheiten sind Personalplanung (darunter auch Maßnahmen zur Gleichstellungsförderung und zur Förderung der Vereinbarkeit von Familie und Erwerbstätigkeit), Beschäftigungssicherung (hier hat der Betriebsrat ein Informations- und Beratungsrecht), Ausschreibung von Arbeitsplätzen, Personalfragebogen und allgemeine Beurteilungsgrundsätze und Auswahlrichtlinien bei Einstellungen. Bei der Durchführung betrieblicher Bildungsmaßnahmen hat der Betriebsrat mitzubestimmen.

### Mitbestimmung bei personellen Einzelmaßnahmen

> In Unternehmen mit mindestens 21 Wahlberechtigten ist der Betriebsrat vor jeder Einstellung, Eingruppierung, Umgruppierung und Versetzung zu unterrichten.

Bewerbungsunterlagen müssen zur Verfügung gestellt werden. Der Betriebsrat kann in begründeten Fällen (z. B. bei unbefristeter Einstellung von Arbeitnehmern, obwohl es gleich geeignete befristet beschäftigte Arbeitnehmer im Betrieb gibt) die Zustimmung verweigern. Teilt er dem Arbeitgeber innerhalb einer Woche die Gründe hierfür nicht schriftlich mit, gilt die Zustimmung als erteilt. Bevor der Betriebsrat sich geäußert hat, kann eine personelle Maßnahme nur dann vorläufig durchgeführt werden, wenn dies aus sachlichen Gründen dringend erforderlich ist.

### Mitbestimmung bei Kündigungen

Bei Ausspruch von Kündigungen durch den Arbeitgeber hat der Betriebsrat ein Anhörungs- und Widerspruchsrecht (siehe hierzu Abschnitt 3.3.4.3 „Ordentliche Kündigung" und 3.3.4.5 „Außerordentliche Kündigung".).

### Mitwirkung in wirtschaftlichen Angelegenheiten

In Unternehmen mit mindestens 21 wahlberechtigten Arbeitnehmern muss der Arbeitgeber den Betriebsrat über geplante Betriebsänderungen, die wesentliche Nachteile für die Belegschaft zur Folge haben können, unterrichten und die geplanten Änderungen mit ihm beraten.

Betriebs-
änderungen

> Als Betriebsänderungen gelten:
> - die Einschränkung, Stilllegung oder Verlegung des Betriebes bzw. von Betriebsteilen,
> - der Zusammenschluss mit anderen Betrieben,
> - grundlegende Änderungen der Betriebsorganisation
> - die Einführung grundlegend neuer Arbeitsmethoden und Fertigungsweisen.

Sozialplan

Arbeitgeber und Betriebsrat sollen einen Interessenausgleich herbeiführen und zum Ausgleich der wirtschaftlichen Nachteile, die den Arbeitnehmern entstehen, einen Sozialplan erstellen. Kommt eine Einigung nicht zustande, ist zunächst der Präsident des Landesarbeitsamtes und dann die Einigungsstelle einzuschalten.

## Mitwirkungs- und Mitbestimmungsrechte des Betriebsrats

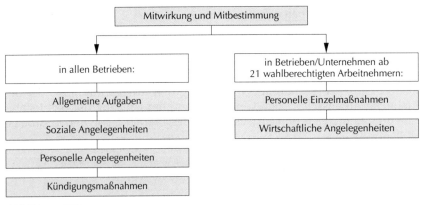

*Abbildung 133*

### 3.3.7.7 Rechte des einzelnen Arbeitnehmers

Jeder Arbeitnehmer hat nach dem Betriebsverfassungsgesetz folgende Rechte:

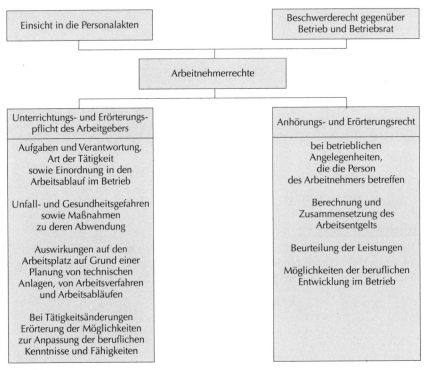

*Abbildung 134*

## 3.3.8 Arbeitsschutz

### Allgemeines zum Arbeitsschutz

*Zielsetzung*

Der Arbeitsschutz dient der Sicherheit und der Gesundheit der Beschäftigten bei der Arbeit. Die Arbeitsschutzvorschriften sind zwingend und müssen von Arbeitgebern und Arbeitnehmern beachtet werden; ihre Einhaltung ist mit Bußgeld und Strafandrohungen bewehrt.

*Sozialer und betrieblicher Arbeitsschutz*

Der soziale Arbeitsschutz regelt vorrangig den Arbeitszeitschutz, der betriebliche Arbeitsschutz den Gefahrenschutz im Umgang mit den technischen Einrichtungen und Arbeitsmitteln des Betriebes sowie den Arbeitsstoffen.

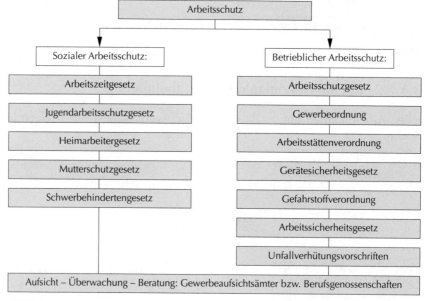

*Abbildung 135*

### 3.3.8.1 Betrieblicher Arbeitsschutz

#### Arbeitsschutzgesetz

Die Grundsätze des betrieblichen Arbeitsschutzes sind im Arbeitsschutzgesetz und den dazu ergangenen Rechtsverordnungen geregelt, sie stellen den Sicherheits- und Gesundheitsschutz der Beschäftigten sicher.

## 3.3.8 Arbeitsschutz

Wesentliche Grundpflichten der Arbeitgeber sind:
- erforderliche Maßnahmen des Arbeitsschutzes zu treffen und laufend auf ihre Wirksamkeit hin zu überprüfen;
- unter Berücksichtigung von Technik, Arbeitsmedizin und Hygiene die Arbeit so zu gestalten, dass Gefährdungen vermieden werden;
- in Betrieben mit mehr als zehn Beschäftigten die mit der Arbeit verbundenen Gefährdungen zu ermitteln und das Ergebnis der Gefährdungsbeurteilung sowie die getroffenen Arbeitsschutzmaßnahmen durch Unterlagen zu dokumentieren;
- die Beschäftigten über Sicherheit und Gesundheitsschutz am Arbeitsplatz ausreichend und angemessen zu unterweisen;
- auf Wunsch des Arbeitnehmers diesen arbeitsmedizinisch untersuchen zu lassen, sofern dies durch die besondere Gefährdung begründet ist.

*Arbeitgeberpflichten*

Pflichten der Arbeitnehmer sind:
- für ihre Sicherheit und Gesundheit bei der Arbeit Sorge zu tragen;
- Maschinen, Geräte und ihnen zur Verfügung gestellte persönliche Schutzausrüstungen bestimmungsgemäß zu verwenden;
- jede festgestellte unmittelbare erhebliche Gefahr sowie Defekte an Schutzsystemen dem Arbeitgeber unverzüglich zu melden;
- gemeinsam mit dem Betriebsarzt und der Fachkraft für Arbeitssicherheit den Arbeitgeber bei der Gewährleistung des Arbeitsschutzes zu unterstützen.

*Arbeitnehmerpflichten*

Rechte der Arbeitnehmer sind:
- Vorschlagsrecht von Maßnahmen zu allen Fragen des Arbeitsschutzes im Betrieb
- Entfernungsrecht vom Arbeitsplatz bei unmittelbaren und erheblichen Gefahren
- Beschwerderecht bei den Aufsichtsbehörden über unzureichenden Arbeitsschutz im Betrieb.

### Sonstige Regelungen des betrieblichen Arbeits-Gefahrenschutzes

Spezielle Regelungen des betrieblichen Arbeits- bzw. Gefahrenschutzes enthalten vor allem
- die Rechtsverordnungen zum Arbeitsschutzgesetz, insbesondere
  - Bildschirmarbeitsverordnung
  - Verordnung über Sicherheit und Gesundheitsschutz bei der Benutzung persönlicher Schutzausrüstungen
  - Lastenhandhabungsverordnung
  - Arbeitsmittelbenutzungsverordnung
  - Baustellenverordnung
  - Biostoffverordnung
- die Arbeitsstättenverordnung
- die Gewerbeordnung (Schutz der Sittlichkeit)
- das Arbeitssicherheitsgesetz
- das Gerätesicherheitsgesetz
- die Gefahrstoffverordnung
- die Unfallverhütungsvorschriften.

*Spezielle Regelungen*

| | |
|---|---|
| Arbeitsstätten-verordnung | Die Arbeitsstättenverordnung legt für alle Arbeitsstätten die als notwendig anerkannten Anforderungen in sicherheitstechnischer, hygienischer und arbeitswissenschaftlicher Hinsicht fest. |

> **Beispiel:**
> Größe der Arbeitsräume, Beleuchtung, Lüftung, Raumtemperaturen, Verkehrswege, Flucht- und Rettungswege, Lärm und Vibrationen, Sozialräume, Sanitätsräume und Erste-Hilfe-Einrichtungen

| | |
|---|---|
| Gewerbe-ordnung | Zu den Einrichtungen, die geeignet sind, die Aufrechterhaltung der guten Sitten und des Anstandes zu sichern, gehören ausreichende, nach Geschlechtern getrennte Umkleideräume, Waschräume und Toiletten (zum Teil Soll-Vorschriften). |
| Arbeitssicher-heitsgesetz | |

> Das Arbeitssicherheitsgesetz verpflichtet die Betriebe
> - Sicherheitsingenieure oder Fachkräfte für Arbeitssicherheit sowie
> - Betriebsärzte
>
> zu bestellen.

Siehe hierzu – und hinsichtlich der Unfallverhütungsvorschriften – Abschnitt 3.4.6.7 „Unfallverhütung".

| | |
|---|---|
| Gerätesicher-heitsgesetz | Das Gerätesicherheitsgesetz verbietet das In-Verkehr-Bringen von Maschinen und Werkzeugen, die nicht den Arbeitsschutz- und Unfallverhütungsvorschriften entsprechen. |

> Die Überwachung des Arbeitsschutzes ist staatliche Aufgabe und erfolgt durch die Gewerbeaufsichtsämter in Zusammenarbeit mit den Berufsgenossenschaften; sie beraten die Arbeitgeber bei der Erfüllung ihrer Pflichten.

| | |
|---|---|
| Strafvorschriften | Die Gewerbeaufsicht kann in Einzelfällen notwendige Anordnungen zum Schutz der Beschäftigten erlassen. Verstöße gegen bestimmte Arbeitsschutzvorschriften sind mit einer Geldbuße bis zu 25.000,00 EUR oder mit Freiheitsstrafe bis zu einem Jahr bzw. Geldstrafen bedroht. |

### 3.3.8.2 Sozialer Arbeitsschutz

**Arbeitszeitgesetz**

> Das Arbeitszeitgesetz regelt den gesetzlich zulässigen Rahmen für die Beschäftigung von Arbeitnehmern und Auszubildenden über 18 Jahre.

Abweichungen hiervon können sich durch tarifliche Regelungen ergeben.

**Werktägliche Arbeitszeit**
Die werktägliche Arbeitszeit darf acht Stunden – wöchentlich 48 Stunden – nicht überschreiten.

## Höchstarbeitszeit

*Ausgleichszeitraum*

Die werktägliche Arbeitszeit kann auf bis zu zehn Stunden verlängert werden, wenn innerhalb von sechs Kalendermonaten oder innerhalb von 24 Wochen im Durchschnitt acht Stunden werktäglich nicht überschritten werden (Ausgleichszeitraum).

Der Arbeitgeber ist verpflichtet, die über die werktägliche Arbeitszeit von acht Stunden hinausgehende Arbeitszeit der Arbeitnehmer aufzuzeichnen und die Aufzeichnungen mindestens zwei Jahre aufzubewahren.
Nur in außergewöhnlichen Fällen darf die Höchstarbeitszeit überschritten werden.

**Beispiel:**
In Notfällen und außergewöhnlichen Fällen, die unabhängig vom Willen des Betroffenen eintreten und deren Folgen nicht auf andere Weise zu beseitigen sind, besonders wenn Rohstoffe oder Lebensmittel zu verderben drohen.

### Ruhepausen

Während der Arbeitszeit müssen Ruhepausen eingehalten werden, die nicht auf die Arbeitszeit angerechnet werden.

*Mindestruhepausen*

Ruhepausen für Arbeitnehmer

| Alle Arbeitnehmer ab dem 18. Lebensjahr | bei täglicher Arbeitszeit von | Ruhepause in Minuten |
|---|---|---|
| | 6 Stunden bis 9 Stunden | 30 |
| | mehr als 9 Stunden | 45 |

*Abbildung 136*

Die Ruhepausen können zusammenhängen oder aufgeteilt werden; sie müssen aber jeweils mindestens 15 Minuten betragen.

### Ruhezeit
Nach Beendigung der täglichen Arbeitszeit muss eine ununterbrochene Ruhezeit von mindestens 11 Stunden liegen.

### Nachtarbeitszeit

Nachtzeit ist die Zeit von 23.00 bis 6.00 Uhr; in Bäckereien und Konditoreien die Zeit von 22.00 bis 5.00 Uhr.

*Nachtzeit*

Nachtarbeit ist jede Arbeit, die mehr als zwei Stunden der Nachtzeit umfasst. Für die Beschäftigten mit Nachtarbeit gelten besondere Regelungen hinsichtlich der Überschreitung der werktäglichen Arbeitszeit von acht Stunden, der Berechtigung zu arbeitsmedizinischen Untersuchungen innerhalb bestimmter Zeiträume und des Anspruchs auf Umsetzung auf einen geeigneten Tagesarbeitsplatz in den im Gesetz genannten Fällen.

*Nachtarbeit*

### Sonn- und Feiertagsarbeit

*Arbeitsverbot*

An Sonn- und Feiertagen dürfen Arbeitnehmer von 0.00 bis 24.00 Uhr nicht beschäftigt werden.

*Bäckereien und Konditoreien*

Abweichend von diesem Grundsatz ist die Beschäftigung von Arbeitnehmern in Bäckereien und Konditoreien für bis zu drei Stunden mit der Herstellung und dem Austragen oder Ausfahren von Konditorwaren und an diesem Tag zum Verkauf kommenden Bäckerwaren zulässig.

*Ausnahmen*

In bestimmten Fällen sieht das Gesetz weitere Ausnahmen vor.

**Beispiel:**
Im Gaststätten- und Verkehrsgewerbe, Haushalt, bei Messen und Ausstellungen sowie in bestimmten Notfällen.

### Jugendarbeitsschutzgesetz

Siehe hierzu Abschnitt 1.3.4.5 „Arbeitsschutzrecht – Jugendarbeitsschutzrecht" im Band 3.

### Mutterschutz

Im Zusammenhang mit der Mutterschaft bestehen besondere Vorschriften zum Schutze der Arbeitnehmerin und des Kindes.

Vorschriften zum Mutterschutz

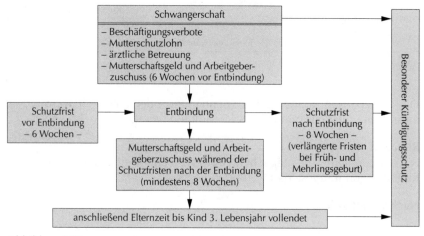

Abbildung 137

Wird eine werdende Mutter beschäftigt, muss der Arbeitgeber hinsichtlich Arbeitsplatz und Arbeitsgeräten die erforderlichen Maßnahmen zum Schutze von Leben und Gesundheit der Arbeitnehmerin treffen.

## Beschäftigungsverbote

Verboten ist insbesondere die Beschäftigung
- wenn nach ärztlichem Zeugnis Leben oder Gesundheit von Mutter oder Kind gefährdet ist
- mit schweren körperlichen Arbeiten
- mit Arbeiten, bei denen die werdende Mutter schädlichen Einwirkungen von gesundheitsgefährdenden Stoffen oder sonstigen Belastungen wie Staub, Dämpfen, Erschütterungen, Lärm und dergleichen ausgesetzt ist
- mit Akkordarbeit
- ab dem 6. Monat der Schwangerschaft mit Arbeiten, bei denen die werdende Mutter ständig stehen muss, soweit diese vier Stunden täglich überschreiten
- mit Mehr-, Nacht-, Sonn- und Feiertagsarbeit.

*Gesundheitsschutz*

## Höchstarbeitszeit

Höchstarbeitszeit für werdende Mütter

| Alter | Stunden täglich | in der Doppelwoche |
|---|---|---|
| unter 18 Jahren | 8 | 80 einschließlich der Unterrichtszeiten in der Berufsschule |
| über 18 Jahre | 8,5 | 90 |

*Abbildung 138*

## Mutterschutzlohn

Eine Einbuße an Arbeitsentgelt darf durch die Beschäftigungsverbote nicht entstehen. Bei schwankenden Bezügen ist das Durchschnittsarbeitsentgelt der letzten 13 Wochen bzw. 3 Monate vor Beginn des Monats, in dem die Schwangerschaft eingetreten ist, maßgebend. Künftige Tariferhöhungen müssen mit berücksichtigt werden.

## Schutzfristen vor und nach der Entbindung

Sechs Wochen vor der Entbindung kann die werdende Mutter die Arbeit niederlegen.
Acht Wochen nach der Entbindung darf die Wöchnerin nicht beschäftigt werden. Bei Früh- und Mehrlingsgeburten verlängert sich diese Frist auf zwölf Wochen; bei Frühgeburten zusätzlich um den Zeitraum der vor der Entbindung (6 Wochen) nicht in Anspruch genommen werden konnte.

*Beschäftigungsverbot*

## Mutterschaftsgeld

Während der Schutzfristen vor und nach der Entbindung sowie für den Entbindungstag erhält die Arbeitnehmerin von der Krankenkasse das Mutterschaftsgeld, berechnet nach dem Durchschnittsnettoarbeitsentgelt der letzten drei abgerechneten Kalendermonate, höchstens jedoch **13,00 EUR je Kalendertag**.
Die Differenz zwischen dem Mutterschaftsgeld und dem tatsächlichen Nettoarbeitsentgelt hat der Arbeitgeber als **Arbeitgeberzuschuss** aufzuzahlen.

> **Beispiel:**
> Bei einem monatlichen Nettoarbeitsentgelt von 1.300,00 EUR ./. 390,00 EUR Mutterschaftsgeld = 910,00 EUR Arbeitgeberzuschuss.

### Ausgleichsverfahren

*Mutterschaftsversicherung*

Für Betriebe bis zu 20 (bzw. 30) Arbeitnehmern besteht ein Ausgleichsverfahren hinsichtlich der Arbeitgeberaufwendungen für Mutterschutzlohn und Zuschuss zum Mutterschaftsgeld (siehe Abschnitt 3.3.3.4 „Entgeltzahlung im Krankheitsfall").

### Ärztliche Betreuung

*Schwangerenvorsorge*

In der gesetzlichen Krankenversicherung versicherte Arbeitnehmerinnen haben während der Schwangerschaft, bei und nach der Entbindung Anspruch auf ärztliche Betreuung einschließlich der Untersuchungen zur Feststellung der Schwangerschaft und der Schwangerenvorsorge. Der Arbeitgeber hat die hierfür erforderliche Freizeit zu gewähren (gilt auch für nicht in der gesetzlichen Krankenversicherung versicherte Frauen); ein Arbeitsentgeltausfall darf hierdurch nicht eintreten.

### Kündigungsschutz

Siehe hierzu Abschnitt 3.3.5.2 „Besonderer Kündigungsschutz".

### Anzeigepflicht

Die Arbeitnehmerin soll dem Arbeitgeber ihre Schwangerschaft und den mutmaßlichen Tag der Entbindung mitteilen, sobald ihr dieser Zustand bekannt ist.

*Aufsichtsbehörde*

Der Arbeitgeber muss die Aufsichtsbehörde (Gewerbeaufsichtsamt) hiervon unverzüglich benachrichtigen.

Auf Verlangen ist die Arbeitnehmerin verpflichtet, ein ärztliches Zeugnis vorzulegen, dessen Kosten der Arbeitgeber trägt.

### Elternzeit/Erziehungsurlaub

Für den Anspruch auf Elternzeit gelten für Geburten bis zum 31.12.2000 folgende Grundsätze:

*Dauer*

- Der Anspruch besteht bis zur Vollendung des 3. Lebensjahres eines Kindes.
- Der Anspruchsberechtigte muss das Kind selbst betreuen und erziehen.
- Die Elternzeit muss spätestens vier Wochen vor dem Zeitpunkt, von dem ab er in Anspruch genommen wird, beim Arbeitgeber verlangt werden.
- Die Elternzeit entfällt, solange die Mutter nach der Entbindung nicht beschäftigt werden darf oder der andere Elternteil nicht erwerbstätig ist.
- Sind beide Ehegatten erwerbstätig, können sie selbst entscheiden, wer nach Ablauf der Mutterschutzfrist die Elternzeit nimmt; ein Wechsel unter den Berechtigten ist dreimal zulässig.

*Teilzeitbeschäftigung*

- Während der Elternzeit ist eine Teilzeitbeschäftigung bis zu 19 Stunden wöchentlich zulässig.
- Für jeden vollendeten Kalendermonat der Elternzeit kann der Jahresurlaubsanspruch um $1/12$ gekürzt werden.

*Versicherungsschutz*

- Der Versicherungsschutz in der gesetzlichen Krankenversicherung und der gesetzlichen Pflegeversicherung bleibt beitragsfrei aufrecht erhalten; in der gesetzlichen Rentenversicherung besteht die Möglichkeit der Anrechnung von Kindererziehungszeiten (siehe Abschnitt 3.4.5.6 „Leistungen der Rentenversicherung"). Der Versicherungsschutz der Arbeitslosenversicherung bleibt ebenfalls aufrecht erhalten.

Bei Auszubildenden wird die Elternzeit nicht auf die Dauer der Ausbildungszeit angerechnet. — *Auszubildende*

Für Kinder ab dem Geburtsjahr 2001 gelten folgende Regelungen:
- Die Eltern können, sofern sie dies wollen, die Elternzeit bis zum 3. Geburtstag des Kindes gemeinsam nutzen.
- Mit Zustimmung des Arbeitgebers ist eine Übertragung von einem Jahr Elternzeit über das 3. Lebensjahr des Kindes hinaus möglich.
- Die Anmeldefrist der Elternzeit wird auf 6 Wochen, wenn die Elternzeit nach der Geburt oder nach der Mutterschutzfrist beginnen soll, und in anderen Fällen auf 8 Wochen ausgeweitet.
- Während der Elternzeit ist eine Teilzeitbeschäftigung bis zu 30 Stunden, bei gemeinsamer Elternzeit von zusammen bis zu 60 Stunden, wöchentlich zulässig. In Betrieben mit mehr als 15 Beschäftigten gilt ein Anspruch auf Verringerung der arbeitsvertraglichen Arbeitszeit im Rahmen von 15 bis 30 Wochenstunden, es sei denn, dass dem dringende betriebliche Gründe entgegenstehen. — *Teilzeitbeschäftigung*

## Erziehungsgeld

Grundsätze für den Anspruch auf Erziehungsgeld:
- Erziehungsgeld wird – auf Antrag – für jedes Kind gewährt.
- Voraussetzung ist, dass der Anspruchsberechtigte — *Anspruchsberechtigte*
- einen Wohnsitz in Deutschland hat oder sich normalerweise hier aufhält
- personensorgeberechtigt ist
- in einem Haushalt mit dem Kind lebt
- das Kind selbst betreut und erzieht und
- keine oder keine volle Erwerbstätigkeit (bis 19 Stunden/bei Geburten ab 1.1.2001: bis 30 Stunden) wöchentlich ausübt.
- Anspruchsberechtigt sind Mütter und Väter.
- Es beginnt mit der Geburt und endet mit der Vollendung des 24. Lebensmonats. — *Anspruchsdauer*
- Es beträgt 307,00 EUR monatlich und mindert sich bei Überschreitung bestimmter Einkommensgrenzen.
- Für Kinder, die seit Jahresbeginn 2001 geboren wurden, besteht auch die Möglichkeit, den Erziehungsgeldanspruch auf ein Jahr zu beschränken. Dann gilt ein höheres Erziehungsgeld von bis zu 460,00 EUR monatlich.
- Antragsstellen sind die hierfür in den Bundesländern jeweils bestimmten Stellen.
- Im Anschluss an den Bezug des Bundes-Erziehungsgeldes kann noch ein Anspruch auf Landes-Erziehungsgeld bestehen. — *Landeserziehungsgeld*

## Schwerbehindertenschutz

Schwerbehinderte und ihnen Gleichgestellte werden im Arbeitsleben einem besonderen Schutz unterstellt. Über den Antrag auf Gleichstellung entscheidet das Arbeitsamt. Die Feststellung der Behinderung und des Grades der Behinderung trifft das Versorgungsamt auf Antrag des Behinderten.

Begriff der Schwerbehinderung und Gleichstellung:

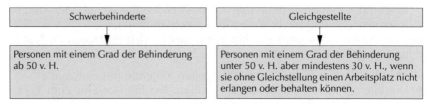

*Abbildung 139*

**Beschäftigungspflicht**

Schwerbehindertenpflichtplätze

Mindestens 5 v. H. der Arbeitsplätze im Betrieb müssen mit Schwerbehinderten besetzt werden. Die Pflicht zur Beschäftigung wenigstens eines Schwerbehinderten beginnt **ab 20 Arbeitsplätzen**.
Bei der Berechnung der Zahl der Arbeitsplätze werden alle Stellen, auf denen Arbeiter und Angestellte beschäftigt werden, gerechnet. Auszubildende werden nicht berücksichtigt. Dies gilt auch für Teilzeitkräfte mit weniger als 18 Wochenstunden. Ein Schwerbehinderter, der zur Ausbildung beschäftigt wird, wird auf zwei Pflichtplätze angerechnet.

**Ausgleichsabgabe**

Ausgleichsabgabe

Die Höhe der Ausgleichsabgabe wird danach bemessen, in welchem Umfang ein Arbeitgeber der Beschäftigungspflicht von Schwerbehinderten nachkommt. Im Einzelnen beträgt die Ausgleichsabgabe monatlich pro nicht besetztem Pflichtplatz:
- 105,00 EUR bei einer Beschäftigungsquote von drei bis unter fünf Prozent
- 180,00 EUR bei einer Beschäftigungsquote von zwei bis unter drei Prozent
- 260,00 EUR bei einer Beschäftigungsquote von unter zwei Prozent.

Kleinbetriebsregelungen

Für Kleinbetriebe gelten folgende Sonderregelungen:
- 105,00 EUR monatlich pro unbesetztem Pflichtplatz bei Arbeitgebern mit bis zu 39 Arbeitsplätzen, die weniger als einen Schwerbehinderten im Jahresdurchschnitt beschäftigen
- 105,00 EUR monatlich pro unbesetztem Pflichtplatz bei Arbeitgebern mit bis zu 59 Arbeitsplätzen, wenn sie weniger als zwei Schwerbehinderte beschäftigen, bzw. 180,00 EUR, wenn weniger als ein Schwerbehinderter beschäftigt wird.

**Arbeitgeberpflichten**

Fürsorgepflicht des Arbeitgebers

Für den Arbeitgeber ergeben sich insbesondere folgende Pflichten:
- Schwerbehinderte entsprechend ihrer Fähigkeiten und Kenntnisse zu beschäftigen
- bei innerbetrieblichen Maßnahmen der beruflichen Bildung Schwerbehinderte bevorzugt zu berücksichtigen
- Arbeitsräume und Arbeitsgeräte so einzurichten, dass eine dauernde Beschäftigung von Schwerbehinderten stattfinden kann
- wenn notwendig, erforderliche technische Arbeitshilfen bereitzustellen

- ein Verzeichnis der beschäftigten Schwerbehinderten und Gleichgestellten zu führen und dem Arbeitsamt und dem Integrationsamt auf Verlangen vorzuzeigen

Verzeichnis der Schwerbehinderten

- einmal jährlich – spätestens bis 31. März d. J. – dem Arbeitsamt für das vorangegangene Kalenderjahr, aufgegliedert nach Monaten, die Zahl der Arbeitsplätze und der beschäftigten Schwerbehinderten und Gleichgestellten sowie den Gesamtbetrag der geschuldeten Ausgleichsabgabe anzuzeigen.

Jährliche Anzeigepflicht

Insgesamt darf der Arbeitgeber schwerbehinderte Beschäftigte bei Einstellungen, Fortbildungen, Kündigungen oder Beförderungen nicht wegen ihrer Behinderung benachteiligen.

**Schwerbehindertenvertretung**

Als Interessenvertretung der Schwerbehinderten wird in Betrieben, in denen regelmäßig mindestens fünf Schwerbehinderte beschäftigt werden, ein Vertrauensmann oder eine Vertrauensfrau und wenigstens ein Stellvertreter gewählt.

Vertrauensmann

**Kündigungsschutz**

Hierzu siehe Abschnitt 3.3.5.2 „Besonderer Kündigungsschutz".

**Zusatzurlaub**

Zu diesem Punkt siehe Abschnitt 3.3.3.5 „Urlaubsrecht".

**Überwachung des Schwerbehindertengesetzes**

Vollzug und Überwachung des Schwerbehindertengesetzes erfolgen durch das Versorgungsamt, das Arbeitsamt und das Integrationsamt mit folgenden Zuständigkeiten:

Abbildung 140

### 3.3.8.3 Betriebsaushänge

Zur Unterrichtung der Arbeitnehmer und zur Beachtung der Arbeitsschutzvorschriften müssen verschiedene Aushänge im Betrieb an sichtbarer und zugänglicher Stelle angebracht bzw. ausgelegt werden:

Aushänge am schwarzen Brett

Wesentliche für einen Handwerksbetrieb vorgeschriebene Aushänge im Betrieb

| | |
|---|---|
| Arbeitszeitgesetz | wenn mindestens ein Arbeitnehmer oder Auszubildender über 18 Jahre beschäftigt wird |
| Jugendarbeitsschutzgesetz und Anschrift des Gewerbeaufsichtsamtes | wenn regelmäßig mindestens ein Jugendlicher beschäftigt wird |
| Beginn und Ende der Arbeitszeit und Ruhepausen für Jugendliche | wenn regelmäßig mindestens drei Jugendliche im Betrieb beschäftigt werden |
| Mutterschutzgesetz | wenn mindestens vier Frauen beschäftigt werden |
| Ladenschlussgesetz | in Verkaufsstellen, wenn mindestens ein Arbeitnehmer oder Auszubildender beschäftigt wird |
| Gesetz zum Schutz der Beschäftigten vor sexueller Belästigung am Arbeitsplatz | wenn mindestens ein Arbeitnehmer oder Auszubildender beschäftigt wird |
| Abdruck der §§ 611a, 611b, 612 Abs. 3 und 612a BGB sowie § 61b ArbGG | wenn mehr als fünf Arbeitnehmer beschäftigt werden |
| Unfallverhütungsvorschriften | wenn mindestens ein Arbeitnehmer oder Auszubildender beschäftigt wird |
| Adresse der zuständigen Berufsgenossenschaft | wenn mindestens ein Arbeitnehmer oder Auszubildender beschäftigt wird |
| Entgelt- und Rahmentarifvertrag | wenn der Betrieb tarifgebunden ist |
| Entgeltverzeichnis bzw. bindende Festsetzung | wenn Heimarbeit ausgegeben wird |
| Betriebsvereinbarungen zwischen Betriebsrat und Betrieb | in allen Betrieben |

*Abbildung 141*

### 3.3.9 Arbeitsgerichtsbarkeit

#### 3.3.9.1 Gerichte für Arbeitssachen

Die Arbeitsgerichtsbarkeit gliedert sich in drei Instanzen:
   I. Instanz – Arbeitsgericht
  II. Instanz – Landesarbeitsgericht (Berufungsinstanz)
 III. Instanz – Bundesarbeitsgericht (Revisionsinstanz)

Grundsätze der Arbeitsgerichtsbarkeit

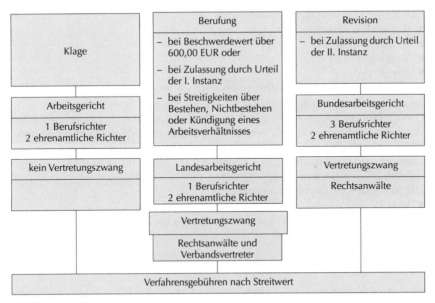

*Abbildung 142*

### 3.3.9.2 Zuständigkeit der Arbeitsgerichte

Die Gerichte für Arbeitssachen sind zuständig für Streitigkeiten zwischen  *Sachliche Zuständigkeit*
- den Tarifvertragsparteien in Fragen des Tarifvertrages oder eines Arbeitskampfes
- Arbeitnehmern und Arbeitgebern aus dem Arbeits- und Berufsausbildungsverhältnis
- Betriebsräten und Arbeitgebern aus dem Betriebsverfassungsgesetz
- Arbeitnehmern aus gemeinsamer Arbeit.

Örtlich zuständig ist das Arbeitsgericht, in dessen Bezirk  *Örtliche Zuständigkeit*
- die streitigen Verpflichtungen zu erfüllen sind, oder
- sich der Betrieb des Arbeitgebers befindet, oder
- beide Parteien oder die beklagte Partei ihren Wohnsitz hat.

Unter mehreren zuständigen Arbeitsgerichten hat der Kläger die Wahl.

### 3.3.9.3 Verfahren vor dem Arbeitsgericht

Die Klageerhebung erfolgt mündlich oder schriftlich; sie muss enthalten:  *Klage*
- Bezeichnung der Parteien und des Gerichts
- Angabe des Streitgegenstandes und des Streitgrundes
- Stellung eines Antrages.

Die Verhandlung beginnt mit dem Zweck einer gütlichen Einigung der  *Güteverhandlung*
Parteien, die nach Möglichkeit angestrebt werden sollte. Ist die Verhandlung ergebnislos, kann der Vorsitzende die Güteverhandlung mit Zustim-

mung der Parteien in einem weiteren Termin, der alsbald stattfindet, fortsetzen. Kommt keine gütliche Einigung zustande, folgt die streitige Verhandlung. Das Verfahren endet durch
- Klagerücknahme
- Anerkenntnis
- Vergleich oder
- Urteil.

**Versäumnisurteil**

Erscheint der Beklagte nicht zur Verhandlung, wird der Klage stattgegeben; erscheint der Kläger nicht, wird die Klage abgewiesen.

**Kosten**

Die Verfahrenskosten richten sich nach dem Wert des Streitgegenstandes. Wird der Rechtsstreit durch Vergleich beendet, entfällt die Gerichtsgebühr. Ein Anspruch der obsiegenden Partei auf Entschädigung wegen Zeitversäumnis und auf Erstattung der Kosten für die Zuziehung eines Prozessbevollmächtigten besteht in der I. Instanz nicht.

**Rechtsmittelfristen**

Die Rechtsmittelfrist beträgt gegen:
- Versäumnisurteile: 1 Woche
- Urteile der Arbeits- und Landesarbeitsgerichte: 1 Monat.

## Übungs- und Prüfungsaufgaben

**1. Das Arbeitsrecht regelt die Rechtsverhältnisse zwischen**
- ☐ a) Auftraggeber und Auftragnehmer.
- ☒ b) Arbeitnehmer und Arbeitgeber.
- ☐ c) Versicherungsnehmer und Versicherer.
- ☐ d) Käufer und Verkäufer.
- ☐ e) Pächter und Verpächter.

*„Siehe Seite 193 des Textteils!"*

**2. Nennen Sie Rechtsgrundlagen des Arbeitsrechts!**

*„Siehe Seite 193 des Textteils!"*

**3. Als Arbeitgeber suchen Sie über ein Zeitungsinserat eine neue Arbeitskraft.**

**Aufgabe:** Was müssen Sie auf Grund einer gesetzlichen Vorschrift bei der Ausschreibung des Arbeitsplatzes beachten?
- ☐ a) Das Inserat darf nicht nur in einer Zeitung erscheinen.
- ☐ b) Das Inserat muss ein Angebot über die Höhe des Arbeitsentgelts enthalten.
- ☒ c) Die Ausschreibung muss geschlechtsneutral erfolgen.
- ☐ d) Die Ausschreibung muss vorher dem Arbeitsamt angezeigt werden.
- ☐ e) Die Kosten der Ausschreibung dürfen nicht als Betriebsausgabe verbucht werden.

*„Siehe Seite 193 des Textteils!"*

**4. Bei Verhandlungen über den Abschluss eines Arbeitsvertrages hat der Arbeitgeber den Arbeitnehmer**
- ☐ a) über seine privaten Vermögensverhältnisse eingehend zu informieren.
- ☒ b) über die Arbeitsbedingungen und Anforderungen des Arbeitsplatzes aufzuklären.
- ☐ c) darüber zu informieren, seit wann der Betrieb bereits besteht.
- ☐ d) davon zu unterrichten, welchen Organisationen er mit seinem Betrieb angehört.
- ☐ e) über den durchschnittlichen Jahresumsatz des Betriebes zu informieren.

*„Siehe Seite 193 des Textteils!"*

## 3.3 Arbeitsrecht

5. **Nennen Sie einige Fragen, die der Arbeitgeber bei Einstellungsgesprächen im Rahmen seines Fragerechts zulässigerweise an den Arbeitnehmer stellen darf!**

*„Siehe Seite 194 des Textteils!"*

6. Sie stellen einen neuen Mitarbeiter in Ihrem Betrieb ein.

**Aufgabe: Bedarf der wirksame Abschluss eines Arbeitsvertrages einer bestimmten Form?**
- ☐ a) Die Schriftform ist zwingendes Erfordernis für die Wirksamkeit jedes Arbeitsvertrages.
- ☐ b) Eine mündliche Vereinbarung reicht für den wirksamen Abschluss eines Arbeitsvertrages generell nicht aus.
- ☒ c) Die Schriftform ist erforderlich für den wirksamen Abschluss eines befristeten Arbeitsvertrages.
- ☐ d) Die Schriftform ist erforderlich, wenn nur ein geringfügiges Beschäftigungsverhältnis vereinbart wird.
- ☐ e) Die mündliche Form genügt grundsätzlich, wenn die Vereinbarung von beiden Seiten schriftlich bestätigt wird.

*„Siehe Seite 195 des Textteils!"*

7. **Können Minderjährige wirksam Arbeitsverträge abschließen?**
- ☒ a) Ja, aber nur mit Zustimmung oder Ermächtigung des gesetzlichen Vertreters.
- ☐ b) Ja, ohne Zustimmung und Ermächtigung des gesetzlichen Vertreters.
- ☐ c) Ja, selbst gegen den ausdrücklichen Willen des gesetzlichen Vertreters.
- ☐ d) Nein, selbst dann nicht, wenn der gesetzliche Vertreter seine Zustimmung hierzu erteilt.
- ☐ e) Nein, selbst dann nicht, wenn er vom gesetzlichen Vertreter hierzu ermächtigt ist.

*„Siehe Seite 196 des Textteils!"*

8. **Was versteht man unter einem Arbeitsvertrag auf unbestimmte Zeit?**
- ☐ a) Ein Arbeitsverhältnis, das mit Ablauf der vereinbarten Zeit endet
- ☐ b) Ein Arbeitsverhältnis, das beiderseits nicht gelöst werden kann
- ☐ c) Ein Arbeitsverhältnis, das nur durch eine fristlose Kündigung gelöst werden kann
- ☐ d) Ein Arbeitsverhältnis, das mit der Beendigung eines bestimmten Zweckes endet
- ☒ e) Ein Arbeitsverhältnis, das so lange fortbesteht, bis es in der Regel durch Kündigung, Aufhebung oder Tod endet.

*„Siehe Seite 197 des Textteils!"*

9. **Um welche Art von Arbeitsvertrag handelt es sich, wenn ein Arbeitnehmer nur für drei Monate zur Vertretung eines erkrankten Mitarbeiters im Betrieb angestellt wird?**
- ☐ a) Teilzeitarbeitsvertrag
- ☐ b) Arbeitsvertrag auf unbestimmte Zeit
- ☐ c) Arbeitsvertrag für geringfügig Beschäftigte
- ☒ d) Arbeitsvertrag auf bestimmte Zeit
- ☐ e) Arbeitsvertrag für Leiharbeitnehmer.

*„Siehe Seite 197 des Textteils!"*

10. **Gibt es für Arbeitsverträge eine Probezeit?**
- ☐ a) Ja, die gesetzliche Probezeit beträgt für alle Arbeitnehmer einen Monat zum Monatsschluss.

- ☐ b) Nein, weil eine Probezeit für Arbeitsverträge grundsätzlich unzulässig ist.
- ☐ c) Ja, es gibt eine gesetzliche Probezeit von einem Monat, aber nur für Angestellte.
- ☒ d) Ja, aber nur, wenn die Probezeit im Arbeitsvertrag oder im Tarifvertrag vereinbart ist.
- ☐ e) Nein, weil es einer Probezeit für Arbeitsverhältnisse nicht bedarf.

„Siehe Seite 198 des Textteils!"

**11. Teilzeitbeschäftigte sind Arbeitnehmer,**
- ☒ a) deren regelmäßige Wochenarbeitszeit kürzer ist als die der vollzeitbeschäftigten Arbeitnehmer im Betrieb.
- ☐ b) deren Arbeitsverhältnis mit Ablauf der vereinbarten Dauer endet.
- ☐ c) die nur vorübergehend zur Aushilfe eingestellt worden sind.
- ☐ d) die ihre Arbeitszeit regelmäßig in zeitlich sich abwechselndem Schichtdienst erbringen.
- ☐ e) die ständig sich abwechselnde Tätigkeiten verrichten.

„Siehe Seite 198 des Textteils!"

**12. Einer Ihrer Mitarbeiter hat im Rahmen seiner Arbeiten beim Kunden einen Schaden verursacht.**

**Aufgabe: Haftet der Arbeitnehmer gegenüber seinem Arbeitgeber für Schäden, die er bei der Verrichtung seiner Arbeit durch leichte Fahrlässigkeit verschuldet?**
- ☐ a) Ja, da es auf den Grad des Verschuldens nicht ankommt.
- ☐ b) Ja, weil der Arbeitnehmer für jeden Schaden, den er anrichtet, haftet.
- ☐ c) Nein, weil ein Arbeitnehmer für Schäden, die er bei der Arbeit verursacht, grundsätzlich nicht haftet.
- ☒ d) Nein, weil die Haftung des Arbeitnehmers bei leichter Fahrlässigkeit entfällt.
- ☐ e) Ja, aber nur, wenn der Arbeitnehmer ein höheres Arbeitsentgelt bezieht.

„Siehe Seite 201 des Textteils!"

**13. Was versteht man unter Treuepflicht des Arbeitnehmers?**

„Siehe Seite 201 des Textteils!"

**14. Sie schließen mit einem neuen Mitarbeiter einen Arbeitsvertrag.**

**Aufgabe: Welche drei Hauptpflichten ergeben sich für den Arbeitgeber aus dem Arbeitsvertrag?**

„Siehe Seite 202 des Textteils!"

**15. Für die Entlohnung Ihrer Mitarbeiter stehen Ihnen verschiedene Formen und Möglichkeiten zur Verfügung.**

**Aufgabe:**
a) **In welchen Fällen wählen Sie den Zeitlohn?**
b) **In welchen Fällen wählen Sie den Leistungslohn?**

„Siehe Seite 202 des Textteils!"

**16. Vom Arbeitgeber gewährte vermögenswirksame Leistungen sind**
- ☒ a) Brutto-Entgelt und unterliegen dem Lohnsteuerabzug sowie der Beitragspflicht in der Sozialversicherung.

## 3.3 Arbeitsrecht

☐ b) Netto-Beträge, für die weder Lohnsteuer noch Sozialversicherungsbeiträge abzuführen sind.
☐ c) Leistungen ohne Entgeltcharakter, die weder lohnsteuer- noch sozialversicherungspflichtig sind.
☐ d) nur bei der Berechnung der Beiträge zur gesetzlichen Krankenversicherung zu berücksichtigen.
☐ e) nur bei der Berechnung der Lohn- und Kirchensteuer zu berücksichtigen.

*„Siehe Seite 203 des Textteils!"*

**17. Welche Angaben muss eine schriftliche Lohnabrechnung enthalten?** *Bruttolohn, Sozialspesen, Arbeitszeil, Zuschläge Vergütungen, Nettolohn*

*„Siehe Seite 204 des Textteils!"*

**18. Ihr Arbeitnehmer hat gegenüber Ihnen als Arbeitgeber Anspruch auf Fortzahlung des Entgelts.**

**Aufgabe:**
a) Nennen Sie Fälle, in denen der Arbeitgeber das Arbeitsentgelt fortzuzahlen hat, ohne dass der Arbeitnehmer hierfür eine Arbeitsleistung zu erbringen hat! *Krankheit, Urlaub, Todesfall, Wehrübung*
b) In welcher Höhe ist dem Arbeitnehmer Entgelt zu zahlen und wonach wird dieses Entgelt bemessen? *Voll nach der sonst zu leistenden Arbeitszeit. (Durchschnitt d. l. 3 Bj)*
c) Welche Pflichten hat der Arbeitnehmer, um seinen Anspruch auf Entgeltzahlung nicht zu verlieren. *Krankmeldung (unverschuldet) Anmelde + Nachweispflicht*

*„Siehe Seite 204 ff. des Textteils!"*

**19. Betriebe, die im Rahmen der „Entgeltfortzahlungsversicherung" Umlagebeträge zur Ausgleichskasse der AOK bzw. IKK zu zahlen haben, erhalten die Aufwendungen für die Entgeltzahlungen in Krankheitsfällen (bis zu 80 %) erstattet**
☐ a) nur für Arbeiter.
☐ b) nur für Angestellte.
☐ c) für Arbeiter und Angestellte.
☐ d) nur für Auszubildende.
☒ e) für Arbeiter, Arbeiterinnen und Auszubildende.

*„Siehe Seite 207 des Textteils!"*

**20. Der gesetzliche Mindesturlaubsanspruch für Arbeitnehmer über 18 Jahre beträgt**
☐ a) 15 Werktage.
☐ b) 18 Werktage.
☐ c) 21 Werktage.
☒ d) 24 Werktage.
☐ e) 27 Werktage.

*„Siehe Seite 209 des Textteils!"*

**21. Schwerbehinderte (ab einem Grad der Behinderung von 50 v. H.), deren Arbeitszeit sich auf fünf Tage in der Kalenderwoche verteilt, erhalten jährlich einen gesetzlichen Zusatzurlaub von**
☐ a) 3 Werktagen.
☒ b) 5 Arbeitstagen.
☐ c) 7 Werktagen.
☐ d) 12 Werktagen.
☐ e) 12 Arbeitstagen.

*„Siehe Seite 209 des Textteils!"*

22. Die Arbeitnehmer in Ihrem Betrieb haben Anspruch auf Urlaub.
**Aufgabe:**
a) Welche Pflichten ergeben sich für den Arbeitgeber aus dem Urlaubsrecht?
b) Was gilt für den Zeitpunkt der Urlaubseinbringung?
c) Ist anstelle der Freizeitgewährung die Barabgeltung des Urlaubsanspruchs zulässig?
d) Wie wird nach dem Bundesurlaubsgesetz die Urlaubsvergütung errechnet?
„Siehe Seite 210 ff. des Textteils!"

23. Im Rahmen des Arbeitsverhältnisses muss auch der Arbeitgeber die Regelungen kennen, die als Lohnsicherung die Existenz des Arbeitnehmers sicherstellen!
**Aufgabe:**
a) Was versteht man unter Lohnpfändungsschutz?
b) Was versteht man unter Lohnaufrechnungsverbot?
c) Was besagt das Lohnabtretungsverbot?
„Siehe Seite 212 ff. des Textteils!"

24. Nennen Sie einige Beispiele zur Fürsorgepflicht des Arbeitgebers!
„Siehe Seite 214 des Textteils!"

25. Wodurch kommt zwischen Arbeitnehmer und Arbeitgeber eine Aufhebungsvereinbarung über die Beendigung des Arbeitsverhältnisses zustande?
„Siehe Seite 215 des Textteils!"

26. In der Regel wird ein Arbeitsverhältnis durch Kündigung beendet.
**Aufgabe:**
a) Welche Arten der Kündigung gibt es?
b) Zu welchem Zeitpunkt wird die Kündigung eines Arbeitsverhältnisses wirksam?
c) In welcher Form und in welchen Fällen muss bei Kündigungen der Betriebsrat beteiligt werden?
d) Welche Vorschriften zu Kündigungsfristen müssen beachtet werden?
„Siehe Seite 215 ff. des Textteils!"

27. Schreibt das Gesetz für die Kündigung eines Arbeitsverhältnisses die Schriftform vor?
☒ a) Eine mündliche Kündigung ist unwirksam.
☐ b) Die Kündigung bedarf der Schriftform, wenn der Arbeitgeber kündigt.
☐ c) Die Kündigung bedarf der Schriftform, wenn der Arbeitnehmer kündigt.
☐ d) Die Kündigung bedarf nur der Schriftform, wenn es sich um ein Angestelltenverhältnis handelt.
☐ e) Die mündliche Kündigung genügt, gleichgültig, ob der Arbeitnehmer oder Arbeitgeber kündigt.
„Siehe Seite 215 des Textteils!"

28. Können die Arbeitsvertragspartner im Arbeitsvertrag beliebig kurze Kündigungsfristen wirksam vereinbaren?
☐ a) Grundsätzlich kann jede beliebige Kündigungsfrist vereinbart werden.
☐ b) Beliebige Kündigungsfristen können vereinbart werden, aber nur mit Arbeitern.

- [ ] c) Die Vereinbarung von Kündigungsfristen in Arbeitsverträgen ist unzulässig.
- [x] d) Kündigungsfristen können vereinbart werden, dürfen aber nicht kürzer sein als die gesetzliche bzw. tarifliche Mindestkündigungsfrist.
- [ ] e) Zulässig ist die Vereinbarung von beliebigen Kündigungsfristen mit Teilzeitbeschäftigten.

*"Siehe Seite 217 des Textteils!"*

### 29. Gelten die verlängerten Kündigungsfristen nach dem Gesetz für Arbeitnehmer nach mehrjähriger Betriebszugehörigkeit beiderseits?
- [ ] a) Ja, sie gelten sowohl für den Arbeitnehmer als auch für den Arbeitgeber.
- [x] b) Nein, sie gelten nur, wenn der Arbeitgeber kündigt.
- [ ] c) Nein, sie gelten nur, wenn der Arbeitnehmer kündigt.
- [ ] d) Ja, sie gelten beiderseits, aber nur in Betrieben ab 20 Beschäftigten.
- [ ] e) Ja, sie gelten beiderseits, aber nur im Handwerk.

*"Siehe Seite 216 des Textteils!"*

### 30. Einer Ihrer Mitarbeiter hat sich so schwere Verfehlungen zuschulden kommen lassen, dass Sie ihn fristlos kündigen wollen.

**Aufgabe:** Innerhalb welcher Frist nach Bekanntwerden des wichtigen Grundes muss eine fristlose Kündigung erklärt werden, damit sie rechtswirksam ist?
- [ ] a) Innerhalb von drei Tagen
- [ ] b) Innerhalb einer Woche
- [x] c) Innerhalb zwei Wochen
- [ ] d) Innerhalb drei Wochen
- [ ] e) Innerhalb vier Wochen.

*"Siehe Seite 218 des Textteils!"*

### 31. Muss der Betriebsrat auch vor Ausspruch einer fristlosen Kündigung durch den Arbeitgeber gehört werden?
- [ ] a) Nein, weil ein wichtiger Grund vorliegt.
- [ ] b) Ja, aber nur, wenn der betreffende Arbeitnehmer darauf besteht.
- [ ] c) Ja, wenn der Betriebsrat es verlangt.
- [ ] d) Ja, wenn der Arbeitnehmer den Kündigungsgrund bestreitet.
- [x] e) Ja, da andernfalls die Kündigung unwirksam ist.

*"Siehe Seite 218 des Textteils!"*

### 32. Welches Rechtsmittel hat der Arbeitnehmer, um gegen eine unbegründete fristlose Kündigung vorzugehen?

*"Siehe Seite 218 des Textteils!"*

### 33. Welche Unterlagen gehören zu den Arbeitspapieren, die der Arbeitgeber bei Beendigung des Arbeitsverhältnisses an den Arbeitnehmer herausgeben muss?

*"Siehe Seite 219 des Textteils!"*

### 34. Darf der Arbeitgeber bei Beendigung des Arbeitsverhältnisses die Arbeitspapiere des Arbeitnehmers zurückbehalten?
- [ ] a) Ja, weil sie Eigentum des Betriebes sind.
- [ ] b) Ja, wenn seitens des Arbeitgebers noch berechtigte Gegenforderungen bestehen.
- [x] c) Nein, weil der Arbeitgeber diesbezüglich kein Zurückbehaltungsrecht hat.
- [ ] d) Ja, wenn der Arbeitnehmer ohne Einhaltung der Kündigungsfrist das Arbeitsverhältnis beendet hat.

☐ e) Nein, wenn sich der Arbeitgeber im Arbeitsvertrag zur Herausgabe verpflichtet hat.

„Siehe Seite 219 des Textteils!"

35. Nach Beendigung des Arbeitsverhältnisses hat der Arbeitnehmer Anspruch auf ein Arbeitszeugnis.

**Aufgabe:** Welche Angaben muss ein qualifiziertes Zeugnis enthalten? *Daten, Dauer*
„Siehe Seite 220 des Textteils!" *Beurteilung, Führung + Leistung*

36. Ein auf Führung und Leistung erstrecktes Zeugnis ist mit Beendigung des Arbeitsverhältnisses auszustellen,
☒ a) wenn der Arbeitnehmer ein solches ausdrücklich verlangt.
☐ b) auch wenn der Arbeitnehmer ein solches nicht verlangt.
☐ c) wenn das Arbeitsverhältnis mindestens fünf Jahre bestanden hat.
☐ d) wenn der Arbeitnehmer seine Vertragspflichten erfüllt hat.
☐ e) wenn das Arbeitsverhältnis durch eine ordentliche Kündigung endet.

„Siehe Seite 220 des Textteils!"

37. Die Kündigungsschutzbestimmungen im Arbeitsrecht gelten
☐ a) nur zum Schutze des Arbeitgebers.
☐ b) nur zum Schutze von Angestellten.
☐ c) nur zum Schutze von Arbeitern.
☐ d) zum Schutze des Arbeitgebers und des Arbeitnehmers.
☒ e) zum Schutze der Arbeiter und der Angestellten.

„Siehe Seite 220 des Textteils!"

38. Ab wie viel beschäftigten Arbeitnehmern fällt der Betrieb unter das Kündigungsschutzgesetz (allgemeiner Kündigungsschutz)? *5*

„Siehe Seite 221 des Textteils!"

39. Gegen welche Kündigung ist der Arbeitnehmer im Rahmen des allgemeinen Kündigungsschutzgesetzes geschützt?
☐ a) Gegen jede Kündigung
☒ b) Gegen eine sozial ungerechtfertigte Kündigung
☐ c) Gegen eine ordentliche Kündigung
☐ d) Gegen eine fristgerechte Kündigung
☐ e) Gegen eine beiderseitige Kündigung.

„Siehe Seite 221 des Textteils!"

40. Wegen schlechter Auftragslage stehen Sie vor der Entscheidung, in Ihrem Betrieb mehrere Arbeitnehmer entlassen zu müssen.

**Aufgabe:** Welche sozialen Gesichtspunkte müssen Sie als Arbeitgeber bei der Auswahl der zu kündigenden Arbeitnehmer beachten, wenn Sie aus dringenden betrieblichen Gründen kündigen wollen? *Betriebszugehörigkeit, Alter, Behinderte, Familienstand, Lebensalter*

„Siehe Seite 222 des Textteils!"

41. Innerhalb welcher Frist kann der Arbeitnehmer Kündigungsschutzklage beim Arbeitsgericht erheben?
☐ a) Innerhalb einer Woche nach Zugang der Kündigung
☐ b) Innerhalb zwei Wochen nach Zugang der Kündigung

- ☒ c) Innerhalb drei Wochen nach Zugang der Kündigung
- ☐ d) Innerhalb fünf Wochen nach Zugang der Kündigung
- ☐ e) Innerhalb sechs Wochen nach Zugang der Kündigung.

*„Siehe Seite 222 des Textteils!"*

**42.** Bei verschiedenen Personen können Sie bei notwendigen Kündigungen nach dem Arbeitsrecht einen besonderen Kündigungsschutz zu beachten haben.

**Aufgabe: Nennen Sie die Personengruppen, bei denen besondere Kündigungsschutzvorschriften gelten, und beschreiben Sie die Inhalte dieser Vorschriften!** Schwangere, Behinderte, Betriebsrat, Wehrdienst, Elternzeit.

*„Siehe Seite 223 ff. des Textteils!"*

**43.** Kann einem Arbeitnehmer während der Ableistung des Grundwehrdienstes gekündigt werden?
- ☐ a) Ja, unter Einhaltung der regulären Frist kann gekündigt werden.
- ☐ b) Nein, während des Grundwehrdienstes ist jegliche Kündigung unzulässig.
- ☐ c) Ja, die Kündigung ist aber nur mit Zustimmung des Gewerbeaufsichtsamtes zulässig.
- ☒ d) Ja, aber nur fristlos bei Vorliegen eines wichtigen Grundes.
- ☐ e) Ja, in Betrieben mit nicht mehr als drei Arbeitnehmern.

*„Siehe Seite 224 des Textteils!"*

**44.** Welche Behörde ist zuständig für die Erteilung der Zustimmung zur Kündigung eines Schwerbehinderten?
- ☐ a) Arbeitsamt
- ☐ b) Gewerbeaufsichtsamt
- ☐ c) Gemeinde
- ☐ d) Arbeitsministerium
- ☒ e) Integrationsamt.

*„Siehe Seite 225 des Textteils!"*

**45.** Bei weiblichen Beschäftigten müssen Sie als Arbeitgeber die Vorschriften zum Mutterschutz kennen.

**Aufgabe:**

**a) Welche Pflichten hat die Arbeitnehmerin nach den Regelungen zum Mutterschutz zu erfüllen?** Bekanntmachung spätestens nach 2 Wo

**b) Welche Pflichten hat der Arbeitgeber nach den Regelungen zum Mutterschutz zu erfüllen?** Weitrad 4 Mo. nach Schwanger nicht kündige, besondere Pause, keine gesundheitsschädliche Arbeiten

*„Siehe Seite 226 des Textteils!"*

**46.** Für welchen Zeitraum nach der Entbindung haben Arbeitnehmerinnen, wenn sie von dem Anspruch auf Elternzeit nicht Gebrauch machen, Kündigungsschutz nach dem Mutterschutzgesetz?
- ☐ a) Für sechs Wochen nach der Entbindung
- ☐ b) Für acht Wochen nach der Entbindung
- ☐ c) Für drei Monate nach der Entbindung
- ☒ d) Für vier Monate nach der Entbindung
- ☐ e) Für sechs Monate nach der Entbindung.

*„Siehe Seite 226 des Textteils!"*

**47. Die behördliche Genehmigung zur Kündigung einer werdenden Mutter**
- ☒ a) muss vor Ausspruch der ordentlichen oder fristlosen Kündigung in Händen des Arbeitgebers sein.
- ☐ b) muss gleichzeitig mit Ausspruch der Kündigung vom Arbeitgeber beantragt werden.
- ☐ c) muss innerhalb zwei Wochen nach Ausspruch der Kündigung vom Arbeitgeber beantragt werden.
- ☐ d) muss innerhalb zwei Wochen nach Ausspruch der Kündigung in Händen des Arbeitgebers sein.
- ☐ e) kann bis zum Ablauf der ordentlichen Kündigungsfrist vom Arbeitgeber beantragt werden.

„Siehe Seite 226 des Textteils!"

**48. Zu welchem Zeitpunkt endet spätestens der besondere Kündigungsschutz für Personen, die die Elternzeit in vollem Umfang nehmen?** _Bis Ende 3. Lebensjahr des Kindes_

„Siehe Seite 227 des Textteils!"

**49. Ab wie viel Beschäftigten fallen die Betriebe unter den Kündigungsschutz bei Massenentlassungen?**
- ☒ a) Bei mehr als 20 Arbeitnehmern
- ☐ b) Bei mehr als 30 Arbeitnehmern
- ☐ c) Bei mehr als 50 Arbeitnehmern
- ☐ d) Bei mehr als 75 Arbeitnehmern
- ☐ e) Bei mehr als 100 Arbeitnehmern.

„Siehe Seite 228 des Textteils!"

**50.** Auch wenn Sie als Arbeitgeber keinem Arbeitgeberverband angehören, kann dennoch ein Tarifvertrag für Sie verbindlich sein.

**Aufgabe:** Unter welcher Voraussetzung ist ein Tarifvertrag für die Arbeitsvertragspartner verbindlich?
- ☒ a) Wenn beide Arbeitsvertragspartner Mitglied der tarifabschließenden Arbeitnehmer- bzw. Arbeitgeberorganisation sind oder der Tarifvertrag für allgemein verbindlich erklärt wurde.
- ☐ b) Es genügt, wenn nur der Arbeitnehmer Mitglied der tarifabschließenden Gewerkschaft ist.
- ☐ c) Es genügt, wenn nur der Arbeitgeber Mitglied der zuständigen Innung ist.
- ☐ d) Wenn der Betrieb Mitglied der zuständigen Berufsgenossenschaft ist.
- ☐ e) Wenn der Betrieb im Geltungsbereich des Tarifvertrages seinen Sitz hat.

„Siehe Seite 230 des Textteils!"

**51. Kann bei Tarifbindung von den Normen des Tarifvertrages durch Vereinbarung abgewichen werden?**
- ☐ a) Nein, eine Abweichung ist grundsätzlich unzulässig.
- ☐ b) Ja, aber die Abweichung muss schriftlich vereinbart werden.
- ☐ c) Ja, auch wenn die Abweichung zu Ungunsten des Arbeitnehmers erfolgt.
- ☐ d) Ja, insbesondere dann, wenn die Abweichung zugunsten des Arbeitgebers erfolgt.
- ☒ e) Ja, aber nur, wenn die Abweichung den Arbeitnehmer begünstigt.

„Siehe Seite 230 des Textteils!"

## 3.3 Arbeitsrecht

**52. Ist der Arbeitgeber verpflichtet, die für seinen Betrieb maßgebenden Tarifverträge im Betrieb auszulegen?** ja

*„Siehe Seite 231 des Textteils!"*

**53.** Tarifverträge spielen zur Regelung des Arbeitsverhältnisses eine wichtige Rolle.

**Aufgabe: Was regeln die Tarifverträge inhaltlich?** Gehalt, Urlaub, Feiertage, Arbeitszeit, Rechte + Pflichten

*„Siehe Seite 231 des Textteils!"*

**54. Ab welcher Betriebsgröße kann ein Betriebsrat gewählt werden?**
- ☐ a) Ab fünf Arbeitnehmer in Betrieben der gewerblichen Wirtschaft
- ☒ b) Ab fünf wahlberechtigten Arbeitnehmern, von denen mindestens drei wählbar sein müssen
- ☐ c) Ab zehn wahlberechtigten Arbeitnehmern, von denen mindestens fünf wählbar sein müssen
- ☐ d) Ab 20 Beschäftigten, von denen mindestens zehn wählbar sein müssen
- ☐ e) Ab 30 Beschäftigten, von denen mindestens 20 wählbar sein müssen.

*„Siehe Seite 231 des Textteils!"*

**55. Ab welchem Alter kann der Arbeitnehmer an der Betriebsratswahl mit Stimmrecht teilnehmen?**
- ☐ a) Ohne Rücksicht auf das Alter
- ☐ b) Nach Vollendung des 16. Lebensjahres
- ☒ c) Nach Vollendung des 18. Lebensjahres
- ☐ d) Nach Vollendung des 21. Lebensjahres
- ☐ e) Nach Vollendung des 24. Lebensjahres.

*„Siehe Seite 231 des Textteils!"*

**56. Welche zwei Voraussetzungen müssen für die Wählbarkeit in den Betriebsrat gegeben sein?** 18 Ja., 6 Monate angestellt.

*„Siehe Seite 231 des Textteils!"*

**57. Die Amtszeit des gewählten Betriebsrats dauert**
- ☐ a) zwei Jahre.
- ☐ b) drei Jahre.
- ☒ c) vier Jahre.
- ☐ d) fünf Jahre.
- ☐ e) sechs Jahre.

*„Siehe Seite 231 des Textteils!"*

**58. Ab wieviel beschäftigten Jugendlichen oder Auszubildenden unter 25 Jahren im Betrieb kann eine Jugend- und Auszubildendenvertretung gewählt werden?** 5

*„Siehe Seite 232 des Textteils!"*

**59. Die Gewerkschaft hat zur Wahrnehmung der im Betriebsverfassungsgesetz genannten Aufgaben und Befugnisse ein Zugangsrecht zum Betrieb,**
- ☐ a) wenn mehr als fünf Arbeitnehmer beschäftigt sind.
- ☐ b) wenn mindestens fünf Arbeitnehmer Mitglied der Gewerkschaft sind.
- ☒ c) wenn mindestens ein Arbeitnehmer Mitglied der Gewerkschaft ist.
- ☐ d) ohne Rücksicht darauf, ob ein Arbeitnehmer beschäftigt wird, der Mitglied der Gewerkschaft ist.

☐ e) wenn der Betrieb Mitglied der Innung oder eines tarifabschließenden Arbeitgeberverbandes ist.

*„Siehe Seite 233 des Textteils!"*

**60. In welchen Abständen finden Betriebsversammlungen während der Arbeitszeit statt?**
☐ a) Monatlich
☒ b) Vierteljährlich
☐ c) Halbjährlich
☐ d) Einmal im Jahr
☐ e) In unregelmäßigen Abständen.

*„Siehe Seite 233 des Textteils!"*

**61. Bei der Regelung der Beziehungen zwischen Arbeitgeber und Arbeitnehmer spielt das Betriebsverfassungsgesetz eine wichtige Rolle.**

**Aufgabe:**
a) Nennen Sie die wichtigsten Grundsätze der Zusammenarbeit zwischen Arbeitgeber und Betriebsrat!
b) Welche Mitwirkungs- bzw. Mitbestimmungsrechte hat der Betriebsrat?

*„Siehe Seite 234 ff. des Textteils!"*

**62. Nennen Sie die Rechte des einzelnen Arbeitnehmers nach dem Betriebsverfassungsgesetz!**

*„Siehe Seite 237 des Textteils!"*

**63. Als Arbeitgeber müssen Sie die Vorschriften des Arbeitsschutzes kennen und die betrieblichen Prozesse darauf abstimmen.**

**Aufgabe: Das Arbeitsschutzgesetz dient**
☒ a) der Sicherheit und Gesundheit der Beschäftigten bei der Arbeit.
☐ b) dem Anspruch des Arbeitnehmers auf Beschäftigung im Betrieb.
☐ c) der Einhaltung der gesetzlich zulässigen Höchstarbeitszeit.
☐ d) dem Schutz der Jugendlichen vor Überforderung durch zu lange Arbeitszeiten.
☐ e) der Aufrechterhaltung von Sitte und Anstand im Betrieb.

*„Siehe Seite 238 des Textteils!"*

**64. Als Arbeitgeber müssen Sie die Vorschriften des Arbeitsschutzes kennen und die betrieblichen Prozesse darauf abstimmen.**

**Aufgabe:**
a) Nennen Sie einige Rechtsvorschriften des betrieblichen Arbeitsschutzes!
b) Nennen Sie die wichtigsten Gesetze, die den sozialen Arbeitsschutz regeln, und beschreiben Sie deren wesentliche Inhalte!

*„Siehe Seite 238 ff. des Textteils!"*

**65. Für die Überwachung der Arbeitsschutzvorschriften ist zuständig**
☐ a) das Arbeitsamt.
☐ b) die Innung.
☐ c) die Handwerkskammer.
☒ d) das Gewerbeaufsichtsamt.

☐ e) das Gewerbeamt.

*„Siehe Seite 240 des Textteils!"*

**66. Die gesetzlich höchstzulässige wöchentliche Arbeitszeit beträgt für Arbeitnehmer über 18 Jahre**
☐ a) 40 Stunden.
☐ b) 41 Stunden.
☐ c) 42 Stunden.
☐ d) 45 Stunden.
☒ e) 60 Stunden.

*„Siehe Seite 240 des Textteils!"*

**67. Innerhalb welchen Zeitraums muss nach dem Gesetz eine über die gesetzlich zulässige werktägliche Arbeitszeit von acht Stunden hinausgehende Arbeitszeit ausgeglichen werden, um im Durchschnitt die höchstzulässige Arbeitszeit von acht Stunden täglich nicht zu überschreiten?**
☐ a) Innerhalb von 2 Kalenderwochen
☐ b) Innerhalb von 1 Kalendermonat
☐ c) Innerhalb von 3 Kalendermonaten
☒ d) Innerhalb von 6 Kalendermonaten
☐ e) Innerhalb von 12 Kalendermonaten.

*„Siehe Seite 241 des Textteils!"*

**68. Wie lange muss bei erwachsenen Arbeitnehmern die Ruhezeit nach Beendigung der täglichen Arbeitszeit sein?** *11 h*

*„Siehe Seite 241 des Textteils!"*

**69. Ruhepausen während der Arbeitszeit sind**
☒ a) gesetzlich vorgeschrieben.
☐ b) in das Belieben der Arbeitsvertragspartner gestellt.
☐ c) nur auf Wunsch des Arbeitnehmers zu gewähren.
☐ d) nur auf Verlangen des Betriebsrats zu gewähren.
☐ e) in das Ermessen des Arbeitgebers gestellt.

*„Siehe Seite 241 des Textteils!"*

**70. Bei Versetzung auf einen anderen Arbeitsplatz infolge eines Beschäftigungsverbots erhält die werdende Mutter Entgelt fortgezahlt (Mutterschutzlohn), das berechnet wird aus dem Durchschnitt**
☐ a) der letzten Lohnwoche vor der Versetzung.
☐ b) des letzten Lohnmonats vor der Versetzung.
☒ c) der letzten 13 Wochen bzw. 3 Monate vor Eintritt der Schwangerschaft.
☐ d) der letzten 26 Wochen vor Eintritt der Schwangerschaft.
☐ e) des Entgelts, das ohne Versetzung erzielt worden wäre.

*„Siehe Seite 243 des Textteils!"*

**71. Innerhalb welchen Mindestzeitraums nach der Entbindung ist die Beschäftigung der Arbeitnehmerin unzulässig?**
☐ a) Zwei Wochen
☐ b) Drei Wochen
☐ c) Vier Wochen
☐ d) Sechs Wochen

☒ e) Acht Wochen.

*„Siehe Seite 243 des Textteils!"*

**72. Während der Schutzfristen vor und nach der Entbindung erhält die in der gesetzlichen Krankenversicherung versicherte Arbeitnehmerin von der Krankenkasse**
- ☐ a) keine Geldleistungen.
- ☒ b) das Mutterschaftsgeld.
- ☐ c) das Übergangsgeld.
- ☐ d) das Krankengeld.
- ☐ e) einen Zuschuss.

*„Siehe Seite 243 des Textteils!"*

**73. Das Bundeserziehungsgeldgesetz enthält wichtige Vorschriften für Mütter und Väter, die der Arbeitgeber kennen sollte.**

**Aufgabe:**
a) Was besagen die Vorschriften zur Elternzeit?
b) Was besagen die Vorschriften zum Erziehungsgeld?

*„Siehe Seite 244 f. des Textteils!"*

**74. Ab welcher Betriebsgröße beginnt die Pflicht zur Beschäftigung von Schwerbehinderten?**
- ☐ a) Ab 7 Arbeitsplätzen
- ☒ b) Ab 20 Arbeitsplätzen
- ☐ c) Ab 22 Arbeitsplätzen
- ☐ d) Ab 25 Arbeitsplätzen
- ☐ e) Ab 30 Arbeitsplätzen.

*„Siehe Seite 246 des Textteils!"*

**75. Zur Unterrichtung der Arbeitnehmer und zur Beachtung der Arbeitsschutzvorschriften müssen im Betrieb eine Reihe von Gesetzen und sonstigen Vorschriften ausgehängt bzw. ausgelegt werden.**

**Aufgabe: Nennen Sie einige davon!**

*„Siehe Seite 248 des Textteils!"*

**76. Zuständig für arbeitsrechtliche Streitigkeiten zwischen Arbeitnehmer und Arbeitgeber ist das**
- ☐ a) Amtsgericht.
- ☐ b) Landgericht.
- ☐ c) Sozialgericht.
- ☒ d) Arbeitsgericht.
- ☐ e) Verwaltungsgericht.

*„Siehe Seite 249 des Textteils!"*

## 3.4 Sozial- und Privatversicherungen

### 3.4.1 Übersicht zum Sozialversicherungsrecht

#### 3.4.1.1 Aufgabe der Sozialversicherung

> Aufgabe der Sozialversicherung ist die Sicherung der Arbeitnehmer gegen die vielfältigen Risiken des Lebens auf der Grundlage einer Pflichtversicherung.

**Beispiel:**
Bei Alter, Invalidität, Krankheit, Unfall, Arbeitslosigkeit, Schwerpflegebedürftigkeit.

In einigen Zweigen der Sozialversicherung erstreckt sich dieser Solidargedanke auch auf selbstständig Erwerbstätige.

**Beispiel:**
Versicherungspflicht der selbstständigen Handwerker und Handwerkerinnen in der gesetzlichen Rentenversicherung und Pflegeversicherung.

#### 3.4.1.2 Gliederung der Sozialversicherung

Das System der Sozialversicherung gliedert sich im Wesentlichen in die folgenden Versicherungszweige:
- Krankenversicherung (seit 1883)
- Unfallversicherung (seit 1884)
- Rentenversicherung (seit 1889)
- Arbeitslosenversicherung (seit 1927)
- Pflegeversicherung (seit 1995).

*Versicherungszweige*

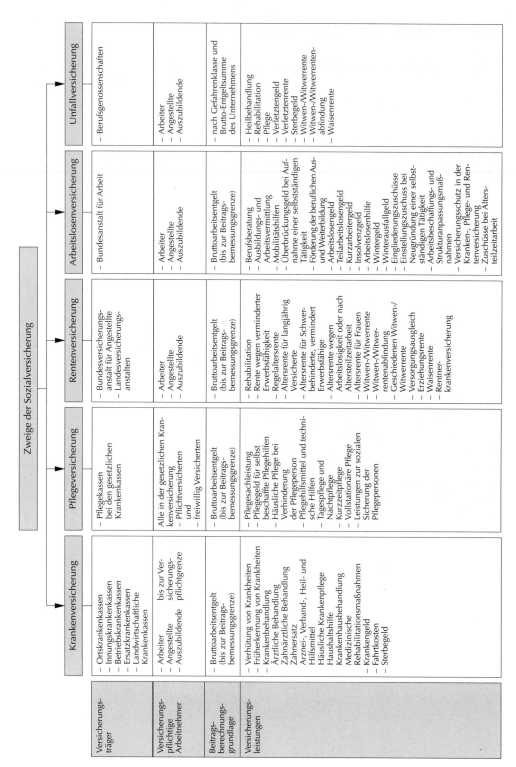

Abbildung 143

### 3.4.1.3 Selbstverwaltungsorgane der Sozialversicherung

Die Durchführung der Sozialversicherung obliegt den Versicherungsträgern, die als Körperschaften des öffentlichen Rechts mit dem Recht der Selbstverwaltung ausgestattet sind.

> Bei jedem Versicherungsträger sind Organe der Selbstverwaltung gebildet, die sich paritätisch aus Arbeitnehmern und Arbeitgebern zusammensetzen. 50-50

Paritätische Selbstverwaltungsorgane

Eine Ausnahme gilt für die Ersatzkrankenkassen; hier gehören nur Versicherte den Selbstverwaltungsorganen an.

Die Selbstverwaltungsorgane der Sozialversicherung

Abbildung 144

In der Arbeitsverwaltung setzen sich die Selbstverwaltungsorgane je zu einem Drittel aus Vertretern der Arbeitnehmer, Arbeitgeber und öffentlichen Körperschaften zusammen.

Die Selbstverwaltungsorgane der Arbeitsverwaltung

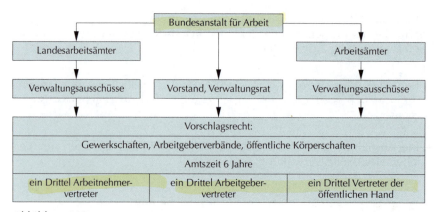

*Abbildung 145*

### 3.4.1.4 Beiträge

**Einzugsstelle**

Gesamtbeiträge

Einzugsstelle für die Gesamtsozialversicherungsbeiträge zur Kranken-, Renten-, Arbeitslosen- und sozialen Pflegeversicherung ist die Krankenkasse, bei der der Arbeitnehmer krankenversichert ist.

Für Arbeitnehmer, die nicht Mitglied einer gesetzlichen Krankenkasse sind, ist Einzugsstelle für die Pflichtbeiträge zur Renten- und Arbeitslosenversicherung die Krankenkasse, der sie zuletzt angehört haben, bzw. die vom Arbeitgeber gewählt wird.

**Beitragstragung**

Arbeitnehmer und Arbeitgeber

Die Pflichtbeiträge zur Kranken-, Pflege-, Arbeitslosen- und Rentenversicherung werden
- je zur Hälfte vom Arbeitnehmer und Arbeitgeber
getragen.

Auszubildende

Für Auszubildende, deren monatliches Bruttoarbeitsentgelt 325,00 EUR nicht übersteigt, hat der
- Arbeitgeber allein
die Gesamtsozialversicherungsbeiträge zu tragen.

## Beitragszahlung

> Der Gesamtsozialversicherungsbeitrag ist
> - vom Arbeitgeber monatlich zu zahlen;
> bis zu dem in der Satzung der zuständigen Krankenkasse bestimmten Tag,
> - spätestens bis 15. des folgenden Monats
> - für Entgeltzahlungen, die bis zum 15. eines Monats fällig werden, spätestens am 25. des gleichen Monats.

*Fälligkeit*

Bei Zahlungsverzug werden Säumniszuschläge erhoben.

## Beitragsabzug

> Die auf den Arbeitnehmer entfallenden Beitragsanteile sind vom Bruttoarbeitsentgelt abzuziehen. Soweit Abzüge für einen Entgeltabrechnungszeitraum unterblieben sind, dürfen diese in der Regel nur noch bei den drei nächsten Lohn- oder Gehaltszahlungen nachgeholt werden, es sei denn, dass der Abzug ohne Verschulden des Arbeitgebers unterblieben ist.

*Lohnabzugsverfahren*

## Haftung des Arbeitgebers

> Der Arbeitgeber haftet für die Zahlung des Gesamtsozialversicherungsbeitrages.

*Arbeitgeber ist Beitragsschuldner*

Bei Leiharbeitnehmern haftet neben dem Verleiher auch der Entleiher wie ein selbstschuldnerischer Bürge für den Beitragszeitraum, für den ihm der Arbeitnehmer überlassen worden ist.

## Verjährung

Ansprüche auf Gesamtsozialversicherungsbeiträge verjähren
- in vier Jahren
- bei vorsätzlicher Beitragsvorenthaltung in 30 Jahren

nach Ablauf des Kalenderjahres, in dem sie fällig geworden sind.

*Verjährungsfristen*

## Beitragsberechnung

> Maßgebend für die Berechnung der Gesamtsozialversicherungsbeiträge ist
> - das Bruttoarbeitsentgelt
> - bis zur Beitragsbemessungsgrenze.

*Berechnungsgrundlage*

Bruttoarbeitsentgelte, die die Beitragsbemessungsgrenze übersteigen, bleiben bei der Berechnung des Gesamtsozialversicherungsbeitrags außer Betracht.
Die Berechnung des Gesamtsozialversicherungsbeitrags erfolgt entweder nach dem tatsächlichen Arbeitsentgelt der Beschäftigten oder nach Beitragstabellen, die bei den Krankenkassen erhältlich sind.

## Arbeitsentgelt

> Arbeitsentgelt sind alle laufenden und einmaligen Einnahmen aus einer Beschäftigung, gleichgültig,
> - ob ein Rechtsanspruch hierauf besteht,
> - unter welcher Bezeichnung
> oder
> - in welcher Form es geleistet wird.

**Beispiel:**

Zum beitragspflichtigen Arbeitsentgelt gehören auch übertarifliche Leistungen, Mehrarbeitszuschläge und Zulagen.

### Geringfügige Beschäftigungen

Sozialversicherungsrechtlich unterscheidet man drei Kategorien von geringfügigen Beschäftigungen:

- Kurzfristige Beschäftigungen oder Saisonbeschäftigungen von höchstens zwei Monaten oder 50 Arbeitstagen pro Jahr. In diesem Fall sind keine Sozialversicherungsbeiträge abzuführen.
- Geringfügige Beschäftigungen mit einem Entgelt bis zu 325,00 EUR im Monat und weniger als 15 Arbeitsstunden in der Woche neben einer sozialversicherungspflichtigen Hauptbeschäftigung. Hier werden die verschiedenen Arbeitnehmertätigkeiten zusammengefasst und dementsprechend unterliegt das gesamte Arbeitsentgelt der Beitragspflicht zur Sozialversicherung (mit Ausnahme der Arbeitslosenversicherung, wo keine Zusammenrechnung erfolgt).
- Geringfügige, auf Dauer angelegte Alleinbeschäftigungen als Arbeitnehmer mit einem Monatsentgelt von insgesamt regelmäßig nicht mehr als 325,00 EUR und weniger als 15 Arbeitsstunden in der Woche. Für diese Arbeitnehmer muss der Arbeitgeber pauschale Sozialversicherungsbeiträge abführen.

### 3.4.1.5 Meldevorschriften

#### Meldeverfahren

> Das Meldeverfahren erfolgt entweder
> - per Datenübermittlung im automatisierten Verfahren (Zulassung durch die Krankenkasse erforderlich)
> oder
> - manuell durch Verwendung eines bundeseinheitlichen Meldevordrucks.

### Meldevordrucke

> Der Vordruck „Meldung zur Sozialversicherung" ist bei der Krankenkasse erhältlich und für An- und Abmeldungen, Unterbrechungsmeldungen, Jahresmeldungen, sonstige Entgeltmeldungen, Änderungen des Namens und der Staatsangehörigkeit, Kontrollmeldungen, Sofortmeldungen und Stornierungen verwendbar.

Bei Beschäftigung von Leiharbeitnehmern ist der gesonderte Vordruck „Kontrollmeldung durch den Entleiher" zu verwenden.
Das Original des Meldevordrucks geht an die Krankenkasse, die erste Durchschrift hat der Arbeitgeber dem Arbeitnehmer auszuhändigen, die zweite Durchschrift verbleibt beim Arbeitgeber.

*Durchschrift für Arbeitnehmer*

### Betriebsnummer

> Für die Erstattung der Meldungen benötigt der Arbeitgeber eine Betriebsnummer, die vom örtlichen Arbeitsamt zugeteilt wird.

### Sozialversicherungsausweis

Die Versicherungsnummer des Arbeitnehmers, die in den Meldevordruck einzutragen ist, enthält der vom Rentenversicherungsträger ausgestellte Sozialversicherungsausweis. Die Versicherungsnummer bleibt während des Versicherungslebens unverändert.

*Versicherungsnummer*

Der Sozialversicherungsausweis dient der Verhinderung von illegalen Beschäftigungsverhältnissen und von Leistungsmissbrauch. Er enthält die Unterschrift des Ausweisinhabers und bei Beschäftigten, die zur Mitführung des Sozialversicherungsausweises verpflichtet sind, ein Passbild.

**Beispiel:**
Beschäftigte im Bau-, Gebäudereiniger- und Gaststättengewerbe

Der Sozialversicherungsausweis ist bei Beginn der Beschäftigung dem Arbeitgeber vorzulegen.

### Meldepflichten

> Die Meldepflichten gegenüber der zuständigen Krankenkasse für den Einzug der Beiträge zur Kranken-, Pflege-, Renten- und Arbeitslosenversicherung (Gesamtsozialversicherungsbeitrag) hat der Arbeitgeber.

Zuständig ist die vom Arbeitnehmer gewählte Krankenkasse, die dem Arbeitgeber durch Vorlage der Mitgliedsbescheinigung nachgewiesen werden muss.

*Zuständige Einzugsstelle*

Wird das Wahlrecht vom Arbeitnehmer nicht selbst wahrgenommen, hat ihn der Arbeitgeber bei der Krankenkasse anzumelden, bei der er zuletzt versichert war. Besteht keine Vorversicherung (auch keine Familienversicherung) wählt der Arbeitgeber eine der gesetzlich möglichen Krankenkassen und verständigt hiervon den Arbeitnehmer.

**Kassenwechsel** Weist der Arbeitnehmer durch Vorlage einer neuen Mitgliedsbescheinigung nach, dass er die Krankenkasse wechselt, hat der Arbeitgeber unverzüglich die Abmeldung bei der bisherigen Krankenkasse und die Anmeldung bei der neuen Krankenkasse vorzunehmen.

**Privatkrankenversicherte** Für Arbeitnehmer, die nicht Mitglied der gesetzlichen Krankenversicherung sind, aber der Renten- und Arbeitslosenversicherungspflicht unterliegen, sind die Meldungen an die Krankenkasse zu geben, der sie zuletzt angehört haben. Trifft Letzteres nicht zu, hat der Arbeitgeber die Krankenkasse zu wählen.

**Meldefristen**

An- und Abmeldefristen

**Anmeldefrist**
> Bei Beginn einer versicherungspflichtigen Beschäftigung ist innerhalb von zwei Wochen (bei Datenübertragungsverfahren sechs Wochen) eine Anmeldung zu erstatten. Die gleiche Frist gilt auch für Änderungs- und Unterbrechungsmeldungen.

**Abmeldefrist**
> Bei Beendigung der Beschäftigung ist innerhalb von sechs Wochen die Abmeldung zu tätigen.

Sofort- und Kontrollmeldung

Für Beschäftigte, die zur Mitführung des Sozialversicherungsausweises verpflichtet sind (im Baugewerbe, im Gebäudereinigungsgewerbe, in Betrieben, die sich am Auf- und Abbau von Messen und Ausstellungen beteiligen sowie im Gaststätten- und Beherbergungsgewerbe) hat der Arbeitgeber spätestens am Tag der Beschäftigungsaufnahme eine Sofortmeldung zu erstatten. Sie entfällt, wenn innerhalb der gleichen Frist die reguläre Anmeldung erfolgt.

Legt der Arbeitnehmer bei Beginn der Beschäftigung den Sozialversicherungsausweis nicht innerhalb von drei Tagen vor, so ist eine Kontrollmeldung zu erstatten. Die Meldung muss unverzüglich erfolgen; sie kann mit der regulären Anmeldung verbunden werden.

**Leiharbeitnehmer** Bei gewerbsmäßiger Arbeitnehmerüberlassung obliegen dem Verleiher (Arbeitgeber) die Meldepflichten. Zusätzlich hat der Entleiher den Beginn und die Beendigung der Überlassung eines Leiharbeitnehmers innerhalb von zwei Wochen unter Verwendung des gesonderten Vordrucks „Kontrollmeldung durch den Entleiher" zu melden.

Jahresmeldung

> Für alle Beschäftigten, deren Beschäftigungsverhältnis über das Kalenderjahr hinaus fortbesteht, hat der Arbeitgeber bis zum 15. April des folgenden Jahres eine Jahresmeldung zu erstatten.

### Meldungen für geringfügig Beschäftigte

Für geringfügig Beschäftigte (geringfügig entlohnte und kurzfristig Beschäftigte) sind – mit Ausnahme der Jahresmeldung – grundsätzlich die gleichen Meldungen zu erstatten wie für versicherungspflichtig Beschäftigte. Für interessierte Betriebe kann das Melde- und Beitragsnachweisverfahren auch über E-Mail erledigt werden.

### Meldung zur Ausgleichskasse

Arbeitgeber, die in das Ausgleichsverfahren für die Lohnfortzahlung im Krankheitsfalle oder für die Arbeitgeberaufwendungen in Mutterschaftsfällen bei der Orts- oder Innungskrankenkasse einbezogen sind, haben der Kasse die für die Durchführung des Ausgleichs erforderlichen Angaben zu machen.

### Unterrichtungspflicht bei Datenübermittlung

Auf Antrag des Arbeitgebers kann die Einzugsstelle (Zulassungsstelle) die Übermittlung der Daten durch Datenübertragung oder auf maschinell verwertbaren Datenträgern zulassen, wenn der Betrieb hierfür die Voraussetzungen erfüllt.

In diesen Betrieben erhalten die Beschäftigten mindestens einmal jährlich bis zum 30. April eines Jahres eine maschinell erstellte Bescheinigung über alle im Vorjahr durch Datenübermittlung erstatteten Meldungen ausgehändigt.

### Auskunftspflicht gegenüber Sozialversicherungsträgern

Die Arbeitgeber haben den Krankenkassen und Rentenversicherungsträgern auf Verlangen über alle Tatsachen Auskunft zu geben und die Unterlagen vorzulegen, die für die Erhebung der Beiträge notwendig sind.

**Beispiel:**

Geschäftsbücher, Listen oder andere Unterlagen, aus denen die Angaben über die Beschäftigung hervorgehen.

Auskünfte zu Fragen, deren Beantwortung dem Arbeitgeber selbst oder einer ihm nahe stehenden Person die Gefahr zuziehen würde, wegen einer Straftat oder einer Ordnungswidrigkeit verfolgt zu werden, können verweigert werden. — Auskunftsverweigerungsrecht

Die Arbeitnehmer sind verpflichtet, ihren Arbeitgebern die zur Durchführung des Meldeverfahrens und für die Beitragsabführung erforderlichen Angaben zu machen und die hierfür nötigen Unterlagen vorzulegen. Gleiches gilt auch auf Verlangen gegenüber den Sozialversicherungsträgern. — Auskunftspflicht

### Geld- und Freiheitsstrafen

*Geldbuße*

Eine Geldbuße bis zu 5.000,00 EUR kann die Krankenkasse verfügen, wenn der Arbeitgeber vorsätzlich oder fahrlässig der
- Meldepflicht
- Auskunftspflicht

oder
- Pflicht zur Vorlage der erforderlichen Unterlagen nicht, nicht richtig oder nicht vollständig nachkommt.

Mit der gleichen Geldbuße können Arbeitgeber belegt werden, die
- höhere Beitragsteile vom Arbeitsentgelt einbehalten.

*Rechtsmittel*

Gegen den Bußgeldbescheid kann innerhalb zwei Wochen nach Zustellung Einspruch bei der Krankenkasse erhoben werden. Wird dem Einspruch nicht abgeholfen, entscheidet das Amtsgericht.

Mit Freiheitsstrafe bis zu fünf Jahren oder mit Geldstrafe wird bestraft, wer als Arbeitgeber

*Beitragsvorenthaltung*
- Beiträge des Arbeitnehmers zur Sozialversicherung der Einzugsstelle vorenthält.

### Scheinselbstständige

Bei Personen, die erwerbstätig sind und

*Kriterien*

1. im Zusammenhang mit ihrer Tätigkeit regelmäßig keinen versicherungspflichtigen Arbeitnehmer beschäftigen, dessen Arbeitsentgelt aus diesem Beschäftigungsverhältnis regelmäßig im Monat 325,00 EUR übersteigt
2. auf Dauer und im Wesentlichen nur für einen Auftraggeber tätig sind
3. deren Tätigkeit typische Merkmale unternehmerischen Handelns nicht erkennen lässt
4. deren Tätigkeit dem äußeren Erscheinungsbild nach der Tätigkeit entspricht, die sie für denselben Auftraggeber zuvor aufgrund eines Beschäftigungsverhältnisses ausgeübt haben
5. deren Auftraggeber oder ein vergleichbarer Auftraggeber entsprechende Tätigkeiten regelmäßig durch von ihm beschäftigte Arbeitnehmer verrichten lässt

wird vermutet, dass sie gegen Arbeitsentgelt beschäftigt sind, wenn mindestens drei der genannten Merkmale vorliegen. Diese Vermutungsregelung greift allerdings nur dann, wenn keine Sachaufklärung durch den Sozialversicherungsträger möglich ist.

Kann die Vermutung nicht widerlegt werden, gilt der Auftraggeber als Arbeitgeber, der – wie bei den sonstigen Beschäftigten – die Meldepflichten gegenüber der Krankenkasse zu erfüllen und die Beiträge zur Kranken-, Pflege-, Renten- und Arbeitslosenversicherung abzuführen hat. Als beitragspflichtiges Arbeitsentgelt wird, wenn die Beschäftigung im Einkommensteuerrecht als selbstständige Tätigkeit bewertet wird, fiktiv ein Einkommen in Höhe der Bezugsgröße (siehe Abschnitt 3.4.8 „Sozialversicherungsdaten 2002") zugrunde gelegt, soweit kein niedrigeres oder höheres Einkommen nachgewiesen wird.

## 3.4.2 Krankenversicherung

### 3.4.2.1 Versicherungsträger

Träger der Krankenversicherung sind die Krankenkassen.

Sie gliedern sich in folgende Kassenarten:     *Kassenarten*
- Ortskrankenkassen
- Innungskrankenkassen
- Betriebskrankenkassen
- Landwirtschaftliche Krankenkassen
- Ersatzkrankenkassen
- Seekrankenkasse
- Bundesknappschaft.

### 3.4.2.2 Kassenwahlrecht

Die in der gesetzlichen Krankenversicherung Pflichtversicherten und freiwillig Versicherten sind Mitglied der von ihnen gewählten Krankenkasse.

Sie können wählen:
- Die Ortskrankenkasse des Beschäftigungs- oder Wohnorts,     *Kassenwahl*
- jede Ersatzkasse, deren Zuständigkeit sich auf den Beschäftigungs- oder Wohnort erstreckt,
- die Betriebs- oder Innungskrankenkasse, wenn sie in einem Betrieb beschäftigt sind, für den die Betriebs- oder Innungskrankenkasse besteht,
- die Betriebs- oder Innungskrankenkasse, wenn deren Satzung dies vorsieht,
- die Krankenkasse, bei der vor Beginn der Versicherungspflicht oder Versicherungsberechtigung zuletzt eine Mitgliedschaft oder eine Familienversicherung bestanden hat,
- die Krankenkasse, bei der der Ehegatte versichert ist.

Die Ausübung des Wahlrechts ist vom Versicherten gegenüber der gewählten Krankenkasse zu erklären. Diese darf die Mitgliedschaft nicht ablehnen.     *Annahmezwang*

Die gewählte Krankenkasse stellt eine Mitgliedsbescheinigung aus, die dem Arbeitgeber unverzüglich vorzulegen ist.     *Mitgliedsbescheinigung*

**Kündigungsrecht**

Sowohl Versicherungspflichtige wie auch freiwillig Versicherte sind an die Wahl der Krankenkasse mindestens 18 Monate gebunden, wenn sie das Wahlrecht ab dem 1. Januar 2002 ausüben. Während der 18-monatigen Bindungsfrist gibt es kein neues Wahlrecht bei Arbeitgeberwechsel. Eine Kündigung ist zum Ablauf des übernächsten Kalendermonats möglich, gerechnet von dem Monat, in dem das Mitglied die Kündigung erklärt. Die Kündigungsbestätigung muss spätestens innerhalb von zwei Wochen ausgestellt werden. Ohne vorgelegte Kündigungsbestätigung darf die neu gewählte Krankenkasse keine Mitgliedsbescheinigung ausstellen.

Wird das Wahlrecht vom Versicherten nicht selbst wahrgenommen oder eine Mitgliedsbescheinigung nicht rechtzeitig vorgelegt, so ist der Arbeitgeber zur Anmeldung bei einer Krankenkasse verpflichtet; und zwar bei derjenigen, bei der der Arbeitnehmer zuletzt versichert war. Liegt eine solche Vorversicherung nicht vor, erfolgt die Anmeldung durch den Arbeitgeber bei einer wählbaren Krankenkasse.

**Außerordentliche Kündigung**

Erhöht die Krankenkasse ihren Beitragssatz, besteht ein Sonderkündigungsrecht. Die Kündigungsfrist entspricht der bei der ordentlichen Kündigung.

### 3.4.2.3 Versicherungspflicht

**Personenkreis**

Versicherungspflichtig sind:
- Arbeiter und Angestellte
- bei ihrem Ehegatten oder im elterlichen Betrieb beschäftigte Personen, sofern sie wie eine fremde Arbeitskraft in den Betrieb eingegliedert sind und ein angemessenes Entgelt erhalten
- Auszubildende
- Studierende (in der Regel längstens bis zum 30. Lebensjahr)
- Rentnerinnen und Rentner, wenn sie bereits vorher längere Zeit, (seit der erstmaligen Aufnahme der Erwerbstätigkeit bis zur Rentenantragstellung mindestens $9/10$ der zweiten Hälfte des Zeitraums) pflicht- oder freiwillig versichert waren
- Arbeitslose, die Leistungen der Bundesanstalt für Arbeit erhalten.

### 3.4.2.4 Familienversicherung

Familienangehörige von Krankenkassenmitgliedern sind mitversichert, wenn sie
- ihren Wohnsitz in der Bundesrepublik haben
- der gesetzlichen Krankenversicherung nicht selbst als Mitglied angehören
- nicht hauptberuflich selbstständig erwerbstätig sind und
- nicht mehr als 335,00 EUR monatlich verdienen.

Als Familienangehörige gelten der Ehegatte und Kinder bis zum 18. Lebensjahr; bis zum 23. Lebensjahr, wenn sie nicht erwerbstätig sind; in bestimmten Fällen auch darüber hinaus.

## 3.4.2.5 Versicherungsfreiheit

Versicherungsfrei sind:
- Arbeiter und Angestellte, deren Jahresbruttoarbeitsentgelt die Versicherungspflichtgrenze übersteigt
- Arbeitnehmer oder Rentner, die hauptberuflich selbstständig erwerbstätig sind
- Geringfügig Beschäftigte, die die gesetzlichen Voraussetzungen hierfür erfüllen (siehe Abschnitt 3.4.1.4 „Beiträge – Geringfügige Beschäftigungen").
- Personen, die nach Vollendung des 55. Lebensjahres versicherungspflichtig werden, wenn sie in den letzten 5 Jahren nicht mindestens zur Hälfte dieses Zeitraumes gesetzlich versichert waren.

*Versicherungspflichtgrenze*

*Geringfügig Beschäftigte*

## 3.4.2.6 Freiwillige Versicherung

Zur freiwilligen Versicherung berechtigt sind:
- bislang pflichtversicherte Arbeitnehmer, wenn ihre Mitgliedschaft aufgrund der Höhe des Einkommens endet und sie gewisse Vorversicherungszeiten erfüllen (in den letzten fünf Jahren mindestens 24 Monate oder unmittelbar davor ununterbrochen 12 Monate)
- Arbeitnehmer, deren Jahresverdienst bereits bei der ersten Stelle die Versicherungspflichtgrenze übersteigt
- Familienangehörige, die aus der Familienversicherung ausscheiden und die oben genannte Vorversicherungszeit erfüllen
- Personen, die die Voraussetzungen für die Versicherungspflicht in der Krankenversicherung der Rentner nicht erfüllen, zuletzt aber Mitglied einer gesetzlichen Krankenkasse waren.

Der Beitritt muss der Krankenkasse innerhalb von drei Monaten angezeigt werden; nach Ablauf der Frist ist ein freiwilliger Beitritt ausgeschlossen.

*Berechtigung*

*Anzeigefrist*

## 3.4.2.7 Beiträge

**Beitragssatz**

Der Beitragssatz zur gesetzlichen Krankenversicherung richtet sich nach der Satzung der Krankenkasse; er ist bei den einzelnen Kassen in unterschiedlicher Höhe festgesetzt.

*Satzungsrecht*

Der allgemeine Beitragssatz für Versicherte, die bei Arbeitsunfähigkeit für sechs Wochen Anspruch auf Fortzahlung des Arbeitsentgelts haben, liegt zumeist zwischen 14 und 15 v.H. des Arbeitsentgelts.
Arbeitnehmer, die der Versicherungspflicht in der Krankenversicherung wegen Überschreitens der Versicherungspflichtgrenze nicht mehr unterliegen, erhalten vom Arbeitgeber einen Beitragszuschuss, wenn sie sich freiwillig in der gesetzlichen oder privaten Krankenversicherung versichern. Außerdem erhalten sie einen Beitragszuschuss zur Pflegeversicherung.
Bei freiwillig Versicherten wird der Beitragsbemessung die gesamte wirtschaftliche Leistungsfähigkeit, bei hauptberuflich selbstständig Erwerbstätigen

Einkünfte in Höhe der Beitragsbemessungsgrenze, bei Nachweis eines geringeren Einkommens dieses, mindestens jedoch 75 Prozent der Bezugsgröße (siehe Abschnitt 3.4.8 „Sozialversicherungsdaten 2002"), zugrunde gelegt.

### 3.4.2.8 Leistungen der Krankenversicherung

Die wesentlichsten Leistungen der gesetzlichen Krankenversicherung sind:
- Ärztliche und zahnärztliche Behandlung bei freier Wahl unter den zugelassenen Vertragsärzten
- Behandlung im Krankenhaus
- Arznei, Verband-, Heil- und Hilfsmittel (gegebenenfalls mit Zuzahlungen)
- Zahnmedizinische Vorbeugung
- Kieferorthopädische Behandlung in der Regel bis zum 18. Lebensjahr
- Zuschüsse zu medizinisch notwendigen Leistungen bei Zahnersatz und Zahnkronen unter Kostenbeteiligung des Versicherten bis zu höchstens 50 v. H.
- Maßnahmen zur Vorsorge und Früherkennung von bestimmten Krankheiten
- bestimmte Schutzimpfungen
- Kostenübernahme bzw. Zuschüsse bei notwendigen Kuren
- Krankengeld: Das Krankengeld wird ohne zeitliche Begrenzung für den Fall der Arbeitsunfähigkeit, wegen derselben Krankheit jedoch nur für längstens 78 Wochen innerhalb von drei Jahren, gewährt. Es ruht, wenn und solange Entgeltzahlung durch den Betrieb erfolgt. Der Anspruch auf Krankengeld ruht ferner, solange die Arbeitsunfähigkeit der Krankenkasse nicht gemeldet wird, es sei denn, dass die Meldung innerhalb einer Woche nach Beginn der Arbeitsunfähigkeit erfolgt. Das Krankengeld beträgt 70 v. H. des Regelentgelts (höchstens aus der Beitragsbemessungsgrenze) und darf 90 v. H. des Nettoarbeitsentgelts nicht überschreiten.
- Krankengeld bei Pflege eines Kindes: Weist der Versicherte durch ärztliches Zeugnis nach, dass er wegen Beaufsichtigung, Betreuung oder Pflege eines erkrankten, noch nicht zwölf Jahre alten Kindes der Arbeit fernbleiben muss und eine andere, im Haushalt lebende Person sich des Kindes nicht annehmen kann, so erhält er ebenfalls Krankengeld. Der Anspruch besteht
  - in jedem Kalenderjahr
  - für jedes Kind,
  - bis zu zehn Arbeitstagen.
  - für allein erziehende Versicherte bis zu 20 Arbeitstagen.
  
  Der Gesamtanspruch ist auf 25, für Alleinerziehende auf 50 Arbeitstage im Kalenderjahr begrenzt.
- Haushaltshilfe bei Krankenhausaufenthalt und Kur, wenn der Haushalt nicht mehr weitergeführt werden kann im Haushalt ein Kind lebt, das das 12. Lebensjahr noch nicht vollendet hat oder behindert oder auf Hilfe angewiesen ist.
- Häusliche Krankenpflege bis zu vier Wochen je Krankheitsfall durch geeignete Pflegekräfte oder durch Kostenerstattung für eine selbst beschaffte Pflegekraft, wenn dadurch ein Krankenhausaufenthalt vermieden oder verkürzt werden kann oder so die ärztliche Behandlung gesichert wird
- Häusliche Pflege für Wöchnerinnen
- Mutterschaftsgeld und Mutterschaftshilfe bei Schwangerschaft und Entbindung

*Einzelleistungen*

- Sterbegeld: Das Sterbegeld beträgt
  - 1.050,00 EUR bei Tod eines Mitglieds
  - 525,00 EUR bei Tod einer familienversicherten Person.
  
  Voraussetzung ist, dass der Verstorbene am 1. 1. 1989 in der gesetzlichen Krankenversicherung versichert war.

> Diese Leistungen werden als
> - Sach- und Dienstleistungen (z. B. ärztliche, zahnärztliche Behandlung, Arznei-, Heil- und Hilfsmittel, Krankenhausbehandlung) oder
> - Barleistungen (z. B. Kranken- und Mutterschaftsgeldgeld, Sterbegeld) gewährt.

*Sachleistungsprinzip*

*Barleistungen*

Anstelle der Sach- oder Dienstleistung können freiwillig Versicherte und ihre mitversicherten Familienangehörigen auch Kostenerstattung für Leistungen wählen, die sie von einem bei der Kasse zugelassenen Leistungserbringer in Anspruch nehmen. Der Erstattungsanspruch besteht jedoch höchstens in Höhe der Vergütung, die die Kasse bei Erbringung als Sachleistung zu tragen hätte. Näheres regelt die Satzung der Krankenkasse.

*Kostenerstattung*

Zu bestimmten Leistungen (z. B. Arzneimittel, Krankenhausbehandlung) haben Versicherte über 18 Jahre Zuzahlungen zu leisten, sofern nicht eine unzumutbare Belastung vorliegt (Härtefallregelung).

*Zuzahlungen*

Für die Inanspruchnahme von Leistungen braucht der Versicherte eine Krankenversichertenkarte.

*Krankenversichertenkarte*

Der Leistungsanspruch endet in der Regel mit dem Ende der Mitgliedschaft bei der Kasse. Bei Versicherungspflichtigen besteht Anspruch auf Leistungen längstens für einen Monat nach dem Ende der Mitgliedschaft, solange keine Erwerbstätigkeit ausgeübt wird.

## 3.4.3 Soziale Pflegeversicherung

### 3.4.3.1 Versicherungsträger

> Träger der sozialen Pflegeversicherung sind die Pflegekassen, die bei jeder gesetzlichen Krankenkasse errichtet sind. Daneben steht als gleichberechtigtes System die Private Pflegeversicherung.

*Pflegekassen*

### 3.4.3.2 Versicherungspflicht

> Mitglieder der gesetzlichen Krankenversicherung gehören automatisch der sozialen Pflegeversicherung an.

Freiwillig Krankenversicherte können zwischen der sozialen Pflegeversicherung und einer privaten Pflegeversicherung mit gleichwertigen Leistungen wählen.

Personen, die bei einem privaten Krankenversicherungsunternehmen gegen Krankheit versichert sind, sind in der privaten Pflegeversicherung versicherungspflichtig (siehe Abschnitt 3.4.10.4 „Versicherungszweige").

### 3.4.3.3 Beiträge

Beitragssatz

> Der Beitragssatz zur sozialen Pflegeversicherung beträgt
> * 1,7 v. H. des Bruttoarbeitsentgelts bzw. der beitragspflichtigen Einnahmen bis zur Beitragsbemessungsgrenze.

Beitragstragung

Die Beiträge werden zur Hälfte vom Arbeitnehmer und Arbeitgeber getragen (Ausnahme im Gebiet des Freistaates Sachsen: Beitragssatz des Arbeitnehmers 1,35 v. H., des Arbeitgebers 0,35 v. H.) und mit dem Gesamtsozialversicherungsbeitrag an die zuständige Krankenkasse abgeführt.

Familienangehörige

Familienangehörige von Krankenkassenmitgliedern, die in der gesetzlichen Krankenversicherung mitversichert sind, sind auch in der sozialen Pflegeversicherung beitragsfrei mitversichert (siehe Abschnitt 3.4.2.4 „Familienversicherung").

Privatversicherte

Die Prämien zur privaten Pflegeversicherung richten sich nicht nach dem Einkommen, sondern nach dem Alter des Versicherten. Der Höchstbeitrag darf allerdings den der sozialen Pflegeversicherung nicht übersteigen. Der Arbeitgeberzuschuss für die private Pflegeversicherung ist maximal so hoch wie bei der sozialen Pflegeversicherung.

Selbstständig Erwerbstätige

Selbstständig Erwerbstätige tragen ihre Beiträge in voller Höhe selbst.

### 3.4.3.4 Leistungen der sozialen Pflegeversicherung

Die Leistungen der sozialen Pflegeversicherung richten sich nach dem Grad der Pflegebedürftigkeit:

Pflegestufe   I   = erhebliche Pflegebedürftigkeit,
Pflegestufe   II  = Schwerpflegebedürftigkeit,
Pflegestufe   III = Schwerstpflegebedürftigkeit.

Die wesentlichsten Leistungen sind der folgenden Übersicht zu entnehmen:

| Leistungen | | Pflegestufe I | Pflegestufe II | Pflegestufe III |
|---|---|---|---|---|
| Häusliche Pflege | Pflegesachleistung bis monatlich | 384,00 EUR | 921,00 EUR | 1.432,00 EUR (1.918,00 EUR in besonderen Härtefällen) |
| | Pflegegeld monatlich | 205,00 EUR | 410,00 EUR | 665,00 EUR |
| | Betreuungsbetrag für Pflegebedürftige mit erheblichem allgemeinen Betreuungsbedarf in Form von | 460,00 EUR | 460,00 EUR | 460,00 EUR |

## 3.4.3 Soziale Pflegeversicherung

| Leistungen | | Pflegestufe I | Pflegestufe II | Pflegestufe III |
|---|---|---|---|---|
| Häusliche Pflege | Sachleistungsangeboten je Kalenderjahr bis zu | | | |
| Pflegevertretung<br>– durch nahe Angehörige<br>– durch sonstige Personen | Pflegeaufwendungen für bis zu 4 Wochen im Kalenderjahr bis zu jährlich | 205,00 EUR<br><br><br>1.432,00 EUR | 410,00 EUR<br><br><br>1.432,00 EUR | 665,00 EUR<br><br><br>1.432,00 EUR |
| Kurzzeitpflege | Pflegeaufwendungen im Jahr bis | 1.432,00 EUR | 1.432,00 EUR | 1.432,00 EUR |
| Teilstationäre Tages- und Nachtpflege | Pflegeaufwendungen bis monatlich | 384,00 EUR | 921,00 EUR | 1.432,00 EUR |
| Vollstationäre Pflege | Pflegeaufwendungen pauschal monatlich | 1.023,00 EUR | 1.279,00 EUR | 1.432,00 EUR (in Härtefällen 1.688,00 EUR) |
| Pflegehilfsmittel und technische Hilfen | Zur Erleichterung der Pflege und selbständigen Lebensführung | | | |
| Leistungen zur sozialen Sicherung der Pflegepersonen | – Beitragszahlung zur gesetzlichen Rentenversicherung | | | |

| Leistungen | Pflegestufe I | Pflegestufe II | Pflegestufe III |
|---|---|---|---|
| – Versicherungsschutz in der gesetzlichen Unfallversicherung während der pflegerischen Tätigkeit | | | |

### 3.4.4 Arbeitslosenversicherung (Arbeitsförderung)

#### 3.4.4.1 Versicherungsträger

Bundesanstalt für Arbeit

> Träger der Arbeitslosenversicherung (Arbeitsförderung) ist die Bundesanstalt für Arbeit. Sie gliedert sich in 181 Arbeitsämter, 10 Landesarbeitsämter und die Hauptstelle mit Sitz in Nürnberg. Insgesamt hat die Arbeitsverwaltung über 850 Dienststellen.

Ziele der Arbeitsförderung

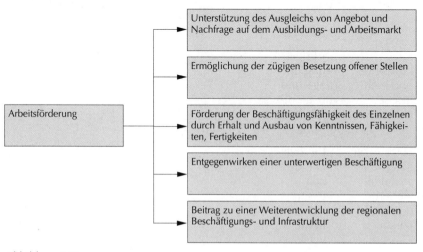

Abbildung 146

## 3.4.4.2 Versicherungspflicht

Versicherungspflichtig sind:
- Arbeiter und Angestellte
- Auszubildende
- Personen, die Krankengeld oder Verletztengeld beziehen
- Personen, die eine Rente wegen voller Erwerbsminderung beziehen, wenn sie unmittelbar vorher versicherungspflichtig waren (ab 1.1.2003)
- Personen, die Mutterschaftsgeld beziehen und solche, die ein Kind erziehen, das das dritte Lebensjahr noch nicht vollendet hat, wenn diese Personen vor der Kindererziehung versicherungspflichtig waren (ab 1.1.2003).

## 3.4.4.3 Versicherungsfreiheit

Versicherungsfrei sind:
- Arbeitnehmer, die das 65. Lebensjahr vollendet haben
- Personen, die dauernd nicht mehr verfügbar sind und eine volle Erwerbsminderungsrente beziehen
- Geringfügige Beschäftigungen (siehe Abschnitt 3.4.1.4 „Beiträge – Geringfügige Beschäftigungen").

## 3.4.4.4 Beiträge

Der Beitragssatz zur Arbeitslosenversicherung (Arbeitsförderung) beträgt derzeit 6,5 v. H. des Bruttoarbeitsentgelts.

*Beitragssatz*

## 3.4.4.5 Leistungen der Arbeitslosenversicherung (Arbeitsförderung)

Leistungen der Arbeitslosenversicherung – Arbeitsförderung

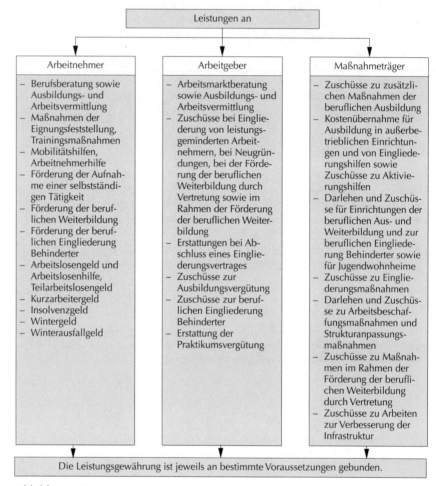

Abbildung 147

Auf einzelne dieser Leistungen wird nachfolgend noch näher eingegangen.

### Berufsberatung

Berufsberatung

Die Berufsberatung umfasst unter Berücksichtigung von Eignung, Neigung und Fähigkeiten die Erteilung von Auskunft und Rat
- zur Berufswahl, beruflichen Entwicklung und zum Berufswechsel,
- zur Lage und Entwicklung des Arbeitsmarktes und der Berufe,
- zu den Möglichkeiten der beruflichen Bildung,
- zur Ausbildungs- und Arbeitsplatzsuche,
- zu Leistungen der Arbeitsförderung.

## Vermittlung

Die Vermittlung ist darauf gerichtet, Ausbildungssuchende mit Arbeitgebern zur Begründung eines Ausbildungsverhältnisses und Arbeitsuchende mit Arbeitgebern zur Begründung eines Beschäftigungsverhältnisses zusammenzuführen. Zu Beginn der Vermittlung wird das Bewerberprofil ermittelt und eine Chancenprognose erstellt. Dabei können auch Maßnahmen der Eignungsfeststellung vorgesehen werden. In einer Eingliederungsvereinbarung zwischen Arbeitsamt und Arbeitslosen oder Arbeitsplatzsuchenden werden für einen bestimmten Zeitraum die Vermittlungsbemühungen des Arbeitsamtes, die Eigenbemühungen des Arbeitslosen bzw. Ausbildungsplatzsuchenden sowie künftige Leistungen der Arbeitsförderung festgelegt. Damit können vom Arbeitsamt auch Dritte beauftragt werden.

Arbeitslose, die Anspruch auf Arbeitslosengeld oder Arbeitslosenhilfe haben, erhalten auf Wunsch nach 3 Monaten Arbeitslosigkeit vom Arbeitsamt einen Vermittlungsgutschein, mit dem ein privater Arbeitsvermittler eingeschaltet werden kann.

*Ausbildungs- und Arbeitsvermittlung*

*Eingliederungsvereinbarung*

## Förderung der Aufnahme einer Beschäftigung

Arbeitslose und von Arbeitslosigkeit bedrohte Arbeitsuchende erhalten, soweit erforderlich, Mobilitätshilfen in Form von Übergangs- (zur Bestreitung ihres Unterhalts bis zur ersten Arbeitsentgeltzahlung), Ausrüstungs-, Fahr-, Reise- und Umzugskostenbeihilfen.

Zur Schaffung sozialversicherungspflichtiger Arbeitsplätze für Menschen mit einfacher Qualifikation und in einem unteren Einkommenssegment sowie zur Förderung der Aufnahme von Teilzeitbeschäftigungen gibt es befristet ein Sonderprogramm, nach dem in Abhängigkeit vom Einkommen und der Zahl der Kinder ein Sozialversicherungszuschuss und/oder ein Kindergeldzuschlag gewährt werden können.

*Mobilitätshilfen*

## Förderung der Aufnahme einer selbstständigen Tätigkeit

Existenzgründer, die Anspruch auf Arbeitslosengeld oder -hilfe haben, erhalten Überbrückungsgeld in Höhe des Arbeitslosengeldes oder der Arbeitslosenhilfe, einschließlich der hierauf entfallenden Sozialversicherungsbeiträge, für die Dauer von sechs Monaten.

*Überbrückungsgeld*

## Arbeitslosengeld – Teilarbeitslosengeld

Anspruchsvoraussetzungen

> Arbeitslosengeld erhalten Arbeitnehmer auf Antrag, die
> - arbeitslos sind,
> - sich beim Arbeitsamt arbeitslos gemeldet
> und
> - die Anwartschaftszeit erfüllt haben.

### Arbeitslosigkeit

**Beschäftigungslosigkeit**

> Arbeitslos ist ein Arbeitnehmer, der
> - vorübergehend nicht in einem Beschäftigungsverhältnis steht
> und
> - eine versicherungspflichtige Beschäftigung von wöchentlich mindestens 15 Stunden sucht.

### Beschäftigungssuche

**Eigenbemühungen**
**Verfügbarkeit**

Eine Beschäftigung sucht, wer
- alle Möglichkeiten nutzt, um seine Beschäftigungslosigkeit zu beenden
und
- den Vermittlungsbemühungen des Arbeitsamtes zur Verfügung steht.

**Zumutbarkeit**

Grundsätzlich sind einem Arbeitslosen alle seiner Arbeitsfähigkeit entsprechenden Beschäftigungen zumutbar, soweit allgemeine oder personenbezogene Gründe dem nicht entgegen stehen.
Ab dem 58. Lebensjahr gelten Arbeitslose auch dann als arbeitslos, wenn sie nicht mehr arbeitsbereit sind.

### Anwartschaftszeit

> Die Anwartschaftszeit ist erfüllt, wenn der Arbeitslose in den letzten drei Jahren mindestens zwölf Monate (Saisonarbeitnehmer mindestens sechs Monate innerhalb der letzten 16 Monate) in einem Versicherungspflichtverhältnis gestanden hat.

### Anspruchsdauer

Die Dauer des Anspruchs auf Arbeitslosengeld richtet sich nach
- der Dauer der versicherungspflichtigen Beschäftigung und
- dem Lebensalter des Arbeitslosen.

Die Bezugsdauer beträgt nach einem Versicherungspflichtverhältnis von

**Regelbezugsdauer**

| | |
|---|---|
| 12 Monaten (Anwartschaftszeit) | 6 Monate |
| 16 Monaten | 8 Monate |
| 20 Monaten | 10 Monate |
| 24 Monaten | 12 Monate |

**Höchstbezugsdauer**

Danach verlängert sich die Bezugsdauer ab dem 45. Lebensjahr stufenweise bis zur Höchstdauer von 32 Monaten.

### Höhe des Arbeitslosengeldes

Das Arbeitslosengeld beträgt für
- Arbeitslose mit mindestens einem Kind 67 v. H.
- die übrigen Arbeitslosen 60 v. H.

des Nettoarbeitsentgelts der abgerechneten Entgeltzeiträume der letzten 52 Wochen.

### Sperrzeit

Hat der Arbeitslose
- das Beschäftigungsverhältnis gelöst oder durch ein arbeitsvertragswidriges Verhalten Anlass für die Lösung des Beschäftigungsverhältnisses gegeben und hat er dadurch vorsätzlich oder grob fahrlässig die Arbeitslosigkeit herbeigeführt (Sperrzeit wegen Arbeitsaufgabe),
- trotz Belehrung über die Rechtsfolgen eine vom Arbeitsamt unter Benennung des Arbeitgebers und der Art der Tätigkeit angebotene Beschäftigung nicht angenommen oder nicht angetreten oder die Anbahnung eines Beschäftigungsverhältnisses, insbesondere das Zustandekommen eines Vorstellungsgesprächs, durch sein Verhalten verhindert (Sperrzeit wegen Arbeitsablehnung),
- sich trotz Belehrung über die Rechtsfolgen geweigert, an einer Trainingsmaßnahme oder einer Maßnahme zur beruflichen Ausbildung oder Weiterbildung oder einer Maßnahme zur Teilhabe am Arbeitsleben teilzunehmen (Sperrzeit wegen Ablehnung einer beruflichen Eingliederungsmaßnahme), oder
- die Teilnahme an einer vorher genannten Maßnahme abgebrochen oder durch maßnahmewidriges Verhalten Anlass für den Ausschluss aus einer dieser Maßnahmen gegeben (Sperrzeit wegen Abbruchs einer beruflichen Eingliederungsmaßnahme),

*Gründe*

ohne für sein Verhalten einen wichtigen Grund zu haben, so tritt eine Sperrzeit von zwölf Wochen ein. In Ausnahmefällen kann sich die Sperrzeit bis auf drei Wochen verkürzen.

### Teilarbeitslosigkeit

Unter den gleichen Voraussetzungen, wie sie für das Arbeitslosengeld gelten, wird Teilarbeitslosengeld gewährt, wenn eine versicherungspflichtige Beschäftigung, die neben einer weiteren versicherungspflichtigen Beschäftigung ausgeübt wird, verloren geht. Die Anspruchsdauer beträgt sechs Monate. Allerdings müssen in den letzten zwei Jahren zwölf Monate lang mindestens zwei versicherungspflichtige Beschäftigungen ausgeübt worden sein und eine weiterhin ausgeübt werden.

### Arbeitsbescheinigung

> Bei Beendigung eines Beschäftigungsverhältnisses hat der Arbeitgeber dem Arbeitnehmer eine Arbeitsbescheinigung unter Verwendung des vorgeschriebenen Vordrucks auszuhändigen, in der insbesondere
> - Art der Tätigkeit
> - Beginn, Ende und Unterbrechungen des Beschäftigungsverhältnisses
> - Grund der Beendigung des Beschäftigungsverhältnisses
> und
> - Bruttoarbeitsentgelt und sonstige Geldleistungen
> anzugeben sind.

*Inhalt*

### **Kurzarbeitergeld**

Bei vorübergehendem und unvermeidbarem Arbeitsausfall aus wirtschaftlichen Gründen oder infolge eines unabwendbaren Ereignisses wird Kurzarbeitergeld gezahlt, wenn der Arbeitsausfall dem Arbeitsamt rechtzeitig angezeigt wird. Es beträgt 67 (Arbeitnehmer mit mindestens einem Kind) bzw. 60 v. H. des ausgefallenen Nettoarbeitsentgelts.

### Insolvenzgeld

*Lohnsicherung*

> Arbeitnehmer, die bei Eröffnung des Insolvenzverfahrens über das Vermögen ihres Arbeitgebers noch Anspruch auf Arbeitsentgelt haben, erhalten Insolvenzgeld in Höhe des noch zustehenden Nettoarbeitsentgelts der vorausgehenden drei Monate.

Der Antrag muss innerhalb einer Ausschlussfrist von zwei Monaten nach dem Insolvenzereignis beim Arbeitsamt gestellt werden.
Auf Antrag der Krankenkasse erstattet die Bundesanstalt für Arbeit auch die für die vorausgehenden drei Monate noch ausstehenden Gesamtsozialversicherungsbeiträge.

*Insolvenzumlage*

Die Kosten für die Insolvenzgeldleistungen tragen die Betriebe durch Zahlung einer Umlage an die Berufsgenossenschaft (siehe Abschnitt 3.4.6.4 „Beiträge").

### Arbeitslosenhilfe

*Bedürftigkeit*

Im Anschluss an das Arbeitslosengeld wird Arbeitslosenhilfe gewährt, sofern Arbeitslosigkeit fortbesteht und Bedürftigkeit vorliegt.

> Die Arbeitslosenhilfe beträgt für
> - Arbeitslose mit mindestens einem Kind 57 v. H.
> - die übrigen Arbeitslosen 53 v. H.
> des Nettoarbeitsentgelts.

### Förderung der ganzjährigen Beschäftigung in der Bauwirtschaft

Das Bauhauptgewerbe ist gegenüber anderen Branchen durch eine große Witterungsabhängigkeit und damit zusammenhängend durch eine hohes Risiko bei entsprechendem Arbeitsausfall gekennzeichnet. Arbeitnehmer, Arbeitgeber und Bundesanstalt für Arbeit tragen dieses Schlechtwetterrisiko (Schlechtwetterzeit 1.11. bis 31.3.) in den Wintermonaten (vom 15.12. bis 28. bzw. 29. 2.) gemeinsam:

*Schlechtwetter*

> Dabei haben die Arbeitnehmer folgende Ansprüche:
> - auf Wintergeld in Form von
>   – Mehraufwands-Wintergeld
>   – Zuschuss-Wintergeld
> - Winterausfallgeld.

### Mehraufwands-Wintergeld

*Mehraufwands-Wintergeld*

Diese Leistung in Höhe von 1,03 EUR pro Arbeitsstunde können auf Antragstellung des Arbeitgebers Arbeitnehmer in Betrieben des Baugewerbes erhalten, die auf einem witterungsabhängigen Arbeitsplatz beschäftigt sind und deren Arbeitsverhältnis nicht aus witterungsbedingten Gründen gekündigt werden kann. Damit werden die in der witterungsungünstigen Jahreszeit (15.12. bis 28./29.2.) entstehenden Mehrkosten für die im Rahmen der regelmäßigen betrieblichen und tariflichen Arbeitszeit geleisteten Arbeitsstunden abgegolten.

**Zuschuss-Wintergeld**

Im Dachdeckerhandwerk, Gerüstbaugewerbe und im Garten-, Landschafts- und Sportplatzbau haben Arbeitnehmer, die auf Grund der Rahmentarifverträge pro Ausfallstunde ein unter dem Entgeltanspruch liegendes Schlechtwetter- oder Überbrückungsgeld erhalten, ab der 1. witterungsbedingten Ausfallstunde Anspruch auf Zuschuss-Wintergeld in Höhe von 1,03 EUR.
In Betrieben des Baugewerbes besteht dieser Anspruch für jede ab der 31. Ausfallstunde durch Arbeitszeitguthaben ausgeglichene witterungsbedingte Ausfallstunde. Dafür wird dann kein Winterausfallgeld geleistet.

**Winterausfallgeld**

- im Baugewerbe
  - in der Schlechtwetterzeit bei Arbeitsausfall von der 31. bis zur 100. witterungsbedingten Ausfallstunde aus der arbeitgeberfinanzierten Winterbau-Umlage. Dem Arbeitgeber werden dazu die Beiträge zur Kranken-, Renten- und Pflegeversicherung vollständig aus der Umlage erstattet. Der Eigenbeitrag der Arbeitnehmer beträgt damit 30 Stunden. Hat der Arbeitnehmer ein vorhandenes Arbeitszeitguthaben, so hat er dieses grundsätzlich zwingend bis zu 100 Stunden einzubringen.
  - ab der 101. Ausfallstunde Leistungen aus Beitragsmitteln zur Arbeitslosenversicherung
  - jeweils in Höhe des Kurzarbeitergeldes.
- in Betrieben des Garten-, Landschafts- und Sportplatzbaus ab der 151. Ausfallstunde, im Dachdeckerhandwerk ab der 121. Ausfallstunde.
- Für die vorausgehenden Ausfallstunden werden die durch Tarifvertrag, Betriebsvereinbarung oder Arbeitsvertrag vereinbarten sog. Winterausfallgeld-Vorausleistungen des Arbeitgebers in Anspruch genommen.

Zur Finanzierung der Förderleistungen zahlen die Betriebe aus der Bruttolohnsumme der Arbeiter eine Winterbauumlage, die für das Baugewerbe und für die übrigen Bereiche der Bauwirtschaft 1,0 v. H. beträgt und über die gemeinsame Einrichtung der Tarifpartner an die Bundesanstalt für Arbeit abgeführt wird.

*Winterbauumlage*

**Kranken-, Pflege-, Rentenversicherung**

Während des Bezugs von Leistungen wie Arbeitslosengeld, Arbeitslosenhilfe oder Unterhaltsgeld ist der Anspruchsberechtigte in der Kranken-, Pflege- und Rentenversicherung versichert.

**Förderung von Teilzeitarbeit durch Zuschüsse bei Altersteilzeit**

Vereinbart der Arbeitgeber mit einem Arbeitnehmer, der das 55. Lebensjahr vollendet hat und in den letzten 5 Jahren 1080 Kalendertage in einer versicherungspflichtigen Beschäftigung stand, die Verkürzung der Arbeitszeit auf die Hälfte der regelmäßigen wöchentlichen Arbeitszeit und stockt er

- das Teilzeit-Arbeitsentgelt um 20 % brutto, mindestens aber auf 70 % des letzten Nettoentgelts

*Aufstockung*

sowie
- die Beiträge zur gesetzlichen Rentenversicherung in Höhe des Betrages, der auf den Unterschiedsbetrag zwischen 90 v. H. des bisherigen Vollzeitarbeitsentgelts und dem Teilzeitarbeitsentgelt entfällt,

auf, erstattet die Bundesanstalt für Arbeit dem Arbeitgeber für längstens sechs Jahre
- den Aufstockungsbetrag in Höhe von 20 v. H. des für die Altersteilzeitarbeit gezahlten Arbeitsentgelts

*Erstattungsanspruch*

sowie
- den Rentenversicherungsbeitrag, der auf den Unterschiedsbetrag zwischen 90 v. H. des Vollzeitarbeitsentgelts und dem Entgelt für die Teilzeitarbeit entfällt.

Das Gleiche gilt, wenn die Altersteilzeit auf Tarifvertrag oder Betriebsvereinbarung beruht.

Man unterscheidet bei der Altersteilzeit das
- Blockmodell (zeitweise volle Dienstleistung und zeitweise vollständige Freistellung)

und
- das Teilzeitmodell (Arbeitszeit durchgehend hälftig).

Auch Teilzeitbeschäftigte können in Altersteilzeit gehen, wenn sie trotz verminderter Stundenzahl in der Arbeitslosenversicherung versicherungspflichtig bleiben.

*Wiederbesetzung*

Bei der Wiederbesetzung als wichtigster Voraussetzung für die Zahlung der Altersteilzeitförderung an den Arbeitgeber gelten folgende Erleichterungen:
- Arbeitgeber mit bis zu 50 Arbeitnehmern erhalten die Förderung, wenn sie aus Anlass der Altersteilzeit eines älteren Mitarbeiters entweder
  – einen arbeitslos gemeldeten Arbeitnehmer oder einen Arbeitnehmer nach Abschluss der Ausbildung an beliebiger Stelle des Unternehmens beschäftigen
  oder
  – einen Auszubildenden einstellen.
- Bei den übrigen Arbeitgebern ist der Nachweis einer Umsetzungskette zwischen Altersteilzeiter und Wiederbesetzer nicht mehr zwingend erforderlich. Stattdessen gilt eine funktionsbereichsbezogene Betrachtungsweise.

### Eingliederungszuschüsse

Leistungen dieser Art können Arbeitgeber als Ausgleich für die Minderleistung eines Arbeitnehmers erhalten in Form von
- Eingliederungszuschuss bei Einarbeitung
- Eingliederungszuschuss bei erschwerter Vermittlung
- Eingliederungszuschuss für ältere Arbeitnehmer
- Eingliederungszuschuss für jüngere Arbeitnehmer
- Eingliederungszuschuss für besonders betroffene schwer behinderte Menschen.

## 3.4.5 Rentenversicherung

### 3.4.5.1 Versicherungsträger

In der gesetzlichen Rentenversicherung sind für die Arbeiter und Angestellten zwei getrennte Versicherungszweige zuständig.

Abbildung 148

### 3.4.5.2 Gesetzliche Versicherungspflicht

**Personenkreis**

Versicherungspflichtig kraft Gesetzes sind:
- Arbeiter und Angestellte ohne Rücksicht auf die Höhe des Arbeitsentgelts
- zu ihrer Berufsausbildung Beschäftigte
- Wehr- und Zivildienstleistende
- Bezieher von Lohnersatzleistungen
- selbstständige Handwerker (siehe Abschnitt 3.4.7 „Altersversorgung der selbstständigen Handwerker (Handwerkerversicherung)").
- Arbeitnehmerähnliche Selbstständige: Selbstständige, die mit Ausnahme von Familienangehörigen keine versicherungspflichtigen Arbeitnehmer beschäftigen und regelmäßig nur für einen Auftraggeber arbeiten. (Diese Personen haben den Beitrag zur Rentenversicherung allein zu tragen; die Beitragsregelungen entsprechen denjenigen der selbstständigen Handwerker.)

*Versicherungspflichtige*

**Beiträge**

Der Beitragssatz zur Arbeiterrenten- und Angestelltenversicherung beträgt derzeit 19,1 v. H. des Arbeitsentgelts bzw. Arbeitseinkommens.

**Versicherungsfreiheit**

Versicherungsfrei sind Personen, die
- nur eine geringfügige Beschäftigung oder Tätigkeit ausüben und die Voraussetzungen für die Versicherungsfreiheit erfüllen (siehe Abschnitt 3.4.1.4 „Beiträge - Geringfügige Beschäftigungen")
- eine Vollrente wegen Alters beziehen.

### 3.4.5.3 Versicherungspflicht auf Antrag

**Personenkreis**

*Selbstständig Erwerbstätige*

> Selbstständig Erwerbstätige können auf Antrag von der Versicherungspflicht Gebrauch machen, sofern sie nicht bereits nach anderen Vorschriften versicherungspflichtig sind (siehe Abschnitt 3.4.7 „Altersversorgung der selbstständigen Handwerker (Handwerkerversicherung)").

- **Antragsfrist:**
  innerhalb von fünf Jahren nach Aufnahme der selbstständigen Tätigkeit oder am Ende einer Versicherungspflicht
- **Zuständigkeit:**
  Rentenversicherungsträger, zu dem zuletzt Beiträge geleistet worden sind
- **Beginn der Versicherungspflicht:**
  ab Antragstellung
- **Ende der Versicherungspflicht:**
  mit Ablauf des Tages, an dem die selbstständige Tätigkeit aufgegeben wird, spätestens jedoch mit dem Bezug der Vollrente wegen Alters.

**Beiträge**

> Selbstständig Erwerbstätige tragen ihre Pflichtbeiträge selbst.

Hinsichtlich Höhe und Zahlung der Beiträge gelten die gleichen Grundsätze wie für die Pflichtbeiträge zur Handwerkerversicherung (siehe Abschnitt 3.4.7 „Altersversorgung der selbstständigen Handwerker (Handwerkerversicherung)").
Die Versicherungspflicht auf Antrag kann Vorteile bieten.

**Beispiel:**
Sicherung des Anspruchs auf Rente wegen Erwerbsminderung.

### 3.4.5.4 Freiwillige Versicherung

**Personenkreis**

*Versicherungsberechtigte*

> Zur freiwilligen Versicherung berechtigt sind Personen,
> - die das 16. Lebensjahr vollendet haben
> und
> - nicht oder nicht mehr der Rentenversicherungspflicht unterliegen.

*Versicherungszweig*

Zuständiger Versicherungsträger:
- Bei erstmaligem Eintritt in die Versicherung besteht Wahlmöglichkeit zwischen der Arbeiterrenten- und Angestelltenversicherung.
- Hat der Versicherte bereits Beiträge entrichtet, sind die freiwilligen Beiträge zu dem Versicherungszweig zu entrichten, zu dem er zuletzt Beiträge gezahlt hat.

Der Beginn der Entrichtung von freiwilligen Beiträgen ist beim zuständigen Rentenversicherungsträger anzumelden. *Meldepflicht*

**Beiträge**

> Freiwillig Versicherte tragen ihre Beiträge selbst.

Die Beiträge werden (bargeldlos) unmittelbar auf das Konto des zuständigen Rentenversicherungsträgers überwiesen. Auf Antrag können sie auch im Abbuchungsverfahren entrichtet werden. *Beitragsabführung*

Freiwillige Beiträge sind wirksam geleistet, wenn sie bis zum 31.3. des Jahres, das dem Jahr folgt, für das sie gelten sollen, gezahlt werden. *Wirksame Beitragsentrichtung*

Jährlich können bis zu zwölf Monatsbeiträge entrichtet werden, und zwar ohne Rücksicht auf das Einkommen. Möglich ist dabei jeder beliebige EUR-Betrag zwischen dem jeweils geltenden Mindest- und Höchstbeitrag.

### 3.4.5.5 Versicherungsnachweis

> Der Versicherungsträger führt für jeden Versicherten unter dessen Versicherungsnummer ein Versicherungskonto, auf dem sämtliche Daten gespeichert werden, die für die Durchführung der Versicherung erforderlich sind.

*Versicherungskonto*

Die Versicherungsnummer ist Bestandteil des Versicherungsausweises (siehe Abschnitt 3.4.1 „Übersicht zum Sozialversicherungsrecht").
Als Beitragsnachweis dienen die Durchschriften der Meldevordrucke (An-, Ab- und Jahresmeldungen), die der Arbeitnehmer vom Arbeitgeber ausgehändigt erhält (siehe Abschnitt 3.4.1.5 „Meldevorschriften"). *Meldevordrucke*

Freiwillig Versicherte erhalten vom Rentenversicherungsträger spätestens bis zum 28. Februar eines Jahres eine Beitragsbescheinigung über die für das vorangegangene Kalenderjahr geleisteten Beiträge und das sich hieraus für die Rentenberechnung ergebende Arbeitseinkommen.

### 3.4.5.6 Leistungen der Rentenversicherung

**Rehabilitation**

Maßnahmen zur Erhaltung der Erwerbsfähigkeit und Wiedereingliederung in das Erwerbsleben (Grundsatz: Reha geht vor Rente):
- medizinische und berufsfördernde Leistungen
- berufliche Ausbildung und Umschulung
- Zuschüsse an Arbeitgeber
- Übergangsgeld während der Rehabilitationsmaßnahmen, sofern ein Anspruch auf Entgeltfortzahlung nicht besteht.

**Rente wegen Alters**

- **Regelaltersrente**
  - ab Vollendung des 65. Lebensjahres *65. Lebensjahr*
  - Mindestversicherungszeit (Wartezeit) 5 Jahre
  - ohne Beschränkung von Erwerbstätigkeit und Einkommen.

- **Altersrente für langjährig Versicherte**
  - ab Vollendung des 65. Lebensjahres
  - Mindestversicherungszeit (Wartezeit) 35 Jahre
  - Beschränkung durch Hinzuverdienstgrenze. *bis 400,-*

  Seit 2002 gilt auch hier die Altersgrenze von 65 Lebensjahren. Mit entsprechenden Abschlägen ist es allerdings weiterhin möglich, diese Altersrente bereits nach Vollendung des 63. Lebensjahres in Anspruch zu nehmen. Für die Geburtsjahrgänge bis 1941 gibt es Übergangsfristen. Ab dem Geburtsjahr 1948 wird die Altersgrenze der Altersrente für langjährig Versicherte stufenweise auf die Vollendung des 62. Lebensjahres zurückverlegt.

*63. Lebensjahr*

- **Altersrente für Schwerbehinderte**
  - ab Vollendung des 60. Lebensjahres
  - Grad der Behinderung von mindestens 50 %
  - Mindestversicherungszeit (Wartezeit) 35 Jahre
  - Beschränkung durch Hinzuverdienstgrenze.

  Die Altersgrenze für Schwerbehinderte wird seit dem Jahr 2001 stufenweise für die Geburtsjahrgänge ab 1941 in 36 Monatsschritten von 60 Jahren auf das 63. Lebensjahr angehoben. Mit entsprechenden Abschlägen kann die Rente jedoch auch weiterhin ab Vollendung des 60. Lebensjahres in Anspruch genommen werden. Nicht betroffen sind Versicherte, die bis zum 16.11.1950 geboren worden sind und am 16.11.2000 schwer behindert bzw. berufs- oder erwerbsunfähig waren.

*60. Lebensjahr*

- **Altersrente wegen Arbeitslosigkeit oder nach Altersteilzeitarbeit**
  - für vor 1952 geborene Versicherte
  - ab Vollendung des 65. Lebensjahres, wenn
  - entweder in den letzten 1½ Jahren 52 Wochen Arbeitslosigkeit bestand oder 24 Monate Altersteilzeitarbeit im Sinne des Altersteilzeitgesetzes geleistet wurde
  und
  - in den letzten zehn Jahren acht Jahre Pflichtbeitragszeiten bei mindestens 15 Jahren Mindestversicherungszeit (Wartezeit) nachgewiesen sind.

  Seit 2002 ist die Altersgrenze auf 65 Jahre angehoben. Die vorzeitige Inanspruchnahme bleibt mit entsprechenden Abschlägen jedoch weiterhin ab Vollendung des 60. Lebensjahres möglich. Für ältere Arbeitnehmer – Geburtsjahrgänge vor 1942 – gibt es Vertrauensschutzregelungen.

*Arbeitslosigkeit*

- **Altersrente für Frauen**
  - für vor 1952 geborene Versicherte
  - ab Vollendung des 65. Lebensjahres,
  - Mindestversicherungszeit (Wartezeit) 15 Jahre
  - nach dem 40. Lebensjahr mehr als 10 Pflichtbeitragsjahre

  Bis Ende 2004 wird diese Altersrente in Monatsschritten auf 65 Jahre angehoben. Die vorzeitige Inanspruchnahme bleibt mit Abschlägen möglich. Für ältere Arbeitnehmerinnen – Geburtsjahrgänge vor 1942 – gibt es Vertrauensschutzregelungen.

*Frauen*

- **Vollrente – Teilrente**
  - Eine Rente wegen Alters kann in voller Höhe (Vollrente) oder als Teilrente in Anspruch genommen werden.  *Vollrente*
  - Beschäftigte mit Anspruch auf eine Altersrente können ihre Tätigkeit stufenweise zurückführen und das verringerte Einkommen durch eine Teilrente von einem Drittel, der Hälfte oder zwei Dritteln der Vollrente ausgleichen.

### Rente wegen verminderter Erwerbsfähigkeit

Seit Jahresbeginn 2001 gilt eine Neuregelung der Erwerbsminderungsrenten. Die nach bisherigem Recht übliche Aufteilung in Berufs- und Erwerbsunfähigkeitsrente wurde durch eine zweistufige Erwerbsminderungsrente ersetzt. Um sie in Anspruch nehmen zu können, müssen neben der allgemeinen Wartezeit in den letzten fünf Kalenderjahren vor Eintritt des Versicherungsfalles mindestens für 36 Monate Pflichtbeiträge entrichtet sein. In bestimmten Fällen genügt eine seit 1.1.1984 ununterbrochene Versicherung. Bei einem Arbeitsunfall wird diese Wartezeit als erfüllt angesehen.  *Erwerbsminderungsrenten*  *Wartezeit*

- Volle Erwerbsminderungsrente
  Diese erhält derjenige, der weniger als drei Stunden pro Tag auf dem allgemeinen Arbeitsmarkt tätig sein kann.
- Halbe Erwerbsminderungsrente
  Sie erhält, wer zwischen drei und weniger als sechs Stunden pro Tag auf dem allgemeinen Arbeitsmarkt tätig sein kann.

Versicherte, die noch mindestens drei, aber nicht mehr sechs Stunden täglich arbeiten können, aber keinen Arbeitsplatz finden, erhalten ebenfalls eine volle Erwerbsminderungsrente (so genannte arbeitsmarktbedingte Erwerbsminderungsrente). Renten wegen verminderter Erwerbsfähigkeit werden in der Regel als Zeitrenten, also nicht unbefristet, gewährt.

Abhängig vom erzielten Hinzuverdienst wird die Rente wegen verminderter Erwerbsfähigkeit in unterschiedlicher Höhe gewährt; und zwar die halbe Erwerbsminderungsrente voll oder zur Hälfte und die volle Erwerbsminderungsrente voll, zu drei Vierteln, zur Hälfte oder zu einem Viertel.  *Voll- oder Teilrente*

Versicherte, die vor dem 2.1.1961 geboren sind, haben weiterhin einen Anspruch auf Teilrente wegen Berufsunfähigkeit. Sie erhalten eine halbe Erwerbsminderungsrente auch dann, wenn sie in ihrem bisherigen oder in einem zumutbaren anderen Beruf nicht mehr sechs Stunden täglich arbeiten können

Für Versicherte, die am 31.12.2000 bereits eine Rente wegen verminderter Erwerbsfähigkeit bezogen, wird das alte Recht beibehalten.

### Rente wegen Todes

- **Witwen- und Witwerrente**
  - Nach dem Tode des Ehegatten erhält der Hinterbliebene eine Witwen-/Witwerrente.  *Hinterbliebenenrente*
  - Die allgemeine Wartezeit von 5 Jahren (unter Anrechnung von Beitrags- und Ersatzzeiten) muss erfüllt sein. Unter bestimmten Voraussetzungen – zum Beispiel bei einem Arbeitsunfall – kann die Wartezeit auch vorzeitig erfüllt sein.
  - In den ersten drei Monaten wird unabhängig vom Einkommen des Hinterbliebenen die volle Rente des Verstorbenen ausgezahlt.

**Große Witwen-/Witwerrente**

– Danach beträgt sie bei Todesfällen ab 1.1.1986 60 Prozent der vollen Rente des/der Verstorbenen als so genannte große Witwen-/Witwerrente, wenn der/die Anspruchsberechtigte

mindestens 45 Jahre alt

oder berufs- bzw. erwerbsunfähig/nach dem 1.1.2001: erwerbsgemindert ist

oder ein eigenes Kind bzw. ein Kind des verstorbenen Versicherten unter 18 Jahren erzieht

oder für ein eigenes oder ein Kind des verstorbenen Versicherten in häuslicher Gemeinschaft sorgt, das wegen körperlicher, geistiger oder seelischer Behinderung sich nicht selbst unterhalten kann.

Für Ehepaare, die nach dem 31.12.2001 geheiratet haben oder bei denen beide Partner nach dem 1.1.1962 geboren sind, beträgt die große Witwen-/Witwerrente nur noch 55 Prozent der Rente des verstorbenen Ehepartners. Hinterbliebene, die Kinder erzogen haben, erhalten zusätzlich einen dynamisierten Zuschlag an Entgeltpunkten.

**Kleine Witwen-/Witwerrente**

– Sind die Voraussetzungen für die große Witwen-/Witwerrente nicht gegeben, besteht Anspruch auf die kleine Rente in Höhe von 25 Prozent der vollen Rente des/der Verstorbenen. Für Ehepaare, die nach dem 31.12.2001 geheiratet haben oder bei denen beide Partner nach dem 1.1.1962 geboren sind, ist diese auf zwei Jahre befristet.

– Eigenes Erwerbseinkommen, das einen festgelegten, dynamisierten Freibetrag übersteigt, wird zu 40 Prozent angerechnet.

**Einkommensanrechnung**

– Bei Ehepaaren, die nach dem 31.12.2001 geheiratet haben oder bei denen beide Partner nach dem 1.1.1962 geboren sind, werden grundsätzlich alle Einkünfte zu 40 % angerechnet, soweit sie den dynamisch steigenden Freibetrag – bis 30. Juni 2002: 668,29 EUR (West) bzw. 582,44 EUR (Ost) – übersteigen. Ausgenommen von der Anrechnung sind die meisten steuerfreien Einnahmen und Leistungen aus der ab 2002 geförderten privaten oder betrieblichen Altersvorsorge.

**Abfindung**

– Bei Wiederverheiratung erfolgt Abfindung (24-facher Betrag der monatlichen Witwen- bzw. Witwerrente; bei Ehepaaren, die nach dem 31.12.2001 geheiratet haben oder bei denen beide Partner nach dem 1.1.1962 geboren sind, wird die Zahl der Kalendermonate abgezogen, für die eine kleine Witwer-/Witwenrente bezahlt wurde).

– Ein Anspruch auf Witwen-/Witwerrente ist für Ehepaare, die nach dem 31.12.2001 geheiratet haben oder bei denen beide Partner nach dem 1.1.1962 geboren sind, ausgeschlossen, wenn die Ehe nicht mindestens ein Jahr angedauert hat, es sei denn, der alleinige oder überwiegende Zweck der Heirat war es nicht, eine Hinterbliebenenrente zu erhalten.

• **Witwen- und Witwerrente an geschiedene Ehegatten – Versorgungsausgleich**

– An geschiedene Ehegatten wird eine Witwen-/Witwerrente gezahlt, wenn die Ehe vor dem 1. 7. 1977 geschieden worden ist, nicht wieder geheiratet wurde und Unterhaltsanspruch besteht.

**Versorgungsausgleich**

– Bei Ehescheidungen nach dem 30. 6. 1977 tritt an die Stelle der Geschiedenen-Witwen- und Witwerrente ein Versorgungsausgleich.

- **Erziehungsrente**
  - Eine Erziehungsrente, die allerdings eine Rente aus eigener Versicherung ist und nicht mit den rentenrechtlichen Zeiten des verstorbenen Ehegatten zusammenhängt, erhält der Hinterbliebene längstens bis zur Vollendung des 65. Lebensjahres, wenn
      die Ehe nach dem 30. 6. 1977 geschieden wurde,
      der geschiedene Ehegatte gestorben ist,
      ein eigenes oder ein Kind des Verstorbenen unter 18 Jahren erzogen wird,
      nicht wieder geheiratet wurde,
      die allgemeine Wartezeit von 5 Jahren bis zum Tode des geschiedenen Ehegatten erfüllt wurde.

- **Rentensplitting unter Ehegatten**
  - Ehepartner, deren Ehe nach dem 31.12.2001 geschlossen wurde, und Ehepartner, deren Ehe am 31.12.2001 schon bestand, die aber beide nach dem 1.1.1962 geboren sind, können künftig zwischen Hinterbliebenenrente und Rentensplitting wählen. Durch eine übereinstimmende Erklärung beider Ehepartner kann mit dem Rentensplitting eine gleichmäßige Aufteilung der gemeinsam in der Splittingzeit erworbenen Rentenanwartschaften erreicht werden. Für das Splitting können sich die Ehegatten erst entscheiden, wenn beide erstmalig Anspruch auf eine Vollrente wegen Alters haben oder ein Ehegatte erstmalig diesen Anpruch und der andere das 65. Lebensjahr vollendet hat. Außerdem wird ein Splitting nur durchgeführt, wenn bei beiden Ehegatten jeweils 25 Jahre an rentenrechtlichen Zeiten vorhanden sind.

  *Splitting*

- **Waisenrente**
  Sie wird gewährt
  - nach dem Tod eines Versicherten
  - bei Vorliegen der versicherungsrechtlichen Voraussetzungen (Wartezeit)
  - an Kinder grundsätzlich bis zum 18., längstens bis zum 27. Lebensjahr, wenn sich die Waise noch in der Schul- oder Berufsausbildung befindet; ab dem vollendeten 18. Lebensjahr wird auf die Waisenrente eigenes Erwerbseinkommen, das einen festgelegten dynamischen Beitrag übersteigt, zu 40 % angerechnet.

  *Rente an Waisen*

## Krankenversicherung der Rentner

- Bezieher von Renten aus der gesetzlichen Rentenversicherung sind unter bestimmten Voraussetzungen in der gesetzlichen Krankenversicherung pflichtversichert oder zur freiwilligen Versicherung berechtigt (siehe Abschnitt 3.4.2.3 „Versicherungspflicht" und 3.4.2.6 „Freiwillige Versicherung").

  *Versicherungspflicht*

- Eine Befreiung von der Versicherungspflicht in der Rentnerkrankenversicherung ist unter bestimmten Voraussetzungen auf Antrag möglich.

  *Befreiung*

- Rentner, die in der gesetzlichen Krankenversicherung nur freiwillig oder in der privaten Krankenversicherung versichert sind, erhalten auf Antrag vom Rentenversicherungsträger einen Beitragszuschuss zur Kranken- und Pflegeversicherung.

  *Beitragszuschuss*

## Wartezeit und Leistungsantrag für Anspruch auf Rente

Wartezeit
Rentenleistungen werden nur gewährt, wenn die Wartezeit erfüllt ist.

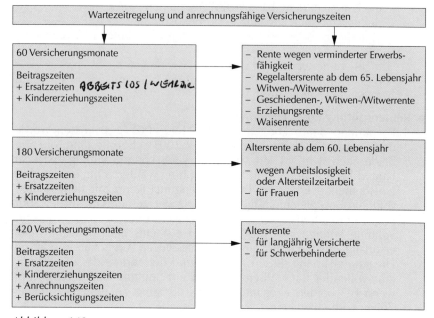

Abbildung 149

Bei Arbeitsunfall oder Wehr- bzw. Zivildienstbeschädigung genügt bei Pflichtversicherten der Nachweis eines einzigen Beitrages.

Leistungsantrag

Antrag

Rentenleistungen werden nur auf Antrag gewährt.
Wird der Antrag später als drei Monate – bei Renten wegen Todes später als zwölf Monate – nach Ablauf des Monats gestellt, in dem die Antragsvoraussetzungen erfüllt sind, beginnt die Rente erst ab Antragsmonat.

## Rentenberechnung

Unterhaltsfunktion

Die Rente dient der Sicherung des Lebensunterhalts des Versicherten und seiner Hinterbliebenen bei Eintritt des Versicherungsfalles.

## Höhe der Rente

> Die Höhe der Rente bestimmt sich nach dem individuellen Versicherungsverlauf.

Maßgebend sind hierfür insbesondere
- die Höhe der während des Erwerbslebens versicherten Arbeitsentgelte oder Arbeitseinkommen

bzw.
- die Höhe und Anzahl der geleisteten Beiträge.

Beitragsleistung

Die Rente ist dynamisch; sie wird zum 1. Juli eines jeden Jahres angepasst entsprechend der Veränderung der Bruttolohn- und Gehaltssumme je durchschnittlich beschäftigtem Arbeitnehmer, korrigiert um die Belastungsveränderungen bei den Rentenversicherungsbeiträgen sowie beim Aufwand für die staatlich geförderte zusätzliche Altersvorsorge. Man nennt dies modifizierte Bruttoanpassung.

Rentendynamik

## Rentenformel
Maßgebende Faktoren für die Rentenberechnung sind:
- die Entgeltpunkte
- der Zugangsfaktor
- der Rentenartfaktor
- der aktuelle Rentenwert.

Rentenfaktoren

Rentenformel

*Abbildung 150*

## Entgeltpunkte
Die Entgeltpunkte werden durch die Höhe des versicherten Arbeitsentgelts (bzw. Arbeitseinkommens) eines Kalenderjahres bestimmt. Dabei ergibt ein erzieltes Bruttojahresarbeitsentgelt in Höhe des Durchschnittsentgelts aller Versicherten einen vollen Entgeltpunkt. Für freiwillige Beiträge und Pflichtbeiträge selbstständig Erwerbstätiger wird der Berechnung der Entgeltpunkte das Arbeitseinkommen zugrunde gelegt, das der Höhe der entrichteten Beiträge entspricht.

Bei der Ermittlung der Entgeltpunkte werden Beitragszeiten sowie bestimmte beitragsfreie und beitragsgeminderte Zeiten berücksichtigt:

*Beitragszeiten*
*Kindererziehungszeiten*
- Beitragszeiten (mit Beiträgen belegte Kalendermonate)
- Kindererziehungszeiten (für Geburten vor dem 1.1.1992 = 12 Kalendermonate; für Geburten ab dem 1.1.1992 = 36 Kalendermonate)
- Kindbezogene Höherbewertung von Beitragszeiten (seit 1.1.2002: Aufwertung der Rentenanwartschaften von Erziehungspersonen, die während der ersten 10 Lebensjahre des Kindes z. B. wegen Teilzeitarbeit unter dem statistischen Druchschnittsverdienst bleiben, durch Erhöhung der individuellen Entgelte um 50 % auf maximal 100 % des Durchschnittseinkommens, wenn insgesamt 25 Jahre mit rentenrechtlichen Zeiten vorliegen, und zwar für Zeiten ab 1992. Diese Begünstigung kommt auch Erziehungspersonen zugute, die wegen der Betreuung eines pflegebedürftigen Kindes vielfach nicht erwerbstätig sein können. Für Erziehungspersonen, die wegen gleichzeitiger Erziehung von zwei oder mehr Kindern unter zehn Jahren regelmäßig auch keine Teilzeitbeschäftigung aufnehmen können und deshalb eine Höherbewertung von Beitragszeiten nicht erhalten, wird als Ausgleich nach Auslaufen der Kindererziehungszeit (also ab dem 4. Lebensjahr des Kindes) bis zum 10. Lebensjahr eine rentenrechtliche Gutschrift von Entgeltpunkten gewährt und zwar für Zeiten ab 1992. Diese Gutschrift entspricht regelmäßig der höchstmöglichen Förderung bei der kindbezogenen Höherbewertung von Beitragszeiten für erwerbstätige Erziehungspersonen (also ein Drittel Entgeltpunkt pro Jahr).

*Anrechnungszeiten*
- Anrechnungszeiten (z. B. längere Arbeitsunfähigkeit, Schwangerschaft/Mutterschaft, Arbeitslosigkeit, ferner Besuch einer Schule, Fach- oder Hochschule nach dem 17. Lebensjahr, höchstens jedoch bis zu acht Jahren, wobei allerdings nur die ersten drei Jahre der Ausbildungszeit eigenständige Entgeltpunkte erhalten)

*Ersatzzeiten*
- Ersatzzeiten (Zeiten eines früheren Militär- oder militärähnlichen Dienstes, der Gefangenschaft, der Internierung und der Vertreibung)

*Zurechnungszeiten*
- Zurechnungszeiten (bei Eintritt des Versicherungsfalles vor dem 60. Lebensjahr).
- Berücksichtigungszeiten (Erziehung eines Kindes bis zu dessen vollendetem 10. Lebensjahr)

### Der Zugangsfaktor
Der Zugangsfaktor dient der Ermittlung der
- persönlichen Entgeltpunkte

des Versicherten und beträgt in der Regel 1,0. Er verringert sich bei vorzeitig in Anspruch genommenen Renten und erhöht sich, wenn die Rente erst nach dem 65. Lebensjahr in Anspruch genommen wird.

### Der Rentenartfaktor
Der Rentenartfaktor richtet sich nach Art der Rente und ist gesetzlich festgelegt.

> **Beispiel:**
> Er beträgt für die Alters- und die volle Erwerbsminderungsrente 1,0; für die Rente wegen teilweiser Erwerbsminderungsrente 0,5.

Mit dem Rentenartfaktor werden die persönlichen Entgeltpunkte (= Entgeltpunkte × Zugangsfaktor) vervielfältigt.

### Der aktuelle Rentenwert

Der aktuelle Rentenwert ist ein monatlicher EUR-Betrag, der jährlich durch Verordnung festgelegt und für jeden erreichten persönlichen Entgeltpunkt gewährt wird. (Vgl. Abschnitt 3.4.8 „Sozialversicherungsdaten 2002"). Hat der Versicherte 45 Jahre lang durchschnittlich verdient bzw. Beiträge entrichtet, die dem Durchschnittsentgelt aller Versicherten entsprechen, errechnet sich eine monatliche Altersrente von

*Berechnungsbeispiel für Altersrente*

45 persönliche Entgeltpunkte
×
25,31 EUR aktueller Rentenwert (West) bis 30.06.2002
= 1.138,95 EUR
×
22,06 EUR aktueller Rentenwert (Ost) bis 30.06.2002
= 992,70 EUR

### Bedarfsorientierte Grundsicherung

Seit 2002 gibt es eine steuerfinanzierte Grundsicherung für über 65-jährige und dauerhaft voll Erwerbsgeminderte ab 18 Jahren. Die Leistung ist abhängig von der Bedürftigkeit. Neu ist, dass gegenüber Kindern und Eltern kein Unterhaltsrückgriff stattfindet, wenn ihre Angehörigen die Grundsicherung in Anspruch nehmen.

*Steuerfinanzierte Grundsicherung*

### Zusätzliche kapitalgedeckte Altersvorsorge

Seit Jahresbeginn 2002 wird der Aufbau einer privaten oder betrieblichen Altersvorsorge staatlich gefördert. Gefördert werden in der Regel alle Personen, die Pflichtbeiträge zur gesetzlichen Rentenversicherung zahlen, so unter anderem
- versicherungspflichtige Arbeitnehmer in privaten Betrieben,
- versicherungspflichtige Selbstständige (auch selbstständige Handwerker),
- Bezieher von Lohnersatzleistungen
  und
- geringfügig beschäftigte Personen, die auf die Versicherungsfreiheit verzichtet haben.

*Geförderte Personen*

Nicht erfasst sind u.a. Selbstständige mit eigener privater Altersvorsorge, die meisten geringfügig Beschäftigten, freiwillig Versicherte und die in einer berufständischen Versorgungseinrichtung Pflichtversicherten. Damit werden selbstständige Handwerksmeister/innen, die sich von der gesetzlichen Rentenversicherung haben befreien lassen, nicht gefördert, selbst wenn sie freiwillige Beiträge einzahlen. Begünstigt werden jedoch auch die nicht pflichtversicherten Ehepartner von geförderten Personen.
Förderfähige Anlageformen sind:
- die betriebliche Altersversorgung in Form von Direktversicherungen, Pensionskassen und Pensionsfonds

*Anlageformen*

- die private kapitalgedeckte Altersvorsorge in Form von Rentenversicherungen, Fonds- und Banksparplänen.

Produkte im Rahmen der privaten Altersvorsorge müssen für die Förderung bestimmte Voraussetzungen erfüllen. Sie erhalten dann ein Zertifikat des Bundesaufsichtsamtes für das Versicherungswesen. Unter anderem müssen für dieses Zertifikat folgende Kriterien erfüllt werden:

*Zertifikat*

- in der Ansparphase: Verpflichtung, laufend eigene Altersvorsorgebeiträge einzuzahlen; Möglichkeit, das bereits angesparte Kapital auf einen anderen Vertrag zu übertragen; Möglichkeit der Entnahme von bereits angespartem Vorsorgevermögen zum Zweck des Erwerbs einer selbst genutzten Immobilie

*Förderkriterien*

- in der Auszahlungsphase: Auszahlung der Leistungen frühestens ab dem 60. Lebensjahr oder ab dem Beginn einer Altersrente; lebenslang gleich bleibende oder steigende Beträge; zu Beginn der Auszahlungsphase müssen mindestens die eingezahlten Beiträge zur Verfügung stehen
- Informationspflichten: Höhe und zeitliche Verteilung der Abschluss- und Vertriebskosten; Kosten der Verwaltung des gebildeten Kapitals; Kosten im Falle eines Wechsels des Vorsorgeprodukts oder des Anbieters; jährliche schriftliche Information über Verwendung der eingezahlten Beiträge sowie die damit verbundene Berücksichtigung ethischer, sozialer und ökologischer Belange, Höhe des bisher gebildeten Kapitals, Kosten und Erträge.

*Staatliche Zulage*

Der Altersvorsorgeaufwand setzt sich aus Eigenbeiträgen und Zulagen – Grund- und Kinderzulage – zusammen. Die staatliche Zulage wird auf Antrag des Berechtigten von der Bundesversicherungsanstalt für Angestellte auf den begünstigten Vertrag gutgeschrieben und setzt einen in den nächsten Jahren wachsenden Eigenbeitrag, der in Stufen bis 2008 auf mindestens 4 Prozent des rentenversicherungspflichtigen Entgelts im Vorjahr steigt, voraus. Auf jeden Fall muss ein Sockelbeitrag entrichtet werden, der von der Anzahl der Kinder des Zulagenberechtigten abhängt. Neben der Förderung durch Zulagen können die Zahlungen in einen Altersvorsorgevertrag auch steuerlich als Sonderausgaben geltend gemacht werden. Sollte sich daraus eine Steuerersparnis ergeben, die den Umfang der gewährten Zulagen übersteigt, wird dieser Differenzbetrag erstattet. Die Zulagen sind im Übrigen zurückzuzahlen, wenn sie nicht entsprechend der gesetzlichen Regelungen verwendet und ausbezahlt werden. Sie sind auch nicht vererbbar.

*Entgeltumwandlung*

Arbeitnehmer haben seit 2002 einen individuellen Anspruch auf betriebliche Altersversorgung aus ihrem Entgelt, indem sie auf bestimmte Teile davon – bis zu 4 Prozent der Beitragsbemessungsgrenze in der gesetzlichen Rentenversicherung (vgl. Abschnitt 3.4.8 „Sozialversicherungsdaten 2002") – verzichten (z. B. auf Teile des Weihnachts- oder Urlaubsgeldes oder Überstundenvergütungen) und diese für eine betriebliche Altersversorgung durch den Arbeitgeber einzahlen lassen (Entgeltumwandlung). Die Vereinbarung zwischen Arbeitnehmer und Arbeitgeber kann auf individueller, betrieblicher oder auf tariflicher Grundlage erfolgen. Besteht eine Pensionskasse oder wird ein Pensionsfonds eingerichtet, kann der Arbeitgeber den Anspruch hierauf beschränken. Im Übrigen kann der Arbeitnehmer den Abschluss einer Direktversicherung durch den Arbeitgeber verlangen. Ein einmal erworbener Anspruch auf eine derartige Betriebsrente kann nicht mehr erlöschen, auch dann nicht, wenn das Beschäftigungsverhältnis mit dem jeweiligen Arbeitgeber vor Beginn der Zahlung einer Betriebsrente endet. Für die erworbenen Anwartschaften gilt die sofortige gesetzliche Unverfallbarkeit.

*Unverfallbarkeit*

## Arbeitgeberfinanzierte betriebliche Altersversorgung

Zur Ergänzung der gesetzlichen Altersversorgung gewähren die Betriebe vielfach zusätzliche Versorgungsleistungen.

*Abbildung 151*

Nach dem Gesetz zur Verbesserung der betrieblichen Altersversorgung verliert der Arbeitnehmer auch bei Ausscheiden aus dem Betrieb vor Eintritt des Versorgungsfalles den bereits erworbenen Teil seiner Versorgungsanwartschaft nicht, wenn
- er mindestens 35 Jahre (bei Zusagen ab dem 1.1.2001: 30 Jahre) alt ist
- die Versorgungszusage schon mindestens 10 Jahre (bei Zusagen ab dem 1.1.2001: 5 Jahre) bestand

oder
- er 12 Jahre betriebszugehörig war und die Versorgungszusage seit mindestens drei Jahren bestand. Dieses Kriterium der Betriebszugehörigkeit entfällt bei Zusagen seit dem 1.1.2002.

*Unverfallbarkeit*

Bei Ausscheiden aus dem Betrieb ist dem Arbeitnehmer Auskunft über die Höhe der Versorgungsleistungen bei Erreichen der in der Versorgungsregelung vorgesehenen Altersgrenze zu erteilen.

*Auskunftspflicht*

Zur Absicherung der betrieblichen Versorgungsleistungen haben die Betriebe eine Pflichtumlage an den auf Bundesebene errichteten Pensionsversicherungsverein abzuführen (ausgenommen sind Lebensversicherungen).

*Umlagepflicht*

Für einige Berufe bestehen tarifliche Zusatzversorgungskassen, zu denen die Betriebe einen bestimmten Beitragssatz entsprechend der Entgeltsumme des Arbeitnehmers abführen.

*Tarifliche Versorgungseinrichtungen*

### 3.4.6 Unfallversicherung

#### 3.4.6.1 Versicherungsträger

Träger der gesetzlichen Unfallversicherung sind die Berufsgenossenschaften sowie die Unfallversicherungsträger der öffentlichen Hand. Sie umfassen die Unternehmen gleicher Art zur gemeinsamen Tragung der Unfallrisiken. Ihr Bereich erstreckt sich auf größere Gebiete, teilweise auf das ganze Bundesgebiet.

*Berufsgenossenschaften*

### 3.4.6.2 Versicherungspflicht

*Personenkreis*

> Versichert sind
> - alle Arbeitnehmer ohne Rücksicht auf die Höhe des Arbeitsentgelts
> - zu ihrer Berufsausbildung Beschäftigte (Auszubildende)
> - die bei ihrem Ehegatten oder im elterlichen Betrieb gegen Entgelt Beschäftigten
> - Teilnehmer an Schulungskursen (z. B. Meistervorbereitungskurs)
> - Berufsschüler und Schüler allgemein bildender Schulen
> - Studenten an Fach- und Hochschulen
> - Kinder in Kindertagesstätten
> - Katastrophenschutzhelfer
> - Blut- und Organspender.

### 3.4.6.3 Unfallversicherung des Unternehmers

*Unternehmerpflichtversicherung*

> Die Berufsgenossenschaften können kraft Satzung die Versicherungspflicht auch auf Unternehmer und ihre im Unternehmen unentgeltlich mitarbeitenden Ehegatten ausdehnen.

Besteht keine Versicherungspflicht, kann auf Antrag von der freiwilligen Versicherung Gebrauch gemacht werden.

### 3.4.6.4 Beiträge

> Die Unfallversicherungsbeiträge werden allein vom Arbeitgeber getragen.

*Umlage*

> Die Höhe der Beiträge bemisst sich nach den Arbeitsentgelten der Versicherten und den Gefahrenklassen. Die Beiträge werden nach Ablauf des Kalenderjahres im Umlageverfahren erhoben.

Je nach Zahl und Schwere der im Betrieb aufgetretenen Arbeitsunfälle werden Zuschläge auferlegt oder Nachlässe gewährt.

*Selbstständige*

Berechnungsgrundlage für die kraft Satzung pflichtversicherten Selbstständigen und mitarbeitenden Ehegatten sowie die freiwillig Versicherten ist die nach Satzung bestimmte Versicherungssumme.

Die Kosten des Unfallversicherungsschutzes für Schüler, Studenten, Teilnehmer an Schulungskursen und Kinder in Kindertagesstätten tragen die Träger dieser Einrichtungen.

*Insolvenzgeldumlage*

Eine weitere Umlage erheben die Berufsgenossenschaften zur Finanzierung des Insolvenzgeldes.

## 3.4.6.5 Versicherungsschutz

> Aufgabe der gesetzlichen Unfallversicherung ist es
> - mit geeigneten Mitteln Arbeitsunfälle und Berufskrankheiten sowie arbeitsbedingte Gesundheitsgefahren zu verhüten
>
> und
> - nach Eintritt von Arbeitsunfällen oder Berufskrankheiten Leistungen zu gewähren.

### Arbeitsunfall

Arbeitsunfälle sind Unfälle, die der Versicherte bei seiner Tätigkeit für den Betrieb erleidet. Hierzu gehören auch Unfälle auf Dienstwegen, bei Betriebsveranstaltungen und bei der Verwahrung, Beförderung und Instandhaltung von Arbeitsgeräten und Schutzausrüstungen.

Auch Unfälle im Zusammenhang mit dem Besuch von Kindertagesstätten, allgemein oder berufsbildenden Schulen, Fach- oder Hochschulen sowie von Schulungskursen einschließlich des Weges nach und von solchen Einrichtungen sind Arbeitsunfälle im Sinne der gesetzlichen Unfallversicherung. *Schulbesuch*

Nicht versichert sind Unfälle, die dem persönlichen Bereich des Versicherten zuzurechnen sind.

> **Beispiel:**
> Private Besorgungen, Einnahme der Mahlzeit.

### Wegeunfall zwischen Wohnung und Arbeitsstätte

Der Versicherungsschutz erstreckt sich auch auf das Zurücklegen des mit der versicherten Tätigkeit zusammenhängenden unmittelbaren Weges nach und von dem Ort der Tätigkeit.

Abweichungen von diesem Weg sind versichert, wenn sie im Zusammenhang mit der Unterbringung eines im Haushalt des Versicherten lebenden Kindes stehen oder wenn der Versicherte mit anderen Berufstätigen gemeinsam ein Fahrzeug für den Weg nach und von dem Ort der Tätigkeit benützt. *Fahrgemeinschaften*

### Berufskrankheit

Berufskrankheiten sind Krankheiten, die durch Rechtsverordnung als Berufskrankheiten bezeichnet sind und die Beschäftigte durch ihre versicherte Tätigkeit erleiden.

Der Versicherungsschutz in der Unfallversicherung

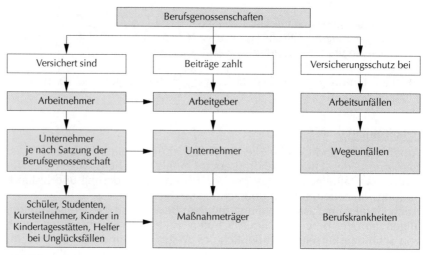

*Abbildung 152*

### 3.4.6.6 Leistungen der Unfallversicherung

Die wichtigsten Leistungen der Unfallversicherung:

- **Heilbehandlung**
  ärztliche Behandlung, Arznei-, Heil- und Hilfsmittel, häusliche Krankenpflege, stationäre Behandlung sowie Fahr- und Transportkosten zur möglichst schnellen und sachgemäßen Behandlung nach einem Versicherungsfall

- **Rehabilitation**
  berufliche Wiedereingliederung; sonstige Hilfen, wie Kraftfahrzeug-, Wohnungs- und Haushaltshilfen

- **Pflege**
  Pflegegeld bei Pflegebedürftigkeit, Pflegekraft und Heimpflege

- **Verletztengeld**
  bei Arbeitsunfähigkeit, wenn weder Arbeitsentgelt noch Verletztenrente bezogen wird

- **Verletztenrente**

  *Vollrente*
  Vollrente bei Verlust der vollen Erwerbsfähigkeit (100 v. H.) in Höhe von $^2/_3$ des zuletzt erzielten Jahresarbeitsverdienstes, höchstens jedoch unter Zugrundelegung der jeweils geltenden zweifachen Bezugsgröße (vgl. Abschnitt 3.4.8 „Sozialversicherungsdaten 2002"), sofern die Satzung der Berufsgenossenschaft nicht eine höhere Obergrenze bestimmt.

  *Teilrente*
  Teilrente ist möglich bei teilweiser Minderung der Erwerbsfähigkeit ab 20 v. H. Insgesamt muss die Erwerbsunfähigkeit aufgrund des Unfalls über die 26. Woche nach dem Unfall hinaus andauern.

- **Sterbegeld**
  ein Siebtel der jeweils aktuellen Bezugsgröße (vgl. Abschnitt 3.4.8 „Sozialversicherungsdaten 2002") sowie Erstattung von Überführungskosten

- **Witwen- und Witwerrente**
  Rente in Höhe von ²/₃ des letzten Jahresarbeitsverdienstes bis zum Ablauf des dritten Kalendermonats, in dem der Ehegatte verstorben ist; anschließend Rente in Höhe von 30 v. H. des Jahresarbeitsverdienstes; 40 v. H., wenn der Hinterbliebene mindestens 45 Jahre alt ist oder ein waisenrentenberechtigtes Kind erzieht
  sonstiges Erwerbs- und Erwerbsersatzeinkommen wird angerechnet, wenn es eine bestimmte Höhe übersteigt (ähnlich der Regelungen bei der Witwen-/Witwerrente innerhalb der gesetzlichen Rentenversicherung)
  Abfindung in Höhe des 24-fachen monatlichen Rentenbetrages bei Wiederverheiratung. *Abfindung*
- **Waisenrente**
  Halbwaisenrente in Höhe von 20 v. H. des letzten Jahresarbeitsverdienstes des durch Arbeitsunfall Verstorbenen *Halbwaisenrente*
  Vollwaisenrente in Höhe von 30 v. H. des Jahresarbeitsverdienstes *Vollwaisenrente*
  Rentenleistungen bis zum 18. Lebensjahr, bei Berufs- oder Schulausbildung längstens bis zum 27. Lebensjahr.

### 3.4.6.7 Unfallverhütung

**Unfallverhütungsvorschriften**

> Die Berufsgenossenschaften erlassen Vorschriften über die Einrichtungen, Anordnungen und Maßnahmen, welche die Unternehmer zur Verhütung von Arbeitsunfällen, Berufskrankheiten und arbeitsbedingten Gesundheitsgefahren zu treffen und die im Betrieb Beschäftigen zu beachten haben.

Zu ihrer Überwachung sind bei den Berufsgenossenschaften technische Aufsichtspersonen tätig, die durch Betriebsbegehungen Kontrollen ausüben und bei Bedarf Unternehmer sowie Versicherte beraten. *Überwachung Beratung*

**Sicherheitsbeauftragte**

> In Betrieben mit mehr als 20 Beschäftigten muss ein Sicherheitsbeauftragter bestellt werden, der den Unternehmer bei der Durchführung des Unfallschutzes zu unterstützen hat.

**Beispiel:**
Fortlaufende Überwachung der Benützung und des Vorhandenseins der vorgeschriebenen Schutzvorrichtungen.

**Fachkräfte für Arbeitssicherheit und Betriebsärzte**

Sicherheits-
fachkräfte

Die Berufsgenossenschaften regeln durch Unfallverhütungsvorschriften, ab welcher Betriebsgröße und in welchem Umfang Sicherheitsfachkräfte bzw. Sicherheitsingenieure sowie Betriebsärztliche Dienste zu bestellen sind. Die Einbeziehung der Kleinbetriebe erfolgt übergangsweise. Sie ist in den meisten Gewerbezweigen bereits abgeschlossen.

Betriebsärzte

Die Sicherheitsfachkräfte bzw. Sicherheitsingenieure sind für die Arbeitssicherheit, die Betriebsärzte für den Gesundheitsschutz im Betrieb zuständig.

### 3.4.6.8 Meldevorschriften

**Betriebseröffnungsanzeige**

Der Beginn eines Unternehmens ist dem zuständigen Unfallversicherungsträger binnen einer Woche anzuzeigen.

Betriebsinhaber-
wechsel

Ein Wechsel in der Person des Unternehmers ist innerhalb von vier Wochen mitzuteilen.

**Lohnnachweis**

Innerhalb von sechs Wochen nach Ablauf eines Kalenderjahres hat der Arbeitgeber der Berufsgenossenschaft unter Verwendung eines Vordrucks die Arbeitsentgelte der Beschäftigten und die geleisteten Arbeitsstunden zu melden.

**Unfallanzeige**

Der Arbeitgeber hat jeden Unfall in seinem Betrieb der Berufsgenossenschaft anzuzeigen, wenn ein Beschäftigter einen Unfalltod erleidet oder so verletzt wird, dass er für mehr als drei Tage arbeitsunfähig wird. Die Unfallanzeige ist binnen drei Tagen nach Kenntnis des Unfalls zu erstatten. Eine Durchschrift ist an das Gewerbeaufsichtsamt zu geben.

### 3.4.6.9 Leistungsausschluss und Haftung

Leistungs-
ausschluss

Personen, die den Tod von Versicherten vorsätzlich herbeigeführt haben, haben keinen Anspruch auf Leistungen.
Außerdem können Leistungen ganz oder teilweise versagt werden, wenn durch strafgerichtliches Urteil festgestellt wird, dass der Versicherungsfall bei einer vom Versicherten begangenen Handlung eingetreten ist, die ein Verbrechen oder vorsätzliches Vergehen ist.

Haftungs-
beschränkung

Der unfallgeschädigte Arbeitnehmer kann neben den Leistungen aus der gesetzlichen Unfallversicherung Schadenersatzansprüche wegen eines Personenschadens gegenüber dem Arbeitgeber nur geltend machen, wenn dieser den Arbeitsunfall vorsätzlich herbeigeführt hat. Dies gilt auch hinsichtlich der Haftung von Arbeitskollegen untereinander.

> Unternehmer oder Arbeitskollegen des Unfallverletzten haften jedoch gegenüber der Berufsgenossenschaft, wenn sie den Arbeitsunfall vorsätzlich oder grob fahrlässig herbeigeführt haben.

### 3.4.7 Altersversorgung der selbstständigen Handwerker (Handwerkerversicherung)

Die Handwerkerversicherung ist Bestandteil der gesetzlichen Rentenversicherung (Arbeiterrentenversicherung).

#### 3.4.7.1 Versicherungspflicht

> Selbstständig tätige Handwerker und Handwerkerinnen, die in die Handwerksrolle eingetragen sind, unterliegen der Versicherungspflicht in der Arbeiterrentenversicherung (Versicherungsträger: Landesversicherungsanstalten).

*Personenkreis*

Versicherungspflichtig sind auch Gesellschafter einer Personengesellschaft (BGB-Gesellschaft, KG, OHG), wenn sie persönlich die handwerksrechtlichen Voraussetzungen für die Eintragung in die Handwerksrolle erfüllen.

**Beispiel:**
BGB-Gesellschafter mit Meisterprüfung.

**Beginn und Ende der Versicherungspflicht**

> Die Versicherungspflicht beginnt mit dem Tag der Eintragung in die Handwerksrolle, sofern die selbstständige Tätigkeit zu diesem Zeitpunkt bereits ausgeübt wird; bei späterer Aufnahme der Tätigkeit erst mit diesem Zeitpunkt.

*Beginn*

**Beispiel:**
Eintragung in die Handwerksrolle: 12.8.2002
Aufnahme der selbstständigen Tätigkeit: 1.10.2002
Beginn der Versicherungspflicht: 1.10.2002.

> Die Versicherungspflicht endet kraft Gesetzes mit
> - Einstellung der selbstständigen Tätigkeit
> - Löschung in der Handwerksrolle
> - Bezug der Vollrente wegen Alters.

*Ende*

**Mehrfachversicherung**
Personen, die neben einer versicherungspflichtigen selbstständigen Tätigkeit als Handwerker eine versicherungspflichtige Beschäftigung als Arbeitnehmer ausüben, sind in beiden Tätigkeiten rentenversicherungspflichtig.

### 3.4.7.2 Freiwillige Versicherung

Selbstständig Erwerbstätige, die der Handwerkerversicherungspflicht nicht unterliegen, können sich entweder

*Versicherungsberechtigung*
- freiwillig in der gesetzlichen Rentenversicherung versichern (siehe Abschnitt 3.4.5.4 „Freiwillige Versicherung")

oder

*Antragspflichtversicherung*
- von der Versicherungspflicht auf Antrag Gebrauch machen (siehe Abschnitt 3.4.5.3 „Versicherungspflicht auf Antrag").

Die Höhe des künftigen Rentenanspruchs wird durch die Höhe und Anzahl der geleisteten Beiträge bestimmt. Deshalb ist die Fortsetzung der Beitragsentrichtung sinnvoll.

### 3.4.7.3 Versicherungsfreiheit

*Ausnahmen von der Versicherungspflicht*

> Von der Handwerkerversicherungspflicht ausgenommen sind:
> - Inhaber von Betrieben des handwerksähnlichen Gewerbes
> - Inhaber, die mit einem handwerklichen Nebenbetrieb in die Handwerksrolle eingetragen sind
> - Personen, die die selbstständige Tätigkeit nur geringfügig ausüben (siehe Abschnitt 3.4.1.4 „Beiträge – Geringfügige Beschäftigungen")
> - Witwen und Witwer nach dem Tode des Ehegatten, sowie Erben, wenn sie dessen Handwerksbetrieb fortführen
> - Geschäftsführende Betriebsleiter einer GmbH
> - Bezieher einer Vollrente wegen Alters.

*Befreiung auf Antrag*
Auf Antrag von der Versicherungspflicht befreit werden Handwerker und Handwerkerinnen (ausgenommen: Schornsteinfegermeister), wenn sie für mindestens 18 Jahre = 216 Kalendermonate Pflichtbeiträge zur gesetzlichen Rentenversicherung nachweisen können.

*Mindestpflichtversicherung*
Angerechnet werden auch die vor der Selbstständigmachung entrichteten Pflichtbeiträge während den Ausbildungs- und Beschäftigungszeiten sowie die Wehr- oder Zivildienstzeiten und Kindererziehungszeiten.

*Beginn der Befreiung*
Die Befreiung tritt mit Ablauf des Monats, für den der 216. Pflichtbeitrag gezahlt wurde, ein, sofern der Antrag innerhalb von drei Monaten danach bei der Landesversicherungsanstalt gestellt wird; andernfalls erst mit Antragseingang.

Zur Vermeidung von Rechtsnachteilen ist vor Antragstellung eine eingehende Beratung erforderlich.

*Rechtsnachteile*
Die Befreiung kann beispielsweise den Wegfall des Anspruchs auf Rente wegen verminderter Erwerbsfähigkeit zur Folge haben (auch bei Fortzahlung von freiwilligen Beiträgen).

## Grundsätze der Handwerkerversicherung

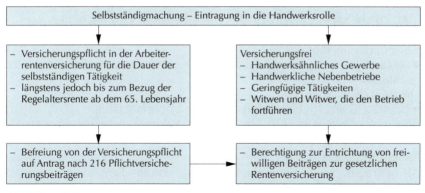

*Abbildung 153*

### 3.4.7.4 Beitrag, Beitragsentrichtung, Beitragsnachweis

**Pflichtbeitrag**

Pflichtversicherte Handwerker und Handwerkerinnen entrichten ohne Rücksicht auf die Höhe ihres Einkommens einen Regelbeitrag (siehe Abschnitt 3.4.8 „Sozialversicherungsdaten 2002"), der dem Durchschnittsentgelt aller Versicherten in der gesetzlichen Rentenversicherung entspricht.  *Regelbeitrag*

Anstelle des Regelbeitrags kann ein niedrigerer oder höherer Beitrag gezahlt werden, wenn das im letzten Einkommensteuerbescheid ausgewiesene Arbeitseinkommen unter oder über dem Durchschnittsentgelt liegt. Dabei kann ein bestimmter Mindestbeitrag (siehe Abschnitt 3.4.8 „Sozialversicherungsdaten 2002") nicht unterschritten werden.  *Mindestbeitrag*

Bis zum Ablauf von drei Kalenderjahren nach dem Jahr der Selbstständigmachung kann der halbe Regelbeitrag entrichtet werden. Liegt das Arbeitseinkommen unter der Hälfte des Durchschnittsentgelts, ist eine weitere Beitragsanpassung möglich.  *Existenzgründer*

Als Einkommen gilt der ermittelte Gewinn aus der versicherungspflichtigen selbstständigen Tätigkeit.
Die Zahlung von niedrigeren oder höheren Beiträgen muss bei der Landesversicherungsanstalt beantragt werden. Eine einkommensgerechte Beitragszahlung ist nur für die Zukunft möglich.
Schornsteinfegermeister müssen aufgrund gesetzlicher Regelungen stets den Regelbeitrag bezahlen.  *Schornsteinfegermeister*

### Beitragsentrichtung

Monatsbeiträge

Die Pflichtbeiträge sind für jeden Kalendermonat zu entrichten.

Sie sind unmittelbar durch
- Abbuchung oder Überweisung an die Landesversicherungsanstalt zu zahlen.

Die Beiträge werden
- spätestens am 15. eines Monats für den Vormonat fällig.

Bei nicht rechtzeitiger Entrichtung werden Säumniszuschläge erhoben.

### Beitragsnachweis

Als Beitragsnachweis erhält der Versicherte von der Landesversicherungsanstalt spätestens bis zum 28. Februar eines Jahres eine Beitragsbescheinigung über die im vergangenen Jahr gezahlten Beiträge.

Rentenversicherungsbeiträge der pflichtversicherten Handwerker

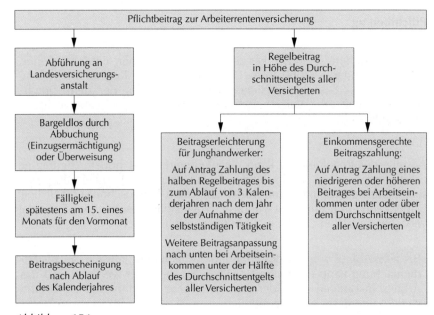

*Abbildung 154*

## 3.4.7.5 Leistungen der Rentenversicherung/ Handwerkerversicherung

Bezüglich Art und Umfang der Leistungen siehe Abschnitt 3.4.5.6 „Leistungen der Rentenversicherung".

## 3.4.8 Sozialversicherungsdaten 2002

Im Beitrags- und Leistungsrecht der Sozialversicherung gelten im Bundesgebiet in West und Ost zum Teil unterschiedliche Werte bzw. Entgeltgrenzen (Angaben jeweils in EUR):

| Beitragsbemessungs-grenzen | West | | Ost | |
|---|---|---|---|---|
| | Jahr | Monat | Jahr | Monat |
| Kranken-/Pflege-versicherung | 40.500,00 | 3.375,00 | 40.500,00 | 3.375,00 |
| Renten-/Arbeitslosen-versicherung | 54.000,00 | 4.500,00 | 45.000,00 | 3.750,00 |
| **Versicherungs-Pflicht-grenze in der Kranken-versicherung** | 40.500,00 | | 40.500,00 | |
| **Geringfügigkeitsgrenze** in der Kranken-, Pflege-, Renten- und Arbeitslosen-versicherung | | 325,00 | | 325,00 |
| **Einkommensgrenze für Wegfall der Familien-versicherung in der Krankenversicherung** | | 335,00 | | 335,00 |
| **Entgeltgrenze für die vom Arbeitgeber allein zu tragenden Pflichtbeiträge für Auszubildende zur Kranken-, Pflege-, Renten- und Arbeitslosenversicherung** | | 325,00 | | 325,00 |
| **Handwerkerversicherung** | | | | |
| Regel-Pflichtbeitrag | | 447,90 | | 374,36 |
| Beitrag bis Ablauf von drei Jahren nach Existenzgründung | | 223,95 | | 187,18 |
| Mindestbeitrag | | 62,08 | | 62,08 |
| Höchstmöglicher Beitrag | | 859,50 | | 716,25 |
| Bezugsgröße | 28.140,00 | 2.345,00 | 23.520,00 | 1.960,00 |
| **Aktueller Rentenwert** | (bis 30.6.2002) | 25,31 | | 22,06 |

*Abbildung 155*

### 3.4.9 Sozialgerichtsbarkeit

#### 3.4.9.1 Zuständigkeit

*Aufbau*

> Für Rechtsstreitigkeiten in Angelegenheiten der Sozialversicherung, der Arbeitsförderung, des sozialen Entschädigungsrechts und des Schwerbehindertenrechts sind die Sozialgerichte zuständig.
> I. Instanz: Sozialgericht
> II. Instanz: Landessozialgericht (Berufungsinstanz)
> III. Instanz: Bundessozialgericht (Revisionsinstanz)

#### 3.4.9.2 Verfahren

*Rechtsmittel*

Gegen jeden Bescheid (Verwaltungsakt) der Sozialversicherungsträger bzw. Versorgungsbehörden kann Widerspruch eingelegt werden. Wird dem Widerspruch nicht abgeholfen, so ist Klage zum Sozialgericht zulässig.

Gegen Urteile der Sozialgerichte findet die Berufung zum Landessozialgericht statt. Gegen Urteile der Landessozialgerichte kann Revision zum Bundessozialgericht eingelegt werden, wenn diese zugelassen wird.

Das Verfahren ist in allen drei Instanzen für den Versicherten kostenfrei.

Grundsätze der Sozialgerichtsbarkeit

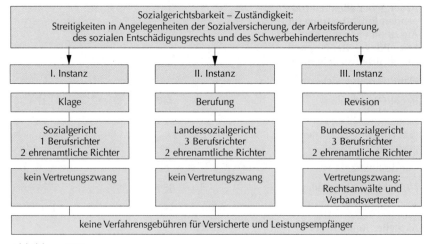

*Abbildung 156*

## 3.4.10 Private Personen-, Sach- und Schadenversicherung

### 3.4.10.1 Zweck einer privaten Versicherung

> Die Privatversicherung bietet jedem Gelegenheit, sich auf freiwilliger Grundlage gegen die vielfältigen Risiken des täglichen Lebens sowohl im privaten als auch im betrieblichen Bereich zu sichern.

Gerade der selbstständige Handwerker bedarf dieses Schutzes in besonderer Weise.

### 3.4.10.2 Versicherungsvertrag

> Eine Privatversicherung kommt zustande durch Abschluss eines Vertrages zwischen Versicherer und Versicherungsnehmer.

*Vertragsgrundlage*

Dem Abschluss geht in der Regel erst eine genaue Prüfung des Sachverhalts voraus.

**Beispiel:**
Untersuchung des Gesundheitszustandes des Versicherungsnehmers oder Prüfung der Gefahrenquellen für das Versicherungsobjekt.

### 3.4.10.3 Rechte und Pflichten der Vertragspartner

Der Versicherungsnehmer erhält vom Versicherer eine Urkunde über den Versicherungsvertrag.
Bei der Schadenversicherung ist der Versicherer verpflichtet, nach Eintritt des Versicherungsfalls dem Versicherungsnehmer oder Geschädigten den erlittenen Schaden nach Maßgabe des Vertrages zu erstatten.
Bei Personenversicherungen sind die vereinbarten Geldleistungen wie Kapital, Rente oder Tagegeld zu zahlen.

*Versicherungsschein*

*Versicherungsanspruch*

> Der Versicherungsnehmer ist verpflichtet
> - die vereinbarte Prämie zu zahlen
> - bei Eintritt des Versicherungsfalls unverzüglich eine Schadensanzeige zu erstatten.

Die Ansprüche aus dem Versicherungsvertrag verjähren in zwei Jahren, aus der Lebensversicherung in fünf Jahren.

### 3.4.10.4 Versicherungszweige

**Personenversicherungen**
Zur Personenversicherung gehören vor allem die Lebensversicherung, die private Kranken- und die Pflegeversicherung sowie die private Unfallversicherung.

## Lebensversicherung

**Fälligkeit**

Die Lebensversicherung garantiert eine Kapitalleistung, die
- beim Ableben des Versicherten sofort

oder
- nach Ablauf der vereinbarten Versicherungsdauer

fällig wird.
Rentenwahlrecht kann vereinbart werden.

**Bezugsberechtigung**

Beim Tode des Versicherten wird die Versicherungssumme an die Erbberechtigten oder an den Bezugsberechtigten, den der Versicherte benannt hat, gezahlt.
Zusatzversicherungen bieten doppelte Kapitalzahlung bei Unfall und Leistungen bei Berufsunfähigkeit.

**Darlehen**

Auf Lebensversicherungen räumen Versicherungsunternehmen erststellige Hypothekendarlehen zu günstigen Bedingungen ein.

**Versicherungsarten**

Die wichtigsten Versicherungsarten sind:
- Risiko-Lebensversicherung: Sie bietet Absicherung für die Hinterbliebenen.
- Kapital bildende Lebensversicherung: Sie bietet Hinterbliebenenschutz und Vorsorge für das eigene Alter.
- Private Rentenversicherung: Sie ermöglicht dem Versicherten eine lebenslange Leibrente. Hinterbliebenenrenten für Witwen und Waisen können mitversichert werden.
- Berufsunfähigkeitsversicherung: Sie wird oft mit einer Kapital bildenden Lebensversicherung kombiniert, ist jedoch auch als eigenständige Versicherung möglich.
- Vermögensbildende Lebensversicherung: Sie ist eine besondere Form für Arbeitnehmer und wird aus vermögenswirksamen Leistungen finanziert. Sie bietet den gleichen Schutz wie eine Kapital bildende Lebensversicherung.
- Ausbildungs- und Heiratskapitalversicherung: Sie werden von den Eltern abgeschlossen und werden zu bestimmten Zeitpunkten für die Ausbildung und Heirat bzw. hier zum 25. Geburtstag fällig.
- Gruppenversicherung: Sie dient der betrieblichen Altersversorgung.

## Private Krankenversicherung

Die private Krankenversicherung gibt materielle Sicherheit bei Krankheit.

**Versicherungsarten**

Wichtigste Versicherungsarten sind:
- Krankheitskostenvollversicherung für ambulante und stationäre Heilbehandlung
- Krankentagegeldversicherung zum Ausgleich eines Verdienstausfalles bei Arbeitsunfähigkeit
- Krankenhaustagegeldversicherung
- Krankheitskosten-Zusatzversicherung für in der gesetzlichen Krankenversicherung versicherte Personen zur Ergänzung des Versicherungsschutzes.

> **Beispiel:**
> Zum Ausgleich der Kosten für Krankenhausaufenthalt bei Wahl einer höheren Pflegeklasse.

Private Pflegeversicherung

> Die in der privaten Krankenversicherung mit vollem Krankenversicherungsschutz versicherten Personen unterliegen der Pflichtversicherung in der privaten Pflegeversicherung.

Sie haben bei ihrem Versicherungsunternehmen einen Pflegeversicherungsvertrag abzuschließen.
Die Leistungen entsprechen denen der sozialen Pflegeversicherung (siehe Abschnitt 3.4.3.4 „Leistungen der sozialen Pflegeversicherung"). Der Beitrag ist abhängig vom Alter des Versicherten. Für Pflegeversicherungsverträge, die seit In-Kraft-Treten der Pflichtversicherung (1.1.1995) bestehen, darf der Beitrag den Höchstbeitrag der sozialen Pflegeversicherung – zuzüglich 50 v. H. für den mitversicherten Ehegatten – nicht übersteigen.
Daneben werden auch noch Pflegezusatzversicherungen und Pflegerentenversicherungen angeboten.

Private Unfallversicherung

Die private Unfallversicherung ermöglicht Vorsorge gegen die wirtschaftlichen Folgen eines Unfalls. Im Gegensatz zur gesetzlichen Unfallversicherung (Berufsgenossenschaft) beschränkt sie sich nicht nur auf den Schutz bei Arbeitsunfällen.

> Wichtigste Versicherungsarten sind:
> - Invaliditäts-Unfallversicherung mit Kapital- oder Rentenzahlung
> - Kapitalversicherung bei Unfalltod
> - Unfalltagegeld- bzw. Unfall-Krankenhaustagegeldversicherung.

Versicherungsarten

Personenversicherungen können auch im Rahmen von Gruppenversicherungsverträgen abgeschlossen werden. Die Vorteile liegen in ermäßigten Prämien, vielfach auch im Fortfall oder in der Erleichterung einer Gesundheitsprüfung.

Gruppenversicherung

> **Beispiel:**
> Betriebe zugunsten ihrer Arbeitnehmer (einschließlich der Betriebsinhaber und ihrer Familienangehörigen) über die im Handwerk errichteten Versorgungswerke.

Versorgungswerke

### Sachversicherungen

Sachversicherungen sind:
- Feuerversicherung
- Einbruchdiebstahl- und Beraubungsversicherung
- Leitungswasserschäden- und Sturmversicherung
- Glasbruchversicherung
- Hausratversicherung
- Wohngebäudeversicherung.

### Schadenversicherungen

Schadenversicherungen sind:
- Kraftfahrzeugversicherung (Haftpflicht, Kasko, Insassenunfall)
- Haftpflichtversicherung (Privat-, Haus- und Grundbesitz-, Tierhalter-, Berufs- und Betriebs-, Gewässer-, Umwelt- und Produkthaftungsschädenversicherung)
- Maschinen-, Schwachstrom-, Transport- und Betriebsunterbrechungsversicherung.

Weiter zu erwähnen ist die
- Rechtschutzversicherung
- Kreditversicherung, Versicherung gegen Forderungsausfälle.

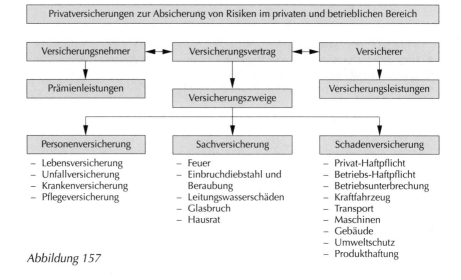

Abbildung 157

## Übungs- und Prüfungsaufgaben

1. Als Betriebsinhaber müssen Sie insbesondere dann, wenn Sie Arbeitnehmer beschäftigen, auch über die Sozialversicherung näher Bescheid wissen.

   **Aufgabe:** Welche Aufgabe hat die Sozialversicherung?
   - ☐ a) Die Arbeitnehmer durch Einbeziehung in die Pflichtversicherung gegen Haftungsansprüche Dritter zu sichern.
   - ☐ b) Die Arbeitnehmer darüber selbst entscheiden zu lassen, ob und in welcher Weise sie sich gegen die Wechselfälle des Lebens absichern wollen.
   - ☒ c) Die Arbeitnehmer auf der Basis der Pflichtversicherung gegen die vielfältigen Risiken des Lebens abzusichern.
   - ☐ d) Die Belastungen der Arbeitgeber im sozialen Bereich über die Pflichtversicherung auszugleichen.
   - ☐ e) Die Arbeitnehmer zum Finanzaufkommen des Staates heranzuziehen, damit dieser seinen sozialen Verpflichtungen nachkommen kann.

   *„Siehe Seite 263 des Textteils!"*

2. Als Betriebsinhaber müssen Sie insbesondere dann, wenn Sie Arbeitnehmer beschäftigen, aber auch für sich selbst über die Sozialversicherung näher Bescheid wissen.

   **Aufgabe: Nennen und beschreiben Sie die fünf wichtigsten Versicherungszweige im System der Sozialversicherung!** KV, RV, AV, PV, UV

   *„Siehe Seite 264 des Textteils!"*

3. **Den Selbstverwaltungsorganen bei den Orts- und Innungskrankenkassen sowie Rentenversicherungsträgern gehören an**
   - ☐ a) 1/3 Arbeitnehmer und 2/3 Arbeitgeber.
   - ☐ b) 2/3 Arbeitnehmer und 1/3 Arbeitgeber.
   - ☐ c) nur Arbeitnehmer, keine Arbeitgeber.
   - ☐ d) nur Arbeitgeber, keine Arbeitnehmer.
   - ☒ e) je zur Hälfte Arbeitnehmer und Arbeitgeber.

   *„Siehe Seite 265 des Textteils!"*

4. **Einzugsstellen für die Gesamtsozialversicherungsbeiträge zur Kranken-, Pflege-, Arbeitslosen- und Rentenversicherung sind**
   - ☐ a) die Berufsgenossenschaften.
   - ☐ b) die Bundesanstalt für Arbeit.
   - ☐ c) die Bundesversicherungsanstalt für Angestellte.
   - ☒ d) die Krankenkassen.
   - ☐ e) die Landesversicherungsanstalten.

   *„Siehe Seite 266 des Textteils!"*

5. **Der Gesamtsozialversicherungsbeitrag (Beitrag zur Kranken-, Pflege-, Renten- und Arbeitslosenversicherung) wird bei Auszubildenden vom Arbeitgeber allein getragen, wenn das monatliche Bruttoarbeitsentgelt (Ausbildungsvergütung)**
   - ☐ a) 290,00 EUR
   - ☐ b) 300,00 EUR
   - ☒ c) 325,00 EUR
   - ☐ d) 375,00 EUR

☐ e) 500,00 EUR
nicht übersteigt.

*„Siehe Seite 266 des Textteils!"*

6. **Von wem werden die Pflichtbeiträge zur gesetzlichen Rentenversicherung aufgebracht?**
   ☐ a) Zu $1/3$ vom Arbeitgeber und $2/3$ vom Arbeitnehmer
   ☐ b) Zu $2/3$ vom Arbeitgeber und $1/3$ vom Arbeitnehmer
   ☐ c) Allein vom Arbeitnehmer
   ☐ d) Allein vom Arbeitgeber
   ☒ e) Vom Arbeitgeber und Arbeitnehmer je zur Hälfte.

*„Siehe Seite 266 des Textteils!"*

7. **Wer haftet bei pflichtversicherten Arbeitnehmern für die richtige und rechtzeitige Abführung der Gesamtsozialversicherungsbeiträge zur Kranken-, Pflege-, Arbeitslosen- und Rentenversicherung?**
   ☐ a) Der Arbeitnehmer selbst
   ☐ b) Der Lohnbuchhalter des Betriebes
   ☒ c) Der Arbeitgeber
   ☐ d) Arbeitnehmer und Arbeitgeber zusammen
   ☐ e) Weder Arbeitgeber noch Arbeitnehmer.

*„Siehe Seite 267 des Textteils!"*

8. **Nennen Sie den Zeitpunkt, zu welchem der Arbeitnehmer dem Arbeitgeber den Sozialversicherungsausweis vorzulegen hat!** ARBEITSANFANG

*„Siehe Seite 269 des Textteils!"*

9. Als Betriebsinhaber und Arbeitgeber haben Sie im Zusammenhang mit der Sozialversicherung Ihrer Arbeitnehmer bestimmte Verpflichtungen.

**Aufgabe:**

a) Welche Meldepflichten sind zu erfüllen? Siehe 8
b) Wie kann das Meldeverfahren erfolgen? P. Datenübermittlung (6Wo)

*„Siehe Seiten 268 bis 270 des Textteils!"* Vordrucke

10. **In welchem der nachgenannten Fälle muss der Arbeitgeber unverzüglich eine „Kontrollmeldung" an die zuständige Krankenkasse erstatten?**
    ☒ a) Wenn der Arbeitnehmer bei Beginn der Beschäftigung den Sozialversicherungsausweis nicht innerhalb von drei Tagen vorlegt
    ☐ b) Wenn der Arbeitnehmer nicht bereit ist, den Sozialversicherungsausweis ständig mit sich zu führen
    ☐ c) Wenn der Arbeitnehmer den Sozialversicherungsausweis nur gelegentlich mit sich führt
    ☐ d) Wenn der Arbeitnehmer den Sozialversicherungsausweis als Personalausweis benutzt
    ☐ e) Wenn dem Arbeitnehmer der Sozialversicherungsausweis während der Arbeitszeit abhanden kommt.

*„Siehe Seite 270 des Textteils!"*

## 3.4 Sozial- und Privatversicherungen

**11. Nennen Sie die wichtigsten Arten von Krankenkassen in der gesetzlichen Krankenversicherung!** BKK, IKK, AOK, Bundesknappschaft, Seekasse/KK, ERSATZKK, LANDW. KK

*„Siehe Seite 273 des Textteils!"*

**12. Welcher gesetzlichen Krankenkasse gehört der pflichtversicherte Arbeitnehmer als Mitglied an?**
- ☐ a) Der Krankenkasse, der die Mehrheit der im Betrieb Beschäftigten angehört.
- ☐ b) Der Krankenkasse, die der Arbeitgeber bestimmt.
- ☐ c) Der Krankenkasse, die vom Gesetzgeber zwingend vorgeschrieben ist.
- ☒ d) Der gesetzlich möglichen Krankenkasse, die vom Arbeitnehmer selbst gewählt wird.
- ☐ e) Der Krankenkasse, die für die Berufssparte des Arbeitnehmers zuständig ist.

*„Siehe Seite 273 des Textteils!"*

**13. Sind Personen, die bei ihrem Ehegatten in einem Beschäftigungsverhältnis gegen Entgelt stehen (Ehegattenarbeitnehmer) krankenversicherungspflichtig?**
- ☐ a) Ja, aber nur, wenn ein schriftlicher Arbeitsvertrag besteht.
- ☒ b) Ja, wenn das Entgelt die Geringfügigkeitsgrenze überschreitet.
- ☐ c) Ja, aber nur auf eigenen Antrag.
- ☐ d) Nein, ohne Rücksicht auf die Höhe des Entgelts.
- ☐ e) Nur, wenn im Betrieb noch sonstige versicherungspflichtige Arbeitnehmer tätig sind.

*„Siehe Seite 274 des Textteils!"*

**14. Welcher von den nachbenannten Familienangehörigen eines Krankenkassenmitglieds ist in der gesetzlichen Krankenversicherung familienversichert?**
- ☐ a) Das Kind, das nur eine Ausbildungsvergütung als Lehrling erhält
- ☐ b) Das Kind, das arbeitslos ist und Arbeitslosengeld bezieht
- ☐ c) Der Ehegatte, der in einem versicherungspflichtigen Beschäftigungsverhältnis steht
- ☐ d) Der Ehegatte, der hauptberuflich selbstständig erwerbstätig ist
- ☒ e) Der Ehegatte, der nicht berufstätig ist und über kein eigenes Einkommen verfügt.

*„Siehe Seite 274 des Textteils!"*

**15. Innerhalb welcher gesetzlichen Frist nach Ausscheiden aus einer versicherungspflichtigen Beschäftigung muss der freiwillige Beitritt zur gesetzlichen Krankenversicherung der zuständigen Krankenkasse angezeigt werden?**
- ☐ a) Zwei Wochen
- ☐ b) Drei Wochen
- ☐ c) Ein Monat
- ☐ d) Zwei Monate
- ☒ e) Drei Monate.

*„Siehe Seite 275 des Textteils!"*

**16. Der Pflichtbeitragssatz zur Krankenversicherung wird festgelegt**
- ☐ a) durch Bundesgesetz.
- ☐ b) durch Ländergesetze.
- ☐ c) durch das Arbeitsministerium.
- ☐ d) durch das Oberversicherungsamt.
- ☒ e) durch die Satzung der Krankenkasse.

*„Siehe Seite 275 des Textteils!"*

17. Die gesetzliche Krankenversicherung ist ein bedeutender Zweig des Systems der sozialen Sicherung.

**Aufgabe: Nennen und beschreiben Sie die wichtigsten Leistungen der gesetzlichen Krankenversicherung!** KH, Arzt + Zahnarzt-Ersatz, Medikamente, Vorsorge,
„Siehe Seite 276 f. des Textteils!" Kieferorthopäd., Impfung, Kuren, Therapie
Mutterschaftsgeld, Krankenpfl.

18. Für welche Dauer der fortgesetzten Arbeitsunfähigkeit wegen derselben Krankheit wird das Krankengeld innerhalb von je drei Jahren längstens gewährt?
- [ ] a) Für 13 Wochen
- [ ] b) Für 26 Wochen
- [ ] c) Für 52 Wochen
- [x] d) Für 78 Wochen
- [ ] e) Für 104 Wochen.

„Siehe Seite 276 des Textteils!"

19. Wer sind die Träger der sozialen Pflegeversicherung?
- [ ] a) Arbeitsämter
- [x] b) Pflegekassen
- [ ] c) Berufsgenossenschaften
- [ ] d) Versorgungsämter
- [ ] e) Sozialhilfeämter.

„Siehe Seite 277 des Textteils!"

20. Als Betriebsinhaber müssen Sie sich auch für sich selbst mit Fragen der Sozialversicherung auseinander setzen.

**Aufgabe: Sind in der sozialen Pflegeversicherung auch selbstständig Erwerbstätige versicherungspflichtig?**
- [ ] a) Versicherungspflichtig sind nur Personen, die in einem Arbeitsverhältnis stehen.
- [ ] b) Versicherungspflichtig sind selbstständig Erwerbstätige nur, wenn sie nicht mehr als 5 Arbeitnehmer beschäftigen.
- [ ] c) Selbstständig Erwerbstätige sind grundsätzlich nicht versicherungspflichtig.
- [x] d) Auch selbstständig Erwerbstätige sind versicherungspflichtig, wenn sie Mitglied der gesetzlichen Krankenversicherung sind.
- [ ] e) Selbstständig Erwerbstätige sind ohne Ausnahme in der sozialen Pflegeversicherung versicherungspflichtig.

„Siehe Seite 277 des Textteils!"

21. An welche Stelle ist der Pflichtbeitrag zur sozialen Pflegeversicherung abzuführen?
- [ ] a) Pflegekasse
- [x] b) Krankenkasse
- [ ] c) Finanzamt
- [ ] d) Bundesanstalt für Arbeit
- [ ] e) Landesversicherungsanstalt.

„Siehe Seite 278 des Textteils!"

## 3.4 Sozial- und Privatversicherungen

**22. Wer trägt die Beiträge zur sozialen Pflegeversicherung bei selbstständigen Handwerkern und Handwerkerinnen?**
- ☒ a) Die selbstständigen Handwerker und Handwerkerinnen haben den Beitrag in voller Höhe selbst zu tragen.
- ☐ b) Die selbstständigen Handwerker und Handwerkerinnen haben nur den halben Beitrag zu zahlen.
- ☐ c) Die Beiträge werden je zur Hälfte von den selbstständigen Handwerkern und Handwerkerinnen und von den Pflegekassen getragen.
- ☐ d) Die selbstständigen Handwerker und Handwerkerinnen sind beitragsfrei bei den Pflegekassen versichert.
- ☐ e) Die Beiträge der selbstständigen Handwerker und Handwerkerinnen zur sozialen Pflegeversicherung sind bereits im Beitrag zur Handwerkerversicherung (Rentenversicherung) enthalten.

„Siehe Seite 278 des Textteils!"

**23.** Die soziale Pflegeversicherung ist der jüngste Zweig des Systems der sozialen Sicherung.

**Aufgabe: Nennen und beschreiben Sie die wichtigsten Leistungen der sozialen Pflegeversicherung!**

„Siehe Seite 278 f. des Textteils!"

**24. Wie heißt der Versicherungsträger der Arbeitslosenversicherung (Arbeitsförderung)?**
- ☒ a) Bundesanstalt für Arbeit
- ☐ b) Arbeitsvermittlungsstelle
- ☐ c) Berufsgenossenschaft
- ☐ d) Landesversorgungsamt
- ☐ e) Landesversicherungsanstalt.

„Siehe Seite 280 des Textteils!"

**25. Welche Personen sind in der Arbeitslosenversicherung versicherungspflichtig?**

„Siehe Seite 281 des Textteils!"

**26.** Die Bundesanstalt für Arbeit hat ein breites Leistungsspektrum auch für die Betriebsinhaber.

**Aufgabe: Nennen und beschreiben Sie diese Leistungen!**

„Siehe Seite 282 ff. des Textteils!"

**27.** Für Arbeitnehmer ist die Gewährleistung von Arbeitslosengeld eine der wichtigen Leistungen der Bundesanstalt für Arbeit.

**Aufgabe:**
a) Welche Voraussetzungen müssen erfüllt sein, um Anspruch auf Arbeitslosengeld zu haben?
b) In welcher Höhe besteht Anspruch auf Arbeitslosengeld und wonach bemisst sich dieser?

„Siehe Seiten 283 bis 284 des Textteils!"

28. **Bei welcher Stelle ist der Antrag auf Gewährung von Arbeitslosengeld zu stellen?**
    - ☐ a) Bei der Krankenkasse
    - ☒ b) Beim Arbeitsamt
    - ☐ c) Beim Gemeindeamt
    - ☐ d) Bei der Landesversicherungsanstalt
    - ☐ e) Bei der Berufsgenossenschaft.

    *„Siehe Seite 283 des Textteils!"*

29. **Für welchen Zeitraum nach Eröffnung des Insolvenzverfahrens über das Vermögen des Arbeitgebers erhält der Arbeitnehmer im Falle noch ausstehender Entgeltansprüche Insolvenzgeld?** 3 Mo lang

    *„Siehe Seite 286 des Textteils!"*

30. **Nennen Sie den für die Rentenversicherung der Angestellten zuständigen Rentenversicherungsträger!** BFA

    *„Siehe Seite 289 des Textteils!"*

31. **Wer ist der Versicherungsträger für die Rentenversicherung der Arbeiter?**
    - ☐ a) Die Bundesanstalt für Arbeit
    - ☐ b) Die Berufsgenossenschaft
    - ☐ c) Die Bundesversicherungsanstalt für Angestellte
    - ☒ d) Die Landesversicherungsanstalt
    - ☐ e) Das Bundesaufsichtsamt für das Versicherungswesen.

    *„Siehe Seite 289 des Textteils!"*

32. **Der Versicherungspflicht in der gesetzlichen Rentenversicherung unterliegen**
    - ☐ a) nur solche Arbeitnehmer, die eine bestimmte Jahresarbeitsverdienstgrenze nicht überschreiten.
    - ☒ b) alle Arbeiter, Angestellten und Auszubildenden ohne Rücksicht auf die Höhe ihres Entgelts.
    - ☐ c) nur Arbeiter, nicht aber Angestellte und Auszubildende.
    - ☐ d) nur Angestellte, nicht aber Arbeiter und Auszubildende.
    - ☐ e) nur Auszubildende, nicht aber Arbeiter und Angestellte.

    *„Siehe Seite 289 des Textteils!"*

33. Auch als Betriebsinhaber müssen Sie sich eingehend damit auseinander setzen, welche Rolle die gesetzliche Rentenversicherung für Sie spielt.

    **Aufgabe:** Können selbstständig Erwerbstätige, die nicht kraft Gesetzes der Versicherungspflicht unterliegen, Pflichtbeiträge zur gesetzlichen Rentenversicherung entrichten?
    - ☐ a) Nein, da Pflichtbeiträge nur von Personen entrichtet werden können, die kraft Gesetzes pflichtversichert sind.
    - ☒ b) Ja, wenn sie innerhalb von fünf Jahren nach Aufnahme der selbstständigen Tätigkeit die Versicherungspflicht beantragen.
    - ☐ c) Nein, sie können nur von dem Recht zur Entrichtung von freiwilligen Beiträgen Gebrauch machen.
    - ☐ d) Ja, aber nur, wenn sie mindestens 180 Pflichtmonatsbeiträge als Arbeitnehmer nachweisen können.
    - ☐ e) Nein, weil sich selbstständig Erwerbstätige grundsätzlich in der gesetzlichen Rentenversicherung nicht versichern können.

    *„Siehe Seite 290 des Textteils!"*

## 3.4 Sozial- und Privatversicherungen

**34.** In welcher Weise und an welche Stelle führen freiwillig Versicherte ihre Beiträge zur Rentenversicherung ab?

*„Siehe Seite 291 des Textteils!"*

**35.** Die gesetzliche Rentenversicherung ist ein bedeutender Zweig des Systems der sozialen Sicherung.

**Aufgabe:** Nennen und beschreiben Sie die wichtigsten Leistungen, die die gesetzliche Rentenversicherung gewährt!

*„Siehe Seite 291 f. des Textteils!"*

**36.** Für den Bezug der Altersrente gelten bestimmte Voraussetzungen.

**Aufgabe:**

a) Welche Voraussetzungen gelten bei der Regelaltersrente mit Vollendung des 65. Lebensjahres?

b) Welche Voraussetzungen gelten für den Anspruch auf die Altersrente für langjährig Versicherte mit Vollendung des 63. Lebensjahres?

*„Siehe Seite 291 des Textteils!"*

**37.** Wann erhält der Versicherte Rente wegen verminderter Erwerbsfähigkeit eine volle Erwerbsminderungsrente?

☐ a) Wenn er zwischen drei und weniger als sechs Stunden pro Tag auf dem allgemeinen Arbeitsmarkt tätig sein kann.
☐ b) Mit Vollendung des 63. Lebensjahres
☐ c) Mit Vollendung des 65. Lebensjahres
☐ d) Ab einer Erwerbsminderung von mindestens 20 %
☒ e) Wenn er weniger als drei Stunden pro Tag auf dem allgemeinen Arbeitsmarkt tätig sein kann.

*„Siehe Seite 293 des Textteils!"*

**38.** Unter welcher Voraussetzung wird nach Ableben des Versicherten Witwen- bzw. Witwerrente in der gesetzlichen Rentenversicherung gewährt?

☒ a) Der Versicherte muss zum Zeitpunkt des Todes die Wartezeit von mindestens 60 Versicherungsmonaten erfüllt haben.
☐ b) Die Ehe muss zum Zeitpunkt des Todes mindestens fünf Jahre bestanden haben.
☐ c) Der Versicherte muss zum Zeitpunkt seines Todes überwiegend den Unterhalt seiner Familie bestritten haben.
☐ d) Die Witwe bzw. der Witwer muss bedürftig sein und darf nicht über ein bestimmtes Bankguthaben verfügen.
☐ e) Der Versicherte darf zum Zeitpunkt seines Todes noch nicht Rente bezogen haben.

*„Siehe Seite 293 des Textteils!"*

**39.** Wonach bemisst sich die Höhe der Altersrente aus der Arbeiterrenten- bzw. Angestelltenversicherung?

☐ a) Nach dem letzten Jahresbruttoarbeitsverdienst des Versicherten vor Stellung des Rentenantrages
☐ b) Nach dem letzten Monatsbruttoarbeitsverdienst des Versicherten vor Stellung des Rentenantrages
☐ c) Nach den sonstigen Einkünften des Rentenantragstellers

☐ d) Nach der Höhe der Beitragsleistungen bzw. der Versichertenbruttoentgelte und der Zahl der anzurechnenden Versicherungsjahre des Versicherten
☐ e) Nach der Art der Tätigkeit, die der Versicherte zeitlebens ausgeübt hat.

*„Siehe Seite 297 des Textteils!"*

**40. Zeiten der Schulausbildung nach Vollendung des 17. Lebensjahrs gelten in der gesetzlichen Rentenversicherung als**
☐ a) Beitragszeiten.
☐ b) Zurechnungszeiten.
☒ c) Anrechnungszeiten.
☐ d) Ersatzzeiten.
☐ e) Fehlzeiten.

*„Siehe Seite 298 des Textteils!"*

**41. Wie heißen die Träger der gesetzlichen Unfallversicherung?**
☐ a) Innungen
☒ b) Berufsgenossenschaften
☐ c) Gewerkschaften
☐ d) Landesversicherungsanstalten
☐ e) Arbeitsämter.

*„Siehe Seite 301 des Textteils!"*

**42. Der Unfallversicherungspflicht unterliegen**
☒ a) alle Arbeitnehmer und Auszubildenden.
☐ b) nur Auszubildende und Arbeiter.
☐ c) nur Arbeiter.
☐ d) nur Auszubildende.
☐ e) nur Angestellte bis zu einem bestimmten Jahresbruttolohn.

*„Siehe Seite 302 des Textteils!"*

**43. Ist der selbstständige Unternehmer (Handwerker) für seine eigene Person unfallversicherungspflichtig bei der Berufsgenossenschaft?**
☐ a) Ja, aufgrund der gesetzlichen Unternehmerversicherungspflicht
☒ b) Wenn die Satzung der Berufsgenossenschaft die Unternehmerpflichtversicherung vorschreibt
☐ c) Wenn er einen Antrag stellt
☐ d) Wenn er Mitglied einer Arbeitgeberorganisation ist
☐ e) Wenn er keine Arbeitskräfte im Betrieb beschäftigt.

*„Siehe Seite 302 des Textteils!"*

**44. Die Beiträge zur gesetzlichen Unfallversicherung für die im Betrieb beschäftigten Arbeitnehmer werden aufgebracht**
☐ a) aus Bundesmitteln.
☐ b) aus Landesmitteln.
☐ c) vom Arbeitnehmer allein.
☒ d) vom Arbeitgeber allein.
☐ e) von Arbeitnehmer und Arbeitgeber je zur Hälfte.

*„Siehe Seite 302 des Textteils!"*

## 3.4 Sozial- und Privatversicherungen

**45.** Als Betriebsinhaber/Arbeitgeber haben Sie die alleinige Beitragspflicht zur gesetzlichen Unfallversicherung.

**Aufgabe:**
a) Nennen Sie die Versicherungsfälle, die in der gesetzlichen Unfallversicherung Versicherungsschutz genießen und für die die Berufsgenossenschaften Leistungen gewähren! *Arbeitsunfall, Wegeunfall, Berufskrankheit*
b) Nennen und beschreiben Sie die wichtigsten Leistungen, die die gesetzliche Unfallversicherung gewährt! *Heilbehandlung, Reha, Pflege, Verletzten-/Rente*
„Siehe Seite 304 f. des Textteils!" *Sterbegeld, Witwenrente, Waisenrente*

**46.** Welcher Unfall gilt nicht als Arbeitsunfall im Sinne der gesetzlichen Unfallversicherung?
- ☐ a) Unfall bei einer Tätigkeit für den Betrieb
- ☒ b) Unfall bei einer privaten Besorgung während der Arbeitszeit
- ☐ c) Wegunfall zwischen Wohnung und Arbeitsstätte
- ☐ d) Unfall auf einem Weg zur Erledigung von dienstlichen Tätigkeiten
- ☐ e) Unfall bei einer Betriebsveranstaltung.

„Siehe Seite 303 des Textteils!"

**47.** Welche Leistung gewährt die Berufsgenossenschaft an arbeitsunfähige Arbeitsunfallverletzte, die weder Arbeitsentgelt noch Unfallrente beziehen?
- ☐ a) Krankengeld
- ☐ b) Arbeitslosengeld
- ☒ c) Verletztengeld *höchstens bis Grenze*
- ☐ d) Übergangsgeld
- ☐ e) Sozialhilfe.

„Siehe Seite 304 des Textteils!"

**48.** Welcher Arbeitsverdienst wird der Berechnung der Verletztenrente aus der gesetzlichen Unfallversicherung zugrunde gelegt?
- ☐ a) Der letzte Nettomonatsverdienst
- ☐ b) Der letzte Bruttomonatsverdienst
- ☐ c) Der Arbeitsverdienst der letzten 6 Monate
- ☒ d) Der letzte Jahresarbeitsverdienst
- ☐ e) Der Durchschnittsarbeitsverdienst der letzten 3 Jahre.

„Siehe Seite 304 des Textteils!"

**49.** Die Berufsgenossenschaften erlassen Vorschriften über Einrichtungen, Anordnungen und Maßnahmen, welche der Betriebsinhaber und seine Arbeitnehmer zu beachten haben.

**Aufgabe:**
a) Welche Aufgabe hat der vom Arbeitgeber bestellte Sicherheitsbeauftragte im Betrieb? *Unterstützung des AG beim Unfallschutz*
b) Für welchen Bereich der Unfallverhütung ist der betriebsärztliche Dienst zuständig? *Gesundheitsschutz*
„Siehe Seiten 305 bis 306 des Textteils!"

**50.** Innerhalb welcher Frist ist der Berufsgenossenschaft die Eröffnung eines Betriebes anzuzeigen?
- ☐ a) Innerhalb von drei Tagen nach Betriebseröffnung
- ☒ b) Innerhalb einer Woche nach Betriebseröffnung

☐ c) Innerhalb von zwei Wochen nach Betriebseröffnung
☐ d) Innerhalb von drei Wochen nach Betriebseröffnung
☐ e) Innerhalb von einem Monat nach Betriebseröffnung.

„Siehe Seite 306 des Textteils!"

**51. Eine Unfallanzeige an die Berufsgenossenschaft muss erstattet werden, wenn durch den Arbeitsunfall eine Arbeitsunfähigkeit eintritt**
☐ a) von mindestens einem Tag.
☒ b) von mehr als drei Tagen.
☐ c) von mehr als einer Woche.
☐ d) von mehr als zwei Wochen.
☐ e) von mehr als drei Wochen.

„Siehe Seite 306 des Textteils!"

**52. In welchem Fall kann der unfallgeschädigte Arbeitnehmer ausnahmsweise neben den Leistungen aus der gesetzlichen Unfallversicherung auch noch gegenüber seinem Arbeitgeber Schadenersatzansprüche wegen eines Personenschadens geltend machen?** _Wegen Vorsatz vom AG_

„Siehe Seite 306 des Textteils!"

**53. Haftet der Arbeitgeber gegenüber der Berufsgenossenschaft für Aufwendungen, die dadurch entstehen, dass er den Arbeitsunfall eines Arbeitnehmers verschuldet hat?**
☒ a) Ja, aber nur, wenn er vorsätzlich oder grob fahrlässig den Unfall verschuldet hat.
☐ b) Nein, weil eine Haftung des Arbeitgebers grundsätzlich ausgeschlossen ist.
☐ c) Ja, wenn der Unfall auf eine Fahrlässigkeit des Arbeitgebers zurückzuführen ist.
☐ d) Ja, aber erst ab einer bestimmten Betriebsgröße.
☐ e) Ja, er haftet immer, weil es auf ein Verschulden nicht ankommt.

„Siehe Seite 307 des Textteils!"

**54. Nach Ihrer Selbstständigmachung befassen Sie sich eingehend damit, wie Sie für sich eine ausreichende Altersvorsorge sicherstellen können.**

**Aufgabe:**
a) Unterliegen selbstständige Handwerker der Versicherungspflicht in der gesetzlichen Rentenversicherung? Wenn ja: Bei welchem Rentenversicherungsträger? _ja LVA_
b) Gibt es hier Unterschiede zwischen Inhabern von Vollhandwerksbetrieben, Inhabern handwerklicher Nebenbetriebe und Inhabern handwerksähnlicher Betriebe?

„Siehe Seite 307 des Textteils!"

**55. Selbstständige Handwerker erhalten nach Erfüllung der Wartezeit von 60 Versicherungsmonaten mit Vollendung des 65. Lebensjahres die Regelaltersrente**
☐ a) erst nach Aufgabe der selbstständigen Tätigkeit.
☐ b) nur dann, wenn das Einkommen eine bestimmte Höhe nicht erreicht.
☐ c) wenn keine fremden Hilfskräfte mehr beschäftigt werden.
☐ d) nur wenn Erwerbsunfähigkeit besteht.
☒ e) auch wenn der Betrieb in vollem Umfange weitergeführt wird.

„Siehe Seite 291 des Textteils!"

## 3.4 Sozial- und Privatversicherungen

**56.** Nennen Sie die Zahl der Kalendermonate, für die Pflichtbeiträge nachgewiesen sein müssen, um Antrag auf Befreiung von der Handwerkerversicherungspflicht stellen zu können! ≥ 16 Monate

*„Siehe Seite 308 des Textteils!"*

**57.** Aus welchem Grund kann es auch für Handwerker sinnvoll sein, fortlaufend Pflichtbeiträge zur gesetzlichen Rentenversicherung zu zahlen? *Anspruch auf Rente wegen verminderter Erwerbsfähigkeit und bei Fortzahlung Dauer + Höhe der Beträge*

*„Siehe Seite 308 des Textteils!"*

**58.** Der monatliche Pflichtbeitrag zur Rentenversicherung für selbstständige Handwerker (Handwerkerversicherung)
- ☐ a) richtet sich nach dem jährlichen Gesamteinkommen der Handwerker.
- ☐ b) ist in das Ermessen des Handwerkers gestellt.
- ☐ c) richtet sich nach der Zahl der Beschäftigten im Betrieb.
- ☐ d) richtet sich nach dem Umsatz des Betriebes.
- ☒ e) ist ein Regelbeitrag ohne Rücksicht auf die Höhe des Einkommens.

*„Siehe Seite 309 des Textteils!"*

**59.** Als selbstständig tätiger Handwerker unterliegen Sie der Versicherungspflicht in der Arbeiterrentenversicherung.
**Aufgabe:** Welche Einzelbestimmungen gelten hierbei für die Beitragsentrichtung? *Jeden Kalendermonat durch Abbuchung oder Überweisung an LVA bis spätestens 15. d. dem Vormonat folgt, sonst Säumniszuschlag.*

*„Siehe Seite 310 des Textteils!"*

**60.** Welches der nachfolgend genannten Gerichte ist zuständig für Streitigkeiten zwischen Versicherten und Sozialversicherungsträgern?
- ☐ a) Arbeitsgericht
- ☐ b) Amtsgericht
- ☐ c) Landgericht
- ☒ d) Sozialgericht
- ☐ e) Verwaltungsgericht.

*„Siehe Seite 312 des Textteils!"*

**61.** Wie viele Instanzen hat die Sozialgerichtsbarkeit und welche Bezeichnungen führen diese? *3 Sozial - Landessozial - Bundessozialgericht*

*„Siehe Seite 312 des Textteils!"*

**62.** Welche Gerichtsgebühren entstehen dem Versicherten bei Inanspruchnahme der Sozialgerichtsbarkeit?
- ☒ a) Keine, da Gebührenfreiheit besteht
- ☐ b) Geringere Gebühren als bei sonstigen Gerichten
- ☐ c) Die üblichen Gerichtsgebühren
- ☐ d) Höhere Gebühren als bei sonstigen Gerichten
- ☐ e) Gebühren, die nach dem Einkommen gestaffelt sind.

*„Siehe Seite 312 des Textteils!"*

**63.** Welchem Zweck dient der Abschluss von privaten Versicherungen? *freiwillig gegen Risiken im täglichen Leben sowie Kunst- und betriebliche*

*„Siehe Seite 313 des Textteils!"*

64. Für Sie als Betriebsinhaber bieten Privatversicherungen zahlreiche Möglichkeiten, sich auf freiwilliger Basis gegen die vielfältigen Risiken im privaten und betrieblichen Bereich abzusichern.

**Aufgabe: Der Versicherungsschutz in der Privatversicherung kommt zustande durch**
- ☐ a) einseitige Verpflichtung des Versicherungsnehmers.
- ☐ b) einseitige Verpflichtung des Versicherers.
- ☐ c) Erhebung des Anspruchs seitens des Versicherungsnehmers.
- ☒ d) Abschluss eines Versicherungsvertrages zwischen Versicherer und Versicherungsnehmer.
- ☐ e) Verfügung einer Behörde.

„Siehe Seite 313 des Textteils!"

65. Mit Abschluss des privaten Versicherungsvertrages und bei Vorliegen der Anspruchsvoraussetzungen ergibt sich für den Versicherungsnehmer
- ☐ a) ein Anspruch in einer von ihm zu bestimmenden Höhe.
- ☒ b) ein Rechtsanspruch auf Leistungen entsprechend der vertraglichen Regelung.
- ☐ c) ein Leistungsanspruch nach freiem Ermessen des Versicherers.
- ☐ d) ein Anspruch nach billigem Ermessen des Versicherers.
- ☐ e) ein Anspruch nach dem Grad der Bedürftigkeit.

„Siehe Seite 313 des Textteils!"

66. Für Sie als Betriebsinhaber bieten Privatversicherungen zahlreiche Möglichkeiten, sich auf freiwilliger Basis gegen die vielfältigen Risiken im privaten und betrieblichen Bereich abzusichern.

**Aufgabe:**

a) **Nennen und beschreiben Sie die wichtigsten Arten von Personenversicherungen in der Privatversicherung!**

b) **Nennen und beschreiben Sie die wichtigsten Arten von Sachversicherungen, die die Privatversicherung anbietet!**

„Siehe Seiten 313 bis 316 des Textteils!"

67. Kann sich ein krankenversicherungspflichtiger Arbeitnehmer zusätzlich in der privaten Krankenversicherung versichern?
- ☒ a) Ja, zum Zweck der Verbesserung seines Versicherungsschutzes.
- ☐ b) Grundsätzlich nicht.
- ☐ c) Nur mit Genehmigung der gesetzlichen Krankenkasse.
- ☐ d) Ja, aber ohne hierdurch zusätzliche Leistungen zu erhalten.
- ☐ e) Nur bis zu einem bestimmten Einkommen.

„Siehe Seite 314 des Textteils!"

68. Wer ist in der privaten Pflegeversicherung pflichtversichert?
- ☐ a) Jeder, der in einem Arbeitsverhältnis steht
- ☐ b) Jeder selbstständige Handwerker
- ☐ c) Nur selbstständige Handwerker, die nicht mehr als 5 Arbeitnehmer beschäftigen
- ☒ d) Jeder in der privaten Krankenversicherung Versicherte mit vollem Krankenversicherungsschutz
- ☐ e) Alle Personen ab dem 60. Lebensjahr.

„Siehe Seite 315 des Textteils!"

3.4 Sozial- und Privatversicherungen

**69. Nennen Sie einige Risiken, die im Rahmen privater Schadenversicherungen versichert werden können!**

*„Siehe Seite 316 des Textteils!"*

**70. Durch welche Versicherung deckt der selbstständige Handwerker Schäden ab, die er in Ausübung seines Berufes Dritten zufügt?**
- ☐ a) Lebensversicherung
- ☐ b) Sachversicherung
- ☐ c) Unfallversicherung
- ☐ d) Invaliditätsversicherung
- ☒ e) Haftpflichtversicherung.

*„Siehe Seite 316 des Textteils!"*

## 3.5 Steuern

### 3.5.1 Steuerarten und Steuergrundlagen

#### 3.5.1.1 Grundlagen der Steuererhebung

> Die Befugnis der öffentlichen Hand, Steuern zu erheben, leitet sich aus Art. 105 Grundgesetz ab. Zu den öffentlich-rechtlichen Gemeinwesen, die zur Steuererhebung berechtigt sind, zählen der Bund, die Länder, die Gemeinden, aber auch die öffentlich-rechtlichen Religionsgemeinschaften.

#### 3.5.1.2 Verwendung der Steuern

Jeder Staat, jedes Land, jede Gemeinde hat Ausgaben, die dem Gemeinwohl aller Staatsbürger dienen.

*Steuerertragshoheit*

Je nach Steuerart steht das Aufkommen den jeweiligen Gemeinwesen zu, wobei bestimmte Steueraufkommen untereinander noch aufgeteilt werden. Die Verteilung des Aufkommens ist in Art. 106 und 107 Grundgesetz festgelegt.

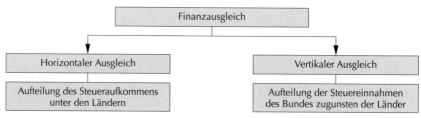

*Abbildung 158*

#### 3.5.1.3 Definition von Steuern

*Steuern*

> Die Steuern sind nach der Abgabenordnung Geldleistungen, die nicht eine Gegenleistung für eine besondere Leistung darstellen und von einem öffentlich-rechtlichen Gemeinwesen zur Erzielung von Einnahmen allen auferlegt werden, bei denen der Tatbestand zutrifft, an den das Gesetz die Leistungspflicht knüpft.

Die Steuern stellen somit kein Entgelt dar und unterscheiden sich dadurch

*Gebühren*

- von den Gebühren. Gebühren sind Entgelte für die Inanspruchnahme der Verwaltung eines öffentlich-rechtlichen Gemeinwesens (zum Beispiel Gerichts-, Polizeigebühren).

- von den Beiträgen. Beiträge sind Zahlungen, die für die Benutzung öffentlicher Einrichtungen geleistet werden (zum Beispiel Anlieger-, Kanalisations-, Handwerkskammerbeiträge).

Beiträge

> Nach der Begriffsbestimmung handelt es sich bei den Steuern um einmalige oder laufende Geldleistungen.
> - Einmalige Geldleistungen sind zum Beispiel die Erbschaftssteuer, die Grunderwerbssteuer.
> - Laufende Geldleistungen sind zum Beispiel die Umsatzsteuer und die Einkommensteuer.

### 3.5.1.4 Überblick und Einteilung der Steuern

Es gibt etwa 50 Steuerarten, von denen die Umsatzsteuer und Einkommensteuer mit Lohnsteuer, die Gewerbesteuer und Körperschaftssteuer für das Handwerk die bedeutendsten sind.
Es gibt mehrere Steuereinteilungsmöglichkeiten. Die nachfolgende Steuereinteilung ist am gebräuchlichsten:

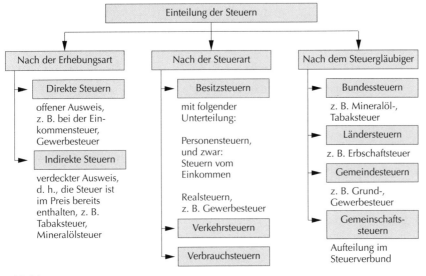

*Abbildung 159*

## 3.5.2 Umsatzsteuer (Mehrwertsteuer)

### 3.5.2.1 Allgemeines zur Umsatzsteuer

In der Bundesrepublik Deutschland wird die Umsatzsteuer auf der Grundlage der Mehrwertbesteuerung mit Vorsteuerabzug erhoben.

> Steuerschuld ist die jeweils auf den Gesamtumsatz verrechnete Steuer abzüglich der bereits geleisteten Vorumsatzsteuerbeträge.

Steuersystem

Wertschöpfung

Dadurch wird nur die jeweilige Wertschöpfung – der so genannte Mehrwert – der einzelnen Wirtschaftsstufe besteuert. Die Umsatzsteuer ist somit eine wettbewerbsneutrale Steuer, die letztlich nur den Endverbraucher belastet.

### 3.5.2.2 Wirkungsweise als Mehrwertsteuer

Umsatzsteuerzahllast

Der Unternehmer ist also berechtigt, die ihm von seinem Vorlieferanten in Rechnung gestellten Steuerbeträge (Vorsteuer) von der seinem Kunden verrechneten Umsatzsteuer in Abzug zu bringen. Die Differenz ist seine dem Finanzamt geschuldete Umsatzsteuer (Umsatzsteuerzahllast).

Die Wirkungsweise der Umsatzsteuer

| Rechnungstellung | A an B | | B an C | | C an D | |
|---|---|---|---|---|---|---|
| | netto | 100,00 | Gewinnaufschlag auf netto 70,00 EUR | 170,00 | Gewinnaufschlag auf netto 80,00 EUR | 250,00 |
| | 16 % UST | 16,00 | | 27,20 | | 40,00 |
| | brutto | 116,00 | | 197,20 | | 290,00 |
| Umsatzsteuer-Abrechnung | Vorsteuer | 0 | 16,00 | | 27,20 | |
| | Umsatzsteuerzahllast an FA 16,00 | | 11,20 | | 12,80 | |
| Die zu zahlende Umsatzsteuer beträgt | bei A 16,00 | | | | | |
| | bei B | | 27,20 abz. 16,00 = 11,20 | | | |
| | bei C | | | | 40,00 abz. 27,20 = 12,80 | |
| Das Finanzamt erhält | von A 16,00 EUR | | von B 11,20 EUR | | von C 12,80 = 40,00 EUR | |

*Abbildung 160*

## 3.5.2.3 Steuerpflichtige Umsätze

> Der Umsatzsteuer unterliegen folgende Umsätze:
> 1. Die Leistungen, die sich aufgliedern in:
>    a) Lieferungen,
>    b) Sonstige Leistungen.
> 2. Die Einfuhr von Gegenständen aus dem Drittlandgebiet in das Inland.
> 3. Der innergemeinschaftliche Erwerb im Inland.

Im handwerklichen Bereich sind es vor allem die Leistungen, die den Umsatz bestimmen. Folgende Voraussetzungen müssen für das Vorliegen einer steuerpflichtigen Leistung gegeben sein:

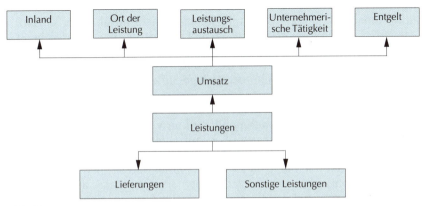

Abbildung 161

Erläuterungen:

### Inland
Das Inland umfasst das Hoheitsgebiet der Bundesrepublik Deutschland mit Ausnahme der Freihäfen, wie Hamburg, Bremerhaven, Deggendorf, Emden etc.

### Ort der Leistung
Bei Lieferungen ist Erfüllungsort der Ort, wo sich der Gegenstand zur Zeit der Verschaffung der Verfügungsgewalt befindet. Wird der Gegenstand versendet, dann ist Ort der Lieferung dort, wo der Gegenstand einem zugelassenen Spediteur zur Beförderung an den Auftraggeber übergeben wird (Versendungslieferung).
Bei sonstiger Leistung ist Erfüllungsort der Ort, an dem der Unternehmer seine Betriebsstätte unterhält.

### Leistungsaustausch
Lieferungen und sonstige Leistungen sind nur dann umsatzsteuerbar, wenn der Leistung eine Gegenleistung gegenübersteht. Der Annahme eines Leistungsaustausches steht nicht entgegen, dass sich die Entgelt-

erwartung nicht erfüllt, dass die Gegenleistung uneinbringlich wird oder dass sie sich nachträglich mindert.
Die Leistung muss zusätzlich außerhalb des leistenden Unternehmens erfolgen, Umsätze innerhalb des Unternehmens bleiben umsatzsteuerfrei.

**Beispiel:**

Ein Elektromeister entnimmt seinem Laden eine Bohrmaschine, um damit auf Montage zu arbeiten.

### Unternehmerische Tätigkeit

Der Umsatz muss durch einen Unternehmer oder durch ein Unternehmen getätigt werden.
Unternehmer ist jeder, der
- eine gewerbliche oder berufliche Tätigkeit
- nachhaltig und selbstständig
- mit Einnahme- (nicht Gewinn-)Erzielungsabsicht ausübt. Der umsatzsteuerliche Unternehmerbegriff ist umfassend auszulegen, das heißt, Unternehmer können natürliche und juristische Personen, aber auch Personenzusammenschlüsse (GbR, OHG, KG) und als Unternehmer auftretende Vermögen (nicht rechtsfähige Stiftungen) sein.

**Beispiel:**

Ein Arbeitnehmer in einer Automobilfabrik erwirbt von seiner Firma alljährlich ein neues Auto und veräußert auf eigene Rechnung sein bisher genutztes Fahrzeug. Er wird dadurch nachhaltig und selbstständig zur Erzielung von Einnahmen tätig, er ist Unternehmer und Lohnempfänger.
Auch ein Schwarzarbeiter ist Unternehmer; seine Umsätze aus Schwarzarbeit unterliegen der Umsatzsteuer. Auch ein Geselle, der sich auf die Selbstständigmachung vorbereitet, ist mit den Vorbereitungshandlungen bereits unternehmerisch tätig.
Bei Personenzusammenschlüssen ist immer der Zusammenschluss und nicht das einzelne Mitglied als Unternehmer anzusehen.

**Beispiel:**

Bei einer OHG ist Unternehmer die OHG und nicht der einzelne Teilhaber. Bei einer GmbH ist Unternehmer die GmbH und nicht der Gesellschafter.

### Entgelt

Entgelt ist der Gegenwert für die erbrachte Leistung. Es ist nur das Entgelt zu versteuern, das für Lieferungen und sonstige Leistungen tatsächlich vereinnahmt wird. Das Entgelt muss nicht dem objektiven Wert der bewirkten Leistung entsprechen (eine Ausnahme besteht aber für unentgeltliche oder verbilligte Leistungen durch den Unternehmer an seine Arbeitnehmer, wie nachfolgend dargestellt ist).
Schadenersatzleistungen sind kein umsatzsteuerpflichtiges Entgelt. Es fehlt am Tatbestand des Leistungsaustausches, weil der Leistende keine Lieferung oder sonstige Leistung tätigt, vielmehr nach Gesetz oder Vertrag für einen Schaden und seine Folgen einzustehen hat.

## Lieferung

Eine Lieferung liegt vor, wenn die Verfügungsmacht an einem Gegenstand verschafft wird. Gegenstände sind körperliche, fertige und teilfertige Sachen, wie Kraftfahrzeuge, Maschinen, Waren und solche Wirtschaftsgüter, die im Wirtschaftsverkehr wie körperliche Sachen behandelt werden (Strom, Wärme, Wasser, Firmenwert, Kundenstamm etc.).

Einer Lieferung werden gleichgestellt: *Gleichgestellte Lieferungen*
- Die Entnahme eines Gegenstandes durch einen Unternehmer aus seinem Unternehmen für Zwecke, die außerhalb des Unternehmens liegen.

**Beispiel:**

Ein Elektromeister entnimmt seinem Laden eine Waschmaschine für seinen Privathaushalt.
- Die unentgeltliche Zuwendung eines Gegenstandes durch einen Unternehmer an sein Personal für dessen privaten Bedarf, sofern keine Aufmerksamkeiten des Arbeitgebers an die Arbeitnehmer gegeben werden, die lohnsteuerfrei sind.

**Beispiel:**

Sachzuwendungen (Blumen, Genussmittel, Bücher bis zu einem Wert von 40,00 EUR).
- Jede andere unentgeltliche Zuwendung eines Gegenstandes, ausgenommen Geschenke von geringem Wert und Warenmuster für Zwecke des Unternehmens.

Diese Lieferungstatbestände sind nur dann umsatzsteuerpflichtig, wenn der Gegenstand oder seine Bestandteile zum vollen oder teilweisen Vorsteuerabzug berechtigt haben.

**Beispiel:**

Der Unternehmer erwarb einen Pkw aus privater Hand und brachte den Pkw in sein Unternehmen ein. Da der Pkw aus privater Hand stammte, war ein Vorsteuerabzug nicht möglich und zulässig. Wenn der Unternehmer diesen Pkw später aus dem Betriebsvermögen entnimmt, dann bleibt diese Entnahme umsatzsteuerfrei. Sind aber bei einem vom Vorsteuerabzug ausgeschlossenen Gegenstand Bestandteile eingefügt worden, die zum Vorsteuerabzug berechtigten, dann unterliegt diese Entnahme der Umsatzsteuer. (Zur Sachbehandlung im Einzelnen siehe Abschnitt 3.5.2.6 „Vorsteuer, Vorsteuerabzugsausschlüsse – Kfz-Nutzung")

Bemessungsgrundlage bei gleichgestellten Lieferungen ist mangels eines Entgelts der Einkaufspreis zuzüglich Nebenkosten für den Gegenstand. Liegt kein Einkaufspreis vor, dann werden die Selbstkosten zum Zeitpunkt der Entnahme als Bemessungsgrundlage angenommen. *Bemessungsgrundlage bei gleichgestellten Lieferungen*

### Sonstige Leistung

> Leistungsgegenstand der sonstigen Leistung ist der körperliche oder geistige Arbeitseinsatz. Die dabei zum Einsatz kommenden Materialien dürfen nicht das Wesentliche der Tätigkeit sein.

**Beispiel:**

Ein Malermeister, der den Auftrag zum Ausmalen eines Zimmers erhält, schuldet eine Arbeitsleistung; die von ihm verwendeten Materialien sind Zubehör.
Ein Schneider, der aus dem vom Kunden mitgebrachten Stoff einen Anzug fertigt, tätigt eine sonstige Leistung.
Als sonstige Leistungen kommen insbesondere in Betracht: Dienstleistungen, Gebrauchs- und Nutzungsüberlassungen, gewerbliche Vermietungen und Verpachtungen.

**Beispiel:**

Die Abgabe von Speisen und Getränken zum Verzehr an Ort und Stelle ist eine sonstige Leistung.
Einer solchen Leistung werden gleichgestellt:
- Die Verwendung eines dem Unternehmen zugeordneten Gegenstandes, der zum vollen oder teilweisen Vorsteuerabzug berechtigt hat, durch einen Unternehmer für Zwecke, die außerhalb des Unternehmens liegen, oder für den privaten Bedarf seines Personals genutzt wird, sofern keine Aufmerksamkeiten vorliegen.

**Beispiel:**

Private Nutzung einer betrieblichen Telefonanlage.
Voraussetzung bei diesen gleichgestellten sonstigen Leistungen ist somit die Zuordnung des Gegenstandes zum Unternehmen **und** die Berechtigung zum vollen oder teilweisen Vorsteuerabzug für den verwendeten Gegenstand.
Unter diesen Sachverhalt fällt grundsätzlich auch die private Nutzung eines unternehmenseigenen Fahrzeugs durch den Unternehmer. Wenn aber dem Unternehmer für das gemischt genutzte Fahrzeug nur der auf 50 % begrenzte Vorsteuerabzug zusteht (siehe Abschnitt 3.5.2.6 „Vorsteuer, Vorsteuerabzugsausschlüsse – Kfz-Nutzung"), dann entfällt für die nichtunternehmerische Kfz-Nutzung die Steuerbarkeit.

*Bemessungsgrundlagen*

Bemessungsgrundlage sind die entstandenen Kosten, soweit sie zum vollen oder teilweisen Vorsteuerabzug berechtigt haben.
- Die unentgeltliche sonstige Leistung für unternehmensfremde Zwecke oder für den privaten Bedarf des Personals des Unternehmers, sofern keine Aufmerksamkeiten vorliegen.

**Beispiel:**

Ein Gärtner lässt durch Betriebsangehörige den Garten seines Privathauses pflegen.
Bemessungsgrundlage bei gleichgestellter sonstiger Leistung sind alle bei der Ausführung entstandenen Kosten, zum Beispiel Lohnkosten, der auf die private Nutzung des Betriebstelefons entfallende Telefonkostenanteil einschließlich Afa für die Anlage.

Bei diesem Tatbestand ist aber der Vorsteuerabzug nicht Voraussetzung für die Steuerbarkeit.

### Sonderregelung bei Leistungen an Betriebsangehörige

Unentgeltliche Leistungen an das Personal des Unternehmers für dessen privaten Bedarf sind umsatzsteuerpflichtig, sofern es sich nicht um Aufmerksamkeiten handelt, obwohl ihnen kein messbares Entgelt gegenübersteht.

**Beispiel:**
Gestattung der Benutzung von Schreinermaschinen durch den Arbeitgeber an den Arbeitnehmer zur Konstruktion eines Schrankes für das Wohnzimmer des Arbeitnehmers.

Bemessungsgrundlage für die unentgeltliche Lieferung an Betriebsangehörige ist der Einkaufspreis zuzüglich der Nebenkosten für den Gegenstand oder mangels eines Einkaufspreises sind es die Selbstkosten zum Zeitpunkt des Umsatzes.
Bemessungsgrundlage für unentgeltliche sonstige Leistung an Betriebsangehörige sind die entstandenen Kosten mit den anteiligen Gemeinkosten.

### Sonderregelung für Aufwendungen, die unter das einkommensteuerliche Abzugsverbot fallen

Sonderregelungen

Aufwendungen für Geschäftsfreunde und Ausgaben, die dem Zweck der Anknüpfung von Geschäftsverbindungen dienen, sind nur zum Teil einkommensteuerlich als Betriebsausgabe abzugsfähig (siehe Abschnitt 3.5.4.6 „Betriebsausgaben – Repräsentationsaufwendungen"). Soweit ein Abzug als Betriebsausgabe nicht möglich ist, ist dieser Betrag umsatzsteuerpflichtig.

**Beispiel:**
Ein Unternehmer schenkt einem Architekten, von dem er sich Aufträge erwartet, ein Bild, dessen Anschaffung sich auf 800,– EUR belief. Die Anschaffungskosten von 800,– EUR sind umsatzsteuerpflichtig.
Bemessungsgrundlage sind die Aufwendungen einschließlich Umsatzsteuer, weil ein Vorsteuerabzug für diese Aufwendungen unzulässig ist.

### Sonderregelung bei Kfz-Privatnutzung

Nutzt der Unternehmer seinen Pkw für Dienstfahrten und Privatfahrten, dann liegt eine den sonstigen Leistungen gleichgestellte Wertabgabe vor. Voraussetzung ist, dass der Pkw zu mehr als 10 % unternehmerisch genutzt wird. Ist diese Mindestnutzung nicht gegeben, kann das Fahrzeug nicht dem Unternehmen zugeordnet werden.
Bemessungsgrundlage sind die Kosten der Nutzungsentnahmen, soweit sie zum Vorsteuerabzug berechtigen. Für die Ermittlung der Kosten der Nutzungsentnahmen darf nach der einkommensteuerlichen so genannten 1 %-Regelung verfahren werden (siehe Abschnitt 3.5.4.6 „Betriebsausgaben – Fahrtkosten". Zur Sachbehandlung der Vorsteuer siehe Abschnitt 3.5.2.6 „Vorsteuer, Vorsteuerabzugsausschlüsse – Kfz-Nutzung").

Bemessungsgrundlage bei gemischter Kfz-Nutzung

### 3.5.2.4 Soll- und Ist-Besteuerung

**Fälligkeit der Umsatzsteuerschuld**

Soll-Besteuerung

Es gilt der Grundsatz, dass die Umsatzsteuerschuld mit Fertigstellung der Lieferung oder sonstigen Leistung fällig wird, gleichgültig, wann der Kunde die Rechnung bezahlt (Soll-Besteuerung).

Eine Lieferung ist ausgeführt, wenn der Leistungsempfänger die Verfügungsmacht über den zu liefernden Gegenstand erlangt hat.

Eine sonstige Leistung ist im Zeitpunkt ihrer Vollendung ausgeführt.

Ist-Besteuerung

Es ist klar, dass die Soll-Besteuerung für viele Handwerker eine Belastung darstellt, insbesondere, wenn zwischen Lieferung oder Fertigstellung der sonstigen Leistungen und Zahlungseingang ein großer zeitlicher Abstand liegt, weil die Umsatzsteuer sofort bezahlt werden muss, ohne vom Kunden das Entgelt erhalten zu haben. Daher gestattet der Gesetzgeber unter bestimmten Voraussetzungen die Besteuerung nach dem Ist-System. Hier entsteht die Umsatzsteuerschuld mit Bezahlung des Entgelts durch den Kunden, wobei der Unternehmer trotzdem berechtigt ist, die Vorsteuern sofort in Abzug zu bringen.

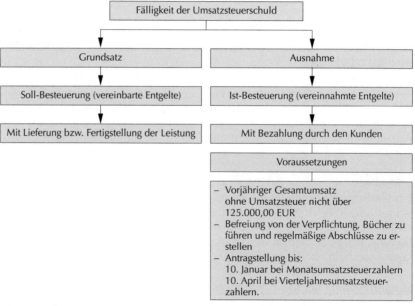

*Abbildung 162*

**Besteuerung von Teilleistungen**

Unter Teilleistungen versteht man Lieferungen und sonstige Leistungen, die in sich abgeschlossen sind und als Fertigleistungen in Rechnung gestellt werden können.

> **Beispiel:**

Es ist vertraglich vereinbart, dass mit Lieferung der Türen und Fenster ein festgelegter Betrag zu zahlen ist und die Montage gesondert in Rechnung gestellt wird.

Hier wird die Umsatzsteuer
- bei Soll-Besteuerung mit Lieferung der Türen und Fenster als in sich abgegrenzte Teilleistung sofort fällig
- bei Ist-Besteuerung mit Bezahlung durch den Kunden fällig.

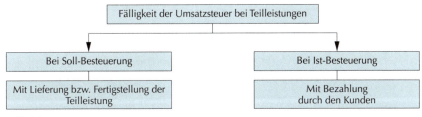

*Abbildung 163*

**Besteuerung von Abschlagszahlungen**

Abschlagszahlungen werden je nach Fortschritt der Arbeiten vereinbart, ohne dass in sich abgeschlossene Teilleistungen vorliegen.

**Beispiel:**

Übliche Abschlagszahlungsvereinbarung im Baugewerbe: $1/3$ der Bausumme ist zu zahlen bei Fertigstellung der Kellerdecke, $1/3$ bei Fertigstellung des Rohbaus, der Rest nach Abrechnung.

Danach würde bei Soll-Besteuerung die Umsatzsteuer erst fällig mit Fertigstellung der Gesamtleistung, während die bis dahin eingegangenen Abschlagszahlungen umsatzsteuerfrei blieben und die Vorsteuer je nach Anfall sofort aufgerechnet werden könnte. Deshalb sind Abschlagszahlungen, die vor Ausführung der Leistung oder einer in sich abgeschlossenen Teilleistung gezahlt werden, bereits mit Ablauf des Voranmeldungszeitraums, in dem das Entgelt oder Teilentgelt vereinnahmt worden ist, umsatzsteuerpflichtig.

Mindest-Ist-Besteuerung

*Abbildung 164*

### 3.5.2.5 Steuersätze und Steuerbefreiungen

**Umsatzsteuersätze**

- Der allgemeine Umsatzsteuersatz beträgt 16 %;
- der ermäßigte Umsatzsteuersatz 7 %.

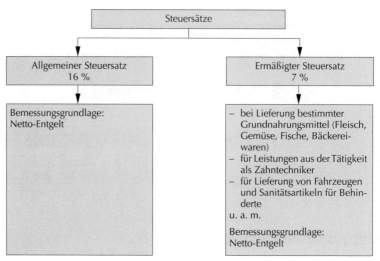

Abbildung 165

**Umsatzsteuerbefreiungen**

Die von der Umsatzsteuer befreiten Lieferungen und sonstigen Leistungen sind im Gesetz erschöpfend aufgeführt.

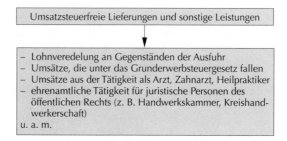

Abbildung 166

### 3.5.2.6 Vorsteuer

> Vorsteuer ist die Umsatzsteuer, die ein Vorlieferant oder Vorleistender dem Unternehmer in Rechnung stellt. Der Unternehmer darf die Vorsteuer bei seiner Umsatzsteuerschuld schon auf den nächsten Vorauszahlungstermin verrechnen, gleichgültig, wann er die Rechnung seiner Vorlieferanten bezahlt oder den gelieferten Gegenstand weiterverarbeitet.

**Beispiel:**

Ein Unternehmer kauft und empfängt am 20. Januar einen Gegenstand. Die Rechnung lautet auf den 24. Januar. Er bezahlt die Rechnung am 3. April, den Gegenstand verkauft er am 5. Mai. Die Vorsteuer für den Ge-

## 3.5.2 Umsatzsteuer (Mehrwertsteuer)

genstand ist bereits am 10. Februar in der Voranmeldung für Januar auf die Umsatzsteuer des Monats Januar aufrechenbar.
Die Vorsteuer wirkt wie ein Steuergutschein.
Ein Vorsteuerabzug setzt voraus, dass der Gegenstand zu mindestens 10 % unternehmerisch genutzt wird, da ansonsten ein Vorsteuerabzug aus dem Erwerb des Gegenstandes entfällt. Eine spätere Weiterlieferung ist steuerlich ohne Bedeutung.

*Vorsteuer-Grundsatz*

Abbildung 167

Bei bestimmten Zahlungsverpflichtungen kann der Unternehmer keine Vorsteuer ausgewiesen erhalten. Dies ist der Fall, wenn steuerbefreite oder nicht steuerbare Umsätze vorliegen.

*Vorsteuerausschluss*

Steuerbefreit sind zum Beispiel die Umsätze, die unter das Grunderwerbsteuergesetz fallen oder Entgelte für ehrenamtliche Tätigkeit, wenn sie für juristische Personen des öffentlichen Rechts (Handwerkskammer, Innungen) ausgeübt werden (siehe Abbildung 166).
Nicht steuerbar sind zum Beispiel Mitgliedsbeiträge an die Handwerkskammer oder Innung, soweit die Beiträge der Erfüllung der satzungsgemäßen Gemeinschaftszwecke dienen, weil es hier an einem Leistungsaustausch mit den einzelnen Mitgliedern fehlt.
Zum Funktionieren des Aufrechnungssystems ist erforderlich, dass der Unternehmer vom Vorlieferanten eine Rechnung mit gesondertem Vorsteuerausweis erhält.

> Auf der Rechnung müssen folgende Mindestangaben enthalten sein:
> - Name und Anschrift des liefernden oder leistenden Unternehmers
> - Name und Anschrift des Abnehmers der Lieferung oder des Empfängers der sonstigen Leistung
> - Menge und handelsübliche Bezeichnung des gelieferten Gegenstandes oder Art und Umfang der sonstigen Leistung
> - der Tag der Lieferung oder sonstigen Leistung
> - das Entgelt ohne Steuer
> - der Steuersatz und der Steuerbetrag.
> - Ab 1. Juli 2002 muss bei Leistungen an Unternehmer auf der Rechnung neben den oben aufgeführten Mindestangaben auch noch die Steuernummer des Leistenden angegeben werden.

Vom Grundsatz des gesonderten Umsatzsteuerausweises kann in bestimmten Fällen abgewichen werden.

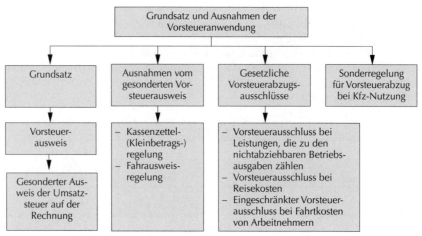

*Abbildung 168*

**Ausnahmen vom gesonderten Vorsteuerausweis**

Bei den im Gesetz erschöpfend aufgezählten Tatbeständen darf der Rechnungsbetrag brutto, also ohne gesonderten Vorsteuerausweis, ausgewiesen werden. Der Unternehmer hat trotzdem das Recht, die Vorsteuer aus dem Bruttobetrag selbst zu ermitteln. Dies kann durch Ansatz eines Umrechnungsmultiplikators erfolgen, der bei einem 16 %igen Umsatzsteuersatz 13,79 %, bei einem 7 %igen Umsatzsteuersatz 6,54 % beträgt.

Kassenzettelregelung

Wenn der Rechnungsbetrag 100,00 EUR brutto (zum Beispiel Tankquittung) nicht übersteigt, ist der Unternehmer berechtigt, aus der Bruttosumme die Vorsteuer herauszurechnen, wenn folgende Angaben gewährleistet sind:
- Name und Anschrift des leistenden Unternehmers
- Menge und handelsübliche Bezeichnung des gelieferten Gegenstands oder Art und Umfang der sonstigen Leistung
- der Bruttorechnungsbetrag
- der Steuersatz.

Fahrausweisregelung

Bei Fahrausweisen anlässlich einer Geschäftsreise oder bei Erstattung der Fahrkosten an Arbeitnehmer anlässlich einer Dienstreise gegen Fahrkartenvorlage darf – unter Berücksichtigung der nachfolgend aufgeführten Vorsteuerabzugsausschlüsse – die Vorsteuer wie folgt ermittelt werden:

### 3.5.2 Umsatzsteuer (Mehrwertsteuer)

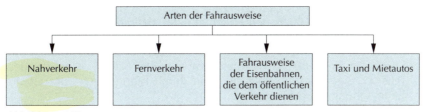

*Abbildung 169*

Erläuterungen
- Nahverkehr liegt vor, wenn die Beförderungsstrecke nicht mehr als 50 km beträgt oder die Beförderung innerhalb der Gemeinde erfolgt.
Bei Fahrausweisen für Personenbeförderung mit öffentlichen Verkehrsmitteln, z. B. mit Bahn, Bus oder im Linienvekehr – dagegen nicht mit Bergbahnen, Seilbahnen, Sesselliften – darf der Unternehmer aus den Fahrkosten 7 % (Umrechnungsmultiplikator 6,54 % vom Brutto) als Vorsteuer herausrechnen.
- Fernverkehr liegt vor, wenn die Beförderungsstrecke über 50 km beträgt. Der Unternehmer darf 16 % (Umrechnungsmultiplikator 13,79 % vom Brutto) als Vorsteuer ausweisen. Voraussetzung: Aus dem Fahrausweis muss der Steuersatz und das Bruttoentgelt hervorgehen.
- Bei Fahrausweisen der Eisenbahnen, die dem öffentlichen Verkehr dienen und der nicht bundeseigenen Eisenbahnen – ausgenommen Bergbahnen – genügt die Angabe der Tarifentfernung auf der Fahrkarte zur Errechnung der Vorsteuer nach den Nah- und Fernverkehrsbestimmungen. Die Angabe des Steuersatzes entfällt.
- Für Taxi- und Mietwagenbelege gelten die allgemeinen Bestimmungen, das heißt bei Belegen bis 100,00 EUR im Nahverkehr 7 %, im Fernverkehr 16 % mit Steuersatzangabe, bei Belegen über 100,00 EUR im Nahverkehr 7 %, im Fernverkehr 16 % mit gesondertem Ausweis des Umsatzsteuerbetrages und des Steuersatzes.

Vorsteuerabzugsausschlüsse
In folgenden Fällen ist ein Vorsteuerabzug unzulässig:
- Repräsentationsaufwendungen
Die Aufwendungen für Geschenke an Geschäftsfreunde und für Bewirtung von Geschäftsfreunden sind nicht in vollem Umfang als Betriebsausgabe abzugsfähig (siehe Abschnitt 3.5.4.6: „Betriebsausgaben – Repräsentationsaufwendungen"). Für die nicht abzugsfähigen Betriebsausgaben entfällt der Vorsteuerabzug.
- Reisekostenaufwendungen
Einkommensteuerrechtlich können bei Geschäftsreisen des Arbeitgebers die Verpflegungskosten in Form von Pauschalen, die Übernachtungskosten in nachgewiesener Höhe, bei Dienstreisen des Arbeitnehmers die Verpflegungskosten in Form von Pauschalen geltend gemacht werden. Die Vorsteuern für diese Reisekosten des Unternehmens und seines Personals in diesen Aufwendungen sind nicht mehr berücksichtigungsfähig, soweit es sich um Verpflegungskosten, Übernachtungskosten oder um Fahrten mit Fahrzeugen des Personals handelt. Auch der bisher zugelassene Vorsteuerabzug durch Vorsteuerpauschalierung bei den Reisekosten ist aufgehoben.

- **Aufwendungen bei Kfz-Nutzung**

  a) Wird ein Kfz zu 100 % betrieblich genutzt, dann darf die Vorsteuer für Kauf- und Unterhaltskosten zu 100 % angesetzt werden. Geringfügige nichtunternehmerische Nutzung – höchstens 5 % – ist unschädlich und berechtigt zum 100 %igen Vorsteuerabzug. Der Nachweis der mindestens 95 %igen Betriebsnutzung kann durch Fahrtenbuch oder Glaubhaftmachung erbracht werden.

  b) Wird ein Kfz zu weniger als 10 % unternehmerisch genutzt, kann das Fahrzeug nicht dem Unternehmen zugeordnet werden. Es kann weder für die Kauf- noch für die Unterhaltskosten eine Vorsteuer geltend gemacht werden, wobei folgende Ausnahme zu beachten ist: Eine Vorsteuer darf in voller Höhe bei Fahrten unter 10 %iger Unternehmensnutzung abgezogen werden, wenn ein Vorgang unmittelbar **und** ausschließlich auf die unternehmerische Verwendung des Fahrzeugs entfällt.

  > **Beispiel:**
  > Vorsteuerbeträge aus Reparaturaufwendungen für einen Unfall während einer unternehmerischen Fahrt.

  c) Wird ein Kfz mindestens 10 % betrieblich genutzt, – Berechnung nach den unternehmerischen Fahrten zu Jahreskilometern – aber sowohl für Betriebs- als auch Privatfahrten genutzt, dann darf die Vorsteuer, soweit sie auf die betrieblichen Kauf- und Unterhaltskosten entfällt, nur noch zu 50 % berücksichtigt werden. Die Besteuerung der nichtunternehmerischen Nutzung entfällt.

  d) Wird ein Kfz, das dem unternehmerischen Bereich zugeordnet ist, veräußert oder aus dem Betriebsvermögen entnommen, dann unterliegt dieser Vorgang der 100 %igen Umsatzsteuerpflicht, obwohl die Vorsteuer bei gemischt genutzten Kfzs nur zu 50 % angesetzt werden konnte. Es gilt aber die Ausnahme, dass innerhalb eines 5-jährigen Nutzungszeitraums der Unternehmer einen nachträglichen anteiligen Vorsteuerabzug zugestanden erhält. Diese Vorsteuerberichtigung ist aber ausgeschlossen, wenn das Kfz aufgrund eines Totalschadens oder Diebstahls aus dem Betriebsvermögen entnommen werden muss.

  > **Beispiel:**
  > Ein nur betrieblich genutztes Fahrzeug wird nach 2 Jahren auch privat genutzt.

  e) Erwirbt ein Unternehmer ein Kfz ohne Vorsteuerabzugsrecht, weil er z. B. das Kfz von privater Hand kauft, das er aber zumindest 10 %ig unternehmerisch nutzt, dann kann er für die Kaufsumme keine Vorsteuer in Anspruch nehmen. Für die Unterhaltskosten aber ist folgende Sachbehandlung möglich:
  - Verzichtet er für die Unterhaltskosten auf die Inanspruchnahme des 50 %igen Vorsteuerabzugs, dann ist das Kfz nicht unternehmerisch genutzt; er kann keine Vorsteuer für den Unterhalt geltend machen.
  - Nimmt er den 50 %igen Vorsteuerabzug in Anspruch, dann hat er das Kfz dem unternehmerischen Bereich zugeordnet. Die Folge ist, dass die Unterhaltskosten für den nichtunternehmerischen Bereich nicht der Umsatzsteuer unterliegen, beim **Verkauf** des Kfzs die Verkaufserlöse aber zu 100 % umsatzsteuerpflichtig sind, bei einer **Entnahme** des Kfzs aber eine Besteuerung entfällt, es sei denn, dass in

das Kfz, das ohne Vorsteuerabzugsrecht erworben wurde, Bestandteile eingebaut wurden, für die der 50 %ige Vorsteuerabzug vorgenommen wurde.

Kfz-Nutzung durch Arbeitnehmer

Überlässt der Arbeitgeber seinem Arbeitnehmer **entgeltlich** ein Fahrzeug, dann ist die in den Aufwendungen enthaltene Vorsteuer voll abzugsfähig. Nutzt der Arbeitnehmer sein eigenes Fahrzeug für dienstliche Fahrten und ersetzt der Arbeitgeber die Kosten, dann ist ein Vorsteuerabzug für diese Kosten ausgeschlossen.

### 3.5.2.7 Rechnungstellung

Die Umsatzsteuer ist eine reine Verbrauchersteuer und ist somit allein vom privaten Endverbraucher zu tragen. Da der Endverbraucher mit einem Umsatzsteuerausweis nichts anfangen kann, darf auf seiner Rechnung der gesonderte Ausweis der Umsatzsteuer entfallen.

Offener und verdeckter Steuerausweis

Man unterscheidet daher zwischen Rechnungen mit offenem und mit verdecktem Steuerausweis.

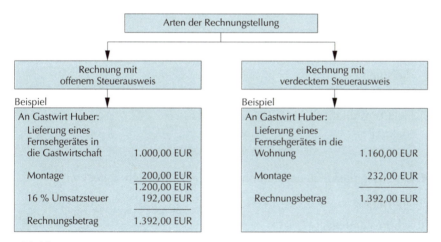

*Abbildung 170*

Beim offenen Steuerausweis ist es auch gestattet, das Bruttoentgelt auf der Rechnung und den darin enthaltenen Umsatzsteuerbetrag gesondert neben dem Bruttoentgelt auszuweisen.

### 3.5.2.8 Vergünstigung für Kleingewerbe

Kleingewerbetreibende können zwei Vergünstigungen – nämlich den Umsatzsteuerfreibetrag und die Vorsteuerpauschale – in Anspruch nehmen, wie aus der folgenden Abbildung deutlich wird. Eine Verpflichtung hierzu besteht nicht. Sie können ihre Umsatzsteuer auch nach den allgemeinen Bestimmungen ermitteln.

Vergünstigungen bei der Umsatzsteuer für Kleingewerbetreibende

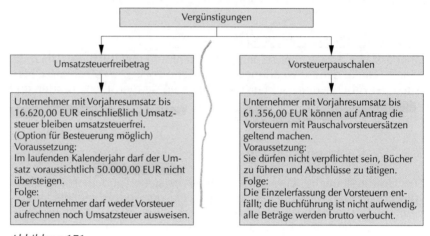

*Abbildung 171*

Die Vorsteuerpauschalen sind Durchschnittssätze. Man unterscheidet dabei:
- Durchschnittsvorsteuern, die sowohl die Gemeinkosten als auch das Material abdecken.

**Beispiel:**

| | |
|---|---|
| Bäckerei | 5,4 % v. Umsatz |
| Elektroinstallation | 9,1 % v. Umsatz |
| Malerei | 3,7 % v. Umsatz |
| Zimmerei | 8,1 % v. Umsatz |

- Durchschnittsvorsteuern, die nur die Gemeinkosten abdecken.

**Beispiel:**

Schornsteinfeger     1,6 % v. Umsatz.

### 3.5.2.9 Aufzeichnungspflicht

Die Aufzeichnungspflichten zur Feststellung der Umsatzsteuer und der Grundlagen ihrer Berechnung sind durch das Umsatzsteuer-Binnenmarktgesetz erweitert und verschärft worden. Aus den Aufzeichnungen müssen hervorgehen:

Notwendige Angaben
- bei Soll-Besteuerung die vereinbarten Entgelte für die vom Unternehmer ausgeführten Lieferungen und sonstigen Leistungen. Die Entgelte sind getrennt nach Steuersätzen auf die steuerpflichtigen Umsätze aufzuteilen.
- bei Ist-Besteuerung die vereinnahmten Entgelte für abgeschlossene Lieferungen und sonstige Leistungen getrennt nach Steuersätzen.

Steuerausweisregelungen
- die wegen unberechtigten Steuerausweisen geschuldeten Steuerbeträge.

Für die Erstellung eines falschen Steuerausweises gibt es verschiedene Möglichkeiten.

Abbildung 172

- Bei zu geringem Steuerausweis hat der liefernde Unternehmer die Differenz zwischen dem richtigen und dem zu niedrig ausgewiesenen Steuerbetrag an das Finanzamt abzuführen. Der Abnehmer kann nur den zu nieder ausgewiesenen Steuerbetrag als Vorsteuer aufrechnen. Es bleibt aber dem leistenden Unternehmer unbenommen, den zu niedrig ausgewiesenen Steuerbetrag zu berichtigen. Der Leistungsempfänger darf dann den nachgebesserten Steuerbetrag als Vorsteuer geltend machen.
- Bei zu hohem Steuerausweis ist der zu hoch berechnete Steuerbetrag an das Finanzamt abzuführen. Der Leistungsempfänger darf aber die zu hoch ausgewiesene Steuer nicht mehr als Vorsteuer geltend machen. Es besteht aber die Möglichkeit der Rechnungsberichtigung.
- Bei unberechtigtem Ausweis (zum Beispiel bei Scheingeschäften mit Rechnungen für nicht ausgeführte Lieferungen, bei Rechnungen eines umsatzsteuerbefreiten Kleinunternehmers) ist die ausgewiesene Steuer an das Finanzamt abzuführen. Bisher galt, dass der Leistungsempfänger keine Möglichkeit hatte, die Vorsteuer geltend zu machen und auch keine Rechnungsberichtigung zugelassen war. Nach einem Urteil des Europäischen Gerichtshofs (Rs C- 454/98) darf eine bewusst gefälschte Rechnung vollständig korrigiert und auch die Mehrwertsteuer entsprechend berichtigt werden. Die deutsche Regelung muss dementsprechend angepasst werden.
Die Zulassung der Korrektur hat aber keine Auswirkung auf die gesamtschuldnerische Haftung des Rechnungsausstellers und -empfängers.

### 3.5.2.10 Voranmeldung und Zahlungsmodus

Die Umsatzsteuer ist eine einmalige Jahressteuer. Während des Jahres aber müssen Voranmeldungen getätigt und Vorauszahlungen geleistet werden. Besteuerungsgrundlage ist der Umsatz des Vormonats oder des vorangegangenen Vierteljahres.

*Vorauszahlung*

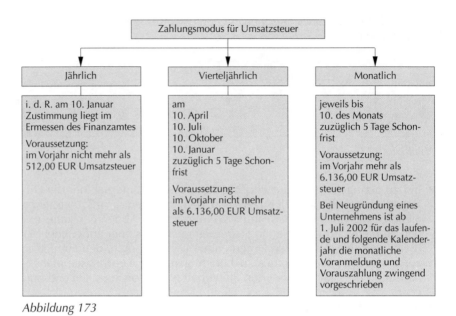

Abbildung 173

Der Unternehmer hat eine Jahressteuererklärung abzugeben. Die Summe der monatlichen oder vierteljährlichen Voranmeldungen ergibt die Summe der Jahressteuererklärung. Geringe Abweichungen können sich durch die Abrundungsmöglichkeit der Voranmeldungsbeträge gegenüber der Jahresmeldung ergeben. Sie sind in der Jahressteuererklärung auszugleichen. Der Unternehmer kann die Voranmeldungen und die Umsatzsteuer-Jahreserklärung für die Zeit bis 31.12.2001 wahlweise in DM oder EUR abgeben. Die Erklärungen sind zu unterschreiben. Zur Beachtung der Schonfrist siehe Abschnitt 3.5.4.13 „Prüfverfahren (Erörterung) – Vorauszahlungsbescheid".

Werden die Umsatzsteuervoranmeldungen oder die Umsatzsteuer-Jahreserklärungen nicht oder nicht fristgemäß abgegeben, kann das Finanzamt einen Verspätungszuschlag bis zu 10 % der Steuer, höchstens 25.000,00 EUR festsetzen.

Wird die Umsatzsteuer nicht bis zum Ablauf des Fälligkeitstages entrichtet, ist für jeden angefangenen Monat der Säumnis ein Säumniszuschlag von 1 % des abgerundeten rückständigen Steuerbetrags zu entrichten; abzurunden ist auf den nächsten durch 50,00 EUR teilbaren Betrag.

Nach dem am 30.11.2001 in Kraft getretenen Steuerverkürzungs-Bekämpfungsgesetz können umsatzrelevante Sachverhalte – z.B. schuldhaft nicht abgeführte Umsatzsteuer – im Rahmen einer Umsatzsteuer-Nachschau ohne vorherige Ankündigung und außerhalb einer Außenprüfung überprüft werden. Die Nichtzahlung der Umsatzsteuer kann als ordnungswidrigkeit bis zu 50.000,00 EUR, bei gewerbsmäßiger (wiederholter) Nichtzahlung mit einer Freiheitsstrafe bis zu 5 Jahren, bei gewerbsmäßiger Steuerhinterziehung bis zu 10 Jahren geahndet werden.

## 3.5.3 Gewerbesteuer

### 3.5.3.1 Gewerbe – Gemeindesteuer

> Die Gewerbesteuer ist eine Gemeindesteuer. Die Einnahmen dienen der Gemeinde zur Bestreitung ihrer Aufgaben. Das Finanzamt setzt zwar die Steuergrundlage (Messbeträge) fest, die Gemeinde legt jedoch den Hebesatz fest und erlässt den Steuerbescheid.

### 3.5.3.2 Besteuerungsgrundlagen

Steuerpflichtig ist jeder Gewerbebetrieb. Besteuerungsgrundlage ist der Gewerbeertrag.

### 3.5.3.3 Übersicht über die Besteuerungsgrundlagen der Gewerbesteuer

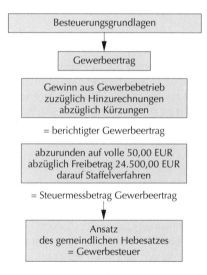

Abbildung 174

Die Abbildung zeigt, dass die Gewerbesteuer, die eine der Haupteinnahmequellen der Kommunen ist, durch den hohen Freibetrag beim Gewerbeertrag und den Wegfall der Besteuerung des Gewerbekapitals seit 1.1.1998 den kleinen und mittleren Handwerksbetrieb nicht mehr wesentlich belastet. Zudem haben gewinn- und kapitalintensive Handwerksbetriebe in hohem Maße von der Möglichkeit Gebrauch gemacht, den Betrieb in Form einer GmbH zu führen, um auf diese Weise den gewerbesteuerpflichtigen Gewinn über Lohnbezüge der Gesellschafter-Geschäftsführer wesentlich herabzusetzen.

### 3.5.3.4 Gewerbeertrag

Da bei der Gewerbesteuer die objektiven Verhältnisse Besteuerungsgrundlage sein sollen, muss der einkommensteuerliche Gewinn aus Gewerbebetrieb um bestimmte Hinzurechnungen und Kürzungen berichtigt werden.

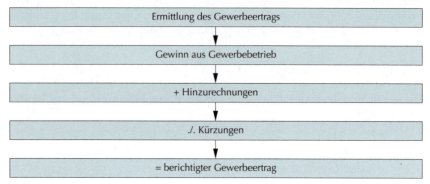

Abbildung 175

**Hinzurechnungen**

Dem Gewinn müssen hinzugerechnet werden:
- 50 % der Entgelte für Dauerschulden, die mit dem Betrieb in Zusammenhang stehen. Darunter fallen insbesondere im handwerklichen Bereich die Zinsen. Dabei bleibt der niedrigste Schuldenstand von 7 Tagen unberücksichtigt. Erst der Zinsanfall ab dem 8. Tag ist heranzuziehen.

  **Beispiel:**
  Ein Kontokorrentkredit beträgt zum Jahresbeginn 10.000,00 EUR, wird während des Jahres für zehn Tage auf 2.700,00 EUR zurückgezahlt und beträgt am Jahresende 8.900,00 EUR. Hinzuzurechnen sind nur die Zinsen, die auf die Dauerschuld von 2.700,00 EUR entfallen.
- Die Hälfte der Miete oder Pacht für Maschinen und sonstige bewegliche Anlagegüter, die einem anderen gehören.
- Gewinnanteile von stillen Gesellschaftern, wenn sie beim Empfänger nicht zur Steuer nach dem Gewerbeertrag bereits heranzuziehen sind.
- Renten und dauernde Lasten, die mit der Gründung oder dem Erwerb eines Betriebs zusammenhängen u. a. m.

**Kürzungen**

Die Summe des Gewinns und der Hinzurechnungen wird gekürzt
- um 1,2 % des Einheitswerts des zum Betriebsvermögen gehörenden Grundbesitzes. Maßgebend ist der Einheitswert, der auf den letzten Feststellungszeitpunkt vor dem Ende des Erhebungszeitraums lautet;
- Um Gewinnanteile einer BGB-Gesellschaft, oHG, KG, bei der die Gesellschafter als Unternehmer des Gewerbebetriebs anzusehen sind, wenn die Gewinnanteile bei der Ermittlung des Gewinns angesetzt worden sind.

*3.5.3 Gewerbesteuer*

**Ermittlung des Steuermessbetrags-Gewerbeertrag**

Der Steuermessbetrag-Gewerbeertrag wird folgendermaßen berechnet:

*Abbildung 176*

Der so berichtigte Gewerbeertrag ist auf volle 50,00 EUR abzurunden und ein Freibetrag von 24.500,00 EUR abzuziehen. Dann wird der Restbetrag in ein Staffelverfahren von vier Stufen mit jeweils 12.000,00 EUR eingebaut.

Freibetrag – Gewerbeertrag

Das Staffelverfahren beim Gewerbeertrag

*Abbildung 177*

Das Ergebnis ist der Steuermessbetrag des Gewerbeertrags.

### 3.5.3.5 Steuerberechnung/Gewerbesteuer

Die Berechnung der Gewerbesteuer

*Abbildung 178*

**Steuermessbetrag**

Der Steuermessbetrag des Gewerbeertrags wird vom Finanzamt ermittelt und in einem Steuermessbescheid sowohl dem Steuerpflichtigen als auch seiner Betriebssitz-Gemeinde zugestellt. Ist dieser Steuermessbescheid fehlerhaft, dann muss er durch Rechtsmitteleinlegung bei der Finanzverwaltung oder beim Finanzgericht angefochten werden.

**Hebesatz**

Die Gemeinde wendet nun auf den einheitlichen Steuermessbescheid den Hebesatz an. Der Hebesatz ist ein durch Gemeinderatsbeschluss festgesetzter, weder nach unten noch nach oben limitierter Prozentsatz. Das Ergebnis ist die an die Gemeinde zu zahlende Gewerbesteuer, die dem Steuerpflichtigen in einem Gewerbesteuerbescheid mitgeteilt wird. Liegt ein Fehler im Ansatz des Hebesatzes vor, dann muss der Bescheid durch Rechtsmitteleinlegung im Verwaltungsrechtsweg bei der Gemeinde angefochten werden.

Die Gewerbesteuer ist als Betriebsausgabe abzugsfähig. Für die zu zahlende Gewerbesteuer ist in der Bilanz eine gewinnmindernde Rückstellung für das Jahr des Anfalls auszuweisen. Der Bilanzansatz beträgt $5/6$ der zu zahlenden Gewerbesteuer.

**Anrechnung der Gewerbesteuer auf die Einkommensteuer**

In einem typisierten Verfahren kann die Gewerbesteuer auf die Einkommensteuer des Gewerbetreibenden angerechnet werden (siehe Abschn. 3.5.4.11 Steuertarif-Anrechnungsverfahren). Die Entlastung erfolgt nicht auf der Ebene des Unternehmens, sondern auf der des Unternehmers.

### 3.5.3.6 Berechnungsbeispiel zur Gewerbesteuer

Ein Handwerksmeister hat einen einkommensteuerlichen Gewinn von 74.040,00 EUR. Er zahlt im Jahr 4.500,00 EUR Dauerschuldzinsen. Der Hebesatz der Gemeinde ist 400 %.

1. Gewerbeertrag:

| | | |
|---|---|---|
| Gewinn | | 74.040,00 EUR |
| + 50 % Dauerschuldzinsen | | 2.250,00 EUR |
| | | 76.290,00 EUR |
| abrunden auf volle 50,00 EUR | | 76.250,00 EUR |
| ./. Freibetrag | | 24.500,00 EUR |
| ergibt | | 51.750,00 EUR |
| Staffel: | 12.000,00 EUR  1 % | 120,00 EUR |
| | 12.000,00 EUR  2 % | 240,00 EUR |
| | 12.000,00 EUR  3 % | 360,00 EUR |
| | 12.000,00 EUR  4 % | 480,00 EUR |
| Rest (51.750,00 EUR ./. 48.000,00 EUR) | | |
| | = 3.750,00 EUR  5 % | 187,50 EUR |
| Steuermessbetrag Gewerbeertrag | | 1.387,50 EUR |

2. Hebesatz:

$$\frac{\text{Steuermessbetrag} \times \text{Hebesatz}}{100} = \frac{1.387{,}50 \text{ EUR} \times 400}{100}$$

zu zahlende Gewerbesteuer                      5.550,00 EUR

## 3.5.4 Einkommensteuer

### 3.5.4.1 Wesen der Einkommensteuer – Steuerpflicht

Die Einkommensteuer ist eine Personensteuer und knüpft als solche an das innerhalb eines Veranlagungszeitraums von einer Person erzielte Einkommen an. Durch die im Einkommensteuerrecht verankerte Sozialkomponente richtet sich die Steuerhöhe nach Familienstand, persönlichen Belastungen, Höhe des Einkommens – wie Berücksichtigung des Existenzminimums und progressive Steuermehrbelastung bei Besserverdienenden.

> Der Einkommensteuer unterliegen die natürlichen Personen,
> - also Einzelpersonen, zum Beispiel Inhaber von Einzelfirmen
> - Gesellschafter von Personengesellschaften wie OHG, KG, GbR-Gesellschafter
> - Gesellschafter einer Körperschaft wie AG, GmbH-Gesellschafter.

*Rechtsgrundlagen*

Die natürliche Person muss ihren Wohnsitz oder gewöhnlichen Aufenthalt in der Bundesrepublik Deutschland haben. Bei Erfüllung dieser Voraussetzungen sind diese Personen unbeschränkt einkommensteuerpflichtig.

### 3.5.4.2 Schema der Einkommensteuerermittlung

Die Einkommensteuer wird nach folgendem Schema ermittelt:

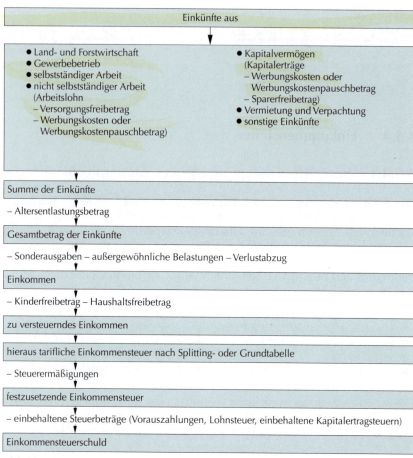

Abbildung 179

### 3.5.4.3 Einkunftsarten

> Nur die Einkünfte aus Land- und Forstwirtschaft, aus Gewerbebetrieb, aus selbstständiger und aus nichtselbstständiger Arbeit, aus Kapitalvermögen, aus Vermietung bzw. Verpachtung und sonstige Einkünfte unterliegen der Einkommensteuer.

Erläuterungen:

**Selbstständige Tätigkeit**
- Einkünfte aus selbstständiger Tätigkeit sind die Einkünfte der Freischaffenden, wie Steuerberater, Ärzte, Künstler.

**Kapitalvermögen**
**Sparerfreibetrag**
- Einkünfte aus Kapitalvermögen sind Zinsen aus Sparguthaben, Darlehen, Dividenden und sonstige bankgehandelte Beteiligungen. Einnahmen bis 1.550,00 EUR für Ledige, 3.100,00 EUR für Verheiratete, zuzüglich 51,00 EUR Werbungskostenpauschale für jeden Sparer bleiben steuerfrei, auch wenn die Kapitalerträge nur einem Ehegatten zufließen.

**Halbeinkünfteverfahren**
Für die Einkünfte aus Kapitalvermögen, insbesondere für Dividenden, gilt das so genannte Halbeinkünfteverfahren (siehe auch Abschnitt 3.5.6.3 Körperschaftsteuersatz Halbeinkünfteverfahren). Gewinne, die im Be-

triebsvermögen aus Dividenden entstanden sind, oder Gewinne aus Veräußerungen oder Entnahmen von Anteilen an Kapitalgesellschaften sind nur zur Hälfte beim Anteilseigner zu versteuern. Dementsprechend sind Werbungskosten, die mit der Dividendeneinnahme zusammenhängen, auch nur zur Hälfte abziehbar.

> **Beispiel:**
> Ein lediger Handwerksmeister bezieht im Jahr 3.100,00 EUR Dividenden. Davon unterliegt die Hälfte (1.550,00 EUR) der Besteuerung. Da ihm aber ein Sparerfreibetrag von 1.550,00 EUR zusteht, bleibt er mit seinen Dividenden steuerfrei.

Die Kapitalertragsteuer beträgt für Kursgewinne bzw. für Dividenden 20 % des Kapitalertrags, wenn der Gläubiger die Kapitalertragsteuer trägt bzw. 25 % des tatsächlich ausgezahlten Betrags, wenn der Schuldner die Kapitalertragsteuer übernimmt, obwohl für das zu ermittelnde steuerpflichtige Einkommen die Dividenden nur zur Hälfte angesetzt werden. *Kapitalertragsteuersatz*

- Sonstige Einkünfte sind Zuflüsse aus bestimmten wiederkehrenden Bezügen wie Renten, aus so genannten privaten Veräußerungsgeschäften, wie Spekulationsgeschäften, gelegentlichen Vermittlungen und Vermietungen beweglicher Sachen. Bei den Einkünften aus Spekulationsgeschäften betragen die Spekulationsfristen bei privaten, nicht eigengenutzten Grundstücken 10 Jahre, bei anderen Wirtschaftsgütern, insbesondere Wertpapieren 1 Jahr. Für Spekulationsgewinne ist eine Freigrenze in Höhe von 512,00 EUR festgesetzt.
- Zu den Einkünften aus Vermietung und Verpachtung zählen die Einnahmen aus Vermietung und Verpachtung von unbeweglichem Vermögen, von Sachinbegriffen wie Betriebsvermögen, von Überlassung von Rechten u. a. m.
- Bei Einkünften aus Land- und Forstwirtschaft, Gewerbebetrieb und selbstständiger Arbeit sind die Einkünfte der Gewinn (siehe Abbildung 180), bei den anderen Einkunftsarten der Überschuss der Einnahmen über die Werbungskosten.

> Die für den Handwerker wichtigsten Einkunftsarten sind:
> - Einkünfte aus Gewerbebetrieb (siehe Abschnitt 3.5.4.4 „Einkünfte aus Gewerbebetrieb" in diesem Band)
> - Einkünfte aus nichtselbstständiger Tätigkeit – Lohntätigkeit (siehe Abschnitt 3.5.5 „Lohnsteuer").
> 
> Alle Zuflüsse, die nicht unter die sieben Einkunftsarten eingereiht werden können, sind einkommensteuerfrei, zum Beispiel Schenkungen, Lottogewinne, Erbschaften, Kapitalauszahlungen einer Lebens- oder Unfallversicherung, Einnahmen für Leistungen zur Grundpflege bis zur Höhe des Pflegegeldes.

Wohl aber können diese Zuflüsse anderen Besteuerungsarten unterliegen, zum Beispiel der Schenkung- und Erbschaftsteuer.

### 3.5.4.4 Einkünfte aus Gewerbebetrieb

Die Einkunft aus Gewerbebetrieb ist der Gewinn. Die Vorschriften zur Gewinnermittlung sind im Einkommensteuergesetz und im Handelsgesetzbuch festgelegt. Gewinnermittlungszeitraum ist das Wirtschaftsjahr. In der Regel decken sich Kalenderjahr und Wirtschaftsjahr, doch sind auf Antrag Abweichungen zulässig.

Es gibt zwei Möglichkeiten der Gewinnermittlung, die aus der folgenden Abbildung ersichtlich sind.

*Gewinnermittlungsmethoden*

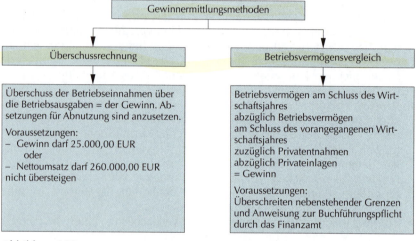

Abbildung 180

Wenn der Steuerpflichtige freiwillig Bücher führt und regelmäßig Abschlüsse macht oder nach anderen gesetzlichen Vorschriften zur Buchführung verpflichtet ist, dann kann der Gewinn nur nach Bestandsvergleich ermittelt werden. Dabei werden die Veränderungen innerhalb des Wirtschaftsjahres in der Regel in Form der doppelten Buchführung und Erstellung einer Bilanz nach obigem Schema mit Gewinn- und Verlustrechnung erfasst.

*Aufbewahrungsfristen für Unterlagen*

Ab 1.1.1999 sind Bücher und Aufzeichnungen, Inventare, Jahresabschlüsse, Lageberichte, Eröffnungsbilanzen, Arbeitsanweisungen und Organisationsunterlagen sowie Belege 10 Jahre, alle sonstigen Unterlagen wie Geschäftsbriefe usw. 6 Jahre aufzubewahren. Zur verbesserten Durchsetzung der Aufzeichnungs-, Erklärungs- und Aufbewahrungsfristen ist die Einführung eines Bußgeldtatbestands vorgesehen.

### 3.5.4.5 Abgrenzung zwischen Privatausgaben und Betriebsausgaben

> Nur betriebliche Aufwendungen können den Gewinn mindern. Privatausgaben sind nicht abzugsfähig.

Privatausgaben sind unter anderem
- die für den Haushalt, für die Familie und für die Lebensführung aufgewendeten Beträge und privaten Versicherungen
- standesgemäße Kleidung auch bei beruflichem Mehrverschleiß durch Repräsentation
- Kosten der privaten Benutzung des Kraftfahrzeugs
- die Einkommensteuer, die Erbschaftssteuer
- Zinsen, die für hinterzogene Steuern zu zahlen sind, sowie Zinsen für Steuernachforderungen für Stundungen, für Aussetzungen der Vollziehung, Geldbußen, Ordnungsgelder, Verwarnungsgelder, auch wenn sie betrieblich veranlasst sind.
- Schmiergelder und Bestechungsgelder sind immer Privatausgaben; es genügt allein die rechtswidrige Tat.

### 3.5.4.6 Betriebsausgaben

Betriebsausgaben sind Aufwendungen, die durch den Betrieb veranlasst sind, unter anderem:
- Aufwendungen für Material und Wareneinkäufe
- Aufwendungen für Hilfs- und Betriebsstoffe
- Beiträge für Berufsorganisationen
- Beiträge für betriebliche Versicherungen
- betriebliche Steuern
- Löhne und Gehälter
- Jubiläumszuwendungen, die der Arbeitgeber seinen Arbeitnehmern zukommen lässt. (Zur Lohnsteuer siehe: Abschnitt 3.5.5.6 Werbungskosten, Absatz: lohnsteuerfreie Leistungen des Arbeitgebers an den Arbeitnehmer – Jubiläumsaufwendungen.)
- Mietzahlungen für betrieblich genutzte Anlagegüter
- Reparaturen.

> Daneben gibt es aber noch eine Reihe von Betriebsausgaben, die einer Erläuterung bedürfen. Die wesentlichsten davon sind:
> - Reisekosten
> - Repräsentationsaufwendungen
> - Ehegattenarbeitslohn
> - abnutzbare Wirtschaftsgüter des Anlagevermögens
>   - die kurzlebigen oder geringwertigen Wirtschaftsgüter
>   - die Absetzung für Abnutzung.

**Reisekosten**

Unternimmt der Unternehmer eine betrieblich veranlasste Reise, dann sind die daraus erwachsenden Aufwendungen Betriebsausgaben. Dient eine Reise betrieblichen und privaten Zwecken, dann ist eine entsprechende Aufteilung der Kosten vorzunehmen. Ist eine Aufteilung nicht möglich, dann ist die ganze Reise als Privatreise zu behandeln.
Eine Geschäftsreise liegt vor, wenn der Unternehmer von seiner Wohnung **und** von seiner regelmäßigen Betriebsstätte (Werkstätte) entfernt vorübergehend tätig wird.

*Abbildung 181*

- **Fahrtkosten**

Bei Benutzung öffentlicher Verkehrsmittel sind die Kosten in nachgewiesener Höhe abzugsfähig.

*Betriebs-Pkw*

Bei ausschließlich betrieblicher Benutzung des Betriebs-Pkws ist der Fahrtaufwand mit den dem Finanzamt gegenüber geltend gemachten Kfz-Kosten abgegolten. Eine zusätzliche Kilometerpauschale ist nicht zugelassen.

Zu den Fahrtkosten bei Benutzung des Betriebs-Pkws zählen u. a.: die Garagenmiete, Reparaturen, Benzin, Kfz-Steuer, Fahrzeugversicherungen – dagegen nicht Insassen- und Unfallversicherungen –, das Autotelefon soweit betrieblich notwendig und die Absetzung für Abnutzung (AfA).

Bei teils betrieblicher, teils privater Nutzung können
- die auf Privatfahrten entfallenden Aufwendungen von den gesamten betrieblichen Pkw-Aufwendungen ausgeklammert werden, wenn die für das Fahrzeug insgesamt entstehenden Aufwendungen durch Belege und das Verhältnis der privaten zu den betrieblichen Fahrten durch ein ordnungsmäßiges Fahrtenbuch nachgewiesen werden,
- oder es wird zur Ermittlung des privaten Anteils an den betrieblichen Pkw-Kosten für jeden Monat eine Pauschale von 1 % des inländischen, auf volle 100,00 EUR abgerundeten Listenpreises im Zeitpunkt der Erstzulassung zuzüglich der Kosten für Sonderausstattung einschließlich Umsatzsteuer angesetzt.

Benutzt der Unternehmer den Betriebs-Pkw für Fahrten von der Wohnung zur Betriebsstätte, dann ist eine private Nutzung gegeben. Der **monatliche** Unterschiedsbetrag zwischen 0,03 % des inländischen Listenpreises zum Zeitpunkt der Erstzulassung zuzüglich Kosten für Sonderausstattung einschließlich Umsatzsteuer zum Ansatz der Entfernungspauschalen und der tatsächlichen Fahrtage für Fahrten von Wohnung zu Betrieb ist dann nicht abzugsfähige Betriebsausgabe.

*Entfernungspauschale*

Die Entfernungspauschale beträgt bis 10 km 0,36 EUR pro km. Beträgt die Entfernung mehr als 10 km, dann ist für jeden km, der die 10-km-Entfernung übersteigt, eine Pauschale von 0,40 EUR anzusetzen. (Zur Entfernungspauschale siehe ergänzend Abschnitt 3.5.5.6: Werbungskosten, Absatz: „Arbeitnehmer-Werbungskosten, die vom Arbeitgeber ganz oder modifiziert ersetzt werden können – Entfernungspauschalen".)

**Beispiel:**

Der Pkw-Listenpreis beträgt inklusive Umsatzsteuer 25.000,00 EUR; die Entfernung zwischen Wohnung und Betrieb 5 Kilometer.
Der Pkw wird an 15 Tagen im Monat genutzt.

```
25.000,00 EUR x 0,03 % x 5 km  =    37,50 EUR  monatlich
                       abzüglich
       15 Tage x 5 km x 0,36 EUR  =   27,00 EUR  monatlich
als Betriebsausgabe nicht abzugsfähig =   10,50 EUR  monatlich
                          bzw.      126,00 EUR  jährlich
```

Tätigt der Unternehmer mit dem Betriebs-Pkw Familienheimfahrten, dann tritt an die Stelle der 0,03 % des obigen Listenpreises ein Ansatz von 0,002 % des Listenpreises **je Entfernungskilometer** (nicht pro Monat). Nicht abzugsfähig ist somit die positive Differenz zwischen diesen 0,002 % und den abzugsfähigen 0,36 EUR je Entfernungskilometer. (Zur Umsatzsteuer siehe Abschnitt 3.5.2.3 „Steuerpflichtige Umsätze – Sonderregelung bei Kfz-Privatnutzung" und 3.5.2.6 „Vorsteuerabzug bei Kfz-Nutzung").

Bei Benutzung eines privaten Pkw für berufliche Fahrten können die Fahrtkosten ohne Einzelnachweis mit 0,30 EUR je Fahrtkilometer angesetzt werden.

- **Übernachtungskosten**

Die Übernachtungskosten sind in nachgewiesener Höhe abzugsfähig.
Die Aufwendungen für das Frühstück zählen zu den Verpflegungskosten und gehören nicht zu den Übernachtungskosten. Lässt sich der Preis für das Frühstück aus der Hotelrechnung nicht feststellen, ist der Gesamtpreis zur Ermittlung der als Betriebsausgabe abzugsfähigen Übernachtungskosten um 4,50 EUR je Tag zu kürzen.

- **Verpflegungskosten**

Verpflegungskosten können nur in Form von Pauschalen angesetzt werden. Die Pauschalen betragen:

|   | Pauschbetrag brutto |
|---|---|
| – bei einer Abwesenheit von 24 Stunden | 24,00 EUR |
| – bei einer Abwesenheit von weniger als 24 Stunden, aber mindestens 14 Stunden | 12,00 EUR |
| – bei einer Abwesenheit von weniger als 14 Stunden, aber mindestens 8 Stunden | 6,00 EUR |

Maßgebend ist allein die Abwesenheitsdauer von der Wohnung **und** der Betriebsstätte. Durch diese Bestimmung ist die Unterscheidung zwischen Geschäftsreise und Geschäftsgang hinfällig geworden.

- **Nebenkosten**

Das sind Kosten zum Beispiel für Reiseversicherung, Parkgebühren, Messeeintrittskarten u. a. m. Sie sind gegen Einzelbeleg abzugsfähig.

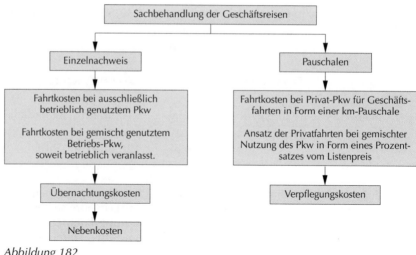
Abbildung 182

**Repräsentationsaufwendungen**

Aufwendungen für Geschäftsfreunde und Ausgaben zum Zwecke der Anknüpfung von Geschäftsverbindungen sind nur unter bestimmten Voraussetzungen als Betriebsausgabe abzugsfähig. Für die Beurteilung der Abzugsfähigkeit spielen die Betriebsart sowie die Betriebsgröße, die Höhe des Umsatzes und Gewinns und die Bedeutung des Aufwands für den Geschäftserfolg eine Rolle.

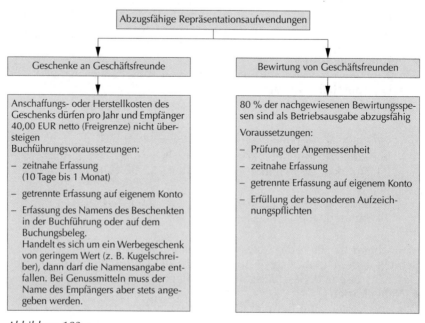
Abbildung 183

## Geschenke

Unentgeltliche Zuwendungen an Personen, die nicht Arbeitnehmer des Steuerpflichtigen sind, können als Betriebsausgaben abgesetzt werden, wenn sie aus betrieblicher Veranlassung gegeben werden.

Voraussetzung für ein Geschenk ist, dass es ohne rechtliche Verpflichtung und ohne zeitlichen Zusammenhang mit einer Leistung des Empfängers als Bar- oder Sachzuwendung gegeben wird.

Zu den Anschaffungs- oder Herstellkosten bis zu 40,00 EUR rechnen auch die Kosten einer Kennzeichnung des Geschenks als Werbeträger und die Umsatzsteuer, soweit der Abzug als Vorsteuer ausgeschlossen ist. Verpackung und Versandkosten bleiben außer Ansatz.

Dagegen sind Zugaben von geringem Wert, die zum Hauptgeschenk mitgegeben werden, nicht in den obigen Betrag mit einzurechnen. Die Geringfügigkeitsgrenze richtet sich nach dem Wert des Hauptgeschenks.

Die Geschenke müssen in der Buchführung einzeln und getrennt von den sonstigen Betriebsausgaben aufgezeichnet werden. *Aufzeichnungspflicht*

Für die Zugaben besteht keine getrennte Aufzeichnungspflicht. Werden aber Geschenk und Zugabe vermischt auf einem Konto gebucht und übersteigt der Wert obige Grenze, dann ist die getrennte Aufzeichnungspflicht verletzt.

> Übersteigen die Anschaffungs- oder Herstellkosten eines Geschenks oder mehrerer Geschenke im Wirtschaftsjahr an einen Empfänger die 40,00 EUR-Grenze, dann entfällt der Geschenkabzug in vollem Umfang.

## Bewirtungen

Aufwendungen für die Bewirtung sind nur dann abzugsfähig, wenn ein geschäftlicher Anlass gegeben ist. Dann sind auch sämtliche üblichen Nebenkosten der Bewirtung – wie Garderobegebühren, Trinkgelder – mit abzugsfähig.

> Von den abzugsfähigen Bewirtungsaufwendungen dürfen nur 80 % den Gewinn mindern. In der Umsatzsteuer entfällt für den nicht abzugsfähigen Bewirtungsaufwand der Vorsteuerabzug (siehe Abschnitt 3.5.2.6 „Vorsteuer-Vorsteuerabzugsausschlüsse"). *Begrenzung*

Die Abzugsbegrenzung gilt auch für die Aufwendungen, die auf den Steuerpflichtigen entfallen. Aufwendungen für die Bewirtung von Personen aus geschäftlichem Anlass in der Wohnung des Steuerpflichtigen zählen zu den nicht abzugsfähigen Kosten der Lebenshaltung.

Besondere Aufzeichnungspflichten: *Aufzeichnungspflicht*

> Der Aufwand muss nach der Verkehrsauffassung angemessen sein, die Höhe der Aufwendungen berechtigt und die betriebliche Veranlassung erkennbar sein. Das setzt die Beachtung besonderer Aufzeichnungspflichten voraus.

- Aus der Rechnung muss der Name und die Anschrift der Gaststätte hervorgehen.
- Die Leistungen müssen auf der Rechnung einzeln nach Art und Umfang ausgewiesen werden. Allgemeine Hinweise wie „Speisen und Getränke" sind unstatthaft. Ausnahmsweise sind Zusammenfassungen der Leistungen, wie: Lunch-Büfett-Frühstück oder Tagesgericht Nr. 5, zugelassen.
- Trinkgelder sind auf der Rechnung zu quittieren.
- Auf der Rechnung muss die Umsatzsteuer getrennt bzw. bei Rechnungen nach der Kassenzettelregelung der Umsatzsteuersatz ausgewiesen sein.
- Die Angabe von Ort und Tag der Bewirtung muss aus der Rechnung hervorgehen.
- Die Namen aller Bewirteten müssen auf der Rechnung erfasst werden.
- Bei Rechnungen über 100,00 EUR muss der Name des Bewirtenden sowohl im Adressfeld als auch bei der Auflistung der Teilnehmer vermerkt sein. Nach einem BFH-Urteil muss der Bewirtende die Angaben noch eigenhändig unterschreiben.
- Der Anlass der Bewirtung muss vermerkt werden.
- Wie die Geschenke, so müssen auch die Bewirtungskosten in der Buchführung einzeln und getrennt von den sonstigen Betriebsausgaben aufgezeichnet werden.

**Ehegatten-Arbeitsverhältnisse**

Es ist zulässig, den Ehegatten im Betrieb des anderen Ehegatten unter Inanspruchnahme aller steuerlichen Vorteile zu beschäftigen.
- Der an den Ehegatten gezahlte Lohn ist Betriebsausgabe.
- Die Arbeitgeberanteile zur Kranken- und Rentenversicherung mindern ebenfalls den Gewinn.
- Auch lohnsteuerfreie Zuwendungen, wie Geburtsbeihilfen, Fehlgeldentschädigungen sind beim Unternehmer abzugsfähige Betriebsausgaben.
- Für den mitarbeitenden Ehepartner können Pensionsrückstellungen gemacht oder Direktversicherungen abgeschlossen werden.
- Da der Betriebsgewinn Basis für die Gewerbesteuer ist, tritt durch den Abzug der oben beispielhaft angeführten Betriebsausgaben eine beachtliche Gewerbesteuerersparnis ein.

Der Arbeitnehmer-Ehegatte kann den Lohn dem Betriebsinhaber-Ehegatten auch als Darlehen mit Zinsvereinbarung überlassen. Die Zinsen mindern wieder den Betriebsgewinn. Voraussetzung ist, dass der Lohn zuerst in die Verfügungsgewalt des Arbeitnehmer-Ehegatten gelangt ist und Vereinbarungen – insbesondere Rückzahlungszeitpunkt – wie unter Fremden getroffen werden.

Der Ehegatten-Arbeitsvertrag kann mündlich und schriftlich abgeschlossen werden und muss folgende Erfordernisse erfüllen:

3.5.4 Einkommensteuer

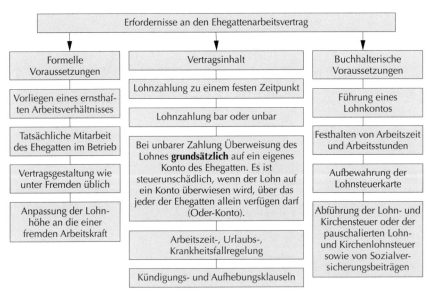

*Abbildung 184*

Der mitarbeitende Ehegatte wird in der Sozialversicherung wie eine fremde Arbeitskraft behandelt. Die Folge ist, dass er nicht mehr in der Familienversicherung bleiben kann, sondern selbstständig versichert wird.
Beim gesetzlichen Güterstand der Zugewinngemeinschaft und beim vertraglichen Güterstand der Gütertrennung kann der Ehepartner problemlos einen Ehegatten-Arbeitsvertrag eingehen.
Beim vertraglichen Güterstand der Gütergemeinschaft aber wird die Ehefrau in der Regel Miteigentümerin des Betriebs und kann somit nicht gleichzeitig Lohnempfängerin werden. Nur dann, wenn der Betrieb nicht im Gesamtgut, sondern im Vorbehaltgut des Mannes eingebracht ist, kann auch bei Gütergemeinschaft die Frau Lohnempfängerin sein.

*Güterstandsregelung*

**Wirtschaftsgüter des Anlagevermögens**
Alle dem Betrieb dienenden Anlagegüter müssen für steuerliche Zwecke in der Buchführung erfasst werden.
Man nimmt dabei folgende Unterteilung vor:

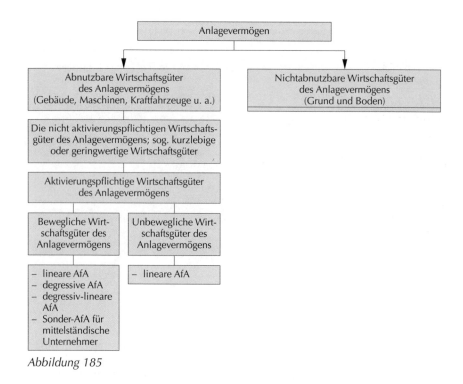

*Abbildung 185*

Die nicht aktivierungspflichtigen Anlagegüter

> Wirtschaftsgüter des abnutzbaren Anlagevermögens, die selbstständig nutzungsfähig sind und deren Anschaffungs- oder Herstellungskosten 410,00 EUR ohne Umsatzsteuer nicht übersteigen, können im Jahre der Anschaffung sofort in voller Höhe als Aufwand abgebucht werden.

Anschaffungskosten sind alle Aufwendungen, die erforderlich sind, um ein Wirtschaftsgut betriebsbereit zu machen.

**Beispiel:**

Eine Bohrmaschine, deren Verkaufspreis 420,00 EUR beträgt, wird unter Abzug von 20,00 EUR Barzahlungsrabatt für 400,00 EUR gekauft. Die Bohrmaschine kann sofort abgeschrieben werden. Umgekehrt sind notwendige Montage- und Verpackungskosten zuzurechnen. Eine Maschine, deren Anschaffungskosten 400,00 EUR und deren Montagekosten 25,00 EUR betragen, muss aktiviert werden.

*Begriff der Sacheinheit*

Das Wirtschaftsgut muss eine Sacheinheit darstellen. Es ist unstatthaft, ein zusammengehörendes Anlagegut so aufzuteilen, dass die Einzelteile wertmäßig die 410,00-EUR-Grenze nicht übersteigen.

## Beispiel:

Wird eine Maschine mit Aufsatz im Wert von 500,00 EUR gekauft, dann liegt eine Sacheinheit vor und die gesamte Anlage ist aktivierungspflichtig. Die Aufwendungen für geringwertige Wirtschaftsgüter müssen leicht nachprüfbar sein und eindeutig aus der Buchführung hervorgehen oder durch laufende Führung eines Verzeichnisses, aus dem der Tag der Anschaffung des Gegenstands nach Art und Menge sowie der Preis ersichtlich sind, nachgewiesen werden.

*Formerfordernisse*

Die aktivierungspflichtigen Anlagegüter

Die Absetzung für Abnutzung (AfA)

> Wirtschaftsgüter des Anlagevermögens, deren Anschaffungs- oder Herstellungskosten 410,00 EUR übersteigen und die einer Abnutzung von mehr als einem Jahr unterliegen, sind aktivierungspflichtig. Das heißt, es darf jeweils der Teil der Anschaffungs- oder Herstellungskosten als Betriebsausgabe abgesetzt werden, der bei gleichmäßiger Verteilung dieser Kosten auf die Gesamtdauer der Verwendung oder Nutzung auf ein Jahr entfällt, während der Restwert des Gegenstandes in der Bilanz ausgewiesen wird.

*Aktivierungspflichtige Anlagegüter*

Wird ein Wirtschaftsgut während des Jahres beschafft, so kann die Absetzung für Abnutzung (AfA) entweder umgerechnet auf die monatliche Laufzeit oder nach der Faustregel angesetzt werden, wonach bei vor dem 1. Juli beschafften Wirtschaftsgütern die AfA voll, nach dem 30. Juni zur Hälfte abgesetzt werden darf.

Es war vorgesehen, die branchenbezogenen AfA-Tabellen neu festzusetzen, dabei die Nutzungsdauer der einzelnen Wirtschaftsgüter anzuheben und die neuen Tabellen mit Wirkung ab 2002 einzuführen. Aufgrund der schwachen Konjunkturlage wurde die Einführung der neuen AfA-Tabellen bis auf weiteres verschoben.

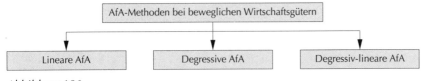

*Abbildung 186*

Hat sich der Unternehmer für eine der drei Methoden entschlossen, dann kann er beim jeweiligen Anlagegut die Methode nicht mehr wechseln.

## Beispiel:

Der Unternehmer hat für seinen betrieblichen Pkw die lineare AfA, für seine Werkstattmaschinen die degressive AfA, für seine Büroeinrichtung die degressiv-lineare AfA gewählt. Er kann während der Nutzungsdauer des einzelnen Wirtschaftsgutes die AfA nicht wechseln, das heißt er kann beim Pkw nicht von der linearen AfA auf die degressive übergehen.

- **Die lineare AfA**

> Die lineare AfA errechnet sich nach der Formel:
> Anschaffungspreis geteilt durch Nutzungsdauer = jährliche AfA-Quote.
> Das Kennzeichen dieser Methode ist die gleich bleibende AfA-Quote während der Nutzungsdauer, die als Aufwand den alljährlichen Gewinn mindert.

**Beispiel:**

Anschaffungspreis einer Maschine 10.000,00 EUR, Anschaffungsdatum Februar 2002
Nutzungsdauer 10 Jahre.

1. Jahr 10.000,00 EUR ./. 1.000,00 EUR AfA-Quote
= 9.000,00 EUR Restbuchwert
2. Jahr 9.000,00 EUR ./. 1.000,00 EUR AfA-Quote
= 8.000,00 EUR Restbuchwert
bis 10. Jahr 1.000,00 EUR ./. 1.000,00 (999,00) EUR AfA-Quote
= 0 (1,00) EUR Restbuchwert

Normalerweise lässt man – sofern das abgeschriebene Wirtschaftsgut noch genutzt wird – 1 EUR als Erinnerungsposten stehen.

- **Die degressive AfA**

> Die degressive AfA beträgt ab 1.1.2001 das Doppelte der linearen AfA, höchstens jedoch 20 % des jeweiligen Buchwerts.
> Vorteil dieser Methode sind die hohen AfA-Quoten, die zu Beginn der Nutzungsdauer als Aufwand den Gewinn entsprechend mindern. Nachteilig ist, dass mit fortschreitender Nutzungsdauer die AfA-Quote immer unbedeutender wird und nach Ablauf der Nutzungsdauer ein Restbuchwert verbleibt.

**Beispiel:**

Anschaffungspreis 10.000,00 EUR
Anschaffungsdatum Februar 2002,
Nutzungsdauer 10 Jahre.

Die höchstzulässige Afa-Quote von 20 % übersteigt das Doppelte der linearen Afa-Quote nicht.

1. Jahr 10.000,00 EUR ./. 20 % = 2.000,00 EUR AfA-Quote
= 8.000,00 EUR Restbuchwert
2. Jahr 8.000,00 EUR ./. 20 % = 1.600,00 EUR AfA-Quote
= 6.400,00 EUR Restbuchwert
3. Jahr 6.400,00 EUR ./. 20 % = 1.280,00 EUR AfA-Quote
= 5.120,00 EUR Restbuchwert

usw. bis
10. Jahr   1.342,00 EUR ./. 20 % =   268,40 EUR AfA-Quote
           = 1.073,60 EUR Restbuchwert

- **Die degressiv-lineare AfA**

> Bei der degressiv-linearen AfA darf zuerst degressiv, dann nach einem vom Unternehmer festgesetzten Zeitpunkt auf die lineare AfA übergewechselt werden.
> Vorteile dieser Methode sind zunächst der Erhalt hoher AfA-Quoten nach der degressiven und dann noch ansprechende AfA-Quoten nach der linearen AfA, wobei kein Restbuchwert verbleibt.

**Beispiel:**

Anschaffungspreis       10.000,00 EUR
Anschaffungsdatum       Feb. 2002
Nutzungsdauer           10 Jahre

Es werden zunächst nach der degressiven Methode die Afa-Quoten ermittelt.
1. Jahr: 10.000,00 EUR ./. degressiv 2.000,00 EUR = 8.000,00 EUR Restbuchwert
2. Jahr:  8.000,00 EUR ./. degressiv 1.600,00 EUR = 6.400,00 EUR Restbuchwert

Wir wollen nun den Wechsel von der degressiven auf die lineare AfA nach dem 2. Jahr vornehmen.

Berechnungsformel: $\dfrac{\text{Restbuchwert}}{\text{Restnutzungsdauer}} = \dfrac{6.400,00}{8} = 800,00$ EUR

Nun wird die AfA mit der linearen Quote noch 8 Jahre fortgesetzt.
3. Jahr:  6.400,00 EUR ./. linear 800,00 EUR = 5.600,00 EUR
4. Jahr:  5.600,00 EUR ./. linear 800,00 EUR = 4.800,00 EUR
usw. bis
10. Jahr:   800,00 EUR ./. linear 800,00 (799,00) EUR = 0 (1 EUR)

- **Die Sonder-AfA für kleine und mittlere Betriebe**

> Mittelständische Unternehmer können bei beweglichen Wirtschaftsgütern des Anlagevermögens unter bestimmten Voraussetzungen eine Sonder-AfA in Anspruch nehmen.

Voraussetzungen:
– Das Betriebsvermögen – das ist das steuerliche Eigenkapital des am Schluss des der Anschaffung oder Herstellung vorangegangenen Wirtschaftsjahres – darf nicht über 204.517,00 EUR liegen. Diese Voraussetzung gilt bei Betrieben, die den Gewinn nach Überschussrechnung ermitteln, stets als erfüllt.
– Das Wirtschaftsgut muss neu und beweglich sein; es darf kein gebrauchter Gegenstand sein.

- Das Wirtschaftsgut muss ausschließlich oder fast ausschließlich zum Anlagevermögen gehören. Dies ist der Fall, wenn es mindestens zu 90 % betrieblich genutzt wird.
- Das Wirtschaftsgut muss mindestens ein Jahr als Anlagevermögen im Betrieb verbleiben.
- Für die Anschaffung oder Herstellung muss eine Rücklage nach den Bestimmungen der Ansparabschreibung (siehe nächster Absatz) gebildet werden.

*Höhe der Sonder-AfA*

Bei Erfüllung dieser Voraussetzungen steht dem Unternehmer eine einmalige Sonder-AfA bis zu 20 % zur normalen AfA zu, die wahlweise innerhalb der ersten fünf Nutzungsjahre in Anspruch genommen werden darf.

**Beispiel:**

Dieses Beispiel ist so gewählt, dass im ersten AfA-Jahr die degressive AfA nach der Faustregel nur mit der Hälfte anzusetzen ist, weil das Wirtschaftsgut nach dem 30.6.2002 beschafft wurde. Gleichzeitig zeigt das Beispiel, dass der Anschaffungszeitpunkt auf die Höhe der Sonder-AfA keine Auswirkung hat.

a) Anschaffung einer Maschine am 10.12.2002, Kaufpreis 10.000,00 EUR; Nutzungsdauer 10 Jahre

    10.000,00 EUR  Anschaffungskosten
./. 1.000,00 EUR  $\frac{1}{2}$ degressive AfA v. 2.000,00 EUR
./. 2.000,00 EUR  Sonder-AfA
                     (20 v. H. von 10.000 EUR, wobei der Anschaffungszeitpunkt die Höhe der Sonder-AfA nicht beeinflusst).
= 3.000,00 EUR  AfA im Erstjahr;
                     Restbuchwert am 31.12.2002: 7.000,00 EUR.

b) Fortsetzung der AfA nach der linearen Methode:

$$\frac{7.000,00 \text{ EUR (Restbuchwert)}}{9 \text{ (Restnutzungsjahre)}} = 778,00 \text{ EUR lineare AfA-Quote}$$

2. – 10. Jahr jeweils 778,00 EUR AfA;
Restbuchwert am Ende des 10. Jahres = 0

c) Fortsetzung der AfA nach der degressiven Methode:

2. Jahr:
20 Prozent vom Buchwert 7.000,00 EUR = 1.400,00 EUR AfA;
                                                = 5.600,00 EUR Restbuchwert

3. Jahr:
20 Prozent vom Buchwert 5.600,00 EUR = 1.120,00 EUR AfA;
                                                = 4.480,00 EUR Restbuchwert

usw. bis zum 10. Jahr

- **Die Ansparabschreibung**

> Die Ansparabschreibung bei beweglichen Wirtschaftsgütern hat die Wirkung einer gewinnmindernden Rücklage bis 40 % der Anschaffungs- und Herstellungskosten.

Es genügt, wenn der Unternehmer die Investitionsabsicht glaubhaft macht. Es muss weder ein Investitionsplan vorgelegt noch eine feste Bestellung eines Wirtschaftsguts nachgewiesen werden. Es genügt, wenn das anzuschaffende Wirtschaftsgut seiner Funktion nach benannt und der beabsichtigte Investitionszeitpunkt sowie die Höhe der voraussichtlichen Anschaffungskosten angegeben werden.

Voraussetzungen:
- Gewinnermittlung nach Betriebsvermögensvergleich.
  Bei Überschussrechnung müssen bestimmte Buchhaltungsvoraussetzungen erfüllt sein.
- Die Rücklage darf 40 % der Anschaffungs- und Herstellungskosten des begünstigten Wirtschaftsguts nicht überschreiten.
- Die am Bilanzstichtag gebildeten Rücklagen dürfen je Betrieb des Steuerpflichtigen den Betrag von 154.000,00 EUR nicht übersteigen. Anschaffung oder Herstellung des beweglichen Wirtschaftsguts bis Ende des zweiten auf die Bildung der Rücklage folgenden Wirtschaftsjahres. Sobald für das begünstigte Wirtschaftsgut Abschreibungen vorgenommen werden dürfen, ist die Rücklage in Höhe von 40 % der Anschaffungs- oder Herstellungskosten gewinnerhöhend aufzulösen. Ist die Rücklage am Ende des zweiten auf ihre Bildung folgenden Wirtschaftsjahres noch vorhanden, dann ist sie zu diesem Zeitpunkt voll gewinnerhöhend aufzulösen. In diesem Falle ist der Gewinn des Wirtschaftsjahres, in dem die Rücklage aufgelöst wird, für jedes volle Wirtschaftsjahr, in dem die Rücklage bestanden hat, um 6 % des aufgelösten Rücklagenbetrags zu erhöhen.
- Wie bei den Voraussetzungen für die Inanspruchnahme der Sonder-Afa darf das Betriebsvermögen 204.517,00 EUR nicht übersteigen.
  Auch hier gilt diese Voraussetzung bei Betrieben, die den Gewinn nach Überschussrechnung ermitteln, stets als erfüllt.
- Das bewegliche Wirtschaftsgut muss neu sein, zumindest 90 % betrieblich genutzt werden und mindestens ein Jahr im Anlagevermögen verbleiben.
- Das bei Bildung der Rücklage benannte Wirtschaftsgut und das später tatsächlich erworbene Wirtschaftsgut müssen zumindest funktionsgleich sein. Keine Funktionsgleichheit ist z. B. gegeben, wenn anstelle eines geplanten Lkws ein Pkw beschafft wird.

- **Die Ansparabschreibung für Existenzgründer**

Existenzgründer im Sinne dieser Vorschrift sind natürliche Personen, die innerhalb der letzten fünf Jahre vor Betriebseröffnung keine Einkünfte aus Land- und Forstwirtschaft, Gewerbebetrieb oder selbstständiger Arbeit erzielt haben und auch nicht zu mehr als 10 % an einer Kapitalgesellschaft beteiligt waren.
Die Übernahme eines Betriebes im Wege der vorweggenommenen Erbfolge oder im Wege einer Erbauseinandersetzung ist keine Existenzgründung in diesem Sinn.

- Der Gründungszeitraum bei Existenzgründern umfasst das Wirtschaftsjahr der Betriebseröffnung und die fünf folgenden Wirtschaftsjahre.
- Innerhalb dieses sechsjährigen Gründungszeitraums muss die Rücklage erst am Ende des fünften auf ihre Bildung folgenden Wirtschaftsjahres aufgelöst werden.
- Der Höchstbetrag der Rücklage beträgt 307.000,00 EUR.
- Die Rücklage wird bei Auflösung in keinem Fall um den 6 %igen Verzinsungsbetrag erhöht.
- Das Betriebsvermögen darf 204.517,00 EUR nicht übersteigen.
- Das bewegliche Wirtschaftsgut muss neu sein, zumindest 90 % betrieblich genutzt werden und mindestens ein Jahr im Anlagevermögen verbleiben.
- Die Funktionsgleichheit des Wirtschaftsguts muss gegeben sein.

- **Die AfA bei unbeweglichen Wirtschaftsgütern des Anlagevermögens (Gebäuden)**

*Grundstücke in der Bilanz*

Bei der Bewertung von Grundstücken in der Bilanz unterscheidet man:
- Notwendiges Betriebsgrundvermögen.

*Notwendiges Betriebsgrundvermögen*

Grundstücke und Grundstücksteile (Grund und Boden, Gebäude), die ausschließlich und unmittelbar für den eigenen Betrieb genutzt werden **und** im Eigentum des Unternehmers stehen, sind notwendiges Betriebsgrundvermögen und **müssen** in der Bilanz ausgewiesen werden.
- Gewillkürtes Betriebsgrundvermögen.

*Gewillkürtes Betriebsgrundvermögen*

Werden Grundstücke und Grundstücksteile nicht eigenbetrieblich genutzt und dienen sie auch nicht eigenen Wohnzwecken, dann können diese Grundstücke als gewillkürtes Betriebsgrundvermögen in die Bilanz aufgenommen werden, wenn das Grundstück oder die Grundstücksteile in einem gewissen objektiven Zusammenhang mit dem Betrieb stehen, diese Grundstücke Eigentum des Unternehmers sind und sie dem Betrieb zu dienen geeignet sind.

*Sonderbetriebsgrundvermögen*

- Sonderbetriebsgrundvermögen.
Bei Personengesellschaften sind Grundstücke oder Grundstücksteile, die einem oder mehreren Gesellschaftern gehören, aber dem Betrieb der Personengesellschaft ausschließlich und unmittelbar dienen, als Sonderbetriebsvermögen notwendiges Betriebsvermögen der Personengesellschaft.
- Ausscheiden der Grundstücke aus dem Betriebsvermögen.
Scheidet ein Grundstück aus dem Betriebsvermögen aus, dann müssen die stillen Reserven am Grundstück grundsätzlich voll versteuert werden. Sie unterliegen im Jahr des Ausscheidens sowohl der Einkommensteuer als auch der Gewerbeertragssteuer. Die stillen Reserven, die der Besteuerung unterliegen, sind die Wertsteigerungen zwischen dem Wertansatz des Grundstücks in der Bilanz und dem Verkehrswert am Entnahmestichtag.
Eine Entnahme liegt z. B. vor, wenn ein Betriebsgrundstück verkauft wird oder wenn ein Büroraum für private Wohnzwecke genutzt wird.

Bei den unbeweglichen Wirtschaftsgütern ist nur noch die lineare Afa zugelassen.

AfA bei Gebäuden

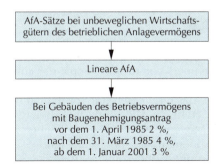

*Abbildung 187*

**Vergünstigung für Gewinne aus Beteiligungsvermögen**
Nach dem Unternehmenssteuer-Fortentwicklungsgesetz 2001 bleiben bei Personenunternehmen Gewinne bis zu 50.0000,00 EUR steuerfrei, wenn die Gewinne in eine Investitionsrücklage eingebracht werden und binnen 4 Jahren in Gebäude oder binnen 2 Jahren in Maschinen oder Kapitalbeteiligungen investiert werden. Das übertragene Wirtschaftsgut darf binnen 3 Jahren nicht entnommen oder veräußert werden, andernfalls ist die Rücklage nachzuversteuern.

### 3.5.4.7 Betriebsaufgabe – Betriebsveräußerung

Zu den Einkünften aus Gewerbebetrieb zählen auch Gewinne, die bei der Aufgabe bzw. Veräußerung eines ganzen Gewerbebetriebs oder eines Teilbetriebs erzielt werden.
Wenn nachfolgende Voraussetzungen erfüllt sind, kann der Unternehmer ab 1.1.2001 steuerrechtliche Vergünstigungen in Anspruch nehmen:
– Der Steuerpflichtige muss das 55. Lebensjahr vollendet haben oder im sozialversicherungsrechtlichen Sinn dauernd berufsunfähig sein.
– Der Veräußerungserlös darf 5 Millionen EUR nicht übersteigen.
– Der Unternehmer muss aus dem Berufsleben ausscheiden, d.h.: die Vergünstigungen werden nur einmal im Leben gewährt.
Sind diese Voraussetzungen erfüllt, erhält er einen Freibetrag von 51.200,00 EUR. Der Freibetrag verringert sich anteilig um den Betrag, der den Veräußerungsgewinn von 154.000,00 EUR – übersteigt.
Zusätzlich ist festgelegt, dass der steuerliche Veräußerungsgewinn nur mit dem halben durchschnittlichen Steuersatz, mindestens jedoch mit 19,9 % für 2001 und 2002, ab 2003 und 2004 mit 17 %, ab 2005 mit 15 % versteuert wird.
Die Vergünstigungen werden nur auf Antrag gewährt.

### 3.5.4.8 Altersentlastungsbetrag, Sonderausgaben und außergewöhnliche Belastungen

**Altersentlastungsbetrag**

Aus dem unter 3.5.4.2 aufgezeichneten Schema zur Einkommensteuerermittlung ergibt sich, dass nach Zusammenrechnung der einzelnen Einkünfte eines Unternehmers von dieser Summe der Einkünfte ein Altersentlastungsbetrag zum Abzug kommt.

Steuerpflichtigen, die das 64. Lebensjahr vor Beginn des Veranlagungsjahres vollendet haben, steht ein Altersentlastungsbetrag zu. 40 % der positiven Einkünfte (z. B. Mieteinnahmen, steuerpflichtige Zinseinnahmen, Gewinne aber nicht Lohneinkünfte), höchstens jährlich 1.908,00 EUR, bleiben steuerfrei. Versorgungs- und Rentenbezüge des Steuerpflichtigen bleiben bei der Bemessung des Betrags außer Betracht.

Bei zusammenveranlagten Ehegatten muss der Altersentlastungsbetrag für die Einkünfte eines jeden Ehegatten getrennt berechnet werden.

**Sonderausgaben und außergewöhnliche Belastungen**

Vom Gesamtbetrag der Einkünfte werden die Sonderausgaben und außergewöhnlichen Belastungen abgezogen. Das sind private Aufwendungen, die keiner Einkunftsart zugeordnet werden können, aber aus sozialen, religiösen, politischen Gründen und zum Erhalt der steuerlichen Gleichmäßigkeit zum Abzug zugelassen sind.

Sonderausgaben und außergewöhnliche Belastungen

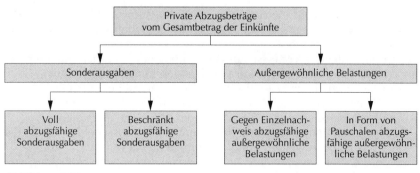

Abbildung 188

## Sonderausgaben bei selbstständigen Handwerkern

Die Sonderausgaben gliedern sich in
- voll abzugsfähige Sonderausgaben
- beschränkt abzugsfähige Sonderausgaben.

## Voll abzugsfähige Sonderausgaben

Folgende Sonderausgaben können voll abgezogen werden:
- die gezahlte Kirchensteuer
- die Steuerberatungskosten
- bestimmte dauernde Lasten.

Als Sonderausgaben voll abzugsfähig, aber ihrer Höhe nach limitiert können folgende Aufwendungen angesetzt werden:
- Spenden für kirchliche, religiöse, gemeinnützige sowie für wissenschaftliche, mildtätige, kulturelle Zwecke und Spenden an politische Parteien. Die Limitierung beträgt grundsätzlich 5 % des Gesamtbetrags der Einkünfte. Bei Spenden für wissenschaftliche, mildtätige und besonders förderungswürdig anerkannte kulturelle Zwecke erhöht sich der Prozentsatz von fünf um weitere fünf Prozent.
Für Spenden und Mitgliedsbeiträge an politische Parteien wird die Einkommensteuer um 50 % der geleisteten Spenden und Beiträge bis 767,00 EUR, bei Zusammenveranlagung bis 1.534,00 EUR ermäßigt; das entspricht einer 100 %igen Spende von 1.534,00/3.068,00 EUR. Soweit diese Beträge überschritten werden, wird der übersteigende Betrag bis zu 1.534,00/3.068,00 EUR als Sonderausgabe berücksichtigt.
- Aufwendungen des Steuerpflichtigen für seine Berufsausbildung oder Weiterbildung in einem nichtausgeübten Beruf bis zu 920,00 EUR. Dieser Betrag erhöht sich auf 1.227,00 EUR, wenn er wegen der Aus- oder Weiterbildung außerhalb des Orts untergebracht ist, an dem er einen eigenen Hausstand unterhält.

## Beschränkt abzugsfähige Sonderausgaben

Bestimmte private Aufwendungen können nur im Rahmen von festgesetzten Beträgen geltend gemacht werden, die auf unterschiedliche Weise berücksichtigt werden.

Beschränkt abzugsfähige Sonderausgaben

| | |
|---|---|
| Im Vorwegabzug berücksichtigungsfähige Sonderausgaben | • Beiträge zu Kranken-, Pflege-, Unfall-, Haftpflichtversicherungen<br>• Beiträge zur Altersvorsorge bei der gesetzlichen Rentenversicherung<br>• Beiträge zu Risikoversicherungen auf den Todesfall<br>• Beiträge zu Lebensversicherungen mit einer Laufzeit von mindestens 12 Jahren.<br>Der Vorwegabzug beträgt<br>3.068,00 EUR für Ledige<br>6.136,00 EUR für Verheiratete |
| Im Grundhöchstbetrag berücksichtigungsfähige Sonderausgaben | Der den Vorwegabzug übersteigende Rest der Beiträge darf im Rahmen des Grundhöchstbetrags berücksichtigt werden. Der Grundhöchstbetrag beträgt<br>1.334,00 EUR für Ledige<br>2.668,00 EUR für Verheiratete |
| Zusätzlicher Höchstbetrag | Ein zusätzlicher Höchstbetrag in Höhe von 184,00 EUR wird Steuerpflichtigen gewährt, die nach dem 31.12.1957 geboren sind und Beiträge zu einer zusätzlichen, freiwilligen Pflegeversicherung entrichten. |
| Im Rahmen des hälftigen Grundhöchstbetrags berücksichtigungsfähige Sonderausgaben | Überschreiten die beschränkt abzugsfähigen Sonderausgaben den Vorwegbetrag und den Grundhöchstbetrag, dann darf der Rest noch zur Hälfte, höchstens bis zur Hälfte des Grundhöchstbetrags in Anspruch genommen werden. |

*Abbildung 189*

*Realsplitting*

Ein Sondertatbestand beim Sonderausgabenabzug ist das so genannte „begrenzte Realsplitting".
Hier handelt es sich um Unterhaltsleistungen an den geschiedenen oder dauernd getrennt lebenden Ehegatten. Diese Unterhaltsleistungen sind bis zu einem bestimmten Höchstbetrag als außergewöhnliche Belastungen berücksichtigungsfähig (siehe Abschnitt 3.5.4.9 „Außergewöhnliche Belastungen in Form von Pauschalen", ... Absatz: Unterhalt geschiedener oder dauernd getrennt lebender Ehegatten). Wenn aber der Empfänger der Unterhaltsleistung sich dem Finanzamt gegenüber verpflichtet, diese Unterhaltsleistung als sonstige Einkunft zu versteuern, dann darf der Unterhaltszahler den geleisteten Unterhaltsbetrag bis zu einer Jahreshöchstgrenze von 13.805,00 EUR als Sonderausgabe abziehen.

**Beispiel:**

Ein verheirateter Handwerker hat folgende Sonderausgaben:

| | |
|---|---|
| Kirchensteuer | 270,00 EUR |
| Steuerberaterkosten | 1.400,00 EUR |
| Rentenversicherung | 4.500,00 EUR |
| Krankenversicherung | 2.500,00 EUR |
| Lebensversicherung | 2.000,00 EUR |
| Haftpflicht privat | 400,00 EUR |

| | | | |
|---|---|---|---|
| Haftpflicht Kfz | | 650,00 EUR | |
| Gesamtaufwendungen | | 11.720,00 EUR | |

Berücksichtigungsfähig sind:

| | | | |
|---|---|---|---|
| voll | Kirchensteuer | 270,00 EUR | |
| | Steuerberaterkosten | 1.400,00 EUR | |
| | = | 1.670,00 EUR | 1.670,00 EUR |
| Im Vorwegabzug | Rentenversicherung | 4.500,00 EUR | |
| | Krankenkasse | 2.500,00 EUR | |
| | Lebensversicherung | 2.000,00 EUR | |
| | Haftpflicht privat | 400,00 EUR | |
| | Haftpflicht Kfz | 650,00 EUR | |
| | = | 10.050,00 EUR | |
| | Höchstansatz | 6.136,00 EUR | 6.136,00 EUR |
| | Rest | 3.914,00 EUR | |
| Im Höchstbetrag | der Rest | 3.914,00 EUR | |
| | Höchstansatz | 2.668,00 EUR | 2.668,00 EUR |
| | Rest | 1.246,00 EUR | |
| Im Rahmen des hälftigen Höchstbetrages | Rest | 1.246,00 EUR | |
| | die Hälfte davon | 623,00 EUR | 623,00 EUR |
| | | | 11.097,00 EUR |

Von 11.720,00 EUR Sonderausgaben sind somit 11.097,00 EUR berücksichtigungsfähig.

Werden außer den Vorsorgeaufwendungen keine Sonderausgaben geltend gemacht, erhält ein allein stehender Steuerpflichtiger eine Abzugspauschale von 36,00 EUR, Verheiratete eine Pauschale von 72,00 EUR.

Sonderausgabenpauschale

**Neuregelung der kapitalgedeckten Altersvorsorge**

Ab 2002 fördert der Staat – bedingt durch die Senkung des Rentenniveaus bei der gesetzlichen Rente – zum Ausgleich die private Altersvorsorge durch Zuschüsse in Form von Zulagen und Sonderausgabenvergünstigungen.

Voraussetzung für diese Vergünstigung ist, dass zusammen mit den Zulagen, die sich nach Familienstand und Kinderzahl richten, mindestens 1 % vom rentenversicherungspflichtigen Bruttovorjahreseinkommen (Mindestsparleistung) für eine Förderrente angelegt wird und in den Folgejahren die Steigerungsstufen in Zweijahressprüngen bis 4 % im Jahr 2008 in Anspruch genommen werden.

Für die Jahre 2002 und 2003 beträgt der Höchstbetrag der förderungswürdigen Altersvorsorge inclusive Zulage 525,00 EUR. Bis zu dieser Grenze können die Beiträge zusammen mit den Zulagen als Sonderausgabe steuerlich berücksichtigt werden.

Da die staatlichen Vergünstigungen in der Ansparphase nicht steuerbelastet sind, erfolgt eine Versteuerung der vollen Rente in der Auszahlungsphase (nachgelagerte Besteuerung).

### 3.5.4.9 Außergewöhnliche Belastungen

> Erwachsen einem Steuerpflichtigen im privaten Bereich zwangsläufig größere Aufwendungen als der überwiegenden Mehrzahl in Einkommen und nach Familienstand vergleichbarer Steuerpflichtiger, dann sind diese Aufwendungen als außergewöhnliche Belastungen abzugsfähig.

Diese Aufwendungen werden unterteilt in:

**Außergewöhnliche Belastungen gegen Einzelnachweis**

*Einzelnachweis*

Hierzu zählen u. a.:
- nicht ersetzte Arzt-, Krankheits-, Kur-, Medikamentenkosten
- Scheidungskosten für Anwalt und Verfahren
- Beerdigungskosten, soweit sie den Wert des Nachlasses übersteigen. Trauerkleidung und Bewirtung der Trauergäste zählen nicht zu den Beerdigungskosten
- Schadensersatzleistungen, wenn der Steuerpflichtige bei der Schädigung nicht vorsätzlich oder leichtfertig gehandelt hat.

Bei den außergewöhnlichen Belastungen gegen Einzelnachweis muss sich der Steuerpflichtige einen Selbstbeteiligungsbetrag als zumutbare Eigenbelastung anrechnen lassen.

So beträgt zum Beispiel der Selbstbeteiligungsbetrag bei einem Steuerpflichtigen mit einem oder zwei Kindern bei einem Gesamtbetrag der Einkünfte

| | |
|---|---|
| bis 15.340,00 EUR | 2 % |
| von 15.340,00 bis 51.130,00 EUR | 3 % |
| über 51.130,00 EUR | 4 % |

des Gesamtbetrags der Einkünfte.

> **Beispiel:**
> Eine allein stehende Frau mit einem Kind hat im Veranlagungsjahr nichtersetzte Kosten für eine Zahnprothese von 4.200,00 EUR. Sie hat steuerpflichtigen Lohnbezug von 32.000,00 EUR und Einnahmen aus Vermietung und Verpachtung von 3.000,00 EUR. Sie muss sich von dem Gesamtbetrag ihrer Einkünfte in Höhe von 35.000,00 EUR 3 % = 1.050,00 EUR auf die 4.200,00 EUR anrechnen lassen, so dass nur 3.150,00 EUR berücksichtigt werden können.

**Außergewöhnliche Belastungen in Form von Pauschalen**

*Pauschalen*

> Die außergewöhnlichen Belastungstatbestände, die in Form von Pauschalen abgedeckt werden können, sind im Gesetz erschöpfend aufgezählt. Bei diesen außergewöhnlichen Belastungen besonderer Art wird die zumutbare Eigenbelastung nicht angerechnet.

Hierher zählen:
- Der Pauschbetrag für Unterhalt und Berufsausbildung.
  Wenn ein Steuerpflichtiger Aufwendungen für den Unterhalt und eine etwaige Berufsausbildung für eine Person tätigt, die dem Steuerpflichti-

gen oder seinem Ehegatten gegenüber gesetzlich unterhaltsberechtigt ist, dann wird auf Antrag die Einkommensteuer dadurch ermäßigt, dass die Aufwendungen ab 2002 bis zu 7.188,00 EUR im Kalenderjahr vom Gesamtbetrag der Einkünfte abgezogen werden. Voraussetzung ist, dass weder der Steuerpflichtige noch eine andere Person Anspruch auf Kinderfreibetrag oder Kindergeld für die unterhaltene Person hat und die unterhaltene Person kein oder nur ein geringes Vermögen besitzt.

Hat die unterhaltene Person Einkünfte, die zur Bestreitung des Unterhalts geeignet sind, dann vermindert sich obiger Betrag um den Betrag, um den die Einkünfte 624,00 EUR im Kalenderjahr übersteigen. Zu diesen Einkünften zählen auch Ausbildungsbeihilfen aus öffentlichen Mitteln oder von Förderungseinrichtungen (z. B. Unterstützungen vom Arbeitsamt), soweit diese Beihilfen nicht darlehensweise gewährt werden.

- Der Ausbildungspausch(frei)betrag.
Im Gegensatz zum Unterhaltspauschbetrag wird der Ausbildungsfreibetrag demjenigen Steuerpflichtigen gewährt, der Anspruch auf einen Kinderfreibetrag oder Kindergeld hat und für die Ausbildung des Kindes aufkommt.
Die Höhe des Freibetrags ist festgesetzt:
  - für ein Kind, das das 18. Lebensjahr vollendet hat und auswärts untergebracht ist, auf 924,00 EUR.
Der Ausbildungsfreibetrag vermindert sich um die eigenen Einkünfte sowie um öffentliche Zuschüsse und Ausbildungshilfen des Kindes, soweit diese 1.848,00 EUR im Kalenderjahr übersteigen; (siehe ergänzend Abschnitt 3.5.4.10 „Familienförderungsmaßnahmen und Freibeträge", Absatz: Sonderbedarf bei Berufsausbildung)
- Unterhalt bedürftiger Angehöriger.
Für bedürftige Angehörige, für die weder der Steuerpflichtige noch andere Personen Kindergeld oder Kinderfreibetrag erhalten **und** die dem Steuerpflichtigen gegenüber unterhaltsberechtigt sind, kann bei Unterstützung ein Abgeltungsbetrag bis zu 7.188.00 EUR geltend gemacht werden. Werden andere, nicht unterhaltsberechtigte Personen unterstützt, können Aufwendungen nur berücksichtigt werden, soweit bei der unterhaltenen Person bezogene öffentliche Mittel (Sozialhilfe etc.) auf die Unterhaltsleistung angerechnet werden.
- Unterhaltsleistungen an geschiedene oder dauernd getrennt lebende Ehegatten können als außergewöhnliche Aufwendungen bis zu 7.188,00 EUR geltend gemacht werden. Voraussetzung ist, dass weder der Steuerpflichtige noch eine andere Person Anspruch auf Kindergeld oder Kinderfreibetrag für die unterhaltene Person hat.
Die unterhaltene Person darf kein eigenes oder nur geringes Vermögen besitzen. Bezieht die unterhaltene Person andere Einkünfte zur Bestreitung des Unterhalts, dann vermindert sich der Betrag von 7.188,00 EUR um den Betrag, um den diese Einkünfte 624,00 EUR im Kalenderjahr übersteigen.
Auch an den nicht dauernd getrennt lebenden Ehegatten können Unterhaltsleistungen erbracht werden. Voraussetzung ist die Ansässigkeit des nicht dauernd getrennt lebenden Ehegatten während des gesamten Jahres im Ausland.
Diese Pauschale kann aber nur beansprucht werden, wenn die Unterhaltsleistung nicht als Sonderausgabe geltend gemacht wird (siehe „Realsplitting" im Abschnitt 3.5.4.8 „Altersentlastungsbetrag, Sonderausga-

ben und außergewöhnliche Belastungen – Beschränkt abzugsfähige Sonderausgaben").
- Wird eine Hilfe im Haushalt beschäftigt, dann sind
  - bis 624,00 EUR als Aufwand abzugsfähig, wenn der Steuerpflichtige oder sein nicht dauernd getrennt lebender Ehegatte das 60. Lebensjahr vollendet hat,
  - bis 624,00 EUR, wenn wegen Krankheit die Beschäftigung einer Hilfe erforderlich ist,
  - bis 924,00 EUR, wenn der Steuerpflichtige, sein nicht dauernd getrennt lebender Ehegatte, eines seiner Kinder oder ein zu seinem Haushalt gehörender unterhaltener Angehöriger nicht nur vorübergehend körperlich hilflos oder schwer behindert (mindestens 50 %) ist.

Pflegeaufwendungen

- **Pflegekosten**
  Erfüllt der Steuerpflichtige oder sein nicht dauernd getrennt lebender Ehegatte die Voraussetzungen nach § 14 Sozialgesetzbuch XI für seine Pflegebedürftigkeit, dann kann er die Kosten für die Beschäftigung einer ambulanten Pflegekraft als außergewöhnliche Belastung geltend machen, und zwar:
  - bis 624,00 EUR jährlich. Dies gilt auch bei Heimunterbringung ohne Pflegebedürftigkeit;
  - bis 924,00 EUR jährlich bei Unterbringung zur dauernden Pflege, wenn in den Aufwendungen für die Unterbringung Kosten für Dienstleistungen enthalten sind, die mit denen einer Hilfe im Haushalt vergleichbar sind.

Übersteigen die Aufwendungen die obigen Pauschalen, dann können die Heimunterbringungskosten als außergewöhnliche Belastung gegen Einzelnachweis geltend gemacht werden. In diesen Fällen aber erfolgt Anrechnung der zumutbaren Eigenbelastung und bei Auflösung des Haushalts wegen Heimunterbringung eine Berücksichtigung der Haushaltsersparnis.
Wird vom Steuerpflichtigen ein schwer pflegebedürftiger Angehöriger (Merkzeichen H im Schwerbehindertenausweis oder Pflegestufe III) im Haushalt des Steuerpflichtigen oder im Haushalt der schwer beschädigten Person persönlich gepflegt, können die Aufwendungen mit einer Pauschale von 924,00 EUR jährlich geltend gemacht werden, wenn der Steuerpflichtige für die Pflege keine Einnahmen erhält.
Wer einen Angehörigen im Altenpflegeheim finanziell unterstützt, kann nach einem neueren BFH-Urteil sämtliche Aufwendungen (Pflegekosten, Unterbringung, Verpflegung) als außergewöhnliche Belastung geltend machen, soweit diese höher sind als die Kosten der normalen Lebensführung.

- Pauschalen für Körperbehinderung

Je nach Behinderungsgrad des Steuerpflichtigen können Pauschalen wegen außergewöhnlicher Belastung angesetzt werden.

**Beispiel:**

Bei Körperbehinderung z. B. von 55 – 60 % beträgt die Pauschale 720,00 EUR.

## 3.5.4.10 Familienförderungsmaßnahmen und Freibeträge

> Nach Abzug der Sonderausgaben und außergewöhnlichen Belastungen vom Gesamtbetrag der Einkünfte ergibt sich das Einkommen. Davon dürfen noch allgemeine und besondere Freibeträge abgesetzt werden.

**Familienförderung**
Die Familienförderung sieht einen Familienleistungsausgleich vor, der über die steuerliche Freistellung eines Einkommensbetrags in Höhe des Existenzminimums eines Kindes erfolgt. Dies wird durch Erweiterung des Kinderfreibetrags und durch Einfügen des Kindergeldes in das Steuerrecht erreicht. *Familienleistungsausgleich*
Der Steuerpflichtige hat ein Wahlrecht, welcher der beiden Förderungshilfen er den Vorzug gibt. Das Finanzamt prüft von Amts wegen, ob das Kindergeld die steuerliche Wirkung des Kinderfreibetrags ausgleicht.

**Kinderfreibetrag**
Jeder Steuerpflichtige erhält für jedes zu berücksichtigende Kind Kindergeld oder einen Freibetrag von jährlich 1.824,00 EUR bzw., monatlich 152,00 EUR für das sächliche Existenzminimum des Kindes (Kinderfreibetrag). Bei zusammen veranlagten Ehegatten verdoppeln sich obige Beträge. Es gilt das Monatsprinzip.

**Betreuungs- und Erziehungs- oder Ausbildungsfreibetrag**
Jeder Steuerpflichtige erhält für jedes zu berücksichtigende Kind einen Freibetrag von jährlich 1.080,00 EUR für den Betreuungs-, Erziehungs- oder Ausbildungsbedarf des Kindes. Bei Zusammenveranlagung Verdoppelung des Betrags.
Voraussetzungen:
Das Kind muss zu beiden Ehegatten in einem Kindschaftsverhältnis stehen. Der Freibetrag steht auch einem Steuerpflichtigen zu, wenn der andere Elternteil verstorben ist, oder nicht unbeschränkt einkommensteuerpflichtig ist, oder der Steuerpflichtige allein das Kind angenommen hat, oder ein Pflegekindschaftsverhältnis besteht u.a.m.
Es gilt das Monatsprinzip, d.h. bei Nichtvorlage der Voraussetzungen ist der Freibetrag auf die entsprechenden Monate umzurechnen (siehe ergänzend Abschnitt 3.5.4.10).

> Kinder im Sinne der Kinderfreibetragsregelung sind:
> - die leiblichen Kinder
> - die Pflegekinder. Das sind Kinder, mit denen der Steuerpflichtige durch ein familienähnliches, auf längere Zeit berechnetes Band verbunden ist, sofern er sie in seinen Haushalt aufgenommen hat und das Obhuts- und Pflegeverhältnis zu den Eltern nicht mehr besteht und der Steuerpflichtige das Pflegekind mindestens zu einem nicht unwesentlichen Teil auf seine Kosten unterhält.
> - die Adoptivkinder.

## Voraussetzungen zur Gewährung des Kinderfreibetrags

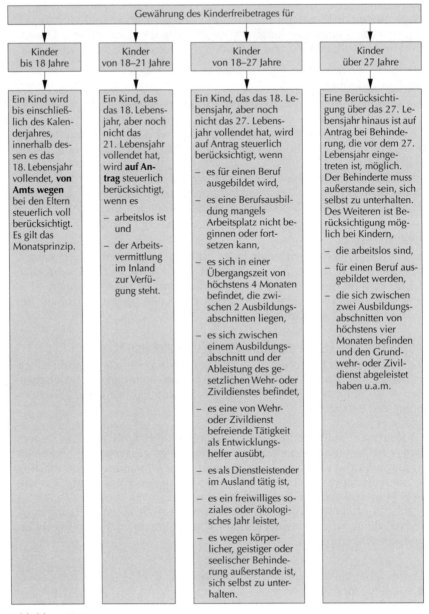

Abbildung 190

Voraussetzung für den Bezug des Kinderfreibetrags bei Kindern, die das 18. Lebensjahr vollendet haben, ist, dass sie keine Einkünfte erzielen, die ab 2002 7.188,00 EUR im Kalenderjahr übersteigen. Zu den Einkünften rechnen die Einnahmen für Unterhalt und Berufsausbildung, Zuschüsse aus öffentlichen Mitteln, steuerfreie Gewinne aus Betriebsveräußerungen, Gewinne von Anteilsverkäufen an Kapitalgesellschaften sowie Gewinne von Sonderabschreibungen und erhöhten Absetzungen, soweit sie den höchstmöglichen AfA-Betrag übersteigen. Überschreiten die Einkünfte den Betrag von 7.188,00 EUR, dann vermindert sich der Betrag um die öffentlichen Zuschüsse und um den Betrag, der 624,00 EUR übersteigt.

**Sonderbedarf bei Berufsausbildung**

Bei Berufs- und Schulausbildung eines Kindes, für das der Steuerpflichtige Kindergeld oder Kinderfreibetrag erhält, wird noch ein Sonderfreibetrag von 924,00 EUR gewährt, sofern das Kind das 18. Lebensjahr vollendet hat und auswärts untergebracht ist. Auch bei diesem Sonderfreibetrag vermindern eigene Einkünfte und Bezüge, die zur Bestreitung des Unterhalts oder der Berufsausbildung geeignet sind, sowie öffentliche Mittel, die dem Kind zufließen, den Freibetrag, soweit die Einkünfte 1.848,00 EUR im Kalenderjahr übersteigen.

**Kinderbetreuungskosten**

Steuerpflichtige können, sofern sie Kindergeld oder Kinderfreibetrag erhalten, für die Betreuung des Kindes, das zum Haushalt gehört, die nachgewiesenen oder glaubhaft gemachten Betreuungsaufwendungen als außergewöhnliche Belastungen ohne Anrechnung einer zumutbaren Eigenbelastung geltend machen.

Voraussetzungen:
- Das Kind darf das 14. Lebensjahr noch nicht vollendet haben oder wegen einer vor Vollendung des 27. Lebensjahres eingetretenen körperlichen, geistigen oder seelischen Behinderung außerstande sein, sich selbst zu unterhalten.
- Die Aufwendungen müssen je Kind 1.548,00 EUR übersteigen. Die darüber hinausgehenden Aufwendungen dürfen dann bis 1.500,00 EUR als außergewöhnliche Belastungen geltend gemacht werden.
- Der Steuerpflichtige, der diese Aufwendungen geltend macht, muss erwerbstätig sein oder sich in Ausbildung befinden oder körperlich, geistig, seelisch behindert oder krank sein.
Im Falle der Krankheit muss diese innerhalb eines zusammenhängenden Zeitraums von mindestens 3 Monaten bestanden haben.
- Bei zusammenlebenden Eltern müssen obige Voraussetzungen bei beiden Elternteilen vorliegen.
- Bei nicht zusammenlebenden Eltern kann jeder Elternteil die Betreuungsaufwendungen abziehen. Dies gilt auch dann, wenn ein Elternteil verstorben oder nicht unbeschränkt steuerpflichtig ist oder der Steuerpflichtige allein das Kind angenommen hat. Die Betreuungskosten sind in diesem Fall auf 750,00 EUR limitiert, soweit diese Kosten 774,00 EUR übersteigen.
- Es gilt das Monatsprinzip.

Folgende Aufwendungen sind u. a. berücksichtigungsfähig:
- Unterbringung von Kindern in Kinderstätten, bei Tagesmüttern oder Ganztagspflegestellen.
- Beschäftigung von Hilfen im Haushalt, soweit sie Kinder betreuen.
- Beaufsichtigung von Kindern bei der Erledigung der häuslichen Schulaufgaben.

Nicht anerkannt werden Aufwendungen für Unterricht, für die Ermittlung besonderer Fähigkeiten (Klavierspielen) sowie für sportliche und andere Freizeitbeschäftigungen.

**Haushaltsfreibetrag**

Alleinstehende – Ledige, Geschiedene, dauernd getrennt Lebende – mit mindestens einem Kind erhalten einen Haushaltsfreibetrag für das Jahr 2002 in Höhe von 2.340,00 EUR.

Voraussetzungen für die Inanspruchnahme des Haushaltsfreibetrags:
- Der Anspruch auf einen Haushaltsfreibetrag muss schon 2001 bestanden haben.
- Dem Steuerpflichtigen muss Kindergeld oder der Kinderfreibetrag zustehen.
- Das Kind muss mit Haupt- oder Nebenwohnung beim Steuerpflichtigen gemeldet sein. Zwei Kinder, die bei beiden Elternteilen gemeldet sind, werden demjenigen zugerechnet, bei dem sie zuerst gemeldet waren, im Übrigen grundsätzlich der Mutter.
- Das Wahlrecht kann für mehrere Kinder nur einheitlich ausgeübt werden.

Der Haushaltsfreibetrag soll bis 2005 sukzessive abgebaut werden.

### 3.5.4.11 Steuertarif

Die Höhe der Einkommensteuer bestimmt sich nach dem Einkommensteuertarif. Er hat folgenden Aufbau:

|  | Für das Jahr 2002 | Für das Jahr 2003 und 2004 | Ab dem Jahr 2005 |
|---|---|---|---|
| Bis zu einem Betrag von: bis: (Null-Zone Grundfreibetrag) | 0<br>7.235,00 EUR | 0<br>7.426,00 EUR | 0<br>7.664,00 EUR |
| beträgt die Einkommensteuer | 0 | 0 | 0 |
| Bei einem Betrag von zu versteuerndem Einkommen von: bis: (untere Zone) | 7.236,00 EUR<br>9.251,00 EUR | 7.427,00 EUR<br>– | 7.665,00 EUR<br>– |
| beträgt die Einkommensteuer von: bis: | 19,9 %<br>25,0 % | 17 % | 15 % |
| Bei einem Betrag von zu versteuerndem Einkommen von: bis: (Progressionszone) | 9.252,00 EUR<br>55.007,00 EUR | –<br>52.293,00 EUR | –<br>52.152,00 EUR |

## 3.5.4 Einkommensteuer

|  | Für das Jahr 2002 | Für das Jahr 2003 und 2004 | Ab dem Jahr 2005 |
|---|---|---|---|
| beträgt die Einkommensteuer von: bis: | 25 % 48,5 % | 47 % | 42 % |
| Bei einem Betrag von zu versteuerndem Einkommen ab: (Proportionalzone) | 55.008,00 EUR | 52.294,00 EUR | 52.153,00 EUR |
| beträgt die Einkommensteuer | 48,5 % | 47 % | 42 % |

<u>Anrechnungsverfahren der Gewerbesteuer auf die Einkommensteuer</u>
Anstelle der Tarifbegrenzung für gewerbliche Einkünfte ist ab 2001 das so genannte „Anrechnungsverfahren der Gewerbesteuer auf die Einkommensteuer" eingeführt worden.

> Die tarifliche Einkommensteuer ermäßigt sich – soweit sie auf die im zu versteuernden Einkommen enthaltenen gewerblichen Einkünfte entfällt – um das 1,8fache des Gewerbesteuer-Messbetrags.

Die Vergünstigung kommt somit nur gewerbesteuerpflichtigen Unternehmern zugute und auch nur dann, wenn der Unternehmer ein positives einkommensteuerpflichtiges Einkommen hat.

**Beispiel:**
Der Unternehmer zahlt keine Einkommensteuer, weil seine positiven Einkünfte aus Gewerbebetrieb durch negative Einkünfte aus anderen Einkunftsarten aufgezehrt werden. In diesem Fall bleibt es bei der vollen Gewerbesteuer-Belastung.

<u>Solidaritätszuschlag für selbstständige Handwerker</u>
Der Solidaritätszuschlag wird als Ergänzungsabgabe erhoben.
Er bemisst sich
- soweit eine Veranlagung zur Einkommensteuer oder Körperschaftsteuer vorzunehmen ist, nach der für den Veranlagungszeitraum festgesetzten Einkommensteuer oder Körperschaftsteuer,
- soweit Vorauszahlungen zur Einkommensteuer oder Körperschaftsteuer zu leisten sind, nach den Vorauszahlungen auf die Steuer.

*Bemessungsgrundlage*

> Der Solidaritätszuschlag beträgt 5,5 % von der Bemessensgrundlage und wird von einkommensteuerpflichtigen Personen nur dann erhoben, wenn die Bemessungsgrundlage
> - im Falle der Veranlagung nach Grundtabelle 972,00 EUR
> - im Falle der Veranlagung nach Splittingtabelle 1.944,00 EUR übersteigt.

**Neuregelungen bei Erbringung von Bauleistungen**

Mit Wirkung ab 1.1.2002 ist das „Gesetz zur Eindämmung illegaler Betätigung im Baugewerbe" in Kraft getreten. Dieses Gesetz sieht vor:
- dass ein Unternehmer im weitesten Sinn (z. B. Vermieter gewerblicher Räume) bei Vergabe von gewerblichen Bauleistungen 15 % des Rechnungsbetrags direkt an das Finanzamt des Bauleistenden abführt und nur 85 % des Rechnungsbetrags dem Bauleistenden überweist. Die Überweisung der 15 % wird auf die Einkommensteuer – oder Körperschaftsteuer – Vorauszahlungen des Bauleistenden oder auf seine abzuführende Lohnsteuer angerechnet.
- Der 15%ige Steuerabzug entfällt, wenn
  a) die Gegenleistung bei steuerfreien Umsätzen von Vermietung und Verpachtung von Grundstücken oder dinglichen Grundstücksnutzungsrechten 15.000,00 EUR im laufenden Kalenderjahr voraussichtlich nicht übersteigt,
  b) die bezahlte Bauleistung von jeweils einem Bauleistenden im Jahr voraussichtlich weniger als 5.000,00 EUR beträgt;
  c) der Bauleistende seinem Auftraggeber eine gültige Freistellungsbescheinigung vorlegt. Diese Bescheinigung wird vom zuständigen Finanzamt des Bauleistenden auf formlosen Antrag ausgestellt. Jede Bescheinigung enthält eine Sicherheitsnummer. Der Bauleistende kann je nach Bedarf die Bescheinigung fotokopieren und dem Auftraggeber aushändigen.

Eine Zuwiderhandlung stellt eine Ordnungswidrigkeit dar, die mit einer Geldbuße in beachtlicher Höhe geahndet werden kann.

### 3.5.4.12 Steuerabrechnung (Veranlagung)

Die Arten der Veranlagung bei der Steuer

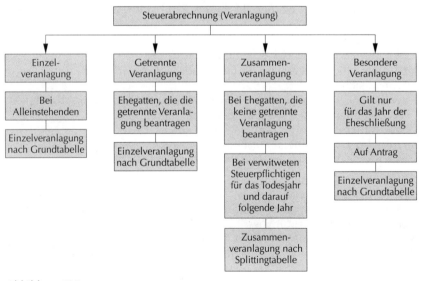

*Abbildung 191*

### Einzelveranlagung und getrennte Veranlagung

> Alleinstehende, aber auch Ehegatten, die einen entsprechenden Antrag stellen, werden einzeln veranlagt. Das heißt, das zu versteuernde Einkommen wird für jeden einzeln ermittelt und nach der Grundtabelle besteuert.

Bei Ehepartnern kann man in der Regel davon ausgehen, dass eine getrennte Veranlagung nachteiliger ist, da bei jedem die Grundtabelle zur Anwendung kommt und Vergünstigungen, die der eine Ehepartner nicht ausschöpft, nicht auf den anderen übertragen werden können.

### Zusammenveranlagung

> Bei der Zusammenveranlagung von Ehegatten werden die Einkünfte, die die Ehegatten erzielt haben, zusammengerechnet und den Ehegatten gemeinsam zugerechnet. Die Einkommensteuer wird nach der Splittingtabelle ermittelt. Die Zusammenveranlagung wird auch verwitweten Personen im Todesjahr und im darauf folgenden Jahr zugestanden, sofern die Ehegatten nicht dauernd getrennt lebten.

### Besondere Veranlagung

Diese Veranlagung kann nur für das Jahr der Eheschließung von den Ehegatten gemeinsam gewählt werden. Die Ehegatten werden dann so veranlagt, als wären sie unverheiratet. Für das Jahr der Eheschließung führt nämlich die Zusammenveranlagung wie auch die getrennte Veranlagung regelmäßig zu einer Steuernachzahlung, wenn auch der Ehegatte steuerpflichtige Einkünfte hat. Im Rahmen der besonderen Veranlagung bleiben aber die jeweiligen Vergünstigungen erhalten.

Der Steuerpflichtige teilt durch entsprechenden Vermerk im Steuerformular mit, welche Veranlagungsart er wünscht.

## 3.5.4.13 Prüfverfahren (Erörterung)

> Der Finanzbeamte prüft die Steuererklärungen rechnerisch und inhaltlich. Er hat von Amts wegen die Bestimmungen des Verlustrücktrags und Verlustvortrags anzuwenden. Die Erörterung hat auch zugunsten des Steuerpflichtigen zu erfolgen.

### Verlustausgleich

> Einkunftsverluste vermindern das zu versteuernde Einkommen, allerdings nicht mehr sofort, sondern auf einen längeren Zeitraum verteilt.

Zunächst ist die Summe der Einkünfte aus jeder Einkunftsart zu ermitteln. Dann werden Verluste innerhalb der Einkunftsart abgezogen. Verbleibt ein Verlustrest, dann ist die Summe aller positiven Einkünfte zu ermitteln und von dieser Summe ein Verlustrest bis 51.500,00 EUR abzuziehen. Ver-

*Verlust im Veranlagungsjahr*

bleibt dann noch ein Verlust, dann darf der Verlustrest noch zur Hälfte abgezogen werden.

*Verlustrücktrag*

Der verbleibende Hälfteanteil darf nun auf den Gesamtbetrag der Einkünfte des Vorjahres aufgerechnet werden. Dabei ist der Abzug ab 2002: auf 511.500,00 EUR begrenzt. Außerdem ist der Verlustrücktrag nur im Rahmen der 51.500,00 EUR – und der 50 %-Grenze berücksichtigungsfähig.

*Verlustvortrag*

Noch verbleibende Verluste sind im Rahmen der 51.500,00 EUR – und der 50 %-Grenze auf die nachfolgenden Jahre vortragsfähig.

*Verlust bei Zusammenveranlagung*

Bei zusammenveranlagten Ehegatten ist die Summe der Einkünfte für jeden Ehegatten gesondert zu ermitteln. Der Abzugsbetrag von 51.500,00 EUR gilt also für jeden Ehegatten. Durch besondere Übertragungsvorschriften ist festgelegt, auf welche Weise das nicht ausgeschöpfte Verlustausgleichsvolumen des einen Ehegatten auf den anderen übertragen werden kann.

### Einkommensteuererklärung

Der Steuerpflichtige gibt alljährlich für das abgelaufene Kalenderjahr eine Einkommensteuererklärung ab, in der er alle seine steuerpflichtigen Einnahmen und Abzugsbeträge angibt. Für unbeschränkt steuerpflichtige, zusammen veranlagte Ehegatten, die keine Lohnbezüge haben, ist ab 2002 die Steuererklärungspflichtgrenze auf 14.543,00 EUR, in allen anderen Fällen auf 7.271,00 EUR festgesetzt worden.

Die Einkommensteuererklärungen für die Veranlagungsjahre bis 31.12.2001 sind in DM anzugeben. Auszahlungen von Steuerguthaben oder die Feststellung der zu zahlenden Steuerschuld für Veranlagungen bis einschließlich 2001 erfolgen aber in EUR. Nach dem 31.12.2001 sind aber Einkommensteueranmeldungen und -erklärungen zwingend in EUR anzugeben. Dabei ist die 2. Stelle hinter dem Komma aufzurunden, wenn die 3. Stelle 5 oder größer ist, bzw. abzurunden, wenn die 3. Stelle kleiner als 5 ist.

### Einkommensteuerbescheid

> Das Finanzamt erlässt nun einen Einkommensteuerbescheid, der das veranlagte Einkommen in Einzelheiten, die der Tabelle entnommene Jahressteuer, die bereits verrechneten Lohnsteuern, Kapitalertragsteuern, und für das Veranlagungsjahr geleistete Vorauszahlungen ausweist.

### Vorauszahlungsbescheid

Im Einkommensteuerbescheid sind auch die zu entrichtenden Vorauszahlungen festgelegt. Die Vorauszahlungen sind selbstständig rechtsbehelfsfähig; insoweit handelt es sich um Bescheide, denen die Verhältnisse des Veranlagungsbescheids zugrunde liegen.

*Vorauszahlungen*

> Die Vorauszahlungen sind in gleicher Höhe am 10. März, 10. Juni, 10. September und 10. Dezember zu leisten.

Bei Änderungen der wirtschaftlichen Entwicklung des Betriebs können von Amts wegen bis zum Ablauf des auf den Veranlagungszeitraum fol-

genden fünfzehnten Kalendermonats die Vorauszahlungen entsprechend angepasst werden.
Die Folge der Nichteinhaltung der Vorauszahlungstermine sind Säumniszuschläge.
Im Gesetz ist nun eine sog. 5-Tage-Zahlungsschonfrist verankert, die besagt, dass bei Steuerzahlungen innerhalb von 5 Tagen nach dem gesetzlichen Abgabetermin keine Säumniszuschläge erhoben werden dürfen. Diese Regelung ist für Bar- und Scheckzahlungen abgeschafft worden. Bar- und Scheckzahlungen müssen spätestens am Fälligkeitstag (10. des Vierteljahres) bei der Finanzbehörde eingegangen sein.
Nur bei Überweisungen und Teilnahme am Einzugsermächtigungsverfahren gilt noch die 5-Tage-Schonfrist.
Desgleichen gilt die 5-Tage-Schonfrist für die Abgabe von Steuererklärungen.

*Zahlungsschonfrist*

*Abgabeschonfrist*

**Säumnis- und Verspätungszuschläge**
Werden die Steuerbeträge und Vorauszahlungen nicht pünktlich entrichtet, erhebt das Finanzamt Säumniszuschläge, für jeden Monat 1 % des rückständigen, nach unten auf den nächsten durch 50 EUR teilbaren Betrag.
Gegen denjenigen, der seiner Verpflichtung zur Abgabe einer Steuererklärung nicht oder nicht fristgemäß nachkommt, kann ein Verspätungszuschlag festgesetzt werden. Der Zuschlag darf 10 % der festgesetzten Steuer nicht übersteigen und höchstens 25.000,00 EUR betragen.
Wer vorsätzlich oder leichtfertig eine Mitteilung nicht, nicht richtig, nicht vollständig oder nicht rechtzeitig abgibt, kann wegen einer Ordnungswidrigkeit mit einer Geldbuße bis 5.113,00 EUR zusätzlich zu Säumnis- oder Verspätungszuschlägen geahndet werden.

*Verspätungszuschläge*

*Ordnungswidrigkeitszuschläge*

## 3.5.5 Lohnsteuer

### 3.5.5.1 Wesen der Lohnsteuer

> Die Lohnsteuer ist voll integrierter Bestandteil der Einkommensteuer; sie unterscheidet sich nur in ihrer besonderen Erhebungsform von der Einkommensteuer. Die Besonderheit der Lohnsteuer besteht darin, dass der Arbeitgeber verpflichtet ist, vom Bruttogehalt bzw. vom Bruttolohn seines Arbeitnehmers die Lohnsteuer und Kirchensteuer einzubehalten und für den Arbeitnehmer unmittelbar an das Finanzamt abzuführen. Diese Verpflichtung besteht auch, wenn der Arbeitnehmer selbst eine Einkommensteuererklärung abgibt.

### 3.5.5.2 Ermittlung und Entrichtung

Arbeitnehmer ist, wer unselbstständig, weisungsgebunden Arbeitslohn bezieht, gleichgültig, ob es sich um einen laufenden oder einmaligen Lohnbezug handelt. Auch Zuflüsse, die der Arbeitnehmer von Dritten erhält, können lohnsteuerpflichtig sein.

**Beispiel:**
Trinkgelder, die einem Friseur gegeben werden, sind lohnsteuerpflichtig, sofern sie 1.224,00 EUR im Jahr übersteigen. Der Arbeitnehmer ist gesetzlich verpflichtet, diese Einnahmen dem Arbeitgeber schriftlich mitzuteilen.

Die Höhe der einzubehaltenden Lohnsteuer richtet sich nach der auf der Lohnsteuerkarte ausgewiesenen Lohnsteuerklasse. Eingetragene Freibeträge sind zu berücksichtigen. Die Lohnsteuer wird aus der zutreffenden Lohnsteuertabelle abgelesen.

*Pflichten des Arbeitgebers*

Die Lohnsteuerabführung und Anmeldung der einbehaltenen Lohnsteuer beim Finanzamt hat bis zum 10. des Folgemonats
- bei nicht mehr als 800,00 EUR im Vorjahr jährlich,
- bei mehr als 800,00 EUR aber nicht mehr als 3.000,00 EUR im Vorjahr vierteljährlich,
- bei mehr als 3.000,00 EUR im Vorjahr monatlich

zu erfolgen.

### 3.5.5.3 Freibeträge

Der Arbeitnehmer kann beim Finanzamt die Eintragung von Freibeträgen beantragen. Der Antrag ist auf amtlichem Vordruck bis 30. November des Kalenderjahres zu stellen, für das die Lohnsteuerkarte gilt:

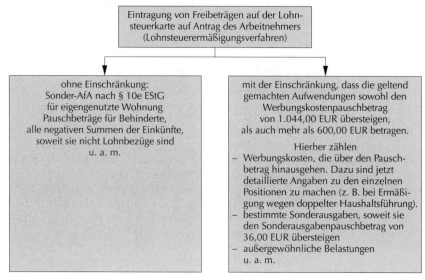

*Abbildung 192*

## 3.5.5.4 Lohnsteuerklassen

Die 6 Lohnsteuerklassen

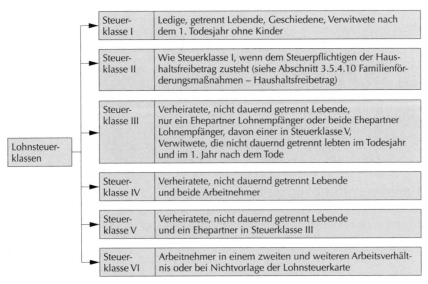

Abbildung 193

## 3.5.5.5 Beschäftigung ohne Lohnsteuerkarte

Es gilt der Grundsatz, dass ein Arbeitnehmer nicht beschäftigt werden darf, wenn er keine Lohnsteuerkarte vorlegt. Ausnahmsweise dürfen unter bestimmten Voraussetzungen Arbeitnehmer ohne Vorlage einer Lohnsteuerkarte beschäftigt werden, und zwar in folgenden Fällen:

Ausnahmen zur Beschäftigung ohne Lohnsteuerkarte

Abbildung 194

Der Arbeitgeber hat eine pauschalierte Lohn- und Kirchensteuer zu tragen und abzuführen. Bei der pauschalierten Kirchensteuer ist zu beachten, dass in überwiegend katholischen Ländern $2/3$ an das katholische, $1/3$ an das evangelische Kirchensteueramt und umgekehrt abzuführen ist. Nach einem BFH-Urteil ist in den nachfolgenden Fällen die pauschalierte Kirchensteuer nur zu tragen und abzuführen, wenn der Arbeitnehmer einer kirchensteuerberechtigten Religionsgemeinschaft angehört.

### Gelegentliche kurzfristige Beschäftigung

Gelegentliche kurzfristige Beschäftigung liegt vor, wenn der Arbeitnehmer beim Arbeitgeber nicht regelmäßig wiederkehrend beschäftigt wird (zum Beispiel Arbeitskraft bei Montagearbeit, Aushilfe beim Sommerschlussverkauf).

Zu beachtende Kriterien sind:
bis 18 zusammenhängende Arbeitstage
bis 62,00 EUR Lohn je Arbeitstag
bis 12,00 EUR durchschnittlicher Stundenlohn

Pauschalierte Steuer:
25 v. H. Lohnsteuer zuzüglich
7 v. H. Kirchensteuer aus Lohnsteuer
5,5 v. H. Solidaritätszuschlag aus Lohnsteuer

### Unvorhergesehene kurzfristige Beschäftigung

Unvorhergesehene kurzfristige Beschäftigung liegt vor, wenn die Beschäftigung zu einem unvorhergesehenen Zeitpunkt sofort erforderlich ist (zum Beispiel Katastrophen- oder Eileinsatz).

Zu beachtende Kriterien sind:
bis 18 zusammenhängende Arbeitstage
bis 12,00 EUR durchschnittlicher Stundenlohn

Pauschalierte Steuer:
25 v. H. Lohnsteuer zuzüglich
7 v. H. Kirchensteuer aus Lohnsteuer
5,5 v. H. Solidaritätszuschlag aus Lohnsteuer

### Beschäftigung in geringem Umfang und gegen geringen Lohn

Zur Neuregelung der Beschäftigung in geringem Umfang und gegen geringen Lohn hinsichtlich der Sozialversicherungs-Bestimmungen wird auf Abschnitt 3.4.1.4 „Beiträge – Geringfügige Beschäftigungen" verwiesen.
Im Steuerrecht ist eine solche Beschäftigung unter bestimmten Voraussetzungen ohne Vorlage einer Lohnsteuerkarte möglich und steuerfrei.
Voraussetzungen:
– Für das Arbeitsentgelt sind die pauschalen Sozialversicherungsbeiträge zu entrichten.
– Es dürfen keine anderen positiven Einkünfte im laufenden Kalenderjahr bezogen werden, z. B. Zinseinnahmen, Renten, Einnahmen aus Gewerbebetrieb. Unberücksichtigt bleiben steuerfreie Einnahmen, z. B. Wohngeld, Erziehungsgeld sowie die Einkünfte des Ehegatten.
Diese Voraussetzungen werden vom Finanzamt geprüft und gegebenenfalls als vorliegend bestätigt.

## 3.5.5 Lohnsteuer

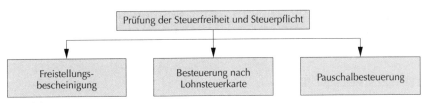

Abbildung 195

- Freistellungsbescheinigung
  Die Freistellungsbescheinigungen werden dem Arbeitnehmer vom Finanzamt ausgestellt, wenn der Arbeitslohn aus dem einen oder aus mehreren gegenwärtigen Dienstverhältnissen zusammen nicht mehr als 325,00 EUR monatlich bezieht **und** der Stundenlohn 12,00 EUR maximal beträgt. Die Wochenlohngrenze entfällt ab 2002. Der Arbeitnehmer hat an Stelle einer Lohnsteuerkarte diese Bescheinigung dem Arbeitgeber auszuhändigen. Der Arbeitgeber überträgt das Datum der Bescheinigung, die Steuernummer, das ausstellende Finanzamt, die Höhe des steuerfrei ausgezahlten Arbeitsentgelts und den Beschäftigungszeitraum auf das Lohnkonto des Arbeitnehmers. Der Arbeitnehmer reicht nach Ablauf des Kalenderjahres oder nach Beendigung des Arbeitsverhältnisses die vom Arbeitgeber ausgefüllte Freistellungsbescheinigung beim Finanzamt ein.
- Besteuerung nach Lohnsteuerkarte
  Arbeitnehmer, die mehrere geringfügige Beschäftigungen ausüben, die insgesamt 325,00 EUR überschreiten oder die neben einer Hauptbeschäftigung einer geringfügigen Nebenbeschäftigung nachgehen oder keine Freistellungsbescheinigung vorlegen, können eine weitere Lohnsteuerkarte bei ihrer Gemeinde beantragen und sie dem Arbeitgeber vorlegen. Die Besteuerung wird nach den allgemeinen lohnsteuerrechtlichen Bestimmungen durchgeführt. Wird bei Vorliegen eines oben angeführten Tatbestands keine Lohnsteuerkarte vorgelegt, hat der Arbeitgeber den Lohnbezug nach Steuerklasse VI zu versteuern.
- Pauschalbesteuerung
  In bestimmten Fällen kann ein geringfügiges Beschäftigungsverhältnis unter Verzicht auf Vorlage einer Lohnsteuerkarte für den Arbeitnehmer lohnsteuerfrei bleiben, wenn der Arbeitgeber zu einer pauschalen Lohnsteuerzahlung bereit ist.
  In diesem Falle hat der Arbeitgeber neben den zu übernehmenden Sozialversicherungsbeträgen eine pauschalierte Lohnsteuer von 20 % des Arbeitslohns, 7 % pauschalierte Kirchensteuer und 5,5 % Solidaritätszuschlag von der Lohnsteuer zu tragen. Auch hier darf die monatliche Lohnzahlung 325,00 EUR und 12,00 EUR je Arbeitsstunde nicht übersteigen.

### 3.5.5.6 Werbungskosten des Arbeitnehmers und lohnsteuerfreie bzw. begünstigte Aufwendungen des Arbeitgebers

**Begriff Werbungskosten**

> Was für den Arbeitgeber die Betriebsausgaben, das sind für den Arbeitnehmer die Werbungskosten. Darunter versteht man Aufwendungen zum Erwerb, zur Sicherung und Erhaltung des Arbeitslohns, Aufwendungen, die die Ausübung des Dienstes mit sich bringt.

Keine Werbungskosten sind somit Aufwendungen für die Lebensführung, auch wenn diese zur Förderung der Tätigkeit des Arbeitnehmers gemacht werden (zum Beispiel bürgerliche Kleidung auch bei beruflicher Nutzung). Sind die Aufwendungen nur zum Teil beruflich veranlasst, dann kann dieser Teil gegebenenfalls geschätzt werden (zum Beispiel Aufteilung der Kosten eines privaten Telefonanschlusses in einen privaten und einen betrieblichen Teil). In den Steuertabellen ist ein Werbungskostenpauschbetrag von jährlich 1.044,00 EUR bereits eingearbeitet.

Aufwendungen mit Auswirkung auf die Lohnsteuer

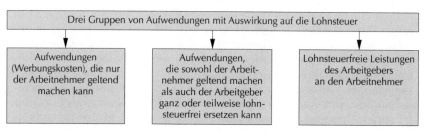

Abbildung 196

**Werbungskosten, die der Arbeitnehmer allein geltend machen kann**

**Beispiele:**
- Beiträge zu Berufsständen und sonstigen Berufsverbänden (zum Beispiel Gewerkschaftsbeitrag).
- Strafverteidigungskosten, wenn der Schuldvorwurf durch berufliches Verhalten veranlasst war.
- Aufwendungen des Arbeitnehmers für Werbegeschenke an den Kunden des Arbeitgebers, wenn er sie tätigt, um seine erfolgsabhängigen Einkünfte zu steigern.
- Kontoführungsgebühren für das Gehaltskonto.

## 3.5.5 Lohnsteuer

**Arbeitnehmer-Werbungskosten, die vom Arbeitgeber ganz oder modifiziert lohnsteuerfrei ersetzt werden können**

Soweit der Arbeitgeber diese Aufwendungen ersetzt, sind sie bei ihm voll abzugsfähige Betriebsausgaben, auch wenn sie beim Arbeitnehmer nur zum Teil berücksichtigungsfähige Werbungskosten darstellen.

**Beispiel:**
- **Werkzeuggeld**
  Aufwendungen für den Erwerb betriebsbedingter Werkzeuge und Arbeitsmittel sind Werbungskosten des Arbeitnehmers und können vom Arbeitgeber gegen Einzelnachweis lohnsteuerfrei ersetzt werden, wenn das einzelne Arbeitsmittel 40,00 EUR ohne Umsatzsteuer nicht übersteigt.
- **Typische Berufskleidung**
  Der Arbeitgeber kann die Aufwendungen gegen Rechnungsvorlage lohnsteuerfrei ersetzen oder die typische Berufskleidung dem Arbeitnehmer stellen oder übereignen.
- **Fort- und Weiterbildungskosten**
  Kosten für Kursbesuche, Fahrten zu Fachkongressen, Aufwendungen für Fachbücher oder Unterrichtsmaterial können lohnsteuerfrei ersetzt werden, sofern diese Aufwendungen betriebsbedingt sind.
- **Reisekosten und Einsatzwechseltätigkeit**
  - Liegt eine Dienstreise vor, dann kann der Arbeitgeber
    die Fahrtkosten in nachgewiesener Höhe,
    die Übernachtungskosten mit einer Pauschale von 20,00 EUR je Übernachtung oder in nachgewiesener Höhe,
    die Verpflegungskosten bis zur Höhe der gesetzlich festgelegten Pauschalen lohnsteuerfrei erstatten. Verpflegungskosten, die die Pauschalen übersteigen, bleiben lohnsteuerfrei, wenn der Betrag 100 % der Pauschalen nicht übersteigt und der Betrag mit 25 % lohnsteuerpauschaliert wird. Bis zu dieser Grenze sind die Lohnanteile auch von der Sozialversicherungspflicht befreit.
  - Einsatzwechseltätigkeit liegt vor, wenn der Arbeitnehmer an ständig wechselnder Einsatzstelle tätig wird und keine wesentliche Beziehung zur Betriebsstätte hat, z. B. ein Aufenthalt an der Betriebsstätte nur zur Abholung des Lohnes. Auch bei Einsatzwechseltätigkeit kann der Arbeitgeber die dem Arbeitnehmer zustehenden Werbungskosten lohnsteuerfrei ersetzen.
- **Aufwendungen für doppelten Haushalt**
  Dieser liegt vor, wenn der Arbeitnehmer außerhalb des Orts, in dem er einen Familienhausstand unterhält, beschäftigt wird und auch am Beschäftigungsort wohnt. Der steuerfreie Arbeitgeber-Ersatz ist für die ersten 3 Monate auf täglich 20,00 EUR, für die folgenden 21 Monate auf 5,00 EUR je Übernachtung festgelegt.
- **Entfernungspauschale**
  Arbeitnehmer – aber auch Arbeitgeber bei privater Nutzung betrieblicher Kraftfahrzeuge (siehe Absatz 3.5.4.6 „Betriebsausgaben – Fahrtkosten Entfernungspauschale") – können pro Entfernungskilometer für Wege (nicht mehr für Fahrten) zwischen Wohnung und Arbeitsstätte eine Entfernungspauschale in Anspruch nehmen.

- Es spielt keine Rolle, wie jemand zur Arbeitsstätte gelangt, ob mit öffentlichen Verkehrsmitteln, Auto, Fahrrad oder zu Fuß.
- Ehegatten mit gemeinsamer oder nahe gelegener Arbeitsstätte, die mit einem Pkw zur Arbeit fahren, erhalten die Entfernungspauschale doppelt, obwohl nur einmal Kosten anfallen.
- Die Pauschale gilt nur für volle Kilometer. Es muss abgerundet werden, angefangene Kilometer bleiben unberücksichtigt.
- Grundsätzlich ist die kürzeste Straßenentfernung zugrunde zu legen. Nach dem Steuer-Änderungsgesetz 2001 darf nun aber auch eine andere als die kürzeste Straßenverbindung zugrunde gelegt werden, wenn diese offensichtlich verkehrsgünstiger ist.
- Für die ersten 10 Kilometer beträgt die Pauschale 0,36 EUR, für jeden weiteren Kilometer 0,40 EUR. Mit diesen Pauschalen sind alle Unkosten abgegolten.
- Der Ansatz der Pauschalen ist erstmals im Gesetz durch einen Höchstbetrag von 5.112,00 EUR festgeschrieben. Er gilt i.d.R. bei Benutzung öffentlicher Verkehrsmittel. Bei Benutzung eines eigenen oder fremden Pkw darf der Höchstbetrag überschritten werden, wenn der Steuerpflichtige nachweist, dass er die Fahrten tatsächlich mit dem Pkw ausgeführt hat. Die Finanzämter werden sich den Nachweis über die im Jahr zurückgelegten Kilometer z. B. durch Inspektionsrechnungen, durch Fahrtenbücher vorlegen lassen.
- Arbeitgeberleistungen sind anzurechnen. Die Pauschalen sind zu mindern um
  steuerfreie Zuschüsse des Arbeitgebers für Fahrten mit öffentlichen Verkehrsmitteln im Linienverkehr;
  pauschal versteuerter Ersatz von Aufwendungen bis zur Höhe der Pauschalen bei Benutzung eines Pkw.

**Lohnsteuerfreie Leistungen des Arbeitgebers an den Arbeitnehmer**

Eine Vielzahl von Zuwendungen kann der Arbeitgeber dem Arbeitnehmer lohnsteuerfrei zukommen lassen. Darunter fallen beispielsweise folgende:
- Betriebsveranstaltungen; man unterscheidet zwei Arten:

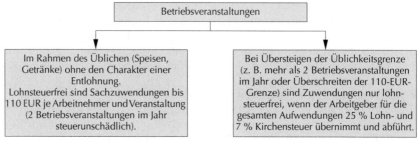

*Abbildung 197*

- Abfindungen wegen einer vom Arbeitgeber veranlassten Auflösung des Arbeitverhältnisses bis 8.181,00 EUR, in Ausnahmen bis 12.271,00 EUR
- Fehlgeldentschädigungen bis 16,00 EUR monatlich für im Kassen- und Zähldienst tätige Arbeitnehmer.

## 3.5.5 Lohnsteuer

- Aufmerksamkeiten aus Anlass eines besonderen persönlichen Ereignisses des Arbeitnehmers (Blumen, Bücher, Verabreichung von Genussmitteln, aber keine Geldzuwendungen) bis zu einem Wert von 40,00 EUR. *Aufmerksamkeiten*
- Kostenlose oder verbilligte Überlassung von Getränken und Genussmitteln zum Verzehr durch den Arbeitnehmer im Betrieb.
- Kostenlose oder verbilligte Überlassung von Speisen zum Verzehr im Betrieb anlässlich und während eines außergewöhnlichen Arbeitseinsatzes bis zu einem Wert von 40,00 EUR je Mahlzeit und Arbeitnehmer.
- Mahlzeiten im Betrieb
  Mahlzeiten, die in einer betriebseigenen Kantine oder Gaststätte abgegeben oder die in Form von Essensgutscheinen abgerechnet werden, sind nicht mit dem Verrechnungswert, sondern mit dem Sachbezugswert anzusetzen. Der Sachbezugswert beträgt 2002 für ein Mittag- oder Abendessen 2,51 EUR. Tätigt der Arbeitnehmer eine Zuzahlung auf die Mahlzeit, die den Sachbezugswert übersteigt, dann kann der Unterschiedbetrag zwischen Sachbezugswert und Entgelt, das der Arbeitnehmer für die Mahlzeit entrichtet, lohnsteuerfrei bleiben, wenn der Arbeitgeber den Differenzbetrag mit pauschaler Lohnsteuer von 25 % zuzüglich Kirchensteuer und Solidaritätszuschlag versteuert.
  Zusätzlich gilt noch nachfolgende Sachbezugswertregelung: Für Sachbezüge, wie Mahlzeiten im Betrieb, freie oder verbilligte Verpflegung, freie oder verbilligte Unterkunft oder Wohnung, Waren, Dienstleistungen gilt, dass sie außer Ansatz bleiben, wenn die sich nach Anrechnung der vom Steuerpflichtigen gezahlten Entgelte ergebenden Vorteile insgesamt 50,00 EUR im Kalendermonat nicht übersteigen. *Sachbezugsfreigrenze*
- Unterstützungen an Arbeitnehmer in Krankheit und Unglücksfällen bis 600,00 EUR, sofern nicht mehr als fünf Arbeitnehmer beschäftigt werden.
- Erholungsbeihilfen bis zu 156,00 EUR für den Arbeitnehmer, 104,00 EUR für dessen Frau, 52,00 EUR je Kind bei Übernahme einer Pauschallohnsteuer von 25 % und Kirchensteuer von 7 % aus der Lohnsteuer.
- Heiratsbeihilfen bis 358,00 EUR; Geburtsbeihilfen bis 358,00 EUR je Kind.
- Sonn-, Feiertags-, Nachtarbeitszuschläge z. B.
  - für Nachtarbeit in der Zeit zwischen 20 Uhr bis 6 Uhr bis zu 25 % des Grundlohns.
  - Sonntagsarbeit in der Zeit von 0 Uhr bis 24 Uhr bis zu 50 % des Grundlohns.
  Der Grundlohn für die regelmäßige Arbeitszeit ist in einen Stundenlohn umzurechnen.
- Jubiläumsaufwendungen
  Jubiläumsaufwendungen zugunsten von Arbeitnehmern sind nur dann lohnsteuerfrei, wenn die üblichen Sachleistungen einen Betrag von 110,00 EUR einschließlich Umsatzsteuer nicht übersteigen.

### 3.5.5.7 Antragsveranlagung, Pflichtveranlagung und Lohnsteuerjahresausgleich

Ein Arbeitnehmer, der ausschließlich Lohn bezogen hat, kann zum Erhalt von Steuervorteilen oder zur Berücksichtigung während des Jahres eingetretener Vergünstigungen für das abgelaufene Kalenderjahr eine Antragsveranlagung (Einkommensteuerveranlagung) anfordern, wenn sich z. B. die Steuerklasse, die Zahl der Kinder im Laufe des Jahres ändert.

Der Arbeitgeber kann dem Arbeitnehmer eine Antragsveranlagung ersparen, wenn er für ihn den Lohnsteuerjahresausgleich durchführt.

Voraussetzung ist, dass der Arbeitnehmer während des Ausgleichsjahres ständig in einem Dienstverhältnis gestanden hat.

Der Arbeitgeber ist zur Durchführung des Jahresausgleichs verpflichtet, wenn er am 31. Dezember des Ausgleichsjahres mindestens 10 Arbeitnehmer beschäftigte.

Der Arbeitgeber darf den Ausgleich nicht durchführen, wenn
- der Arbeitnehmer den Ausgleich nicht wünscht;
- der Arbeitnehmer nach Steuerklasse V oder VI besteuert wurde;
- der Arbeitnehmer für einen Teil des Jahres nach Steuerklasse III oder IV besteuert wurde;
- der Arbeitnehmer Ersatzausgleiche (Mutterschaftsgeld, Kurzarbeitergeld etc.) bezogen hat.

*Pflichtveranlagung*

Wie oben ausgeführt, können Arbeitnehmer zum Erhalt von Steuervorteilen eine Einkommensteuerveranlagung anfordern. In bestimmten Fällen aber sind die Arbeitnehmer verpflichtet, nach Ablauf des Kalenderjahres unaufgefordert eine Einkommensteuererklärung abzugeben. Für die Abgabe gilt die Frist bis zum 31. Mai des Folgejahres; die Frist kann auf Antrag verlängert werden.

Die Verpflichtung besteht u. a. dann, wenn
- Zinsen aus Sparguthaben oder Renten bezogen wurden;
- die Summe der Einkünfte außer den Lohneinkünften mehr als 410,00 EUR beträgt;
- Lohnersatzleistungen (Arbeitslosengeld, Krankengeld), die dem Progressionsvorbehalt unterliegen, über 410,00 EUR bezogen werden;
- beide Ehegatten nach Steuerklasse IV besteuert werden;
- die Ehegatten die Steuerklassen-Kombination III/V gewählt haben.
- Arbeitslohn nach Steuerklasse VI besteuert wurde;
- das Finanzamt einen Freibetrag auf der Lohnsteuerkarte eingetragen hat mit Ausnahme der Freibeträge für Hinterbliebene oder Behinderte.

### 3.5.5.8 Lohnsteuerhaftung

Steuerschuldner ist der Arbeitnehmer, Haftungsschuldner ist der Arbeitgeber. Er haftet für die Einbehaltung und Abführung der Lohnsteuer. Das Finanzamt kann grundsätzlich beide nebeneinander in Anspruch nehmen.

3.5.5 *Lohnsteuer*

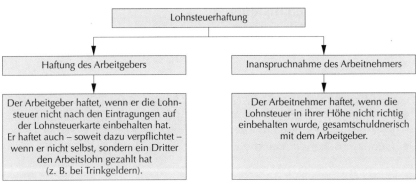

*Abbildung 198*

### 3.5.5.9 Solidaritätszuschlag

Auch für den Arbeitnehmer gelten die Bestimmungen über die Abführung des Solidaritätszuschlags. Der Arbeitgeber hat den Solidaritätszuschlag einzubehalten und mit der Lohnsteuer und Kirchenlohnsteuer abzuführen.

Kein Solidaritätszuschlag fällt bei Lohnempfängern an, wenn die
- monatliche Lohnzahlung in Steuerklasse III 162,00 EUR, in den übrigen Lohnsteuerklassen 81,00 EUR,
- wöchentliche Lohnzahlung in Steuerklasse III 37,80 EUR, in den übrigen Steuerklassen 18,90 EUR,
- tägliche Lohnzahlung in Steuerklasse III 5,40 EUR, in den übrigen Steuerklassen 2,70 EUR

nicht übersteigt. Bei Überschreiten dieser Beträge ist der Solidaritätszuschlag aus eigenen Solidaritätszuschlags-Tabellen zu ermitteln. Bei höheren als in Tabellen ausgewiesenen Lohnsteuerbeträgen ist der Solidaritätszuschlag mit 5,5 % der Lohnsteuer zu berechnen.
Der Solidaritätszuschlag bezieht sich nur auf die Lohnsteuer, nicht auf die Kirchensteuer. Die Kirchensteuer bemisst sich nach der Lohnsteuer ohne den Solidaritätszuschlag.

Der Solidaritätszuschlag ist im Lohnkonto, in der Lohnsteueranmeldung, auf der Lohnsteuerkarte und den sonstigen Lohnsteuerbescheinigungen gesondert neben der Lohnsteuer und Kirchenlohnsteuer einzutragen. — Notwendige Angaben

### 3.5.6 Körperschaftsteuer

#### 3.5.6.1 Juristische Personen

Natürliche Personen unterliegen der Einkommensteuer, juristische Personen der Körperschaftsteuer. Juristische Personen sind:
- Kapitalgesellschaften wie Aktiengesellschaften, Gesellschaften mit beschränkter Haftung (GmbH)
- Genossenschaften, Vereine u. a. m.

#### 3.5.6.2 Unterschied zur Einkommensteuer

Im Wesentlichen finden in der Körperschaftsteuer die einkommensteuerrechtlichen Vorschriften Anwendung bzw. sind im Körperschaftsteuergesetz die Rechtsgrundlagen der Einkommensteuer übernommen.

Entscheidend ist, dass die Körperschaft selbstständiges Steuersubjekt ist. Während in der Einkommensteuer die natürliche Person – so der Gesellschafter einer Personengesellschaft wie die BGB-Gesellschaft, OHG, KG – selbst Unternehmer ist und als Unternehmer nicht gleichzeitig Lohnempfänger im eigenen Unternehmen sein kann, ist die juristische Person selbstständig Unternehmer und ihre Gesellschafter können an dieser juristischen Person Lohnempfänger mit allen lohnsteuerrechtlichen Vergünstigungen sein. Alle Lohnaufwendungen der juristischen Person an den Gesellschafter sind Betriebsausgaben.

**Beispiel:**
Eine GmbH hat einen Gewinn von 120.000,00 EUR vor Lohnabzug. Sie zahlt an ihren Gesellschafter 70.000,00 EUR Lohn. Der Gewinn der GmbH von 50.000,00 EUR ist körperschaftsteuerpflichtig; auch die Basis für die Gewerbesteuerberechnung ist nicht 120.000,00 EUR, sondern nur 50.000,00 EUR. Der Gesellschafter muss 70.000,00 EUR Lohn versteuern, kann aber sämtliche Freibeträge und Vergünstigungen eines Lohnempfängers in Anspruch nehmen.

Die im Handwerk am häufigsten vorzufindende juristische Person ist die GmbH. Im Gegensatz zu den Personengesellschaften, zu deren Gründung und Betrieb mindestens zwei Gesellschafter erforderlich sind, kann die GmbH von einem einzigen gegründet und geführt werden (Ein-Mann-GmbH). Er kann zugleich Lohnempfänger in seiner GmbH sein.

#### 3.5.6.3 Körperschaftsteuersatz

Thesaurierung

Der Steuersatz beträgt für alle Körperschaften sowohl für Ausschüttung als auch für thesaurierte Gewinne einheitlich 25 %. Unter Thesaurierung versteht man das Stehenlassen des Gewinns im Unternehmen, also das Aufstocken des Gewinns auf das Kapital der Körperschaft.

### 3.5.6 Körperschaftsteuer

Bei Ausschüttung wird der Gewinn ganz oder teilweise auf den Anteilseigner übertragen und beim Anteilseigner nach seinem individuellen Steuersatz besteuert.

*Ausschüttungen*

Bisher galt, dass der Anteilseigner die von der Körperschaft gezahlte Körperschaftsteuer auf seine Einkommensteuer aufrechnen konnte. Ab 1.1.2001 ist dieses Vollanrechnungsverfahren ersatzlos aufgehoben.

An dessen Stelle ist nun ein so genanntes Halbeinkünfteverfahren eingeführt worden, das heißt: die Ausschüttungen werden beim Einkommensteuerpflichtigen Anteilseigner nur zur Hälfte zur Besteuerung angesetzt. Dementsprechend können Werbungskosten bzw. Betriebsausgaben, die im Zusammenhang mit den Ausschüttungserträgen stehen, nur noch zur Hälfte abgezogen werden.

*Halbeinkünfteverfahren*

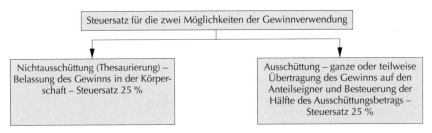

*Abbildung 199*

Die Gewinnausschüttungen aber unterliegen der Kapitalertragsteuerpflicht (siehe auch Abschn. 3.5.4.3 Einkunftsarten – Kapitalvermögen). Die Kapitalertragsteuer wird auf die persönliche Steuerschuld des Anteilseigners angerechnet; sie beträgt 20 %, wenn der Anteilseigner die Kapitalertragsteuer trägt und ist von der 100 %igen Ausschüttung zu berechnen, obwohl für das zu versteuernde Einkommen die Dividende nur zur Hälfte angesetzt wird.

*Kapitalertragsteuer bei Ausschüttungen*

**Beispiel:**

Der Gewinn der Körperschaft beträgt 100.000,00 EUR und soll voll an den Anteilseigner ausgeschüttet werden. Die Werbungskosten belaufen sich auf 70,00 EUR.

| | | |
|---|---|---|
| Gewinn | 100.000,00 EUR | |
| Körperschaftsteuer 25 % | 25.000,00 EUR | |
| Dividende | 75.000,00 EUR | |
| davon 1/2-Ansatz | | 37.500,00 EUR |
| Werbungskosten | 70,00 EUR | |
| davon 1/2-Ansatz | | 35,00 EUR |
| einkommensteuerpflichtige Dividendeneinkunft im Halbeinkünfteverfahren | | 37.465,00 EUR |
| kapitalertragsteuerpflichtige Einkunft aus der 100 %igen Ausschüttung | | 75.000,00 EUR |

### 3.5.6.4 Verdeckte Gewinnausschüttung

Wendet die juristische Person ihrem Gesellschafter außerhalb der gesellschaftsrechtlichen Gewinnverteilung einen Vermögensvorteil zu, dann liegt verdeckte Gewinnausschüttung vor.

**Beispiel:**
Die Gesellschaft gibt dem Gesellschafter ein Darlehen, obwohl bereits bei Darlehenshingabe feststeht, dass das Darlehen nicht zurückgezahlt werden braucht.
Ein Gesellschafter-Geschäftsführer erhält ein unangemessen hohes Gehalt.
Ein Gesellschafter verkauft seinen Privat-Pkw zu einem überhöhten Kaufpreis an die Gesellschaft.
Liegt verdeckte Gewinnausschüttung vor, erhöht sich um diesen Betrag das körperschaftsteuerpflichtige Einkommen der juristischen Person, als auch das Einkommen des Gesellschafters.

### 3.5.7 Erbschaft- und Schenkungsteuer

Der Erwerb von Todes wegen (Erbschaft) sowie Schenkungen unter Lebenden unterliegen der Besteuerung. Bemessungsgrundlage ist die Bereicherung des Empfängers abzüglich der auf den Erwerbsgegenstand ruhenden Belastungen des Empfängers, und zwar:
- im Erbschaftsteuerrecht der Erwerb
  - durch Erbfall
  - duch Schenkung auf den Todesfall
  - durch Vermächtnis
  - eines Vermögensvorteils durch Vertrag zwischen Erblasser und einem Dritten:

- im Schenkungsteuerrecht die Bereicherung
  - durch freiwillige Zuwendungen
  - durch Abfindung für einen Erbverzicht
  - durch Erwerb eines Erbausgleichs
  - durch vorzeitigen Vermögensübergang bei Nacherbschaft.

### 3.5.7.1 Steuerschuldner

Steuerschuldner kann der Erbe bzw. Beschenkte sein, doch gibt es auch die Möglichkeit, dass die geschuldete Steuer einem anderen auferlegt wird oder der Schenker die Entrichtung der vom Beschenkten geschuldeten Steuer selbst übernimmt. In diesen Fällen gilt als Erwerb der Betrag, der sich bei einer Zusammenrechnung des Erwerbs mit der aus ihm errechneten Steuer ergibt. Dabei wird nur die aus der Schenkung errechnete Steuer dem steuerpflichtigen Erwerb hinzugerechnet; d.h., es wird nicht die Steuer auf die übernommene Steuer berechnet.

## 3.5.7.2 Wertermittlung

Zur Findung der Bemessungsgrundlage ist der Wert des Bereicherungsgegenstandes nach den Bestimmungen des Bewertungsgesetzes zu ermitteln.

*Wertermittlung*

Danach ist im Allgemeinen bei Bewertungen der gemeine Wert zugrunde zu legen. Der gemeine Wert wird durch den Preis bestimmt, der im gewöhnlichen Geschäftsverkehr nach der Beschaffenheit des Wirtschaftsgutes bei einer Veräußerung zu erzielen wäre.

*Gemeiner Wert*

Wirtschaftsgüter, die einem Unternehmen dienen, sind mit dem Teilwert anzusetzen. Teilwert ist der Betrag, den ein Erwerber des ganzen Unternehmens im Rahmen des Gesamtkaufpreises für das einzelne Wirtschaftsgut ansetzen würde.

*Teilwert*

Kapitalforderungen sind mit dem Nennwert anzusetzen. Unter Nennwert versteht man den tatsächlichen Bestand der Forderungen.

*Nennwert*

Der steuerpflichtige Erwerb wird auf 100,00 EUR nach unten abgerundet.

### Grundbesitzbewertung

Einen besonderen Stellenwert nimmt im neuen Erbschaft- und Schenkungsteuerrecht die Erfassung des Immobilienvermögens ein:

Das Immobilienvermögen wird nach dem z. Zt. geltenden Bewertungsverfahren mit ca. 60 % des Marktwertes zur Besteuerung herangezogen.

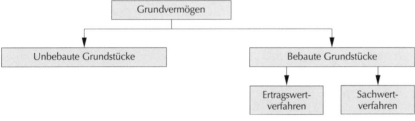

*Abbildung 200*

Die Bewertung des Grundvermögens ist nur noch dann durchzuführen, wenn dies für die Erbschaft- und Schenkungsteuer – gegebenenfalls auch für die Grunderwerbsteuer – tatsächlich von Bedeutung ist (Bedarfsbewertung), d. h. ein Wertansatz für Grundstücke erfolgt nur bei Erb- und Schenkungsvorgängen. Dabei ist Bewertungsziel nicht die Ermittlung des individuellen Verkehrswerts, sondern die Erfassung der möglichen Rentabilität eines Grundstücks.

*Bedarfsbewertung*

- **Unbebaute Grundstücke**

Darunter fallen Grundstücksflächen, die am Tag der Steuerentstehung nicht bebaut sind bzw. auf denen sich nicht mehr benutzbare Gebäude befinden oder auf denen die zur Nutzung vorgesehenen Gebäude im Bau befindlich sind. Der steuerliche Wert wird durch Multiplikation der Grundstücksfläche mit dem Bodenrichtwert ermittelt.

Bodenrichtwert

Bodenrichtwerte sind die Bodenpreise, die für Grundstücke in vergleichbaren Gebieten und gleicher Lage bezahlt werden, also die Bodenpreise, wie sie sich aus vergangenen Beurkundungen ergeben.

In jeder Gemeinde bzw. bei jedem Landratsamt liegen die Bodenrichtwerte in einer Kaufpreissammlung öffentlich aus. Für die Wertermittlung sind die Richtwerte zum 1.1.96 maßgebend. Der Wert ist neu festzustellen (Wertfortschreibung), wenn der auf volle 100,00 DM abgerundete Wert um mehr als den 10. Teil, mindestens aber um 5.000 DM oder um mehr als 100.000,00 DM nach oben bzw. um mehr als den 10. Teil, mindestens aber um 500,00 DM oder um mehr als 5.000,00 DM nach unten abweicht. Danach ist der neue Wert in EUR umzurechnen und auf volle EUR abzurunden

Von dem Wert, der sich aus der Multiplikation der Grundfläche mit dem Bodenrichtwert ergibt, wird ein Abschlag von 20 % vorgenommen.

- **Bebaute Grundstücke**

Die Wertermittlung für bebaute Grundstücke erfolgt nach folgendem Schema:

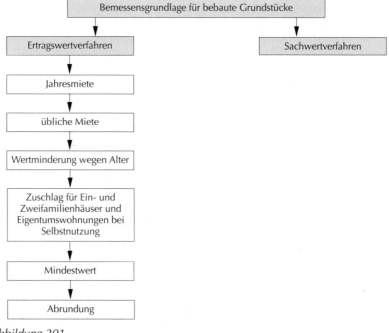

Abbildung 201

- **Bewertung nach dem Ertragswertverfahren**

Jahresmiete

> Der Ertragswert wird auf der Basis der Jahresmiete ermittelt. Bei diesem Verfahren wird zunächst die durchschnittliche Kaltmiete der letzten drei Jahre ermittelt.

Beträgt der Vermietungszeitraum weniger als drei Jahre, ist die Jahresmiete aus dem kürzeren Zeitraum zu ermitteln. Die durchschnittliche Kaltmiete ohne die umlagefähigen Betriebskosten für den Monat wird auf das Jahr umgerechnet und mit dem 12,5fachen vervielfacht.

Anstelle der durchschnittlichen Kaltmiete tritt die übliche Miete, wenn *Übliche Miete*
- das Grundstück innerhalb des dreijährigen Mietermittlungszeitraums nicht genutzt wurde;
- das Grundstück vom Eigentümer und dessen Familie selbst genutzt wurde;
- das Grundstück an andere unentgeltlich zur Nutzung überlassen wurde.

Übliche Miete ist die Miete, die für nach Lage, Größe, Ausstattung, vergleichbare nicht preisgebundene Grundstücke von fremden Mietern ohne Betriebskosten bezahlt wird. Dieser Mietwert wird mit dem 12,5fachen vervielfacht.

Von dem ermittelten Wert wird ein Altersabschlag für jedes Jahr, das seit *Altersabschlag* dem Jahr der Bezugsfertigkeit bis zum Zeitpunkt der Besteuerung vollendet ist, in Höhe von 0,5 %, höchstens 25 % vorgenommen. Wurde durch Baumaßnahmen die Nutzungsdauer des Gebäudes verlängert, errechnet sich der Altersabschlag ab dem Jahr der Renovierung.

Bei selbstgenutzten Ein-, Zweifamilienhäusern und Eigentumswohnungen wird ein Zuschlag von 20 % aufsummiert. Bei vermieteten Wohn- und gewerblichen Immobilien fällt der Zuschlag weg.

Bei bebauten Grundstücken ist als Mindestwert der Wert anzusetzen, der *Mindestwert* sich für das Grundstück ergäbe, wenn es unbebaut wäre, mindestens 80 % des nach dem Bodenrichtwert ermittelten Wertes.

Der so ermittelte Grundstückswert ist auf volle 1.000,00 DM nach unten abzurunden, in EUR umzurechnen und auf volle EUR abzurunden.

## • Bewertung nach dem Sachwertverfahren

> Lässt sich für bebaute Grundstücke eine übliche Miete nicht ermitteln, ist nach dem Sachwertverfahren ein Ausgangswert festzustellen.
> Der Ausgangswert umfasst den Bodenwert, den Gebäudewert und den *Ausgangswert* Wert der Außenanlagen.

Vor allem gewerbliche Grundstücke werden nach dieser Methode bewertet. Der Bodenwert wird durch Multiplikation der Grundstücksfläche mit *Betriebsgrundstücke* dem Bodenrichtwert ermittelt. Von diesem Wert wird ein Abschlag von 30 % vorgenommen.

Der Gebäudewert wird nach den im Besteuerungszeitpunkt maßgebenden ertragsteuerlichen Vorschriften (Steuerbilanzwert) ermittelt. Der Wert der Außenanlagen ist aus den Herstellungskosten unter Berücksichtigung des Alters und Zustands der Außenanlage zu ermitteln. Der so ermittelte Ausgangswert muss nun an den gemeinen Wert angepasst werden. Dies wird durch Wertzahlen erreicht, die nach der Zweckbestimmung und Verwendbarkeit des Grundstücks je nach Gemeinde und örtlichen Verhältnissen festgelegt werden.

### 3.5.7.3 Steuerklassen, allgemeine Steuerfreibeträge

Je nach dem Grad der Verwandtschaft des Empfängers zum Geber unterscheidet man die Steuerklassen I bis III mit unterschiedlichen Freibeträgen. Außerdem wird zwischen Erbschaft und Schenkungsvorgängen unterschieden.

Steuerklassen I bis III und Freibeträge

|  | Steuerklasse I | Steuerklasse II | Steuerklasse III |
|---|---|---|---|
| In der Erbschaftsteuer | Ehegatte<br>Kinder<br>Enkel<br>Stiefkinder<br>Eltern<br>Großeltern | Geschwister und Geschwisterkinder<br>Neffen<br>Nichten<br>Stiefeltern<br>Schwiegerkinder<br>Schwiegereltern<br>geschiedener Gatte | alle übrigen Personen |
| In der Schenkungsteuer | Ehegatte<br>Kinder<br>Enkel<br>Stiefkinder | wie oben zusätzlich:<br>Eltern<br>Großeltern | alle übrigen Personen |
| Allgemeine Freibeträge | Ehegatte 307.000,00 EUR<br>Kinder, Stiefkinder und Kinder verstorbener Kinder je Elternteil 205.000,00 EUR<br>alle anderen Erwerber der Steuerklasse I: 51.200,00 EUR | 10.300,00 EUR | 5.200,00 EUR |

### 3.5.7 Erbschaft- und Schenkungsteuer

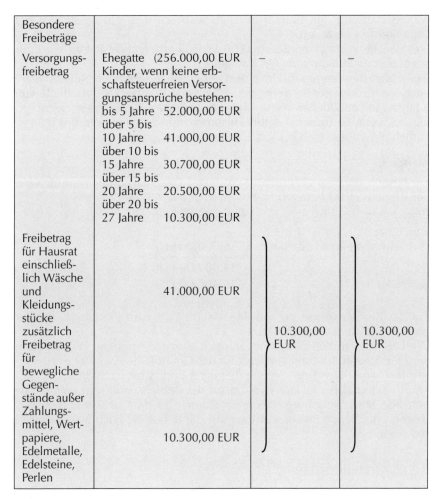

Abbildung 202

Für Behinderte und Erwerbsunfähige/Erwerbsgeminderte gelten Sonderbestimmungen.

Ein zusätzlicher Freibetrag wird für einen Erwerb gewährt, der Personen zufällt, die dem Erblasser unentgeltlich oder gegen unzureichendes Entgelt Pflege und Unterhalt gewährt haben, soweit das Zugewendete als angemessenes Entgelt anzusehen ist. Der Freibetrag beträgt in Steuerklasse I, II und III: 5.200,00 EUR. *Freibetrag für Pflegeentschädigung*

Für Nachlassverbindlichkeiten wird ohne Nachweis pauschal ein Freibetrag von 10.300,00 EUR gewährt. Ein Abzug von Schenkungsverbindlichkeiten ist im Gesetz nicht vorgesehen, aber nun durch Erlass zugelassen. Trägt der Beschenkte die Kosten, kann er den Nominalbetrag gegenrechnen. Trägt der Schenker die Kosten, erhöhen sie den Wert der Schenkung. *Freibetrag für Nachlassverbindlichkeiten*

Betriebsvermögen ist bis zu 256.000,00 EUR von der Erbschaftsteuer befreit. Dies gilt auch für Schenkungen im Rahmen der vorweggenommenen Erbfolge. *Freibetrag bei Betriebsvermögen*

Der Freibetrag bis 256.000,00 EUR gilt sowohl für die Steuerklasse I als auch für Steuerklasse II und III. Darüber hinaus wird unabhängig vom Verwandtschaftsgrad ein Betriebsübernehmer nach dem günstigen Tarif der Steuerklasse I besteuert.

Der den Freibetrag von 256.000,00 EUR übersteigende Betrag wird zur Versteuerung lediglich mit 60 % angesetzt.

Freibetrag, Bewertungsabschlag und der günstige Tarif nach Steuerklasse I entfallen rückwirkend, wenn der Erbe oder Beschenkte innerhalb von 5 Jahren in schädlicher Weise über das entlastete Betriebsvermögen verfügt, es veräußert oder aufgibt. Entsprechende anteilige Vergünstigungsaufhebung erfolgt auch bei schädlicher Teilverfügung.

**Beispiel:**

Ein Betrieb wird an den nicht verwandten Geschäftsführer vererbt. Wert des Betriebs: 1.000.000,00 EUR.

| | |
|---|---|
| Betriebswert | 1.000.000,00 EUR |
| Freibetrag (Betriebsvermögensfreibetrag) | 256.000,00 EUR |
| | 744.000,00 EUR |
| davon 60 % | 446.400,00 EUR |

Für das Betriebsvermögen von 446.400,00 EUR wird die Erbschaftsteuer nach Steuerklasse I berechnet.

Wird außer dem Betriebsvermögen noch anderes Vermögen vererbt, dann wird die Steuerbelastung zunächst für das Gesamterbe nach der anzuwendenden Steuerklasse des Steuerpflichtigen und dann nach Steuerklasse I ermittelt. In beiden Fällen wird die auf das Betriebsvermögen entfallende anteilige Steuerbelastung errechnet. Dann wird die auf das Betriebsvermögen entfallende Steuerbelastung auf die Belastung nach Steuerklasse I reduziert.

### 3.5.7.4 Steuersätze

> Je entfernter der Verwandtschaftsgrad und je höher das erworbene Vermögen, umso höher ist der Steuertarif. Er erreicht eine Spitzenbelastung von 50 %.

Steuersätze

| Bei steuerpflichtigem Erwerb bis: | Steuerklasse I | Steuerklasse II | Steuerklasse III |
|---|---|---|---|
| 52.000,00 EUR | 7 % | 12 % | 17 % |
| 256.000,00 EUR | 11 % | 17 % | 23 % |
| 512.000,00 EUR | 15 % | 22 % | 29 % |
| 5.113.000,00 EUR | 19 % | 27 % | 35 % |
| | | | usw. |

*Abbildung 203*

## 3.5.7.5 Zehnjahresfrist

Mehrere Zuwendungen innerhalb von 10 Jahren werden zur Besteuerung zusammengerechnet.
Bei Immobilien bestehen laut BFH erhebliche Bedenken gegen die zehnjährige Rückwirkung.

**Beispiel:**

Ein Kind erhält vom Vater 220.000,00 EUR geschenkt und erbt von ihm sechs Jahre später 450.000,00 EUR. Nach Abzug des Freibetrags von 205.000,00 EUR sind 465.000,00 EUR mit 15 % zu versteuern.
Schwierig wird die Sachbehandlung, wenn altes und neues Erbschaft- und Schenkungsteuerrecht zusammentreffen.
In diesem Fall werden dem letzten Erwerb die früheren Erwerbe mit ihren früheren steuerlichen Werten zugerechnet. Von der sich nach dem Gesamterwerb ergebenden Steuer wird die Steuer abgezogen, die für die früheren Erwerbe nach den persönlichen Verhältnissen des Erwerbers zum Zeitpunkt des letzten Erwerbs zu erheben gewesen wäre. Anstelle dieses abzuziehenden Betrags ist zugunsten des Steuerpflichtigen die tatsächlich entrichtete höhere Steuer für die Vorerwerbe abzuziehen.

**Beispiel:**

Der Sohn erhält 1994 vom Vater ein Grundstück mit einem Einheitswert von 130.000,00 DM geschenkt. 2002 verstirbt der Vater und vererbt seinem Sohn ein Barvermögen von 300.000,00 EUR und ein Grundstück mit einem Steuerwert von 250.000,00 EUR.

| | | |
|---|---:|---:|
| Erwerb 1994: | | |
| Grundstück | 130.000,00 DM | |
| das sind | | 66.469,00 EUR |
| Freibetrag für Kind nach altem Recht: | 90.000,00 DM | |
| | 40.000,00 DM | |
| das sind | | 20.452,00 EUR |
| Schenkungsteuer nach altem Recht: | | |
| 3 % von 40.000,00 DM | 1.200,00 DM | |
| das sind | | 615,00 EUR |
| Erwerb 2002: Barvermögen | | 300.000,00 EUR |
| Grundvermögen | | 250.000,00 EUR |
| | | 550.000,00 EUR |
| Pauschaler Freibetrag für Nachlassverbindlichkeiten | | 10.300,00 EUR |
| | | 539.700,00 EUR |
| zuzüglich Erwerb 1994 | | 66.469,00 EUR |
| | | 606.169,00 EUR |
| Freibetrag Steuerklasse I nach neuem Recht | | 205.000,00 EUR |
| | | 401.169,00 EUR |

Steuer nach neuem Recht
15 % von 401.169,00 EUR                              60.175,00 EUR

Ermittlung der effektiven Erbschaftsteuer:
Erwerb 1994                                          66.469,00 EUR
Freibetrag nach neuem Recht                         205.000,00 EUR
Steuerpflichtiger Erwerb                                  0,00 EUR
das bedeutet eine fiktive Steuer
für den Vorerwerb nach neuem Recht                        0,00 EUR
Erbschaftsteuer für Erwerb 2002                      60.175,00 EUR
bereits bezahlte Schenkungsteuer für Erwerb 1994        615,00 EUR

festzusetzende Erbschaftsteuer im Rahmen
der 10-Jahresfrist                                   59.560,00 EUR

### 3.5.7.6 Verfahrensbestimmungen

Jeder dem Erbschaftsteuergesetz unterliegende Erwerb ist vom Erwerber binnen 3 Monaten dem zuständigen Erbschaftsteuer-Finanzamt anzuzeigen. Bei einer Schenkung ist auch der Schenker zur Anzeige verpflichtet. Im Todesfall sind die Banken, Sparkassen usw. verpflichtet, dem zuständigen Erbschaftsteuer-Finanzamt innerhalb eines Monats nach Bekanntwerden des Todesfalls Mitteilung über die bei ihnen geführten Konten und Depots zu machen.

### 3.5.8 Besteuerungsverfahren (Auszug aus der Abgabenordnung)

Die Abgabenordnung enthält alle formellen Bestimmungen zur Abwicklung und Sicherung eines Steuerrechtanspruchs. Neben den Bestimmungen über den Aufbau der Finanzverwaltung und ihrer Zuständigkeit sind die Verfahrensvorschriften zur Durchführung der Besteuerung und der Erzwingung des Steueranspruchs in der Abgabenordnung enthalten.

### 3.5.8.1 Steuerveranlagung

*Steuerbescheid*

*Steuerfestsetzung*

Hat der Steuerpflichtige seine Steuererklärung dem Finanzamt eingereicht, dann erlässt das Finanzamt entweder einen endgültigen Steuerbescheid oder – wenn der Steuerfall noch nicht abschließend geprüft ist – eine Steuerfestsetzung unter dem Vorbehalt der Nachprüfung.

*Vorbehalt der Nachprüfung*

Solange der Vorbehalt wirksam ist, kann die Steuerfestsetzung sowohl vom Steuerpflichtigen als auch vom Finanzamt geändert werden.

## 3.5.8.2 Rechtsbehelf und Rechtsmittel

Ist der Steuerpflichtige mit dem Veranlagungsbescheid des Finanzamtes nicht einverstanden, dann kann er dagegen folgende Maßnahmen ergreifen:

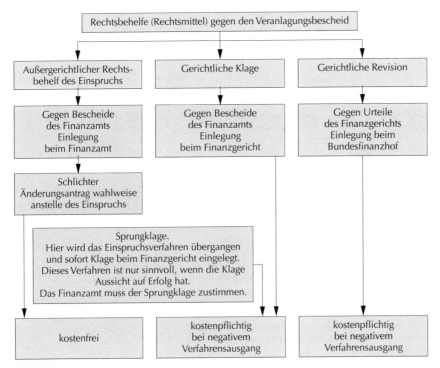

Abbildung 204

Die Frist zur Einlegung der Rechtsbehelfe beträgt einen Monat und beginnt mit dem Tag, an dem der Bescheid oder das Urteil mittels Zustellungsurkunde zugestellt ist. Bei einfacher Zustellung durch die Post gilt der Bescheid am dritten Tage nach Aufgabe zur Post als zugestellt. Mit Einlegung des Rechtsbehelfs oder der Rechtsmittel ist keine Aufschiebung der Steuerzahlung verbunden. Der Einspruch ist schriftlich oder zur Niederschrift beim zuständigen Finanzamt zu erklären.

## 3.5.8.3 Steuerstundung, Steuerermäßigung, Steuererlass

Das Finanzamt kann in folgenden begründeten Fällen von der Erhebung und Beitreibung der Steuer Abstand nehmen:

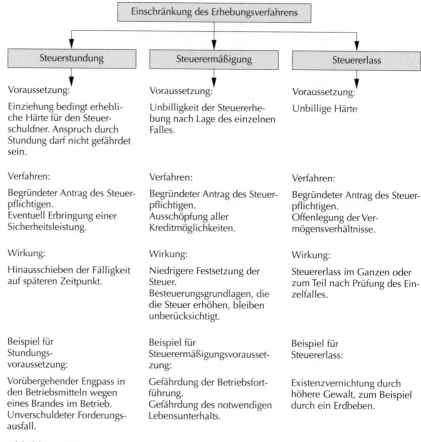

*Abbildung 205*

### 3.5.8.4 Verjährung

Wie im Zivil- und Strafrecht, so kennt man auch im Steuerrecht das Instrument der Verjährung, das heißt: die Finanzverwaltung kann und darf nach Ablauf bestimmter Fristen keine den Steuerpflichtigen belastenden Verwaltungsakte vornehmen.

3.5.8 Besteuerungsverfahren (Auszug aus der Abgabenordnung)

*Abbildung 206*

### 3.5.8.5 Zwangsmittel der Finanzverwaltung

Zur Durchführung der Steueraufsicht und der Steuerbeitreibung stehen der Finanzverwaltung eine Reihe von Zwangsmitteln zur Verfügung. Die Finanzverwaltung stützt sich dabei auf folgende Vorschriften:

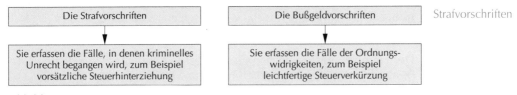

Strafvorschriften

*Abbildung 207*

Während bei Bußgeldbescheiden grundsätzlich die Finanzbehörde allein zuständig ist, werden bei Hinterziehungen die Strafverfahren vor den ordentlichen Gerichten durchgeführt. Die Finanzverwaltung wird dabei in Zusammenarbeit mit der Staatsanwaltschaft tätig.

Sie bedient sich dabei der Beweismittel
- der Vorladung und Vernehmung
- der Zuziehung von Sachverständigen
- der Beiziehung von Akten und Urkunden
- der Inaugenscheinnahme.

Die Durchsetzung der Beweismittel kann erzwungen werden:
- durch Zwangsgelder

- durch Ersatzvornahmen
- durch Zwangshaft.

*Steuerstrafen*

Für Steuervergehen werden Steuerstrafen verhängt:
- bei Steuerhinterziehung    Freiheitsstrafen    bis zu 5 Jahren, in besonders schweren Fällen bis zu 10 Jahren oder Geldstrafen.
- bei leichtfertiger Steuerverkürzung    Geldbußen    bis 50.000,00 EUR.

*Selbstanzeige*

Steuerpflichtige, die vor Beginn amtlicher Ermittlungen ihre unrichtigen oder unvollständigen Angaben bei der Finanzbehörde berichtigen oder ergänzen, bleiben in der Regel straffrei (Selbstanzeige).

### 3.5.8.6 Allgemeine Überprüfungsverfahren zur Steueraufsicht

Die Finanzverwaltung ist zur Gleichbehandlung aller Steuerzahler verpflichtet. Neben den strafrechtlichen Ahndungsmöglichkeiten bei Steuerhinterziehung und -verkürzung hat die Finanzverwaltung die Überwachungsmöglichkeiten durch Außenprüfung und Steuerfahndung.

#### Außenprüfung (Betriebsprüfung)

Eine Außenprüfung ist zulässig bei Steuerpflichtigen, die einen Gewerbebetrieb unterhalten. Sie dient der Ermittlung der steuerlichen Verhältnisse und ist schon zulässig, wenn Anhaltspunkte vorliegen, dass ein Besteuerungstatbestand erfüllt ist.

Der Finanzbehörde sind alle für die Feststellung eines steuerlichen Tatbestands maßgeblichen Unterlagen zur Verfügung zu stellen. Die Finanzbehörde hat ab 2002 bei Außenprüfungen das Recht, Einsicht in gespeicherte Daten zu nehmen und das Datenverarbeitungssystem zu nutzen.

In der Regel werden Außenprüfungen routinemäßig durchgeführt. Dabei sind nach der neuen Betriebsprüfungsordnung folgende Ablaufregelungen festgelegt:

*Großbetriebe*
*Anschlussprüfung*
*Mittelbetriebe*
*Kleinbetriebe*

- Großbetriebe werden alle 3–4 Jahre geprüft, wobei an die vorgehende Betriebsprüfung angeschlossen wird und alle eventuell noch ungeprüften Jahre mit einbezogen werden (Anschlussprüfung).
- Mittelbetriebe sollen durchschnittlich alle 10–15 Jahre geprüft werden.
- Kleinbetriebe sollen durchschnittlich alle 20 Jahre geprüft werden.
- Der Prüfungszeitraum beträgt für Klein- und Mittelbetriebe wie bisher i.d.R. drei Jahre. Das Finanzamt kann aber nun die drei Jahre heraussuchen. Es müssen auch nicht zwingend drei zusammenhängende Jahre sein.

*3.5.8 Besteuerungsverfahren (Auszug aus der Abgabenordnung)*

Der sachliche Umfang der Prüfungsanordnung – auch einer routinemäßigen Prüfung – kann sich auch auf nichtbetriebliche Sachverhalte erstrecken. Spezielle Arten der Außenprüfung sind:
- der Lohnsteueraußendienst
- die Umsatzsteuersonderprüfung.

Die Außenprüfung muss angekündigt werden. Die Bundesregierung sieht aber eine Gesetzesänderung in der Form vor, dass unangemeldete Betriebsprüfungen – auch ohne Vorliegen von Verdachtsmomenten – zulässig sind und die Regel werden.

**Steuerfahndung**

> Bei Vorliegen oder bei Verdacht des Vorliegens von Steuerverfehlungen hat die Finanzverwaltung auch die Möglichkeit der Einleitung eines Steuerfahndungsverfahrens.

Die Steuerfahndung ist mit besonderen Befugnissen ausgestattet. So kann sie zum Beispiel an eine Bank ein persönlich beschränktes Auskunftsersuchen stellen (Grenzen des Bankgeheimnisses).

# Übungs- und Prüfungsaufgaben

1. **Wie funktioniert das Umsatzsteuersystem?**
   - ☐ a) Die Einkaufsbeträge dürfen von den Verkaufserlösen abgezogen werden.
   - ☐ b) Die Umsatzsteuer, die dem Kunden in Rechnung gestellt wird, ist an das Finanzamt abzuführen.
   - ☐ c) Der Unternehmer ist berechtigt, die Vorsteuer, die er von seinem Lieferanten (im weitesten Sinne) in Rechnung gestellt bekommt, von der Umsatzsteuer, die er seinem Kunden in Rechnung stellt, abzuziehen. Der Differenzbetrag ist die an das Finanzamt zu zahlende Umsatzsteuerzahllast.
   - ☐ d) Die Vorleistungseinsätze bleiben umsatzsteuerfrei und die Leistungen an den privaten Endverbraucher werden vom Endlieferanten mit Umsatzsteuer belegt.
   - ☐ e) Der Unternehmer ist verpflichtet, die Vorsteuer dem Finanzamt abzuführen und dem Kunden dafür eine um die Vorsteuer geminderte Rechnung auszustellen.

„Siehe Seite 332 f. des Textteils!"

2. Ein Geselle beabsichtigt, sich nach erfolgreich abgelegter Meisterprüfung selbstständig zu machen. Er besorgt sich schon vor Ablegung der Meisterprüfung Werkzeug und Maschinen zur Ausübung seiner künftigen gewerblichen Tätigkeit und möchte wissen, wie die Umsatzsteuer vor und nach Selbstständigmachung zu handhaben ist.

**Aufgabe:** Zeigen Sie die Voraussetzungen und Folgen der Umsatzsteuer vor und nach der Selbstständigmachung auf. Gehen Sie anhand der nachfolgenden Leitfragen vor!
- a) Ist die Vorsteuer in den Werkzeug- und Maschinenkosten vor Selbstständigmachung berücksichtigungsfähig? *Ja*
- b) Ist der Geselle nach Selbstständigmachung uneingeschränkt umsatzsteuerpflichtig? *Nein*
- c) Welche Vergünstigungen kann der Geselle als Existenzgründer und Kleinunternehmer in Anspruch nehmen? *Umsatzsteuerfreibetrag und Vorsteuerpauschale*

„Siehe Seite 334, 345 des Textteils!"

3. Ein Handwerksmeister, der viele Kundenbesuche mit seinem gemischt genutzten Pkw unternimmt, legt besonderes Augenmerk auf die Erfassung der Vorsteuer, weil er weiß, dass die Vorsteuer die Wirkung eines Steuergutscheins hat und möchte über die neuen einengenden Vorsteuerbestimmungen unterrichtet werden.

**Aufgabe:** Erläutern Sie das Wesen der Vorsteuer, erklären Sie die Ausnahmebestimmungen und einschränkenden Maßnahmen zum Vorsteuerabzug. Gehen Sie anhand der nachfolgenden Leitfragen vor:

a) Was versteht man unter Vorsteuer?
b) In welchen Betriebskosten ist Vorsteuer enthalten (es genügt die Aufzählung einiger Beispiele)?
c) Nennen Sie Beispiele von Umsätzen, in denen keine berücksichtigungsfähigen Vorsteuern enthalten sind.
d) Zeigen Sie auf, wie die Vorsteuer bei gemischt genutzten Fahrzeugen behandelt wird!
e) Was sind die Voraussetzungen zum Funktionieren der Erfassung von Vorsteuern?
f) Nennen Sie die Ausnahmen vom gesonderten Vorsteuerausweis, beschreiben Sie die Berechnungsmethode und die Voraussetzungen für die Vorsteuerermittlung bei den Ausnahmeregelungen!

„Siehe Seiten 340 bis 342 des Textteils!"

4. Ein Handwerksmeister erzielt einen Umsatz von 117.600,00 EUR und führt seine Umsatzsteuer an das Finanzamt ab, sobald er vom Kunden das Entgelt erhalten hat. Im darauf folgenden Jahr schafft er einen Umsatz von 138.050,00 EUR

**Aufgabe:** Erläutern Sie die durch die Umsatzsteigerung eingetretenen Konsequenzen. Gehen Sie anhand der nachfolgenden Leitfragen vor!

a) Welche Arten der Fälligkeit der Umsatzsteuer kennen Sie?
b) Worin besteht der Unterschied zwischen den einzelnen Umsatzsteuerfälligkeiten?
c) Welche Voraussetzungen müssen erfüllt sein?
d) Wie wirken sich die unterschiedlichen Fälligkeitsmöglichkeiten auf die Sachbehandlung der Vorsteuer aus?

„Siehe Seite 338 des Textteils!"

5. Ein Handwerksmeister hat mit einem Auftraggeber Abschlagszahlungen je nach Fortschritt der Innenarbeiten vereinbart. Der Handwerksmeister versteuert seine Umsätze nach der so genannten Ist-Besteuerung.

**Aufgabe:** Wie hat er die Abschlagszahlungen in der Umsatzsteuer zu handhaben?

☐ a) Sie sind steuerfrei, weil die Leistung noch nicht vollendet ist.
☐ b) Nur Abschlagszahlungen bis 5.110,00 EUR sind sofort umsatzsteuerpflichtig.
☒ c) Abschlagszahlungen unterliegen bei Soll- und Istbesteuerung mit Ablauf des Voranmeldungszeitraums, in dem das Entgelt vereinnahmt worden ist, der Umsatzsteuerpflicht.
☐ d) Für Abschlagszahlungen gibt es Durchschnittsteuersätze.
☐ e) Nur Abschlagszahlungen für sonstige Leistungen sind sofort umsatzsteuerpflichtig.

„Siehe Seite 339 des Textteils!"

6. Ein Handwerksmeister kauft im Großhandel eine Bohrmaschine für brutto 92,00 EUR und einen dazu gehörenden Bohrsatz für brutto 15,00 EUR. Er erhält einen

Zahlungsbeleg über 107,00 EUR, versehen mit dem Vermerk, dass in dem Betrag 16 % Umsatzsteuer enthalten sind.

**Aufgabe: Welche Folgen hat dieser Zahlungsbeleg hinsichtlich der Vorsteuer?**

- ☐ a) Der Handwerksmeister darf aus dem Beleg einschließlich Umsatzsteuer die Vorsteuer ohne weitere Hinweise errechnen, weil ein Großhandel immer umsatzsteuerpflichtig ist.
- ☐ b) Der Handwerksmeister darf aus dem Betrag die Vorsteuer errechnen, weil der Steuersatzhinweis angebracht ist.
- ☐ c) Der Handwerksmeister darf aus dem Betrag die Vorsteuer nur dann errechnen, wenn sein Umsatz 30.680,00 EUR nicht übersteigt.
- ☒ d) Der Handwerksmeister kann keine Vorsteuer geltend machen, weil Bohrmaschine und Bohrsatz als Sachgesamtheit die 100-EUR-Grenze überschreiten und die Vorsteuer nicht betragsmäßig ausgewiesen ist.
- ☐ e) Er darf aus dem Bruttobetrag die Vorsteuer errechnen und geltend machen, weil der Steuersatz vermerkt ist und weder Bohrmaschine noch Bohrsatz die 100-EUR-Grenze überschreiten.

„Siehe Seite 342 des Textteils!"

7. Ein Bäckermeister betreibt ein Ladengeschäft und ein Tagescafé. Er erfüllt die Voraussetzungen für die Inanspruchnahme der Vorsteuerpauschale für Bäckerei in Höhe von 5,4 % des Umsatzes und berechnet seine Vorsteuer für die gesamten Umsätze mit dem Durchschnittsvorsteuersatz von 5,4 %.

**Aufgabe: Ist diese Sachbehandlung korrekt?**

- ☐ a) Die Sachbehandlung ist korrekt und der Durchschnittsvorsteuersatz für Bäckerei richtig angesetzt.
- ☒ b) Die Sachbehandlung ist nicht korrekt, der Durchschnittsvorsteuersatz ist nur auf die Umsätze aus der Bäckerei, dagegen nicht auf die Umsätze im Tagescafé anwendbar.
- ☐ c) Der Durchschnittsvorsteuersatz gilt nur für die Bäckereierzeugnisse, gleichgültig ob sie im Laden oder im Tagescafé verkauft werden.
- ☐ d) Bei gemischten Betrieben ist eine Erstellung der Vorsteuer nach Durchschnittsvorsteuersätzen unzulässig.
- ☐ e) Bei gemischten Betrieben ist der Durchschnittsvorsteuersatz nur zur Hälfte auf die Hälfte des Gesamtumsatzes anzusetzen.

„Siehe Seite 346 des Textteils!"

8. **Welche Erfordernisse müssen erfüllt sein, damit ein Kleinunternehmer die Vorsteuerpauschalen in Anspruch nehmen kann?**

- ☐ a) Er muss die Umsätze brutto verbuchen und die Vorsteuern auf einem eigenen Konto erfassen.
- ☐ b) Er darf nicht verpflichtet sein, Bücher zu führen und Abschlüsse zu tätigen.
- ☐ c) Wie b) zusätzlich ist die Vorjahresumsatzsteuer maßgebend; diese darf 6.135,00 EUR nicht übersteigen.
- ☒ d) Wie c) aber anstelle der Vorjahresumsatzsteuer ist der Vorjahresumsatz entscheidend; dieser darf 61.356,00 EUR nicht übersteigen.
- ☐ e) Vorsteuerpauschalen sind nur für selbstständige Tätigkeiten vorgesehen, nicht für Gewerbebetriebe.

„Siehe Seite 346 des Textteils!"

9. **Wer muss monatliche Umsatzsteuer-Voranmeldungen und Vorauszahlungen tätigen?**
   - ☒ a) Unternehmer, deren Vorjahresumsatzsteuer 6.136,00 EUR überschritten hat, sowie Existenzgründer im Gründungs- und darauf folgenden Jahr.
   - ☐ b) Unternehmer, deren Vorjahresumsatz 6.136,00 EUR überschritten hat.
   - ☐ c) Unternehmer, deren Vorsteuer im Vorjahr 1.227,00 EUR überschritten hat.
   - ☐ d) Umsatzsteuerfreie Kleingewerbetreibende.
   - ☐ e) Unternehmer mit Istbesteuerung.

„Siehe Seite 348 des Textteils!"

10. Grundlage für die Ermittlung der Gewerbesteuer ist der Gewerbeertrag, das ist der einkommensteuerliche Gewinn, berichtigt um gesetzliche Hinzurechnungen und Kürzungen. Der alleinige Gesellschafter-Geschäftsführer einer handwerklichen GmbH bezieht von der GmbH ein angemessenes Gehalt und mindert auf diese Weise den Gewinn der GmbH.

**Aufgabe:** Unterliegt dieser Gehaltsbezug für Zwecke der Gewerbesteuer-Ermittlung den Hinzurechnungsbestimmungen?
   - ☐ a) Gesellschafter von Personen- und Kapitalgesellschaften können keine Gehaltsempfänger sein; das Gehalt ist hinzuzurechnen.
   - ☐ b) Gesellschafter-Geschäftsführer einer GmbH können Gehaltsempfänger sein. Das Gehalt ist bei der GmbH eine abzugsfähige Betriebsausgabe, mindert dadurch die Basis der Körperschaftsteuer, muss aber für die Ermittlung des Gewerbeertrags wieder hinzugerechnet werden.
   - ☐ c) Da in unserem Beispiel eine Ein-Mann-Gesellschaft vorliegt, ist das Gehalt keine abzugsfähige Betriebsausgabe und hat keine Auswirkung auf den Gewerbeertrag.
   - ☐ d) Gehaltsbezüge von Gesellschafter-Geschäftsführern sind durch den Freibetrag von 24.500,00 EUR beim Gewerbeertrag bereits ausgeglichen.
   - ☒ e) Ein Gehaltsbezug des Gesellschafter-Geschäftsführers ist zulässig, mindert den körperschaftsteuerlichen Gewinn, unterliegt aber keinen Hinzurechnungsbestimmungen bei der Gewerbesteuer.

„Siehe Seite 349 des Textteils!"

11. Ein gewerbesteuerpflichtiger Handwerksmeister hat auf der Bank zur Stärkung seiner Kapitalbasis langfristige Kredite und einen Kontokorrentkredit aufgenommen. Zur Ermittlung des Gewerbeertrags muss er die als Betriebsausgaben behandelten Zinsen für die Kredite dem Gewinn wieder hinzurechnen.

**Aufgabe:** Erläutern Sie die Sachbehandlung des Gewerbeertrags anhand nachfolgender Fragen!
a) Wie baut sich das Staffelverfahren auf?
b) In welcher Höhe ist die Zurechnung der Zinszahlungen für die langfristigen Darlehen vorzunehmen?
c) Was ist bei der Hinzurechnung der Zinsen für den Kontokorrentkredit zu beachten?

„Siehe Seite 350 des Textteils!"

## 3.5 Steuern

**12.** Ein Handwerksmeister erhält einen Gewerbesteuerbescheid zugestellt. Dabei stellt er fest, dass die Gewerbesteuer durch Ansatz eines falschen Hebesatzes zu hoch ausgewiesen ist.

**Aufgabe: Was muss der Handwerksmeister tun, um den überhöhten Gewerbesteuerbescheid zu berichtigen?**
- ☐ a) Er muss Rechtsmittel bei der Finanzverwaltung gegen den Gewerbesteuerbescheid einlegen.
- ☒ b) Er muss Rechtsmittel bei der Gemeinde gegen den Gewerbesteuerbescheid einlegen.
- ☒ c) Er muss sowohl bei der Finanzverwaltung, die den einheitlichen Gewerbesteuermessbescheid festgesetzt hat, als auch bei der Gemeinde, die den Hebesatz auf den einheitlichen Gewerbesteuermessbescheid angesetzt hat, Rechtsmittel einlegen.
- ☐ d) Für Gewerbesteuerberichtigungen sind ausschließlich die Finanzgerichte zuständig; der Gewerbesteuerbescheid muss durch das Rechtsmittel der Berufung angefochten werden.
- ☐ e) Für Gewerbesteuerberichtigungen sind ausschließlich die Zivilgerichte zuständig; der Gewerbesteuerbescheid muss mittels einer zivilrechtlichen Klage angefochten werden.

*„Siehe Seite 352 des Textteils!"*

**13.** Ein Handwerksmeister erzielt einen Jahresgewinn in Höhe von 34.260,00 EUR und macht einen Nettoumsatz von 245.420,00 EUR.

**Aufgabe: Welche Gewinnermittlungsmethode muss der Handwerksmeister anwenden und was sind die Voraussetzungen?**
- ☐ a) Da der Gewinn über 25.000,00 EUR liegt, ist er zum Betriebsvermögensvergleich verpflichtet.
- ☐ b) Da der Umsatz unter 260.000,00 EUR liegt, darf er den Gewinn nach der Überschussrechnungsmethode ermitteln.
- ☐ c) Gewinn- und Umsatzgrenzen sind unerheblich. Entscheidend ist, ob das Finanzamt den Handwerksmeister zur Buchführung nach Bestandsvergleich angewiesen hat.
- ☐ d) Für die Gewinnermittlung nach Betriebsvermögensvergleich muss sowohl der Gewinn 25.000,00 EUR als auch der Umsatz 260.000,000 EUR überschreiten. Nur dann ist der Unternehmer ohne Anweisung durch das Finanzamt zum Betriebsvermögensvergleich verpflichtet. Werden beide Grenzwerte nicht überschritten, darf die Überschussrechnungsmethode angewendet werden.
- ☒ e) Überschreitet der Gewinn die 25.000,00 EUR-Grenze oder der Umsatz die 260.000,00 EUR-Grenze, dann ist der Handwerksmeister zur Gewinnermittlung nach Betriebsvermögensvergleich verpflichtet. Voraussetzung ist, dass das Finanzamt den Handwerksmeister zur Buchführung nach Bestandsvergleich angewiesen hat.

*„Siehe Seite 356 des Textteils!"*

**14. Wann kann ein Arbeitgeber Reisekosten für Geschäftsreisen geltend machen?**
- ☐ a) Wenn er aus dienstlichen Gründen vom Ort seiner Betriebsstätte über seine politische Gemeinde hinausfährt, wobei der Dienstreiseort weder in der politischen Gemeinde des Wohnortes noch in der politischen Gemeinde des Betriebssitzes liegen darf.

☐ b) Wenn er aus dienstlichen Gründen in einer Entfernung von mindestens 20 km von seiner Betriebsstätte und von seiner Wohnung vorübergehend tätig wird.
☒ c) Wenn er von seiner Wohnung und von seiner regelmäßigen Betriebsstätte entfernt vorübergehend tätig wird.
☐ d) Überhaupt nicht, weil nur Arbeitnehmer Reisekosten in Anspruch nehmen können.
☐ e) Wenn er sich nicht mehr als 20 km vom Ort seiner Betriebsstätte entfernt.

„Siehe Seite 357 des Textteils!"

**15.** Ein Handwerksmeister unternimmt eine Geschäftsreise in die 130 km vom Betriebssitz entfernte Hauptstadt. Er besucht dort eine Fachausstellung und führt Verhandlungen mit Kunden.

Die Bahnkarte für Hin- und Rückfahrt kostet 76,00 EUR, der Eintritt zur Ausstellung kostet 9,00 EUR. Für Essen und Übernachten hat er keinen Aufwand, da er sich bei seiner in der Hauptstadt wohnenden Tochter aufhält. Er verlässt am Vortag um 13 Uhr seine Wohnung, hält sich einen Tag in der Hauptstadt auf und kommt am nächsten Tag um 15 Uhr zu seinem Betrieb zurück.

**Aufgabe: Zeigen Sie den Vorgang der Abrechnung der Geschäftsreise in der Einkommensteuer und Umsatzsteuer auf.**

„Siehe Seite 358 des Textteils!"

**16.** Ein Handwerksmeister benutzt seinen Pkw zu 70 % für betriebliche und zu 30 % für private Zwecke. Er führt kein Fahrtenbuch.

**Aufgabe: Was muss der Handwerksmeister bei der Ermittlung des auf die private Nutzung entfallenden, nicht als Betriebsausgabe abzugsfähigen Kfz-Unkostenanteil beachten?**

☐ a) Das Finanzamt erkennt ohne Nachweis von Amts wegen einen Betrag von 30 % der Kfz-Unkosten als Privatanteil an.
☐ b) Der private Nutzungsanteil errechnet sich pauschal mit 1 % des jeweiligen Buchwerts des Betriebs-Pkws.
☒ c) Der private Nutzungsanteil errechnet sich mit 1 % des inländischen Listenpreises im Zeitpunkt der Erstzulassung für jeden Monat.
☐ d) Wie c), aber statt „für jeden Monat" muss es heißen: „für das Jahr".
☐ e) Bei einem Betriebs-Pkw entfällt die Unterscheidung zwischen betrieblicher und privater Nutzung.

„Siehe Seite 358 des Textteils!"

**17.** Ein Handwerksmeister macht einem Architekten, von dem er sich Aufträge erhofft, ein Geschenk. Das Geschenk hat einen Wert von 46,00 EUR; erstanden hat er das Geschenk aufgrund von Beziehungen für 36,00 EUR. Er verbucht das Geschenk als Betriebsausgabe auf ein Sammelkonto „Repräsentationsausgaben", auf dem er auch seine Bewirtungsaufwendungen und Aufmerksamkeiten festhält.

**Aufgabe: Wie ist diese Schenkung einkommensteuerlich zu behandeln?**

☐ a) Die Schenkung ist als Betriebsausgabe abzugsfähig, weil die 410,00 EUR-Grenze für geringwertige Wirtschaftsgüter nicht überschritten wird.
☐ b) Für den Abzug von Geschenken ist nicht die Grenze für geringwertige Wirtschaftsgüter maßgebend; vielmehr sind die Anschaffungs- oder Herstellungskosten, die 40,00 EUR pro Jahr und Empfänger nicht überschreiten dürfen, entschei-

*3.5 Steuern*

dend. Somit sind die Anschaffungskosten für das Geschenk in Höhe von 36,00 EUR abzugsfähige Betriebsausgaben.
- ☐ c) Entscheidend sind nicht die Anschaffungs- oder Herstellungskosten, sondern der Teilwert des Geschenks. Da der Teilwert bei 46,00 EUR liegt, sind die Geschenkkosten nicht abzugsfähig.
- ☒ d) Das Geschenk kann nicht als Betriebsausgabe berücksichtigt werden, weil es auf ein Sammelkonto verbucht wurde. Geschenke müssen in der Buchführung einzeln und getrennt von den sonstigen Betriebsausgaben aufgezeichnet werden.
- ☐ e) Wie d), außerdem fehlt der dauernde, leicht erkennbare Werbeeffekt auf dem Geschenk.

*„Siehe Seite 360 ff. des Textteils!"*

**18. Der Ehegattenarbeitsvertrag setzt zu seiner steuerlichen Wirksamkeit voraus:**
- ☒ a) Den Güterstand der Gütertrennung oder der Zugewinngemeinschaft oder der Gütergemeinschaft, wenn der Gewerbebetrieb nicht zum Gesamtgut gehört.
- ☐ b) Den Güterstand der Gütergemeinschaft, wobei der Gewerbebetrieb zum Gesamtgut von Mann und Frau gehören muss.
- ☐ c) Wie bei b), wobei der Ehegattenarbeitsvertrag – wie der Güterstand der Gütergemeinschaft – notariell vereinbart sein muss.
- ☐ d) Der Güterstand spielt keine Rolle.
- ☐ e) Die Begründung einer Personengesellschaft zwischen Mann und Frau.

*„Siehe Seite 363 ff. des Textteils!"*

**19.** Der Inhaber eines Handwerksbetriebs hat in seinem Betrieb mehrere Geräte eingesetzt, deren Anschaffungskosten 410,00 EUR einschließlich Nebenkosten übersteigen. Er hat bisher die Geräte linear abgeschrieben und möchte nun auf die degressive AfA wechseln.

**Aufgabe: Ist dies zulässig?**
- ☒ a) Es darf nur einmal von der degressiven auf die lineare AfA gewechselt werden.
- ☐ b) Einmaliger Wechsel von linear auf degressiv ist zulässig.
- ☐ c) Es darf wiederholt zwischen linear und degressiv gewechselt werden.
- ☐ d) Es darf von einer zur anderen Methode gewechselt werden.
- ☐ e) Es darf überhaupt nicht gewechselt werden.

*„Siehe Seite 366 des Textteils!"*

**20.** Ein Existenzgründer beabsichtigt im 2. Jahr nach Selbstständigmachung einen Lkw zur betrieblichen Nutzung anzuschaffen und zu diesem Zweck die so genannte Ansparabschreibung in Anspruch zu nehmen. Im 3. Jahr nach Selbstständigmachung beschafft er sich statt des Lkws einen Pkw, den er sowohl betrieblich als auch privat nutzt.

**Aufgabe: Erläutern Sie, wie sich die Ansparabschreibung bei Existenzgründern auswirkt, welche Voraussetzungen der Existenzgründer erfüllen muss, um die Ansparabschreibung in Anspruch nehmen zu können und warum letztlich in obigem Fall der Existenzgründer die Ansparabschreibung nicht in Anspruch nehmen kann!**

*„Siehe Seiten 369 bis 370 des Textteils!"*

**21.** Sonderausgaben sind private Aufwendungen, die der Gesetzgeber insbesondere wegen ihres sozialen Charakters zum Abzug vom Gesamtbetrag der Einkünfte zugelassen hat. Ein verheirateter Handwerksmeister hat eine Lebensversicherung, eine Hausrats-, Einbruch-, Haftpflicht-, Glas-, Unfall- und Krankenversicherung

abgeschlossen und möchte wissen, ob die Prämienzahlungen für diese Versicherungen abzugsfähig sind und in welcher Höhe.
- ☐ a) Alle obigen Versicherungen haben sozialen Charakter und sind als Sonderausgabe unbeschränkt berücksichtigungsfähig.
- ☐ b) Obige Versicherungen sind nur beschränkt abzugsfähig, und zwar in Höhe des Grundhöchstbetrags bei Verheirateten bis 2.668,00 EUR.
- ☐ c) Sozialen Charakter haben nur die Lebens-, Haftpflicht-, Unfall- und Krankenversicherung. Nur sie sind im Rahmen des Grundhöchstbetrags bei Verheirateten bis 2.668,00 EUR berücksichtigungsfähig.
- ☐ d) Wie bei c), doch darf vor Ansatz des Grundhöchstbetrags noch ein Vorwegabzug von bis zu 6.136,00 EUR bei Verheirateten geltend gemacht werden.
- ☒ e) Wie bei d), zusätzlich dürfen die den Vorwegbetrag und Grundhöchstbetrag übersteigenden Sonderausgaben noch zur Hälfte, höchstens bis zur Hälfte des Grundhöchstbetrags berücksichtigt werden.

„Siehe Seite 373 des Textteils!"

**22. Welche Erfordernisse müssen bei den außergewöhnlichen Belastungen gegen Einzelnachweis berücksichtigt werden?**
- ☐ a) Nur Prüfung der Angemessenheit
- ☒ b) Zwangsläufigkeit der Aufwendungen und Übernahme eines Selbstbeteiligungsbetrags
- ☐ c) Begrenzung der Aufwendungen entsprechend der Einkünfte aus Gewerbebetrieb
- ☐ d) Keine Kostenbegrenzung, aber Prüfung der Angemessenheit der Aufwendungen
- ☐ e) Begrenzung der Kosten entsprechend dem Grundhöchstbetrag bei den Sonderausgaben.

„Siehe Seite 376 des Textteils!"

**23.** Ein Handwerksmeister beschäftigt drei Gehilfen, die in unterschiedlicher Höhe Trinkgelder einnehmen. Bei einer Betriebsprüfung durch das Finanzamt verlangt der Betriebsprüfer Angaben über die Höhe der Trinkgeldeinnahmen und berechnet dem Arbeitgeber für diese Trinkgelder eine Lohnsteuer.

**Aufgabe: Ist die Versteuerung der Trinkgelder rechtens?**
- ☐ a) Trinkgelder unterliegen nicht der Lohnsteuer, weil für den Arbeitnehmer keine Meldepflicht besteht und der Arbeitgeber die Höhe der Einnahmen nicht kennt.
- ☐ b) Trinkgelder sind lohnsteuerfrei, weil es sich hier nicht um Zahlungen des Arbeitgebers handelt, sondern um Zuflüsse, die der Arbeitnehmer von Dritten erhält.
- ☐ c) Trinkgelder sind lohnsteuerpflichtig, der Arbeitgeber muss zur Besteuerung Erfahrenswerte zugrunde legen.
- ☐ d) Trinkgelder sind nur lohnsteuerpflichtig, sofern sie 1.224,00 EUR im Jahr übersteigen.
- ☒ e) Wie d), der Arbeitnehmer ist gesetzlich verpflichtet, seine Trinkgeldeinnahmen dem Arbeitgeber schriftlich mitzuteilen.

„Siehe Seite 387 des Textteils!"

**24.** Ein Arbeitnehmer legt dem Arbeitgeber trotz wiederholter Aufforderung keine Lohnsteuerkarte vor. Der Arbeitgeber weiß, dass der Arbeitnehmer verheiratet ist und seine Frau in einem geregelten Arbeitsverhältnis steht.

**Aufgabe: Wie hat er den Lohn des Arbeitnehmers zu versteuern?**
- ☒ a) Der Lohn ist nach Steuerklasse VI zu versteuern.
- ☐ b) Der Lohn ist mit einem durchschnittlichen Lohnsteuersatz von 25 % zu versteuern.

- c) Der Arbeitgeber hat die Lohnsteuerklasse IV zugrunde zu legen, weil diese Steuerklasse für Verheiratete gilt, die beide Arbeitnehmer sind.
- d) Ohne Berücksichtigung des Arbeitsverhältnisses der Ehefrau ist der Arbeitnehmer wie ein Lediger zu behandeln und nach Steuerklasse I zu versteuern.
- e) Der Lohn unterliegt nicht der Lohnsteuer, weil der Arbeitnehmer in einem solchen Fall eine Einkommensteuererklärung abgeben muss.

*„Siehe Seite 389 des Textteils!"*

25. Eine Reinigungsfirma beschäftigt unter anderem in geringem Umfang und gegen geringen Lohn fünf Arbeitnehmerinnen. Zwei Arbeitnehmerinnen sind Hausfrauen, zwei Arbeitnehmerinnen sind Rentenbezieherinnen, eine Arbeitnehmerin hat ein festes Arbeitsverhältnis und arbeitet nur zusätzlich bei der Reinigungsfirma. Die monatliche Lohnzahlung überschreitet bei allen fünf Arbeitnehmerinnen nicht die Grenze von 325,00 EUR.

**Aufgabe:** Erläutern Sie, worauf bei Auszahlung des Lohns zu achten ist anhand folgender Leitfragen!
- a) Was ist Grundvoraussetzung für eine Beschäftigung ohne Vorlage einer Lohnsteuerkarte im Rahmen von 325,00 EUR und wie sind die fünf Arbeitnehmerinnen einzustufen?
- b) Welche weiteren Voraussetzungen müssen erfüllt sein, um ohne Lohnsteuerkarte beschäftigt werden zu dürfen?
- c) Wie ist zu verfahren, wenn die Voraussetzungen für die Beschäftigung ohne Lohnsteuerkarte nicht erfüllt werden?
- d) Wie ist das Pauschalbesteuerungsverfahren durchzuführen und welche Konsequenzen ergeben sich?

*„Siehe Seite 389 ff. des Textteils!"*

26. Welche lohnsteuerlichen Pflichten übernimmt ein Arbeitgeber, wenn er bei einem unvorhergesehenen Katastropheneinsatz kurzfristig Arbeitnehmer beschäftigt?
- a) Er übernimmt keine Verpflichtungen.
- b) Die Beschäftigung darf für höchstens drei Arbeitstage erfolgen, der Tageslohn darf höchstens 62,00 EUR betragen. Der Arbeitgeber übernimmt die Zahlung einer pauschalierten Lohn- und Kirchenlohnsteuer.
- ☒ c) Die Beschäftigung darf für höchstens 18 Arbeitstage erfolgen, die Höhe des Tageslohns ist unerheblich, der Stundenlohn darf 12,00 EUR nicht übersteigen. Der Arbeitgeber übernimmt die Zahlung einer pauschalierten Lohn- und Kirchenlohnsteuer sowie des Solidaritätszuschlags.
- d) Der Arbeitslohn darf 325,00 EUR monatlich nicht übersteigen. Der Stundenlohn darf höchstens 12,00 EUR betragen. Die Beschäftigungsdauer ist unerheblich. Der Arbeitgeber übernimmt die Zahlung einer pauschalierten Lohn- und Kirchenlohnsteuer sowie des Solidaritätszuschlags.
- e) Wie d). Die Lohnsteuer ist aber nach Steuerklasse VI zu entrichten.

*„Siehe Seite 390 des Textteils!"*

27. Eine Arbeitnehmerin bewirbt sich bei einem Handwerksmeister um eine Beschäftigung im Rahmen des 325,00 EUR-Gesetzes. Sie legt ihm eine von ihrem zuständigen Finanzamt ausgestellte Freistellungsbescheinigung vor.

**Aufgabe: Welche Bedeutung und Auswirkung hat die Freistellungsbescheinigung?**
- a) Aufgrund der Freistellungsbescheinigung darf der Arbeitgeber die Arbeitnehmerin ohne Vorlage einer Lohnsteuerkarte im Rahmen des 325,00-EUR-Gesetzes

beschäftigen und den Lohn lohnsteuerfrei ausbezahlen, sofern der Stundenlohn 12,00 EUR nicht übersteigt.

☒ b) Wie a), der Arbeitgeber ist aber zur Führung eines Lohnkontos verpflichtet.

☐ c) Die Freistellungsbescheinigung entbindet den Arbeitgeber von der Führung eines Lohnkontos.

☐ d) Aufgrund der Freistellungsbescheinigung ist der Arbeitgeber berechtigt, die Lohnsteuer mit einem Pauschsteuersatz von 25 % zu berechnen.

☐ e) Die Freistellungsbescheinigung ist der Ersatz für verloren gegangene Lohnsteuerkarten.

„Siehe Seite 391 des Textteils!"

28. Ein Arbeitnehmer unternimmt eine Dienstreise und legt dem Arbeitgeber die Bahnfahrkarte, Übernachtungsrechnung und Rechnungen über Essensaufwendungen zur Kostenerstattung vor. Die Essensaufwendungen überschreiten die steuerlich zugelassenen Verpflegungsaufwandspauschalen.

**Aufgabe:** Welche Dienstreisekosten kann der Arbeitgeber dem Arbeitnehmer lohnsteuerfrei ersetzen und welche Besonderheiten hat er dabei zu berücksichtigen?

„Siehe Seite 393 des Textteils!"

29. In einem Handwerksbetrieb mit zwölf Mitarbeitern wird alljährlich eine Betriebsveranstaltung abgehalten, bei der Speisen und Getränke an die Mitarbeiter und deren miteingeladenen Ehepartner verabreicht werden.

**Aufgabe:** Erläutern Sie die Sachbehandlung der Aufwendungen für Betriebsveranstaltungen sowohl beim Arbeitgeber als auch beim Arbeitnehmer in der Einkommensteuer!

**Gehen Sie anhand der nachfolgenden Leitfragen vor!**

a) Welche Aufwendungen sind üblich?
b) Wo ist die Grenze der Üblichkeit?
c) Was sind die Konsequenzen, wenn die Üblichkeitsgrenze überschritten wird?
d) Was kann der Arbeitgeber tun, damit diese unüblichen Aufwendungen beim Arbeitnehmer lohnsteuerfrei bleiben?

„Siehe Seite 394 des Textteils!"

30. Ein Handwerksmeister hat seine Ehefrau als Buchhalterin in seinem Betrieb beschäftigt und ihr die Betreuung der Kasse übertragen. Er zahlt seiner Frau neben dem normalen Bruttogehalt auch eine pauschale Fehlgeldentschädigung.

**Aufgabe:** Kann eine Ehefrau als Lohnempfängerin auch noch Fehlgeldentschädigungszahlungen beziehen?

☐ a) Die Zahlung einer Fehlgeldentschädigung an mitarbeitende Ehefrauen ist unzulässig.

☐ b) Zahlung einer Fehlgeldentschädigung ist nur zulässig, wenn die Ehefrau ausschließlich im Kassen- und Zähldienst eingesetzt ist. Eine zusätzliche Beschäftigung als Buchhalterin schließt die Zahlung einer Fehlgeldentschädigung aus.

☐ c) Fehlgeldentschädigungszahlungen sind zulässig, müssen aber nach Steuerklasse VI versteuert werden.

☒ d) Fehlgeldentschädigungszahlungen sind zulässig, auch wenn die Ehefrau Lohn als Buchhalterin bezieht und der Kassendienst nur in geringem Umfang ausgeübt wird.

☐ e) Fehlgeldentschädigungszahlungen sind zulässig, setzen aber voraus, dass die Ehefrau Mitunternehmerin des Betriebs ist.

*„Siehe Seite 394 des Textteils!"*

31. Der Gesellschafter-Geschäftsführer einer Ein-Mann-GmbH ist sich unschlüssig, ob er den Gewinn der GmbH ausschütten oder nicht ausschütten soll.

**Aufgabe: Wie wirken sich diese unterschiedlichen Verfahrensweisen aus?**
☒ a) Der Körperschaftsteuersatz beträgt für Ausschüttungen und Nichtausschüttungen einheitlich 25 %.
☐ b) Der Körperschaftsteuersatz beträgt für Ausschüttungen und Nichtausschüttungen einheitlich 30 %.
☐ c) Der Körperschaftsteuersatz beträgt bei Nichtausschüttung 30 %, bei Ausschüttung 40 %.
☐ d) Nicht ausgeschüttete Gewinne sind mit 30 % körperschaftsteuerpflichtig, ausgeschüttete Gewinne sind körperschaftsteuerfrei, weil sie beim Empfänger voll einkommensteuerpflichtig sind.
☐ e) Der Körperschaftsteuersatz beträgt einheitlich 30 %, wobei die Körperschaftsteuer auf die Einkommensteuer des Empfängers aufgerechnet werden darf.

*„Siehe Seite 398 des Textteils!"*

32. Eine juristische Person zahlt an ihren Gesellschafter besondere Umsatzvergütungen neben einem angemessenen Gehalt.
☐ a) Die Umsatzvergütungen sind immer private Aufwendungen.
☐ b) Umsatzvergütungen können von juristischen Personen überhaupt nicht zugesagt werden.
☒ c) Besondere Umsatzvergütungen neben einem angemessenen Gehalt sind verdeckte Gewinnausschüttungen und müssen dem Gewinn der juristischen Person wieder zugerechnet werden.
☐ d) Umsatzvergütungen sind immer verdeckte Gewinnausschüttungen.
☐ e) Umsatzvergütungen sind nur für Gesellschafter von Personengesellschaften zugelassen.

*„Siehe Seite 400 des Textteils!"*

33. Wie erfolgt die Wertermittlung für vermietete Grundstücke zum Zweck der Festsetzung der Erbschaftsteuer?
☐ a) Es erfolgt kein Ansatz, weil Grundstücksübertragungen der Grunderwerbsteuer unterliegen.
☐ b) Es wird der marktübliche Verkehrswert angesetzt.
☐ c) Es wird der Verkehrswert zugrunde gelegt und davon ein Abschlag von 10 bis 30 % je nach Alter des Gebäudes vorgenommen.
☐ d) Es werden die Mieteinnahmen der letzten drei Jahre ohne Betriebskosten angesetzt.
☒ e) Wie bei d), die 3-Jahres-Mieteinnahme wird aber noch mit dem 12,5fachen vervielfacht und von diesem Ergebnis je nach Alter des Gebäudes ein Abschlag vorgenommen.

*„Siehe Seite 402 des Textteils!"*

34. Besteht in der Sachbehandlung von Erbschaften und Schenkungen ein Unterschied?
☐ a) Erbschaften und Schenkungen sind im Gesetz einheitlich geregelt.

- [ ] b) Ab einer Wertgrenze von 511.000,00 EUR werden Erbschaften und Schenkungen unterschiedlich behandelt.
- [ ] c) Bei Nichtverwandten werden Schenkungen gegenüber Erbschaften höher besteuert.
- [x] d) Bestimmte Personen – wie Eltern und Großeltern – werden bei Schenkungen in eine andere Steuerklasse eingeordnet als bei Erbfällen. Dadurch ergeben sich auch unterschiedliche Freibeträge.
- [ ] e) Bei Schenkungen an Kinder ist der allgemeine Freibetrag niedriger als bei Erbschaften.

„Siehe Seite 404 des Textteils!"

**35.** Ein Handwerksmeister hat testamentarisch seine Ehefrau zu $1/4$, seinen Sohn zu $1/4$ und seine zwei Neffen zu je $1/4$ als Erben eingesetzt.

**Aufgabe: In welche Steuerklasse sind die Erben einzureihen und welche allgemeinen Freibeträge stehen ihnen zu?**

- [ ] a) Der Ehegatte fällt unter die Steuerklasse I und hat 307.000,00 EUR frei; der Sohn fällt unter Steuerklasse II mit einem Freibetrag von 205.000,00 EUR und die Neffen fallen unter Steuerklasse III mit einem Freibetrag von 10.300,00 EUR.
- [ ] b) Ehegatte und Sohn fallen unter Steuerklasse I mit einem Freibetrag von 307.000,00 EUR, die Neffen unter Steuerklasse III mit einem Freibetrag von 10.300,00 EUR.
- [ ] c) Wie a), der Freibetrag für den Ehegatten und Sohn beträgt 205.000,00 EUR.
- [ ] d) Wie a), Neffen aber haben keinen Freibetrag.
- [x] e) Ehefrau und Sohn fallen unter Steuerklasse I, die Ehefrau hat einen Freibetrag von 307.000,00 EUR, der Sohn einen Freibetrag von 205.000,00 EUR, die Neffen fallen unter Steuerklasse II und haben einen Freibetrag von 10.300,00 EUR.

„Siehe Seite 404 des Textteils!"

**36. Welche Vergünstigungen stehen einem Bedachten zu, der durch Erbschaft einen Betrieb übertragen erhält?**
- [ ] a) Es steht ihm ein Freibetrag von 153.390,00 EUR zu.
- [ ] b) Er erhält einen zusätzlichen Freibetrag von 153.390,00 EUR, wenn er zum Erblasser verwandt ist.
- [ ] c) Er erhält einen Abschlag von 40 % auf das Betriebsvermögen.
- [ ] d) Wie bei c), darüber hinaus wird das Restbetriebsvermögen nur mit 50 % zur Besteuerung herangezogen.
- [x] e) Er erhält den allgemeinen Freibetrag nach seiner Steuerklasse, dazu einen besonderen Freibetrag für Betriebsübernahme von 256.000,00 EUR. Der den Betriebsübernahmefreibetrag übersteigende Betrag wird mit 60 % angesetzt und nach Steuerklasse I ohne Rücksicht auf den Verwandtschaftsgrad besteuert.

„Siehe Seite 405 des Textteils!"

**37.** Ein Handwerksmeister erhält einen Einkommensteuerbescheid, bei dem mehrere, nach seiner Ansicht zu Recht geltend gemachte Steuervergünstigungen nicht anerkannt wurden. Er möchte nun diesen Bescheid anfechten, weiß aber nicht, welches Rechtsmittel einzulegen ist.

**Aufgabe: Wie muss er vorgehen?**
- [ ] a) Er kann auf dem Verwaltungsrechtsweg das Rechtsmittel der Einrede einlegen.
- [ ] b) Er kann beim zuständigen Finanzamt das Rechtsmittel der Revision und bei negativem Verfahrensausgang Einspruch beim Finanzgericht einlegen.

## 3.5 Steuern

☒ c) Gegen einen Einkommensteuerbescheid hat er das Rechtsmittel des Einspruchs beim zuständigen Finanzamt oder er macht von der Möglichkeit Gebrauch, unter Umgehung des Einspruchsverfahrens beim Finanzamt Klage beim Finanzgericht einzureichen. Das Finanzamt muss dem Verfahren zustimmen.
☐ d) Steuerverfahren werden vor den Zivilgerichten verhandelt. Es stehen ihm daher die Rechtsmittel der Zivilprozessordnung zu.
☐ e) Es kommt auf die Steuerbelastungsgrenze an. Wenn die Steuerveranlagung durch die Nichtanerkennung der geltend gemachten Steuervergünstigung eine Mehrbelastung von unter 2.556,00 EUR erbringt, ist das Rechtsmittel des Einspruchs beim Finanzamt, bei einer Mehrbelastung von 2.556,00 EUR und mehr Klage beim Finanzgericht einzulegen.

*„Siehe Seite 409 des Textteils!"*

**38. Wird bei Einlegung eines Rechtsmittels die Steuerzahlung aufgeschoben?**
☐ a) Ja, bis zum Entscheid über das Rechtsmittel.
☐ b) Ja, durch Leistung eines Hinterlegungsbetrags.
☐ c) Das Finanzamt entscheidet von Amts wegen.
☐ d) Mit Einlegung des Rechtsmittels ist die Steuerschuld automatisch ausgesetzt.
☒ e) Nein.

*„Siehe Seite 409 des Textteils!"*

**39.** Ein Handwerksmeister erhält vom Finanzamt einen Nachzahlungsbescheid für eine vor vier Jahren veranlagte Einkommensteuer. Er ist der Ansicht, dass dieser Nachzahlungsbescheid wegen Verjährung ungültig ist und verweigert die Zahlung.

**Aufgabe:** Erläutern Sie die Arten der Steuerverjährung, die Folgen der einzelnen Verjährungsarten und den Eintritt der Verjährung!

*„Siehe Seite 411 des Textteils!"*

# Lösungen

zu den Übungs- und Prüfungsaufgaben

## 3 Handlungsfeld: Rechtliche und steuerliche Grundlagen

### 3.1 Bürgerliches Recht, Mahn- und Klageverfahren, Zwangsvollstreckung, Insolvenzverfahren

| | | | | | | |
|---|---|---|---|---|---|---|
| 1. – | 24. – | 47. – | 70. a) | 93. e) | 116. e) | 138. c) |
| 2. d) | 25. b) | 48. – | 71. – | 94. – | 117. d) | 139. b) |
| 3. b) | 26. b) | 49. a) | 72. a) | 95. – | 118. c) | 140. – |
| 4. b) | 27. – | 50. c) | 73. b) | 96. d) | 119. d) | 141. – |
| 5. d) | 28. – | 51. – | 74. a) | 97. b) | 120. – | 142. – |
| 6. – | 29. – | 52. – | 75. – | 98. – | 121. – | 143. a) |
| 7. a) | 30. e) | 53. a) | 76. – | 99. – | 122. – | 144. e) |
| 8. e) | 31. a) | 54. – | 77. a) | 100. c) | 123. a) | 145. d) |
| 9. b) | 32. d) | 55. c) | 78. c) | 101. – | 124. – | 146. c) |
| 10. e) | 33. e) | 56. e) | 79. b) | 102. d) | 125. – | 147. a) |
| 11. a) | 34. – | 57. c) | 80. b) | 103. c) | 126. b) | 148. – |
| 12. e) | 35. – | 58. – | 81. – | 104. a) | 127. b) | 149. c) |
| 13. b) | 36. e) | 59. a) | 82. e) | 105. e) | 128. c) | 150. b) |
| 14. a) | 37. b) | 60. b) | 83. e) | 106. – | 129. c) | 151. – |
| 15. b) | 38. e) | 61. d) | 84. b) | 107. b) | 130. e) | 152. – |
| 16. d) | 39. – | 62. c) | 85. c) | 108. d) | 131. – | 153. b) |
| 17. – | 40. c) | 63. – | 86. d) | 109. a) | | 154. – |
| 18. e) | 41. b) | 64. a) | 87. – | 110. b) | 132. a) | 155. d) |
| 19. – | 42. d) | 65. c) | 88. – | 111. d) | 133. c) | 156. – |
| 20. – | 43. – | 66. – | 89. – | 112. d) | 134. – | |
| 21. – | 44. – | 67. – | 90. – | 113. – | 135. – | |
| 22. – | 45. a) | 68. b) | 91. c) | 114. – | 136. d) | |
| 23. c) | 46. d) | 69. d) | 92. b) | 115. a) | 137. c) | |

### 3.2 Handwerks- und Gewerberecht, Handels- und Gesellschaftsrecht, Wettbewerbsrecht

| | | | | | | |
|---|---|---|---|---|---|---|
| 1. a) | 8. d) | 15. c) | 22. e) | 29. a) | 36. – | 43. c) |
| 2. c) | 9. b) | 16. – | 23. – | 30. – | 37. e) | 44. – |
| 3. d) | 10. d) | 17. – | 24. – | 31. c) | 38. – | 45. e) |
| 4. – | 11. d) | 18. – | 25. a) | 32. – | 39. d) | |
| 5. e) | 12. – | 19. – | 26. d) | 33. a) | 40. b) | |
| 6. – | 13. – | 20. b) | 27. b) | 34. c) | 41. d) | |
| 7. e) | 14. c) | 21. – | 28. – | 35. a) | 42. e) | |

### 3.3 Arbeitsrecht

| | | | | | | |
|---|---|---|---|---|---|---|
| 1. b) | 12. d) | 23. – | 34. c) | 45. – | 56. – | 67. d) |
| 2. – | 13. – | 24. – | 35. – | 46. d) | 57. c) | 68. – |
| 3. c) | 14. – | 25. – | 36. a) | 47. a) | 58. – | 69. a) |
| 4. b) | 15. – | 26. – | 37. e) | 48. – | 59. c) | 70. c) |
| 5. – | 16. a) | 27. a) | 38. – | 49. a) | 60. b) | 71. e) |
| 6. c) | 17. – | 28. d) | 39. b) | 50. a) | 61. – | 72. b) |
| 7. a) | 18. – | 29. b) | 40. – | 51. e) | 62. – | 73. – |
| 8. e) | 19. e) | 30. c) | 41. c) | 52. – | 63. a) | 74. b) |
| 9. d) | 20. d) | 31. e) | 42. – | 53. – | 64. – | 75. – |
| 10. d) | 21. b) | 32. – | 43. d) | 54. b) | 65. d) | 76. d) |
| 11. a) | 22. – | 33. – | 44. e) | 55. c) | 66. e) | |

## 3.4 Sozial- und Privatversicherungen

| | | | | | | | |
|---|---|---|---|---|---|---|---|
| 1. c) | 11. – | 21. b) | 31. d) | 41. b) | 51. b) | 61. – |
| 2. – | 12. d) | 22. a) | 32. b) | 42. a) | 52. – | 62. a) |
| 3. e) | 13. b) | 23. – | 33. b) | 43. b) | 53. a) | 63. – |
| 4. d) | 14. e) | 24. a) | 34. – | 44. d) | 54. – | 64. d) |
| 5. c) | 15. e) | 25. – | 35. – | 45. – | 55. e) | 65. b) |
| 6. e) | 16. e) | 26. – | 36. – | 46. b) | 56. – | 66. – |
| 7. c) | 17. – | 27. – | 37. e) | 47. c) | 57. – | 67. a) |
| 8. – | 18. d) | 28. b) | 38. a) | 48. d) | 58. e) | 68. d) |
| 9. – | 19. b) | 29. – | 39. d) | 49. – | 59. – | 69. – |
| 10. a) | 20. d) | 30. – | 40. c) | 50. b) | 60. d) | 70. e) |

## 3.5 Steuern

| | | | | | | | |
|---|---|---|---|---|---|---|---|
| 1. c) | 7. b) | 13. e) | 19. a) | 25. – | 31. a) | 37. c) |
| 2. – | 8. d) | 14. c) | 20. – | 26. c) | 32. c) | 38. e) |
| 3. – | 9. a) | 15. – | 21. e) | 27. b) | 33. e) | 39. – |
| 4. – | 10. e) | 16. c) | 22. b) | 28. – | 34. d) | |
| 5. c) | 11. – | 17. d) | 23. e) | 29. – | 35. e) | |
| 6. d) | 12. b) | 18. a) | 24. a) | 30. d) | 36. e) | |

# Stichwortverzeichnis

## A

Abgabenordnung 408
Abgabeschonfrist 387
Abgestimmtes Verhalten 174
Abgrenzung zur Industrie 145
Abmahnung 221
Abmahnung vor Kündigung 221
Abnahme des Werkes 64
Abschlagszahlungen 61, 339
Abschlagszahlungen bei Soll- und
  Ist-Besteuerung 339
Absetzung für Abnutzung (AfA) 365
Abzug vom Arbeitsentgelt 267
Abzugsbeträge bei Geschäftsreisen 358
AfA bei Gebäuden 371
AfA bei unbeweglichen
  Wirtschaftsgütern 370
Aktivierungspflichtige Anlagegüter 365
Allgemeine Geschäftsbedingungen 34
Allgemeiner Kündigungsschutz 221
Altersentlastungsbetrag 372
Altersrente für Frauen 292
Altersrente für langjährig Versicherte 292
Altersrente für Schwerbehinderte, Berufs-
  oder Erwerbsunfähige bzw. vermindert
  Erwerbsfähige 292
Altersrente wegen Arbeitslosigkeit oder nach
  Altersteilzeitarbeit 292
Altersteilzeit 287
Altersversorgung der selbstständigen Hand-
  werker 307
Altersvorsorgeaufwand 300
Amtszeit des Betriebsrates 233
An- und Abmeldefristen 270
Änderungskündigung 215, 222
Anfangsvermögen 82
Anfechtbarkeit 38
Anfechtungsgründe 39
Angebot 35
Angebot und Annahme 35
Angestellte 199
Anhörung des Betriebsrats 215, 218
Anlage A 151
Anlageformen 299, 300
Anlagevermögen 363
Annahme 35
Annahmeverzug des Gläubigers 44
Anrechnungsverfahren,
  Gewerbesteuer 352, 383
Anrechnungszeiten 298
Anschlussprüfung 412
Ansparabschreibung 369
Ansparabschreibungen
  für Existenzgründer 369
Antragsveranlagung 396
Anzeigepflichtige Massenentlassungen 228
Arbeiter 199

Arbeitgeberverbände 230
Arbeitnehmerähnliche Selbstständige 289
Arbeitnehmerhaftung 201
Arbeitnehmerpflichten 200
Arbeitnehmerrechte nach dem Betriebs-
  verfassungsgesetz 237
Arbeitsbescheinigung 285
Arbeitsentgelt 202, 268
Arbeitsförderung 280, 282
Arbeitsgericht 218, 248
Arbeitsgerichtsbarkeit 248
Arbeitskampf 229
Arbeitsleistung 200
Arbeitslosengeld 283
Arbeitslosenhilfe 286
Arbeitslosenversicherung 280
Arbeitspapiere 219
Arbeitspflicht 200
Arbeitsrecht 193
Arbeitsschutz 238
Arbeitsschutzgesetz 238
Arbeitssicherheitsgesetz 240
Arbeitsstättenverordnung 240
Arbeitsunfähigkeit 205
Arbeitsunfähigkeitsbescheinigung 207
Arbeitsunfall 303
Arbeitsvermittlung 283, 311
Arbeitsvertrag 195
Arbeitsvertrag auf bestimmte Zeit 197
Arbeitsvertrag auf unbestimmte Zeit 197
Arbeitsvertrag zur Probe 197
Arbeitszeit 200, 240
Arbeitszeitgesetz 240
Arbeitszeugnis 220
Arglistige Täuschung 39
Ärztliche Betreuung bei Schwangerschaft 244
Aufbewahrungsfristen für Unterlagen 356
Aufgabe der Sozialversicherung 263
Aufgaben der Bundesanstalt für Arbeit 280
Aufgaben der Organe
  der Genossenschaft 172
Aufhebungsvereinbarung 215
Auflassung 74
Aufmerksamkeiten 395
Aufrechnung gegen Lohnansprüche 212
Aufzeichnungspflicht – Umsatzsteuer 346
Aufzeichnungspflichten 346
Ausbildungspausch-(frei)betrag 377, 379
Ausbildungspauschale 377
Ausbildungsvermittlung 283
Ausfallbürgschaft 72
Ausgangswert – Erbschaftsteuer 403
Ausgleich des Zugewinns 82
Ausgleichsabgabe 246
Ausgleichskasse 271
Ausgleichskassen 207
Ausgleichsquittung 220
Ausgleichsverfahren 207, 244

Ausgleichszeitraum bei Verlängerung der Arbeitszeit 241
Aushändigung der Arbeitspapiere 219
Auskunftspflicht 155
Auskunftspflicht gegenüber Sozialversicherungsträgern 271
Ausnahmebewilligung 147
Ausnahmen vom gesonderten Vorsteuerausweis 342
Ausschlagung 85
Ausschüttung 399
Außenprüfung 412
Außergerichtlicher Einigungsversuch 109
Außergewöhnliche Belastungen 376
Außergewöhnliche Belastungen – Einzelnachweis 376
Außergewöhnliche Belastungen – Pauschalen 376
Außerordentliche Kündigung 217
Aussperrung 229
Ausübungsberechtigung 147

**B**
Bäcker, Ladenschluss 179
Bauleistungen, Steuerabzug 384
Bebaute Grundstücke 401, 402
Bedarfsbewertung 401
Bedarfsorientierte Grundsicherung 299
Beendigung des Arbeitsverhältnisses 214
Beendigung des Mietverhältnisses 68
Beendigungskündigung 222
Beendigungsschutz 226
Beendigungsschutz bei Ausbildungsverhältnissen 225
Befreiung auf Antrag von der Handwerkerversicherungspflicht 308
Befristeter Arbeitsvertrag 197
Beginn der Handwerkerversicherungspflicht 307
Behindertenpauschale 378
Beiträge 275, 278, 281, 289, 290, 291, 302, 309, 331
Beitragsbemessungsgrenze 267
Beitragsberechnung 267
Beitragsbescheinigung 310
Beitragsentrichtung Handwerkerversicherung 310
Beitragsnachweis Handwerkerversicherung 310
Beitragssatz 275, 278, 289
Beitragssätze für pflichtversicherte Arbeitnehmer 311
Beitragstragung 266
Beitragsvorenthaltung 272
Beitragszahlung 267
Beitragszeiten in der Rentenversicherung 298
Berichtstermin 106
Berücksichtigungszeiten 298

Berufsausbildung 381
Berufsberatung 282
Berufskleidung 393
Berufskrankheit 303
Berufung 95
Beschäftigung in geringem Umfang und gegen geringen Lohn 390
Beschäftigung ohne Lohnsteuerkarte 389
Beschäftigungspflicht 213
Beschäftigungsverbote 243
Beschränkt abzugsfähige Sonderausgaben 373
Beschränkte Deliktsfähigkeit 30
Beschränkte Geschäftsfähigkeit 26
Besitz 73
Besitzübertragung 74
Besondere Veranlagung 385
Besonderer Kündigungsschutz 223
Besteller 59
Besteuerungsgrundlagen der Gewerbesteuer 349
Besteuerungsverfahren 408
Bestimmungen für Kaufleute 157
Beteiligungsvermögen 371
Betreuer 26
Betreuungsfreibetrag 379
Betriebliche Altersversorgung 214, 301
Betriebliche Versorgungsleistungen 301
Betrieblicher Arbeitsschutz 238
Betrieblicher Gefahrenschutz 239
Betriebsärzte 240, 306
Betriebsärztlicher Dienst 306
Betriebsaufgabe 371
Betriebsausgaben 357
Betriebsaushänge 247
Betriebseröffnungsanzeige 306
Betriebsgrundstücke – Erbschaftssteuer 403
Betriebsnummer 269
Betriebs-Pkw 358
Betriebsprüfung 412
Betriebsrat 215, 218
Betriebsratssitzung 233
Betriebsratswahl 231
Betriebsveranstaltungen 394
Betriebsveräußerung 371
Betriebsvereinbarungen 234
Betriebsverfassung 231
Betriebsvermögensvergleich 356
Betriebsversammlungen 233
Bewegliche Sachen 73
Beweisaufnahme 95
Bewerberprofil 283
Bewerbungsunterlagen 194
Bewirtung von Geschäftsfreunden 360
Bewirtungsaufwendungen 361
BGB-Gesellschaften 166
Bodenrichtwert 402
Bringschulden 41

*Stichwortverzeichnis* 431

Bruttoanpassung, modifizierte 297
Bundesarbeitsgericht 248
Bundeserziehungsgeldgesetz 245
Bundessozialgericht 312
Bundesurlaubsgesetz 208
Bundesversicherungsanstalt für Angestellte 289
Bürgerliches Gesetzbuch (BGB) 22
Bürgschaft 71
Bürgschaftserklärung 72
Bußgeldvorschriften 411

**C**

Chancenprognose 283

**D**

Definition von Steuern 330
Degressive AfA 365, 366
Degressiv-lineare AfA 365, 367
Deliktsfähigkeit 29
Deliktsunfähigkeit 30
Direktversicherung 300
Doppelter Haushalt 393
Drohung 39
Durchführungsphase 106

**E**

Ehegatten-Arbeitsverhältnisse 362
Ehegatten-Arbeitsvertrag 363
Eheliches Güterrecht 81
Eidesstattliche Versicherung 102
Eigentum 73
Eigentumsübertragung 74
Eigentumsvorbehalt 76
Einfaches Zeugnis 220
Eingliederungsvereinbarung 283
Einigungsstellen 234
Einigungsstellen für Wettbewerbsstreitigkeiten 177
Einkommensteuer 353
Einkommensteuerbescheid 386
Einkommensteuererklärung 386
Einkommensteuerermittlung 353
Einkommensteuerfreie Einnahmen 355
Einkünfte aus Gewerbebetrieb 356
Einkunftsarten 354
Einleitungsphase 104
Einrede der Vorausklage 72
Einsatzwechseltätigkeit 393
Einseitige Rechtsgeschäfte 32
Einspruch gegen den Vollstreckungsbescheid 98
Einstellungsuntersuchungen 194
Einteilung der Steuern 331
Einvernehmliche Beendigung des Arbeitsverhältnisses 215
Einwilligung 27
Einzelnachweis a.o. Belastungen 376

Einzelveranlagung 385
Einzugsstelle für den Gesamtsozialversicherungsbeitrag 266
Elektronischer Geschäftsverkehr (Informationspflichten) 37
Elternzeit 244
Elternzeitberechtigte 227, 244
Ende der Handwerkerversicherungspflicht 307
Endpreise 177
Endvermögen 82
Entfernungspauschale 358, 393
Entgelt 334
Entgeltfortzahlungsgesetz 205
Entgeltfortzahlungsversicherung 208
Entgeltpunkte 297
Entgeltumwandlung 300
Entgeltzahlung an Feiertagen 204
Entgeltzahlung im Krankheitsfall 205
Entgeltzahlung ohne Arbeitsleistung 204
Erbe 85
Erbenbetrieb 150
Erbfall 85
Erbfolge des Ehegatten 87
Erblasser 85
Erbordnungen 86
Erbrecht 85
Erbschaft- und Schenkungssteuer 400
Erbschaftsteuerfreibeträge 404
Erbschaftsteuerklassen 404
Erbschaftsteuersätze 406
Erbschein 85
Erbvertrag 88
Erfüllungsgehilfe 40
Erfüllungsgeschäft 50
Erfüllungsort 40
Erfüllungspflichten des Käufers 52
Erfüllungspflichten des Verkäufers 51
Erfüllungszeit 41
Erklärungsirrtum 39
Eröffnungsbeschluss 105
Eröffnungsgründe 104
Eröffnungsphase 105
Ersatzzeiten 298
Ertragswertverfahren 402
Erwerbsminderungsrente 293
Erziehungsfreibetrag 379
Erziehungsgeld 245
Erziehungsrente 295
EU 147
Europäische wirtschaftliche Interessengemeinschaft 167

**F**

Fachkräfte für Arbeitssicherheit 306
Fahrausweisregelung 342
Fahrkostenaufwendungen bei Kfz-Nutzung 344

Fahrten Wohnung-Betriebsstätte 358
Fahrtkosten 358
Fälligkeit der Umsatzsteuerschuld 338
Falscher Steuerausweis 347
Familien- und Erbrecht 79
Familienförderung 379
Familienleistungsausgleich 379
Familienrecht 79
Familienversicherung 274
Fehler 52
Fehlerhafte Rechtsgeschäfte 38
Fehlgeldentschädigungen 394
Fernabsatzverträge 58
Fernverkehr 343
Finanzausgleich 330
Firma 161
Firmenbildung 162
Firmierung 163
Flüchtlinge 148
Förderfähige Anlageformen 299
Förderung der Aufnahme einer Beschäftigung 283
Förderung der Aufnahme einer selbstständigen Tätigkeit 283
Forderung der ganzjährigen Beschäftigung in der Bauwirtschaft 286
Förderung von Teilzeitarbeit 287
Forderungsabtretung 45
Form der Kündigung 215
Form des Arbeitsvertrages 195
Formkaufmann 160
Fort- und Weiterbildungskosten 393
Fortsetzungskrankheit 205
Fragerecht 194
Freibetrag bei Betriebsvermögen 405
Freibetrag für Pflegeentschädigung 405
Freibeträge 351, 379, 404
Freibeträge auf der Lohnsteuerkarte 388
Freibetrag-Gewerbeertrag 351
Freie Marktwirtschaft 173
Freistellungsbescheinigung 391
Freiwillige Versicherung 275, 290, 308
Friedenspflicht 234
Friseure, Ladenschluss 179
Fristlose Kündigung 217
Fürsorgepflicht 214

### G

Garantieerklärung 57
Gebrauchsmuster 180
Gebühren 330
Gefahrübergang 44
Geförderte Anlagen 299
Gelegentliche kurzfristige Beschäftigung 390
Gemeindesteuer 349
Gemeiner Wert 401
Genehmigte Arbeitsverhältnisse 28
Genehmigte Erwerbsgeschäfte 28

Genehmigung 27
Genossenschaft 171, 172
Gerätesicherheitsgesetz 239
Gerichte für Arbeitssachen 248
Gerichtlicher Einigungsversuch 109
Gerichtliches Einigungsverfahren 109
Gerichtliches Klageverfahren 94
Gerichtsbarkeiten 91
Gerichtskosten 93
Gerichtsvollzieher 101
Geringfügige Beschäftigungen 268, 281, 289, 390
Geschäftsbriefe 162
Geschäftsfähigkeit 25
Geschäftsräume 70
Geschäftsreise 357
Geschäftsunfähigkeit 26
Geschenke 360, 361
Geschiedenen Witwen- und Witwerrente 294
Geschmacksmuster 181
Gesellschaft bürgerlichen Rechts 166
Gesellschaft mit beschränkter Haftung 169
Gesellschaften 165
Gesetz gegen den unlauteren Wettbewerb 175
Gesetzliche Erben 85
Gesetzliche Erbfolge 86
Gesetzliche Erbfolge des Ehegatten 87
Gesetzliche Kündigungsfrist bei Pachtverträgen 71
Gesetzliche Kündigungsfrist bei Pachtverträgen 71
Gesetzliche Kündigungsfristen bei Mietverträgen 69
Gesetzliche Sicherungsrechte 75
Gesetzliche Unfallversicherung 301
Gesetzlicher Güterstand 81
Gesetzlicher Mindesturlaub 209
Gesetzliches Pfandrecht des Vermieters 70
Gesundheitsschutz 243
Getrennte Veranlagung 385
Gewerbe 142
Gewerbearten 143
Gewerbeaufsichtsämter 240
Gewerbebetrieb 158
Gewerbeertrag 349, 350
Gewerbefreiheit 142
Gewerbeordnung 142
Gewerbesteuer 349
Gewerbesteuer – Anrechnungsverfahren 352, 383
Gewerbeuntersagung 152, 156
Gewerbliche Arbeiter 199
Gewerbliche Schutzrechte 182
Gewerbliche Tätigkeit 142
Gewerblicher Rechtsschutz 179
Gewerbsmäßige Arbeitnehmerüberlassung 199

Gewerkschaften 230
Gewillkürte Erben 85
Gewillkürte Erbfolge 88
Gewillkürtes Betriebsgrundvermögen 370
Gewinnermittlungsmethoden 356
Gleichberechtigung 80
Gleichgestellte – Schwerbehinderte 245
Gleichgestellte Lieferungen 335
Gliederung der Sozialversicherung 263
Große Witwen-/Witwerrente 294
Grundbesitzbewertung – Erbschaftssteuer 401
Grundbuch 74
Grundbuchblatt 74
Gründe für Unterbrechung 49
Grundlagen der Steuererhebung 330
Grundpfandrechte 78
Grundschuld 78
Grundstück 74
Grundstücke in der Bilanz 370
Gruppenversicherung 315
Gruppenversicherungsverträge 315
Gütergemeinschaft 83
Güterstände 81
Güterstandsregelung 363
Gütertrennung 83
Gutgläubiger Erwerb des Eigentums 52

## H
Haftpflichtversicherung 316
Haftung des Arbeitgebers 202
Haftung des Arbeitgebers in der Sozialversicherung 267
Haftung des Arbeitnehmers 201
Haftung des Unternehmers 40
Haftung gegenüber der Berufsgenossenschaft 307
Haftungsbeschränkung in der Unfallversicherung 306
Halbeinkünfteverfahren 354, 399
Handelsgesellschaften 165
Handelsgesetzbuch 156
Handelsregister 163
Handlungsfähigkeit 23
Handwerk 142
Handwerkerversicherung 307
Handwerkliche Betriebsformen 148
Handwerkliches Befähigungssystem 146
Handwerksähnliche Gewerbe 145, 154
Handwerksordnung 142, 144
Handwerksrolle 144, 146
Hauptfürsorgestelle 217, 225, 226, 247
Haushaltsfreibetrag 382
Haushaltshilfe 277, 378
Häusliche Krankenpflege 277, 378
Hebesatz 352
Hemmung 49
Hemmung der Verjährung 49, 411

Hilfsbetrieb 149
Hinterlegung 44
Höchstarbeitszeit 241, 243
Höhe der Rente 297
Höhe des Arbeitslosengeldes 284
Holschulden 41
Hypothek 78

## I
Individualarbeitsrecht 193
Inhaberprinzip 148
Inhaberwechsel 196
Inhalt des Tarifvertrages 231
Innungskrankenkasse 273
Insolvenz 213
Insolvenzgeld 213, 286
Insolvenzgeldumlage 302
Insolvenzordnung 102
InsPlan 106
Ins-Verwalter 105
Istbesteuerung 338
Istkaufmann 158

## J
Jahresmeldung 270
Jahresmiete – Erbschaftsteuer 403
Jubiläumsaufwendungen 395
Jubiläumsverkäufe 176
Jugend- und Auszubildendenvertretung 232, 233
Jugendarbeitsschutz 242
Jugendliche 242
Juristische Personen 25, 398

## K
Kannkaufmann 159
Kapitalertragsteuer 355, 399
kapitalgedeckte Altersvorsorge 299
Kapitalgesellschaften 169
Kapitalvermögen 354
Kartellbehörden 175
Kartelle 174
Kartellgesetz 173
Kassenzettelregelung 342
Kauf bricht nicht Miete 68
Käufer 50
Kaufmann 157
Kaufmännische Einrichtungen 158
Kaufmännisches Bestätigungsschreiben 37
Kaufvertrag 50
Kfz-Erwerb ohne Vorsteuerabzugsrecht 344
Kinderbetreuungskosten 378
Kindererziehungszeiten 298
Kinderfreibetrag 379
Klage 94, 409
Kleine Witwen-/Witwerrente 294
Kleingewerbe- und Verbraucherinsolvenzverfahren 108

Kleingewerberegelung 345
Koalitionsfreiheit 229
Kollektivarbeitsrecht 193
Kommanditgesellschaft 168
Kommanditist 168
Komplementär 168
Konkursausfallgeld 213
Kontrollmeldung 270
Körperbehinderung 378
Körperschaftsteuer 398
Körperschaftsteuersatz 398
Kostenäußerung 65
Kostenvoranschlag 64
Krankengeld 277
Krankenkassen 273
Krankenkassenwahlrecht 273
Krankenversicherung 273
Krankenversicherung der Rentner 295
Kriterien der Lohnsteuerpflicht 387
Kündigung des Werkvertrages 65
Kündigungsfristen 216
Kündigungsfristen für gewerbliche Arbeiter 216
Kündigungsfristen für Schwerbehinderte 217
Kündigungsschutz 220
Kündigungsschutz bei Massenentlassungen 228
Kündigungsschutz für Schwerbehinderte 226
Kündigungsschutz für Wehrpflichtige 225
Kündigungsschutz für werdende Mütter 226
Kündigungsschutz von Betriebsräten 223
Kündigungsschutz von Jugendvertretern 223
Kündigungsschutz während der Elternzeit 223
Kündigungsschutzgesetz 221
Kündigungsschutzklage 222
Kurzarbeitergeld 285
Kurzfristige Beschäftigungen 268, 390

## L

Ladenschlussgesetz 178
Ladenschlusszeiten 179
Landesarbeitsgericht 248
Landeserziehungsgeld 245
Landessozialgericht 312
Landesversicherungsanstalten 289
Lebensalter und Recht 31
Lebensversicherung 313, 314
Leiharbeitsvertrag 198, 199
Leistungen der Arbeitsförderung 282
Leistungen der Arbeitslosenversicherung 282
Leistungen der Krankenversicherung 276
Leistungen der Rentenversicherung 291
Leistungen der Rentenversicherung/Handwerkerversicherung 310
Leistungen der sozialen Pflegeversicherung 278
Leistungen der Unfallversicherung 304

Leistungsausschluss – Unfallversicherung 306
Leistungsaustausch 333
Leistungslohn 202
Leistungsverzug des Schuldners 42
Lieferung 335
Lineare AfA 365, 366
Liquidation des Unternehmens 108
Lohnabrechnung 204
Lohnabtretungserklärungen 213
Lohnabtretungsverbot 213
Lohnabzugsverfahren 267
Lohnanspruch des Arbeitnehmers 202
Lohnarten 202
Lohnaufrechnungsverbot 212
Lohnnachweis in der Unfallversicherung 306
Lohnpfändungs- und Überweisungsbeschluss 212
Lohnpfändungsgrenzen 212
Lohnpfändungsschutz 212
Lohnsicherung 212
Lohnsteuer 387
Lohnsteuerfreie Zuwendungen des Arbeitgebers 394
Lohnsteuerhaftung 396, 397
Lohnsteuerjahresausgleich 396
Lohnsteuerklassen 389
Lohnzahlung 203
Lohnzahlungspflicht 202
Lohnzulagen 203

## M

Mahlzeiten im Betrieb 395
Mahnbescheid 98
Mahnverfahren 97
Mängel 52, 61
Mängelansprüche beim Kaufvertrag 54
Mängelansprüche beim Werkvertrag 62
Marken 181
Marktbeherrschung 174
Marktgewerbe 143
Massearmut 104
Mehrarbeitszuschläge 203
Mehraufwands-Wintergeld 286
Mehrfachversicherung 307
Mehrseitige Rechtsgeschäfte 32
Mehrwertsteuer 331
Meisterprüfung 146
Meisterrechte 148
Meldefristen 270
Meldepflichten 150, 269
Meldeverfahren – Sozialversicherung 268
Meldevordrucke 269
Meldevorschriften 268
Meldevorschriften in der Unfallversicherung 306
Mieterschutz 70
Mietmängel 67

Mietvertrag 67
Mietzins 67
Mindest-Ist-Besteuerung 339
Mindesturlaubsanspruch 209
Mindestwert – Erbschaftssteuer 403
Mitbestimmung bei Kündigungen 236
Mitbestimmung bei personellen Einzelmaßnahmen 236
Mitbestimmung in sozialen Angelegenheiten 235
Mitgliedsbescheinigung – Krankenversicherung 273
Mitwirkung in personellen Angelegenheiten 235
Mitwirkung in wirtschaftlichen Angelegenheiten 236
Mitwirkungs- und Mitbestimmungsrechte des Betriebsrates 235
Mobilitätshilfen – Arbeitslosenversicherung 283
Motivirrtum 40
Mündliche Verhandlung 94
Musterarbeitsverträge 195
Mutterschaftsgeld 243
Mutterschaftsversicherung 208, 244
Mutterschutz 242
Mutterschutzgesetz 242
Mutterschutzlohn 243

## N
Nacherfüllung 54, 62
Nachlass 85
Nachlassverbindlichkeiten 405
Nachweis der Arbeitsunfähigkeit 206
Nahverkehr 343
Natürliche Personen 25
Nebenbetrieb 149
Nebenkosten – Reisekosten 359
Neubeginn der Verjährung 49
Nicht aktivierungspflichtige Anlagegüter 364
Nichtausschüttung 399
Nichtigkeit 38
Nichtigkeitsgründe 38
Nichtkaufmann 160
Niederschrift über Arbeitsvertragsbedingungen 195
Nießbrauch 75
Notwendiges Betriebsgrundvermögen 370

## O
Offene Handelsgesellschaft 167
Öffentliches Recht 21
Ordentliche Gerichte 92
Ordentliche Kündigung 215
Ordnungswidrigkeit nach Steuerverkürzungs-Bekämpfungsgesetz 348
Ordnungswidrigkeitszuschlag 387
Organe 172

Örtliche Zuständigkeit 93, 94

## P
Pachtvertrag 70
Pachtzins 70
Patent 180
Patentamt 180
Pauschalbesteuerung 391
Pauschalen a.g. Belastungen 376
Pensionsfonds 300
Pensionskasse 300
Personalfragebogen 194
Personengesellschaften 165
Personenirrtum 39
Personenversicherungen 313
Pflegeaufwendungen 378, 405
Pflegekassen 277
Pflegekosten 378
Pflegeversicherung 263, 277, 315
Pflichtangaben auf Geschäftsbriefen 162
Pflichtbeitrag Handwerkerversicherung 309
Pflichten der Parteien beim Werkvertrag 60
Pflichtteil 90
Pflichtveranlagung 396
Positivliste 144
Preisangabenverordnung 177
Preisauszeichnung 177
Preisauszeichnungspflicht 178
Preisverzeichnis 178
Privatausgaben 356
Private Krankenversicherung 314
Private Pflegeversicherung 315
Private und betriebliche Altersvorsorge 299
Private Unfallversicherung 315
Privater Versicherungsschutz 313
Privates Recht 21
Privatversicherungen 313, 316
Privatversicherungsrecht 313
Probearbeitsverhältnis 198
Produkthaftung 56
Produkthaftungsgesetz 56
Prozessvertretung 93
Prüfungszeitraum 412
Prüfverfahren 385

## Q
Qualifiziertes Zeugnis 220
Quittung 45

## R
Rabatt 175
Rabattgesetz 177
Räumungsverkauf 176
Realsplitting 374
Rechnungstellung 345
Rechte und Pflichten des Betriebsrats 233
Rechtsbehelf 409
Rechtsfähigkeit 23

Rechtsformzusätze 162
Rechtsgeschäfte 32
Rechtsgeschäfte – einseitige 32
Rechtsgeschäfte – mehrseitige 32
Rechtsgrundlagen – Einkommensteuer 353
Rechtsgrundlagen für Kündigungsfristen 215
Rechtsmittel 95, 409
Rechtsordnung 21
Rechtswidrige Beendigung des Arbeitsverhältnisses 218
Regelaltersrente 291
Rehabilitation 291, 304
Reisegewerbe 143
Reisekosten 357, 393
Reisekostenaufwendungen 343
Rente wegen Alters 291
Rente wegen Berufsunfähigkeit 293
Rente wegen Todes 293
Rente wegen verminderter Erwerbsfähigkeit 293
Rente wegen verminderter Erwerbsfähigkeit 293
Rentenanpassungen 297
Rentenberechnung 296
Rentenfaktoren 297
Rentenformel 297
Rentensplitting 295
Rentenversicherung 289
Rentenversicherung der Angestellten 289
Rentenversicherung der Arbeiter 289
Repräsentationsaufwendungen 343, 360
Restschuldbefreiung 108, 111
Revision 96, 409
Rücktritt 43, 54, 62
Ruhepausen 241

**S**

Sachbezüge 395
Sachen, bewegliche, unbewegliche 73
Sachenrecht 73
Sachirrtum 39
Sachliche Zuständigkeit 93, 94
Sachsicherheiten 76
Sachversicherungen 316
Sachwertverfahren 401, 403
Sanierung des Unternehmens 106
Säumniszuschläge 387
Schadenersatz wegen Nichterfüllung 43
Schadenersatzpflicht des Arbeitnehmers 201
Schadenversicherungen 316
Scheinselbstständige 272
Schema Einkommensteuerermittlung 354
Schenkungsteuer 400
Schlussverkäufe 176
Schonfrist 387
Schönheitsreparaturen 68
Schriftform 195
Schuldnerverzeichnis 102

Schutzfristen vor und nach Entbindung 243
Schwangerschaftsnachweis 244
Schwarzarbeit 155
Schwerbehinderte 217, 225, 245
Schwerbehindertengesetz 245
Schwerbehindertenpflichtplätze 246
Schwerbehindertenschutz 245
Schwerbehindertenvertretung 232, 247
Schwerpflegebedürftigkeit 278
Selbstanzeige 412
Selbstschuldnerische Bürgschaft 72
Selbstständige Tätigkeit 354
Selbstständigkeit 144
Selbstverwaltung der Sozialversicherung 265
Selbstverwaltungsorgane 265, 266
Selbstvornahme 62
Sicherheitsbeauftragte 305
Sicherheitsfachkräfte 306
Sicherheitsleistung 67
Sicherung der Werklohnforderung 66
Sicherungsrechte 75
Sicherungsrechte – gesetzlich 75
Sicherungsrechte – vertraglich 75
Sicherungsübereignung 78
Solidaritätszuschlag 383, 397
Sollbesteuerung 338
Sommer-/Winterschlussverkäufe 176
Sonder-AfA für den Mittelstand 367
Sonder-AfA für kleine und mittlere Betriebe 367
Sonderangebote 176
Sonderausgaben 372, 373
Sonderausgabenpauschale 375
Sonderbedarf bei Berufsausbildung 381
Sonderbetriebsgrundvermögen 370
Sonderregelung bei Kfz-Privatnutzung 337
Sonderregelung bei Leistungen an Betriebsangehörige 337
Sonderregelung für Aufwendungen, die unter das einkommensteuerliche Abzugsverbot fallen 337
Sonderveranstaltungen 176
Sondervergütungen 203
Sonn- und Feiertagsarbeit 242, 395
Sonstige Leistung 336
Sozial ungerechtfertigte Kündigung 221
Soziale Auswahl bei betriebsbedingter Kündigung 222
Soziale Marktwirtschaft 173
Soziale Pflegeversicherung 264, 277
Sozialer Arbeitsschutz 240
Sozialgericht 312
Sozialgerichtsbarkeit 312
Sozialplan 236
Sozialversicherung – Beiträge 266
Sozialversicherung – Organe 265
Sozialversicherungsausweis 269
Sozialversicherungsdaten 2000 311

Sozialversicherungswahlen 265
Sparerfreibetrag 354
Spekulationsgeschäft 355
Staatliche Zulage 300
Staffelverfahren 351
Stehendes Gewerbe 143
Stellvertretung 32
Sterbegeld 304
Steuerabrechnung 384
Steuerabzug, Bauleistungen 384
Steueraufsicht 412
Steuerbefreiungen – Umsatzsteuer 339
Steuerberechnung – Einkommensteuer 353
Steuerberechnung – Gewerbesteuer 351
Steuerbescheid 408
Steuererlass 409
Steuerermäßigung 409
Steuerfahndung 413
Steuerfestsetzung 408
Steuerfinanzierte Grundsicherung 299
Steuerfreibeträge 341, 388
Steuerklassen – Lohnsteuer 389
Steuerklassen, allgemeine Freibeträge, Erbschaftsteuer 404
Steuermessbetrag 351
Steuermessbetrag – Gewerbesteuer 351
Steuerpflichtige Umsätze 333
Steuersätze 339, 398, 406
Steuerstrafen 412
Steuerstundung 409
Steuertarif 382
Steuerveranlagung 408
Stille Gesellschaft 166
Streik 229
Streitschlichtung, obligatorische 92

## T
Tarifbindung 230
Tarifgebundenheit 230
Tarifliche Ausschlussfristen 213
Tarifliche Versorgungseinrichtungen 301
Tarifliche Zusatzversorgungskassen 301
Tariflohn 202
Tarifvertrag 193, 229
Tarifvertragsparteien 230
Taschengeld 27
Teilarbeitslosengeld 283, 285
Teilleistungen 338
Teilleistungen bei Soll- und Ist-Besteuerung 338
Teilrente 293, 304
Teilzeitarbeitsvertrag 198
Teilzeitbeschäftigte – Urlaub 210
Testament 89
Thesaurierung 398
Todesfallversicherung 314
Trainingsmaßnahmen 288
Treuepflicht 201

## U
Überbrückungsgeld bei Existenzgründung 283
Übereignung der Kaufsache 52
Übergabe der Kaufsache 51
Übernachtungskosten 359
Überschussrechnung 356
Umlage zur Ausgleichskasse 208
Umlage zur Unfallversicherung 302
Umlagepflicht zur Insolvenzsicherung 301
Umsatzsteuer 331
Umsatzsteuerbefreiungen 340
Umsatzsteuerfreibetrag 345, 346
Umsatzsteuersätze 339
Umsatzsteuervoranmeldung 347
Umsatzsteuerzahllast 332
Unabdingbarkeit des Urlaubsanspruchs 209
Unbebaute Grundstücke 401
Unbefristeter Arbeitsvertrag 197
Unberechtigte Handwerksausübung 155
Uneheliches Kind 86
Unfallanzeige 306
Unfallverhütung 305
Unfallverhütungsvorschriften 305
Unfallversicherung 301
Unlauterer Wettbewerb 175
Unterbrechung der Verjährung 49
Unterhalt bedürftiger Angehöriger 377
Unterhalt Geschiedener 374, 377
Unterhaltspauschbetrag bei Berufsausbildung 376
Unterhaltspfändung 212
Unternehmensformen 165, 170
Unternehmensinsolvenz 103
Unternehmer 59
Unternehmerische Tätigkeit 334
Unternehmerpflichtversicherung 302
Unverbindlicher Kostenvoranschlag 65
Unverfallbarkeit 300
Unverfallbarkeit von Versorgungsansprüchen 301
Unverschuldete Arbeitsunfähigkeit 205
Unvorhergesehene kurzfristige Beschäftigung 390
Unzulässige Fragen 194
Urheberrecht 179, 181
Urlaub 208
Urlaub für Erwachsene 209
Urlaub für Jugendliche 209
Urlaub für Schwerbehinderte 209
Urlaub für Teilzeitbeschäftigte 210
Urlaubsbescheinigung 210
Urlaubsdauer 209
Urlaubseinbringung 210
Urlaubsentgelt 211
Urlaubsjahr 209
Urlaubskassen 211
Urlaubsrecht 208

## V

Veranlagung 384, 408
Veräußerung des Unternehmens 107
Verbindlicher Kostenvoranschlag 65
Verbotene AGB-Klauseln 34
Verbraucherdarlehnsvertrag 58
Verbraucherinsolvenzverfahren 108
Verbraucherschutz 162
Verbrauchsgüterkauf 57
– Beweislastumkehr 58
– Rückgriff des Verkäufers 57
Verdeckte Gewinnausschüttung 400
Verdingungsordnung für Bauleistungen 64
Vereinfachtes Insolvenzverfahren 110
Verfahren vor dem Arbeitsgericht 249
Verfahrensablauf 104
Verfahrensabschnitte 108
Vergünstigung für Kleingewerbe 345
Verjährung 46, 410
Verjährung – Hemmung 49
Verjährung – Neubeginn 49
Verjährung der Mängelansprüche beim Kaufvertrag 55
Verjährung der Mängelansprüche beim Werkvertrag 63
Verjährungsfrist für Lohnansprüche 213
Verjährungsfristen des BGB 46, 47
Verjährungsfristen für Sozialversicherungsbeiträge 267
Verkäufer 50
Verkaufsstellen 178
Verletztengeld 304
Verletztenrente 304
Verlustausgleich im Veranlagungsjahr 385
Verlustrücktrag 386
Verlustvortrag 386
Vermögenswirksame Leistungen 203
Verpflegungskosten 359
Verpflegungspauschalen 359
Verpflichtungsgeschäft 50
Verrichtungsgehilfe 40
Versäumnisurteil 95
Versendungskauf 41
Versicherungsfreiheit 275, 281, 289, 308
Versicherungskonto 291
Versicherungsnachweis 291
Versicherungsnummer 269, 291
Versicherungspflicht 274, 277, 281, 289, 302, 307
Versicherungspflicht auf Antrag 290
Versicherungsschein 313
Versicherungsschutz – Unfallversicherung 303
Versicherungsträger 264, 265, 273, 277, 280, 289, 301
Versicherungsvertrag 313
Versicherungszweige – Sozialversicherung 263, 264
Versorgungsausgleich 294
Versorgungswerke 315
Versorgungswerke im Handwerk 315
Verspätungszuschläge 387
Vertragliche Sicherungsrechte 75
Vertragsfreiheiten 33
Vertragspflichten des Arbeitnehmers 200
Vertragsrecht 33
Vertretungsmacht der Ehegatten 80
Verwandte Handwerke 145, 153
Verwendung der Steuern 330
Verzeichnis der handwerksähnlichen Gewerbe 154
Verzeichnis der verwandten Handwerke 153
Verzeichnis der Vollhandwerke 151
Verzug 42
Verzugsfolgen bei Geldforderungen 42
Verzugsfolgen bei sonstigen Verpflichtungen 43
Verzugszins 42
VOB 64
Voll abzugsfähige Sonderausgaben 373
Volle Deliktsfähigkeit 30
Volle Geschäftsfähigkeit 28
Vollhandwerke 151
Volljährigkeit 28
Vollmacht 32, 33
Vollrente 293, 304
Vollstreckungsbescheid 98
Vollstreckungsgericht 100, 102
Vollstreckungsklausel 100
Vollstreckungsorgane 100
Vollstreckungstitel 100
Vollurlaub 210
Voranmeldung 347
Vorauszahlungen 348, 386
Vorbehalt der Nachprüfung 408
Vorkauf 57
Vorsteuer 340
Vorsteuerabzugsausschlüsse 343
Vorsteuerpauschalen 346
Vorteilhafte Rechtsgeschäfte 28

## W

Wahl der Unternehmensform 170
Wahlkaufmann 159
Wahrung des Besitzstandes 147
Waisenrente 295, 305
Wartezeit 296
Wartezeit für Entgeltfortzahlung im Krankheitsfall 205
Wartezeit in der Rentenversicherung 296
Wegeunfall zwischen Wohnung und Arbeitsstätte 303
Wehrpflichtige 224
Weihnachtsgratifikation 203
Weisungsrecht des Arbeitgebers 200
Werbung 172

Werbungskosten 392
Werbungskosten Arbeitnehmer – Ersatz Arbeitgeber 393
Werklohn 60
Werktägliche Arbeitszeit 240
Werkunternehmerpfandrecht 66
Werkunternehmersicherungshypothek 66, 67
Werkvertrag 59
Werkzeuggeld 393
Wertermittlung 401
Wertschöpfung 332
Wettbewerb 172
Wettbewerbsbeschränkungen 173
Wettbewerbsrecht 172
Widerspruch gegen den Mahnbescheid 98
Willenserklärungen 32
Winterbauumlage 287
Wirksamkeit der Kündigung 215, 218
Wirkungsweise der Umsatzsteuer 332
Witwen- und Witwerrente 293, 305
Witwenbetrieb 149
Wohlverhaltensperiode 111
Wohnräume 70

# Z
Zahlungsmodus 348
Zahlungsschonfrist 387
Zehnjahresfrist – Erbschaftsteuer 407

Zeitlohn 202
Zeitpunkt, Ort und Form der Lohnzahlung 203
Zertifikat 300
Zivilgerichte 93
Zivilgerichtsbarkeit 92
Zugabe 176
Zugangsrecht der Gewerkschaften 233
Zugesicherte Eigenschaft 52
Zugewinngemeinschaft 81
Zulagen 203
Zumutbarkeit 284
Zuordnung von wesentlichen Tätigkeiten 152
Zurechnungszeiten 298
Zurückbehaltungsrecht 44
Zusammenveranlagung 385
Zusätzliches Urlaubsgeld 211
Zusatzurlaub – Schwerbehinderte 209
Zuschläge 203
Zuschuss bei Altersteilzeit 287
Zuschuss zum Mutterschaftsgeld 243
Zustimmung zu Rechtsgeschäft 27
Zuzahlungen – Krankenversicherung 277
Zwangsmittel der Finanzverwaltung 411
Zwangsvollstreckung 99
Zwangsvollstreckung wegen Geldforderungen 101